제2판

# 생산운영관리론

구일섭 · 신현재 · 박만희 · 심재홍 지음

Operations Management

KYOWOOSA 教友社

# Preface 이 책을 통해서

이 책은 대학에서 산업공학, 경영공학을 전공하거나 상경계열에서 생산관리 또는 생산경영을 체계적으로 이해하고 연구하는 학생들뿐만 아니라 비전공자도 쉽게 참고할 수 있는 자료로 활용되기를 기대하면서 집필하였다. 또한 산업현장의 경영자 및 생산관리 실무자에게도 참고도서로서 충분한 역할을 할 수 있도록 하고 이론이 실무적인 측면에서 어떻게 활용되고 있는가를 알 수 있게 각 단원마다 적절한 사례를 포함시키려고 노력하였다.

이 책은 전반적으로 생산운영관리에서 취급하고 있는 기존의 체계를 따르면서도 학습자가 생산운영관리의 종합적인 틀을 쉽게 이해하고 습득한 내용을 용이하게 활용할 수 있도록 구성하였다. 특히 각 장에서 언급된 내용과 직·간접적으로 관련된 내용을 논문과 신문, 인터넷을 비롯한 다양한 매체에서 발췌하여 제시함으로서 실무적인 차원에서 응용된 결과까지 이해할 수 있도록 하여 이론과 현실과의 괴리감을 없애려고 노력하였다.

이 책은 모두 18장으로 구성되었다. 먼저 생산운영관리 시스템의 개요를 중심으로 제1장부터 제3장에 이르기까지 언급하였다. 그 다음으로 생산시스템의 구축은 제4장부터 제9장에 이르기까지 구체적인 내용을 다루었으며, 이렇게 구축된 생산시스템의 효율적인 운영을 위하여 이해하여야 할 내용은 생산시스템의 계획 및 운영·통제 단계로 구분하여 제10장부터 마지막인 제18장 사이에서 다루었다.

이 책에서 다루어진 내용은 대학 과정의 생산운영관리 강좌에서 한 학기에 모두 취급하기에는 다소 많은 광범위한 분량일 수 있다. 따라서 강의하는 교수진은 주어진 시간과 강의의 목표, 강의의 수준과 성격에 따라서 취급내용을 적절히 조절할 필요가 있을 것이다.

세계 자유무역시장에서 강력한 국가경쟁력을 확보하기 위해서는 제조업의 경쟁력 강화가 절대적으로 필요한 바, 이것은 과학적이고 체계적인 생산운영관리 방법론을 제조현장에 효과적으로 도입할 때 가능할 것으로 판단된다. 이러한 측면에서 이 책이 적으나마 도움이 될 것으로 기대한다.

이번 개정판에는 초판에 나타났던 오류와 부족했던 내용들을 재정비하였으며, 또한 시대흐름에 따라 새롭게 소개된 각종의 사례들을 발굴하여 추가하는데 역점을 두었다. 이와 같은 노력은 앞으로도 지속될 것임을 약속하면서, 이 책이 완성되기까지 지속적인 관심과 도움을 주신 교우사의 오판근 사장님과 편집부를 비롯한 관계자 여러분들에게 심심한 감사와 고마움을 표한다. 또한 항상 믿음과 사랑으로 격려해 주는 소중한 나의 가족 모두에게 감사한다.

2013년 8월
성산골 연구실에서
저자 씀

Contents **차 례**

제 01 장

# 생산시스템과 생산관리

## 01 기업 경영과 생산 활동

제품 및 서비스를 포함하여 다양한 경제재(economic goods)의 제공을 목적으로 수행되는 경영을 중심으로 할 때 생산활동은 모든 경영활동의 기본이 된다. 즉, 생산활동을 통해 창출되는 제품과 서비스의 효용은 경영 전체의 성과로 연결되어 기업이 지향하는 목표를 달성할 수 있도록 하는 것이다.

모든 기업은 재무, 생산 및 판매 등의 주요기능과 인사, 회계, 구매, 기술 등의 보조기능을 중심으로 운영된다. 기업을 하나의 시스템으로 볼 때 이러한 기능을 수행하는 부문은 하위시스템이라고 할 수 있다. 그러나 기능의 분류는 모든 기업에 일률적으로 적용되는 일정한 것이 아니라는 점도 유의할 필요가 있다. 일반적으로 기업경영에서 요구하는 세 가지 주요기능의 특징을 살펴보면 다음과 같다.

재무기능(financial function)은 조직의 기능을 수행하기 위해 필요한 원자재, 노동력, 기계설비, 에너지 및 정보 등을 획득하는데 소요되는 자금의 확보 및 합리적인 배분에 관한 활동을 담당한다. 이 기능에는 예산편성, 자금의 배분, 투자안의 경제성 분석 등이 포함된다.

제품중심적인 제조업에서뿐만 아니라 서비스 중심적인 기업에서도 수행되는 생산기능(manufacturing function)은 투입된 원자재, 노동력, 기계설비, 에너지 및 정보 등을 생산공정에 투입하여 다양한 변환과정을 통해 고객이 원하는 제품을 창출하거나 서비스를 제공하는 역할을 한다. 모든 기업의 핵심적인 기능으로 작용하는 생산기능은 자원의 효율적인 활용에 의한 가치증식 정도에 따라 조직의 목적 달성과 직결되는 특징을 지닌다.

한편 판매기능(marketing function)은 생산된 제품이나 서비스를 시장이나 수요자에게 판매하는 활동을 담당한다. 이러한 판매대금은 대부분 기업의 운영자금으로 다시 투입되어 지속적인 경영활동이 진행되도록 한다. 이 외에도 판매기능에는 판매예측, 광고 및 판촉활동, 시장개발 및 유지, 대 고객관계 개선 등의 업무가 포함된다.

이와 같은 기업의 3대 주요기능은 매우 상호의존적으로 영향을 주고받는다. 예를 들어 수요예측과 판매예측이 부실하면 이것을 토대로 수립되는 생산계획도 부실하게 마련이며, 제품의 생산능력과 충분한 자본이 있더라도 그 제품의 시장이 존재하지 않으면 무의미하게 된다. 따라서 재무기능과 생산기능 그리고 판매기능은 상호보완적으로 전개되지 않으면 안 된다.

기타기능으로는 원부자재, 소모품 등의 획득을 담당하는 구매기능, 각종 재무제표의 작성과 비용자료의 제공을 담당하는 회계기능, 근로자의 채용과 교육 및 노무관리를 담당하는 인사기능과 제품설계 및 신제품 연구개발을 담당하는 R&D(research & development)기능, 각종 시설 및 설비의 보수 및 관리를 위한 보전기능 등이 있다.

한편 이와 같은 기능의 분류는 모든 기업에 일률적으로 적용되는 것이 아니다. 즉, 기업이 지향하는 목표에 기여하는 정도에 따라서 보조기능이 주요기능이 될 수도 있다.

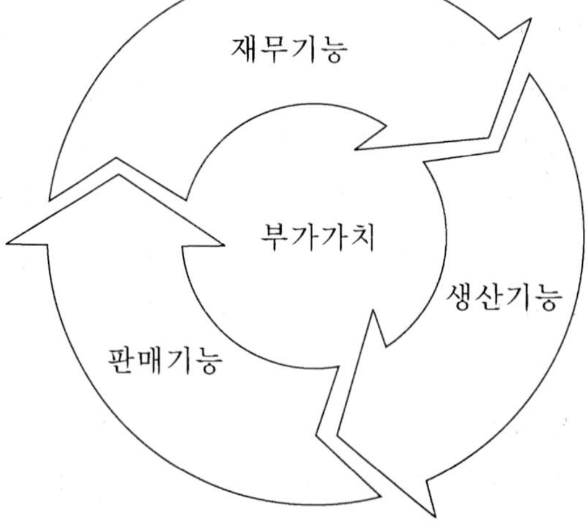


〈그림 1〉 기업경영활동과 주요 기능의 상호의존성

예를 들면, 금융보험업종이라면 보유 금융상품의 개발과 판매기능이 더욱 중시될 것이다. 일반제조업에서도 제품경쟁력이 품질에 의해 좌우될 때, 그 품질수준을 결정짓는 가장 중요한 요소가 설비인 장치산업에서는 설비관리 기능이 가장 중시될 것이며, 국제 원자재 가격의 급등락에 의해 수익에 큰 영향을 받고 있는 기업에서는 구매기능이 가장 중시될 수도 있다.

# 02 생산시스템

오늘날 우리 생활 주변에서 시스템(system)이라는 말은 아주 자연스럽게 쓰는 용어 중 하나다. 라틴어의 'systema'에서 유래된 시스템은 넓은 의미로 "특정 목적을 달성하기 위하여 각기 독특한 기능을 수행하면서 상호의존적인 관계를 가진 여러 개의 독립적인 구성인자가 유기적으로 결합된 하나의 집합체"라고 정의할 수 있다. 이러한 시스템은 집합성, 목적추구성, 상호관련성 그리고 환경적응성 등과 같은 특징을 지닌다.

예를 들어 컴퓨터는 정보처리를 목적으로 상호관계를 맺고 있는 CPU와 디스크 드라이버, 프린터 등의 하드웨어와 OS(operating system) 프로그램과 같은 소프트웨어 구성인자들이 집합된 시스템이라고 할 수 있다. 또한 우리의 인체도 호흡기관, 소화기관, 생식기관 등 각종의 기관으로 구성된 시스템으로 이해할 수 있다. 각 기관은 인체가 생명을 유지하고 의미 있는 활동을 할 수 있도록 독특한 기능을 수행하며 서로 일정한 의존관계를 지니고 있기 때문이다. 이러한 시스템은 자동차 운전자와 기계적 시스템인 자동차의 결합에 의한 인간-기계시스템(man-machine system)을 구성하기도 한다.

## 2.1 생산시스템의 개념

넓게 살펴보면 생산시스템(production system)이란 무엇인가를 만들어내는 시스템을 말한다. 이와 같은 생산시스템을 정식으로 정의한다면 "자본, 노동력, 토지, 정보 등의 투입물을 받아서 경제적으로 변환하여 목표로 삼고 있는 양질의 제품과 서비스를 산출하는 시스템"으로 정의된다. 즉, 생산시스템은 투입된 자원을 원하는 산출물로 변환시키기 위해 각종의 운영자원을 효율적으로 이용하는 것이라고 정의할 수 있다.

여기서 생산시스템은 제조와 서비스 두 가지로 구분할 수 있다. 제조 중심의 생산시스템에서는 투입물과 산출물이 주로 유형적인 것으로서 물리적인 변환과정을 거친다.

그러나 서비스 중심의 생산시스템에서는 정보와 같이 무형의 투입물과 산출물을 가진다. 또한 변환과정은 반드시 물리적인 과정이 아닐 수 있다. 따라서 일반적으로 제조업에서는 원자재, 노동력 및 설비 등을 중심으로 운영되고, 서비스업에서는 노동력과 기술, 정보 등이 운영의 근간을 이룬다고 할 수 있다.

모든 시스템은 투입과 변환과정 그리고 산출이라는 3가지 과정으로 분류된다. 투입과 변환과정에서는 비용이 발생되고 산출에서는 이익이 실현된다. 이와 같은 틀(framework)의 효율적 운영을 최소의 비용으로 이룸으로써 최대 이익을 실현하는 것은 언제나 생산시스템의 목표가 된다.

먼저 투입(inputs)이란, 어떤 유용한 제품이나 서비스를 창출하기 위해 투입된 원자재나 다른 시스템으로부터 생산된 부품, 완제품이나 정보, 고객 등을 의미한다. 일반적으로 제조 중심의 생산시스템인 경우에는 4M으로 설명되는 인력(man), 설비(machine), 자재(material), 작업방법(method) 등이 대표적인 투입요소가 된다.

또한 변환과정(transformation process)은 투입물을 원하는 산출물로 변환시키는 기능을 담당하는 것으로써 다음과 같은 사항이 포함된다.

- **물리적 변환**(physical transformation) : 어떤 물자를 물리적, 화학적 형태로 가공, 조립 등과 같은 변형과정을 통해 의미있는 제품을 생산하는 것을 말한다. 이와 같은 변형은 일련의 에너지를 이용하여 유형적인 물질을 물리 · 화학적으로 가공하여 원래의 성질, 형태 등을 바꾸는 것이다. 제철소에서 생산된 와이어 로드의 가공을 통한 볼트 및 너트의 제조, 가공된 소재의 열처리를 통한 연신율 및 인장강도의 변환 등이 이에 해당한다.
- **장소적 변환**(locational transformation) : 어떤 물품을 한 장소에서 다른 장소로 운반하여 이동시키는 것을 말한다. 소비가 많은 대도시로 농수산물을 운송하여 보다 높은 가격으로 판매하기 위한 장소적 변환이 이에 해당한다.
- **저장에 의한 시간적 변환**(storage transformation) : 어떤 물품을 창고에 저장해 둠으로써 시간적 변환이 가능토록 하는 것을 말한다. 여름철 성수기를 대비하여 겨울에 생산한 냉장고와 에어컨 등을 창고에 저장했다가 판매하는 것이 저장에 의한 시간적 변환에 해당한다.
- **생리적 변환**(physiological transformation) : 제공된 서비스를 통해 인간의 육체적, 심리적인 만족을 이끌어내는 행태적인 변환을 의미한다. 호텔, 병원, 식당, 여행 등의 업종에서 제공되고 있는 서비스가 대표적인 예가 된다.

산출(outputs)이란, 생산시스템에 투입된 자원이 생산 공정을 거쳐 유용한 물품이나 서비스로 전환된 것을 말한다. 이것은 시장으로 이동되어 필요로 하는 소비자에게 판매됨으로써 기업의 수익 창출로 이어지게 된다.

이와 같은 투입(inputs), 변환과정(transformation process), 산출(outputs)의 세 부분으로 정리되는 생산시스템을 흔히 I/O 시스템(input/output system)으로 표현한다.

이 밖에 생산시스템에는 시스템의 운영이라는 중요한 역할을 담당하는 또 하나의 요소인 경영관리자를 포함한다. 즉, 생산시스템의 효과적인 운영을 위한 계획의 수립과 실행을 위한 의사결정을 담당하는 경영관리자는 필요한 투입물의 조달 및 변환과정의 적절한 통제, 산출물의 적재적소 공급 등을 맡게 된다. 또한 주문처리 우선순위 결정, 작업수행을 위한 인원배정, 종업원의 동기부여, 원가통제, 품질관리 등의 문제를 해결하는 역할을 경영관리자가 담당한다.

다음 (그림 2)는 생산시스템의 대표적인 모델을 보여주고 있다.

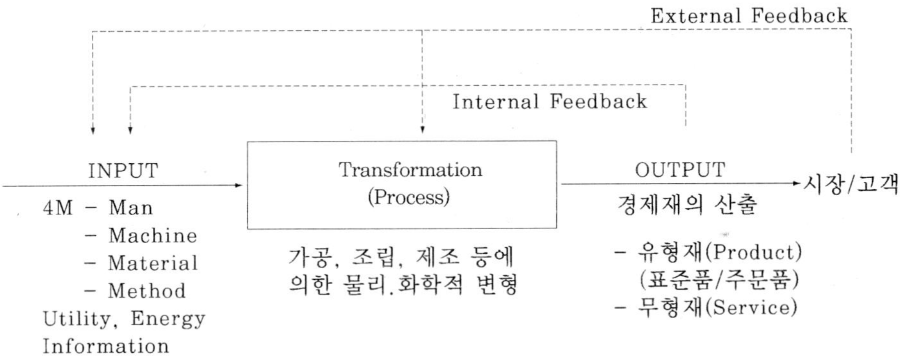


〈그림 2〉 생산시스템 모델

[표 1] 생산시스템의 예

| 생산시스템 | 투입물 | 산출물 |
|---|---|---|
| 제조공장 | 장비, 설비, 노동력, 원자재, 에너지, 정보 | 완제품 |
| 은 행 | 직원, 컴퓨터장비, 설비, 에너지, 정보 | 금융서비스 (예금, 대출 등) |
| 병 원 | 의사, 간호사, 직원, 의료장비, 설비, 에너지, 시설 | 의료서비스, 완쾌한 환자 |
| 항공사 | 조종사, 승무원, 정비사, 비행기, 에너지, 시설 | 여객 및 화물 수송 |
| 음식점 | 요리사, 웨이트리스, 식료품, 장비, 설비, 에너지 | 식사, 고객의 즐거움, 만족감 |
| 대학교 | 교수, 직원, 장비, 설비, 에너지, 지식 | 교육받은 학생, 연구실적물 |

## 2.2 생산시스템의 목표

기업은 지속적인 발전과 성장을 위해서 고객의 만족을 이끌어 낼 수 있는 효용의 경제적 생산, 즉 최소의 투입비용으로 생산물의 가치가 최대가 되도록 생산 활동을 전개하는 것을 궁극적인 목표로 삼는다. 기업은 어떤 경쟁자보다도 고객이 원하는 기능과 품질을 갖춘 좋은 제품 또는 서비스를 저렴한 가격으로 신속하게 제공할 수 있을 때 고객만족과 함께 시장경쟁력에 있어서 우위를 차지할 수 있기 때문에 생산시스템의 운영과정에 항상 제품의 품질과 기능, 원가와 가격, 납기(시간)와 생산량 그리고 유연성 등을 염두에 두고 있다. 이와 같은 이유 때문에 생산목표를 Q(quality : 품질), C(cost : 원가), D(delivery : 납기) 그리고 F(flexibility : 유연성)로 표현한다. 경우에 따라서 D는 생산량과 시간이 포함된 개념으로 활용된다.

- **품질**(quality) : 품질은 조직의 이미지와 신용도, 그리고 경쟁력을 결정하는 가장 중요한 요인이다. 품질에는 설계품질, 제조(적합)품질, 사용(시장)품질 등이 있다. 따라서 우수한 품질을 위해 고객의 욕구를 충족시켜 줄 수 있는 제품설계가 이루어져야만 한다. 그리고 나서 제품을 설계에 적합하게 생산하는 것이다. 이렇게 생산된 제품 또는 서비스의 품질이 고객의 요구를 만족시키는 정도에 의해 평가된다.
- **원가**(cost) : 원가는 제품이나 서비스를 생산·판매하는데 소요되는 모든 가치를 계산해 낸 값이다. 기업은 지속적으로 생산 원가를 절감하여 제품 및 서비스를 경쟁력있는 가격으로 공급하여야 한다.
- **납기**(delivery) : 고객이 원하는 제품과 서비스를 요청한 납기일을 지켜 신속·정확하게 공급할 수 있는 시간단축 능력을 말한다. 이를 위해서는 공정의 단순화, 애로공정의 제거, 낭비의 제거 등을 통해 시스템 내 자재와 정보의 흐름 속도를 높여야 하며, 개발속도 단축을 위한 동시공학의 적용 등이 적극적으로 이루어져야 한다.
- **유연성**(flexibility) : 제품 또는 서비스에 대한 설계의 변경이나 수요의 양적 및 질적 변동에 신속하고 쉽게 적응할 수 있는 능력을 의미한다. 생산할 수 있는 품목이 다양하고 새로운 제품을 신속히 개발˘제공할 수 있으며, 생산량을 쉽게 증감할 수 있으면 그 시스템은 융통성이 높다고 할 수 있다.

(그림 3)은 생산의 목적과 생산시스템의 기능, 그리고 생산시스템의 목표를 정리한 것이다.

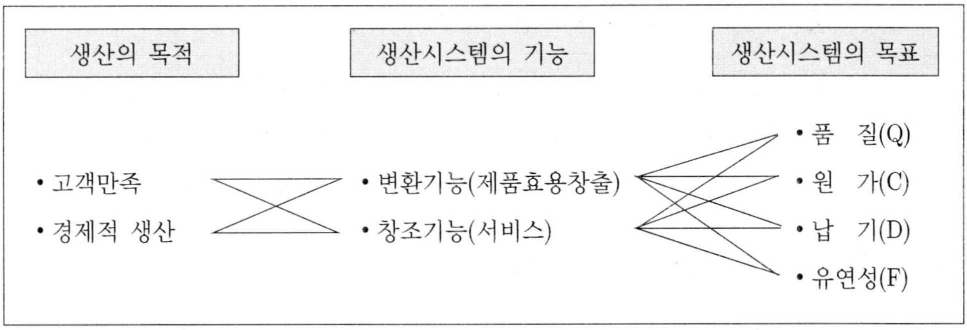


〈그림 3〉 생산의 목적과 생산시스템의 목표

## 2.3 생산시스템의 종류

생산시스템은 목표로 하는 시장 내지 고객의 성격과 생산하려는 제품 및 서비스의 특성, 수량 및 생산 공정의 흐름에 따라 다양한 유형을 지닌다. 다시 말해서 생산시스템을 구성하는 각종 요소의 유기적인 결합으로 파악되는 생산방식은 구성요소의 특성과 결합조건에 따라 다양하게 구분된다. 관점을 달리함에 따라 구분할 수 있는 생산시스템을 정리해보면 다음과 같다.

### (1) 수주측면에서 본 생산시스템

주문에 의해 생산하느냐 또는 시장 수요의 예측을 기초로 생산하느냐에 따라 주문생산(order production)과 예측(또는 계획)생산(production to stock)으로 구분된다. 주문생산은 완제품 재고를 갖지 않는 특징이 있는 반면에, 예측생산은 주문에 관계없이 수요예측한 양을 계획적으로 생산하기 때문에 제품재고가 존재한다는 특징을 지니게 된다.

### (2) 반복성 측면에서 본 생산시스템

주문 내지 생산의 반복성 측면에서 볼 때 요청된 주문품만을 생산하는 개별생산, 일정량씩 반복하여 생산하는 로트생산, 그리고 동일한 제품을 대량으로 생산하는 연속생산 등으로 나눌 수 있다.

### (3) 품종과 생산량 측면에서 본 생산시스템

제품의 종류와 생산량의 많고 적음에 따라 구분되는 생산시스템은 다품종소량생산과 소품종대량생산으로 나뉜다. 일반적으로 품종의 수와 각 제품의 생산량은 서로 반비례 관계에 있다.

### (4) 생산흐름의 연속성 측면에서 본 생산시스템

제품 생산과정의 연속성을 기준으로 생산시스템을 분류하면 필요할 때마다 간헐적으로 생산활동이 전개되는 단속생산(intermittent production)과 예측된 시장 수요를 고려하여 계획적, 지속적으로 생산하는 연속생산(continuous production)으로 구분된다.

### (5) 생산량과 기간 측면에서 본 생산시스템

생산하는 제품이나 서비스의 생산량과 생산기간을 기준으로 할 때 프로젝트생산, 개별생산, 로트생산 및 대량생산 등으로 구분된다. 여기서 프로젝트생산이란 생산규모가 크고 생산기간이 장기간에 걸쳐 진행되지만 그 수량은 극히 적은 교량, 댐, 고속철도 건설 등이 해당된다. 또한 개별생산이란 프로젝트생산에 비해 상대적으로 생산기간이 짧고 소량을 만든다는 점에서 차이가 있으나, 두 가지 모두 단속생산 형태를 취한다는 점에서는 공통점이 있다. 한편 일정량을 반복하여 비교적 짧은 기간 동안 생산하는 로트생산은 단위당 생산기간이 매우 짧고 1회 생산량이 대량인 생산활동을 연속적으로 진행하는 대량생산과 구분된다.

이상에서 살펴 본 내용을 근거로 여러 가지 생산형태를 상호관련성을 기준으로 연관시켜 정리해 보면 다음의 (표 2)와 같다.

[표 2] 생산시스템의 분류

| 수주 및 생산시점 | 생산의 반복성 | 품종과 생산량 | 생산의 흐름 | 생산량과 기간 |
|---|---|---|---|---|
| • 주문생산 | • 개별생산<br>• 로트생산 | • 다품종소량생산 | • 단속생산 | • 프로젝트생산<br>• 개별생산 |
| • 예측생산 | • 연속생산 | • 소품종대량생산 | • 연속생산 | • 로트생산<br>• 대량생산 |

## 03 시스템적 접근

시스템은 다양한 상황에서 질서와 체계를 이루게 한다. 생산의 문제를 시스템 사고에 입각해서 전개한다면, 주어진 문제를 시스템 전체의 입장에서 인식하고 그에 영향을 주는 구성요소 내지는 하위 시스템간의 상관관계나 작용들을 밝힐 수 있다. 시스템이란 '특정한 목적을 가지고 이를 달성하기 위하여 여러 구성요소가 서로 유기적으로 연결하여 상호작용하는 것'이다.

시스템은 개방시스템(open-loop system)과 폐쇄시스템(closed-loop system)으로 구분할 수 있는데, 외부환경의 변화에 탄력적으로 적응하는 시스템을 개방시스템이라 하고, 환경 적응을 하지 못하는 시스템을 폐쇄시스템이라 한다. 생활 속에서 살펴볼 수 있는 가정용 난방체계를 생각해 보면, 오늘날과 같이 실내 온도의 변화에 따라 자동으로 보일러의 가동과 중지가 이루어지는 난방체계는 개방시스템이며, 과거의 연탄 아궁이를 이용한 난방체계는 폐쇄시스템의 전형이라고 할 수 있다.

시스템은 일반적으로 다음의 4가지 특성을 갖추었을 때 비로소 시스템이라고 말할 수 있다.

① 집합성

시스템은 두 개 이상의 식별 가능한 단위체로 구성된다. 생산시스템은 원자재, 작업자, 에너지, 기계설비 등으로 구성된다.

② 목적 추구성

시스템에는 보통 그 특유의 목적이 있다. 이 가운데는 단일의 것도 있으며 서로 모순되는 다수의 것도 있다. 또한 계량적으로 규정할 수 있는 것도 있지만, 정성적인 것도 있다.

③ 상호관련성

시스템을 구성하는 단위체간에는 서로 관련이 있거나 상호작용을 한다. 생산시스템에 있어서 불량한 원자재를 사용할 경우, 작업자에게는 작업이 어려울 뿐만 아니라 불량품이 나오기 쉽다.

④ 환경적응성

실질적인 시스템은 외부 환경의 변화에 적응을 해야 한다. 외부 환경은 물질·에너지·정보의 상호 교환에 의해서 시스템에 영향을 주기도 하고 받기도 하기 때문이다.

## 3.1 시스템적 접근의 구조

시스템적 접근은 크게 시스템 철학(system philosophy)과 시스템 분석(system analysis)

그리고 시스템 관리(system management) 등에 의해 이루어진다. 먼저 시스템 철학이란 관념적, 이론적인 개념으로 어떤 현상이나 사물을 하나의 단일체로 인식하고 전반적 사항을 판단하는 전략적 접근을 의미한다.

또한 목표달성과 자원의 효율적인 활용을 도모하기 위해서는 모형화에 의한 사물의 분석과 체계적이며 과학적인 문제해결기법을 적용하는 시스템 분석 과정이 따라야 한다.

그리고 시스템 관리란, 시스템을 구성하고 있는 다양한 요소들의 기능을 유기적으로 조정·통합함으로써 시스템의 실효성을 높이는 것이다.

이와 같은 시스템 철학, 시스템 분석 그리고 시스템 관리 등이 체계적으로 적용되는 과정을 시스템적 접근(systems approach)이라고 한다.

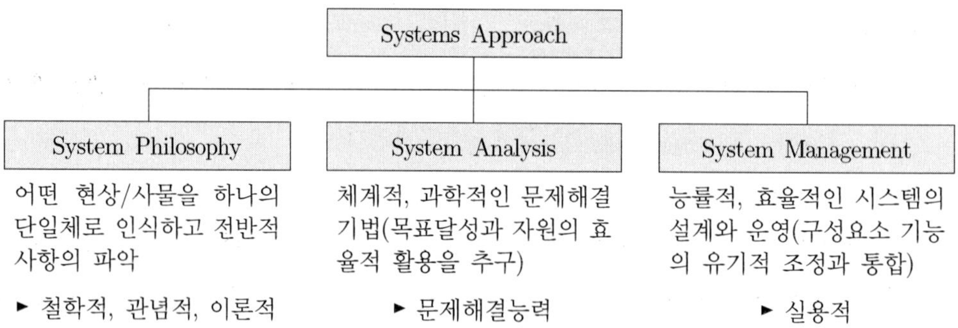


〈그림 4〉 시스템적 접근

## 3.2 시스템적 접근의 효과

시스템적 접근(systems approach)이란 전체의 입장에서 부분을 이해하며 상호 관련성을 추구하여 문제의 본질을 파악하여 해결하고자 하는 것이 기본개념이다. 즉, 부분보다는 전체를 생각하고, 부분은 어디까지나 전체의 부분이며, 전체는 부분의 합 이상의 의미가 있다는 체계적 접근방법의 사상을 말한다.

예를 들어 자동차는 차체, 엔진, 전장품, 냉각장치, 구동장치 등의 결합으로 완성된 하나의 시스템으로 이해할 수 있다. 이렇게 구성된 각 부분은 규모, 힘 등에서 균형을 이루어야만 한다. 만일 차체가 5년 밖에 견디지 못할 경우 10년 이상 작동 가능한 엔진을 만들 필요는 없을 것이다. 이러한 체계적인 접근이 설계와 관리 등의 업무에 반영되기 시작하면서 생산성 향상을 기대할 수 있게 되었다.

시스템적 접근의 효과는 다음과 같이 요약할 수 있다.

① 주어진 문제를 전체적인 입장에서 명확히 밝힐 수 있다.
② 구성요소간의 상호관련성 내지 상호작용을 이해할 수 있다.
③ 관련되는 요인의 원인과 결과를 밝힐 수 있다.
④ 문제가 되는 변수와 제약요소와의 상호관계를 밝힐 수 있다.

다음은 시스템 개념을 이용하여 전체의 입장에서 상호 관련성을 추구하면서 주어진 문제의 해결을 시도하는 사고방식을 이용하여 기업의 문제해결 과정을 정리한 것이다. 즉, 먼저 문제를 이해한 다음 여러 대안을 찾아내고 그 중에서 최적대안을 선택하는 순차적 단계를 거쳐 문제해결을 시도하는 방식이다.

[표 3] 시스템적 접근방법에 의한 기업의 문제해결 절차

| 분 류 | 단 계 | 내 용 |
|---|---|---|
| 준비 국면 | 제1단계 | 기업을 하나의 시스템으로 인식한다. |
| | 제2단계 | 환경시스템을 이해한다. |
| | 제3단계 | 기업의 하위시스템을 찾아낸다. |
| 분석 국면 | 제4단계 | 시스템 수준에서 하위시스템 수준으로 분석을 진행한다. |
| | 제5단계 | 각 시스템 구성요소들을 일정한 절차에 따라 분석한다. |
| 해결 국면 | 제6단계 | 대안을 찾아내어 각 대안을 평가한다. |
| | 제7단계 | 최적대안을 선택하여 실행에 옮긴다. |

쉬어갑시다

**[다산칼럼] 넓은 시스템으로 보자.**

TG삼보컴퓨터 회장 – 이용태
[한국경제신문, 2003년 3월 9일]

우리가 사는 사회는 크고 작은 시스템으로 이루어져 있다. 시스템이란 어떤 물체나 문제를 다룰 때 거기 연관되는 모든 요소를 총괄하는 전체라는 뜻이다.

수도꼭지가 고장 났다고 생각해 보자. 이때 우리가 다루어야 할 요소들은 파이프, 돌림쇠, 고무패킹이고, 수도꼭지 자체는 이 세 가지를 모아서 이루어지는 시스템이 된다. 그러나 고급스런 건물 내에 있는 수도꼭지를 생각할 때는 시스템의 범위가 훨씬 커진다. 파이프나 고무패킹 외에도 실내 분위기와 맞는 예술적 디자인도 요소가 되고, 사용하는 사람의 편의를 고려하는 것도 요소가 된다.

■ **연관되는 모든 요소 포함**

대구지하철 사고에 언론들은 일제히 졸속주의를 비판했다. 이때 언론들은 우리 국민의 시스템적 사고에 대한 교육 부족에 대해서도 걱정을 했어야 했다. 우리는 매일 크고 작은 문제를 해결하는 과정 속에서 살고 있다. 어떤 문제를 다룰 때 우리는 시스템적 접근을 해야 한다. 대구지하철 사고의 경우, 지하철을 설계한 사람들은 시스템의 범위를 매우 좁게 잡았다.

지하철이라는 것은 사람을 많이 경제적으로 수송하는 시스템으로만 생각한 것이다. 그렇기 때문에 값싼 인화물질을 내장재로 사용한 것이다. 만약 지하철시스템을 많은 사람을 빨리 값싸게 수송할 뿐만 아니라, 안전하게 보호하는 것까지 시스템적으로 생각했다면 돈을 더 써서라도 방열처리가 된 내장재를 썼을 것이다. 뿐만 아니라, 비상시 대응 방식도 중요한 구성 요소로서 고려의 대상이 되었을 것이다.

이러한 시스템적 사고의 부재는 우리 교육현장에서도 찾아 볼 수 있다. 자녀교육의 예를 들더라도, 자녀들을 일류대학에만 보내려는 좁은 시스템 설계가 있는가 하면, 일생을 행복하게 사는 넓은 시스템 설계가 있다. 얼마 전, 어느 명예교수로부터 재미있는 얘기를 들은 적이 있다. 그 교수의 친구 자제가 지방대학에 들어가서 낙담하고 있었다. 교수는 그 학생에게 큰 시스템을 제시했다. 대학을 마치고 대학원까지 가는 경우를 생각해 더 좋은 시스템을 설계해 보인 것이다. 지방대에서 학부성적을 전 과목 A학점 딸 것, 그리고 미국 랭귀지 스쿨에 가 우수한 토플 점수를 딸 것. 그런 다음 전 과목 A학점의 학부성적과 우수한 토플점수를 제시하면 미국의 일류대학원에 들어갈 수 있으므로 서울 대학에 가서 B학점, C학점을 따는 것보다는 훨씬 유리하다고 한 것이다. 그 결과 그 학생은 마음을 고쳐먹고 교수가 디자인한 시스템에 따라 미국의 일류 대학에서 박사학위까지 마치고 지금은 보람 있는 일에 종사하고 있다고 한다.

한국에서는 시스템적으로 사고하는 훈련이 되어 있지 않기 때문에 여러 가지문제가 발생하고 있다. 어떤 결정을 내리거나 어떤 문제를 해결하려고 할 때, 좁은 시스템으로 강구한 가장 좋은 답이 넓은 시스템으로 봤을 때는 반드시 최적의 답이 아닌 경우가 많다. 그 한 보기가 한국전력의 통신사업중지 결정이다. 한전은 전력을 가장 경제적으로 또 능률적으로 공급하는 단순한 전력회사로 보는 시스템으로 생각하면 통신사업을 중단하는 일이 옳다. 그러나 전력회사의 송전선을 이용하면 값싸게 통신선로를 구축할 수 있으므로 정보지식사회에 있어 한국을 가장 경쟁력 있는 국가로 만드는데 최대 공헌하는 기업이라는 넓은 시스템으로 생각하면 통신사업을 중단한 것은 안타까운 일이었다. 1997년 말, 1998년 초 한전이 통신설비분야에 2조원만 더 투자했더라면 한국 전체로 보았을 때는 엄청난 중복투자를 줄이고, 초고속정보통신망 구축에 있어서 지금보다 훨씬 더 나은 환경을 완성했을 것이다. 이것은 당시 한전의 경영진이나 정부의 누군가가 잘못 했다는 말이 아니다. 그들은 모두 좁은 시스템 범위 내에서 최선을 다했지만 넓은 시스템으로 들여다보는 사람이 없게 되어 있는 정부 시스템에 문제가 있었다.

**■ 전체 시각으로 봐야 최선**

자기가 옳다고 생각하는 일에 몸과 마음을 바쳐 자기 자신을 희생하는 사람들은 많다. 이 사람들은 좋은 사회를 만드는데 거름도 되고 소금도 되는 존귀한 존재다. 다만 너무 좁은 시스템을 들여다보고 그에 대한 해결이 절대적이라고 믿고 모든 정열을 쏟아 붓는 것은 주의해야 한다. 항상 보다 큰 시스템을 생각하여 그 안에서 최적의 방법을 생각해 내는 여유가 필요하다.

## 요 약

- 기업의 3대 주요기능 즉, 재무기능과 생산기능, 판매기능은 매우 상호의존적으로 영향을 주고받는다. 따라서 재무기능과 생산기능 그리고 판매기능은 상호보완적으로 전개되지 않으면 안 된다.
- 시스템이란 특정 목적을 달성하기 위하여 각기 독특한 기능을 수행하면서 상호의존적인 관계를 가진 여러 개의 독립적인 구성인자가 유기적으로 결합된 하나의 집합체라고 정의할 수 있다. 이러한 시스템은 집합성, 목적추구성, 상호관련성 그리고 환경적응성 등과 같은 특징을 지닌다.
- 생산시스템이란 자본, 노동력, 토지, 정보 등의 투입물을 받아서 경제적으로 변환하여 목표로 삼고 있는 양질의 제품과 서비스를 산출하는 시스템이다. 즉, 투입된 자원을 원하는 산출물로 변환시키기 위해 각종의 운영자원을 효율적으로 이용하는 것이다.
- 생산목표는 품질(quality), 원가(cost), 납기(delivery) 그리고 유연성(flexibility)과 같은 4가지로 종합할 수 있다.
- 시스템적 접근(systems approach)이란 전체의 입장에서 부분을 이해하며 상호 관련성을 추구하여 문제의 본질을 파악하여 해결하고자 하는 것이 기본개념이다. 즉, 부분보다는 전체를 생각하고, 부분은 어디까지나 전체의 부분이며, 전체는 부분의 합 이상의 의미가 있다.

## 토의문제

1. 생산시스템을 구성하는 요소에 대하여 설명하라.

2. 생산시스템의 유형을 분류하는 기준에 대하여 설명하라.

3. 생산시스템을 도식화하고 설명하라.

4. 생산의 목적과 생산시스템의 목표에 대해 설명하라.

5. 시스템에 대한 정의와 4가지 특성을 설명하라.

제 02 장

# 생산관리의 발전

## 01 생산관리의 역사적 발전

산업혁명은 1770년대 영국에서 시작되어 유럽으로 확산되었으며 19세기에는 미국에서 더욱 큰 발전을 하게 되었다. 이 당시에는 수공업자들이 소규모공장에서 제품생산을 단순한 공구를 사용하여 제품의 모든 생산 공정에 책임을 지는 형태로 인력을 기계의 힘으로 대체하였으며, 1764년 제임스 와트의 증기기관의 발명이 기폭제가 되어 1800년대 후반 가솔린 엔진과 전기의 개발로 가속화되었다.

이 때, 아담 스미스(A. Smith)는 「국부론(The Wealth of Nations, 1776)」에서 분업을 통한 경제적인 이점을 소개하면서 노동의 전문화라는 개념을 도입하였으며, 직무를 보다 세분하여 전문적인 과업을 작업자에게 할당하도록 제안하였다. 이것은 한 사람의 작업자에게 여러 가지의 직무를 할당할 때보다는 단일 직무에 몰입하도록 하여 노동을 전문화함으로써 더 높은 생산과 효율성을 가져올 수 있다는 개념이다. 그는 핀 생산을 예로 들면서 분업에 의한 노동 전문화는 ①작업자의 기능향상, ②작업교체에 따른 시간손실의 최소화, ③작업을 보다 쉽게 하고 노동시간을 단축할 수 있는 기계나 도구의 발명 촉진 등과 같은 세 가지 요인 때문에 생산성을 향상시킨다고 주장하였다.

아담 스미스의 분업사상은 1832년 찰스 바베지(C. Babbage)에 의해 더욱 발전을 보게 되었다. 즉, 노동의 전문화는 생산성을 향상시킬 뿐만 아니라 요구되는 특정 기술에 따라 임금을 지불하는 직무급제를 도입할 수 있으며, 이를 계기로 분업의 효과를 극대화할 수 있는 숙련공의 기능을 제고할 수 있다고 주장하였다. 이와 같이 관리적 측면에서 보완된 분업의 개념은 향후 작업단순화(work simplification), 공정분석 및 시간연구의 발전에 기초가 되었다.

부품의 표준화(standardization of parts)는 호환성을 의미한다. 1790년대 휘트니(Eli Whitney)가 개별생산에 호환성있는 부품을 사용해서 다수의 부품으로 조립되는 제품의 신속한 생산을 가능하게 하였다. 그후 미국의 경영학의 아버지라고 불리는 테일러(F. W. Taylor)에 의해 1911년 과학적 관리법(scientific management)이 제창되었으며, 1913년 포드(H. Ford)가 이동조립라인을 이용한 자동차의 대량생산을 실현하면서 노동의 전문화와 부품의 표준화가 중시되었다.

이러한 시기에 공장들은 농촌에 있는 많은 젊은이들에게 일자리를 제공하면서 급속하게 발전하였다. 그 당시에 작업조건은 매우 열악하였으며 많은 노동자들이 산업재해로 인하여 고통을 당하거나 심지어 죽음으로 이어지게 되었다. 산업의 급격한 변화에도 불구하고 경영이론과 실제는 초창기에 비해서 별다른 진보를 가져오지 못하였다. 그러므로 그 당시 기업현장에서 생산성 향상을 위해 가장 필요로 한 것은 관리에 대한 체계적인 접근법과 의식개혁이었다.

1930년대 하버드 대학 교수였던 메이요(E. Mayo)와 그의 동료들은 웨스턴 일렉트릭사의 호손(Hawthorne)공장에서 실시한 실험을 통해 작업자에 대한 동기부여가 생산성향상에 결정적인 요소가 됨을 확인하였다. 이와 같은 그들의 주장은 오늘날 작업설계시에 기술적인 측면 이외에 직무충실화의 실현과 함께 작업장의 인간화를 도모하도록 하는데 크게 기여하였다.

# 02 테일러 시스템

## 2.1 과학적 관리법

테일러(F. W. Taylor : 1856~1915)가 1878년 미드베일제강소에 들어갔을 당시 성과급제에 따른 기업주의 임률절하로 인해 야기되었던 노동자들의 조직적 태업(systematic soldiering)의 해결에 직접 임하는 과정에서 과학적 관리법의 출발점을 찾을 수 있다. 그는 공장생산의 비능률이 직접적으로는 노동자들의 조직적 태업에 있으며, 이는 임금제도에 대한 불만에 기인하고 있다는 것을 인식하였다. 따라서 그는 작업자의 1일

표준작업량 즉, 공정한 작업량을 과학적으로 결정함으로써 임금 결정을 합리화하고, 임금인하 및 조직적 태업의 근본문제를 해결함과 아울러 작업의 능률증진을 동시에 실현하겠다는 계획을 수립하기에 이르렀다. 즉, 1일의 과업을 합리적으로 결정하고 이에 따르는 임금결정을 합리화하는 동시에 이를 토대로 하여 생산성 향상을 이룩한다는 것이었다.

테일러에 의한 '과학적 관리법'은 당시의 성과급제에 따른 기업주의 임금인하로 말미암아 야기되었던 노동자의 조직적 태업이라는 문제를 해결하기 위한 발상에서 그 출발점을 찾을 수 있다. 이것을 해결하기 위해서 작업자의 작업과정을 스톱위치로 측정하여 표준과업을 정했으며 이러한 표준과업 이상의 성과를 올린 작업자는 이에 상응한 인센티브를 주고, 과업에 미치지 못하는 작업자는 여기에 대한 책임을 물었다. 이것이 테일러시스템의 특징인 과업관리(task management)이다.

테일러는 1878년부터 12년간 미드베일 제강소에서 현장관리자로서 얻은 경험과 베들레햄 제강소에서의 관리개선 연구 등을 토대로 하여 많은 논문을 발표하였는데, 대표적인 것들은 다음과 같다.

- 벨트의 사용법(Notes on Belting)
- 차별적 성과급제(A Piece Rate System, Being a step toward partial solution of labor problem)
- 공장관리론(Shop Management)
- 금속절삭법(On the Art of Cutting Metals)
- 과학적 관리법의 원리(The Principle of Scientific Management)

이와 같은 연구를 중심으로 테일러가 창안한 생산관리 및 경영관리의 기법을 통틀어 테일러 시스템이라 한다. 테일러 시스템의 주요내용은 시간연구에 기초를 둔 과업관리를 중심으로 직능식 직장제도, 차별적 성과급제, 그리고 과학적 관리법의 원리 등으로 나누어 고찰할 수 있다.

## 2.2 과업관리

테일러는 작업자의 시간당 또는 1일 생산량과 적정 과업량을 결정하기 위하여 스톱워치를 이용한 작업시간 측정과 함께 작업표준의 설정에 노력하였다. 작업자 개개인의 작업을 요소동작(elementary operations)으로 나누고 이러한 동작에 대한 단위시간을 측정, 집계하는 시간연구(time study)를 실시하였으며, 불필요한 동작을 제거하여 최적의 작업방법으로 구성하였다. 시간연구로 설정된 작업시간이 일정하려면 작업조건도 일정하여야 한다. 그러므로 모든 작업조건에 대한 표준의 설정을 위하여 작업장 및 작업도구, 자재의 표준화 등도 도모하였다.

테일러에 의해 수행된 과업관리에 대한 연구로 대표적인 것이 여러 가지 철광석이나 석탄, 기타 원자재를 한 장소에서 다른 장소로 사람 손에 의한 삽질로 옮기는 작업인 삽질작업(works of shoveling)에 대한 것이다. 과학적 관리법의 적용 이전에는 각 작업자가 자신의 삽을 가지고 와서 일을 하였으며, 삽질작업의 속도는 다분히 집단의 기준에 따라 이루어지고 있었다. 테일러는 삽의 형상과 크기뿐만 아니라 작업방법 등을 면밀하게 분석, 검토한 후 표준을 설정하여 적용한 결과, 능률이 4배가량 향상되었다. 이 때 취급하는 자재의 유형에 상관없이 1삽의 무게는 항상 21파운드(약 9.5kg)일 때 가장 생산성이 좋다는 것을 발견하고, 삽의 크기를 조정하는 노력이 따랐다. 그 결과 노동자의 임금소득은 63% 정도 증가하였으며, 톤당 노무비는 54%가량 절감되는 성과를 낳음에 따라 '고임금 · 저노무비(high wage, low labor cost)'를 실현하게 되었다.

[표 1] 삽질작업의 능률분석

| 항 목 | 기존 방법 | 신규 방법 | 비고 |
|---|---|---|---|
| 작업자 수 | 400~600명 | 140명 | |
| 1일 1인 평균 작업량 | 16톤 | 57톤 | |
| 1일 평균 임금 | $ 1.15 | $ 1.88 | |
| 톤당 평균 노무비 | $0.072 | $0.033 | |

## 2.3 차별적 성과급제

테일러는 결정된 과업을 달성하기 위한 보조적 수단으로 차별적 성과급제(differential piece rate system)를 마련하였다. 즉, 과업의 달성 여부를 구별해서 그에 따라 임금을 차별하는 제도이다. 이 제도는 성과급제도의 일종이지만, 동일 작업에 대해서 고·저 두 종류의 차별적 임금을 설정하고 작업자가 소정의 과업을 달성한 경우에는 고율의 임금을 지불하고, 미달성의 경우는 저율의 임금을 지불하는 것이 단순 성과급제와 다른 점이다. 테일러에 의해 마련된 이 제도에서 과업을 달성한 경우의 임률은 그렇지 못한 경우의 임률에 비해서 30~40%가 높았다.

## 2.4 과학적 관리법의 원리

테일러 시스템은 '고임금·저노무비'의 이념을 공장관리에 적용하고자 하는 노력으로 이해할 수 있다. 이러한 이념을 달성하기 위하여 테일러는 다음과 같은 과업관리의 원칙을 적용할 것을 제의한 바 있다.

① 공정한 1일 과업량 결정(a fair day's work)
② 작업 및 작업조건의 표준화(standard condition)
③ 성공에 대한 우대(highly pay for success)
④ 실패한 때는 노동자의 손실(loss in case of failure)

1911년 테일러는 그동안 연구·조사, 경험한 모든 것을 집대성하여 '과학적 관리법의 원리'를 발표하였다. 이 논문에서 그는 비능률의 제거를 위해서 특수인을 채용하는 것보다는 조직적인 관리를 중시하였으며, 최선의 관리는 명확하게 규정된 기본적인 법칙과 기준 및 원리에 입각한 참된 과학(true science)에 있음을 증명하였다. 그가 경영자들의 책무로 제시한 과학적 관리법의 원리를 요약하면 다음과 같다.

① **직무의 과학적 연구** : 주먹구구식 작업방법을 과학적으로 대체 발전시킨다. 즉, 시간연구 및 작업 수행에 가장 경제적인 방법을 발견한다.
② **새로운 작업방법에 적합한 작업자의 선발 및 훈련** : 설계된 작업유형에 가장 적합한 작업자를 선발하여 과학적으로 훈련, 지도하여 발전시킨다.
③ **경영자와 작업자간의 친밀한 협동** : 경영층과 작업자간의 긴밀한 조정과 협력을 통한 생산량의 증대를 실현한다.
④ **경영자와 작업자간의 업무 분담** : 경영자와 작업자간에 업무나 작업할당을 균등히 하며, 경영자는 자기에게 적합한 업무를 수행해야 한다.

테일러는 과학적 관리를 하면 경영자와 노동자간의 분쟁의 이유가 있을 수 없으며, 이들은 조화 속에서 작업을 수행할 수 있다고 보았다. 그러나 당시 노동자들은 경영자의 공정성에 의구심을 가졌으며, 경영자가 결정하는 작업에 대해 인정하는 태도도 취하지 않았던 것이다. 따라서 초창기에는 노동자들에 의해서 과학적 관리는 난관에 봉착했었다.

과학적인 방법을 통하여 생산성을 향상시켜서 임금문제를 개선하는 동시에 단위당 노무비의 절감과 기업이윤의 증가를 목적으로 실시되었던 테일러의 연구는 생산관리, 특히 작업면에서의 능률증진을 중시하였음을 알 수 있다. 그러나 "인간은 돈에 의해서 행동한다"는 가설 아래 과업관리가 추진됨으로써 작업자의 인간성을 무시하고 있다는 강한 비판을 받게 되었으며, 이를 계기로 인간관계를 중시하는 행동과학이라는 학문이 나타나게 되었다.

## 03 포드 시스템

포드시스템은 1913년 헨리 포드(H. Ford : 1863~1947)가 컨베이어를 주축으로 한 이동조립법(moving assembly method)을 확립함으로써 대량생산을 실현한 데서 비롯되었다. 이동조립법은 생산의 표준화를 전제로 조립라인을 구성하는 컨베이어와 작업자의 동시 작업수행을 기계적으로 가능하게 한 동시관리(management by synchronization)의 생산방식이다. 테일러가 개별적인 과업의 개선에 주력한 반면에, 포드는 전체적인 작업시스템의 합리화를 추진한 것이 특징이다.

유동작업 방식인 이동조립법은 대량 생산을 합리적으로 수행하는 방식으로 포드의 경영 철학인 포디즘(Fordism)의 실현 형태라고 할 수 있다. 포드는 종업원들에게 보다 높은 임금을 지불(당시 1일 8시간 노동에 주당 최저 2달러 40센트이던 임금을 1914년 '5달러 선언'이후 최저 5달러로 인상 지급하였다)함으로써 생산력을 확대시키는 한편, 사회에는 저렴하게 자동차를 공급함으로써 대중에게 봉사한다는 자세를 지니고 있었다. 이러한 목적을 실현하기에 컨베이어를 활용한 이동조립법은 매우 적합했으며, 그 결과 대량 생산, 대량 판매가 가능하게 되었다.

### 3.1 생산의 표준화

포드는 최저 생산비에 의한 사회봉사를 위하여 제품의 단순화와 부분품의 호환성을 근간으로 하는 생산의 표준화, 이동조립법을 주축으로 하는 대량생산 방식을 도입하였다. 이 시절에 창안된 생산의 표준화와 이동조립법은 오늘날의 대량생산체제의 효시라고 할 수 있다. 포드에 의해서 실시된 생산의 표준화는 다음과 같다.

① 제품의 단순화(simplification of products)
② 부분품의 규격화(standardization of parts)
③ 기계·공구의 전문화(specialization of machine & tools)
④ 작업의 단순화(simplification of work)

이러한 요소는 오늘날 대량생산의 일반원칙인 3S 즉, ①단순화(Simplification) ②표준화(Standardization) ③전문화(Specialization)로 승화되었다.

### (1) 제품의 단순화

제품의 단순화는 대량생산을 가능하게 하는 매우 중요한 요소이다. 포드는 최저생산비를 실현하기 위하여 1908년 T카(모델 T)를 생산한 이후 1927년까지 오직 이 제품만을 생산함으로써 대량생산과 가격인하의 효과를 동시에 실현하였다.

### (2) 부분품의 규격화

제품의 단순화는 구성부품의 규격화 내지 표준화에 의해서 가능하다. 포드는 부분품의 규격화에 주력, 호환성을 갖춘 부분품을 제조하였으며, 이 부품들은 고장 또는 파손된 부분품과 손쉽게 대체할 수 있어 소비자에 대한 편의 제공이 가능해졌을 뿐만 아니라 제조원가를 절감하는 효과를 가져왔다. 표준화의 원리에 입각한 제품의 단순화와 부분품에 대한 규격화는 이동조립법에 의한 대량생산을 가능하게 하였으며, 결과적으로 저가격·고임금(low price, high wage)을 실현할 수 있게 되었다.

### (3) 기계·공구의 전문화

제품의 단위당 생산원가를 낮추고 부분품의 호환성을 유지하기 위해서는 생산효율이 높고 정밀도가 높은, 한 가지 목적에만 이용될 수 있는 기계·공구가 필요하다. 포드는 T카(모델T) 자동차 한 가지로 단순화된 제품 생산을 위하여 5,000여종의 규격화된 부분품을 생산하기에 가장 적합한 기계 및 공구의 전문화를 시도하였다.

### (4) 작업의 단순화

포드는 컨베이어를 이용한 유동작업에서의 조립작업이나 단일 목적의 단순한 기계작업은 작업 그 자체를 단순화함으로써 단순 기능공의 투입이 가능하고, 동일 작업의 연속 실시에 따른 기능의 향상과 생산능률 제고가 가능하다고 판단하고 작업의 단순화를 도모하였다. 당시 포드 자동차공장에서는 고숙련자를 필요로 하는 작업은 15% 미만에 그친 것으로 보고되고 있다.

쉬어갑시다

**포드 "5%가 아닌 95%를 위한 車"**

[한국경제신문, 2013년 4월 5일]

-1863년 미국 미시간주 출생
-1878년 견습 기계공 취업
-1899년 에디슨 전기회사 기술책임자
-1903년 포드자동차 설립
-1908년 포드 '모델 T' 출시
-1911년 컨베이어 벨트 시스템 도입
-1947년 뇌출혈로 별세

"기업의 존재 이유는 '값 싼 상품'과 '높은 임금'으로 사회에 봉사하는 데 있다." '자동차 왕' 헨리 포드의 기업 경영철학은 뚜렷했다. "5%가 아닌 95%의 사람들을 위한 물건을 만들겠다"며 대중적인 차를 만들었고, '1일 8시간 근무, 일당 5달러(당시 동종업계 임금의 2배)'를 정착시켜 미국 중산층 확대에 기여했다. 포드는 1863년 미국 미시간주 디트로이트에서 농부의 아들로 태어났다. 기계에 관심이 많았던 어린 포드는 닥치는 대로 분해와 조립을 반복해 집안에 남아나는 시계가 없었을 정도였다. 15세 때 기계공으로 취업, 36세 때에는 에디슨이 세운 일루미네이팅사의 기술책임자가 됐다. 1903년 자본금 10만 달러로 포드사를 설립했다. "멀쩡한 말들이 많은데 쟁기질도 못하는 자동차가 팔리겠나"라는 비아냥 속에 내놓은 승용차 '모델 T'가 히트를 쳤다. 당시 가장 싼 자동차의 절반 이하 가격으로 내놓은 850달러짜리 포드 승용차는 1911년 3만대, 1913년 10만대가 팔렸다. 컨베이어 벨트 시스템을 도입하면서부터는 차값이 400달러까지 떨어졌다. 대공황 이후 시련이 닥쳤다. 노동조합에 대한 거부감이 컸던 포드는 여론의 뭇매를 맞고 대표 자리에서 물러났다. 후계자였던 아들의 죽음으로 80세에 경영에 복귀했지만 2년 만에 은퇴했다. 수십 년이 지난 뒤 기업인의 롤 모델로 평가받게 되지만, 당시에는 '비인간적인 노동착취 경영자'라는 비난을 받으며 속앓이를 했다. 그런 탓인지 은퇴 2년 만에 뇌출혈로 눈을 감았다. 1947년 4월7일이었다.

## 3.2 이동조립법

포드가 최초의 어셈블리 라인을 조립작업에 채용한 것은 1913년에 실시한 자기발전기(Flywheel Magnets)의 조립작업을 29개의 작업으로 분할하여 수행한 것에서부터 시작된다. 이것은 작업시간 가운데 재료나 공구를 위한 준비 내지 운반시간이 많은 비중을 점유하고 있어 이를 제거하기 위한 것이었다고 한다. 그는 작업자가 작업 중 재료나 공구를 필요로 할 때 왔다 갔다 하며 막대한 시간을 낭비하는 것을 발견하였다. 그래서 그는 작업능률의 향상을 위해서 다음과 같은 2가지의 작업준칙(two general principles in all operations)을 제시하였다.

① 작업자는 1보 이상 움직여서는 안 된다.
② 작업자는 허리를 굽힐 필요가 없다.

이 원칙에 입각하여 자기발전기의 조립 라인의 높이를 8인치 올렸을 때 작업능률은 2.5배로 증대되었고, 조립 라인 높이를 작업자의 신장에 맞추어 허리높이로 조정한 후에는 기존 방법 대비 8.8배 이상의 작업능률 향상이 실현되는 놀라운 결과가 나타났다.

[표 2] 자기발전기(Flywheel Magnets) 조립시간의 비교

| 작업방법 | 기존방법 | 컨베이어 최초설치 시 | 컨베이어의 수정설치(허리높이) | 효과 |
|---|---|---|---|---|
| 대당 작업시간 | 12시간 28분 | 5시간 50분 | 1시간 33분 | 8.8배 능률향상 |

포드는 이와 같은 2가지 작업준칙을 전체 공장에 실현시키기 위하여 작업자와 공구를 작업순위에 따라 배열하고, 작업 장소에 재료와 공정품을 운반하는 설비를 도입하기에 이르는데, 이것이 컨베이어 시스템(conveyor system)이었다. 포드는 '작업에 관한 2가지 일반준칙'을 보완하여 자동차의 조립작업 원칙으로 다음과 같은 것을 제시하였다.

① 작업공정의 순서에 따라 작업자를 배열하고 각 작업의 단위작업시간을 균등히 한다.
② 각 작업자 사이를 컨베이어 내지 기계로 연결하여 작업물을 컨베이어로 운반한다.
③ 컨베이어를 시간적 규칙성에 따라 운전하며, 더욱 원활한 흐름 작업이 수행되도록 한다.

포드시스템은 생산의 표준화를 통해 대량생산을 가능하게 하였으며, 컨베이어를 주축으로 하는 이동조립법에 의해서 생산의 규칙성을 실현하였다. 뿐만 아니라 작업자와 기계의 속도를 종합적으로 동시화(synchronize)하여 종합적인 생산관리를 가능하게 하였다. 그러나 포드시스템은 다음과 같은 결점도 지닌 것으로 평가되고 있다.

① 작업조직을 유동화함으로써 작업자가 지켜야 할 작업속도가 강제된다.
작업의 강제진행은 작업자의 인간성이 무시되는 결과를 낳으며, 결국 인간 노동력을 하나의 기계로 취급하는 오류를 범하게 됨에 따라 '작업자의 비인간화'라는 문제를 야기할 수 있다.

② 어떤 공정에서의 정지가 전체 공정에 미치는 영향이 크다.

어떤 공정에서 사고나 고장 등과 같은 정지원인이 발생했을 때 컨베이어는 서게 되며, 그 정지에 따라 작업은 중단되고 연쇄적으로 다음 공정에 직접적인 영향을 미친다.

③ 설비투자로 인한 고정비가 많이 들어가므로 조업도가 떨어질 때는 제조원가 상승의 주요 요인으로 작용할 위험성이 크다.

컨베이어나 단일목적의 특수기계설비는 상당한 투자액이 소요될 뿐만 아니라 고정비가 많이 들어간다. 그러므로 일정수준 이상의 조업도를 유지하면서 대량생산이 계속되어야만 고정비의 흡수가 가능하게 된다. 불경기, 자재부족, 노사분규 등 기타의 이유로 일정 조업도를 유지하지 못할 때는 제조원가 상승이라는 문제점을 야기한다.

④ 제품의 단순화는 단위당 생산원가가 낮아진다는 대량생산의 이점이 있는 반면, 시장의 변화 및 다양한 수요에 대한 적응이 곤란하다.

자동차 생산에 대량 생산시스템을 도입하고 저가격주의에 의해서 제품의 수요를 확대시켜 나간 포드의 기업전략은 일단 성공을 보았으나, 나중에는 시장수요의 구조적 변화에 능동적으로 적응한 GM에게 상당 부분의 시장을 빼앗기는 결과를 낳았다.

⑤ 제품 및 생산설비의 변경·개량이 어렵다.

표준화의 특성은 '고정성'이라는 점도 내포하고 있다. 따라서 표준화된 제품이나 생산설비의 변경은 용이하지 못하다. 이동작업 조립은 연속적인 대량생산에서 고도의 생산능률을 올릴 수 있지만, 신제품이나 부분품 개량에 따른 생산방법 내지 생산시설의 변경은 매우 곤란하다는 문제점을 내포한다.

[표 3] 테일러시스템과 포드시스템의 비교

| 테일러시스템 | 포드시스템 |
|---|---|
| •작업자 각 개인의 능률향상 중시 | •전체 작업 능률향상의 중시 |
| •과업관리(task management) | •동시관리(synchronization management) |
| •스톱워치를 이용한 과업관리에 의한 차별적 성과급제(표준시간 도입) | •컨베이어 벨트에 의한 이동조립법을 적용한 3S(전문화, 표준화, 단순화) |
| •작업자중심 연구 | •기계설비중심 연구 |
| •고임금, 저노무비의 원칙 (high wage, low labor cost) | •저가격, 고임금의 원칙 (low price, high wage) |
| •인간은 돈에 의해서 행동한다. | •컨베이어 작업속도에 의해 작업자가 억제된다. |
| •과업의 기준을 점점 높일 수 있다. | •고정비가 높고, 한공정이 전 공정에 미치는 영향이 크다. |
| •표준시간에 대한 공정성이 문제된다. | •시장의 변화에 대한 유연성이 없다. |

쉬어갑시다

**미 포드차 "T카", "20세기의 자동차"로 선정**

[한국경제신문, 1999년 12월 20일]

세계 최초의 대량생산 자동차인 미국 포드자동차의 "T카(모델T)"가 1백32명의 미국자동차업계 기자들에 의해 "20세기의 자동차"로 선정됐다. 포드자동차는 T카가 종합평점 7백42점을 얻어 끝까지 경합한 영국의 미니(6백17점), 프랑스 시트로엥의 DS(5백67점), 독일 폴크스바겐의 비틀(5백21점)과 포르셰 911(3백3점)등을 물리치고 영예의 1위를 차지했다.

포드측은 "모델T의 등장으로 세계의 모든 평범한 사람들이 자동차를 개인수송 수단으로 이용하게 됐다"고 말했다. 이동식 조립라인에서 대량생산된 이 차는 1908년에서 1927년까지 세계적으로 1천5백 만대 이상 팔렸다. 생산초기엔 대당 9백50달러에 판매됐지만, 나중에 생산효율 개선으로 2백60달러까지 값이 내려갔다. 한편 자동차업계 기자단은 헨리 포드를 금세기 자동차기업인으로, 페르디난트 포르셰(폴크스바겐 디자이너)를 금세기 자동차엔지니어로 각각 선정했다.

## 04 인간관계론

테일러시스템과 포드시스템은 생산 활동을 과학화하고 조직화하여 생산성을 크게 향상시키는 결과를 낳았다. 그러나 이들 시스템은 인간을 하나의 생산요소로 간주하고 작업능력의 증대에만 관심을 집중한 나머지 조직 내의 인간관계와 관련된 문제에 대해서는 생각이 미치지 못하였다.

조직 내의 비인간화 내지 인간소외에 대한 문제가 사람들의 관심을 끌기 시작한 것은 1930년대부터이다. 특히 1924년부터 1932년에 걸쳐 하버드 대학의 메이요(E. Mayo) 교수팀에 의해 미국의 웨스턴 일렉트릭사(Western Electric Co.)의 호손(Hawthorne) 공장에서 이루어진 생산능률에 관한 실험으로부터 인간관계론(human relations)이 부각되기 시작되었다. 이 연구를 통해 작업의 물리적 및 기술적 측면 이외에 동기부여와 같은 인적 요인에 의해서도 작업자들의 생산성향상에 결정적인 영향을 끼친다는 것을 확인할 수 있었다.

메이요는 조직을 단순히 기능의 집합체나 공식적인 구조 이상의 것으로서, 비공식적인 인간관계가 형성되고 비논리적인 행동도 발생할 수 있는 사회적 시스템으로 보았다. 또한 조직의 생산성은 금전적 유인이나 작업조건의 개선에 의해 달성되는 것이 아니라고 생각하였다.

과거 테일러는 작업자를 생리적인 기계이며, 동시에 임금의 극대화를 추구하는 경제인으로 간주하였다. 또한 작업자는 생산조직이라는 거대한 기계의 톱니바퀴에 불과하며 작업표준화와 금전적 유인에 의해 작업능률은 향상된다고 믿었다. 하지만 표준화된 단순작업은 작업자의 긍지와 일에 대한 관심을 잃게 하였으며, 금전적인 유인은 기대한 만큼의 효과를 낳지 못하였다.

이에 반하여 메이요는 작업자를 하나의 사회적 존재로 보고, 작업능률은 조직 내의 인간관계와 사회적 욕구의 충족정도에 의하여 영향을 받는다고 하였다. 그러므로 경영자는 인간성의 본질을 이해하여야 하며, 조직 내의 문제를 해결하는 데는 사회적·심리적 접근이 요청된다고 보았다.

인간관계론에 의해 제기된 조직의 인간문제는 그 후 행동과학, 심리학, 인류학 연구자들이 대거 참여하여 조직행동이론, 동기이론 등으로 발전하였다. 오늘날 생산관리의 한 영역인 직무설계와 작업조직의 문제에 있어서는 행동과학이론이 상당부분 반영되고 있는 것이 사실이다.

1924년부터 1932년까지 '인간관계론의 아버지'라고 불리는 메이요와 뢰스리스버거의 협력으로 이루어진 호손실험의 구체적인 내용을 살펴보기로 하자.

호손실험은 전선과 전신기기 등의 제조회사로 종업원의 복지에 많은 관심을 가져 의료시설, 임금, 근로시간 등이 대체로 양호했던 AT & T 산하의 웨스턴 일렉트릭사의 일리노이주 시카고 교외에 있는 호손공장에서 실시되었던 실험을 말한다. 이 실험은 '노동자의 생산능률은 임금, 작업시간, 노동환경 등과 같은 물적, 인적 제 조건의 함수'라는 전통적 산업심리학적 가설에 역점을 두고 이를 검증하려는데 목표를 둔 실험이었다. 그러나 실험의 결과는 이 가설을 전면 부정하는 결론에 이르게 되었다.

호손실험은 총 4차에 걸쳐 이루어졌다. 1924년~1927년에 이루어진 제1차 실험은 '환경조건(조명, 통풍, 온도 등)과 생산성과의 관계'에 관한 실험으로 일명 '조명실험'이라고 한다. 이 실험은 작업하기에 가장 적당한 조명을 비춰준다면 피로를 줄이고 생산성도 향상시킬 것이라는 가정에 근거한 실험이었다. 그러나 생산성향상은 조명의 밝기와는 무관한 것으로 밝혀짐에 따라 제2차 실험이 진행되었다.

1927년~1929년에 행해진 제2차 실험은 '작업조건(작업시간, 휴식시간의 장단 등)과 생산성과의 관계'에 관한 실험으로 '릴레이 조립실험'이었다. 이 실험을 통해 생산성은 임금, 작업조건, 작업환경의 함수라는 종래의 산업심리학적 가설이 와해되었다. 오히려 생산성을 좌우하는 요인은 종업원사기(직장사기), 유쾌한 작업조건, 작업에 대한 자부심, 자기존재의 중요성이 인정되는 기쁨, 거기서 생겨나는 책임감 등 종업원의 마음속에서 발생된 감정적 요인이라는 것이 밝혀졌다.

[표 4] 호손실험의 내용과 결과

| 실험 명 | 기간 | 실험내용 | 결과 |
|---|---|---|---|
| 조명실험 | 1924~1927 | 조명의 강도와 작업능률과의 관계 | 상관관계 없음 |
| 릴레이 조립실험 | 1927~1929 | 6명의 여성근로자, 작업장의 물리적 조건 개선 (작업시간 단축, 합리적인 휴식시간의 배정, 간식, 근로환경 개선 등) | 생산성 향상과는 무관함 |
| 면접실험 | 1928~1930 | 상사의 감독방법, 작업환경 등 회사에 대한 불만조사 | 물리적 조건보다 사회/심리적 조건이 종업원의 의식 및 태도에 영향을 끼침 |
| 권선작업 실험 | 1931~1932 | 14명의 남성근로자, 작업상태의 관찰 및 면접 실험 병행 | Informal Group 형성<br>Group내 서열결정 및 행동 |

제3차 실험은 '면접실험'이었는데, 1928년부터 1930년 사이에 실시되었다. 이 실험을 통해 많은 종업원들이 말하는 불만이 반드시 객관적이지는 않더라도 그들이 그렇게 느끼고 있다는 사실이 중요하다는 점, 즉 사실이 아니지만 감정의 논리에 근거하여 심리적으로 실재(實在)한다는 사실이 중요하다는 점을 발견하게 되었다.

그리고 마지막으로 1931년~1932년에 실시된 제4차 실험은 '배전기 권선작업 관찰 실험'이었는데, 이 실험을 통해서 종업원의 사회적 구조를 통찰할 수 있었다. 즉, 비공식조직(informal group)에도 자연적으로 선발된 리더가 있으며, 집단적 신념이나 감정을 기초로 한 행동규범, 가치체계, 지위관계 등이 형성되어 회사가 정한 공식조직(formal group)에 크게 영향을 미친다는 사실을 알게 되었다.

## 05 계량적 생산관리

시스템이론의 주창자들은 전체 시스템 관점에서의 조직연구의 중요성을 강조한다. 그들은 조직을 고도로 상호 관련되어 있고 상호의존적인 부분의 집합체인 시스템으로 간주한다. 관리자가 어떤 하나의 하위시스템에 변화를 주게 되면 이것은 전체 시스템의 다른 부분에도 영향을 미치게 된다. 예컨대, 생산에서의 정책 변화는 재무, 마케팅, 인사라는 하위시스템에 영향을 미치는 것이다. 이들에 따르면 하위시스템 간의 관련성, 시스템 변화로 인한 영향예측 및 시스템 변화의 적절한 실시 등이 전체 시스템 관리의 중요한 내용이 된다.

특정의 관리 및 조직상의 문제에 대한 변수를 수학적으로 표현하기 위하여 모형이 사용되고 있다. 이 모형은 시스템적 관점에서 조직의 의사결정을 검정하기 위해 하위시스템 사이의 관련성을 수학적으로 표현하는 것으로서 효과적인 의사결정을 위하여 사용될 수 있다. 이러한 수학적 모형은 종종 단순히 변수 사이의 관련성을 명확히 하는 것만이 아니라, 경영의사결정에 유용한 정보를 제공하기 위하여 의사결정 모형(decision making model)이 사용되기도 한다.

의사결정 모형은 1915년 해리스(F.W. Harris)가 재고관리를 위한 수학적 모형을 처음으로 개발한 것이 그 출발이다. 그후 1931년 벨 전화 연구소의 슈하르트(W.A. Shewhart), 닷지(H.F. Dodge)와 로믹(H.C. Romig)은 통계적 품질관리를 위한 샘플링 모형을 개발하였다. 제2차 세계대전을 계기로 각종 OR(operations research)기법이 개발되었는데, 1947년 단찌(G.B. Danzig)에 의해 선형계획모형인 심플렉스법이 개발됨으로써 선형계획법의 실무적 응용을 촉진시켰다. 1950년대 이후 여러 OR기법들이 산업분야에 적용되면서 경영과학이라는 명칭으로 생산관리 시스템 분야에 확대·적용되었다.

1950년 대 이후 제조업분야 및 관리활동에 자동화가 급속하게 확산되면서 컴퓨터 및 컴퓨터 기술이 생산 현장에 널리 사용되게 되었다. 최근에는 사무자동화, 제품설계, 공정관리, 로봇, 일정계획 등에 널리 응용되고 있으며, 지금은 생산운영관리의 필수적인 요소로 생산자동화기술 및 정보기술이 자리 잡고 있다. 1980년대 이후 생산운영관리 분야는 글로벌 기업이 출현하면서 경쟁력, 생산성, 품질, 전략 등에 초점을 두면서 새로운 패러다임으로 변화하고 있는 추세에 있다.

(표 5)는 생산관리의 발전을 개관할 수 있도록 아담 스미스 이후의 주요 내용을 요약한 것이다.

[표 5] 생산관리의 발전단계

| 연대 | 공헌한 사람 | 생산관리 발전에 기여한 내용 |
|---|---|---|
| 1776 | Adam Smith | 분업에 의한 생산성 향상 |
| 1799 | Eli Whitney | 호환성 부품 |
| 1832 | Charles Babbage | 분업사상을 관리적 측면에서 보완 |
| 1911 | F.W. Taylor | 과학적 관리법 및 작업측정 |
| 1911 | Frank & Lillian Gilbreth | 동작연구 |
| 1913 | Henry Ford | 이동조립법에 의한 대량 생산방식 확립 |
| 1914 | Henry L. Gantt | 간트 차트 창안 |
| 1915 | E.W. Harris | 경제적 주문량(EOQ)모델 제시 |
| 1931 | W.A. Shewhart | 통계적 품질관리(SQC) |
| 1933 | H.B. Maynard | 동작 및 시간연구를 방법공학으로 종합 |
| 1934 | L.H.C Tippett | 워크 샘플링으로 작업 측정 |
| 1946 | Pennsylvania 대학 | 최초의 컴퓨터 ENIAC 개발 |
| 1947 | G.B. Danzig | 심플렉스 해법에 의한 선형계획모델 개발 |
| 1951 | UNIVAC | 최초의 상업용 컴퓨터 UNIVAC 1 |
| 1961 | E.S. Buffa | 생산시스템 중심의 생산관리론 |
| 1961 | 학계, 기업 및 연구기관 | 컴퓨터 시뮬레이션 모델(DYNAMO) |
| 1960 년대 | | 시뮬레이션, 의사결정이론, 동적계획법 등 경영과학의 개발·적용, PERT/CPM, 인간공학의 등장 |
| 1970 년대 | | 수요예측, 입지, 시설배치, 일정관리, 재고관리 프로젝트 관리용 컴퓨터 패키지 프로그램 개발(MRP) |
| 1980 년대 이후 | | 전반적인 전략과 정책에 따른 생산 활동의 종합전개, 전략적·종합적 생산관리로 접근 (JIT, ERP, FMS, CAD/CAM, CIM 등) |

쉬어갑시다

**굴레에 메인 인간 – 모던 타임즈(Modern Times)**

한국일보, 2007년 3월 5일

1936년 제작된 영화 〈모던 타임즈〉는 불황과 경제공황에 멍든 미국의 자화상을 풍자적으로 그리고 있다. 특히 자동화된 기계 속에서 말살되어 가는 인간성과 산업 사회가 가져다주는 필연적인 인간 소외의 문제를 빠른 템포의 팬터마임과 몽타주 수법들을 동원하여 생생한 블랙 유머로 잡아내고 있다.

이 영화는 떠돌이 노동자의 이야기라는 자막과 함께 시작한다. 산업혁명 이전에 떠돌이는 아주 예외적인 존재였다. 곰곰이 따져보면 사람들은 땅에 묶여 있을 수밖에 없다. 자신이 발딛고 있는 땅을 보살피고 그 땅의 소출을 가지고 의식주를 해결하던 시대에는 대부분의 사람들이 땅을 떠날 수 없었다. 산업혁명은 상황을 완전히 바꾸어 놓았다. 새로이 등장한 대규모 공장은 많은 노동자를 집어 삼켰다. 많은 사람들이 땅과 결별할 수 있는 조건이 만들어진 것이다.

대규모 공장의 작업은 규격화되어 있고, 이러한 단순 작업에 투입되는 사람은 별다른 기술이 없어도 된다. 농부는 논밭을 경작하기 위해 절기, 기후, 강수량, 땅의 성질과 그곳에서 자라는 모든 식물들에 대해 잘 알고 익숙해야 한다. 하지만 공장 노동자는 기계 부속처럼 단순한 동작만 하면 되었으므로 자신이 하는 한 가지 일만 잘 알면 된다. 자신의 삶을 둘러싸고 있는 환경에 대한 총체적인 통찰은 별로 쓸모없는 것이 되었다. 영화에서 떠돌이 노동자가 그랬듯이 반복적으로 너트를 죌 줄만 알아도 어찌어찌 먹고 살 수 있는 세상이 된 것이다.

떠돌이 노동자를 〈모던 타임즈〉의 주인공으로 삼은 것을 보면 채플린은 현대인의 운명을 정확하게 읽고 있었다. 떠돌이를 양산해낸 공장의 조직과 작업 방식은 테일러(F. W. Taylor)와 포드(H. Ford)의 이론을 근거로 삼고 있다. 19세기 후반, 규모가 커진 공장을 조직하고 움직일 새로운 방식이 필요했다. 철강회사에서 일하던 테일러는 노동자들이 하는 작업의 시간을 측정하여 그들이 할 수 있는 일의 양을 정하고 목표량을 달성하도록 하는 방법으로 작업의 효율을 극대화하려고 하였다. 또 이러한 작업량과 시간의 표준화를 바탕으로 컨베이어 벨트 위에 흘러가는 물건들에 단순한 조작만을 가하면 되도록 작업대를 설치하고, 필요 없는 동작을 줄인 일괄 생산 체계를 포드가 자신의 자동차 공장에서 현실화시켰다.

이러한 조직과 작업 방식은 큰 성과를 거두었다. 실제로 포드는 스스로 고안한 새로운 생산 방식을 이용해 자동차의 조립 주기를 1/4로 단축시켰고, 가격도 80% 가량 낮추었다. 1914년에 28만대에 그쳤던 생산량도 1921년엔 100만 대로 늘어났다. '과학적'이라고 명명된 관리 기법에 힘입어 수많은 사람들이 기계의 부품처럼 협력하는 작업이 가능해졌고 늘어난 생산력에 기대어 현대는 풍요를 구가하고 있다. 구석구석 많은 불평등이 존재하지만 물질적인 풍족함만이 행복의 기준이라면 현대는 그 어느 때보다 행복한 사람들이 많은 시대라고 불러도 좋을 것이다. 수정과 보완이 따랐지만 시간이 흐른 지금도 테일러와 포드의 방법은 여전히 우리의 일터를 지배하고 있다.

## 요약

- 생산관리의 발전과정을 간략히 살펴보면 분업, 부품의 표준화, 과학적 관리법, 이동조립법, 인간관계론, 의사결정모형, 컴퓨터, 제조관리의 일반이론 정립 시도 등으로 정리할 수 있다.
- 테일러 시스템의 주요내용은 시간연구에 기초를 둔 과업관리를 중심으로 직능식 직장제도, 차별적 성과급제, 그리고 과학적 관리법의 원리 등으로 정리되는데, 이 시스템은 '고임금·저노무비'의 이념을 공장관리에 적용하고자 하는 노력이었다.
- 포드에 의해 주창된 이동조립법은 생산의 표준화를 전제로 조립라인을 구성하는 컨베이어와 작업자의 동시 작업수행을 기계적으로 가능하게 한 동시관리의 생산방식인데, 테일러가 개별 과업의 개선에 주력한 반면 포드는 전체 작업시스템의 합리화를 도모한 것이 특징이다. 이 방식은 오늘날의 대량생산체제의 효시라고 평가된다.
- 포드에 의해서 실시된 생산의 표준화는 제품의 단순화(simplification of products), 부분품의 규격화(standardization of parts), 기계·공구의 전문화(specialization of machine & tools) 그리고 작업의 단순화(simplification of work) 등인데, 오늘날 대량생산의 일반원칙인 단순화(Simplification), 표준화(Standardization), 전문화(Specialization)로 승화되었다.
- 인간관계론의 아버지라고 불리는 메이요는 작업자를 하나의 사회적 존재로 보아야 하며, 작업능률은 조직 내의 인간관계와 사회적 욕구의 충족도에 의하여 영향을 받는다는 것을 주장하였다. 인간관계론에 의해 제기된 조직의 인간문제는 그 후 행동과학, 심리학, 인류학 연구자들이 대거 참여하여 조직행동이론, 동기이론 등으로 발전하였다.

## 토의문제

1. 과학적 관리법의 내용과 의의를 설명하라.

2. 테일러의 과학적 관리방식을 그 이전의 관리방식과 비교하여 설명하라.

3. 테일러 시스템과 포드 시스템을 상호 비교하여 설명하라.

4. 호손실험의 전체적인 내용을 설명하고, 그 연구의 의미에 대해 설명하라.

5. 메이요의 인간관계론이 태동하게 된 배경에 대해 설명하라.

6. 과학적 관리법과 인간관계론은 생산성 향상을 위해 상호보완적인 관계를 형성할 수 있는지 검토하라.

7. "모던 타임즈"라는 영화를 통해 주인공이 전달하려는 메시지가 무엇인가를 설명하라.

제 03 장

# 기업경영과 생산전략

## 01 기업과 전략

전략(strategy)은 기업이 가능한 최대의 이익을 올리면서 오랫동안 살아남기 위해 스스로의 힘을 개발하고 활용하는 기술이자 과학이며, 경쟁에서 승리하기 위한 수단이다. 경쟁에서 승리한다는 것은 기업이 추구하는 목표, 즉 이익의 극대화를 다른 기업보다 뛰어난 성과로 달성한다는 것과 동일한 의미로 사용할 수 있다. 다시 말하면 전략이란 '기업이 나아갈 방향과 목표를 설정하고 계획을 세우며, 주요한 활동을 실제로 수행함으로써 독특한 우위를 획득하고 유지하게 하는 것'으로 정의할 수 있다.

기업경영의 맥락에서 '전략'이란 개념이 통용되기 시작한 것은 그다지 오래되지 않았다. 1960년대부터 전문용어로 간간이 쓰이다가 1980년대에 들어서야 기업경영의 중심개념으로 자리를 잡았다.

기업의 전략은 기업을 둘러싼 모든 중요한 활동들을 포함하는 다차원적인 개념으로 접근할 필요가 있다. 즉, 기업은 전략을 수립하면서 자사의 역량과 함께 그 기업이 속한 산업의 성장률과 시장의 규모, 경쟁상태 등과 같은 외부요인은 물론 인구변동, 소비자의 생활패턴 변화 등과 같은 사회적 요인도 함께 고려해야만 한다.

모든 조직은 고유의 비전과 사명을 가지고 있다. 여기서 비전(vision)이란 '기업이 추구해야 하는 미래상'을 뜻하며, 사명(mission)이란 '조직의 존재 이유'를 의미한다. 따라서 사명은 기업운영의 기본방향을 제시하며, 그 기업 목적의 설정을 위한 기초로 활용된다. 전략(strategy)은 이와 같은 기업의 목적을 달성하기 위해 수립되는 계획이므로 기업전략이란 그 기업의 사명을 달성하기 위한 수단으로 작용한다. 따라서 조직의 성공은 모든 전략이 그 조직의 사명과 조화를 잘 이루느냐에 따라 결정된다고 할 수 있다.

기업에서 수립되는 전략은 조직의 수준에 따라 기업전략, 사업전략 및 기능별전략 등으로 나눌 수 있다.

기업전략(corporate strategy)은 조직의 사명 실현을 위한 전략으로서 참여 사업의 종류, 사업의 획득 및 처분방법, 목표시장의 명확화, 이익 및 시장점유율 목표수준, 다양한 사업들 간의 합리적인 자원의 배분, 그리고 이들 사업들을 관리하는 방법 등을 담고 있다. 결국 기업전략이란 기업의 기본적인 대외경쟁방법을 정의한 것으로서 이것이 명시됨으로써 각 부문이 수행해야 할 역할이 무엇이며, 상충되는 요구조건을 어떻게 처리할 것인지의 방향감각을 가질 수 있게 하는 효과가 있다. 일반적으로 미국 기업의 전략은 단기 이익을 최대로 하는 반면에, 일본 기업은 시장점유와 장기적 경쟁력 확보를 위해 신축성, 기술 및 생산에서의 인적자원 활용 등에 역점을 두는 특징이 있다.

기업전략을 보다 구체적으로 살펴보면 안정전략, 성장전략, 방어전략 및 혼합전략 등으로 대별된다.

안정전략이란 기업경영 환경이 안정적이기 때문에 현재의 활동과정을 지속하는 전략을 말한다. 이 전략의 특징은 환경의 변화가 없기 때문에 기존의 형태를 유지하는 것이 가장 효과적이라는 판단에 기초한다는 점이다. 이 전략은 다음과 같은 이유 때문에 많이 적용되고 있다.

① 조직에서 이미 잘 수행되고 있다고 인지되고 있기 때문
② 위험이 적은 행동 대안이기 때문
③ 쉽고, 용이하게 실행할 수 있는 대안이기 때문
④ 조직이 다른 전략을 수행할 경우 어느 정도 시간적 여유가 필요하기 때문

성장전략은 안정전략과 대비되는 전략으로 조직의 현재 업무를 확장하여 기존 제품과 서비스의 다양화 또는 신제품 개발 형태로 연결된다. 어느 경우든지 성장은 안정보다는 위험이 수반되는 전략이지만 다음과 같은 이유로 채택된다.

① 성장은 변화가 심한 산업이 장기적 생존을 위해 필요하다.
② 사람들은 성장전략이 사회적 효용을 향상시킨다고 믿고 있다.

③ 성장대안은 지명도가 높아지기 때문에 유능한 인력을 확보할 수 있다.

방어 전략이란 사업의 운영이 부실한 분야를 매각하고 다른 분야를 강화하는 전략을 뜻한다. 이 전략은 사업계열이 빈약하게 운영되고 있는 기업에서 즐겨 활용되고 있는데, 조직규모나 활동범위는 축소시키되 능률은 향상시킨다는 목적을 갖는다.

혼합전략이란 두 가지 이상의 전략을 동시에 활용하는 것으로서 전체적으로는 안정전략을 취하면서도 특정 부문을 중심으로 성장 내지 방어 전략을 추구하는 것을 말한다. 이 전략은 경기변화가 심하거나 침체상황에서 즐겨 채용하는 경향이 있다.

일단 기업전략이 수립되면 이 범위 내에서 사업전략(business strategy)이 수립된다. 사업전략은 기업전략과 일관성을 가지면서 각자의 사업범위를 명시해야 하며, 사업별 내지 전략사업단위(strategic business unit : SBU)들이 비교우위를 확보하기 위한 수단을 구체적으로 제시해야 한다. 즉, 특정산업이나 시장부문에서 한 기업의 제품이나 서비스의 경쟁력을 확보하고 개선하기 위한 전략이 사업전략이다. 그러나 별도의 사업단위를 가지지 않는 중소기업에서는 사업전략이 생략될 수 있다는 특징을 지닌다.

사업전략의 범주 내에서 결정되는 기능별전략(functional strategy)은 전략의 최하위 수준에 위치한다. 즉, 기업의 주요 기능영역인 생산 및 마케팅, 재무, 인사, 구매 등을 중심으로 상위전략인 기업전략 내지 사업전략을 지원하고 보완하기 위해 수립되는 전략이다.

이와 같은 3가지 전략은 서로 연계되어 전개되는 것으로서, 기업전략은 사업전략의 방향을 제시하고 사업전략은 기능별 전략의 방향을 제시하며, 기능별 전략은 일상적인 경영활동에 대한 방향을 제시한다.

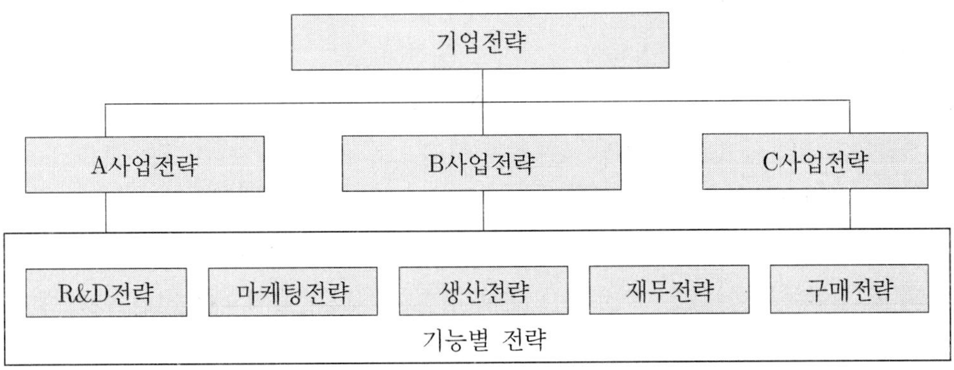


〈그림 1〉 전략의 형태와 수준

# 02 사업전략

사업전략은 산업경쟁을 결정하는 영향력들에 대비하여 수익성과 지속적인 경쟁력을 확립하는 것이 주된 목표이다. 사업전략 수립 시 가장 많이 활용되는 마이클 포터(Michael Porter)의 본원적 전략 즉, ①원가우위전략(overall cost leadership) ②차별화전략(differentiation) ③집중화전략(focus) 등을 중심으로 살펴보기로 하자.

원가우위전략이란, 효율적인 생산체제로 표준화된 제품을 저렴하게 공급하여 해당 산업 내에서 원가상 우위를 달성하는 전략을 말한다. 이 전략을 달성하기 위해서는 생산의 표준화 (3S)에 기초하여 규모의 경제(economies of scale)를 가지는 대량생산설비와 경험축적에 근거한 원가절감을 적극 모색해주기를 요구한다. 이 전략은 기업 모든 경영관리자의 지속적인 관심을 요구하며, 연구개발, 생산, 광고, 서비스 등에서의 비용을 최소화시키기 위한 노력이 필요하다. 1980년대까지의 한국기업 대부분이 이 전략을 중심으로 국내외 시장에서 경쟁한 바 있으며, 오늘날에는 동남아의 개발도상국에서 즐겨 사용하고 있는 전략이다.

차별화전략이란 경쟁사들과는 차별화된 제품이나 서비스를 제공함으로써 독특함의 경쟁우위를 누리려는 전략이다. 차별화 포인트는 품질, 디자인, 기술, 마케팅, 브랜드, 기업이미지, 고객서비스 등에 의해 추구될 수 있다. 이 전략에서는 원가를 우선적인 목표로 삼지 않는다. 일단 이 전략이 성공하면 기업은 그 산업 내에서 평균 이상의 수익률을 올릴 수 있는 성장기업이 된다. 예를 들면 워크맨은 SONY, 휴대전화는 노키아(Nokia), 아스피린은 바이엘, 자동차분야에서는 롤스로이스 등이 차별화 전략을 구사하여 성공한 대표적인 기업으로 평가된다. 그러나 이와 같은 차별화 포인트는 다른 경쟁자에 의해 쉽게 모방될 수 있기 때문에 계속적인 주의를 기울여야만 한다는 단점이 있다.

집중화전략이란 다른 기업들이 생각하지 못한 특정한 시장, 특정 계층, 특정 지역 등을 집중적으로 공략하는 것을 말한다. 원가우위전략과 차별화전략이 전체를 대상으로 접근하고 있음에 반하여 특정 목표를 집중적으로 공략하는 이 전략은 한정된 자원으로 전략목표를 효과적으로 달성할 수 있다는 특징을 지닌다. 예를 들어 청소년을 대상으로 한 저렴한 가격의 의류판매, 건강에 관심이 많은 40-50대를 겨냥한 건강 상품 판매, 상류계층을 위한 고급 명품 판매 등은 집중화전략의 대표적인 예가 될 수 있다.

한편, 오늘날 중소기업은 물론이고 대기업들도 소비자 욕구의 다양화에 따라 자원의 효율적인 활용을 위해 적극적으로 실시하고 있는 또 하나의 전략으로 틈새전략(niche strategy)이 있다. 여기서 '니치(niche)'란 '빈틈' 또는 '틈새'로 해석되며 '남이 아직 모르는 좋은 낚시터'라는 은유적 의미를 가지고 있다. 틈새전략이란 시장 전체를 목표로 삼지 않고, 먼저 세밀한 시장조사를 한 후 다른 기업과 직접 경쟁을 벌이지 않아도 될 시장 내의 적소를 찾아내어 경영자원을 그곳에 집중하는 전략을 의미한다. 이렇게 확보된 시장을 '틈새시장'이라고 하며, 이런 전략을 취하는 기업을 '니치 기업'이라고 한다. 바람직한 틈새시장은 작지만 충분한 수익성을 보장할 정도의 규모와 구매력을 갖추고 있어야 하고, 지속적인 성장가능성이 있어야 하며, 잠재경쟁자들이 외면하거나 무시하고 있는 시장이라야 한다.

틈새전략으로 성공한 대표적인 기업으로는 사우스웨스트항공(southwest airline)을 꼽을 수 있다. 사우스웨스트항공은 대형 항공사들이 관심을 갖지 않던 중소도시 간 단거리 노선에 집중해 크게 성공을 거둔 바 있다. 사우스웨스트항공은 경제성을 추구하는 고객들을 유인하기 위해 반드시 필요하지 않은 서비스는 과감히 없애면서 가격을 대폭 낮추었다. 기내식은 당연히 제공하지 않았고, 좌석등급도 하나로 통일했으며, 지정좌석제를 폐지하고 승객도 오는 순서대로 자리에 앉도록 했다. 그럼에도 사우스웨스트항공은 소비자의 욕구에 부응하는 틈새 전략으로 항공업계의 극심한 불황기에도 기록적인 성장을 할 수 있었다.

[표 1] 기업전략과 사업전략의 의사결정문제

| 기업전략 | 사업전략 |
|---|---|
| 1. 어떤 사업영역에 참가할 것인가 ?<br>다음과 같은 의사결정이 사업영역(제품시장의 범위)에 변화를 가져온다.<br>① 관련 및 비관련 다각화 (새로운 제품시장으로의 진출)<br>② 수직적 및 수평적 통합<br>③ 기존 사업의 매각 | 1. 주어진 사업영역 내에서 어떻게 경쟁할 것인가 ?<br>① 내부자원(경쟁우위의 원천)의 개발과 축적<br>② 내부자원의 차별적 활용(내부자원과 외부환경간의 적합성 달성) |
| 2. 각 사업단위에 어떤 목표를 부여할 것이며 이에 상응하는 최적 자원배분을 어떻게 달성할 것인가 ? | 2. 기능부문별로 자원을 어떻게 배분할 것이며 사업전략과의 전략적 일관성을 어떻게 확보할 것인가 ? |
| 3. 다각화된 사업포트폴리오를 어떻게 관리할 것이며, 시너지 효과를 극대화하기 위하여 이들 간의 관련성을 어떻게 활용할 것인가? | |

로지텍 인터내셔널처럼 컴퓨터 마우스에 집중하여 세계적인 기업이 된 경우도 있다. 로지텍은 왼손잡이를 위한 마우스, 어린이용 마우스, 무선 마우스 등 다양한 마우스를 생산해 이 분야에서는 최고의 기업이 되었으며, 우리나라의 영안모자나 HJC 같이 야구모자와 오토바이용 헬멧에 특화하여 세계시장에서 최고의 위치에 오른 경우도 있다.

쉬어갑시다

**대우일렉 틈새가전시장 파고든다**

**'7㎏ 세탁기' '말하는 오븐' 등 이색상품으로**
**삼성 · LG와 차별화**

[매일경제신문, 2012년 12월 24일]

'국내 유일 7㎏ 소형 드럼세탁기' '시각장애인을 위한 말하는 오븐' '캠핑 트레일러용 전자레인지'.

국내외 틈새시장을 개척한 대우일렉트로닉스의 특화가전 전략이 시장의 호응을 얻고 있다.

삼성과 LG에 밀려 잊혔던 대우일렉이지만 나름대로 독자적 영역 구축에 성공한 것이다. 대우일렉은 세계적인 경기 침체 속에서도 이색 가전으로 쏠쏠한 재미를 본다.

삼성과 LG 등 글로벌 시장 선두업체가 특정 소비자의 취향을 즉각 반영하는 제품 전략을 세우기 어렵다는 점을 역으로 파고든 덕분이다. 다양한 지역 문화를 반영한 톡톡 튀는 아이디어도 한몫했다.

대우일렉은 2009년 국내 최초로 7㎏ 규모 소형 드럼세탁기를 출시해 지금까지 매달 1만 대 판매를 기록 중이다. 좁은 공간에도 쉽게 설치할 수 있는 공간 효율성을 갖췄으며 기존 세탁기(용량 10~20㎏)보다 가격이 30%가량 저렴한 것이 특징이다. 대우일렉은 "부피가 작은 빨래를 자주 해야 하는 갓난아이 양육 가정에서 특히 인기"라고 설명했다. 아기옷 빨래를 자주 하는 가정에 적합한 세탁기를 내놓으면서 대우일렉은 '세컨드 세탁기 시장'을 창출해냈다.

클라쎄 콤비냉장고는 냉장고의 통념을 깬 제품이다. 소비자들이 자주 사용하는 냉장실 위치를 상단에 두고 냉동실을 하단에 둔 것. 양문형 냉장고의 큰 부피, 비싼 가격을 부담스러워 하는 실속형 소비자에게 꾸준한 사랑을 받고 있다. 설치 면적이 양문형 냉장고의 절반 이하이기에 좁은 주방공간에도 설치가 가능하다. 이 제품 역시 매달 1000대 이상 판매되고 있다.

해외 시장도 예외는 아니다. 대우일렉은 해외 소비자들의 문화에 맞춘 현지 특화 가전을 잇달아 출시하며 글로벌 입지를 다지고 있다.

업계 최초로 음성 가이드 기술을 복합오븐에 적용한 말하는 복합오븐 은 2010년 프랑스어를 탑재해 수출을 시작했다. 이어 영어, 스페인어, 러시아어, 페르시아어 등 다양한 언어를 추가로 적용해 20여 개 국가에 팔고 있다. '말'을 통해 음식을 조리할 수 있어 눈이 불편한 소비자들에게 큰 호응을 얻었다.

중남미 공략을 위해 선보인 '셰프멕시카노' 복합오븐은 멕시코 스타일 요리를 하는 데 제격이다. 멕시코 현지 요리를 자동 메뉴로 쉽게 조리할 수 있어 2009년 출시 이후 멕시코 전자레인지 시장 히트 상품이 됐다.

현재 대우일렉은 멕시코 전자레인지 시장 점유율 2위(24%)다. 대우일렉은 셰프멕시카노에 이어 러시아, 이란, 페루 요리도 자동으로 조리할 수 있는 특화 오븐을 잇달아 출시해 글로벌 누적 판매량 40만대를 달성했다. 우중충한 날씨를 피해 이웃 나라에서 캠핑을 즐기는 영국인을 위한 '트레일러용 전자레인지'도 얼마 전 영국시장에서 점유율 1등을 차지했다.

가전업계 관계자는 "최근 소비자 요구에 맞춰 세계 가전 시장 트렌드가 다양화·세분화되는 추세"라며 "대우일렉을 비롯한 가전업체들이 틈새시장에 많은 관심을 보이고 있다"고 전했다.

## 03 경쟁력 강화를 위한 생산전략

세계적으로 강한 경쟁력을 확보하고 있는 기업은 대부분 경쟁기업에 비하여 고품질의 제품을 보다 신속하고 저렴하게 생산 판매하고 있다. 그들은 주어진 인적, 물적 자원들을 효과적으로 이용하여 탁월하게 업무나 활동을 수행하는 경쟁능력, 즉 차별적 경쟁능력(distinctive competence)을 지니고 있다는 특징이 있다. 이것은 핵심역량(core competence)과도 유사한 개념이다. 1990년 하버드 비즈니스 리뷰에 발표한 '기업의 핵심역량(The core competence of the corporation)'이라는 논문을 통해 처음으로 핵심역량이라는 개념을 소개한 하멜(G. Hamel)과 프라할라드(C. K. Prahalad)에 따르면, 핵심역량이란 '경쟁기업에 대해 절대적인 경쟁우위 창출을 가능하게 하는 기업의 독특한 자원과 능력의 조합'이라고 정의되는 것으로서, 시장에서 구입가능하거나 재생산, 복제, 대체가 불가능한 유무형의 자산을 의미한다.

3M은 도장과 접착기술 및 기술개발을 지원하는 혁신시스템, 미국의 코닝은 유리와 세라믹 기술 및 제품화할 수 있는 공정기술을 핵심역량으로 확보하고 있다. 또한 일본의 혼마는 단조기술을 이용하여 일본도(日本刀) 제품에서 명품 골프채 생산으로 그 사업영역을 확장하였고, 카메라로 유명한 캐논은 현미경 제작사로 출발하여 해당 분야의 핵심기술인 광학기술과 정밀기계기술, 전자기술을 핵심역량으로 삼아 복사기, 프린트 분야 등 사무기기 산업으로 사업영역을 확장하였다.

기업경쟁력의 주요 원동력인 이러한 능력은 그 기업이 지니고 있는 독특한 자원과 강점으로서 경쟁자를 앞서는 경쟁우위와 차별화를 가능하게 한다. 이와 같은 차별적 경쟁능력은 단일 자원보다는 여러 자원의 결합으로 이루어진다는 특징이 있다.

[표 2] 차별적 경쟁능력의 예

| 기업 | 차별적 경쟁능력 | 자원의 결합 내용 | 성과 |
|---|---|---|---|
| 크라이슬러 | 자동차 개발능력 | - 동시병행설계(CE)<br>- 공급업체의 협력<br>- 창의적인 기술자<br>- 팀의 높은 사기 | 중형 승용차 Neon 개발기간 31개월로 단축 |
| 월마트 | 유통서비스 능력 | - 최고경영자의 리더십<br>- 유능한 공급업자<br>- 물류정보시스템<br>- 종업원의 협동심<br>- Cross-docking | 충분한 상품 재고 확보와 구매원가 및 물류비 절감으로 EDLP 실현<br>(every day low price) |

그러므로 경쟁력은 특정 부서의 노력만이 아니라 다양한 기능의 유기적인 통합을 통해 여러 자원의 효과적인 결합과 배분을 실현하는 것이 절실히 요구된다.

## 3.1 생산전략

고객만족을 이끌어내는 경쟁우위요소는 생산기능과 밀접한 관계가 있다. 고객의 요구사항과 니즈를 충족시킨 양질의 제품이나 서비스를 고객이 원하는 시점에 적절하고 효과적으로 공급하는데는 생산시스템의 기능이 중요한 역할을 하기 때문이다.

세계적인 초우량 기업은 기능별 경쟁전략 중에서도 특히 기업의 생산기능을 전략적으로 활용하는 생산전략을 매우 중요한 경쟁수단으로 여기고 있다. 생산전략은 마케팅전략, 재무전략, R&D전략 및 인사노무전략 등과 같은 기능별 전략으로 전반적인 기업전략의 일부분이라는 것을 앞에서 설명한 바 있다. 따라서 생산전략은 통합적인 성격의 기업전략, 사업전략과 밀접하게 연결되어 있어야 하며, 동시에 다른 기능별 전략과 조화를 잘 이루어야만 한다.

생산전략(operations 또는 manufacturing strategy)과 관련된 연구로 대표적인 학자들은 슈뢰더(R. G. Schroeder), 헤이즈(R. H. Hayes)와 휠라이트(S. C. Wheelwright), 그리고 스키너(W. Skinner) 등을 들 수 있다. 생산전략은 사명 또는 목적, 차별적 능력, 목표 그리고 정책 등과 같은 4가지 요소로 구성되어 있다고 주장하는 슈뢰더는 생산부서의 모든 결정은 수립된 생산전략에 부합되어야 한다고 강조한다. 또한 헤이즈와 휠라이트는 사업전략과 일치하는 생산전략을 주장하며, 스키너는 생산 부서에서의 경쟁과 기업전략과의 연결고리로서 생산전략을 정의하고 있다.

이들의 연구 및 주장의 공통점을 정리하면, 생산전략이란 생산기능의 의사결정에 있어서 전반적인 방향을 설정하는 비전으로 정의된다. 다시 말하면, '기업 내지 사업의 경쟁우위를 도모하기 위해 생산기능의 전반적인 방향을 설정하는 생산의사결정'인 것이다.

생산전략이 주목을 받기 시작했던 시기는 1970년대 말부터이다. 이 시기부터 시작된 일본과 독일을 비롯한 EC 국가들의 도전에 직면한 미국은 생산성, 품질, 제품설계, 고객서비스 등에 특별한 관심을 갖게 되었으며, 드디어 생산전략을 세계시장에서의 경쟁적 무기이자 전략적 요소로 인정하기 시작하였다. 세계시장에서의 경쟁이 날로 격화되고 생산성향상의 필요성과 품질에 대한 소비자의 요구가 강화되는 시대적 환경 변화 속에서 결정적인 경쟁우위 요소로 작용하는 품질(quality), 원가(cost), 납기(delivery) 및 유연성(flexibility)과 같은 요소가 생산기능에 의해 좌우되고 있음을 알았던 것이다. 결국 생산기능이 경쟁우위를 결정짓는 중요요소임을 인정하게 되었으며, 그후로 생산전략은 기업전략의 수립과 실행에 있어서 중요한 역할을 함과 동시에 마케팅전략이나 재무전략 등과 같이 동등한 위치를 확보하게 되었다.

참고로 일본 산업계의 생산전략은 제품 및 서비스의 품질향상, 납기준수 및 생산성향상, 그리고 비용절감에 초점이 맞춰져 있으며, 이를 토대로 시장점유율을 확대하는 효과를 거둘 수 있었다.

일반적으로 생산전략에서 다루어지는 주요 내용으로는 다음과 같은 사항들을 포함한다.

① 기존 제품의 개량 및 신제품의 개발, 혁신
② 생산능력의 규모 결정 : 능력의 확장 또는 축소의 시기 및 방법
③ 생산시설의 규모와 입지 및 전문화의 정도
④ 공정 및 설비의 기술·공법, 자동화의 수준
⑤ 수직적 통합 : 외부공급자의 이용범위
⑥ 노동력 : 작업자와 기계의 과업배분, 교육훈련, 고용안정
⑦ 품질관리 : 무결점의 수준, 품질방침, 불량예방, 품질관리 및 개선방법
⑧ 자재·재고관리 : 공급업자 정책, 관리의 집중화와 분산화 정도, 재고수준
⑨ 조직 : 구조, 관리·보상시스템, 스텝의 역할
⑩ 생산정보시스템의 구축 및 활용

## 3.2 생산전략의 수립과정

기업이 생산전략을 수립하는 과정을 정리해 보면 (그림 2)와 같다. 먼저 기업이 처

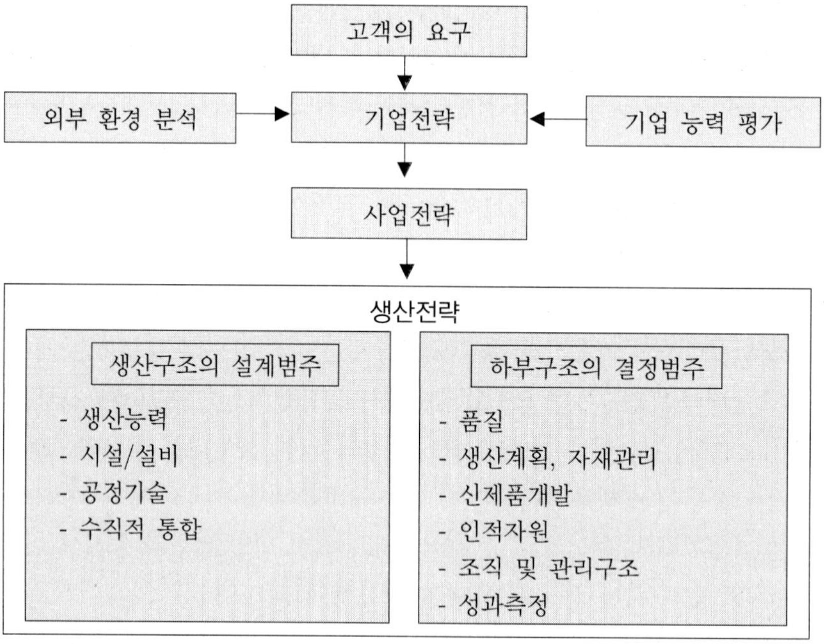


〈그림 2〉 생산전략의 수립과정

한 외부환경 분석과 기업이 지니고 있는 자체능력 평가 자료를 기초로 하고, 여기에 고객의 요구와 니즈를 기초로 표적시장과 주력제품 등에 대한 기업전략을 설정한다.

기업의 내·외적 환경조건에 대한 SWOT 분석은 기업이 처한 환경 하에서 강점(Strengths)과 약점(Weaknesses)이 무엇이고, 기회(Opportunities)와 위협(Threats)은 무엇인가를 면밀하게 검토함으로써 기업이 경쟁우위를 확보할 수 있는 분야와 시장, 제품 등을 확인할 수 있다. 여기에 더하여 기업이 보유하고 있는 인적, 물적인 능력뿐만 아니라 기술적 능력에 대한 검토를 토대로 기업의 자원을 가장 효율적으로 사용하기 위한 각종 전략 및 전술적 목표가 결정된다.

SWOT 분석을 좀 더 살펴보면, 기업의 4가지 요소인 강점(S), 약점(W), 기회(O), 위협(T)에 대한 철저한 분석을 통해 기업이 직면하고 있는 이슈를 파악하는데 매우 효과적인 수단으로 이용된다. 기업의 역량에 대해 자사의 강점과 약점을 파악하여 '우리는 무엇을 할 수 있는가?' '우리 조직과 사업은 무엇을 하고자 하는가?' '외부의 기회와 위협요인 속에서 우리는 무엇을 하게 될 것인가?' 그리고 '이해관계자들은 무엇을 하기를 기대하는가?' 라는 질문을 통해서 '하고자 하는 일'과 '할 수 있는 일' 및 '하게 될 일' 사이의 차이, 그리고 '할 수 없는 일'들을 확인하고 '해야만 하는 일'을 결정하고 선택하는데 유용하다. 이와 같은 과정을 통해 SWOT 분석은 기업의 핵심역량과 자원을 평가하는데 효과적이며, 경쟁 환경의 변화 속에서 신속하고 효과적으로 핵심 이슈를 파악하여 추구해야 할 방향을 설정하고 접근하는데 큰 도움을 준다.

목표로 하는 표적시장 내지 고객의 결정은 생산되는 제품의 특성과도 매우 밀접한 관계를 가지며, 제품의 시장 수명을 좌우하는 결과를 낳게 된다. 고객의 요구를 충족시키기 위하여 기업은 내부적으로 조치할 수 있는 각종 생산요건으로 변환하고 내부적으로 보유하고 있는 모든 자원과 능력이 효과적으로 활용되도록 유도하게 된다. 그러나 대부분의 고객 요구는 연구개발 부문과 재무, 마케팅 부문 등의 상호 협조 없이 생산기능의 노력만으로는 충족시킬 수 없으므로 관련된 모든 부문의 유기적인 협조하에 실현되어야만 한다.

**쉬어갑시다**

**나스카 7500만 팬 중 40%가 여성**

중앙일보, 2007년 2월 15일

나스카(NASCAR : 미국자동차경주연합)는 미국에서 가장 성장세가 빠른 스포츠 중 하나로 꼽힌다. 약 7500만 명의 팬을 확보하고 있고, 포춘지 선정 500대 기업의 상당수가 나스카 레이싱 팀의 스폰서를 맡고 있다. 나스카의 오너인 브라이언 프랑스(45) 회장은 나스카를 스포츠라고 부르지 않는다. 산업(industry) 혹은 기업이라고 한다. 그의 말을 전제로 한다면, 산업적 관점에서 관찰하는 게 나스카를 소개하는데 유용한 방법이 될 것으로 보인다. 기업의 환경 분석을 통해 강점(strength)과 약점(weakness), 기회(opportunity)와 위협(threat) 요인을 규정하는 SWOT 분석으로 나스카를 들여다봤다.

- 강점(strength)= 나스카의 최대 강점은 '브라이트(총명한) 마케팅 가이'라 불리는 프랑스 회장이다. 그는 대단한 모험가다. 나스카의 주요 고객인 미국 남부 노동자들은 사우스캐롤라이나 달링턴에서 열리는 노동절 레이스를 가장 중요한 행사로 꼽았다. 그러나 프랑스는 아버지에게서 회장 자리를 물려받은 이듬해인 2004년, 달링턴 대회를 캘리포니아로 옮겼다. 위험을 감수하고 큰 시장으로 이동한 것이다. 그는 뉴욕 진출도 꾀하고 있다. 프랑스 회장은 지난해 시사 주간지 타임이 선정한 '세계에서 가장 영향력 있는 100인'에 포함됐다.
- 약점(weakness)= 프랑스 회장의 강력한 리더십은 역설적으로 나스카의 폐쇄적 의사결정 구조 때문에 가능했다. 나스카 이사회는 프랑스가(家)가 완벽히 장악했다. 미국 최대의 서킷회사이자 나스닥 상장기업인 ISC는 프랑스 집안이 전체 지분의 62%를 장악하고 있다.

프랑스의 누나 레사(47)가 ISC의 회장이다.

- 기회(opportunity)= 팬의 계층이 다양해지고 있다. 7500만 명의 팬 중에 40%가 여성이다. 나스카는 거대 출판업자 '할리퀸 엔터프라이즈'와 계약을 맺고 레이싱을 배경으로 한 로맨스 소설을 잇따라 출판했다. 최근에는 장편 애니메이션 '카(Cars)'도 만들어져 크게 인기를 끌었다. 카는 디즈니-픽사 합병 후 첫 애니메이션으로도 관심을 모았다.
- 위협(threat)= 나스카의 전통적 팬인 백인 남성은 미국에서 가장 충성도(loyalty) 높은 소비자로 알려져 있다. 경제지 포브스는 "프랑스 회장의 확장 정책으로 나스카의 전통 팬이 이탈하지 않을까 염려스럽다"고 분석했다. 도요타의 나스카 진출을 부정적으로 바라보는 팬도 적지 않다.

## 3.3 고객만족을 지향한 생산전략

고객만족을 지향한 생산전략(customer-driven manufacturing strategy)의 구현은 고객의 요구와 니즈에 대한 정보를 수집, 분석하는 단계부터 시작된다. 즉, 고객은 무엇을 원하고 있으며 이것은 어떻게 제공되어야만 하는가를 파악하는 것이 우선되어야만 한다. 기업이 경쟁우위를 확보하기 위한 기본 요소를 가격/원가, 품질, 시간/신속성, 유연성 등으로 생각할 때, 고객지향 생산전략에서 반드시 고려해야만 하는 이들 요소를 고객의 요구사항과 연계하여 정리하면 다음과 같다.

① 가격 및 원가(price/cost advantage) - 고객은 가격에 대단히 민감하다. 그러나 가격은 다분히 시장 주도적인 성격을 지니는 것이므로 기업에 있어서는 원가나 비용을 철저하게 관리해야만 한다.

② 품질(quality advantage) - 고객은 어떤 경우라도 양질의 제품 내지 서비스를 기대한다.

③ 시간 및 신속성(time/speed advantage) - 고객은 시간에 가치를 부여한다. 따라서 제품은 원하는 때에 맞추어 정확하게 설계, 제조 및 배달되어야만 한다.

④ 유연성(flexibility advantage) - 고객의 요구사항과 니즈는 지속적으로 발전한다. 그러므로 시장변화에 발빠르게 대응할 수 있는 상황대처 능력의 유연성이 매우 중요하다.

이와 같은 사항은 고객만족을 지향하는 생산전략의 수립 시 기본 지침이 될 수 있다. 여기서는 생산전략의 효과적인 구현방안을 생각해 보기로 하자.

### (1) 가격 및 원가

시장 경쟁이 치열한 일용품의 경우 제품 품질이 크게 차이나지 않을 때는 판매가격이 경쟁의 결정적 요소가 된다. 이 때 결정되는 판매가격은 원가가 차지하는 정도에 따라 제품이 경쟁력을 지닐 수도 있으며 그렇지 않을 수도 있다. 포터(M. Porter)가 제시한 원가우위전략(overall cost leadership)은 가격 및 원가를 최고의 경쟁 우선 요소로 하는 전략이다. 최근 개인용 컴퓨터 업계에서 세계 최고 위치에 올라있는 미국의 델(Dell)사가 채택한 가격파괴전략이나 '매일 최저가격으로 공급한다(every day low price)'는 슬로건으로 유명한 창고형 할인점의 대표주자인 월마트가 취하는 전략이 바로 원가우위 전략이라고 할 수 있다.

오늘날 대부분의 기업에서는 다양한 부문과 기능 중에서 가장 잘할 수 있는 분야나 핵심역량을 제외한 나머지 부분은 외부화함으로써 기업의 힘을 한곳에 집중, 경쟁우위를 확보하는 전략, 즉 아웃소싱(outsourcing)을 적극적으로 모색하고 있다. 최근 강화되고 있는 인터넷 네트워킹은 기업이 '공장 없는 제조업 시대'를 실현할 수 있도록 할 뿐만 아니라 제조원가와 개발기간 등을 획기적으로 줄이는 효과를 낳게 한다. 참고적으로 아웃소싱이란, 기업 내부의 프로젝트나 활동을 외부 기업에 위탁해 처리하는 경영전략으로 기업의 감량화를 통한 가격 경쟁력 확보와 생산성 향상을 위해 도입되었다. 아웃소싱은 제품의 생산, 유통, 포장, 용역 등의 업무뿐 아니라 경리, 인사, 신제품개발, 영업 등의 모든 분야에까지 확대·적용되고 있다.

**쉬 어 갑 시 다**

**델컴퓨터, PC가격파괴**

중앙일보, 2003년 8월 22일

"경쟁자를 제거하는 가장 확실한 방법은 돈으로 밀어붙이는 것."

세계 PC(개인용 컴퓨터)업계 1위인 미국의 델이 채택한 전략이다. 업계 2위인 HP(휼렛 패커드)가 지난해 컴팩을 합병했는데도 출혈 가격경쟁에 밀려 올 2분기(5~7월)에 기대에 미치지 못하는 실적에 그친 틈을 타 더욱 공세로 나선 것이다. 델은 2분기(4~6월)에 6억2천만 달러(주당 24센트)의 순이익을 기록, 전년도 같은 기간에 비해 순이익이 26%나 늘어났다.

그동안 가격전쟁에서 주도권을 잡고 있던 델은 다음달 새 학년 진입(미국은 9월에 새 학년이 시작됨)을 앞두고 20일(현지 시간) 더욱 공격적인 전략을 발표했다. 일부 최신 데스크톱 컴퓨터 가격을 6백 달러에서 5백50달러로 낮췄다. 경쟁사들이 고작 10% 내릴 때 최고 22% 인하한 것이다. 또 17인치 평면 디스플레이 가격은 20% 낮춘 3백99달러로 정했다. 고급 성능의 프린터 가격은 79달러로 인하했다. 이 회사의 대변인인 웬디 기버는 "우리는 기회가 왔다고 판단하면 가격을 내린다"며 가격전쟁 전략을 분명하게 밝혔다.

델의 기본 전략은 박리다매다. 시장을 장악하기 위해선 우선 가격을 낮추고 그 뒤에 업계 1위의 효과를 누린다는 것이다. 델이 이렇게 치고 나올 수 있는 것은 중간 유통과정을 생략할 수 있는 유통망 덕분이다. 경쟁업체들이 여러 유통과정을 거치면서 가격이 높아지는 문제점을 직배(直配)시스템으로 해결했다. 반면 HP는 7월 말로 끝난 2분기 실적에서 영업적자를 면치 못했다. HP는 PC부문에선 돈을 벌지 못했고, 프린터와 서비스 등 합병 전 HP의 주력사업에서만 이익을 냈다. 칼리 피오리나 HP회장은 "컴퓨터업계의 지나친 가격인하 경쟁이 수익성을 떨어뜨렸다"고 말했다.

한편 델은 2분기에 전년동기 대비 28%의 제품출하 증가율을 보였으며 시장점유율은 17.8%로 높아졌다. 그럼에도 불구하고 마이클 델 최고경영자(CEO)는 "기업들이 PC를 업그레이드하고 있지만 이들의 PC 구매는 대단한 변화를 의미하는 '빅뱅'수준은 아니다"며 시장상황이 더욱 악화할 것에 미리 대비하는 모습을 보였다.

## (2) 품질

오늘날 소비자가 원하는 것은 저렴한 가격보다는 납득할 만한 합리적인 가격과 만족할 만한 가치를 가진 좋은 제품이다. 그 이유는 상품에 대한 정보가 점차 다양해지고 선택의 폭이 넓어지면서 더 이상 저렴한 가격이 상품의 선택과 구매기준이 되지 못하기 때문이다.

쥬란 박사는 20세기가 '생산성의 시대'라면, 21세기는 '품질의 시대'라고 정의한 바 있다. 다시 말해 '필요해서' 상품을 사는 시대가 아니라, '좋아서' 상품을 사는 시대인 것이다. 글로벌 경쟁 시대에 소비자들의 선택 기준은 당연히 '더 나은', '더 우수한' 상품, 즉 '품질'이 선택의 잣대 역할을 한다.

일반적으로 소비자들은 상품의 선택과정에서 가격보다 품질을 더 중시하는 것으로 나타나고 있다. 특히 소득 수준이 올라갈수록 가격보다 전문성이나 상품 구색의 차이, 질 좋은 서비스가 더 중요한 선택 기준이 될 수 있음을 간과해서는 안 된다. 소비자들은 이미 충분히 현명하다. 가격 대비 좋은 품질의 제품을 찾거나 아니면 비싼 값을 지불하더라도 서비스가 좋은 제품을 구매하는 것 모두는 소비자가 자신의 의지를 갖고 하는 일이다. 따라서 소비자는 자신이 추구하는 가치에 적합한 소비를 통해 삶의 질을 높이는데 충실하려는 자세를 갖추고 있다는 점까지도 기업은 명확히 알고 대처하는 것이 중요하다.

현대자동차는 1999년 미국 시장을 공략할 때 '10년 10만 마일 무상 보증수리'를 선언한 바 있다. 그 당시 현대차는 유럽 및 일본차에 비해 품질이 떨어진다는 인식이 일반적이었으며, 이로 인해 미국 내 판매에 상당한 어려움을 겪고 있었다. 소비자의 구매 불안해소를 목적으로 제시한 '10년 10만 마일 무상 보증수리'는 자동차 사용 중 고장에 대한 수리비 걱정을 덜어줌으로써 안심하고 구매할 수 있도록 하는데 유용하게 작용한 것으로 평가된다. 하지만 이와 같은 접근은 제공되는 자동차의 완벽한 품질을 확신할 수 없었다면 추진할 수 없는 것이었다.

대한상공회의소가 2011년 6월 소비자 350명을 대상으로 '기업이미지가 구매에 미치는 영향'을 조사한 바 있다. 그 결과 응답자의 32.0%는 '매우 큰 영향을 미친다', 52.7%는 '다소 영향을 미친다'고 답했는데, 이 때 기업이미지를 결정하는 요인으로는 '해당 기업 제품의 품질수준(69.3%)'을 가장 많이 꼽았으며, '기업규모(12.0%)', '소비자중시경영(8.7%)', '기업비전과 장기적 성장가능성(5.0%)', '윤리경영(3.3%)' 등을 지적하였다. 또한 품질인증마크, 친환경인증마크 등과 같은 상품의 신뢰성을 나타내는 표식 역시 소비자의 구매에 긍정적인 영향을 주고 있었는데, 76.3%의 소비자들이 '구매에 영향을 미친다'고 응답하고 있었다.

2000년을 전후하여 해외의 모토롤라, GE, 얼라니드 시그널, 소니 등의 기업뿐만 아니라 국내의 LG전자, 삼성전자, 현대자동차, 포스코 등과 같은 세계적 기업의 40% 이상이 도입하고 있는 6시그마는 끊임없이 변하고 높아져만 가는 고객의 니즈, 즉 품질 요구사항을 경쟁기업보다 한 차원 높이 충족시킴으로써 품질측면의 차별화를 실현하는 수단으로 활용하려는 노력의 일환이다.

**쉬어갑시다**

**미국바이어 설문조사, 한국제품 가격보다 품질경쟁력이 좋아**

한국무역협회, 2001년 2월 7일

한국무역협회 뉴욕지부는 지난 1월 한 달간 우리 나라와 거래가 있는 미국 바이어 550개 사를 대상으로 우리상품의 수출경쟁력에 관한 설문조사를 실시, 결과를 발표했다.

조사결과에 따르면 미국 바이어들의 한국상품에 대한 인식의 변화가 자리잡아가고 있는 것으로 분석된다. 종래의 인식과는 달리 미국바이어들이 우리 제품의 이미지를 일본, 대만, 중국 및 멕시코 등 4개국과 비교했을 때 오히려 품질경쟁력은 있으나 가격경쟁력이 뒤지는 것으로 응답했기 때문이다.

부문별로 보면, 우리 제품의 가격경쟁력이 높다는 응답은 23.8%에 그쳐 중국(86.9%), 대만(49.2%) 및 멕시코(44.2%)에 뒤진 반면, 품질면에서는 품질경쟁력이 있다는 응답이 63.3%에 달해 일본(91.3%)에는 뒤졌으나, 대만(47.2%), 중국(13.6%)과 멕시코(7.2%)에는 앞서고 있다. 결과적으로, 한국 기업과의 거래에 대한 신뢰도가 비교적 높다는 응답이 47.5%로서 일본(92.8%) 및 대만(57.1%)보다는 떨어진 반면, 중국(18.1%) 및 멕시코(5.9%)보다는 아직 월등히 앞서고 있다.

또한 미국 바이어들은 한국기업들이 비즈니스를 확대하기 위해 갖추어야 할 요건으로 가격경쟁력 제고(42.5%), 신뢰도 제고 (35.6%), 납기준수 및 A/S 제고(30.0%), 마케팅 노력 강화(24.7%), 언어소통상의 어려움 해소(21.9%), 품질 향상(19.2%) 등을 손꼽았다.

### (3) 시간 및 신속성

동일한 대상 또는 시장을 놓고 경쟁하는 기업이 양질의 제품과 서비스를 비슷한 가격으로 제공하는 경우 '시간'은 매우 중요한 경쟁요소로 작용할 수 있다. 오늘날 대부분의 고객은 최신의 제품을 가장 신속하게 전달받기 원한다. 미국 전 영역을 기준으로 24시간 내에 배송하겠다는 의지를 '24시간 운임환불제도'로 명문화하고 있는 항공화물 운송전문업체 페덱스(Fedex)와 '30분 이내 배달'을 고객과의 약속으로 실천하고 있는 도미노 피자의 성공은 시간 및 신속성에 의한 경쟁우위 확보의 대표적인 예가 된다. 이 외에도 미국의 AT&T, GE, Crysler 등은 개발기간의 단축에 초점을 맞춘 시간경쟁을 통해 전략적 경쟁우위를 실현하고 있는 것으로 보고되고 있다.

특히 동시병행설계라고도 부르는 동시공학(concurrent engineering : CE)은 설계 초기단계부터 제품의 고유 기능뿐만 아니라 제조, 조립, 검사, 서비스의 용이성 등 설계와 관련된 엔지니어링 지식을 병렬적으로 통합함으로써 개발기간의 단축과 개발비용의 절감, 품질과 생산성의 향상을 함께 이끌어 내는 활동이다. 신속성을 요구하는 고객의 기대를 생산기능의 노력만이 아니라 관련된 모든 부문의 유기적인 협조 하에 이루어진다는 측면에서 볼 때, 동시공학의 효과적 활용은 시간과 신속성을 경쟁우위 요소로 연결시키는데 매우 유효할 것이다.

### (4) 유연성

환경변화의 불확실성에 빠르게 대응하기 위해서는 '제품의 유연성'과 '공정의 유연성'을 갖추어야만 한다. 먼저 제품의 유연성이란, 시장과 고객의 요구에 따라 신속하게 변경, 수정할 수 있는 능력을 통해 제품의 다양성을 확보하는 것을 의미한다. 최근 자동차와 가전 및 컴퓨터 제조업체 등을 중심으로 활발하게 전개되고 있는 모듈러 설계(modular design)는 다양한 고객의 요구사항을 충족시키면서도 대량생산에 의한 원가절감을 실현하는 수단으로 적극 활용되고 있다.

공정의 유연성이란 한 제품에서 다른 제품으로 빠르고 쉽게 공정을 변경하여 다양한 종류의 제품을 생산할 수 있는 능력을 의미한다. 수요패턴의 개성화, 다양화로 인한 제품 라이프사이클이 짧아지고 있는 추세에 효과적으로 대응하기 위해서는 생산라인을 '유연생산시스템(flexible production system)'으로 구축해야만 한다. 유연한 생산시스템으로 접근하는 과정에 활용할 수 있는 방식으로는 다음과 같은 것을 생각할 수 있다.

① 그룹 테크놀로지(group technology)
② NC머신(numerically controlled machining)
③ 산업용 로봇(industrial robot)
④ 셀 제조방식(cellular manufacturing system)
⑤ 유연생산시스템(flexible manufacturing system)

이 외에도 공정 내 생산준비시간의 최소화를 통한 생산제품의 신속한 변경에 역점을 두고 있는 SMED (Single Minutes Exchange of Die)나 One-touch Setup이 성공적으로 정착된다면 제품의 유연성과 공정의 유연성은 비교적 용이하게 실현될 수 있다.

이상과 같은 경쟁우위 요소들은 기업의 능력에 맞게 이루어진 선택과 집중을 통해 경쟁요소들 상호간의 시너지 효과를 높일 수 있는 방법을 찾는 것이 중요하다. 모든 요소를 동시에 고려하는 것은 오히려 기업 능력의 낭비를 초래할 수도 있기 때문에 경쟁사와 비교하여 특별히 차별화 될 수 있는 요소들을 중심으로 생산전략을 전개하는 것이 바람직할 것이다.

쉬어갑시다

**잘나가는 기업들은 어떻게 생산성 높였나**

[아시아경제, 2010년 5월 9일]

제조업에 속한 기업들의 가장 큰 고민 중 하나가 생산성을 어떻게 끌어올릴 것인가이다. 생산성은 한마디로 산출대비 투입의 비율이다. 투입이 많으면 산출도 많아야 되는게 당연한 이치. 하지만 투입은 적절하게 유지하거나 줄이면서도 산출을 유지하거나 더욱 높이는 것은 어려운 일이다. 이를 위해 3정(정품, 정량, 정위치), 5S(정리, 정돈, 청소, 청결, 질서) 등을 비롯해 TPM(전원참여생산보전), TQM(전사적품질관리)에서 ERP(전사적자원관리), SCM(공급망관리) 등 다양한 기법을 활용한다.

9일 지식경제부와 생산성본부는 중소기업 35개사와 중견기업 5개사, 대기업 8개사 등 총 48개 기업의 우수 생산성 사례를 엮은 '사례로 알아보는 현장 생산성 향상 이야기'를 발간했다. 이들 기업의 생산성 향상 활동은 5가지 유형으로 분류됐다. 우선 ▲3정 5S, 낭비제거 활동 등 현장 개선활동 ▲ERP, SCM 등 통합정보관리시스템 구축 ▲애로공정 해결 등 신공정 기술 개발 ▲JIT(적시생산시스템), 자동화 등 생산시스템 재구축 ▲ 적극적 연구개발 활동을 통한 신제품개발 등이다.

사례별로는 부품업체인 선일다이파스라는 기업은 품질관리혁신 팀 주축으로 준비교체순서 표준화와 준비 및 세팅 표준화 작업을 통해 작업 효율성을 높였다. 관리직 위주의 현장관리에서 탈피, 현장감독자 위주의 자율관리체제를 구축해 현장 문제에 신속히 대응했다. 또 협력적 노사관계 구축을 통해 임직원 역량개발과 지속적 생산성 향상 활동을 벌였다. 그 결과 노동생산성은 18.1%가 올랐고 매출액은 덩달아 31.7%가 증가했다. 반면 불량률 51.4% 포인트가 줄었다. 하이닉스반도체는 TPM활동을 제조·관리·연구개발 등 밸류 체인 전 부문으로 확산시켰다. 마케팅, R&D, 제조·품질, 구매·물류, 영업, 경영관리·재무 등 업무프로세스 전반에 걸친 통합정보 기준관리시스템을 구축했다. 그 결과 TPM을 통해 2003년 이후 2년 6개월만에 생산성이 3배 초과달성했고 SCM구축으로 사이클 타임(셋팅을 시작하는 시간부터 제품이 다음공정으로 넘어간 시점)은 35%감소의 효과를 봤다.

부품업체인 포스텍전자는 ERP도입을 통해 주문생산방식에 대응한 최적화 생산계획 수립을 실현해 품질 수준과 납기준수율을 높였다. SQC(통계적 품질관리)와 6시그마, 제품생산이력관리시스템 등의 도입을 통해 공정 불량률을 줄였다. 특히 종업원 지주회사로 운영함에 따른 참여적·수평적 조직문화는 생산성향상의 기본 토대로 작용했다. 이 회사는 제조공정의 불량률을 1%이하로 낮추는데 성공했다. 자동차부품업체 만도도 ERP도입으로 경영자원 통합정보시스템을 구축해 납기 및 원가 경쟁력을 높였다. 이 회사는 제조실행시스템(MES), 창고관리시스템(WMS) 을 구축하고 이를 융합시켜 글로벌 선진경영시스템을 구축하는데 성공했다.ERP에 투자한 금액 모두를 1년안에 비용절감을 통해 회수했다. 대기업인 삼성전기의 경우 전사적 ERP에 기반한 글로벌 네트워크 경영체제 구축을 통해 고객 주문에 대한 적시 대응체제를 확립했다. 이 회사가 협력사와의 공동개발 협업공간인 '윈윈 플라자' 개설을 통해 개발 리드타임 및 공정 개선 등을 추진했다. 2005~2009년까지 매년 평균 10% 이상 매출이 증가해 4년간 매출이 43%가 증가했다.

식품업체인 한성식품은 김치 속을 넣는 자동화 기계를 개발·적용함으로써 작업인력절감과 불량률 감소, 작업환경 개선효과 등을 실현했다. 자동화기계개발로 연 2억4000만원의 원가절감효과를 거두었고 해당공정의 작업인력 15명에서 8명으로 감축시키는데 성공했다. 발전회사인 동서발전은 발전설비 정비시간 단축과 작업안정성 확보를 위해 고온용 유압볼트 체결장비의 국산장비를 자체개발하는데 성공했다. 이를 통해 연간 11억원의 수입대체효과와 정비시간을 70~80% 단축시켰다.

## 3.4 대량맞춤

대량맞춤(mass-customization)이란 대량생산(mass production)과 맞춤화 또는 고객화(customization)가 결합된 용어로, 맞춤화된 상품과 서비스를 대량생산을 통해 비용

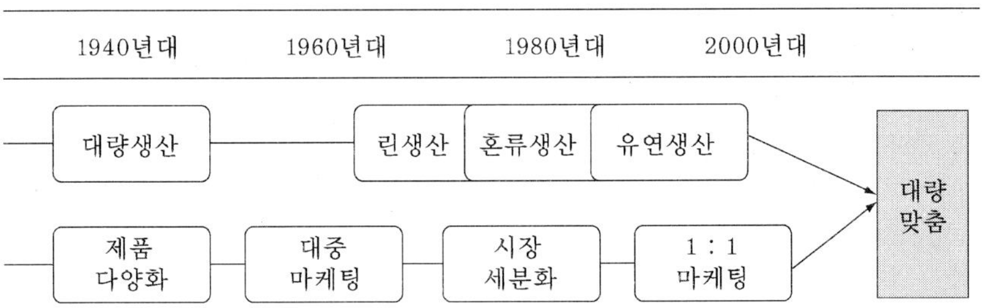


〈그림 3〉 대량맞춤으로의 진화 과정

을 낮춰 경쟁력을 창출하는 새로운 생산 및 마케팅 방식을 말한다. 이로써 고객 입장에서는 대량으로 생산된 제품을 아무 말 없이 사는 것이 아니라, 마치 동네 양복점에서 옷을 맞추듯 대기업, 중견기업 제품도 자신의 취향을 반영한 상품을 살 수 있게 되는 효과가 있다. 또한 기업 입장에서는 대량생산의 저비용으로 제품다양화의 고부가가치를 창출함으로서 경쟁우위를 확보하는 길이 열리게 된다.

이와 같은 개념은 1970년 앨빈 토플러(Alvin Toffler)가 그의 저서 '미래충격(Future Shock)'에서 대량생산과 맞춤화의 패러독스가 극복될 가능성이 있다고 예견한 바 있는데, 대량맞춤이라는 용어와 기술적 가능성은 1987년 스탠 데이비스(Stan Davis)의 '완벽한 미래(Future Perfect)'에서 처음으로 제시되었다. 이 개념의 틀이 구체적으로 소개된 것은 1993년 미국의 조셉 파인(B. Joseph Pine Ⅱ)이 저술한 '대량맞춤(Mass Customization)'이라는 책을 통해서인데, 생산과 마케팅을 접목한 비즈니스의 구도를 제시한 것이었다.

대량맞춤이란 개별고객의 다양한 요구와 기대를 충족시키면서도 기업에서 값싸게 대량생산할 수 있는 방법인데, 품종을 다양화하면서 대량화함으로써 하나의 품종을 많이 생산하지 않더라도 그 회사 전체의 생산량은 대량생산체제와 맞먹는 수준을 유지함으로써 이익 극대화를 실현하려는 것이다. 대량맞춤은 대량생산체제의 한계가 노출되면서 특히 그 필요성이 제기되었다. 즉, 저비용의 장점을 지닌 대량생산방식은 1990년대 이후 기업의 재고비용을 급속히 증대시켰으며, 특히 고객들의 개성적 소비성향이 두드러지면서 신상품의 출시주기가 매우 짧아지고 있는 상황에 적절하게 대응하지 못하는 문제점이 부각되기 시작한 것이다. 그러나 이 시기에 기업은 생산의 디지털화 즉, 생산의 유연화와 부품의 모듈화에 따라 단일 생산 프로세스를 갖고도 다양한 제품과 서비스를 보다 싸고 빠르게 생산할 수 있는 역량을 갖출 수 있었으며, 특히 인터넷의 확산, 보급으로 기업과 고객간의 실시간 정보교환이 가능해지고 고객 니즈에 대한 대응도 용이해짐으로써 대량맞춤의 실용화가 가능하게 된 것이다.

[표 3] 대량맞춤의 4가지 유형

| 유형 | 회사 | 국가 | 내용 |
|---|---|---|---|
| 주문에 따라 맞춤제작 | Paris Miki (안경) | 일본 | - 고객얼굴을 디지털 사진으로 촬영<br>- 다양한 안경 착용 모습 합성하여 제시<br>- 결정된 사양으로 1시간 내 제작 |
| 맞춤외관 | Planters (땅콩제품) | 이탈리아 | - 땅콩 포장용기에 고객이 원하는 사진, 문구 등을 넣어 판매 |
| 사용 중 요구에 즉시 대응 | Select Comport Corporation (침대) | 미국 | - 침대 쿠션의 강도를 리모콘으로 조정할 수 있도록 제작 |
| 맞춤서비스 | Ritzcarlton Hotel (호텔) | 미국 | - 고객이 모르는 사이에 기호를 파악<br>- 고객DB 구축, 재방문 시 서비스 제공 |

출처 : Mass Customization, B. Joseph Pine Ⅱ(1993)

고객의 니즈가 다양해질수록 맞춤화 욕구가 더욱 증대될 것으로 예견되는 상황에서는 기업의 빠른 대응력과 유연성은 필수적이다. 실시간으로 고객과의 쌍방향 커뮤니케이션을 수행하여 고객이 원하는 상품을 신속하게 제공해야하는 오늘날과 같은 상황에서 대량맞춤은 사업영역과 규모에 상관없이 모든 기업이 활용해야만 하는 새로운 비즈니스 패러다임이 될 것으로 전망되고 있다.

대량맞춤으로 성공한 대표적인 기업에는 미국의 Dell사를 예로 들 수 있다. 1984년 소규모 조립식 컴퓨터 판매를 시작한 이 회사는 1996년부터 최초로 온라인(www.dell.com)을 통해 고객이 직접 원하는 사양을 선택하는 방식의 주문형 대량생산방식을 활용함으로써 단기간에 세계 최고 컴퓨터 회사로 성장했다. 이 회사는 전 세계 80여개국을 대상으로 국가별 사이트를 운영, 웹을 기반으로 주문에서 배달까지를 효율적으로 통합한 정보시스템을 구축하여 납기일을 4일 이내로 단축하였다.

인공지능 컴퓨터 등을 이용, 고객의 얼굴 형태나 취향에 맞게 안경을 제작해서 성공을 거둔 일본의 파리스 미키(Paris Miki), 온라인 플랫폼을 활용하여 고객니즈를 충족시킬 수 있는 방법을 모색해 오다가 2000년부터 www.NIKEiD.com 사이트를 개설하여 고객이 직접 디자인한 운동화를 제작・공급하고 있는 나이키(Nike), 그리고 고객DB를 구축해 재방문시 기호에 맞는 서비스를 제공하는 리츠칼튼 호텔(Ritzcarlton Hotel) 등도 대량 맞춤의 성공 사례이다.

## 요약

- 전략이란 기업이 나아갈 방향과 목표를 설정하고 계획을 세우며, 주요한 활동을 실제로 수행함으로써 독특한 우위를 획득하고 유지하게 하는 것이다.

- 기업전략(corporate strategy)이란 기업의 기본적인 대외경쟁방법을 정의한 것이며, 특정 산업이나 시장부문에서 한 기업의 제품이나 서비스의 경쟁력을 확보하고 개선하기 위한 전략은 사업전략이라고 한다. 또 사업전략의 범주 내에서 결정되는 기능별전략은 생산 및 마케팅, 재무, 인사, 구매 등을 중심으로 펼쳐진다. 기능별전략은 상위전략인 기업전략 내지 사업전략을 지원하고 보완하기 위해 수립되는 전략이다.

- 사업전략(business strategy)에 활용되는 본원적 전략에는 원가우위전략, 차별화전략, 집중화전략이 있다. 원가우위전략이란, 효율적인 생산체제로 표준화된 제품을 저렴하게 공급하여 원가상 우위를 달성하는 전략을 말한다. 차별화전략이란 경쟁사들과는 차별화된 제품이나 서비스를 제공함으로써 경쟁우위를 누리려는 전략이며, 집중화전략이란 다른 기업들이 생각하지 못한 특정한 시장, 특정 계층, 특정 지역 등을 집중적으로 공략하는 것을 말한다.

- 세계적인 초우량 기업은 기능별 경쟁전략 중에서도 특히 기업의 생산기능을 전략적으로 활용하는 생산전략(manufacturing strategy)을 매우 중시하고 있다. 그 이유는 고객만족을 이끌어내는 경쟁우위요소는 생산기능과 밀접한 관계가 있기 때문인데, 일본 기업의 생산전략은 제품 및 서비스의 품질향상, 납기준수 및 생산성향상, 그리고 비용절감에 초점이 맞춰져 있으며, 이것은 시장점유율 확대와 기업경쟁력 강화에 매우 유용하게 작용한 것으로 파악되고 있다.

- 가격 및 원가, 품질, 시간 및 신속성 그리고 유연성과 같은 사항은 고객만족을 지향하는 생산전략 수립 시 기본 지침이 된다.

- 대량맞춤(mass-customization)이란 대량생산(mass production)과 맞춤화 또는 고객화(customization)가 결합된 용어로 맞춤화된 상품과 서비스를 대량생산을 통해 비용을 낮춰 경쟁력을 창출하는 새로운 생산 및 마케팅 방식을 의미한다.

## 토의문제

1. 기업전략의 세부적인 전략으로 설정될 수 있는 4가지 유형을 설명하라.

2. 기업전략, 사업전략 및 기능별전략의 내용을 설명하라.

3. 마이클 포터의 본원적 전략에 대해 설명하라.

4. 집중화전략의 특징과 위험성을 설명하라.

5. 틈새전략과 틈새시장에 대해 설명하라.

6. 생산전략이란 무엇이며, 왜 필요한가에 대해 설명하라.

7. 대량맞춤(mass-customization)이란 무엇이며, 그 출현배경에 대해 설명하라.

8. 다음 용어에 대해 간략히 설명하라.
   ① 벤치마킹(benchmarking)
   ② 리엔지니어링(reengineering)
   ③ 다운사이징(down sizing)
   ④ 아웃소싱(outsourcing)

제 04 장

# 제품개발과 설계

## 01 제품개발

### 1.1 제품개발의 중요성

제품수명주기가 짧아지고 새로운 기술이나 예기치 못한 기업의 등장, 업종 통합 등으로 기업의 경쟁이 극심한 환경에서는 기회를 탐색하고 적절한 시기에 신속하게 신사업에 진출할 수 있는 능력이 기업의 생존을 결정한다.

글로벌 기업의 임원 중 46%가 격변기에 기업이 살아남기 위해 가장 중요한 요인으로 신제품 개발을 지목하고 있듯이 미래 사업을 적극적으로 개발한 기업은 지속 성장하고 있는 반면에, 기존 사업만 고수한 기업은 급속히 쇠락하고 있는 것이 오늘날의 모습이다. 131년 역사의 코닥(Kodak)은 디지털 카메라 기술을 가장 먼저 개발했음에도 불구하고 사업성이 없다는 이유로 출시를 미루고 기존 필름 카메라 시장에만 집착하다 2012년 결국 파산을 하고 알았다는 것을 상기할 필요가 있다.

시장의 치열한 경쟁이 가속화될수록 기존 제품의 영향력은 줄어들게 마련이다. 또한 기존 브랜드의 경쟁력이 낮은 상황에서는 신제품 개발에 대한 필요성이 한층 높아질 수밖에 없다. 6만 여종의 다양한 상품군을 갖고 있는 3M이 매년 출시하는 신상품은 200여개에 달하며, 최근 5년 동안 개발한 신제품이 3M의 전체 매출에서 차지하는 비중이 30%에 달하는 것으로 알려져 있다. 3M의 예를 들지 않더라도 신제품 개발이 얼마나 중요한가를 알려주는 사례는 많다.

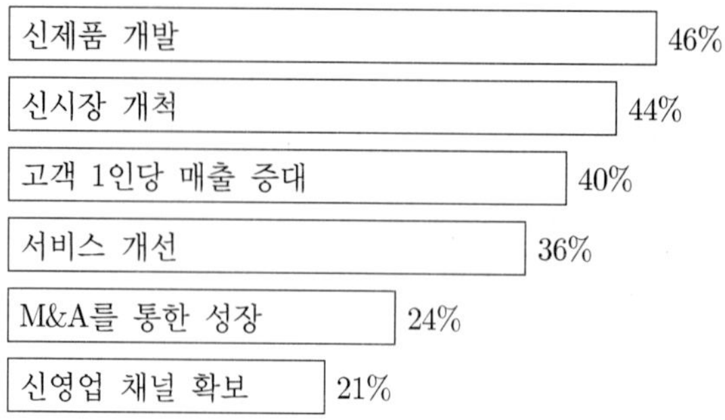


출처 : Economist Intelligence Unit(2009), Organizational agility : How business can survive and thrive in turbulent times, The Economist

〈그림 1〉 격변기 신수익 창출의 가장 중요한 요인

제품개발(product development)이란, 기존 제품의 개량 및 신제품의 개발을 모두 포함한다. 제품개발은 경쟁우위를 확보하고, 신규 수요창출과 수요변화에 대한 대응, 그리고 생산능력을 최대한 활용하기 위해서도 반드시 필요하다.

생활주변에서 찾아볼 수 있는 신제품에는 휴대폰, 디지털 카메라, 컴퓨터, 게임기 등과 같은 인기상품도 있는가 하면 모나미 볼펜 153, 박카스, 활명수, 초코파이 등과 같은 장수상품도 있다. 이들 제품의 공통점은 제품의 품질과 기능, 가격이 소비자의 필요와 요구에 적합하며, 공급자가 생산, 판매함에 있어서 무리와 낭비가 없음을 의미하는 '제품의 적절성'을 갖추고 있다는 점이다.

인기상품이나 신상품은 기업의 매출과 수익에 상당한 영향력을 발휘하여 성장·발전에 직접적으로 이바지한다. 신제품이 사업성과 향상으로 이어지기 위해서는 신제품 개발 기획에서 완료에 이르는 전 과정을 체계적으로 관리해야만 한다. 기술과 제품 상용화 사이에는 죽음의 계곡(death valley)이 존재한다. 아무리 뛰어난 기술이라도 이들이 성공적인 신제품으로 탄생하는 비율은 채 10%도 되지 않는 것이다. 업종에 따라 다소 차이는 있겠지만, 대략 200개의 신제품 개발에 대한 아이디어 가운데 개발로 연계되는 것은 7개 정도이며, 이 가운데 제품으로 출시되는 것은 고작해야 1개에 그치고 있다는 통계가 있다. 게다가 출시된 제품 가운데 성공할 확률은 이보다 훨씬 더 낮다.

매년 글로벌 기업들의 R&D 비용은 천문학적으로 늘어나고 있지만 그 성과는 여전히 기대에 미치지 못하고 있다. 부즈 앨런(Booz Allen)이 글로벌 1,000개 기업을 대상으로 조사한 바에 따르면, R&D 투자비용과 기업의 성장성, 수익성, 투자 대비 수익률은 아무런 상관관계가 없다고 한다. 많은 기업들이 좋은 아이디어와 획기적인 신제품 개발을 꿈꾸면서도 최종적으로 프로젝트에 착수하기를 주저하게 되는 이유가 여기에 있다.

그럴수록 신제품에 대한 개발에서 완료에 이르는 전 과정에 과학적인 관리기법을 도입함으로써 참신한 아이디어가 시장에서도 성공을 거둘 수 있도록 노력을 기울여야 할 것이다. 최근 국내 기업들 사이에서도 신제품 개발 프로젝트를 성공적으로 이끌기 위하여 신제품 개발관리(NPDM ; New Product Development Management)기법이 적극적으로 도입되고 있는 것은 이런 점에서 참으로 다행스러운 일이 아닐 수 없다.

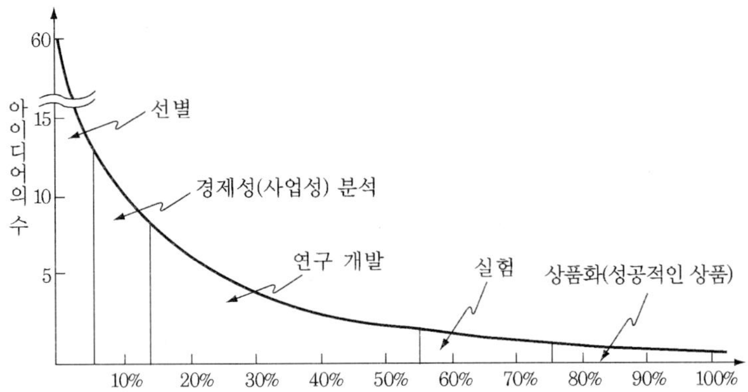


〈그림 2〉 신제품 아이디어의 사망률

## 1.2 신제품 도입전략

일반적으로 적용되는 신제품 도입전략은 '시장지향적 전략(market-driven strategy)'과 '기술지향적 전략(technology-driven strategy)'으로 나눌 수 있다.

먼저 시장지향적 전략이란, 시장에서 '판매가능한' 제품을 만들어야 한다는 것이다. 이 경우 신제품은 기존의 기술 및 생산과정과는 별로 상관없이 시장에 의해 결정되며, 고객의 요구가 신제품 도입의 주요한 근거가 된다. 이 전략에 의하면 요구되는 신제품의 유형은 시장조사(market survey)를 통해 결정되며, 이에 따라 결정된 제품을 생산하는 자세를 취한다.

기술지향적 전략은 '생산가능한' 제품을 판매한다는 전략이다. 따라서 신제품은 시장에서의 요구와는 전혀 관계없이 확보하고 있는 고유기술과 생산기술에 의해 창출되며, 이렇게 만든 제품의 시장 확보 및 판매는 마케팅 부문의 일이 된다. 이 전략은 적극적인 R&D(research & development)와 생산 활동을 통해 시장에서 경쟁우위를 차지할 수 있는 우수한 제품을 만드는 것을 목표로 한다.

일본 산업은 1970년대까지는 미국이 개발한 기술들을 도입하여 상품화하는 이른바 시장수요 중심의 기술개발에 주력하여 왔다. 즉, 미국을 비롯한 구미 각국이 순수·기초연구와 미래기술이나 첨단기술 개발과 같은 목적연구에 주력하는 동안, 일본에서는 응용기술, 개량기술, 생산기술의 개발 등과 같은 응용연구에 치중하는 소위 '창조적 모방'을 위하여 노력을 집중하였다. 특히 점진적 개선지향 용도개발에 적극성을 띤 일본은 구미에서 개발한 우주항공 기술과 같은 첨단기술을 골프채, 손목시계, 카메라 등과 같이 응용, 개발하기 용이한 분야에서 출발하여 점차 그 분야를 넓혀감으로써 결국에는 첨단기술을 충분히 소화, 개발하기에 이른 것으로 보고되고 있다.

1990년대 초 우리나라 기업의 신바람을 불러일으키자는 주장을 담아냈던 'W이론을 만들자'라는 책에서 한국 기업의 신제품 도입전략으로 추천한 것은 이른바 '하이터치(High Touch) 전략'이었다. 이 개념은 시장지향적 전략의 의미를 담아내면서, 일본이 즐겨 써왔던 점진적 개선지향 용도개발 전략이 혼합된 개념으로 이해할 수 있다. 한국 산업의 뒤떨어진 기술수준과 기술의 취약성을 단시간에 극복하기 어렵다는 측면에서 점진적인 소화와 활용이 중요함을 강조한 것이라고 이해된다.

자본과 자원이 부족한 우리나라에서는 기술개발전략을 수립할 때 반드시 선택해야 할 것은 시장개발을 위한 명확한 목표시장의 선택, 그리고 경쟁우위를 확보할 수 있는 제품개발을 위한 기술개발 방법을 선택하는 일이다.

최근 하이테크와 하이터치 개념을 과자에 접목한 C제과의 예를 살펴보자. 과자가 군것질에서 벗어나지 못하면 제과업계의 지속적인 성장, 발전은 한계에 부닥칠 것으로 본 경영자는 '하이터치'와 '하이테크'가 결합된 제품을 개발, 공급할 필요성을 인식하기에 이르렀다. 이 회사는'하이터치'는 문화적 감성을 주는 제품으로, 또 '하이테크'는 기능성 제품으로 뷰티제품, 섬유질이 많은 제품, 변비를 막아주는 제품 등으로 정의하고 지속적인 연구개발에 주력하고 있다.

## 1.3 제품개발과 라이프 사이클

모든 제품에는 사람과 같이 수명(life cycle)이 있다. 사람이 사랑과 결혼, 잉태와 출산, 성장, 노화, 죽음이라는 일련의 과정을 거치듯이 제품도 기획과 연구, 시제품 개발과 시판을 시작으로 도약기, 성장기, 성숙기, 쇠퇴기의 과정을 밟는다.

그러나 사람과 제품의 차이점은 인간의 경우 생리적인 수명이 모두 비슷한 반면, 제품은 개발 시기와 마케팅, 소비자 반응 등 다양한 요인에 따라 수명이 제각각이라는 것이다. 예를 들면 대부분의 사람은 100년 이상 살지 못하지만, 국내 D사의 활명수와 세계적 기업의 코카콜라와 같이 100년 이상의 수명을 보유하고 있는 제품도 많다.

제품의 라이프 사이클이란, 제품판매의 시간적 추이를 몇 개의 단계로 도식화한 것을 말한다. 제품판매에 대한 시간적 추이를 단계화시킴으로써, 각각의 단계에 따른 마케팅 전략과 수익성 측면에서 어떤 기회가 있으며, 어떤 면에서 문제가 있는지를 명확히 파악할 수 있게 된다. 제품 판매에 대한 시간적 추이는 일반적으로 신장된 S자형의 곡선(stretched S curve)을 그리며, 다음과 같이 4단계로 나눌 수 있다.

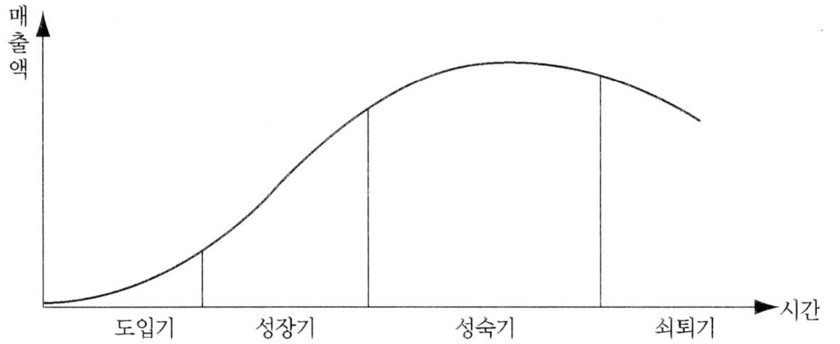


〈그림 3〉 제품의 라이프 사이클

① 도입기 : 제품이 시장에 막 출시된 시기로, 매출액의 증가가 완만하고 이익도 거의 없다. 경쟁자가 적으므로 시장점유율을 높일 수 있는 최적기이다.

② 성장기 : 매출이 급속하게 증가되고 마케팅 기능의 역할이 증대된다. 증가하는 수요에 대처하기 위하여 생산능력의 증대가 요구되는 단계인데, 이때는 정확한 수요예측과 합리적인 의사결정이 요구된다. 또한 이 단계에서는 경쟁자가 늘어남에 따라 시장지향적 생산과 공정혁신에 노력하여야 한다.

③ 성숙기 : 경쟁이 격화되어 원가가 가장 중요한 경쟁요소가 되므로 생산기능에서는 높은 생산성을 유지하고 원가절감을 위해 노력해야 하는 단계이다. 제품은 더욱 표준화되고 원가절감이 요구되므로 대량생산에 의한 규모의 경제를 추구하기 위해 필요에 따라서는 유연성의 강도를 낮출 필요가 있다.

④ 쇠퇴기 : 대체상품의 출현, 기술혁신, 소비패턴의 변화 등에 의하여 제품이 시장에서 매력을 잃게 되고 매출이 급격히 저하되며, 이익도 줄어드는 시기이다.

라이프 사이클은 제품에 따라서 차이가 크다. 일반 상품의 수명이 6개월에서 1년인데 반해 장수상품은 최소한 5년 이상 시장에서 막강한 힘을 발휘한다. 한편 최근 현대인의 생활필수품으로 인식되고 있는 휴대폰의 라이프 사이클은 평균 2~3개월, 최대 6개월을 넘지 않는다. '휴대폰은 생선과 같다'라는 말이 생길 정도인데, 신선도가 떨어질수록 가격이 급격히 내려가는 생선과 마찬가지로 그만큼 라이프사이클이 갈수록 짧아지고 있음을 비유적으로 표현한 것이다. 이것은 변화를 좋아하는 현대인들의 소비특성이 제품의 라이프사이클 단축으로 꾸준히 이어지고 있음을 의미한다.

쉬어갑시다

## 가전제품 라이프 사이클 짧아진다

중앙일보, 2002년 2월 23일

소비자들의 가전제품 라이프 사이클(교체 주기)이 다시 짧아지고 있다. 외환위기로 수입이 줄고 소비심리가 위축되면서 주춤했던 신제품 선호도가 경기회복과 함께 되살아나고 있는 것이다. 업체들이 다기능 제품들을 쏟아내는 것도 이런 분위기를 부추기고 있다.

대우전자 관계자는 "경기회복에다 가전제품의 개념이 단순한 가구에서 개성을 강조하는 추세로 바뀌고 시장포화에 한계를 느낀 제조업체들이 마케팅을 대폭 강화하는 점 등이 복합적으로 작용하고 있다"고 말했다.

■ 짧아지는 라이프 사이클

삼성, LG, 대우, 아남전자 등 가전업체들이 소비자들의 구매행태를 분석한 자료에 따르면 올 들어 주기가 다시 짧아지고 있다. 대표적인 제품이 TV, 냉장고, 세탁기 등 가전제품. 삼성전자의 분석에 따르면 TV의 경우 95년께 7년 정도 만에 바꿨으나 97, 98년에는 6년으로 줄었다가 올해는 5년 정도로 더욱 짧아졌다.

냉장고와 세탁기의 교체주기도 95년 각각 10년에서 올해는 7~8년, 8.5년 안팎으로 줄었다. TV는 29인치 이상, 냉장고는 5백L 이상, 세탁기는 10㎏ 이상의 대형 제품 소비가 느는 점이 교체주기를 앞당기는 주요인으로 분석된다.

TV는 특히 완전평면, 프로젝션, 디지털TV 등 새로운 유형의 고기능 제품들이 등장하면서 소비를 자극하고 있다. 업계 관계자는 "냉장고는 냉동식품 사용이 늘면서 용량이 큰 제품이 많이 팔리고, 양쪽 여닫이 냉장고처럼 편의성을 높인 제품이 나오면서 사이클을 변화시키는 것으로 분석된다"고 말했다. 에어컨은 창문형 제품 대신 세우는 형태의 패키지형이 일반화되면서 교체주기가 7년에서 5년가량으로 2년 정도 짧아지고 있다. 라이프 사이클에 거의 변화가 없던 전자레인지도 지난해까지 9.2년 수준에서 올 들어 9년으로 약간 줄었다

특히 오디오와 휴대용 카세트, 휴대폰의 라이프 사이클은 다른 제품에 비해 상대적으로 빨리 짧아지고 있다. 카세트는 95년 4~5년에서 올해 2~3년으로, 오디오는 12년에서 7~8년으로 대폭 줄고 있다는 게 가전업계 마케팅 담당자들의 분석이다. 휴대폰은 98년 19.1개월에서 올해는 11.3개월로 8개월가량 짧아졌다.

이들 제품의 특징은 주 수요층이 유행에 민감하고 과시욕구가 강한 신세대라는 점. 메이커들도 이런 성향을 겨냥해 세련된 디자인의 고기능 제품을 많이 출시하고 있다.

오디오는 최근 디지털 제품으로 바뀌고 MP3나 PC와 호환이 가능한 멀티미디어형 제품들이 선보이면서 교체주기를 더욱 앞당기고 있다. 카세트 역시 MP3 플레이어 겸용제품이 등장하는 등 복합화되는 경향이 주기단축을 가속시키고 있다.

■ 쏟아지는 신제품

제품 교체주기가 짧아짐에 따라 메이커들도 신모델 출시주기를 앞당기고 있다. 대우전자는 91년 8월 임팩트TV를 내놓은 이후 5년간 이 모델의 기본은 유지한 채 2년 주기로 디자인을 바꾸거나 일부 성능을 개선한 변형모델을 출시했으나 95년부터는 1년 주기로 모델을 바꾸다 올 7월부터는 6개월 주기로 모델을 바꾸고 있다. VCR의 경우 92년부터 2년 주기로 신모델을 내놨으나 지난해부터는 6개월 주기로 앞당겨졌다.

이와 같은 가전제품의 라이프 사이클 단축현상은 현재 걸음마 단계인 디지털 제품이 본격적으로 시장에 나오기 시작하면 더욱 심해질 것으로 보인다.

# 02 제품설계

연구개발 매지 제품개발의 성과를 바탕으로 진행하는 제품설계는 생산의 출발점이 된다. 그 이유는 제품설계를 통해 배려진 의사결정은 그 제품을 생산할 생산시스템의 설계와 운영에 큰 영향을 미치기 때문이다. 특히 제품의 생산원가 중 70~80% 정도가 설계에 의해 결정된다는 것을 고려할 때 제품설계는 중요한 전략변수로 이해되어야 할 것이다.

제품설계의 과정은 고객 내지 시장의 요구를 개략적인 기술시방으로 옮기는 예비설계 단계와 그 내용을 보다 구체화하는 최종설계 단계로 나눌 수 있다. 그리고 최종설계는 기능설계, 형태설계 그리고 생산설계로 나눈다.

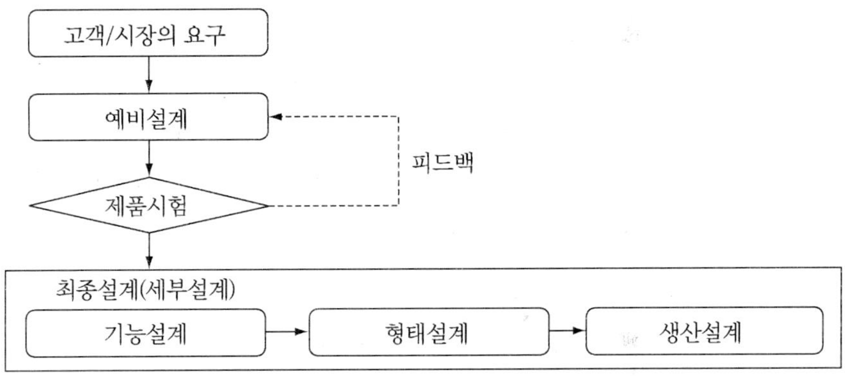


〈그림 4〉 제품설계의 진행과정

## 2.1 예비설계

예비설계(preliminary design) 단계에서는 선택된 신제품 아이디어 개념을 설계의 형태로 구체화시키는 첫 단계이다. 즉, 특정의 제품 아이디어가 타당성분석을 통하여 기술적, 경제적 타당성이 있는 것으로 인정되면 곧바로 예비설계에 들어간다. 예비설계란 선정된 제품의 개념적 특성에 부합되는 몇 가지의 설계안을 개발하는 것을 말한다.

예비설계는 아이디어를 구체화시키기 위하여 크기, 형태, 색상, 성능, 품질, 수명 등과 같은 제품의 개략적인 윤곽을 설계하는 것으로서 시험제작에 앞서 이루어지기 때문에 시작(試作)설계라고 부르기도 한다. 이 단계에서 성능과 신뢰성, 보전성, 내구성 등 제품의 주요 속성들이 정해지면서 개념적인 아이디어는 점차 구체적인 제품의 속성을 갖추게 된다.

예를 들어, 세탁기 제조업자가 신제품 세탁기를 제작하기로 결정했다면, 그는 예비설계의 단계에서 이 세탁기의 디자인, 세탁의 정도와 세탁기의 크기 등을 결정해야 할 것이다. 또한 예비설계의 과정에서 신뢰성, 보전가능성 및 내용연수 등 해당 제품과 관련된 주요 속성을 규정해야 한다. 세탁기의 경우 부품의 고장빈도, 부품교체의 용이성, 사용 가능한 총 기간 등이 예비설계의 단계에서 명시되어야 한다. 이와 같이 예비설계 단계에서 형성된 제품의 골격을 토대로 최종설계에 들어간다.

## 2.2 최종설계

최종설계(final design)는 세부설계(detailed design)라고도 하며, 예비설계에서 구체화된 제품의 속성을 만족시켜주기 위하여 제품의 원형(prototype)을 개발하고 이를 수정하여 기술적인 관점에서 그 제품이 완벽하게 생산될 수 있도록 준비하는 작업이다. 즉 세부설계는 제품과 그 부품의 명세서 및 조립도면을 확정함으로써 완전한 제품생산을 위한 기초를 마련하는 것이다. 이와 같은 세부설계는 크게 기능설계, 형태설계 그리고 생산설계의 세 가지로 구성된다.

(1) 기능설계(Functional Design)

기능설계는 제품의 기능 내지 성능에 관심을 둔 설계이다. 이때는 시장품질, 신뢰성 및 원가 사이의 관계를 고려하여 제품에 대한 기술적인 명세 즉, 기술규격(technical specification)을 확정하여야만 한다. 이 때 경쟁제품과 비교하여 어느 정도의 시장품질과 신뢰성을 가진 제품으로 개발할 것인가를 다양한 분석기법을 통해 결정하게 되는데, 이러한 요인들이 결국 제품의 원가에 직접적인 영향을 미치게 된다. 이 과정에는 일반적으로 시장조사를 비롯하여 신뢰성공학, 가치공학 등이 적절히 응용된다.

(2) 형태설계(Form Design)

전통적인 제품설계에서는 설계의 기준으로서 먼저 기능을 고려한 다음 형태를 고려하고 있다. 형태설계는 제품의 물리적 외관과 모양에 관련된 것으로서, 제품의 선, 모양 및 색채 등을 결합한 일명 스타일 설계(style design)라고도 한다. 따라서 완제품에 대한 기능적 요건과는 무관한 물리적 형태나 미적 특성을 결정하는 작업이다. 일반적으로 제품의 외양이란 시각적 메시지의 전달을 통하여 판매를 촉진하는 효과를 가지고 있으므로, 형태가 기능과 유기적으로 결합될 수 있도록 제품설계를 할 필요가 있다. 이 과정에 산업디자인(industrial design)의 개념이 적극 도입된다.

형태설계는 산업재보다는 소비재의 경우에 더욱 중요시된다. 흔히 소비자에게는 기능보다 색상, 모양 및 유행이 더욱 큰 비중을 차지하고, 개인적 신분이나 이미지의 표출이 주요 구매요인으로 작용하는 경우가 많기 때문이다. 제품의 포장 역시 제품에 대한 소비자들의 구매결정에 영향을 미치기 때문에 이것도 형태설계의 대상에 포함된다. 많은 제품이 서로 유사하고 다만 포장만 상이한 경우에는 포장이 판매촉진의 역할을 하기 때문이다.

### (3) 생산설계(Production Design)

제품설계에 관한 의사결정은 성능과 외양에 대한 문제뿐만 아니라, 주어진 비용한도 내에서의 생산가능성(producibility)에 관한 문제도 포함하는데, 이것을 생산설계라고 한다. 비용에 영향을 끼칠 수 있는 영역은 자재의 선정, 부품의 결합방법, 허용오차, 제품의 복잡성 및 가변성 등을 들 수 있다.

생산설계란 생산의 경제성에 초점을 맞추어 제품이 어떤 방식으로 어떻게 제조되어야 하는가를 검토하는 과정이라 할 수 있다. 다시 말하면 제품을 어떻게 제조할 것인가를 결정하는 것으로 끝나지 않고, 제품의 설계를 최종적으로 확정할 때 수용 가능한 여러 가지의 제조방법 중 원가를 최대한으로 절감할 수 있는 제조방법이 무엇인가를 충분히 검토하고 결정하는 것이 바로 생산설계이다.

생산설계의 목표는 최저의 비용을 투입하여 최대의 기능적 편익을 소비자에게 제공할 수 있는 제품을 생산하는데 있다. 이러한 목표는 달성하기 위해서는 제품 단순화(simplification), 제품다양화(diversification), 표준화(standardization), 모듈화(modularity), 가치분석(VA), 동시설계(CE), 품질기능전개(QFD) 등과 같은 개념 및 기법들이 생산설계 단계에 도입될 수 있다.

**쉬어갑시다**

**현대차, 고객지향 마케팅 '오토-프로슈머' 도입**

연합뉴스, 2006년 3월 26일

현대차가 국내 자동차 업계에서 처음으로 총 1만5천명의 고객을 패널로 참여시켜 의견을 수렴하는 대규모 마케팅 활동을 도입한다.

현대차는 차량 구매부터 보유 종료시점까지 전체 차량이용 기간에 걸쳐 고객의 의견을 지속적으로 수렴하는 '오토-프로슈머(Auto-Prosumer)' 제도를 도입한다고 26일 밝혔다.

현대차는 이를 위해 8월까지 일부 차종에 대해 보유고객 중 5천명의 패널을 모집해 시범 운영하고, 이후 승용 및 RV 전 차종을 대상으로 패널 1만 명을 추가로 모집해 연말까지 총 1만5천명 규모의 고객 패널단을 구성할 계획이다. 현대차는 패널을 대상으로 온라인 설문조사 방식을 통해 ▲차량의 사용 환경 및 용도 ▲구매 후 이용기간의 경과시점 ▲이벤트나 프로모션과 같은 특정 마케팅활동에 따른 고객 반응과 요구사항 등의 정보를 모아 향후 제품 및 서비스의 개발에 핵심 자료로 활용할 방침이다.

패널은 차종별로 대표 유형에 해당하는 고객을 선별해 초청 메일을 발송, 패널참가에 동의하는 고객들로 구성되며, 1차 패널은 준중형 승용차와 SUV 보유 고객을 대상으로 27일부터 내달 5일까지 모집한다.

오토-프로슈머 회원에게는 마일리지 포인트 적립 등의 혜택을 제공하고 문화행사나 신차발표회 초청 등 각종 이벤트도 마련한다.

현대차는 향후 오토-프로슈머 제도 외에도 기존의 시장조사 및 고객만족도(CS)조사를 통해 상품, 마케팅, 서비스 등 전 분야에 걸쳐 고객 의견을 적극 반영할 계획이다.

현대차 관계자는 "과거에는 제품 출시 직후 고객평가에 대한 정보 수집을 위해 고객평가단 등이 시행되기도 했으나, 자동차의 경우 라이프 사이클이 길고 관여도가 높은 제품인 만큼 중장기적인 관점에서 고객 의견을 지속적으로 수렴하기 위해 오토-프로슈머 제도를 도입했다"고 말했다.

## 03 제품설계를 위한 기법

### 3.1 동시공학

신제품 개발기간이 짧은 기업은 현재의 제품 내지 서비스에서 탈피할 수 있으며 미래에 더욱 강하고 수익성있는 기업이 될 가능성이 더욱 커진다. 이 때문에 오늘날 많은 기업에서는 '시간' 즉, 개발속도와 빠른 인도시간을 경쟁전략변수로 보고 시간적 경쟁(time-based competition)에도 상당한 관심을 보이고 있다. 신속한 시장출하속도를 보인 일본 자동차회사들의 구미 회사들에 비해 경쟁에서 앞서고 있는 이유라고 분석한 크라크(K. B. Clack)의 논문에 따르면, 자동차개발기간에 있어서 미국과 유럽회사들은 평균 61~63개월인데 반해서 일본은 평균 43개월이었다. 이로써 개발기간 뿐만 아니라 개발비용, 시장출하시간 단축 등을 동시에 실현하는 성과를 낳을 수 있었으며, 그것은 시장경쟁력을 강화하는 요인으로 작용하게 되었다.

동시공학(CE : concurrent engineering)은 병행설계(PE : parallel engineering) 또는 SE(simultaneous engineering)라고도 한다. 동시병행설계라고도 하는 동시공학이란,

순차적인 단계로 진행되던 과거의 제품 개발과는 달리, '전체 프로세스를 담당하는 모든 부서가 통합된 정보 통신망과 전산 시스템의 지원 아래, 동시 진행과 상호 교류로 제품 개발의 성공 가능성을 높이고, 개발 기간과 비용을 줄이는 방법'을 말한다. 특히 제품설계와 공정설계를 통합하여 진행시키고자 하는 개념을 포함하고 있는 동시공학은 개발과 테스트까지의 전 과정을 동시에 반복 진행하여 완벽한 신제품을 최대한 빨리 시장에 내놓음으로써 높은 수익률을 확보하는데 매우 유용하다.

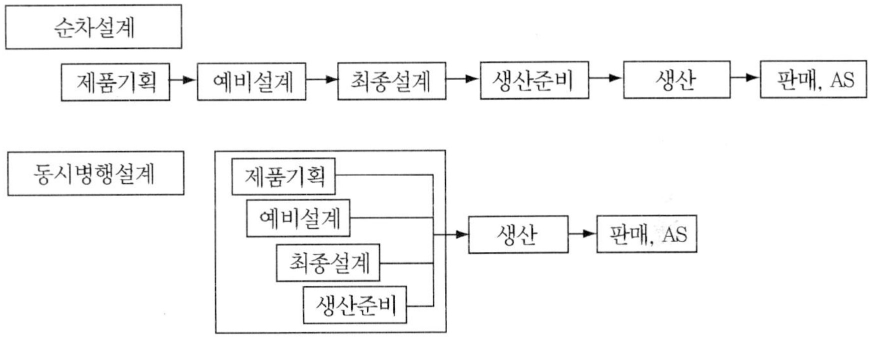


〈그림 5〉 순차설계와 동시병행설계

제품개발 및 설계는 전통적으로 필요한 기능을 차례차례로 전개하는 방식을 적용해 왔으나, 의사소통에 많은 시간이 소요되고 시행착오도 많이 발생함에 따라 개선된 방법으로 관련기능이 한 곳에 집중하여 접근하는 방식을 생각하기에 이르렀다. 이것이 동시병행설계 방식인데, 설계 초기단계부터 제품의 고유기능 뿐만 아니라 구매, 제조, 검사, 서비스 등 제품설계와 관련된 엔지니어링 지식을 병렬적으로 통합하려는 노력이 따른다.

동시병행설계는 제품의 설계, 기술, 생산, 마케팅, 서비스 등의 전 과정을 묶어 일반적으로 4~20명의 전문요원으로 구성된 다기능 팀(multi-functional team)을 통해 수행된다. 따라서 팀워크를 매우 중시하며 함께 협력하는 경영방식으로, 현재 전 세계적으로 급속하게 확산되고 있는 개념이다.

동시공학의 목적은 제품의 설계단계에서부터 가능한 한 빨리 기업의 자원과 설계, 개발, 생산, 마케팅 및 서비스의 경험을 적절하게 적용함으로써 제품개발시간의 단축과 개발비용의 절감, 품질 및 생산성의 향상을 동시에 달성하면서 성공적인 신제품을 개발하는 것이다.

미국 국립표준기술연구소(NIST)는 동시공학을 적용한 제조업체들의 개발시간이 30~70% 정도로 줄어들고, 시장출하시간 20~90% 단축, 품질은 200~600% 정도가 향상되었을 것으로 추정하고 있다. (표 1)은 각 기업의 동시공학 적용에 따른 성과를 정리한 것이다.

[표 1] 동시공학 적용에 따른 효과

| 회사 | 효과 | | |
|---|---|---|---|
| | 비용절감 | 일정단축 | 품질향상 |
| AT & T | Circuit Pack의 수리비용 40% 절감 | 공정기간 46% 단축 | 불량률 30% 감소 |
| HP | 제조비용 42% 절감 | 개발기간 35% 단축 | - |
| IBM | 노무비 45% 절감 | 설계기간 40% 단축 | 엔지니어링 변경요구서 감소 |
| McDonald Douglas | Missile Reactor 프로젝트에서 원가 절감 60% | 한 부품의 예비설계 단계를 45주에서 8주로 단축 | - |
| Boeing | 시간당 $28 노무비 절감(30%) | 부품과 재료의 리드타임 30% 단축 | 불량률 2/3 절감 |

## 3.2 품질기능전개

신제품의 개발과정은 여러 가지 기법을 통해서 촉진된다. 이러한 기법 중 하나가 품질기능전개(QFD : quality function deployment)인데, 이것은 '고객의 요구와 기대를 규명하고 이들을 설계 및 생산 사이클을 통하여 목적과 수단의 계열에 따라 계통적으로 전개되는 포괄적인 계획화 과정'이라고 정의할 수 있다. 즉, 품질기능전개는 고객의 소리(VOC : voice of customer)를 제품이나 서비스 개발과정에 통합시키기 위한 구조적 접근방식이라고 할 수 있다.

품질기능전개는 1972년에 일본의 미쯔비시중공업(三菱重工業) 고베(神戸) 조선소에서 고객의 요구를 명확히 규명하기 위한 목적으로 개발된 것이 그 출발이었다. 그 후 1978년부터 도요타자동차를 비롯한 관련업체들에 의해 고객만족의 극대화를 위한 실천적인 방법으로 계속 사용되고 있으며, 특히 전자・가전・의류・장비 및 서비스산업에서 널리 이용되고 있다.

품질기능전개는 고객의 요구를 설계 및 생산에 이용될 수 있는 기술적 특성으로 전환하는데 유용하도록 발전되어 왔다. 이 과정에서 효과적으로 이용되고 있는 것이 품질표 또는 품질의 집(HOQ : house of quality)으로 (그림 6)에 제시되어 있다.

품질의 집은 매트릭스의 형태를 취하고 있는데, 매트릭스의 왼쪽에는 고객이 요구하는 '무엇(what)'을 나열하고, 위쪽에는 고객의 요구를 충족시키기 위해서 제품과 서비스를 '어떻게(how)' 설계하고 생산할 것인가를 의미하는 기술적 특성을 나열한다. 이렇게 제시된 고객의 요구 충족이라는 목적과 기술적 특성이라는 수단을 서로 관련시켜 나타내 주는 매트릭스를 이용하는 것이 이 기법의 핵심이다.

매트릭스의 안쪽에는 고객의 요구가 각 기술적 특성에 의해 충족됨을 나타내는 기호가 표시된다. 어떤 하나의 기술적 특성이 여러 가지의 다양한 고객요구를 충족시킬 수도 있고 혹은 하나의 고객 요구가 여러 기술적 특성과 관계를 가질 수도 있다.

(그림 6)은 도요타자동차에서 자동차 문에 대한 품질기능전개 결과를 정리한 것으로서, '목적 – 수단의 매트릭스'를 이용하여 목적인 고객의 요구 충족과 수단으로서의 기술적 요구조건 및 경쟁력 평가를 나타낸 「품질의 집」이다.

도요타자동차는 1960년대 중반 처음으로 소형승용차를 미국에 수출하였다. 그러나 경쟁차종인 독일의 폭스바겐 보다 차체가 더 빨리 녹슨다는 것이 문제였다. 특히 도어에서 보다 심각한 부식문제가 발생하였는데, 이것은 도어의 설계와 제작과정에 문제가 있었기 때문으로 판단되었다. 이 문제를 해결하기 위하여 품질기능전개 기법을 적용하기로 하고, 도어에 대한 고객들의 의견을 묻기로 하였다. 놀랍게도 미리 알아차리지 못했던 많은 의견들이 도출되었는데, 예를 들어서 언덕에서 문을 여닫는 것이 큰 문제로 지적된 것이었다. 특히 여성들에게는 내리막길에서 차를 세우고 문을 여닫는 것이 상당히 힘겨운 일로 지적되었다.

고객들로부터 자동차 도어에 대한 요구사항을 정리한 결과, 가장 많은 요구가 '경사진 곳에서 문이 열린 채로 있을 것'과 '외부에서 잠그기 용이할 것'이었다. 이외에도 고객들은 창문을 열려면 윈도우 크랭크를 많이 돌려야 하는 문제에 대해서도 큰 관심을 표명하고 있었다. 이러한 내용들을 품질기능전개를 적용하여 확인함으로써 도요타자동차는 고객의 목소리를 제대로 들을 수 있게 되었고, 고객들의 선호도를 기술과정과 제작과정에 반영할 수 있었다.

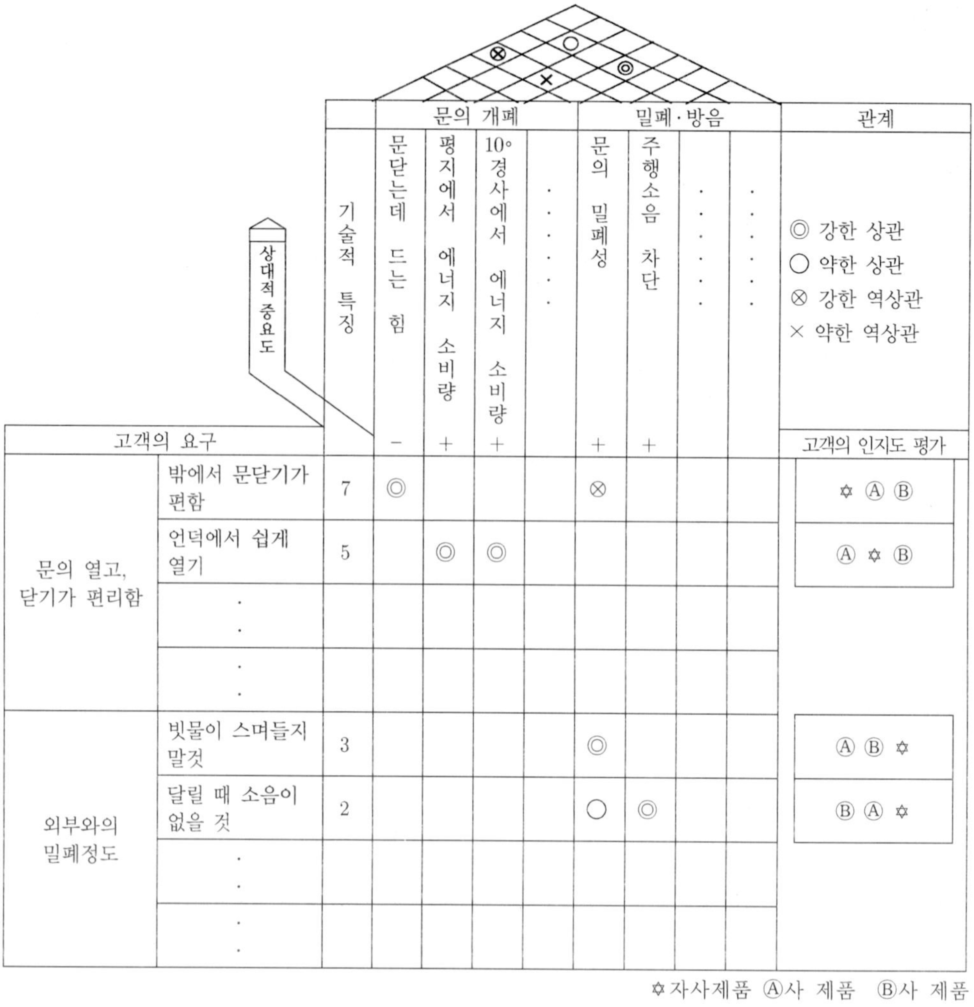


〈그림 6〉 자동차 문에 대한 품질의 집

## 3.3 제품의 다양화 및 단순화

기업이 당면하는 가장 까다로운 문제의 하나는 제품의 다양성의 정도를 결정하는 것이다. 제품이 다양하면 비용이 증가하고, 단순하면 판매가 줄어든다. 불필요하게 다양화할 필요도 없고, 별로 중요하지도 않은 제품 차이는 없애버려야 한다.

제품의 다양화(diversity)는 제품단순화의 반대개념으로서 풍부한 제품라인, 다양한 제품의 형태를 의미한다. 해당 업종이나 기업이 속한 시장 내에서 경쟁이 심한 경우에는 고객을 끌고 위험을 분산시키기 위하여 다양화를 추구하게 되고, 그렇지 않은 경우에는 비용절감을 목적으로 단순화를 추구하는 것이 일반적이다. 다양화의 추구는 전체 비용을 상승시키지만 기업이 고려할 것은 비용이 아니라 이익이다. 이익이 증가하는 한 다양화는 추구되어야 한다.

제품의 단순화(simplification)는 제품의 수와 종류를 줄이는 것을 말한다. 단순화는 설계의 복잡성을 줄이고 제품의 다양성을 줄임으로써 여러 가지 구입비용을 줄이고, 재고를 낮추며, 생산비용을 절감시킨다. 물론 단순화는 고객의 입장에서 볼 때 선택의 여지가 줄어들기 때문에 기업의 수익에 영향을 미칠 수 있다. 따라서 제품의 단순화는 판매량과 이익에 별로 공헌하지 못하는 제품에 국한시키는 것이 바람직하다.

제품이나 서비스의 다양성을 감소시키는 것뿐만 아니라 기업은 부품이나 구성품을 재설계하여 적은 수의 부품으로 기능을 발휘하도록 하는 노력이 또한 중요하다. 제품설계의 단순화는 제품의 복잡한 특성을 제거함으로써 주어진 기능을 수행하면서 생산비용을 줄이고, 소비자의 만족감을 유지할 수 있는 것을 의미한다. 생산비용의 감소는 쉽게 조립한다든지, 단순하게 작동하는데 따른 노동비용의 감소로부터 나타난다. 예컨대 자동차회사는 자동차를 단순화하고 그 무게를 줄이려고 노력한다. 알루미늄 범퍼가 철판 대신에 사용되고, 플라스틱이 자동차 내부에서 강철 대신에 많이 사용되고 있다. 실제로 GE에서는 냉장고의 압축기 설계를 단순화하여 부품 수를 51개에서 29개로 줄이면서 생산원가를 낮추었으며, 제품불량률을 1/3로 줄일 수 있었다.

제품의 단순화로 얻어지는 이익은 단위당 생산원가의 저하, 투하자본의 감소, 노무비의 저하, 제조기술의 향상, 기계설비의 이용과 관리개선, 공급의 신속화, 제품품질의 향상, 재고자산회전율의 향상, 상거래의 단순화 등을 들 수 있다.

## 3.4 모듈러 설계

모듈(module)이란 다수의 부품으로 구성되어 있는 표준화된 중간조립품(subassembly) 또는 제품의 기본 구성품(basic product component)을 의미한다.

모듈러 설계(modular design)란 '고객에게 제공되는 제품의 다양성은 높이면서도 동시에 제품 생산에 사용되는 구성품의 다양성은 낮춤으로써 저렴한 비용을 실현할 수 있는 제품설계의 한 가지 방법'이다. 이 방법은 개발 기간의 단축과 고객의 다양한 요구에 대한 적극적인 대응, 그리고 신규 기능에 대한 대응을 쉽게 하기 위해 활용되는 방법이라고 할 수 있다. 이와 같은 모듈러 설계의 기본 아이디어는 많은 서로 다른 제품으로 조립될 수 있는 일련의 기본 구성품, 즉 모듈을 개발함으로써 고객에게는 다양한 제품을 제공하되 생산현장에서는 한정된 수의 모듈만을 취급하도록 하는 것이다.

모듈러 설계에서 비롯된 모듈러 생산(modular production)은 표준 부품의 조합에 의하여 조립된 제품의 다양화를 도모하는 생산방식이다. 즉, '다양하게 결합할 수 있는 부분품을 설계・제조하여 최소 종류의 부분품으로 최다 종류의 제품을 생산하는 방식'이다. 이때 여러 제품에 들어가는 서로 다른 부분품의 수를 최소로 가져가는 것은 생산의 효율화와 공정과 설비의 표준화 유무를 결정짓는 매우 중요한 요소가 될 수 있다.

전통적인 대량생산에서는 부분품의 호환성(interchangeability)을 주요 요건으로 하여 단일 제품을 대량 생산하였으나, 모듈러 생산에서는 부분품의 호환성을 다른 품종에까지 확장시킨다는 점에서 차이가 있다.

자동차 생산에서 모듈러 설계 방식을 적용한 모듈러 생산의 예를 간단하게 적용해 보기로 하자. 엔진의 종류가 3가지, 변속기 종류가 2가지, 외부색상이 7가지라고 하면 모듈의 수는 3+2+7=12가지이지만, 생산가능한 제품의 종류는 3×2×7=42가지나 된다. 이와 같이 모듈러 설계의 개념을 적용하면 운용하는 구성품의 수는 한정되지만, 상당히 다양한 제품을 공급할 수 있게 된다.

모듈러 설계를 즐겨 이용하고 있는 대표적인 제품은 소위 시스템 제품들인데, 컴퓨터, TV, 자동차, 통신기기뿐만 아니라 주택건축, 가구제조나 인테리어 설계 등을 들 수 있다. 자동차의 경우 제조업체에 따라 약간의 차이는 있으나 완성차를 구성하는 모듈은 10개 내외이며 운전석 모듈, 헤드라이닝 모듈, 프런트 엔드 모듈, 서스펜션 모듈, 리어 패키지 모듈 등이 있다.

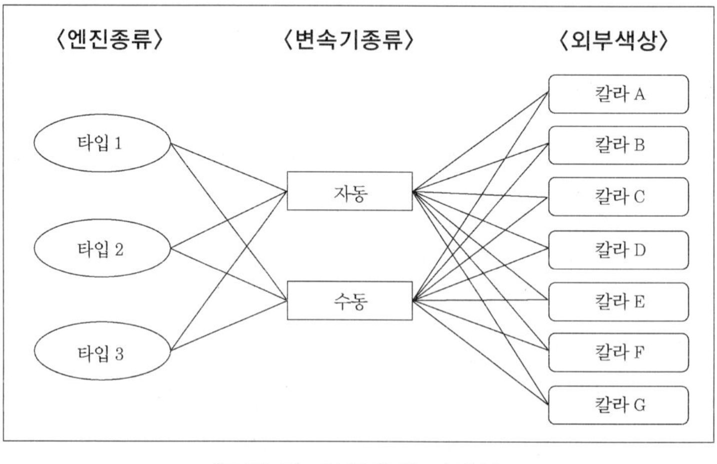


〈그림 7〉 자동차의 다양화

이와 같은 모듈러 설계를 근거로 제공된 제품은 고장 시 고장 난부분의 모듈만을 갈아 끼울 수 있으므로 수리가 용이하다. 또한 소비자의 요구에 따라 필요한 모듈을 보충하고 불필요한 모듈을 제거하기가 대체로 수월한 것이 특징이다. 그러나 제품을 전체적으로 표준화하는 경우보다 비교적 많은 부분품을 필요로 한다는 점은 모듈러 설계가 지닌 결점이다.

쉬어갑시다

**자동차와 모듈화**

매일경제신문, 2001년 10월 23일

모듈(Module)이란 자동차를 생산할 때 서로 연관된 각 부분의 부품들을 하나의 덩어리를 묶은 것이다. 차량의 조립공정에서 개별 부품들을 하나하나 차체에 바로 장착하지 않고 몇 개의 큰 덩어리부품을 먼저 만들어 이 단위를 자동차 본체에 끼워 넣는 방법을 말한다. 모듈 생산방식을 도입하게 된 것은 비용 때문이다. 공급과잉에 따른 가격인하 경쟁과 환경 및 안전기준 강화 등에 따른 연구 개발비 부담 증가로 원가절감 필요성이 늘어나 선진 메이커들이 모듈화를 통해 제조원가의 70% 이상을 차지하고 있는 부품 부문의 비용 삭감을 모색하게 된 것이다.

자동차 메이커에 따라 약간의 차이는 있으나 완성차를 구성하는 모듈은 10개 내외이며 운전석모듈, 헤드라이닝모듈, 프런트 엔드 모듈, 서스펜션 모듈, 리어 패키지모듈 등이 있다.

이중 운전석에 부분에 해당하는 부품들을 조합한 것이 '운전석 모듈'이다. 운전석 모듈을 구성하는 주요 구성품은 내장, 공조, 전장, 섀시 부품으로 이뤄져 있으며 차종에 따라 적용범위에 다소의 차이는 있다. 이러한 구성부품들은 주로 차량운행에 필요한 정보를 제공해 주는 디스플레이(Display)류, 각 기능별 작동을 위한 컨트롤(Control)류, 승객의 편의성을 증대시켜 주기 위한 편의장비, 충돌 시 승객을 보호하는 안전장비 등이며 약 30여 개의 조합부품으로 구성돼 있다. 모든 디스플레이와 컨트롤장치는 운전자가 쉽게 구별하고 조작할 수 있도록 편한 위치에 배치하는 것이 초점이다. 이러한 각 부품들의 배치 및 운전자가 앉은 조건 등을 결정짓는 것은 설계과정 중 패키지 레이아웃 엔지니어링 단계에서 대부분이 결정된다. 또 크래쉬 패드(Crash Pad), 무릎 보호 장치, 에어백 등은 차량 충돌로부터 승객을 보호할 수 있도록 설계돼야 하며 각국의 안전법규 및 상품성 평가 기준에서 규제받기도 한다.

안전, 내구, 환경 등의 복잡한 규제 및 상품목표를 만족하는 운전석 모듈을 정해진 기간 내에 효율적으로 개발하기 위해서는 예측설계 기법이 일반적으로 활용된다. 이는 기존의 물리적 시험을 통해 성능을 평가하는 방법에서 벗어나 설계 단계에서 컴퓨터를 통한 해석 기법(FEA : Finite Element Analysis)으로 성능평가를 대체함으로써 개발기간 및 투자비를 최소화하고 구조를 최적화할 수 있는 효율적 방법이다. 운전석 모듈 개발시 수행하는 주요 해석 항목은 일반적으로 충돌성능, 구조강성, 모듈 내구성, 에어백 전개성능, 공기유동성, 모듈 고유진동수, 승객 충격흡수 등에 관한 것들이다. 국내에서도 이와 같은 기법은 보편적으로 적용되고 있으며, 부분적으로 기술적 보완이 이뤄지고 있다.

## 3.5 가치분석 및 가치공학

제품은 제품의 기능적 요건을 충족시킬 수 있는 범위 내에서 경제적으로 생산할 수 있도록 설계되어야 한다. 이 과정에서 제품의 사용기능과 비용을 함께 고려한 설계가 이른바 가치공학에 의한 가치개선 설계이다. 가치분석(VA : value analysis) 내지 가치공학(VE : value engineering)은 원가절감과 가치개선을 목적으로 도입되고 있는 기법으로, 제품의 품질・수명・외관 등의 측면에서 불필요한 요소를 식별하고 제거하는데 초점을 맞추고 있다.

이 기법은 1947년 미국의 제너럴 일렉트릭사에서 구매를 담당하던 관리자 마일즈(L. D. Miles)에 의해서 창안되었다. 가치공학은 일반적으로 두 개 이상의 가치 비교에 의해 원가를 절감하고자 하는 관리기술로서, 제품을 보다 값싸게 생산하는 방법을 분석하기보다는 최소의 비용으로 발휘해야 할 기능을 제대로 갖추고 있는 제품을 생산하자는 것이다.

가치분석 또는 가치공학에서는 비용(cost)과 가치(value) 그리고 기능(function)이란 용어를 이용한다. 먼저, 비용은 제품이나 서비스를 창출하는데 사용되는 자원을 화폐단위로 나타내는 절대적인 개념이다. 비용에는 일반적으로 재료비, 노무비 및 제조간접비가 포함된다. 기능은 제품이나 서비스가 작용하게 하고 고객으로 하여금 사게 하는 특성을 말한다. 반면에 가치는 고객이 인식하는 '제품이나 서비스의 비용, 즉 지불한 비용의 크기' 대비 '기능이 지닌 유용성, 즉 얻어진 효용의 크기'에 대한 비율을 말한다. 유용성에는 품질, 신뢰도 및 제품의 성능 등이 포함된다. 우리가 어떤 물건을 보고 '가치가 크다, 가치가 없다'고 하는 것은 지불되는 비용에 대해 발휘된 기능이 '만족스럽다, 그렇지 않다'의 가치평가에 의존하기 때문이다.

가치분석에서 가치를 표현할 때 다음과 같이 표시한다.

$$\text{가치}(V) = \frac{\text{얻어진 효용의 크기}}{\text{지불한 비용의 크기}} = \frac{Function}{Cost}$$

상기 식을 적용할 때 제품 또는 서비스의 가치는 동일한 비용으로 고객에 대한 유용성(효용)을 높이든지, 동일한 유용성(효용)을 유지하면서도 비용을 낮춤으로써 증대될 수 있다.

### (1) 기능

기능이란 '제품이나 서비스가 특정의 목적을 발휘하게 하는 작용'을 의미하며, 고객으로 하여금 사도록 하는 특성을 뜻한다. 즉, 기능이란 특정의 목적을 발휘하게 하는 작용이다. 예를 들면 물 컵의 사용 목적이 '물을 마시는 것'이라면 그 기능은 '물을 담는 것'이다.

제품의 기능을 사용목적에 따라 구분하면 사용기능(use function)과 미관기능(aesthetic function)으로 구분할 수 있다. 이러한 기능들은 제품의 사용자나 구매자가 그 제품을 사게 만드는 역할을 하는 것으로서 가치분석에서 중시하는 기능들이다.

사용기능만을 필요로 하는 제품은 시멘트, 유류, 쌀 등과 같은 것이며, 반대로 미관기능만을 필요로 하는 것은 그림이나 향수, 보석 등이다. 우리의 생활 주변에서 살펴볼 수 있는 냉장고, TV, 자동차 등과 같은 대부분의 제품들은 사용기능과 미관기능을 모두 필요로 하는 것들이다.

생산원가 중 제품의 사용기능을 위해서 발생한 원가를 '사용기능 코스트'라고 하며, 미관을 위해 지출되는 원가를 '미관기능 코스트'라고 한다. 이와 같은 '기능코스트'의 특색은 소비자로 하여금 구매의욕을 일으키고 그들을 기쁘고 즐겁게 하기 위해 투입된다는 점이다.

가치분석 내지 가치공학의 목적은 최저의 원가로 필요한 기능을 구하는 것이기 때문에 언제나 사용기능을 철저하게 추구하며, 불필요한 기능(코스트)을 제거하는데 주력해야만 그 의미가 있다.

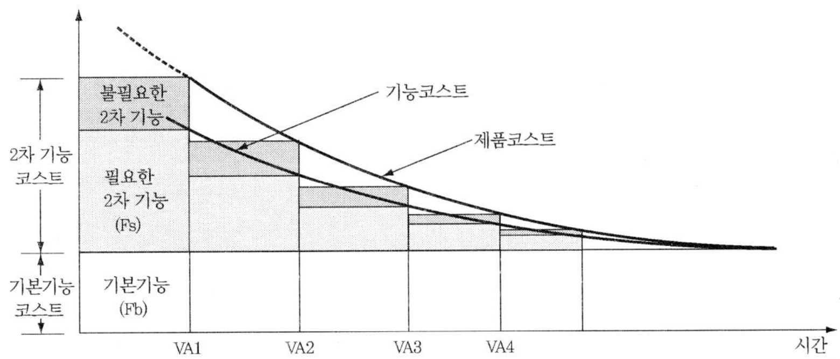


〈그림 8〉 불필요한 기능(코스트)의 제거

사용기능은 다시 사용목적이 필수적이냐 아니면 부수적이냐에 따라 '기본적 사용기능 $F_b$(basic use function)'과 '보조적 사용기능 $F_s$(supplementary use function)'으로 나뉜다.

기본적 사용기능은 설정된 목적에 비추어 볼 때 제거되면 그 제품 자체가 쓸모없이 되어버리는 기능을 의미한다. 따라서 제품이나 서비스가 존재하는 이유가 된다. 보조적 사용기능은 기본적 기능에 종속되는 2차적 기능으로서 기본적 사용기능을 지원하기 위한 기능이며, 제품의 설계방식에 따라 달라진다. 예를 들어 시계를 생각해보면, 시계의 기본기능은 '시각을 알려주는 것'이며, 보조기능으로는 '알람기능, 방수기능' 등을 들 수 있다. 이와 같은 보조기능은 고객의 구매의욕을 자극시키는 것으로, 많은 경우 기본기능 보다도 보조기능의 원가비율이 높다.

기본기능과 보조기능, 사용기능과 미관기능을 종합·정리하면 (표 2)와 같다. 가치분석에서는 불필요한 기능과 설계착상 기능을 배제함으로써 원가절감과 생산의 효율증대를 도모한다.

[표 2] 기능분류표

<table>
<tr><td rowspan="4">사용기능</td><td colspan="2">기본적 사용기능</td><td>기본기능</td></tr>
<tr><td rowspan="3">보조적 사용기능</td><td>불필요한 기능</td><td rowspan="4">보조기능</td></tr>
<tr><td>설계착상 기능</td></tr>
<tr><td>고객요구 기능</td></tr>
<tr><td colspan="3">미관기능</td></tr>
</table>

## (2) 가치

가치란 '제품 또는 서비스의 비용' 대 '기능이 지닌 유용성(효용)'에 대한 고객의 주관적인 느낌과 해석에 따라 달라지는 특징을 지닌다. 저렴한 비용을 지불하고 특정제품을 이용하면서 기대 이상의 효과를 체험했다면 그 제품에 대하여 소비자가 느끼는 가치는 큰 것이다. 반대로 특정 제품을 이용 또는 소유하기 위하여 비싼 비용을 지불했더라도 기대했던 것 이상의 효과를 얻을 수 없었다면 그 가치는 시원치 않다는 것이다. 제품에 대한 종합적인 가치를 나타낼 때는 일반적으로 다음과 같은 4가지의 가치를 이용한다.

ⓐ **희소가치**(Scarcity Value) - 보석이나 골동품과 같이 그 물건이 귀하다는 점에서 생긴 가치 개념

ⓑ **교환가치**(Exchange Value) - 그 물품을 다른 것과 교환할 수 있도록 하는 특성이나 품질에 따른 가치 개념

ⓒ **원가가치**(Cost Value) - 그 물품의 생산을 위해서 투입한 원가에 대한 가치 개념으로서 일반적으로 금액으로 표현

ⓓ **사용가치**(Use Value) - 그 물품이 지니고 있는 효용, 작용, 특성, 서비스 등에 따른 가치개념으로서 흔히 품질이나 기능으로 표시됨. 이것은 그 제품 내지 서비스를 사용하는 고객이 주관적으로 느끼는 만족성, 즉 효용으로 평가하기 때문에 주관적 가치라고도 함

가치분석에서는 '원가가치'와 '사용가치'가 중심이 되며, 주로 추구하는 가치개념은 '사용가치'이다. 가치분석을 창안한 마일즈는 사용가치를 실용가치(practical use value)와 귀중가치(esteem value)로 구분하였다.

실용가치는 '기본기능의 가치'를 말하는 것이다. 예를 들면 라이터의 기능은 '불의 제공'에 있으며, 혁대의 기능은 '바지가 흘러내리지 않도록 하는 것'에 있다. 또한 자동차의 기능은 '운반 대상물을 목적지까지 운반하는 것'이라고 할 수 있다. 이러한 기본기능을 최소의 비용으로 달성하는 경우의 실용가치를 기능가치(function value)라고 하며, 가치분석에서 추구하는 핵심개념이다. 가치분석에서 일정한 기능을 지닌 제품과 서비스를 최저의 비용으로 획득하는 것을 목적으로 한다는 것은 바로 '기능가치'의 개념을 추구하는 것을 의미한다. 그러나 최저의 비용으로 달성 가능한 기능만을 추구한다면, 라이터 대신에 성냥을, 혁대 대신에 허리끈을, 자동차 대신에 마차를 생각할 수 있다. 우리가 라이터나 혁대, 자동차를 사용하는 것은 기본기능 이상의 효용을 얻기 위한 것이기 때문에 이 경우에는 귀중가치를 고려해야만 한다.

매력가치라고도 하는 귀중가치는 '제품 내지 서비스의 특성, 특징 및 매력에 따른 가치' 개념이다. 즉 제품의 외형과 디자인을 아름답게 하여 심리적 유용성을 높이고 경쟁적 잇점을 갖게 하는 요소를 말한다. 대부분의 소비재는 귀중가치가 고려되는 것이 일반적이다. 예를 들면 기본기능과는 무관하게 금으로 도금한다든가, 혁대에 반짝이는 버클을 단다든가 하는 것이 해당된다. 가치분석에서 추구하는 가치개념은 분명히 '사용가치'라고 할 수 있으나, 시멘트나 못과 같이 실용가치만 있으면 되는 것도 있고, 넥타이와 같이 귀중가치를 지니고 있는 물품도 있다. 따라서 가치분석 내지 가치공학에 의해 제품설계를 하거나 원가절감을 시도할 때는 실용가치와 귀중가치로 나누어 고찰할 필요가 있다.

### (3) 가치의 측정

가치의 개념을 구체적으로 측정하는 것은 쉽지 않은 일이다. 왜냐하면 가치의 본질은 고객이 평가하는 유용성과 희소성 등 복잡한 요소의 결합물이기 때문이다. 그러나

'기능'에 대한 '비용'의 비율이 가치측정 기준으로 쓰이는 이상, 이 관계를 토대로 다음과 같은 하나의 객관적 내지 계량화된 지표를 사용할 수 있다.

$$가치(Value) = \frac{기능(Function)}{비용(Cost)}$$

여기서 기능(function)은 제품 내지 서비스가 구체적으로 수행하는 성과(performance), 즉 시간당 처리능력, 시간당 생산량, 리터당 주행거리 등으로 접근하고, 비용(cost)은 금액으로 표시하는 방법을 적용하는 것이 일반적이다. 예를 들어 살펴보면, 어떤 자동차의 리터당 주행거리가 시내주행일 경우 평균 10㎞, 고속도로일 경우 평균 12㎞였다. 휘발유의 리터당 가격이 1,500원이라고 할 때, 이 차량의 시내주행과 고속도로주행의 상대적 가치를 살펴보면 다음과 같다.

$$시내주행시의\ 가치 = \frac{10km}{1,500원} = 0.0067km/원$$

$$고속도로\ 주행시의\ 가치 = \frac{12km}{1,500원} = 0.008km/원$$

따라서 이 차량은 고속도로 주행 시 더욱 가치가 크다고 평가할 수 있다.

**쉬어갑시다**

**100년 상품 소비자가 만든다**

매일경제신문, 2000년 12월 14일

장수상품은 한마디로 오랫동안 소비자의 사랑을 받는 제품을 말한다. 장수상품은 출시된 이후 시장에서 주목을 받으면서 선풍적인 인기를 끈 제품이다. 이런 점에서 대부분의 장수상품은 히트를 전제로 한다.

히트상품이 소비자의 취향과 시장 여건, 판촉 수단의 변화에도 불구하고 매출과 영향력, 수익성 등 모든 면에서 강력한 힘을 잃지 않으면 비로소 장수 상품으로 진입하는 것이다. 따라서 출시된 지 얼마 안 된 제품은 히트상품인지 장수상품인지 구분하기 어려운 경우가 많다. 자칫 2~3년 히트한 상품을 장수상품으로 잘못 생각할 수 있다. 그러나 장수상품은 일반적으로 시장에 나온 이후 5년 이상 지났음에도 불구하고 높은 시장점유율을 유지하면서 소비자들의 일관된 사랑을 받는 제품을 일컫는다.

■ 장수상품의 조건

단기적으로 시장에 큰 영향력을 끼친 상품이라도 모두 긴 수명을 유지하는 것은 아니다. 매출 규모와 시장점유율, 수익성, 소비자 호감도 등 여러 가지 면에서 수년간 일정 수준을 유지해야 장수상품이 될 수 있다. 따라서 신상품이 장수하려면 적절한 시장분석과 관리, 판촉·광고, 후속 모델 개발 등 다각적인 작업이 병행돼야 한다.

박카스의 경우 61년 정제로 처음 나왔으나 시장 상황과 소비자의 욕구를 감안해 63년 드링크 형태로 바꿔 출시했다. 초코파이는 상품이 널리 알려진 이후에는 깊은 인상을 주는 이미지 광고로 승부를 걸었다. 크리넥스는 74년 출시 이후 시대의 변화에 맞게 디자인과 형태를 바꿔 나갔다. 78년에는 한 장 씩 뽑아 쓸 수 있는 '팝업' 포장 방식을 채택 했고 79년에는 색상 티슈를 내놓았으며, 82년에는 호주머니에 들어가는 포켓 팩을 개발했다. 90년 로션처리 티슈를 출시한 데 이어 96년에는 자동차용 티슈와 감기전용 티슈 등 상품을 지속적으로 혁신하는 노력에 힘입어 확고한 장수상품이 될 수 있었다.

우수한 상품력도 장수상품의 조건이다. 장수상품 중에 품질이 우수하지 않은 것은 거의 없다. 장수상품은 대부분 엄청난 경쟁력을 극복하고 생존한 제품이다. 경쟁상품과 소비자의 평가를 거치지 않고서는 장수상품을 고수할 수 없다. 소니 워크맨은 수많은 경쟁업체가 난립했음에도 불구하고 아직 기술과 상품력으로 시장점유율 1위 자리를 지키고 있으며 도루코 면도날도 우수한 품질을 무기로 외국업체의 공세에도 불구하고 국내에서 장수상품의 대명사로 평가받는다.

■ 장수상품의 가치

장수상품은 그 이름 하나만으로 엄청난 가치를 지닌다. 시판된 지 100년이 넘는 코카콜라는 가치가 100조원이 넘는다. 국내에서는 국제 상사의 프로스펙스가 오랫동안 인기를 끌면서 한 때 가치가 1000억 원을 호가하기도 했다. 장수상품은 소비자에게 각인된 '브랜드 자산'으로 존속할 때 엄청난 가치를 얻게 된다. 장수상품을 하나의 상품만으로 수명을 다하게 하지 않으려면 반드시 브랜드화 작업을 거쳐야 한다. 컴퓨터 중앙처리장리(CPU)로 독보적인 위치에 있는 인텔의 경우 적극적인 브랜드화로 상품가치를 높였다. 오랜 역사를 가진 스위스의 스와치 시계는 '패션 브랜드'라는 이미지를 소비자들에게 심어줌으로써 가치를 높였다. 결국 장수상품은 그 자체로 가치를 지니게 되지만 의식적인 브랜드화 작업을 하면 가치가 더욱 올라갈 수 있다.

■ 장수상품과 마케팅

장수상품과 마케팅은 서로 분리할 수 없는 관련성을 갖는다. 신상품이 히트하고 나서 적절한 마케팅이 뒷받침되지 않으면 장수상품으로 성장하기 어렵기 때문이다. 농심 새우깡은 개발초기 진짜 생새우를 넣었다는 문구로 소비자의 눈길을 끈 데 이어 '손이 가요 손이 가 새우깡에 손이 가요'로 시작되는 광고 문구와 노래가 국민 스낵으로 자리 잡는데 한몫 했다. 오리온 초코파이는 상품 발전 시기에 따라 적절한 광고 변화가 주효해 오랫동안 소비자들의 사랑을 받을 수 있었다. 그 중에 대표적인 것이 '정(情)'시리즈 광고이다. 장수상품을 탄생시킨 마케팅을 보면 시대적 환경 변화에 따라 상품 포장과 가격, 광고, 모델을 지속적으로 바꿔주었다. 농심과 삼양라면의 경우 소비자 입맛이 고급화함에 따라 프리미엄급 라면을 지속적으로 출시하고 포장과 가격, 광고·판촉을 그에 맞게 변화시켜 많은 장수상품을 탄생시켰다. 이런 면에서 장수상품은 마케팅 혁신에서 비롯되고 장수상품의 성장 과정은 곧 마케팅의 역사라고 할 수 있다.

■ 장수상품과 소비자

장수상품의 이면에는 그 제품을 사랑해준 소비자들이 있다. 장수상품은 소비자의 취향과 요구를 먹고 자라는 생물과 같다. 소비자가 변화를 요구하면 변해야 하고 소비자가 그리움을 원하면 그리움까지도 불러일으킬 수 있어야 한다. 30~40대 소비자는 새우깡과 맛동산, 샤브레를 먹으며 70,80년대 가난했던 어린 시절을 떠올리고 50~60세 이상의 노인은 활명수와 박카스를 마시고 이명래 고약을 바르면서 지난 간 추억을 주워삼킨다. 이처럼 장수상품은 소비자와 함께 늙어가고 새로운 세대를 맞기도 한다. 장수상품이 더욱 오랫동안 소비자의 사랑을 받으려면 과거 소비자의 욕구를 충족시키면서 동시에 신세대의 속성과 변화에도 민감하게 반응해야 한다. 실제로 상품의 수명을 연상시켜주는 소비자는 신세대이기 때문이다. 이런 면에서 모든 장수상품은 소비자들의 과거 추억과 미래의 꿈을 먹고 살아간다고 할 수 있다.

## 요약

- 신제품 도입전략은 시장지향적 전략과 기술지향적 전략으로 나뉜다. 시장지향적 전략은 시장에서 '판매가능한' 제품을 만들어야 한다는 개념이다. 이 경우 신제품은 기존의 기술 및 생산과정과는 별로 상관없이 시장에 의해 결정되며, 고객의 요구가 신제품 도입의 주요한 근거가 된다. 그리고 기술지향적 전략은 '생산 가능한' 제품을 판매한다는 전략이다. 그러므로 신제품은 시장에서의 요구와는 전혀 관계없이 확보하고 있는 R&D 능력과 고유기술, 생산기술에 의해 창출된다.

- 제품의 라이프 사이클이란 제품판매의 시간적 추이를 도입기, 성장기, 성숙기 그리고 쇠퇴기라는 4단계로 정리하여 접근하는 것을 말한다. 제품판매에 대한 시간적 추이를 단계화시킴으로써, 각각의 단계에 따른 마케팅 전략과 수익성 측면에서 어떤 기회가 있으며, 어떤 면에서 문제가 있는지를 명확히 파악할 수 있게 된다.

- 제품설계의 과정은 고객 내지 시장의 요구를 개략적인 기술시방으로 옮기는 예비설계 단계와 그 내용을 보다 구체화하는 최종설계 단계로 나눈다. 최종설계는 기술규격을 확정하는 기능설계, 제품의 물리적 외관과 모양에 관련된 형태설계 그리고 생산의 경제성에 초점을 맞추어 제품이 어떤 방식으로 어떻게 제조되어야 하는가를 검토하는 생산설계 등 단계적으로 진행된다.

- 제품설계와 공정설계를 통합하여 진행시키고자 하는 개념을 포함하고 있는 동시공학의 목적은 개발과 테스트까지의 전 과정을 동시에 반복 진행하여 완벽한 신제품을 최대한 빨리 시장에 내놓음으로써 높은 수익률을 확보하는데 있다.

- 품질기능전개는 고객의 소리를 제품이나 서비스 개발과정에 통합시키기 위한 구조적 접근방식이며, 모듈러 설계란 고객에게 제공되는 제품의 다양성은 높이면서도 동시에 제품 생산에 사용되는 구성품의 다양성은 낮춤으로써 저렴한 비용을 실현할 수 있는 제품설계 방법이다.

- 가치분석 내지 가치공학은 원가절감과 가치개선에 효과적인 기법으로, 제품의 품질·수명·외관 등의 측면에서 불필요한 요소를 식별하고 제거하는데 초점을 맞춘다.

## 토의문제

1. 제품의 수명주기(product life cycle)에 대해 설명하라.

2. 신제품 도입의 배경을 설명하라.

3. 신제품개발과정을 간단히 설명하라.

4. 가치공학은 무엇이며 그 필요성에 대해 설명하라.

5. 모듈방식의 설계에서 얻는 이점은 무엇인가 설명하라.

6. 생활주변에서 모듈방식이 적용되고 있는 제품의 실례를 들고 설명하라.

7. 다음의 혁신적 제품설계기법을 간략히 설명하라.
   ① 동시공학(concurrent engineering)
   ② 품질기능전개(quality function deployment)
   ③ DFM(design for manufacturability)
   ④ 모듈러 디자인(modular design)

# 제 05 장 공정설계

## 01 공정의 설계

### 1.1 공정설계

공정설계(process design)란 주어진 제품이나 서비스의 생산방법을 구상하는 것이다. 공정설계 결과에 의해서 생산시스템의 공정형태, 생산단계, 가공방법과 기술, 기계 및 장비, 인력소요 정도 등이 결정된다. 따라서 기업의 설비투자, 설비배치, 인력계획, 직무설계 등 생산관련 분야에서 장기적으로 영향을 끼치는 중요한 의사결정이 모두 공정설계에 의해 좌우된다.

공정설계는 생산방법에 대한 설계이기 때문에 적절치 못할 경우에는 높은 생산성을 기대할 수 없을 뿐만 아니라 양질의 제품 또는 서비스를 생산하기가 어렵다. 뿐만 아니라 장기간에 걸쳐 시스템의 성과 즉, 생산성, 품질, 생산원가 및 시스템의 유연성 등을 좌우하기 때문에 설계 당시에 신중을 기해야만 한다.

(그림 1)은 공정설계 시스템을 하나의 투입·산출 모델로 정리한 것이다. 여기서 공정설계란 제품설계, 제품수요 및 기업의 가용자원에 관한 정보를 알고 그것에 가장 적합한 생산방법(자작 또는 외주, 공정형태, 가공방법)을 결정하는 활동이며, 최적의 생산방법을 결정하기 위해서는 제품분석과 공정연구가 필요함을 알 수 있다.

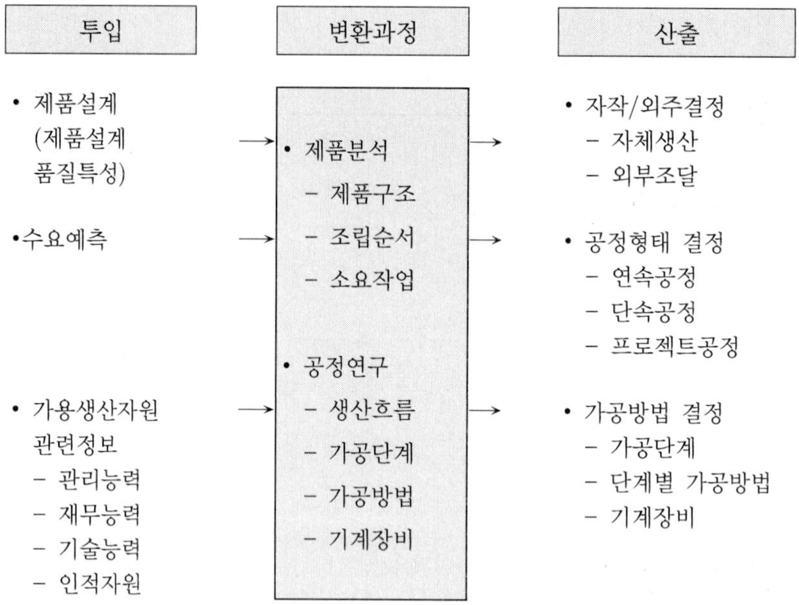


〈그림 1〉 공정설계시스템

이와 같은 공정설계는 다음과 같은 경우에 필요하다.

① 생산시스템을 신설하거나 확장할 때
② 신제품(서비스)의 개발이나 기존 제품의 개량이 있을 때
③ 경쟁을 위해 공정 및 기술혁신이나 개선이 요구될 때
④ 현행 시스템을 혁신하거나 개선할 때
⑤ 제품(서비스)의 수요변화로 생산품목과 생산량을 변화시켜야 할 때
⑥ 투입 요소들의 비용이나 획득가능성이 변동할 때

## 1.2 공정설계 결정요인

한편 크라제스키(L. J. Krajewsky)와 리츠먼(L. P. Ritzman)은 신규 공정의 설계나 기존 공정의 재설계를 결정할 때 고려해야 할 요인으로 자본집약도, 자원유연성, 수직적 통합 그리고 고객참여도와 같은 4가지를 제시하고 있다. 일반적으로 생산량이 많으면 자본집약도와 수직적 통합의 정도가 높고, 반대로 생산량이 적으면 이들의 정도가 낮은 대신 자원의 유연성이나 고객의 참여도가 높다.

① **자본집약도**(capital intensity)

자본집약도란 공정에 투입되는 장비와 인간의 숙련기술 간의 구성비를 말하는 것으로 일반적으로 장비에 투입되는 비용이 클수록 자본집약도가 높다. 자본집약도의 비율은 장치산업이나 중화학 공업 등의 자본집약적 산업에서 높고, 의류나 신발공장 등의 노동집약적인 산업에서는 상대적으로 낮다. 그러나 고임금으로 인해 자동화된 시설의 확충이 적극적으로 이루어지고 있는 오늘날에는 노동집약적인 산업에서도 자본집약도가 점차 높아지고 있다.

② **자원유연성**(resource flexibility)

작업자가 다양한 작업을 능률적으로 수행할 수 있는 능력유무와 설비가 상대적으로 적은 전환비용으로 다양한 작업을 수행할 수 있는지를 의미하는 인적, 물적 생산자원의 유연성이다. 예를 들어 수명주기가 짧고 높은 고객화가 요구되는 제품생산에는 범용설비와 다기능 작업자가 요구된다. 그렇지 않으면 인적, 물적 자원의 이용률이 너무 낮아서 경제성이 떨어진다. 일반적으로 자원유연성이 높으면 자본집약도는 떨어지는 트레이드 오프(trade off) 관계를 보인다.

③ **수직적 통합**(vertical integration)

제품의 전체적인 공급과정에서 기업이 일정 부분을 통제하는 전략으로 다각화의 한 방법으로 이용되기도 한다. 공정을 설계할 때도 원자재의 획득에서부터 최종 제품의 납품에 이르기까지 전체 공급망을 살펴야 하는데, 공급망을 관리하는 과정이 많을수록 수직적 통합의 정도가 높다. 광범위한 수직적 통합은 일반적으로 생산량이 많고 과업의 전문화 및 높은 반복도에 의해 생산효율이 높아질 때 매력적이다. 수직적 통합은 전방통합과 후방통합의 두 방향으로 진행할 수 있다. 기업의 소유영역을 소재와 원재료, 부품 등의 원천방향으로 통합하는 것을 후방통합(backward integration)이라 하고, 반대로 유통센터나 소매점과 같은 유통망 쪽으로 소유영역을 확대하는 것을 전방통합(forward integration)이라고 한다. 한편, 설비와 장비에 대한 막대한 투자를 필요로 하는 수직적 통합은 자원의 유연성을 낮추는 측면이 있다.

④ **고객참여도**(customer involvement)

고객참여도란 고객이 제품 내지 서비스의 생산과 제공과정에 참여하거나 작용하는 정도를 의미한다. 일반적으로 고객참여도가 높은 공정은 덜 자본집약적이고 자원유연성은 보다 높은 경향이 있다. 여기서 고객참여의 범위는 식당의 셀프서비스에서부터 고객이 제품의 시방을 지정하는 제품선택이나 서비스의 내용, 시간, 장소 등을 고객이 정하는 맞춤고객화(mass-customization)에 이르기까지 다양하다.

# 02 자작·외주의 결정

조직이 특정 제품 또는 부품을 직접 생산(自作)할 것인가 아니면 외부에서 구입할 것인가를 결정하는 것을 자작·외주의 결정(make-or-buy decisions)이라고 한다.

자작·외주 결정 여하에 따라 조직이 갖추어야 할 생산 공정이나 설비가 달라지므로 자작·외부 결정은 공정설계 단계에서 중요한 부분이 된다.

## 2.1 경제적 요인의 분석

자작·외주의 결정은 일반적으로 자체 생산할 때의 생산원가와 외부 구입할 때의 구매원가를 비교하여 저렴한 편을 택하는 비용비교방식을 적용한다. 이때는 자작 또는 외주 결정에 의하여 영향을 받는 비용만을 계산에 포함시켜야 한다.

자작· 외주 결정을 위한 경제성분석에 있어서는 자작과 외주의 총비용을 비교하여 총비용이 적은 방안을 택하게 된다. 그런데 총비용은 고정비와 변동비로 구분할 수 있으므로 자작·외주의 결정에서도 손익분기분석의 원리가 그대로 적용될 수 있다.

외주의 총비용이 외주수량에 비례한다고 가정하면 총비용선은 (그림 2)의 A와 같이 구매단가 만큼의 기울기를 가진 직선으로 나타날 것이다. 외주시에는 특별한 설비

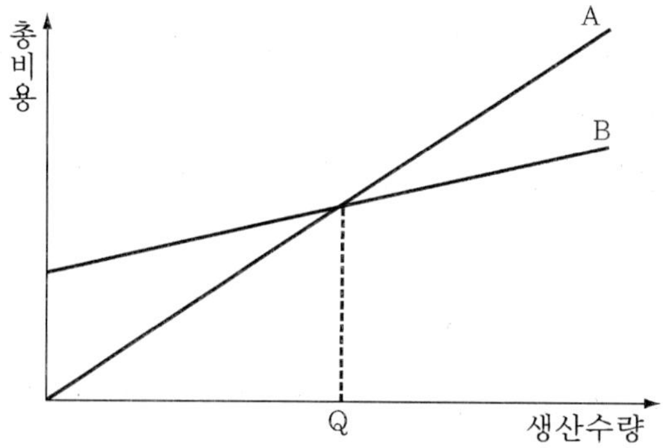


〈그림 2〉 손익분기분석에 의한 자작·외주 결정

를 갖출 필요가 없기 때문에 고정비가 거의 없으므로 직선 A는 원점에서 출발한 것이다. 한편 자작할 경우에는 어느 정도의 고정비(설비취득, 가동준비비 및 간접경비 등)가 필연적으로 소요되며, 또한 생산에 소요되는 제품의 단위당 변동비는 일반적으로 외주단가보다 저렴할 수 있기 때문에 총비용선 B는 외주시의 총비용선 A보다 작은 기울기로 나타날 것이다. 이럴 경우에는 생산수량이 문제의 관건이 되는데, 단위 기간당 예상 생산수량이 Q개 이하일 경우에는 외주가 유리하고, 그 이상일 경우에는 자작하는 것이 경제적이라는 판단이 가능하다.

다음의 예를 통해 살펴보기로 하자. 주식회사 K는 부품 X의 외주여부를 고려중에 있다. 이 부품을 자작하는 경우와 외주할 때 소요되는 비용에 대한 데이터는 다음과 같다.

| 비용항목 | 자작시 | 외주시 |
|---|---|---|
| 고정비/년 | 300,000원 | - |
| 변동비/개 | 70원 | 80원 |

부품 X의 연간 생산량이 10,000개일 때, 이 회사는 자작과 외주 중 어떤 방식을 택하는 것이 경제적인가?

자작과 외주시의 연간 총비용을 산출해보면 다음과 같다.

- 자작시 : 300,000원 + (70원 × 10,000개) = 1,000,000원
- 외주시 : 80원 × 10,000개 = 800,000원

따라서 연간 생산량이 10,000개인 현재의 수준이라면 부품 X는 외주를 통해 확보하는 것이 경제적이다.

## 2.2 경제외적 요인의 분석

자작·외주의 결정에 있어서는 경제적 측면에서의 비용분석 결과도 중요하지만 그 밖의 경제외적인 요소도 고려해야 한다. 예를 들면 외주단가가 싸더라도 요구하는 품질을 확보할 수 없다면 외주는 철회하는 것이 바람직하다. 자작 또는 외주를 결정할 때 특히 살펴보아야 할 질적 요인은 다음과 같다.

① **기술** - 자체 생산하는 부품에 대해서는 기업이 기술을 개발, 축적하고 비밀을 유지할 수 있다. 그러므로 기술의 우위를 유지해야 할 전략적인 부품은 자작하는 것이 바람직하다.

② **품질** - 사내에서 직접 생산한다면 원부재료, 생산공정 등을 체계적으로 통제하여 원하는 수준의 품질을 확보할 수 있지만, 부품을 외주하는 경우에는 품질에 대한 불안감을 떨칠 수 없다. 신뢰할 수 있는 전문 메이커로부터 구입하여 더 좋은 품질을 싼 값으로 조달할 수 있는 가능성을 높여야 한다.

③ **시의 적절한 공급** - 외부 조달 시 필요한 수량을 필요로 하는 시기에 어김없이 공급받을 수 있다는 확신이 서지 않을 수도 있다. 그러나 자작하는 경우에는 잔업이나 생산계획의 변경을 통해 대처할 수 있다는 장점이 있다.

④ **유휴능력의 유무** - 주문받은 물량이 많은 경우 일반적으로 생산능력을 초과하는 물량에 대해 외주를 실시하고, 그 반대로 일감이 적어서 유휴능력이 발생하는 경우에는 자작하는 것이 바람직하다. 비수기에는 자체 생산하던 품목도 성수기에는 생산량의 일부를 외주 처리할 수도 있는데, 언제나 공장의 조업도나 고용의 안정을 도모하는 차원에서 자작 또는 외주여부를 결정하는 것이 중요하기 때문이다.

# 03 생산 공정형태의 결정

## 3.1 공정의 유형

생산공정이란 투입물인 원자재가 산출물인 제품에 이르기까지의 시간과 공간에 따라 변하는 일련의 과정을 의미한다. 생산 공장이나 시스템은 하나의 변환과정이라는 입장에서 접근할 때는 앞서 살펴본 생산시스템들을 생산 공정이라고 이해할 수 있다. 생산 공정을 분류하는 기준은 다양하나 여기서는 제품의 흐름(work flow)에 따라 구분하여 설명하기로 한다. 제품의 흐름이란 생산 활동의 시간적, 공간적 진행 형태를 의미하는 것인데 이것은 작업의 진행순서, 경로, 시간적 특성 등에 의해 파악된다. 흐름의 주체는 제조업은 자재, 서비스업은 사람 또는 정보, 서류 등이며, 흐름 경로는 직선적, 복선적 또는 네트워크적일 수 있다. 그리고 흐름은 시간적으로 연속적이거나 단속적일 수 있다. 이와 같은 사항을 종합적으로 고려할 때 공정형태는 연속공정, 단속공정, 그리고 프로젝트 공정으로 분류할 수 있다.

### (1) 연속공정

제품이 고정경로를 연속적으로 이동하면서 완성되어가는 공정을 연속공정(continuous process)이라고 한다. 이 공정은 표준화된 제품을 대량생산하기에 적합한 공정형태로서 자동차, 전자제품의 조립공장이나 철강, 정유, 제지 등과 같은 장치산업에서 볼 수 있다.

한 가지 제품만을 일정한 작업 순으로 연속적으로 생산해야 한다면 전문장비와 인원을 작업 순으로 배치하여 전용 생산라인을 형성하는 것이 바람직하며, 이때는 가공물의 이동경로가 일정하므로 컨베이어나 레일, 트랜스퍼 머신 등을 사용할 수 있다.

연속공정의 장점은 생산능률이 높다는 점이다. 이것은 고도화된 전문장비에 의한 자본집약적인 생산방식이므로 미숙련공으로도 충분히 운영 가능한 시스템이며, 품질의 확보도 대체로 수월함에 기인한다.

하지만 연속공정의 단점은 설비투자비용이 많이 든다는 점과 설계변경에 대한 대응력이 떨어진다는 것이다. 또한 생산품목이나 수량측면에서 신축성이 약하다는 것도 포함된다. 이 외에도 연속공정에서 일하는 작업자는 단순작업의 반복적 수행으로 인하여 직무만족도가 떨어지고 결근율이나 이직률이 높아지는 문제점을 내포하고 있다.

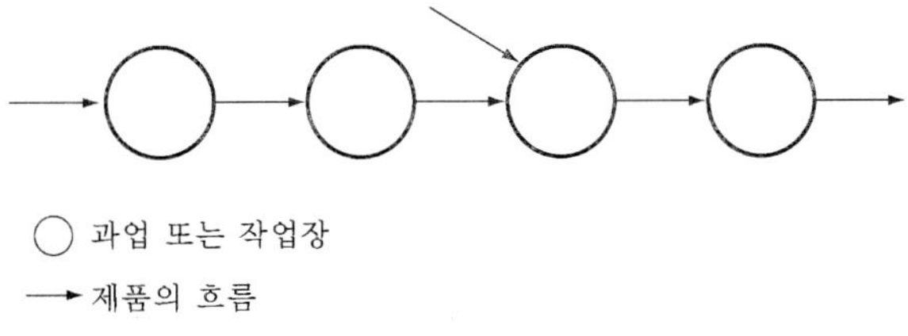


〈그림 3〉 연속공정의 제품 흐름

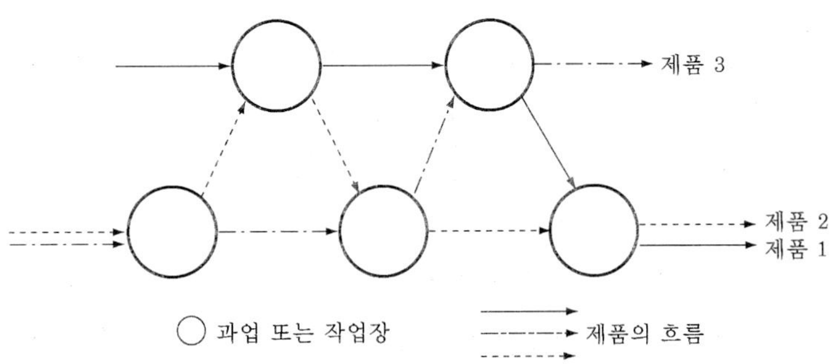


〈그림 4〉 단속공정의 제품 흐름

### (2) 단속공정

다품종소량생산 시스템에서 주로 이용되고 있는 단속공정(intermittent process)은 생산흐름이 가변적이고 비연속적인 공정이다. 한정된 생산설비로 다양한 품목을 생산해야 하는 경우에는 품목마다 가공경로가 다르기 때문에 그 제품만을 위한 생산라인을 형성할 수는 없다. 이런 경우에는 설비와 작업자를 기능별(또는 공정별)로 배치하고 품목마다 독자적인 경로에 따라 가공하는 방법을 취하는 것이 바람직하다.

(그림 4)에서처럼 제품 생산에 필요한 작업장 내지 기계 설비를 찾아가는 독자적인 가공경로를 형성하면서 생산되는데, 가공대상물은 로트(lot)나 뱃치(batch) 단위로 가공 및 이동되므로 재공품의 공정간 이동은 단속적인 흐름이 된다. 단속공정에서는 기능이 다양하고 그 용도가 다양한 범용설비(general-purpose machine)가 설치된다.

단속공정의 장점은 시장 수요의 변화와 설계변경 등에 대한 신축성이 크다는 점과 설비투자가 적게 든다는 점이다. 또한 단속공정은 상대적으로 노동집약적이며 작업내용이 다양하고 깊이가 있기 때문에 작업자의 직무만족도가 상대적으로 높다는 것도 장점이다.

그러나 단속공정은 생산 흐름이 복잡하고 느리기 때문에 생산능률이 낮다. 생산품목의 종류가 많고 가공경로가 다양함에 따라 공정관리가 복잡하고 공정간 재고가 많이 발생하는 문제도 있다. 또 범용설비를 이용하여 다양한 제품을 가공하기 때문에 숙련도가 높은 작업자가 필요하며 이로 인해 인건비 부담이 크다.

### (3) 프로젝트공정

프로젝트란 규모가 크고 비반복적이며 대체로 한번으로 끝나는 생산 활동을 의미한다. 예를 들면, 댐 건설, 항공기나 배의 주문제작, 영화제작, 경부고속철도 건설 등을 들 수 있다. 프로젝트공정(project process)에서는 가공대상은 정위치에 고정되고, 프로젝트의 수행에 필요한 작업자, 설비, 자재 등과 같은 생산요소가 필요로 하는 위치로 이동하면서 작업이 수행된다는 특징을 지닌다.

프로젝트공정은 대규모의 독특한 제품 또는 서비스를 생산하기 위하여 마련된 특수한 생산형태인데, 공정의 특성은 연속공정보다는 단속공정에 가까운 편이다. 다른 공정형태에 비해서 공정의 표준화, 기계화 및 연속 흐름화하기가 어렵다는 특징이 있다. 프로젝트공정은 규모가 크고 복잡하기 때문에 PERT/CPM과 같은 네트워크 기법을 이용한 일정관리 및 자원 배정관리가 따르는 것이 일반적이다.

## 3.2 공정의 선택

공정형태를 선택하는 것은 생산시스템의 변환과정에 대한 기본구조를 결정하는 것이므로 신중을 기해야 한다. 슈뢰더(R. G. Schroeder)는 공정선택의 요인으로 다음과 같은 6가지를 제시한 바 있다.

① **시장여건**(market condition) : 고객이 원하는 것은 무엇인가, 이익이 보장되는 가격으로 충분한 수요가 있는가, 현재와 미래의 경쟁여건은 유리한가 등을 고려해야 한다. 일반적으로 연속공정은 저가품의 대량시장을 요구하며, 단속공정은 중가품의 소량시장을, 프로젝트공정은 고가품 시장을 요구한다.

② **소요자본**(capital requirement) : 설비, 장비, 재고 등에 소요되는 자본 및 투자수익률을 고려해야 한다. 일반적으로 연속공정은 단속공정이나 프로젝트공정에 비해 훨씬 더 많은 자본을 요구한다.

③ **노동력**(labor) : 적정한 비용으로 확보하기에 충분한 노동력이 있는가를 고려해야 한다. 일반적으로 프로젝트공정과 단속공정은 값비싼 숙련된 노동력을 요구하는데, 연속공정은 비교적 저렴한 비숙련 노동력을 필요로 한다.

④ **관리기술**(management skill) : 각 공정에 요구되는 관리기술을 습득하고 유지할 수 있는가를 고려해야 한다.

⑤ **원자재**(raw material) : 원자재는 충분히 공급될 수 있는가, 원자재의 변화가 공정에 어떤 영향을 미칠 것인가 등을 고려해야 한다.

⑥ **기술**(technology) : 제품 및 공정에 관한 기술이 투자비용을 회수할 수 있는 충분한 기간 동안 안정적일 것인가를 검토해야 한다. 즉, 비용을 회수하기 전에 기술혁신으로 공정이 진부화될 가능성은 없는지에 대한 위험평가를 해야 한다. 일반적으로 기술적 위험이 큰 순서대로 나열하면 연속공정, 단속공정, 프로젝트공정의 순이 된다.

공정선택은 고정비와 변동비를 고려한 경제성분석을 이용할 수도 있다. 일반적으로 연속공정, 단속공정, 프로젝트공정의 비용구조를 살펴보면 (그림 5)와 같다. 이 그림을 통해 생산에 소요되는 총비용 측면을 고려하면, 생산량이 적을 경우에는 프로젝트공정이, 생산량이 중간정도일 때는 단속공정, 생산량이 많은 경우에는 연속공정을 적용하는 것이 유리함을 알 수 있다. 프로젝트공정은 고정비가 가정 적게 들지만 변동비가 가장 높기 때문에 적은 수량일 경우에는 총비용이 가장 적게 든다. 반면에 연속공정은 고정비가 많이 들지만 표준품의 대량생산으로 인해 변동비가 가장 낮기 때문에 큰 수량일 경우에는 총비용이 가장 적게 소요된다.

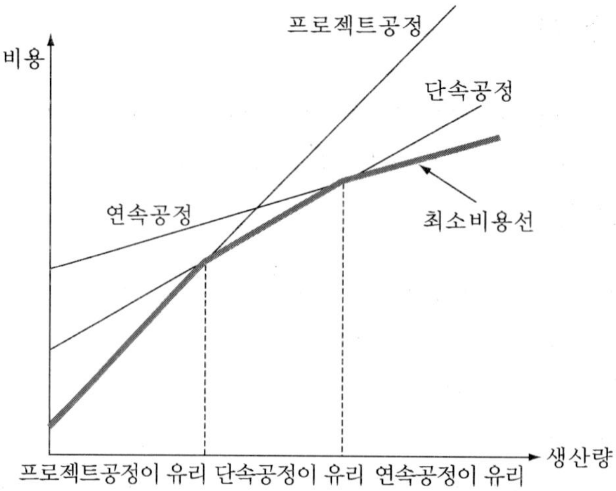


〈그림 5〉 공정 대안의 비용선

## 3.3 제품·공정 전략

공정은 시간의 흐름에 따라 변화할 수 있으며, 또한 여건의 변화에 따라 탄력적으로 적응하여야 하므로 공정선정은 동태적(dymamic)인 문제라고 규정할 수 있다.

공정의 변화는 제품의 변화와 밀접한 관계가 있다. (그림 6)은 공정과 제품의 관계를 매트릭스 형태로 나타낸 것이다. 이 매트릭스는 제품과 공정의 두 측면으로 구성된다. 제품측면에서는 개별제품의 소량생산으로부터 표준품의 대량생산에 이르기까지 제품의 라이프 사이클(product life cycle) 단계를 나타낸다. 제품구조는 개별제품의 소량생산(좌측)에서 표준품의 대량생산(우측)으로 진화한다.

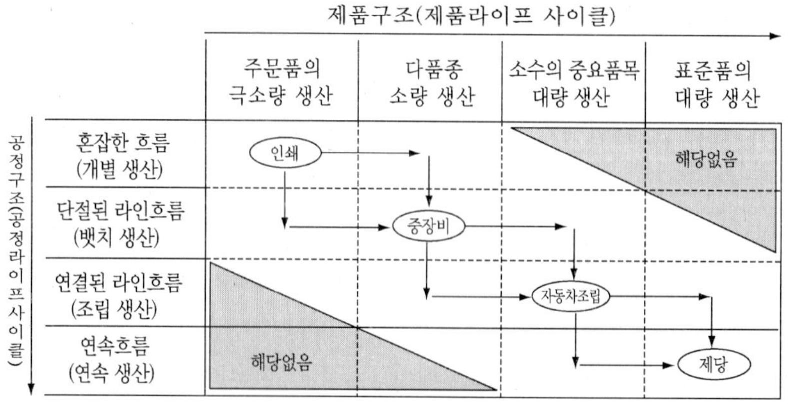


〈그림 6〉 공정-제품 매트릭스

공정측면에서는 개별 주문생산 공정에서 연속흐름공정으로 진화하는 공정의 라이프 사이클(process life cycle)이 위에서 아래로 전개된다. 공정의 라이프 사이클은 '유동적이고 유연한' 공정에서 '능률적이고 표준화된' 공정으로 진화한다.

일반적으로 기업들은 공정-제품 매트릭스의 대각선상에 위치한다. 시장에서의 수요패턴을 고려할 때 고객의 요구가 다양한 인쇄물의 경우 주문품이 주를 이루지만 석유나 설탕 등은 고도로 표준화된 대량수요품이어서 연속생산 방식이 필요하듯이, 제품에 따라 수요 패턴이 다르기 때문에 그에 적합한 생산 공정 또는 방식이 필요하다. 즉, 소량의 주문품이나 비표준품은 노동집약적인 개별주문생산 공정이 적합하고, 표준품의 대량생산에는 자본집약적인 연속생산 공정이 적합하므로 제품의 수요변화에 따른 공정의 적절한 변신이 필요하다는 것이다.

에버나디(W. J. Abernathy)의 제품과 공정의 진화과정에 대한 보다 구체적인 연구에 의하면, 제품과 공정이 동시에 변화하는 경우는 드물며, 제품과 공정은 공정-제품 매트릭스 상에서 대각선을 수직적 또는 수평적으로 번갈아 가면서 변화한다고 한다.

예를 들면 어떤 기업이 공정은 그대로 두고 제품전략만을 변화시키면 이 기업의 위치는 대각선을 벗어나 오른쪽으로 이동하게 된다. 같은 제품구조에서는 대각선 또는 대각선 아래에 위치한 경쟁업체들이 더욱 낮은 원가로 생산하기 때문에 이 기업은 대각선 또는 대각선 아래로 위치를 이동시키기 위하여 공정기술의 변화를 추구하게 된다. 이렇게 하여 대각선 아래로 공정을 이동시키게 되면 그 다음 단계로 제품의 변화를 요구하게 된다.

이러한 논리에 따른다면 최선의 전략은 경쟁사보다 앞서서 대각선을 타고 아래로 이동하거나, 대각선 아래에 위치하는 것이라고 생각할 수 있다. 그럴 경우에는 분명히 생산원가 측면에서는 유리하게 되지만, 공정혁신과 함께 업계 전반에서의 제품표준화가 뒤따르지 않을 경우 기업은 상당한 곤란을 겪을 수 있다는 점을 간과해서는 안된다. 즉, 제품시장이 아직 충분히 표준화되지 않았는데도 불구하고 성급한 공정변경으로 연속공정화를 추구할 경우에는 생산의 유연성을 상실하게 되는 것이다. 따라서 의도적인 전략이 아니라면 기업은 공정-제품 매트릭스상의 대각선으로부터 크게 이탈하는 모험은 하지 않는 것이 바람직하다.

## 3.4 공정의 선택과 경제성

공정의 선택이나 결정에 관한 논의는 대부분 '규모의 경제'와 '범위의 경제'라는 관점에 근거하고 있다. 먼저 규모의 경제(economies of scale)는 표준품의 대량생산으로 단위당 비용이 내려갈 때 나타나고, 범위의 경제(economies of scope)는 기존 설비로 다양한 제품을 효율적으로 생산하여 단위당 비용이 내려갈 때 이루어진다. 이때 비용 함수는 생산공정과 생산기술에 의해 영향을 받는 것이 일반적이라고 볼 때 규모의 경제 또는 범위의 경제에도 공정이나 기술의 선택이 관건이 됨을 알 수 있다.

대체로 수요가 공급을 초과하는 공급자위주의 시장이나 제품수명주기 상 성숙기에 위치한 경우에는 규모의 경제에 입각한 전략이 적용된다. 즉, 경쟁의 중점을 원가에 두고 저렴한 표준품의 대량생산을 위한 공정혁신에 주력하게 된다.

범위의 경제를 중심으로 하는 전략은 제품의 다양성으로 경쟁하고 있을 때 적절하다. 즉, 범용설비와 숙련된 작업자를 활용하여 다양한 제품을 생산하는 기업에서 흔히 추구되는 전략이다. 이 경우 설비에 투자된 고정비용이 여러 제품에 배분되면 단위당 원가는 일정 수준까지 낮아지는 효과가 있게 되며, 다양한 제품을 제공함으로써 소비자의 선택을 쉽게 이끌어내어 매출증대를 도모하는 것이 가능해진다.

기업의 상황에 따라서 규모의 경제가 유리할 수도 있고 범위의 경제가 유리할 수도 있으며, 두 가지 모두 적절치 못할 수도 있다. 오늘날에는 정보기술의 발달로 규모와 범위의 경제에서 추구하는 양극점인 전문화와 다양성을 효과적으로 극복할 수 있게 되었다. 즉, '범위의 경제' 특성인 '다양한 맞춤' 제품과 '규모의 경제' 특성인 '대량의 저가형' 제품을 생산할 수 있게 된 것이다. 이와 같은 두 가지 특성이 동시에 존재하는 것을 '통합의 경제(economies of integration)'라고 한다. 이는 기업이 유연성, 적시성, 효율성을 모두 실현하면서 소비자에게 차별화된 제품을 저렴하게 공급하는 대량맞춤화(mass-customization) 전략을 추구할 수 있도록 한다.

## 04 가공방법의 결정

공정형태가 선정됨으로써 생산의 기본적인 흐름은 정해지지만 구체적인 가공방법이 결정되지 않으면 생산이 실현될 수 없다. 예정한 제품 내지 서비스를 생산하려면 가공단계를 결정하고 각 가공단계에서 사용될 가공방법과 장비를 결정하여야 한다.

먼저, 제품의 가공단계를 결정한다는 것은 어떤 작업을 어떤 순으로 실시할 것인가를 결정하는 것이다. 이때 가공단계의 수는 필요한 최소수준으로 줄여야 한다. 불필요한 가공단계가 많으면 그만큼 생산이 지연되고 생산원가가 상승하기 때문이다. 일반적으로 가공순서는 기술적 차원에서 자동으로 정해지는 경우가 많다. 때에 따라서는 가변적인 경우도 있는데 그럴 경우에는 작업능률, 작업의 편의성 그리고 품질에 대한 영향 등을 고려하여 결정하도록 한다.

제품의 가공단계가 결정되고 나면 그 다음에는 각 단계에서 사용될 구체적인 가공방법을 결정해야 한다. 가공방법이란 사용될 가공기술(공법), 기계, 설비, 인원 등을 의미한다. 가공단계에서 이용 가능한 가공방법은 언제나 선택의 여지가 있기 마련이므로 가장 바람직한 방법을 찾아내는데 주력해야 한다. 일반적으로 연속공정에서는 전체 공정의 일관성이 요구되므로 각 단계의 가공법 선택 범위가 비교적 좁은 반면에, 단속공정에서는 각 단계의 독립성이 강하므로 가공법 선택의 범위가 넓다.

금속가공법을 예를 들어 살펴보기로 하자. 기초적인 금속가공법에는 주조(casting)방법이 11가지, 절삭(cutting)방법이 8가지, 성형(forming)법이 10가지, 조립(assembly)이 7가지, 다듬질(finishing)이 8가지이다. 이와 같은 5단계를 함께 고려하여 공정을 설계하는데 생각해 볼 수 있는 가공법은 최대로 $11 \times 8 \times 10 \times 7 \times 8 = 49{,}280$가지가 있다. 다양한 가공법 중에서 가장 적합한 가공법을 선정하는 것은 용이하지 않다. 이런 경우에는 전문가의 판단에 의하여 유망한 대안으로 몇 개의 가공법을 남겨두고 나머지는 과감하게 도태시켜야 한다.

가공법의 평가는 경제적 요인과 질적 요인을 모두 고려하여야 한다. 경제적 평가는 손익분석기법을 이용하는 경우가 대부분이다. 즉, 각 가공법의 적용에 따른 수익에 큰 차이가 없다고 가정할 때, 고정비와 변동비를 고려한 소요비용의 손익분기분석을 통해 적정 가공법을 선택한다. 이와 함께 고려되는 질적 평가에는 품질과 신뢰성, 생산의 유연성, 안전과 공해, 확장가능성, 공정관리의 용이성 등이 고려될 수 있다. 아무리

[표 1] 금속가공법(metal working processes)

| 주조 및 몰딩<br>(casting & molding) | 절삭<br>(cutting) | 성형<br>(forming) | 조립<br>(assembly) | 다듬질<br>(finishing) |
|---|---|---|---|---|
| • 모래 주조<br>• 쉘 주조<br>• 인베스트먼트 주조<br>• 다이캐스팅<br>• 영구주형 주조<br>• 분말야금<br>• 압축주형 주조<br>• 트랜스퍼<br>• 압출<br>• 사출성형<br>• 라미네이팅 | • 선삭<br>• 드릴링<br>• 밀링<br>• 셰이핑<br>• 절단<br>• 브로우칭<br>• 연삭<br>• 호우닝 | • 단조<br>• 압출<br>• 펀칭<br>• 다듬질<br>• 인발<br>• 압연<br>• 성형<br>• 압인<br>• 스웨이징<br>• 스피닝 | • 납땜<br>• 경 납땜<br>• 용접<br>• 기계적 고착<br>• 접착<br>• 압입<br>• 수축끼워맞춤 | • 크리닝<br>• 분사가공<br>• 디버링<br>• 도장<br>• 도금<br>• 열처리<br>• 버핑<br>• 연마 |

경제성이 뛰어난 가공법이라 하더라도 상당한 공해를 배출하여 사회적 손해를 끼치거나, 근로자의 건강과 안전을 저해할 가능성이 높다고 하면 함부로 채택해서는 안 된다.

각 가공단계에서 가공방법을 결정할 때는 사용될 가공기술과 함께 그에 따르는 기계와 장비도 선정하게 된다. 기계는 기능 또는 용도의 신축성, 유연성에 따라 전용설비와 범용설비로 나뉜다. 그 중에서 어느 것을 선택할 것인가는 예상되는 생산수량과 생산품목의 수에 달려 있다. 예정된 생산수량이 많은 경우에는 그 작업에 적합한 특수목적의 전용설비를 제작하여 사용하는 것이 유리하다. 초기 투자비용은 많이 들더라도 생산능률이 높고 변동비가 적기 때문에 대량생산을 한다면 초기 투자비용을 충분히 회수할 수 있다. 생산품목이 다양하고 수요가 적을 경우에는 범용설비를 사용하는 것이 경제적이다.

## 05 생산 공정의 유연화

기업간 경쟁의 격화와 제품 수요패턴의 다양화 내지 개성화로 인하여 제품의 라이프 사이클이 짧아지고 있는 추세에 효과적으로 대응하기 위해서는 생산 공정의 유연성(flexibility) 확보는 필수적이다.

유연성은 '공정의 유연성'과 '제품의 유연성'으로 구분할 수 있다. 여기서 말하는 유연(flexible)이란 다품종과 생산량의 변동에 대한 능동적인 대응의 의미가 강하다. 특히 공정의 유연성은 다품종화에 대한 생산능력과 생산설비의 대응능력이 중심을 이룬다.

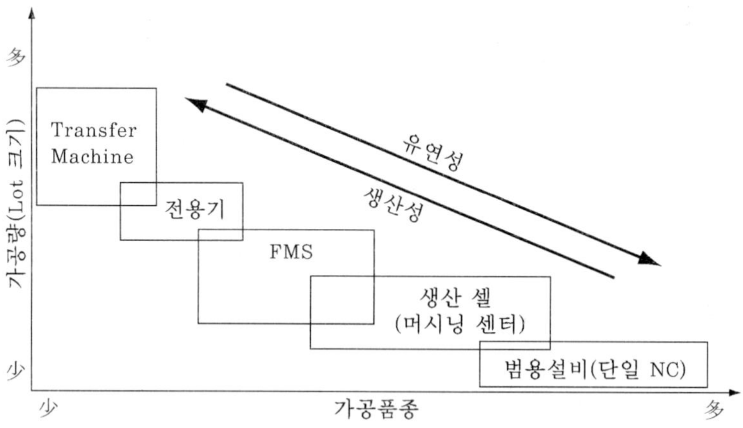


〈그림 7〉 기계(시스템)별 가공의 유연성과 생산성

유연한 생산시스템에 이르는 접근방식으로 생각해 볼 수 있는 것을 나열하면 다음과 같다.

① 그룹테크놀로지(group technology)
② 셀 생산방식(cell manufacturing system)
③ 유연생산시스템(flexible manufacturing system)

## 5.1 그룹테크놀로지

그룹테크놀로지(group technology)는 다품종소량생산이 안고 있는 생산관리 상의 문제점을 극복하기 위해 개발된 방법이다. 즉, 다품종소량생산에서 형상, 칫수, 재질, 가공공정, 설비 등의 유사성이나 동질성을 합리적인 방법에 의해 그룹으로 집약하여 생산로트의 크기를 대량화하고 공정설계를 합리화하며, 각 그룹 내에서 기계와 공구를 공동 사용하고, 준비시간이나 운반거리, 가공을 위한 대기 등을 감소시킴으로써 생산효율을 제고할 수 있는 기법이며, 생산기술과 관리기술이 복합된 체계적인 기법이다.

그룹테크놀로지의 본질은 모든 가공물(주로 부품)을 형태, 크기, 가공기술 등의 유사성에 따라 분류하는 것으로서, 일반적으로 다음과 같은 방식을 적용한다.

① 목측법(tacit judgement or eye balling)
② 부품분류법(classification and coding)
③ 생산흐름 분석법(production flow analysis)

전통적으로 그룹테크놀로지에서는 부품분류법이 주로 사용되어 왔다. 부품분류법은 가공물의 형상, 크기, 가공기술(준비, 기계가공, 조립, 공정순서, 측정방법) 등의 유사성을 토대로 부품을 그룹으로 나눈 후, 각 그룹에 대해 고유의 숫자나 문자로 된 코드를 부여하는 방식이다. 이로서 설계검색의 합리화 및 체계적인 부품그룹의 형성이 가능해진다. 다만 분류과정이 복잡하여 많은 시간과 비용이 소요된다는 단점이 있다.

그룹테크놀로지 적용시의 기대효과를 생각해 보면 다음과 같다.

① 설계측면 : 표준화와 함께 부품수가 줄어들며, 설계도면의 작성이 간편해진다. 또한 CAD/CAM 및 NC 가공 프로그램이 용이해진다.
② 계획측면 : 생산일정계획 수립이 용이하고 MRP의 적용이 수월해진다.
③ 제조측면 : 흐름작업이 촉진되며 설비의 전용화, 자동화가 추진되며 생산준비시간이 줄어든다. 또한 숙련작업도 적어진다.

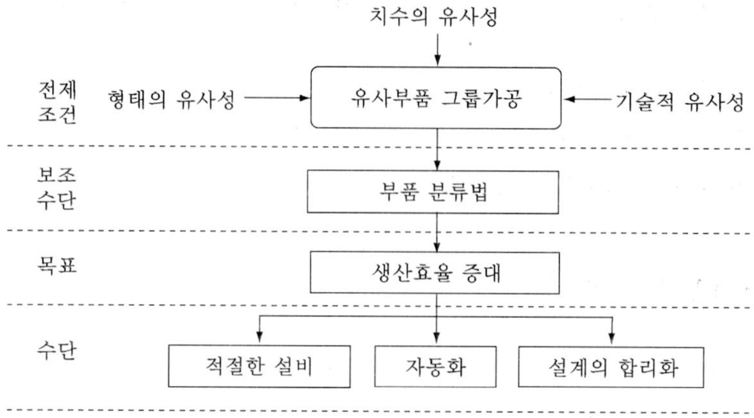


〈그림 8〉 그룹테크놀로지의 내용

④ 관리측면 : 품질향상 및 원가절감이 가능하고 관리가 수월해진다.

그러나 다음과 같은 단점도 있음을 간과해서는 안 된다.

① 수요변동에 대한 유연성이 적다.
② 부품분류가 복잡하며 이에 따른 업무가 증대된다.
③ 납기이행에 필요한 재공품과 제품재고가 증대된다.
④ 설비고장 발생 시 가공의 정체가 크다.

## 5.2 셀 생산방식

셀 생산방식(cellular manufacturing system)은 소비자의 다양한 취향과 갈수록 짧아지는 제품의 라이프사이클에 맞춰 생산모델의 변화와 생산량 조정에 탄력적으로 대응할 수 있는 방식이다. 일반적으로 셀 생산방식은 한 사람 또는 소수 인원이 팀을 짜 하나의 완제품을 만들어내는 방식으로서, 최초의 공정에서 시작하여 제품의 조립, 검사, 포장 등 최종공정에 이르기까지 한 곳에서 이뤄진다. 일(一)자형이던 컨베이어 라인이 'ㄷ'자형으로 바뀐다. 셀 내에서는 숙련된 작업자가 전체 공정을 담당하는 사람 중심의 자율생산방식을 취하고 있으며, 궁극적인 목적은 다양한 고객의 욕구를 충족시키는 주문형 생산체제의 확립이다. 이 방식은 투자액이 많이 든다는 점과 기계의 이용률이 다소 떨어진다는 단점이 있지만, 전통적 생산방식과 비교할 때 셀 생산방식은 다음과 같은 장점을 갖고 있다.

① 운반비용의 감소
② 공구 사용의 감소
③ 인간관계의 개선
④ 전문기술의 향상

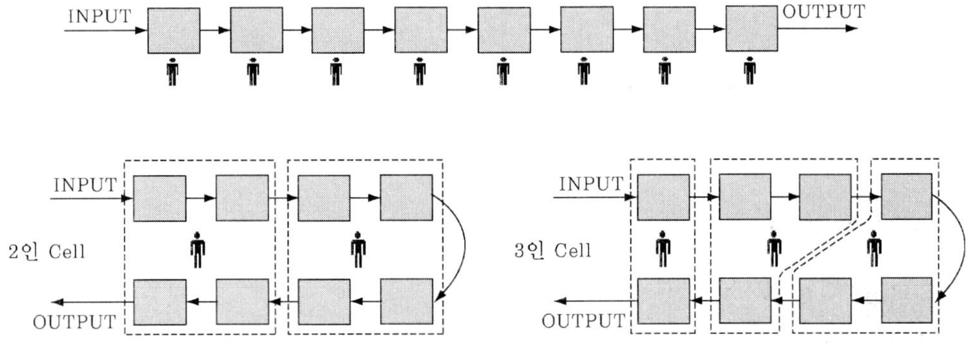


〈그림 9〉 셀 생산방식

## 5.3 유연생산시스템

유연생산시스템 (flexible manufacturing system)은 다양한 제품생산을 자동으로 수행하는 유연자동화의 개념에 의해서 여러 가지의 자동생산기술과 생산관리기술을 종합한 유연성이 높은 생산시스템이다. 이 시스템은 여러 대의 공작기계와 산업용 로봇, 무인운반차(AGVs : automatic guided vehicles), 자동창고 시스템(AS/RS : automated storage & retrieval system) 등의 자동생산기술과 이들을 종합적으로 관리하고 제어하는 컴퓨터와 소프트웨어 등의 생산관리기술을 하나의 생산시스템으로 종합한 자동생산 시스템이다.

기존의 일반 생산방식에 견주어 볼 때 유연생산시스템은 작업인력의 절감과 함께 균일한 제품품질의 확보가 가능하며, 작업속도 또한 매우 빠르다는 장점이 있다. 다품종 소량생산체제에서 유연생산시스템을 도입할 경우 기대되는 효과는 다음과 같다.

① 재공품 재고의 감소
② 제조 소요시간의 단축
③ 직접 노동의 감소
④ 공구비의 절약
⑤ 간접노동의 최소화
⑥ 설비이용의 최대화
⑦ 유연성의 확보
⑧ 균등한 제품품질 수준

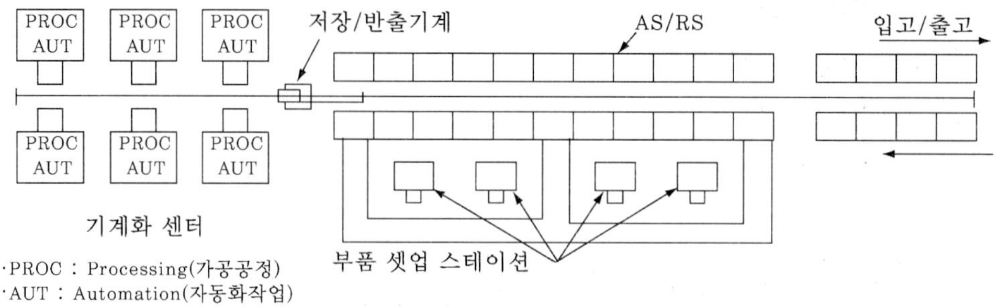


〈그림 10〉 작업물의 운반과 보관을 위한 FMS 통합 AS/RS의 설비배치(예)

**쉬어갑시다**

**삼성전자의 완제품 생산 방식 혁명**
**– 컨베이어 벨트는 가라… 이젠 '원 맨 생산'**

조선일보, 2006년 9월 6일

"컨베이어 벨트에서 셀(Cell) 방식으로."

삼성전자가 여러 명이 달라붙어 대량생산을 하는 컨베이어 벨트식 체제에서 탈피, 생산방식의 근본적인 변화를 꾀하고 있다. 슬로바키아 수도 브라티슬라바에서 동쪽으로 70여㎞ 떨어진 시골마을 갈란타는 삼성전자의 이러한 '제조 혁신'이 생생하게 진행되는 현장이다.

**■ 한두 명이 제품 한 대씩 뚝딱**

지난 4일(현지시각) 갈란타에 있는 삼성전자 슬로바키아법인을 방문했을 때 여느 공장과 조금 다른 광경이 눈에 들어왔다. 일반 공장은 수십 명의 직원이 천천히 움직이는 컨베이어 벨트를 따라 길게 늘어선 채 자기 앞으로 오는 단순 작업만 반복하는 것이 일반적이다. 부품 준비하는 사람, 나사 죄는 사람, 제품 성능을 검사하는 사람이 모두 따로 있어야 한다.

하지만 갈란타 공장에선 중간 중간 2명의 여직원이 컨베이어 벨트가 아닌 별도 작업대 앞에서 LCD(액정화면) 모니터를 처음부터 끝까지 조립하고 성능 검사까지 해내고 있었다. 이들 앞에 있는 'ㄷ'자 모양의 작업대 양옆으로는 LCD패널 등 부품이 잔뜩 쌓여 있고, 작업대 앞쪽 서랍에는 나사와 작업 공구가 칸마다 정리돼 있었다. 수십 명이 할 일을 2명이 처리하고 있으니, 다방면의 숙련공임에는 틀림없어 보인다.

이름하여 셀(Cell·세포) 생산방식. 현재 갈란타 공장 생산직 2,500여 명 중 700여명이 셀 생산 방식에 투입돼 있다. 컨베이어 벨트 방식이 단순 작업의 반복을 통한 '소품종 대량생산' 체제에 맞는다면, 셀 생산 방식은 1~2명이 모든 조립 공정을 소화하는 '자기 완결형 생산' 체제다.

**■ 날로 확산되는 셀 방식**

셀 방식은 1990년대 중반 일본 캐논, 소니 등에서 처음 도입돼 전자업계 전반으로 확산되고 있다. 이건희 삼성 회장의 장남인 이재용 삼성전자 상무는 캐논 등 셀 방식에 강한 해외

업체를 여러 번 방문, 셀 방식의 확산을 주도하는 것으로 알려졌다. LG전자, 대우일렉트릭 등 국내 기업 역시 셀 방식을 부분적으로 활용하고 있다.

삼성전자는 이미 지난해 수원에 있는 디지털TV 공장에 대해선 100% 셀 방식으로 전환을 끝냈다. 중국 쑤저우(蘇州)에 있는 삼성전자 PC공장도 올해 4월부터 노트북 PC 생산량에 따라 급여를 차등 지급하는 셀 방식을 도입했다.

삼성전자가 제조 혁신에 나선 것은 셀 방식 도입으로 생산성이 평균 30% 정도 높아진다는 결론을 얻었기 때문. 쑤저우공장의 경우, 셀 방식 도입 이후 숙련공 한 명의 노트북 PC 생산량이 기존 60여대에서 130여대까지 늘어났다. 셀 방식은 컨베이어 방식에 비해 숙련도에 따라 인력을 효율적으로 재배치하는 장점도 있다.

올해 4월 셀 방식을 처음 도입한 갈란타 공장은 이르면 내년까지 셀 방식으로 전환을 마칠 예정이다. 공장에서 컨베이어 벨트가 완전히 사라진다는 얘기다. 갈란타 공장에서는 "우리가 셀 방식을 통해 궁극적으로 지향하는 것은 '다품종 대량생산' 체제"라면서 "소비자의 다양한 욕구를 충족시키는 동시에 생산성을 높이기 위해서는 셀 방식 전환은 이제 필수"라고 말했다. 다만 셀 방식이 제대로 정착되기 위해선 무엇보다 다기능(多技能) 숙련공의 육성이 절대적이다. 예를 들어 디지털TV를 조립할 경우 셀 방식에서 근무하는 직원이 제품 조립법은 물론이고 사운드, 화면 보정(補正), 검사 등의 지식을 완벽히 알아야 한다. 실제 국내 일부 업체가 이런 준비 없이 셀 방식을 성급하게 도입했다가 실패하기도 했다.

## 요약

- 공정설계(process design)는 주어진 제품이나 서비스의 생산방법을 구상하는 것으로서, 공정설계 결과에 의해서 기업의 설비투자, 설비배치, 인력계획, 직무설계 등 생산관련 분야에서 장기적으로 영향을 끼치는 중요한 의사결정이 모두 좌우되는 결과를 낳는다.

- 신규 공정의 설계나 기존 공정의 재설계를 결정할 때 고려해야 할 요인에는 자본집약도, 자원유연성, 수직적 통합 그리고 고객참여도 등이 있다.

- 자작·외주의 결정(make-or-buy decisions)이란 조직이 특정 제품 또는 부품을 직접 생산할 것인가 아니면 외부에서 구입할 것인가를 결정하는 것을 말한다. 이때는 생산을 위한 고정비, 변동비 등과 같은 경제적 요인을 비교하는 방식과 기술 및 품질, 납기 등의 경제외적 요인을 비교하는 방식이 있다.

- 생산 공정이란 투입물인 원자재가 산출물인 제품에 이르기까지의 시간과 공간에 따라 변하는 일련의 과정을 의미한다. 이러한 생산 공정의 형태는 연속공정, 단속공정, 그리고 프로젝트 공정 등이 대표적이다.

- 공정형태의 선택이란 생산시스템의 변환과정의 기본구조를 결정하는 것을 의미하며, 이때는 시장요건, 소요자본, 노동력, 관리기술, 원자재, 기술 등과 같은 요인에 의해 영향을 받는다.

• 기업간 경쟁의 격화와 제품 수요패턴의 다양화 내지 개성화로 인하여 제품의 라이프 사이클이 짧아지고 있는 추세에 효과적으로 대응하기 위해서는 생산 공정의 유연성 확보는 필수적인데, 유연 생산시스템에 이르는 접근방식으로는 그룹테크놀로지, 셀 제조방식 그리고 유연생산시스템 등이 있다.

# 토의문제

1. 공정설계가 필요한 경우는 언제인지 설명하라.

2. 제품설계와 공정설계 사이에는 어떤 관계가 있는가를 설명하라.

3. 대표적인 3가지의 생산 공정에 대해서 설명하라.

4. 공정과 제품의 진화과정을 매트릭스 형태로 나타내고 그 내용을 설명하라.

5. 시스템별 가공의 유연성과 생산성의 관계를 설명하라.

6. 그룹테크놀로지의 본질과 적용시의 기대효과를 설명하라.

7. 새로 개발된 제품의 생산과정에는 열처리 작업이 요구되고 있다. 이 회사에서는 열처리 시설을 새로 갖추어 열처리를 할 것인지 또는 외부기업에 하청을 줄 것인지를 검토 중에 있다. 이 제품의 예정된 생산수량은 5,000개/년이며, 원가데이터는 다음과 같다. 자작을 할 것인지 외주를 줄 것인지 결정하라.

| | 자작 | 외주 |
|---|---|---|
| 고정비/년 | 30,000,000원 | - |
| 변동비/개 | 10,000원 | 18,000원 |

제 06 장

# 시설입지 결정

## 01 입지의 결정

### 1.1 시설입지 결정의 중요성

시설입지(plant or facility location) 결정이란 생산이나 서비스 활동을 위한 지리적 장소를 결정하는 과정으로, 공장을 어느 위치에 세워야 할 것인가를 분석하는 것이다. 시설의 입지는 생산 내지 사업의 성과에 미치는 영향이 장기간에 걸쳐 지속되므로 시장과 노동력, 원자재, 수송 등 다양한 입지관련 요인과의 관계를 중심으로 전략적인 관점에서 신중하게 취급되어야 할 문제이다.

입지선정이 대단히 중요한 의사결정이라는 것은 다음과 같은 이유 때문이다.

첫째, 한 번 결정된 입지는 돌이키기 어려운 의사결정이다. 일단, 시설의 입지가 결정되면 뒤이어 공장, 기계, 부대시설 등 막대한 금액의 고정설비가 투입되고 인적 자원이 유입하게 된다. 나중에 입지선정이 잘못되었다는 것이 밝혀지더라도 이를 변경하기 위해서는 자금뿐만 아니라 물질적, 정신적으로 상당한 손실을 감수해야 하기 때문에 쉽게 행동으로 옮기지 못하는 경우가 많다.

둘째, 입지결정은 기업의 수익성에 장기적이며 현저한 영향을 미친다. 소비자와의 접촉빈도가 높은 서비스업의 경우에는 장소의 위치가 마케팅 효율과 판매수입을 직접적으로 좌우하며, 제조업에 있어서는 공장입지에 따라 생산원가와 유통비용에 상당한 차이가 발생한다. 더욱이 입지결정이 기업의 수지에 미치는 영향은 일시적인 것이 아니라 그 위치에 공장이나 업체가 고정되어 있는 한 장기적으로 지속될 수 있다는 점에 유의할 필요가 있다.

## 1.2 시설입지 요인

입지요인(location factor)이란 특정 시스템이 최대의 이익을 얻을 수 있도록 하는 장소가 지닌 특성을 가리키는 것이다. 시설 및 공장의 입지를 결정하는 과정에는 반드시 이러한 입지요인의 검토와 분석, 평가가 따라야 한다. 여기서는 제조업과 서비스업을 구분하여 각각 고려해야 할 입지요인을 살펴보기로 한다.

### (1) 제조공장의 입지요인

제조업의 공장입지를 결정할 때 고려해야 할 주요 요인은 노동력, 고객(시장)과의 근접성, 공급자 및 자원의 근접성, 수송의 효율성 등을 들 수 있다.

#### ① 노동력

노동력은 제품생산이나 서비스 제공에 있어서 절대적으로 필요한 요소이다. 특히 노동집약적인 산업에서는 노동력이 입지 결정에 가장 중요한 요인이 된다. 노동력에 관한 문제는 노동력의 획득 가능량, 노동력의 질, 그리고 임금수준의 문제로 나눌 수 있다.

먼저 많은 노동력을 필요로 하는 자동차 공장, 전기전자 조립공장, 섬유·의류공장 등은 필요한 노동력의 3배~4배 이상의 구직자가 존재하는 지역에 입지하는 것이 바람직하다. 특정 기술이나 기능을 필요로 하는 첨단 정밀제품을 생산하는 공장일 경우에는 필요한 우수한 노동력을 수월하게 확보할 수 있는 지역을 선정해야 한다. 그리고 노무비가 제조원가에서 가장 큰 비중을 차지하는 산업에서는 임금수준이 낮은 지역을 선택하는 것이 요구된다.

#### ② 고객(시장)과의 접근성

서비스 시설이나 공장을 고객과 근접한 장소에 위치시키면 운송비가 적게 들고, 고객과의 접촉이 용이하며, 수요변화에 적응하기 쉽다는 잇점이 있다. 원자재의 수송비보다 제품수송비가 많이 드는 제품(음료수, 주류 등), 제조과정에서 부피나 중량이 원자재보다 커지는 제품(가구류 등), 변질 및 파손되기 쉬운 제품(식료품, 제과 등) 등은 시장 가까이에 입지를 결정하는 것이 바람직하다.

③ 원자재 근접성

원재료, 반제품, 부품 등과 같은 원자재의 공급원천은 원자재 비중이 높은 공장에서 주요 입지요인이 된다. 광업, 수산업 등과 같은 채취산업과 농업, 임업 등은 천연 자원이 존재하는 장소에서만 생산행위가 가능하므로 이들 자원이 있는 곳에 공장이 위치하게 된다. 통조림, 건식품, 냉동식품 등과 같은 농수산물 가공업은 이용하는 자원의 변질가능성이 높고 수분이 차지하는 비중이 높기 때문에 원자재 산지 근처에 위치하는 것이 유리하다.

④ 수송의 효율성

원자재를 산지나 공급자로부터 공장까지 옮기거나 제품을 시장으로 운송하는 수송문제는 공장입지 선정의 중요요인이 된다. 수송비를 최소로 하기 위해서는 수송량과 수송거리의 단축, 경제적인 운송수단의 이용 등을 고려할 필요가 있다. 수송수단의 특성을 고려할 때 항공운송은 신속성에서 가장 유리하지만 경제성 측면에서는 불리하다. 경제성은 해운과 철도 운송이 유리하여, 부피가 크고 무거운 물자 이송에 적합하다.

⑤ 기타 요인

이 외에도 상당한 수량의 공업용수를 필요로 하는 주류공장이나 제지, 제당, 염색, 제강 등과 같은 업종의 공장일 경우 정상적인 조업을 보장받기 위해 필요한 수량과 수질을 적극적으로 고려하여 공장입지를 결정하여야 한다. 또한 제품의 품질과 작업능률 등은 온·습도와 같은 기후조건에 따라 큰 영향을 받을 수 있기 때문에 신중을 기해야 하며, 토지가격이나 공장 용지비도 중요한 입지요인이 된다.

### (2) 서비스시설의 입지요인

서비스시설의 입지는 판매와 고객만족에 직접적인 영향을 미치는 요인이 된다. 서비스시설과 관련된 입지요인을 살펴보면 다음과 같다.

① 고객에의 근접성

서비스시설의 고객근접은 고객과의 접촉기회를 높일 수 있는 요인이다. 음식점이나 도소매점, 자동차서비스 등과 같은 서비스 사업의 성과는 입지와 교통의 편리성에 의해 크게 좌우된다. 비교적 토지가격이 비싼 도심의 교통요지를 백화점과 은행, 쇼핑센터 등이 선호하는 이유도 같은 맥락에서 이해할 수 있다.

② 시장의 근접성과 운송비

창고나 배달 업무에는 운송비와 시장의 근접이 중요한 요인이 된다. 제품 창고는 고객 가까이에 분산, 입지하여 배송시간을 줄이는 것이 필요하다.

③ 경쟁업자의 위치

경쟁자가 이미 자리를 잡은 지역은 피하는 것이 좋다. 그러나 음식점이나 의류상점 등과 같은 사업은 경쟁자 근처에 위치하는 것이 이로울 수도 있다.

④ 부지의 위치

소매점의 경우 주변지역의 주거 밀도, 교통량, 눈에 잘 띄는 부지의 위치가 주요요인이 된다. 일반적으로 서비스 시설의 부지를 선정할 때 다음 사항을 고려한다.

- 교통의 편리성
- 주차시설
- 쇼핑센터나 복합 상가 인접지역
- 확장이 용이한 지역
- 눈에 잘 띄고 찾기 쉬운 지역 등

이상에서 살펴본 시설 및 공장입지 요인들을 그 성질에 따라 구분하여 정리하면 경제적 요인·자연적 요인·사회적 요인으로 나뉠 수 있다.

① 경제적 입지요인

교통의 편리성 및 운송비용의 경제성, 노동력의 양과 질, 그리고 임금수준, 시장(고객)의 수요와 근접성, 외주업체의 이용 가능성, 기술의 획득, 유틸리티 시설의 이용, 토지가격 등

② 자연적 입지요인

기후의 적합성, 공업용수의 이용 가능성, 원자재의 근접성 등

③ 사회적 입지요인

지역사회의 풍토와 관습, 관계법규와 제도, 국토개발계획 및 지방개발계획, 세제, 지역사회의 특성, 공해문제, 지역사회의 삶의 질 등

쉬어갑시다

**더그 뉴골드 ATMI 회장 "고객이 원해 한국에 왔다"**
**화성에 공장지은 더그 뉴골드 ATMI 회장**

매일경제신문, 2012년 10월 15일

"미국 텍사스에 있는 ATMI 공장에서 생산된 반도체 소재를 한국으로 운반하려면 석 달이란 시간이 걸립니다. 그러나 내년부터 가동에 들어가는 수원 장안공장을 통하면 이르면 하루 만에도 운반을 할 수 있지요."

더그 뉴골드 ATMI 회장은 반도체 강국인 한국에 공장을 짓는 이유를 이같이 설명했다.

ATMI는 글로벌 반도체 소재 전문회사다. 반도체와 디스플레이 제조의 핵심 원료인 케미컬과 가스류를 생산하며 삼성전자 SK하이닉스 LG디스플레이 등이 주요 고객이다. ATMI는 지난 12일 화성시 장안면에 'ATMI 장안공장' 기공식을 하고 내년부터 본격 가동에 들어간다고 밝혔다. 1만1000㎡ 규모 공장으로 ATMI는 3000만 달러를 투자해 직원 100여 명을 고용할 계획이다.

뉴골드 회장은 "한국은 부품 분야 세계 3위의 경쟁력을 가지고 있는 주요 고객사다. 그동안 한국 기업에 좀 더 빠른 대응을 고민해 왔던 터라 공장과 기술센터 건립을 함께 결정하게 됐다"고 말했다. 장안공장은 입지상 삼성전자 나노시티가 위치하고 있는 기흥과 근접해 있고, SK하이닉스 이천공장과도 가까운 편이다. 물리적 거리를 줄임으로써 조달시간과 가격면에서 경쟁력을 키울 수 있다는 게 ATMI 판단이다.

뉴골드 회장은 기공식에서도 "장안공장은 ATMI의 글로벌 제조 허브 역할을 하게 될 것"이라며 "공장이 완공돼 본격적으로 가동되면 회사가 적극 공략하고 있는 한국과 아시아 시장에서 공급 체인의 효율성이 대폭 강화될 것으로 기대하고 있다"고 밝혔다.

반도체 부품·소재 분야는 협력업체들과 유기적 연결이 중요하다. 제품 개발을 시작할 때부터 협력업체와 협력이 있어야 오차가 적은 완제품을 생산할 수 있기 때문이다. 이번에 ATMI가 한국에 공장을 건립하는 과정에서도 삼성전자·SK하이닉스와 1년간 사전 협의가 있었다.

뉴골드 회장은 "삼성전자와 SK하이닉스는 해외 공급자들이 항상 가까이 있기를 원한다"며 "이번 공장 건립에서도 많은 지원과 조언을 아끼지 않았다"고 말했다. 또 그는 "다른 반도체 업체들과 비교할 때 한국 반도체 기업들은 매우 요구 수준이 높은 편이다. 임직원들 각자가 회사에 대한 책임감이 강하고 정확한 의사 결정을 한다"고 말했다.

한국 기업들에 특화된 공장이나 기술센터를 짓는 것에 대한 부담이 없냐는 질문에 뉴골드 회장은 "하나의 협력회사에 의존하지 않고 계속해서 최선의 협력사를 찾는 것이 그들이 경쟁력을 지키는 방법임을 안다. 그렇기 때문에 우리는 기술이나 서비스 부문에서 항상 최선을 다하는 것이 그들과의 관계를 유지하는 방법이라고 생각한다"고 답했다.

국제반도체 장비재료협회(SEMI) 이사회 의장직도 함께 수행하고 있는 뉴골드 회장은 반도체 산업은 단기적 시황이 아닌 장기적 트렌드를 봐야 한다는 입장이다. 그는 "반도체 산업도 경기 침체의 여파를 받기는 하겠지만 모바일 기기의 확산으로 또 다른 시장이 열리고 있다는 점을 주목해야 한다"며 "시장이 잠시 쉬어갈 수는 있다. 그러나 중요한 것은 반도체 산업은 계속 빠른 속도로 발전하고 있다는 것"이라고 설명했다.

한국의 소재산업에 대해서는 "완제품에 비해서는 소재나 케미컬 쪽이 일본이나 미국에 비해 아직 더 발전해야 하는 부분이다. 그러나 산업 인프라가 잘 구축돼 있으며 장점도 많다"고 말했다. 한국에서 경쟁사를 묻는 질문에서는 "누구라도 우리의 경쟁상대가 될 수 있다고 생각한다. 제일모직은 물론 듀폰이나 바스프도 우리의 치열한 경쟁상대"라고 답했다.

뉴골드 회장은 한국의 기술 수준과 함께 인적 자원의 우수성도 높이 평가했다. 그는 "현재 ATMI 한국 지사에 있는 직원들이나 새로 문을 연 기술센터 직원들 역시 매우 열정적인 자세로 향상된 제품을 만들려고 노력하고 있다. 그들의 열정과 신념에 매우 깊은 인상을 받았다"고 전했다.

**쉬어갑시다**

**웨버(A. Weber)의 공업 입지요인**

공업의 입지 현장에 대한 최초의 연구는 1909년 Weber가 발표한 입지의 순수이론인데, 그는 입지의 최소비용으로서 수송비, 노무비 등을 일반적 요인으로 생각하여 분석하였다. 공업 입지를 선정하는 요인으로 다음과 같은 것을 들고 있다.

① 일반요인과 특수요인
- 일반요인 : 어떤 공업에도 존재한다고 인정되는 요인(수송비, 노무비, 지대 등)
- 특수요인 : 특정한 공업에만 존재한다고 인정되는 요인(기후, 용수, 원료의 부패성 등)

② 국지요인과 집적요인
- 국지요인 : 공업을 국지적으로 분포하게 하는 요인(원료 산지, 노무비 수준, 수송비 등)
- 집적(분산)요인 : 공업을 어떤 지점에는 많이(또는 적게) 집합시키는 요인

③ 자연·기술적 요인과 사회적 요인
- 자연·기술적 요인 : 자연 또는 기술에 의해서만 변화를 받는 요인
- 사회적 요인 : 사회적·문화적 사정에 의해서 이익이 생기는 요인

Weber는 입지요인의 분석에 의해 경영이 정착하게 될 세 가지 입지, 즉 원료지향적 입지, 노동지향적 입지, 소비(판매)지향적 입지로 입지 삼각형을 구축하고, 이들 삼각형 내에서 비용 측면에서 가장 유리한 입지를 발견하여야 한다고 주장하였다.

# 02 최적입지 결정을 위한 분석

## 2.1 입지 결정의 평가기준

입지결정은 예상투자수익률이 가장 큰 지역으로 정하는 것이 이상적이다. 예상투자수익률이란 투자비용 대비 예상수익에 대한 백분율이다. 그러나 시설이 위치한 곳이 어디인가에 따라 마케팅 활동에 크게 영향을 끼치는 서비스 업체의 경우를 제외하고는 일정기간 중의 예상수익을 거의 비슷한 것으로 간주하여, 입지의 관점에서 비용을 최소로 하는 것이 곧 이윤을 최대로 하는 것이므로, 입지분석의 초점은 전체비용의 최소화에 두게 된다.

공장입지 결정의 평가기준은 '비용 최소화 기준'이 가장 일반적이다. 그러나 은행이나 백화점 등과 같은 서비스업체의 경우에는 '수익 최대화 기준'이 선호되며, 소방서, 병원 등과 같은 응급서비스를 담당하는 공공시설의 경우에는 '반응시간 최소화 기준'이 적용된다.

입지요인의 분석에는 양적요인 분석기법으로 총비용비교법, 손익분기도법, 수송계획법, 중심법 등이 있으며, 질적요인 분석기법으로 요인평정법이 있다. 이외에 다수의 질적 및 양적 입지요인을 고려하는 브라운 깁슨 모델이 있다. 일반적으로 비용을 중심으로 접근하는 입지결정 분석에는 양적 요인의 분석이 주를 이루고 있으나, 질적 요인을 간과해서도 안 된다.

## 2.2 입지요인의 분석

### (1) 총비용분석법(total cost comparison)

여러 개의 후보지 중에서 한 곳을 택해야 할 때는 각 후보지에 입지하는 경우의 총비용을 추정하고 그것이 가장 작은 곳을 택하도록 한다. 여기서 총비용은 일정단위의 생산량을 가정하고, 이때 소요되는 재료비, 수송비, 노무비 등의 구체적인 비용을 고려하여 단위당 생산원가로 산출한다. (표 1)은 총비용비교법을 적용한 예를 보여주는 것인데, 다른 조건이 모두 동일하다면 총비용이 가장 적게 소요되는 지역 A가 선정될 것이다. 총비용비교법에서는 비용요소만이 고려되므로 지역에 따라 수익에 차이가 있거나 질적 요소가 중시되어야 할 경우에는 이 방법만으로는 부족하다.

[표 1] 생산량 100만 단위일 때의 연간소요비용 비교

(단위 : 백만원)

| 비용항목 | 지역 A | 지역 B | 지역 C |
|---|---|---|---|
| 공장건설비 | 4,000 | 3,900 | 4,200 |
| 노무비 | 400 | 600 | 550 |
| 원료비 | 800 | 1,100 | 1,000 |
| 연료동력비 | 30 | 26 | 28 |
| 용수비 | 7 | 6 | 7 |
| 수송비 | 100 | 100 | 50 |
| 세금 | 63 | 28 | 35 |
| 총비용 | 5,400 | 5,760 | 5,870 |

### (2) 손익분기도법(breakeven analysis)

총비용비교법은 일정한 생산량을 전제로 예상비용을 비교하는 방법이므로 조업수준의 변화에 따라 수반되는 변동비의 변화를 반영하기 어렵다. 그러므로 입지비용을 고정비와 변동비로 구분하여 생산량의 변동에 따라 이들 비용의 변화를 나타내는 손익분기도를 나타내고, 이를 토대로 최적의 입지를 결정하게 된다.

생산량의 변동에 관계없이 발생하는 고정비(fixed cost)로는 토지, 건물 및 공장이전비용 등의 자본적 지출로 야기되는 자본비용과 세금, 보험료, 용수비 등을 들 수 있다. 생산량의 변화에 민감한 변동비(variable cost)로는 원료비, 수송비, 노무비 등이 있다.

(표 1)을 고정비와 변동비로 구분하여 정리한 것이 (표 2)인데, 이를 손익분기도로 나타내면 (그림 1)과 같다. 이 그림을 통해 알 수 있는 것은 50만 단위 이하를 생산하는 경우에는 지역 B가 유리하지만, 그 이상일 경우에는 지역 C가 유리하다는 것이다.

참고로 손익분기점은 고정비를 한계이익률로 나누어 구한다. 이때 한계이익률은 (1 − 변동비율)이며, 변동비율 또한 매출액 대비 변동비를 의미하는데, 이상을 정리하면 다음과 같다.

$$\text{손익분기점} = \frac{\text{고정비}}{\text{한계이익률}} = \frac{\text{고정비}}{1-\text{변동비율}} = \frac{\text{고정비}}{1-\dfrac{\text{변동비}}{\text{매출액}}}$$

[표 2] 지역별 연간 고정비와 변동비 비교

| 비용항목 | | 지역 A | 지역 B | 지역 C |
|---|---|---|---|---|
| 고정비 | 자 본 비 용* | 400백만원 | 390백만원 | 420백만원 |
| | 연 료 동 력 비 | 30 | 26 | 28 |
| | 용 수 비 | 7 | 6 | 7 |
| | 세 금 | 63 | 28 | 35 |
| | 계 | 500백만원 | 450백만원 | 490백만원 |
| 변동비 | 노무비(단위당) | 400원 | 600원 | 550원 |
| | 원료비(단위당) | 800원 | 1,100원 | 1,000원 |
| | 수송비(단위당) | 100원 | 100원 | 100원 |
| | 계 | 1,300원 | 1,800원 | 1,650원 |

*자본비용은 공장건설비의 10%로 산정함

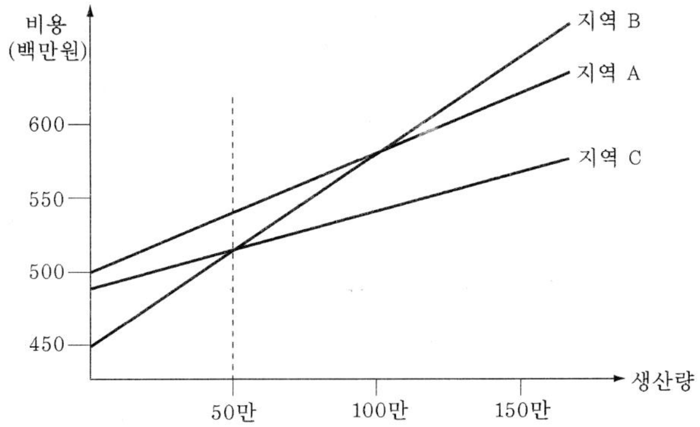


〈그림 1〉 입지결정을 위한 손익분기도

## (3) 수송계획법(transportation method)

대부분의 입지분석 기법은 단일공장의 입지를 결정할 때 사용되는 기법이다. 특정 제품의 시장과 공장을 여러 곳에 갖고 있는 기업에서 복수의 공장입지를 결정하는 경우에는 선형계획법의 특수형태인 수송계획법을 적용할 수 있다. 이때는 비용구조와 제약조건을 모두 선형식(1차식)으로 나타낼 수 있는 경우로서, 시스템의 관련비용을 최소로 하는 입지를 발견할 수 있다.

어떤 제품의 공급지가 $m$개이고, 수요지가 $n$개이며 각 공급지 $i$에서 수요지 $j$로 보내는 단위당 수송비가 $C_{ij}$라면 다음과 같은 수송계획문제로 일반화시킬 수 있다. 여기서 결정변수는 공급지$(i=1,2,3,\cdots,m)$에서 수요지$(j=1,2,3,\cdots,n)$로 보내는 수송량 $X_{ij}$가 된다.

(표 3)은 일반적인 수송 매트릭스를 나타내고 있는데, 이 표를 토대로 한 일반적인 수송계획 모형은 다음과 같다.

① 목적함수(총비용함수)

$$Min. Z = \sum_{i=1}^{m}\sum_{j=1}^{n} C_{ij}X_{ij}$$

[표 3] 일반적인 수송문제 매트릭스

| 수요지($j$) / 공급지($i$) | 1 | 2 | 3 | … | $n$ | 공급능력 ($S_i$) |
|---|---|---|---|---|---|---|
| 1 | $C_{11}$ $X_{11}$ | $C_{12}$ $X_{12}$ | $C_{13}$ $X_{13}$ | … | $C_{1n}$ $X_{1n}$ | $S_1$ |
| 2 | $C_{21}$ $X_{21}$ | $C_{22}$ $X_{22}$ | $C_{23}$ $X_{23}$ | … | $C_{2n}$ $X_{2n}$ | $S_2$ |
| 3 | $C_{31}$ $X_{31}$ | $C_{32}$ $X_{32}$ | $C_{33}$ $X_{33}$ | … | $C_{3n}$ $X_{3n}$ | $S_3$ |
| ⋮ | ⋮ | ⋮ | ⋮ | … | ⋮ | ⋮ |
| $m$ | $C_{m1}$ $X_{m1}$ | $C_{m2}$ $X_{m2}$ | $C_{m3}$ $X_{m3}$ | … | $C_{mn}$ $X_{mn}$ | $S_m$ |
| 수요량 ($D_j$) | $D_1$ | $D_2$ | $D_3$ | … | $D_n$ | |

② 제약조건(각 공급지의 생산능력과 각 수요지의 수요량)

▶ 생산능력의 제약조건 : $\sum_{j=1}^{n} X_{ij} = S_i \; (i = 1, 2, 3, \cdots, n)$

▶ 수요량 관련 제약조건 : $\sum_{i=1}^{m} X_{ij} = D_j \; (j = 1, 2, 3, \cdots, m)$

④ 비음조건(non-negativity conditions)

$$X_{ij} \geq 0 \, (i = 1,2,3,\cdots,m, \;\; j = 1,2,3,\cdots,n)$$

이와 같은 수송문제는 제약식의 계수가 모두 1인 특수한 형태의 선형계획법에 해당한다. 예를 들어 살펴보기로 하자. N사는 최근 판매실적이 계속 상승하고 있어 주당 20,000단위의 생산능력을 갖춘 공장을 신설하기로 하였다. 이 회사는 이미 A, B, C지역에 공장을 보유하고 있는데, 새로운 공장의 후보지로는 D, E, F지역이 고려되고 있다. 후보지역에 따라 생산요소비용 수준이 다르기 때문에 단위 생산원가에 차이가 있다. 공장에서 생산된 제품은 소비 도시인 서울과 부산, 광주, 대구 그리고 대전지역 등에 공급된다. 각 공장의 생산원가와 생산능력, 각 소비지의 수요량, 공급지와 수요지간의 단위당 수송비 등에 대한 데이터는 (표 4)와 같다.

[표 4] N사의 생산원가, 수송비, 공장생산능력 및 지역별 제품수요량

| From(*i*) \ To(*j*) | | 단위당 수송비용(단위 : 원) | | | | | 주당 생산능력 (1,000단위) | 단위당 생산원가 (단위 : 원) |
|---|---|---|---|---|---|---|---|---|
| | | 서울 | 부산 | 광주 | 대구 | 대전 | | |
| 기존 공장 | A | 18 | 16 | 12 | 28 | 54 | 46 | 270 |
| | B | 24 | 40 | 36 | 30 | 42 | 20 | 265 |
| | C | 22 | 12 | 16 | 48 | 44 | 34 | 275 |
| 후보 공장 | D | 40 | 40 | 35 | 2 | 31 | 20 | 262 |
| | E | 57 | 70 | 64 | 31 | 3 | 20 | 270 |
| | F | 50 | 50 | 46 | 14 | 19 | 20 | 260 |
| 주간 수요량 (1,000단위) | | 30 | 18 | 20 | 15 | 37 | | |

먼저, 공장입지를 D로 잡았을 경우의 최초기본가능해(initial basic feasible solution)를 얻기 위해 적용할 수 있는 방법에는 북서코너법, 최소비용법, 보겔법, 러셀법 등이 있다. 여기서는 북서코너법(north-west corner method)을 적용해보기로 하자. 북서코너법은 좌측 북단(북서)에서부터 해당 칸에 결부된 수요량부터 충족시켜 나가는데, 공급능력을 초과하지 않는 범위 내에서 대각선 방향으로 우측 하단에 이르기까지 각 열의 수요량을 할당해가는 방법이다. 그 과정을 반복하면 (표 5)와 같은 최초해가 도출되고 이때 소요되는 총비용은 다음과 같이 산출된다.

[표 5] 공장입지를 지역 D로 잡을 경우의 수송문제의 최초기본가능해

| 공장(i) \ 수요지(j) | 서울 | 부산 | 광주 | 대구 | 대전 | 공급능력 (1,000단위) |
|---|---|---|---|---|---|---|
| A | [288] 30 | [286] 16 | [282] | [298] | [324] | 46 |
| B | [289] | [305] 2 | [301] 18 | [295] | [307] | 20 |
| C | [297] | [287] | [291] 2 | [323] 15 | [319] 17 | 34 |
| D | [302] | [302] | [297] | [264] | [293] 20 | 20 |
| 수요량 (1,000단위) | 30 | 18 | 20 | 15 | 37 | 120 |

$$
\begin{aligned}
Z &= \Sigma C_{ij}X_{ij} \\
&= (288\times30)+(286\times16)+(305\times2)+(301\times18)+(291\times2)+(323\times15) \\
&\quad +(319\times17)+(293\times20) \\
&= 35{,}954(\text{천원})
\end{aligned}
$$

이렇게 얻은 최초기본가능해가 최적인가 여부를 판별하고, 아닌 경우 더 좋은 기본가능해를 찾고 최종적으로 최적해를 찾아내야 한다. 이를 위해서는 디딤돌법이나 수정배분법이 활용된다. (표 6)은 공장입지를 D로 가정했을 경우의 최적해(optimal solution)를 보여주고 있다. 이 표를 중심으로 수송계획 문제로 정리해보면 다음과 같다.

[표 6] 공장입지를 지역 D로 잡을 경우의 수송문제의 최적해

| 공장(i) \ 수요지(j) | 서울 | 부산 | 광주 | 대구 | 대전 | 공급능력 (1,000단위) |
|---|---|---|---|---|---|---|
| A | [288] 30 | [286] | [282] 16 | [298] | [324] | 46 |
| B | [289] | [305] | [301] | [295] | [307] 20 | 20 |
| C | [297] | [287] 18 | [291] 4 | [323] | [319] 12 | 34 |
| D | [302] | [302] | [297] | [264] 15 | [293] 5 | 20 |
| 수요량 (1,000단위) | 30 | 18 | 20 | 15 | 37 | 120 |

① 목적함수(총비용함수)

$$Z = \Sigma C_{ij} X_{ij}$$

$$= 288X_{11} + 286X_{12} + 282X_{13} + \cdots + 264X_{44} + 293X_{45}$$

② 제약조건(각 공장의 생산능력과 각 수요지의 수요량)

▶ 생산능력 관련 제약조건

$X_{11} + X_{12} + X_{13} + X_{14} + X_{15} = 46$(공장 A의 능력)

$X_{21} + X_{22} + X_{23} + X_{24} + X_{25} = 20$(공장 B의 능력)

$X_{31} + X_{32} + X_{33} + X_{34} + X_{35} = 34$(공장 C의 능력)

$X_{41} + X_{42} + X_{43} + X_{44} + X_{45} = 20$(공장 D의 능력)

▶ 수요량 관련 제약조건

$X_{11} + X_{21} + X_{31} + X_{41} = 30$(서울의 수요량)

$X_{12} + X_{22} + X_{32} + X_{42} = 18$(부산의 수요량)

$X_{13} + X_{23} + X_{33} + X_{43} = 20$(광주의 수요량)

$X_{14} + X_{24} + X_{34} + X_{44} = 15$(대구의 수요량)

$X_{15} + X_{25} + X_{35} + X_{45} = 37$(대전의 수요량)

③ 비음조건(non-negativity conditions)

$$X_{ij} \geq 0 \ (i = 1, 2, 3, 4 : j = 1, 2, 3, 4, 5)$$

이와 같은 수송계획법을 적용하여 대안으로 고려하고 있는 여러 곳의 입지 중에서 가장 적합한 곳을 선정할 때는 총비용 즉, 생산비와 수송비의 합이 최소가 되는 지역을 찾으면 된다. 이 때 주의할 것은 각 후보지의 총비용은 각 공장의 공급능력을 수요지에 어떻게 분배하느냐에 따라 달라진다는 점이다.

[표 7] 공장입지를 지역 E로 잡을 경우의 수송문제의 최적해

| 수요지($j$) / 공장($i$) | 서울 | 부산 | 광주 | 대구 | 대전 | 공급능력 (1,000단위) |
|---|---|---|---|---|---|---|
| A | 288<br>26 | 286 | 282<br>20 | 298 | 324 | 46 |
| B | 289 | 305 | 301 | 295<br>15 | 307<br>5 | 20 |
| C | 297<br>4 | 287<br>18 | 291 | 323 | 319<br>12 | 34 |
| E | 327 | 340 | 334 | 301 | 273<br>20 | 20 |
| 수요량 (1,000단위) | 30 | 18 | 20 | 15 | 37 | 120 |

공장입지를 D로 정했을 경우 최적해인 (표 6)을 통해 각 공장에서 수요지로 보내는 물량을 의미하는 결정변수 $X_{ij}$와 이때 소요되는 총비용을 산출하면 다음과 같다.

$X_{11}=30,\ X_{13}=16,\ X_{25}=20,\ X_{32}=18,\ X_{33}=4,\ X_{35}=12,\ X_{44}=15,\ X_{45}=5$

총비용 $Z$ = 34,875(천원)

동일한 방법으로 공장입지를 각각 E와 F로 정했을 경우의 수송문제와 최적해를 산출하는 과정을 거쳐 각 후보지의 총비용을 산출한 다음 비교해보면 D지역 34,875천원, E지역 34,730천원, F지역 34,850천원임을 알 수 있다. 따라서 신규 공장입지로는 E지역이 가장 적합한 곳이라는 판단을 할 수 있다.

[표 8] 공장입지를 지역 F로 잡을 경우의 수송문제의 최적해

| 공장(i) \ 수요지(j) | 서울 | 부산 | 광주 | 대구 | 대전 | 공급능력(1,000단위) |
|---|---|---|---|---|---|---|
| A | [288] 30 | [286] | [282] 16 | [298] | [324] | 46 |
| B | [289] | [305] | [301] | [295] 15 | [307] 5 | 20 |
| C | [297] | [287] 18 | [291] 4 | [323] | [319] 12 | 34 |
| F | [310] | [310] | [306] | [274] | [279] 20 | 20 |
| 수요량(1,000단위) | 30 | 18 | 20 | 15 | 37 | 120 |

## (4) 중심법(center of gravity method)

중심법은 비용관점에 바탕을 두고 서비스 시설의 입지결정에 많이 사용되는 분석기법이다. 즉, 여러 지역에 흩어져 있는 유통 및 물류센터간의 배송비용(distribution cost)을 최소화하기 위한 입지를 결정하는 기법이다.

여기서 배송비용은 운송거리와 운송량의 선형관계에서 다룬다. 중심법은 공급량과 소비량에 의해 가중된 운송거리와 더불어 물류창고와 공급 및 배송지점과의 거리를 최소화하는 입지이다. 이 기법에는 물류센터와 입지 후보지의 위치가 각각 $(x_i,\ y_i)$의 좌표로 기입된 지도를 사용한다. 먼저 각 입지 후보지로부터의 운송량이 같으면 중심

의 좌표는 $x$좌표의 평균과 $y$좌표의 평균값으로 구할 수 있다.

$$\bar{x} = \frac{\Sigma x_i}{n} \qquad \bar{y} = \frac{\Sigma y_i}{n}$$

단, $x_i$: 후보지 $i$의 $x$좌표
$y_i$: 후보지 $i$의 $y$좌표
$n$: 후보지의 수

그러나 각 입지 후보지의 운송량이 다를 경우에는 상기 식을 가중평균 산출식으로 조정하여 중심을 구한다.

$$\bar{x} = \frac{\Sigma x_i Q_i}{\Sigma Q_i} \qquad \bar{y} = \frac{\Sigma y_i Q_i}{\Sigma Q_i}$$

단, $Q_i$: 후보지 $i$로의 운송량
$x_i$: 후보지 $i$의 $x$좌표
$y_i$: 후보지 $i$의 $y$좌표

다음과 같은 예를 통해서 살펴보기로 하자. 어떤 유통업체에서는 서울, 부산, 광주, 대구의 매장을 운영하고 있는데, 이에 물품을 공급하기 위한 물류센터를 중심지점에 설치하고자 한다. 각 유통기지별 좌표와 운송량이 다음과 같을 때 물류센터의 위치로 적절한 곳을 탐색해 보기로 하자.

[표 9] 운영 중인 매장의 좌표와 운송량

| 매장 | $x$ 좌표 | $y$ 좌표 | 운송량 |
|---|---|---|---|
| 서울 | 127 | 38 | 500 |
| 부산 | 129 | 34 | 100 |
| 광주 | 126 | 35 | 200 |
| 대구 | 128 | 36 | 300 |
| 합계 | 510 | 143 | 1100 |

각 지역을 향한 운송량이 다른 경우이므로 가중평균을 적용한 중심을 구하면 다음과 같다.

$$\bar{x} = \frac{\Sigma x_i Q_i}{\Sigma Q_i} = \frac{(127 \times 500) + (129 \times 100) + (126 \times 200) + (128 \times 300)}{1100} = 127.3$$

$$\bar{y}=\frac{\Sigma y_i Q_i}{\Sigma Q_i}=\frac{(38\times 500)+(34\times 100)+(35\times 200)+(36\times 300)}{1100}=36.5$$

따라서 $(x_i,\ y_i)$ 좌표값으로 (127.3, 36.5)인 지점이 물류센터가 위치하기에 가장 적합한 후보지가 된다.

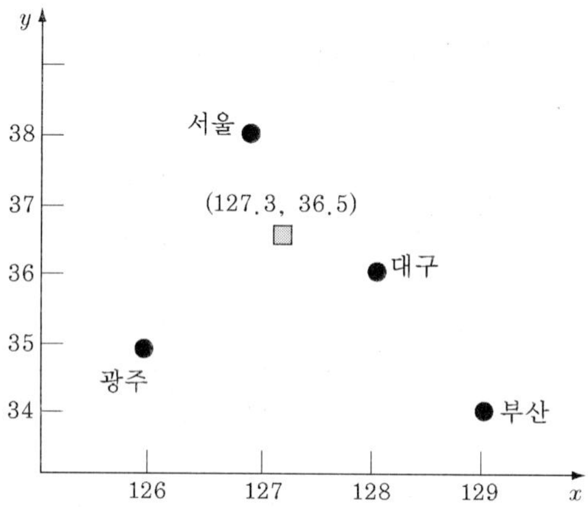


〈그림 2〉 물류센터의 적정 위치

## (5) 요인평가법(factor rating method)

앞서 살펴본 총비용비교법이나 손익분기도법 등과 같은 정량적 분석에서는 금액으로 표기된 객관적 요인만이 고려된다. 그러나 현실적인 입지선정과정에서는 노동의 질이나 지역사회의 태도 등과 같은 주관적인 요인을 중시해야 할 경우가 많다.

질적 요인을 고려해야 하는 입지분석 기법으로 요인평가법이 있는데, 다음과 같은 순서에 따라 적용한다.

① 고려해야 할 입지요인($j$)을 선정한다.

② 선정된 입지요인의 중요도(가중치) $W_j$를 결정한다. 이 때 모든 입지요인의 가중치 합은 1이 되도록 한다.

$$\Sigma W_j = 1(j=1,\ 2,\ \ldots,\ n)(n=\text{선정된 입지요인의 수})$$

③ 각 입지의 요인평점 $F_{ij}$를 매긴다. $F_{ij}$는 입지 $i$가 입지요인 $j$를 어느 정도 구비하고 있는가를 나타내는 점수이다.

④ 입지 $i$의 총점 $S_i$를 산출한다.

$$S_i = \sum W_j \cdot F_{ij},\ (i = 1, 2, \ldots, m)\ (m = \text{입지 후보지의 수})$$

⑤ 총점 $S_i$가 가장 높은 후보지를 최적입지로 선정한다.

주식회사 Y의 신규공장 신설을 위한 입지를 결정함에 있어서 고려하고 있는 후보지역은 모두 세 곳이며, 입지선정 시 고려할 요인으로 원자재의 근접성, 노동력을 비롯하여 동력 및 에너지, 시장 근접성, 지역사회의 태도, 교육환경 등을 선정하였다. 요인평가법에 의해 분석한 결과가 (표 10)과 같을 때, 신규공장의 입지는 지역 A가 가장 바람직한 것으로 분석되었음을 알 수 있다.

[표 10] 주식회사 Y의 공장입지 결정을 위한 요인평가표

| 입지요인 | 가중치 | 지역 A | | 지역 B | | 지역 C | |
|---|---|---|---|---|---|---|---|
| | | 평점 | 환산점수 | 평점 | 환산점수 | 평점 | 환산점수 |
| 원자재 근접성 | 0.30 | 85 | 22.5 | 70 | 21.0 | 75 | 22.5 |
| 노동력 | 0.24 | 88 | 21.1 | 85 | 20.4 | 80 | 19.2 |
| 동력 및 에너지 | 0.20 | 83 | 16.6 | 70 | 14.0 | 75 | 15.0 |
| 시장 근접성 | 0.15 | 75 | 11.3 | 90 | 13.5 | 80 | 12.0 |
| 지역사회 태도 | 0.05 | 90 | 4.5 | 60 | 3.0 | 85 | 4.3 |
| 교육환경 | 0.06 | 75 | 4.5 | 80 | 4.8 | 85 | 5.1 |
| 합계 | 1.00 | - | 80.5 | - | 76.7 | - | 78.1 |

쉬어갑시다

**현대차 美 앨라배마공장 본격 가동**

연합뉴스, 2005년 5월 20일

현대차가 국내 자동차업계 최초로 자동차의 본고장이자 세계 최대시장인 미국에 건설한 앨라배마공장이 준공과 함께 본격 가동에 들어갔다. 현대차는 올해 앨라배마공장에서 신형 쏘나타 15만대를 생산, 미국시장에 판매하는 데 이어 내년에는 생산, 판매량을 연간 30만대 규모로 늘리는 등 글로벌 자동차 메이커로 도약해 나갈 계획이다.

현대차는 20일 오전 11시(현지시각) 미국 앨라배마주 몽고메리시에 위치한 앨라배마공장에서 정몽구 회장과 조지 부시 전 미국 대통령, 밥 라일리 앨라배마 주지사를 비롯한 국내외 정·재계 인사와 본사 및 공장 임직원 등 4천여 명이 참석한 가운데 준공 기념식을 갖고 '메이드 인 유에스에이'(Made in USA) 쏘나타를 미국시장에 출시했다.

정 회장은 준공식에서 "앨라배마공장 준공은 현대차 38년 역사의 새로운 장을 여는 매우 중요한 계기가 될 것"이라며 "현대차가 축적한 신기술 및 신공법이 결집된 앨라배마공장이 가동됨으로써 진정한 글로벌 자동차 메이커의 위상을 갖추게 될 것"이라고 말했다.

정 회장은 또 "미국 고객들에게 첫 선을 보이는 쏘나타는 세계 최고 품질의 '월드 베스트 카'를 목표로 생산된 현대차의 자부심"이라며 "그동안 현대차를 선택해준 미국 고객들에게 최고 품질의 차로 보답할 것"이라고 덧붙였다.

앨라배마공장은 현대차가 지난 2002년부터 10억 달러를 투자해 건설한 부지 210만평, 연면적 5만6천여 평 규모로, 현대차는 공장 준공에 따라 자동차의 개발부터 생산, 마케팅, 판매, 애프터서비스에 이르는 전 부문을 현지화하는 시스템을 구축하게 됐다.

현대차는 이날부터 연산 30만대 규모의 앨라배마공장을 본격 가동하는 한편 준공식에서 첫 선을 보인 쏘나타의 미국 전역 동시 시판에 들어가 연말까지 15만대를 판매할 예정이다.

미국시장에 판매되는 쏘나타는 2.4L 쎄타엔진과 3.3L 람다엔진을 장착한 두 가지 모델로 6개의 에어백과 ABS 등의 안전장치는 물론 동급 중형차 가운데 처음으로 ESC(Electronic Stability Control)를 기본 사양으로 제공한다.

현대차는 이어 내년 앨라배마공장에서 신형 싼타페 생산을 개시, 연간 30만대 생산·판매 체제를 갖추는 한편 딜러망 확충 등을 통해 미국내 시장점유율을 3%로 끌어 올릴 계획이다.

현대차는 이 밖에 미국 현지 디자인과 기술연구소 등 연구·개발(R&D) 및 테스트 거점을 연계, 설계와 디자인 뿐 아니라 차량시험과 평가 현지화도 추진할 방침이다.

요약

- 시설입지란 생산이나 서비스 활동을 위한 지리적 장소를 결정하는 과정이다. 시설의 입지는 생산 내지 사업의 성과에 미치는 영향이 장기간에 걸쳐 지속되므로 시장과 노동력, 원자재, 수송 등 다양한 입지관련 요인과의 관계를 중심으로 전략적 관점에서 다루어야 할 문제이다.

- 제조업의 공장입지 결정 시 고려되어야 할 요인은 노동력, 고객(시장)과의 근접성, 공급자 및 자원의 근접성, 수송의 효율성 등이며, 서비스 시설의 입지는 판매와 고객만족에 직접적인 영향을 미치는 요인인 고객에의 근접성, 시장의 근접성과 운송비, 경쟁업자의 위치, 부지의 위치 등이다.

- 입지요인의 분석에는 양적요인 분석기법으로 총비용비교법, 손익분기도법, 수송계획법, 중심법 등이 있으며, 질적요인 분석기법으로 요인평정법이 있다.

## 토의문제

1. 입지의 결정은 생산시스템의 관리에 있어서 왜 중요한지 설명하라.

2. 제조공장과 서비스시설의 입지요건을 구분하여 설명하라.

3. 입지선정 과정에서 이용하는 요인평정법의 장단점을 설명하라.

4. 한국유통은 수원, 대전, 광주, 부산, 대구 등 다섯 도시에 백화점을 운영하고 있다. 이들 백화점에 공급한 제품들을 보관할 물류센터의 입지를 결정하기 위해 자료조사에 착수하였다. 각 백화점의 위치를 좌표 상에 점으로 나타낸 자료와 물류센터와 각 백화점간의 총수송량이 다음과 같을 때 물류센터의 최적입지를 구하라.

(단위: 100톤)

| 공장위치 | 수원 | 대전 | 광주 | 부산 | 대구 |
|---|---|---|---|---|---|
| 수송량 | 60 | 150 | 80 | 250 | 180 |

| 도시 | 좌표 |
|---|---|
| 수원 | (60, 320) |
| 대전 | (100, 320) |
| 광주 | (50, 50) |
| 부산 | (200, 30) |
| 대구 | (180, 130) |

5. 다음과 같은 지역에 따른 소요비용을 고려하여 그래프에 의한 손익분기점을 분석하고 최적 입지를 선택하라.

| 입지 | 고정비 | 변동비 |
|---|---|---|
| A | 250 | 80 |
| B | 450 | 60 |
| C | 600 | 40 |

6. 다음과 같은 점수모형을 이용하여 네 곳의 공장입지 후보지 중에서 한 곳을 선택하고자 한다. 요인평가법을 이용하여 가장 적합한 지역을 선정하라.

| 입지요인 | 가중치 | 지역 | | | |
|---|---|---|---|---|---|
| | | A | B | C | D |
| 원자재근접성 | 0.2 | 4 | 1 | 3 | 5 |
| 사회기반시설 | 0.1 | 3 | 3 | 3 | 3 |
| 시장접근성 | 0.5 | 5 | 3 | 1 | 3 |
| 지역사회의 태도 | 0.1 | 4 | 5 | 1 | 3 |
| 교육시설 | 0.1 | 4 | 5 | 1 | 3 |
| 합계 | 1.0 | | | | |

제 07 장

# 시설 및 설비배치

## 01 시설 및 설비배치의 목표

시설배치(facility or plant layout) 문제는 입지가 결정된 다음에 다루어진다. 공장입지를 결정한 다음이나 공장을 이전하거나 확장하는 경우에 반드시 나타나는 문제이다. 즉, 서비스 내지 생산의 흐름에 맞춰 각종 시설, 건물, 창고, 작업장, 사무실, 휴게실 등의 위치를 공간적으로 적절히 배열하는 문제가 대두되는 것이다.

시설배치가 잘 이루어지면 ① 자재 및 업무의 흐름이 원활해지고, ② 각종 재고를 최소로 줄일 수 있으며, ③ 일정계획이 용이해지며, ④ 공간의 효율적 이용이 가능해지고, ⑤ 생산 및 서비스 상의 애로사항을 최소화 할 수 있으며, ⑥ 자재 및 업무의 취급, 운반비용을 감소시킬 수 있게 된다.

특히, 서비스 시설의 설계와 배치는 고객의 서비스 지각도(perception)에 많은 영향을 줄 뿐만 아니라 서비스 성과의 영향요인으로 작용하기 때문에 신중을 기해야 한다.

일반적으로 시설배치 결정의 목표는 생산 및 서비스 시설의 효율적 이용, 자재 취급비용과 운반비용의 절감, 기계 및 인원·공간의 이용률 향상, 물리적·심리적 작업의 환경개선, 장래 배치변경의 용이성 등을 들 수 있다. 이와 같이 대부분의 배치결정 문제는 추구하는 목표가 다수이고, 이러한 목표들 사이에는 서로 상충관계(trade-off)가 있을 뿐만 아니라, 측정하기 곤란한 질적인 문제도 있다. 예를 들면, 자재비용을 최소화하기 위하여 컨베이어 시스템을 전 공정에 설치한다면 차후에 배치변경에 따른 비용이 늘어나는 문제를 야기하는 것과 같은 점을 생각해 볼 수 있다. 따라서 설비배치는 다중적인 문제를 고려하여 신중하게 검토하여야만 한다.

바람직한 시설배치란, 불필요한 운반은 최소화하고 공간을 최대한 활용하면서 적은 노력으로 빠른 시간에 원하는 제품과 서비스를 경제적으로 생산할 수 있도록 설비를 배치하는 것이라 할 수 있다. 즉, 시설 및 설비배치의 본래 목적은 최소의 투자로 생산 시스템의 효율성을 높이도록 기계, 원자재, 작업자 등과 같은 생산요소와 생산 및 서비스 시설의 배열을 최적화하는 것이다.

일반적인 시설 및 설비배치의 원칙을 살펴보면 다음과 같다.

① 조화의 원칙 : 작업자, 생산기계, 자재, 보조서비스 및 기타 구성요소들이 균형을 유지하면서 상호간 조화롭게 작용하여, 공장전체가 통합된 한 개의 작동단위로 보여 지도록 배치안을 작성한다.

② 최단 운반거리의 원칙 : 생산 공정 내에서 원자재 내지 반제품의 운반량과 운반거리를 최소로 함은 물론, 가장 경제적인 운반수단을 이용함으로써 운반에 필요한 비용과 시간을 최소화하도록 한다.

③ 흐름의 원칙 : 공정을 따라 자재가 흘러갈 때 역류나 교차 흐름에 의하여 막히거나 혼잡함이 없도록 한다.

④ 공간 활용의 원칙 : 공장 건설에는 많은 투자가 수반되므로 이용 가능한 공간을 최대한으로 활용하여 수직적, 수평적으로 낭비되는 공간이 없도록 한다.

⑤ 안전 확보와 만족감의 원칙 : 작업자의 작업만족도, 사기앙양과 안전확보를 최우선으로 고려하여 배치안을 작성한다.

⑥ 융통성의 원칙 : 당초 합리적으로 배치된 공장이라도 일정기간 후에는 생산여건의 변화에 따라 재배치가 필요하게 된다. 따라서 장래의 확장, 축소 등을 필요로 하는 변경요인이 발생할 경우 최소의 비용과 시간으로 대처할 수 있는 융통성이 있는 배치안을 작성한다.

## 02 시설 및 설비배치의 유형

시설 및 설비배치의 기본 유형으로는 작업흐름의 패턴에 따라 제품별 배치(product or line layout), 공정별 배치(process or functional layout) 및 고정위치형 배치(fixed-position or project layout)의 세 가지로 구분할 수 있다. 이외에도 일부는 공정별로 배치하고 일부는 제품별로 배치하는 절충식 배치인 혼합형 배치(hybrid layout)도 생각해 볼 수 있다.

시설배치에 있어서는 생산품목과 생산량이 주요 결정변수이므로 시설배치 유형을 결정할 때는 일반적으로 P-Q분석(product-quantity analysis)을 이용한다. P-Q분석은 가로축에 생산품목(product), 세로축에 생산량(quantity)을 취하여 생산량이 많은 것부터 나열하고, 순차적으로 선을 그어 연결한 P-Q곡선이라는 양적 특성곡선을 작성하는 것으로 배치유형을 판단할 때 유용하다. (그림 1)에서 소품종 대량생산 대상 품목에 적합한 제품별 배치, 다품종 소량생산 대상인 품목에는 공정별 배치가 적합함을 알 수 있다.

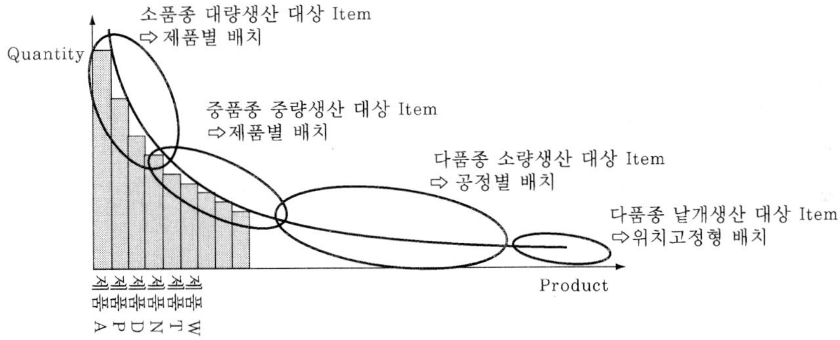


〈그림 1〉 P-Q 분석과 설비배치 유형

## 2.1 제품(라인)별 배치

대량생산 내지는 연속생산시스템에서 흔히 볼 수 있는 배치형태로서, 라인배치라고도 한다. 이는 특정의 제품 또는 서비스를 생산, 제공하는데 필요한 설비와 작업자를 제품이 만들어지는 작업순서에 따라 배치하는 방식인데, 각 제품 또는 서비스 단위는 동일한 흐름을 따라 연속적으로 반복 생산된다.

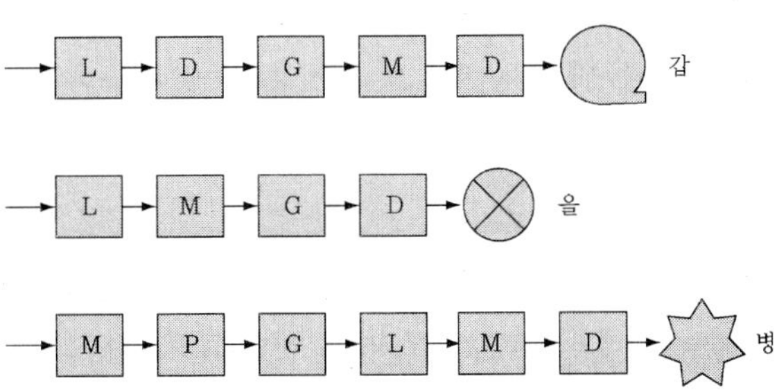


범례 : L(선반), M(밀링), P(프레스), D(드릴), G(그라인더)

〈그림 2〉 제품별 배치

TV와 같은 가전제품이나 자동차 조립공장, 음료수 및 식품 가공공장과 같이 물품의 흐름이 일정하게 연속되는 소품종 대량생산 공장과 항공기 탑승수속 등에서 볼 수 있는 배치유형이다. 이 배치방식에서는 특정 제품 생산에 적합한 대용량의 전용설비를 사용하기 때문에 다양한 제품을 생산하는 주문생산에는 적절치 못하다.

이와 같은 배치의 장단점을 살펴보면 (표 1)과 같다. 제품별 배치유형이 소기의 성과를 얻기 위해서는 설비를 경제적으로 이용할 수 있는 생산량, 제품(서비스)의 안정된 수요, 제품(서비스)의 표준화 그리고 부분품의 호환성 등의 조건이 충족되어야 한다.

[표 1] 제품별 배치의 장·단점

| 장 점 | 단 점 |
|---|---|
| ① 대량생산으로 단위당 생산코스트가 낮다.<br>② 운반거리가 짧고 가공물의 흐름이 빠르다.<br>③ 기계와 작업자의 이용률이 높다.<br>④ 기계와 재공품이 적어 저장면적이 작다.<br>⑤ 일정계획이 단순하며 관리가 용이하다.<br>⑥ 작업이 단순하여 작업자의 훈련 및 감독이 용이하다. | ① 변화(수요변화·제품·생산방법의 변경 등)에 대한 유연성이 떨어진다.<br>② 전용설비에 대한 투자와 배치에 돈이 많이 든다.<br>③ 기계고장·재료부족·작업자 결근 등은 전체 공정에 영향을 미친다.<br>④ 적은 수량의 제조는 고정비 부담이 크다.<br>⑤ 작업이 단조로워 직무만족이 떨어진다. |

## 2.2 공정(기능)별 배치

이 방식은 기계공장에서 흔히 볼 수 있는 배치형태로서 기능별 배치(functional layout)라고도 한다. 즉, 유사한 기계설비나 기능을 한 곳에 모아 배치하고, 작업물은 가공 요건에 따라 필요한 작업장이나 부서, 설비를 거치게 된다. 이 배치방식은 다양한 제품이나 서비스 등을 동시에 취급할 수 있도록 하기 위한 것으로서, 요컨대 차별적인 생산이나 차등 욕구를 가진 고객을 상대할 때 이용되는 설비배치이다. 이 배치는 제품(서비스)의 종류는 많고 생산량이 적은 다품종 소량생산에 적합하도록 범용설비를 기능별로 배치하는 것이 특징이다.

서비스업에서는 특정 기능이 수행되는 작업장소별(예를 들면, 병원의 X-ray 촬영실, 검사실, 수술실 등)로 시설배치를 하는 경우가 있는데, 이런 경우가 전형적인 공정별 배치형태에 해당한다. (그림 3)은 각기 다른 제품 A, B가 주문으로 접수되면 이를 생산절차에 따라 필요한 설비를 찾아가서 작업을 하도록 배치된 것이다. 따라서 이 배치방법에서는 왕래가 잦은 기능부서 및 설비 간의 배치와 상호 위치가 배치결정의 관건이 된다.

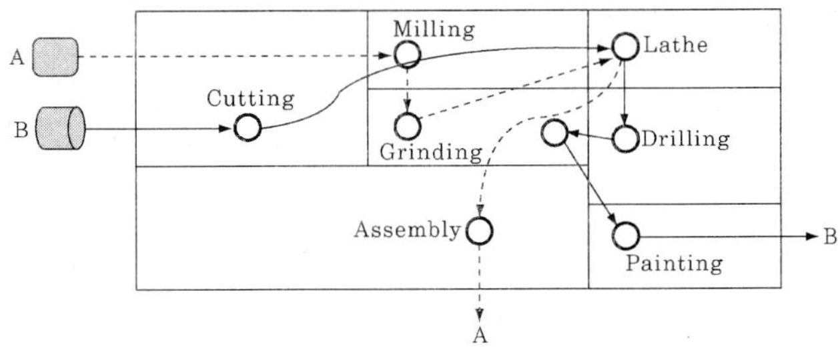


〈그림 3〉 공정별 배치

공정별 배치방식이 지니고 있는 장단점은 (표 2)와 같다.

[표 2] 공정별 배치의 장·단점

| 장 점 | 단 점 |
|---|---|
| ① 변화(수요변화·제품 및 작업순서의 변경 등)에 대한 유연성이 크다.<br>② 범용설비의 투자와 배치에 돈이 적게 든다.<br>③ 기계고장·재료부족·작업자 결근 등에도 생산량 유지가 용이하다.<br>④ 소량 제조 시 제품별 배치보다 유리하다.<br>⑤ 다양한 작업으로 직무만족을 증진시킨다. | ① 대량 생산 시 제품별 배치보다 불리하다.<br>② 운반거리가 길고 운반능률이 떨어진다.<br>③ 물자 흐름이 더뎌 재고나 재공품이 많아 이들의 투자액과 저장면적이 많이 소요된다.<br>④ 설비와 작업자의 이용률이 낮다.<br>⑤ 주문별로 절차계획, 일정계획 등이 다르므로 관리가 번잡하다. |

## 2.3 위치고정형 배치

대형 건축물, 선박이나 항공기와 같이 제품이 매우 크고 복잡한 경우에는 제품을 움직이는 대신 제품생산에 필요한 원자재, 기계설비, 작업자 등을 제품의 생산(가공) 장소에 근접시키는 것이 보다 유리하다. 대형 선박이나 토목건축 공사장에서 볼 수 있는 배치유형으로 제품이나 공사구조물은 한 장소에 고정되고, 그 대신 작업수행에 필요한 자재와 기계설비 등이 작업자와 더불어 이곳으로 옮겨져서 생산(가공)되는 형태를 위치고정형 배치(fixed-position 또는 project layout)라고 한다. 이 방식의 장단점은 (표 3)과 같다.

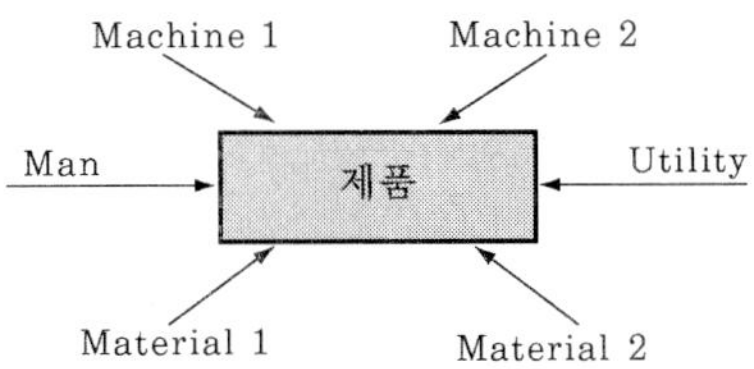


〈그림 4〉 위치고정형 배치

[표 3] 위치고정형 배치의 장·단점

| 장 점 | 단 점 |
|---|---|
| ① 생산물 이동을 최소한으로 줄일 수 있다.<br>② 다양한 제품(작업)을 신축성있게 제조할 수 있다.<br>③ 크고 복잡한 제품(구조물)생산에 적합하다. | ① 제조현장까지 자재와 기계 설비를 옮기려면 많은 노력, 시간, 비용이 소요된다.<br>② 기계설비의 이용률이 낮다.<br>③ 고도의 숙련을 요구하는 작업이 많다. |

[표 4] 각 배치형태의 특징

| 특성 | 제품별 배치 | 공정별 배치 | 고정형 배치 |
|---|---|---|---|
| 제품 특징 | 표준품, 소품종 대량생산 | 비표준품, 다품종 소량생산 | 낱개생산, 소량생산 |
| 생산흐름 및 배치분석 | 제품의 직선흐름, 라인밸런싱 | 다양한 흐름 패턴, 작업장거리 | 흐름이 적거나 없다, 일정관리 |
| 인력 | 강제적인 작업 페이스, 반복작업, 전문화된 작업 기술 | 기본기술에 능숙한 숙련공 | 고도의 숙련공 |
| 공간활용 및 설비이용률 | 단위 공간당 높은 생산율, 설비이용률 높다. | 단위 공간당 대체로 낮은 생산율, 설비이용률 낮다. | 생산물 단위당 공간 활용률 저조, 설비이용률 낮다. |
| 자본 및 설비 | 각각 특수기능을 위한 설비와 공정에의 자본투자, 전용설비 | 일반목적의 장비와 공정, 범용설비 | 움직일 수 있는 일반 목적의 장비와 공정, 범용설비 |
| 생산비 | 비교적 높은 고정비, 적은 직접노무비와 재료비 | 비교적 낮은 고정비, 높은 직접노무비와 재료비 | 높은 노무비와 재료비, 비교적 낮은 고정비 |

## 2.4 혼합형 배치

시설 내지 설비배치에서 일부는 공정별로 배치하고 일부는 제품별로 배치하는 절충식 배치를 혼합형 배치(hybrid layout)라고 한다. 혼합형 배치는 공정별 배치와 제품별 배치의 혼합이 주류를 이룬다. 이 배치유형은 유연생산시스템에서 흔히 볼 수 있는데, 그룹테크놀로지의 그룹별 배치 내지 셀형 배치(cellular layouts)나 JIT의 U자형 배치는 혼합형 배치이다.

서비스 시설에서는 소매점의 배치가 혼합형 배치에 속한다. 상품들을 한 곳에 모아서 고객이 물건을 고르기 쉽게 진열하는 것은 공정별 배치이고, 물건을 고른 다음 대금을 계산대에 가서 지불하거나 고객이 정해진 통로를 이용하도록 한 것은 제품별 배치방식이다.

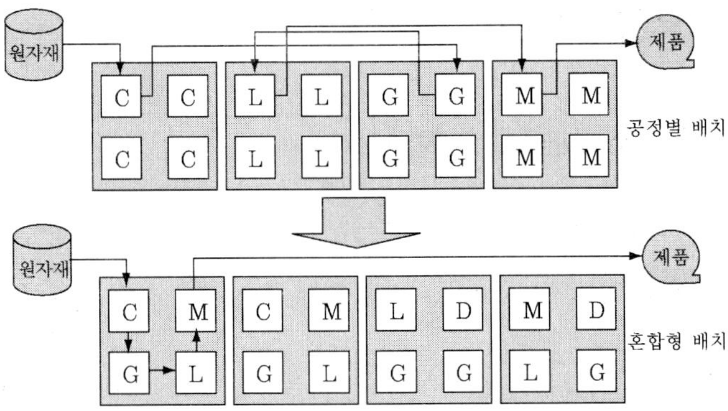


범례 : C(절단), L(선반), G(그라인더), M(밀링)

〈그림 5〉 공정별 배치와 혼합형 배치의 비교

**쉬어갑시다**

**합동전자, 공장설계 바꿔 年4천만원 절감**

매일경제신문, 2006년 5월 3일

"공장설계를 바꾸고 의식개혁을 했더니 연 4000만원이 절감됐네."

TV용 방열판과 장식판, 소형 사출물을 생산하는 합동전자(대표 정진규)는 싱글ppm 품질 혁신활동을 통해 2005년 한 해에만 전년보다 생산성 102%, 품질 77%가 향상되는 성과를 거두었다. 고객의 사업추진 계획과 소비자 성향 변화를 한발 빠르게 예측하고 아이템을 선정해철저한 사전준비와 도전정신으로 신기술을 개발하고 공정을 개선해 주력 사업인 광학제품의 경쟁력을 확보하고 있다.

전체 공장 혁신으로 사무동과 생산공정간 레이아웃을 개선해 40% 이상의 공간활용률 향상과 작업환경을 개선했다. 팀별 책임경영제를 도입해 자체적으로 관리능력을 높이고 인재양성을 책임지고 수행하게 했다.

2005년 공장 레이아웃 변경 6건, 즉 실천 개선 32건, 소인화 8건 등 개선활동을 추진한 결과 품질과 생산성이 향상돼 4200만원의 비용을 절감했다.

올해에는 최초로 성형라인 생산방식을 개선해 사출공정간 낭비를 벌써 20%나 절감할 것으로 예상된다.

장식판 재질 변경과 고질적인 재질 표면처리 개선활동으로 환경문제를 해소했고 자체적인 금형방식과 새로운 가공법을 개발하는 등 연 7000만원 이상 절감할 것으로 보인다.

# 03 시설 및 설비배치의 분석

## 3.1 제품(라인)별 배치의 분석

제품(라인)별 배치계획에서 중요한 문제는 주어진 기간동안 원하는 양을 산출할 수 있도록 해당 생산 라인을 구성하는 여러 공정의 생산능력이 동일하도록 균형을 잡는 것이다. 제품별 배치에서는 특정 제품의 생산과정 순으로 생산설비나 시설 등이 배열되며, 생산물은 이들 생산라인을 따라 흐르는 직선적인 형태를 취한다. 연속생산 및 조립작업에서 각 공정간의 생산능력과 공정의 흐름이 균형을 이루지 못할 때는 공정품의 정체 내지 공정의 유휴현상이 발생한다.

따라서 제품별 배치의 핵심문제는 각 공정이 보유하고 있는 능력을 충분히 발휘하면서 전체 공정이 원활하게 진행될 수 있도록 하는 '능력의 균형된 배열' 즉, 라인 밸런싱(line balancing) 문제가 된다.

### (1) 라인 밸런싱

제품별 배치에 의해 제품을 생산하고자 할 때는 각 공정이 갖고 있는 능력을 최대한 발휘하면서 전체 공정이 원활히 진행되도록 배열하는 것이 중요하다. 각 공정의 능력을 전체적으로 균형되게 하는 것, 즉 각 공정의 소요시간이 균형되도록 작업장이나 작업순서를 배열하는 것을 라인 밸런싱이라고 한다.

제품별 배치에 의해 구성된 생산라인을 흐름라인 또는 흐름공정이라고 한다. 흐름라인에서는 공정 또는 작업장이 라인형태로 구성되며, 각 공정에서는 미리 정해진 요소작업을 수행하게 된다. 이때 공정별 작업량이 모두 같을 수 없기 때문에 공정에 따라 정체 내지 유휴시간이 발생하게 된다. 그 결과 해당 라인의 생산속도는 전체 공정 중에서 가장 능력이 뒤지는 공정의 생산속도와 같아진다. 이 경우 상대적으로 작업시간이 많이 소요되는 공정으로 가장 큰 작업량을 가진 공정을 애로공정(bottleneck operation)이라 하는데, 이는 가장 느린 공정이며 지연되는 공정으로서, 생산능력은 애로공정의 작업시간에 의해 결정되는 것이다.

대개 공정의 정체 내지 유휴현상은 다음과 같은 경우에 발생하며, 이러한 문제를 제거하는 것이 애로공정 제거의 수단으로 이용된다.

- 각 공정 간 평형화되어 있지 않기 때문이다.
- 일시적인 여력의 불평형 때문이다.

- 여러 개의 병렬 공정으로부터 흘러 들어올 때(반제품이 조립공정) 발생한다.
- 전후 공정의 취급 로트(lot)의 크기가 다르거나 작업시간이 다를 때 발생한다.
- 수주의 변경에 의하여 발생한다.
- 너무 빨리 수배되었을 때 발생한다.

일반적으로 능률(efficiency)은 투입에 대한 산출로 나타내는데, 생산라인의 밸런스 능률 즉, 라인 밸런스 효율($Eb$)을 측정하는 계산식은 다음과 같다.

$$Eb = \frac{\sum ti}{m \times t_{\max}} \times 100 \ (\%)$$

단, $Eb$ : 라인밸런스 효율

$ti$ : 라인(과업)의 순 작업시간

$t_{\max}$ : 애로공정에서의 작업시간(또는 라인의 사이클 타임)

$m$ : 작업장(또는 작업자) 수

생산라인(작업)의 비능률을 나타내는 불균형률 또는 라인손실률(balance delay : $d$)은 라인밸런스 효율($Eb$)의 역수나 생산라인의 유휴율로 구할 수 있다.

$$\text{불균형률}(d) = 1 - Eb$$

$$= \frac{m \times t_{\max} - \sum ti}{m \times t_{\max}} \times 100 \ (\%)$$

여기서, $[m \times t_{\max} - \sum ti]$ 는 라인의 유휴시간(idle time)을 의미한다.

일반적으로 라인밸런스 효율($Eb$)은 흐름라인의 종류에 따라 다르겠으나 대체로 75%를 기준으로 그 이하일 때는 비경제적이며, 적어도 80% 수준 이상은 유지할 수 있어야 한다.

### (2) 피치다이어그램에 의한 라인밸런싱

라인밸런싱은 공정의 유휴시간을 최소화시키고 각 공정의 부하가 균등하게 되도록 추구하는 것을 말한다. 여기서는 일반적으로 많이 활용되는 피치다이어그램에 의한 라인밸런싱을 살펴보기로 하자.

공정마다의 정미시간이 측정되고 공정여유율이 결정되면 생산주기를 계산한다. 흐름라인에서는 어느 공정에서건 유휴시간이 전혀 발생되지 않는 상황, 즉 공정 균형 손실이 없는 경우는 이론상 존재할 뿐이지, 현실적으로는 불가능하다. 따라서 각 공정

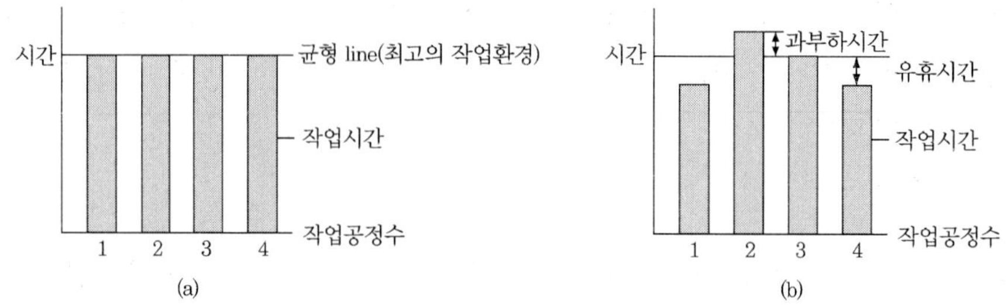


〈그림 6〉 완전 공정 균형(a)과 불완전 공정(b)

간의 실제 부하량에 있어서의 차이는 있게 마련이며, 능력과 부하와의 차이만큼의 여력이 있게 된다.

$$여력 = 능력 - 부하$$

이 관계를 (그림 6)에 나타내 보면 (a)는 이상적인 흐름라인이며, (b)는 현실적으로 운영되고 있는 흐름라인이다. 이때 (b)의 그림에서 보는 두 번째 공정이 애로공정이며, 이 공정의 소요시간에 의해 생산능력은 좌우된다.

피치 다이어그램을 활용한 개선의 초점은 공정의 분할과 합병, 그리고 재배치 등을 통한 생산소요시간 단축에 있다.

먼저, 작업의 분할이 가능한 경우를 생각해 보기로 하자. 생산 사이클 타임의 감소는 흐름라인의 생산능력을 증대시키는 효과가 있으므로 이 방식은 생산능력이 얼마나 될지 확실히 알지 못해도 무관한 상황에만 적용될 수 있다. 이것은 흐름라인의 각 공정에서 이루어지는 작업내용이 작업자의 추가 투입에 비례하여 시간이 분할될 수 있는 경우에 적용된다. 예를 들면 원료 10톤을 작업자 1명이 옮기는 경우와 비교할 때 2명이 옮기는 경우는 시간이 두 배로 감소되므로 이런 경우를 작업분할이라고 한다. 다음의 예를 통해 이해하도록 해 보자.

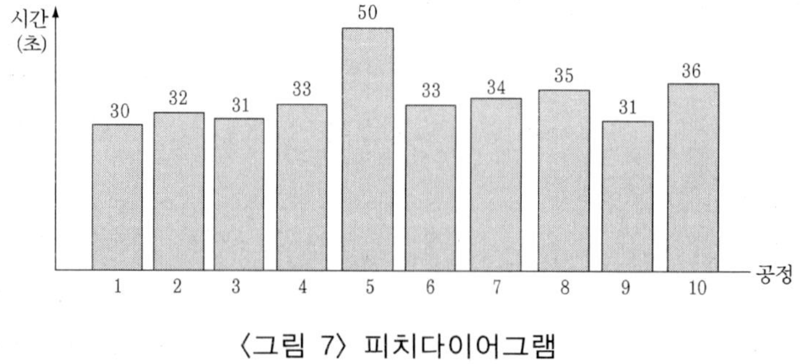


〈그림 7〉 피치다이어그램

(그림 7)은 제품 X의 조립을 위해 구성된 흐름라인에서 각 공정별 소요시간을 제시하고 있다. 이 조립라인의 일일 실동시간은 400분, 모두 10개의 공정에 작업자를 한 명씩 배치하고 있다. 이 조립라인의 라인밸런스 효율을 극대화시키는 방법을 찾아보도록 하자.

현재의 상황을 살펴보면, 애로공정은 50초로 가장 많은 시간을 소요하는 제5공정이며, 전체 공정에서의 순 작업소요시간($\sum ti$)은 345초이다. 이를 근거로 일일생산량과 라인의 유휴시간, 그리고 라인밸런스 효율을 산출해 보면 다음과 같다.

i ) 일일생산량 $= \dfrac{400 \times 60}{50} = 480$(개)

ii) 유휴시간 $= (50 \times 10 - 345) = 155$(초)

iii) $Eb = \dfrac{\Sigma ti}{m \times t_{\max}} = \dfrac{345}{10 \times 50} = 69.0(\%)$

작업분할이 가능한 경우이므로 애로공정인 제5공정에 1명의 작업자를 추가 투입하는 경우를 생각해 보자. 이 경우를 '1회 분할 시'라고 하는데, 분할이 이루어진 제5공정에서는 2명이 작업하므로 50초 동안에 2개를 생산하는 것이 되며, 따라서 1개 당 생산소요시간은 25초가 된다. 따라서 애로공정은 36초가 소요되는 제10공정으로 바뀐다. 이때의 일일생산량과 라인의 유휴시간, 그리고 라인밸런스 효율을 산출해 보면 다음과 같다.

i ) 일일생산량 $= \dfrac{400 \times 60}{36} = 666.7 \simeq 666$(개)

ii) 유휴시간 $= (36 \times 11 - 345) = 51$(초)

iii) $Eb = \dfrac{345}{11 \times 36} \times 100 = 87.1(\%)$

1회 분할시의 라인밸런스 효율(Eb)이 87.1%로 만족할 만한 수준이지만, 더 나은 흐름라인을 구성할 수 있는지 여부를 확인하기 위해 추가적인 분할을 시도하여야 한다. 즉, 제10공정에 또 한명의 작업자를 투입함으로써 새로운 애로공정은 35초가 소요되는 제8공정으로 바뀐다. 이 경우의 일일생산량과 라인의 유휴시간, 그리고 라인 밸런스 효율을 산출해 보면 다음과 같다.

i ) 일일생산량 $= \dfrac{400 \times 60}{35} = 685.7 \simeq 685$(개)

ii) 유휴시간 $= (35 \times 12 - 345) = 75$(초)

iii) $Eb = \dfrac{345}{12 \times 35} \times 100 = 82.1(\%)$

이와 같이 최대 라인밸런스 효율은 1회 분할시 87.1%가 된다. 그러나 작업자 수가 증가할 때마다 일일생산량은 증가하지만 라인밸런스 효율이 반드시 증가하는 것은 아니다. 따라서 작업자 수와 일일생산량, 라인밸런스 효율 등을 고려하여 개선안을 종합적으로 분석 검토하여 결정하여야 한다.

### (3) 조립라인 균형의 절차

조립라인 균형문제는 과업의 수가 적고 선행관계가 간단한 경우에는 쉽게 최적해를 구할 수 있으나 과업의 수가 많고 선행관계가 복잡하면 최적해를 구하기가 힘들기 때문에 일반적으로 휴리스틱(heuristic) 기법들이 이용된다. 다음과 같은 예를 통해 그 과정을 살펴보자.

[표 5] 과업과 소요시간

| 과업 | 과업소요시간(초) | 직전 선행 작업 |
|---|---|---|
| A | 50 | - |
| B | 20 | A |
| C | 45 | B |
| D | 20 | B |
| E | 25 | C |
| F | 10 | D |
| G | 35 | E, F |
| 총 과업시간 | 205초 | |

(표 5)와 같이 7가지의 과업과 이에 따른 소요시간을 필요로 하는 어떤 조립 제품이 있다. 이 제품의 1일 생산목표수량(또는 생산필요수량)은 400개이며, 1일 작업시간은 8시간이다. 피치타임(pitch time)을 '1일 생산목표수량을 달성할 수 있는 시간'이라고 할 때, 선행관계 제약 하에서 작업장의 수를 최소화하는 조립라인 균형을 도모하도록 하자. 이 과정은 다음과 같은 절차를 따른다.

[단계 1] 선행도표(precedence diagram)를 이용하여 과업간의 연속적인 선행관계를 표시한다. 선행도표에는 각 과업을 원(◯)으로, 과업의 수행순서는 화살표(→)로 표기한다. (표 5)에 제시된 과업의 선행관계를 선행도표로 나타내면 (그림 8)과 같다.

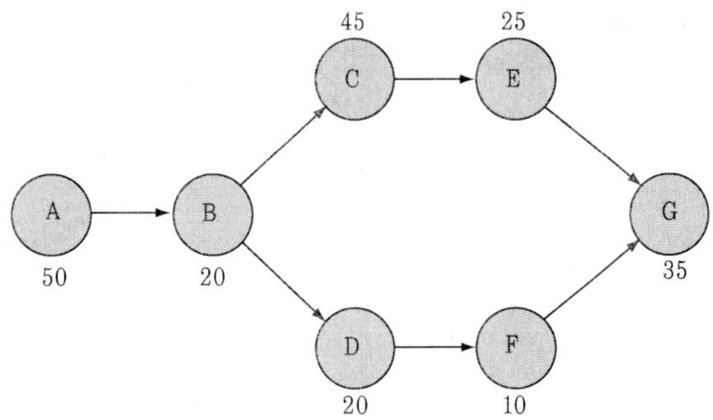


〈그림 8〉 선행도표(precedence diagram)

[단계 2] 1일 생산목표수량을 생산하기에 필요한 피치타임($Pt$)은 다음과 같이 결정한다.

$$\text{피치타임}(Pt) = \frac{\text{1일 작업시간}}{\text{1일 생산목표수량}} = \frac{480\text{분} \times 60\text{초}}{400\text{개}} = 72\text{초}$$

[단계 3] 피치타임($Pt$)을 충족시키는 이론적인 최소의 작업장 수(theoretical minimum : $N_{\min}$)를 결정한다. 이 때 작업장의 수는 산출된 값과 같거나 바로 큰 정수로 한다.

$$N_{\min} = \frac{\text{총과업시간}}{\text{피치타임}} = \frac{\Sigma t_i}{Pt}$$

이 문제의 경우 이론적 최소작업장 수는 다음과 같이 계산된다.

$$N_{\min} = \frac{\text{총과업시간}}{\text{피치타임}} = \frac{205\text{초}}{72\text{초}} = 2.85 \simeq 3$$

즉, 피치타임이 72초일 때 최소한 3개 작업장이 필요함을 의미한다. 그러나 실제로 과업을 작업장에 할당하다보면, 과업의 선행관계에 따라서 이론적 최소작업장의 수보다 더 많은 작업장이 필요한 경우도 발생한다.

[단계 4] 각각의 과업을 작업장마다 할당한다. 이때는 작업장에 배정되는 모든 과업의 총수행시간이 단계 2에서 결정한 피치타임 범위 내에서 이루어질 수 있도록 할당하는데, 그 결과는 (그림 9)와 같다. 과업의 할당 시에는 다음과 같은 두 가지 규칙을 따른다.

<규칙 1> 과업소요시간이 가장 긴 과업을 우선적으로 할당한다.(최장과업시간 규칙)
<규칙 2> 후행 과업의 수가 많은 과업부터 우선적으로 할당한다.(최대 후속작업수 규칙)

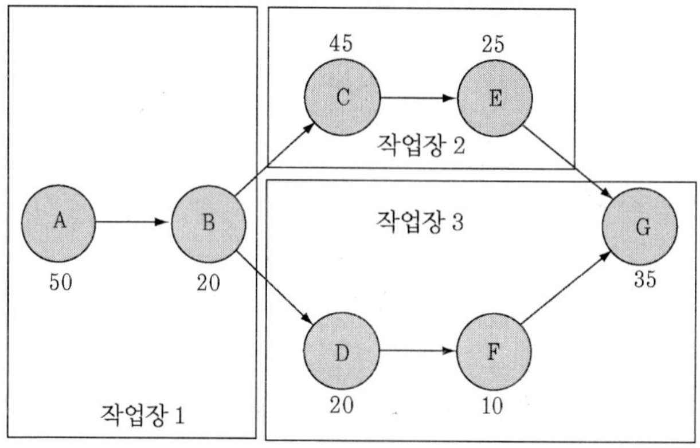


〈그림 9〉 과업의 할당 결과

[단계 5] 라인 밸런스 효율($Eb$)을 평가하고 개선의 여지를 검토한다. 만일 만족스럽지 못할 경우 단계 4로 돌아가서 다른 할당규칙들을 적용하여 균형을 갖출 수 있도록 한다.

$$Eb = \frac{\sum ti}{m \times t_{\max}} \times 100 = \frac{205}{3 \times 70} \times 100 = 97.6(\%)$$

이 문제의 경우 97.6%의 효율성을 확보한 작업장 구성으로 상당히 만족할만한 조립라인의 균형을 이룬 것으로 평가할 수 있다.

여기서 제시한 휴리스틱 기법은 주어진 문제가 간단하여 최적해를 제공하였으나, 복잡한 현실문제에서는 항상 최적해를 제공해 주는 것은 아니다. 또한 같은 휴리스틱 기법을 적용하더라도 피치타임이 달라지면 라인의 효율성이 달라지므로 다양한 경우의 피치타임에 대해 조립라인의 균형을 검토해 볼 필요가 있다.

## 3.2 공정(기능)별 배치의 분석

다품종소량생산에서는 제품의 종류마다 생산방식과 흐름이 다르기 때문에 기계설비 내지 공정을 적합한 위치에 배열하기가 쉽지 않다. 따라서 공정별 배치 계획에서 가장 핵심적인 문제는 각 공정(작업장)을 가장 경제적 위치에 배치하는 것인데, n 개 공정의 배치방안은 모두 n! 개가 존재하기 때문에 매우 어려운 일이다. 만일 4개의 공정을 배열하는 방안은 4! 즉, 24가지가 되지만 공정의 수가 6개로 늘어나면 720가지(즉, 6!)로 급격히 늘어나므로 공정배치는 더욱 어려워진다.

공정별 배치에서 공정이나 작업장의 최적 배열을 가늠하는 결정변수는 운반코스트로서, 전체 운반코스트가 최소가 되는 지점에 각 공정을 배열하는 것이 최적이다. 전체 운반코스트는 각 물품(원자재, 재공품, 제품 등)의 운반거리, 일정기간 동안의 운반량(또는 운반횟수), 단위당 운반코스트를 서로 곱한 것을 모두 합한 것이다. 최적인 배열을 의미하는 최소의 운반코스트를 결정하는 산출식은 다음과 같다.

$$TC = \sum_{i=1} \sum_{j=1} C_{ij} X_{ij} D_{ij}$$

단, $C_{ij}$ : 공정 $i$에서 공정 $j$까지의 단위당 운반코스트
$X_{ij}$ : 일정기간 중 공정 $i$에서 공정 $j$까지의 운반량(또는 운반횟수)
$D_{ij}$: 공정 $i$에서 공정 $j$까지의 운반거리

여기서, 일정기간 중 공정 $i$에서 공정 $j$까지의 운반량(횟수)($X_{ij}$)은 어떤 배열을 하더라도 그 규모가 동일한 것으로 볼 수 있으므로 운반코스트($C_{ij}$)와 마찬가지로 상수로 본다. 그러나 운반거리($D_{ij}$)는 각 배치안마다 달라질 수 있는 변수이다. 따라서 전체 운반코스트 $TC$를 최소로 하기 위해서는 전체 운반거리를 최소로 하는 배열을 찾아내야만 한다.

### (1) 운반코스트(또는 거리) 최소화 배치 설계

운반코스트를 최소로 하는 설비배치는 유입유출표(from-to chart)를 이용하여 각 작업장간의 거리와 물량흐름을 정리하는 것에서부터 시작한다. (표 6)과 (표 7)은 작업장 위치간의 거리와 작업장 간의 물량흐름을 나타내고 있다.

[표 6] 작업장 위치간의 거리

(단위 : m)

| from \ to | 작업장 위치 | | |
|---|---|---|---|
| | A | B | C |
| A | | 20 | 40 |
| B | | | 30 |
| C | | | |

[표 7] 작업장 간의 물량흐름

(단위 : ton/주)

| from \ to | 작업장 | | |
|---|---|---|---|
| | 1 | 2 | 3 |
| 1 | | 10 | 80 |
| 2 | 20 | | 30 |
| 3 | 90 | 70 | |

세 곳의 작업장 1, 2, 3을 (표 6)과 같은 거리를 보이고 있는 작업장 위치 세 곳(A, B, C)에 어떻게 배치할 때 운반코스트가 가장 저렴할 수 있는지를 살펴보기로 하자.

먼저 작업량 간의 물량흐름이 많은 순서로 작업장을 정리하면 가까이 배치해야 할 작업장을 확인할 수 있다. 이때 작업장 위치간의 작업흐름 방향은 독립적이다. 이러한 관계를 도표로 정리하면 (표 8)과 같다.

[표 8] 작업장 간의 이동거리 및 물량 흐름

| 작업장 간 물품 이동 관련 정보 | | 이동 물량 관련 정보 | | |
|---|---|---|---|---|
| from → to | 거리(m) | from → to | 이동 물량(ton/주) | |
| A→B | 20 | 3→1 | 90 | 170 |
| B→A | 20 | 1→3 | 80 | |
| B→C | 30 | 3→2 | 70 | 100 |
| C→B | 30 | 2→3 | 30 | |
| A→C | 40 | 2→1 | 20 | 30 |
| C→A | 40 | 1→2 | 10 | |

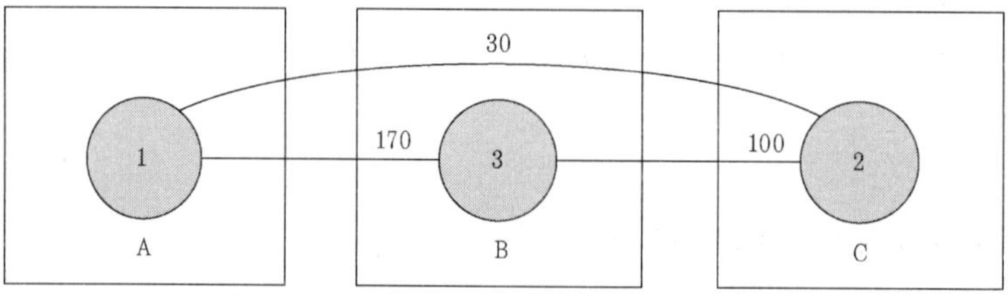


〈그림 10〉 작업장 배치 설계표

[표 9] 총 운반코스트 산출내용

| 작업장 간 | | 작업장의 배치 | | 운반코스트×운반물량×운반거리 |
|---|---|---|---|---|
| from → to | 이동 물량 | 위치 | 거리 | |
| 1→2 | 10 | A→C | 40 | 1×10×40 = 400 |
| 1→3 | 80 | A→B | 20 | 1×80×20 = 1,600 |
| 2→1 | 20 | C→A | 40 | 1×20×40 = 800 |
| 2→3 | 30 | C→B | 30 | 1×30×30 = 900 |
| 3→1 | 90 | B→A | 20 | 1×90×20 = 1,800 |
| 3→2 | 70 | B→C | 30 | 1×70×30 = 2,100 |
| | | | | 합계 = 7,600 |

작업장 간의 이동물량은 1과 3이 가장 많고, 작업장 위치는 A와 B가 가장 가깝다. 따라서 1과 3을 A와 B에 배치하는 것이 합리적이다. 작업장 2와 3은 작업장 1과 2보

다 이동 물량이 많으므로 작업장 2와 3은 가깝게 위치시켜야 한다. 따라서 작업장 배치설계는 (그림 10)과 같다.

여기서 작업물 1 ton에 대한 단위거리(m) 당 운반코스트를 1원이라고 하면, 주당 총 운반코스트는 작업장 간의 작업흐름 물량과 거리를 고려하여 (표 9)와 같이 산출할 수 있다.

### (2) 컴퓨터에 의한 배치

설비배치문제에 적용되는 컴퓨터 프로그램은 현재까지 많은 종류가 발표되었다. 그러나 이러한 프로그램들은 배치안 수립 과정에 따라 구성형 프로그램(constructive program)과 개선형 프로그램(improvement program)의 두 종류로 구분할 수 있다. 이러한 구분의 기준은 배치안을 수립하는데 초기 배치안이 필요한가 여부이다. 즉, 구성형 프로그램이란 배치안의 초기 배치안이 필요치 않으며, 개선형 프로그램은 배치안의 수립에 초기 배치안이 반드시 준비되어야만 하는 프로그램을 말한다.

구성형 프로그램으로서 대표적인 것은 ALDEP(Automated Layout Design Program), PLANET(Plant Layout Analysis and Evaluation Technique), CORELAP(Computerized Relationship Layout Planning) 등이 있으며, 개선형 프로그램으로서는 CRAFT (Computerized Relative Allocation of Facility Technique)와 COFAD(Computerized Facilities Design)가 있다.

그러나 컴퓨터에 의해 수립된 배치안이 반드시 최적인 것은 아니며, 배치안의 대안 발굴 및 평가에 주로 사용된다는 점을 주지하여야 한다. 이하에서는 ALDEP, CORELAP, CRAFT의 주요특징을 살펴보기로 한다.

① ALDEP

1967년 IBM에서 개발된 ALDEP은 컴퓨터 입력 자료로 건물 내에 위치하게 될 부문(작업장)의 크기와 수, 건물의 크기, 복도, 계단 등을 관계행렬식으로 표시하고, 인접 선호도를 '절대 필요'에서부터 '관계가 거의 없다'까지의 상호관계를 고려하여 부문을 배치한다. 임의의 한 부문을 선정하여 배치하는 것에서 시작하여 나머지 부문들은 근접도의 크기에 따라 배치되면서 선정과정을 여러 차례 반복하여 배치되는데 최적해라기 보다는 근사해가 제시되는 것이 특징이다. ALDEP은 검토용으로 여러 개의 좋은 배치를 산출해내는데 유용하며, 3층 빌딩에 63개 부문까지 배치할 수 있도록 설계되어 있다.

② CORELAP

1967년 R. S. Lee와 J. M. Moore에 의해서 개발된 CORELAP은 인접선호도를 인접률이 높은 것부터 낮은 것까지를 A, E, I, O, U, X로 표시하는 부문간 활동관련표를 비롯하여 부문(작업장)의 수, 건물 및 각 부문의 필요면적 등에 대한 제약조건을 입력자료로 한다. 근접의 필요정도를 모두 수치로 바꾸어 각 부문의 종합근접도(TCR : total closeness rating)를 산출하여, TCR이 큰 부서를 중심으로 배치하는 방식이다. 최대 70개 부문까지 배치가 가능하다.

CORELAP에서 이용한 부문간 활동관련성을 고려한 상대적 근접도 및 강도는 1961년 머더(R. Muther)에 의해 제시된 SLP(systematic layout planning)방식에서 응용되었던 것이다.

[표 10] 상대적 근접도와 강도

| 기호 | 근접의 필요 정도 | | 도시방법 |
|---|---|---|---|
| *A* | Absolutely necessary | 절대 필요 | ≡≡ 적색 |
| *E* | Especially important | 특히 중요 | ≡ 황색 |
| *I* | Important | 중요 | ═ 녹색 |
| *O* | Ordinary | 보통 | — 청색 |
| *U* | Unimportant | 중요하지 않음 | 무색 |
| *X* | Not desirable | 바람직하지 않음 | ﹏ 갈색 |

③ CRAFT

물자의 흐름을 중심으로 전체 운반코스트가 최소가 되는 배치안을 선정하는 양적 요인 중심의 컴퓨터 프로그램으로 일종의 휴리스틱(heuristic) 기법이다. 1963년 E. S. Buffa와 G. C. Armour에 의해 개발된 것으로 40개 부문까지 처리할 수 있는데, 기존의 배치를 개선할 경우에 유용한 배치 방식이다. 이 방법을 적용하기 위해서는 최초의 배치안과 부문(작업장)간 운반횟수, 그리고 운반코스트 등과 같은 기초 자료가 필요하다.

쉬어갑시다

**삼성 휴대폰 생산 1초 앞당겨 … 세계서 가장 빨라**

한국경제신문, 2006년 6월 20일

삼성전자가 휴대폰 1대 생산시간을 1초 줄이는 '초단위 생산성 향상'에 성공했다. 삼성전자 구미공장은 최근 휴대폰 생산라인을 개선해 휴대폰을 평균 5초에 1대씩 만들어내고 있다고 밝혔다. 이는 지난해 8초에서 올해 초 6초로 2초 앞당긴 뒤 다시 1초를 줄인 것으로 육상 100m 달리기로 치면 세계 최고기록을 0.01초 단축한 것과 같다.

특히 2000년 대당 생산속도가 23초였던 것에 비하면 생산시간을 5년여 만에 거의 4분의 1로 줄인 셈이다.

삼성전자의 5초당 1대 생산은 세계 최고 기록이다. 세계 휴대폰 제조의 양대 산맥인 노키아와 모토로라의 경우 공개된 자료는 없지만 삼성의 생산성보다 훨씬 못한 것으로 알려져 있다.

삼성은 이 같은 생산성 향상에 따라 대부분 제품 생산라인을 5초 라인으로 개선했다.

이 라인은 비교적 생산시간이 많이 드는 다품종 소량생산 체제에도 적용할 수 있을 정도로 응용력이 획기적이라고 삼성측은 설명했다.

삼성은 1초를 줄이기 위해 생산라인 공정을 재배치했고 장비도 교체했다. 이 같은 공정 개선으로 인해 과거 주력 라인이던 8초 라인과 10초 라인은 완전히 사라졌다.

삼성전자 관계자는 "2000년 23초에서 올해 5초로 줄인 것은 장비와 공정 혁신의 결과"라며 "대당 평균 생산시간을 4초대로 끌어올려 볼 계획"이라고 말했다.

요약

- 바람직한 시설배치란 불필요한 운반은 최소화하고 공간을 최대한 활용하면서 적은 노력으로 빠른 시간에 목적하는 제품을 경제적으로 생산할 수 있도록 설비를 배치하는 것이다.

- 시설 및 설비배치의 기본 유형으로는 작업흐름의 패턴에 따라 제품별 배치, 공정별 배치 및 고정위치형 배치로 구분할 수 있다. 이외에도 일부는 공정별로 배치하고 일부는 제품별로 배치하는 절충식 배치인 혼합형 배치도 있다.

- 제품별 배치계획의 핵심문제는 생산 공정에서 각 작업량의 생산능력이 동일하도록 균형을 잡는 '라인 밸런싱'의 문제이며, 공정별 배치는 공정이나 작업장의 최적 배열을 위해 전체 운반코스트의 최소화를 추구한다.

- 컴퓨터에 의한 설비배치를 다루는 프로그램에는 구성형 프로그램과 개선형 프로그램의 두 종류가 있다. 구성형 프로그램은 배치안의 초기 배치안이 필요치 않으나, 개선형 프로그램은 배치안의 수립에 초기 배치안이 반드시 준비되어야만 한다. 구성형 프로그램으로서 대표적인 것은 ALDEP, PLANET, CORELAP 등이 있으며, 개선형 프로그램으로서는 CRAFT와 COFAD가 있다.

# 토의문제

1. 시설 및 설비배치의 원칙을 설명하라.

2. 제품별 배치, 공정별 배치, 고정위치형 및 혼합형 배치를 비교하여 설명하라.

3. 제품별 배치와 공정별 배치의 핵심문제가 무엇인지 설명하라.

3. CRAFT와 CORELAP를 투입자료와 배치결정방법의 측면에서 비교하여 설명하라.

4. 다음 자료를 이용하여 P-Q분석 결과를 도식화하라. 그리고 품종별로 어떤 배치가 유리한지를 분석하라.

| 품종 | 생산수량 |
|---|---|
| A | 60 |
| B | 10 |
| C | 10 |
| D | 10 |
| E | 2 |
| F | 2 |
| G | 2 |
| H | 2 |
| I | 1 |
| J | 1 |

**5.** 어떤 흐름작업의 공정별 소요시간이 다음과 같으며, 각 공정은 1명의 작업자에 의해 수행되고 있다. 다음 물음에 답하라.

(1) 현재의 라인밸런스 효율은 얼마인가?

(2) 1회, 2회 분할시의 라인밸런스 효율을 산출하라.

(단위 : 초)

| 공정 | 1 | 2 | 3 | 4 | 5 |
|---|---|---|---|---|---|
| 소요시간 | 5 | 9 | 10 | 5 | 6 |

**6.** 남경전자는 신제품개발에 따른 신규 생산라인을 구축할 계획이다. 1일 생산목표수량은 20개를 예상하고 있는데, 이 작업은 다음과 같은 7개의 과업으로 구성되어 있다.

| 과업 | 소요시간(분) | 선행과업 |
|---|---|---|
| A | 12 | - |
| B | 5 | A |
| C | 15 | - |
| D | 6 | A, C |
| E | 17 | B |
| F | 12 | D |
| G | 5 | E, F |

1일 7시간 작업을 기준으로 다음 물음에 답하라.

(1) 생산라인의 구조를 선행도표(precedence diagram)로 표시하라.

(2) 생산목표 달성을 위한 피치타임은 얼마인가? 또 이론적 최소작업장 수는 몇 개인가?

(3) 최적 라인을 구축하고 라인밸런스 효율을 산출하라.

제 08 장

# 수요예측

## 01 예측 일반

### 1.1 예측의 의의

예측(forecasting)은 과거에 대한 자료나 정보를 이용하여 미래의 사건이나 상태에 대하여 추정하는 것으로서, 기술(art)과 과학(science)의 양면성을 지니고 있다. 최근에 이르기까지 예측은 예측자의 과거 경험이나 주관적 판단에 의존하는 측면이 강했으나 오늘날에는 수학적, 통계적 기법이 적극적으로 개발됨에 따라 과학적인 측면을 충분히 갖추게 되었다는 평가가 일반적이다. 그렇다고 특정 용도와 상황에 적합한 기법을 적용해서 얻은 결과를 전적으로 신뢰할 수 있는 것은 아니다. 비록 예측에 이용되는 다양한 자료와 경험이 아무리 많아도, 모든 상황과 경우에 다 적용할 수 있는 보편적인 예측기법이란 없기 때문에 완벽한 예측은 매우 어렵다.

모든 시스템은 환경의 영향을 크게 받는다. 따라서 환경변화의 내용을 미리 예측하고 대비할 수 있는 능력을 갖추는 것은 시스템의 지속적인 성장 발전을 위해 절대적으로 필요하다.

기업에서 생산 활동의 계획과 실시 그리고 관리를 위해서는 앞날의 상황을 미리 예측하여야 한다. 즉, 예측은 계획을 수립하고 의사결정을 하기 위한 전제이며 입력이라고 할 수 있다. 기업 내부에서의 각종 계획과 결정은 모두 미래의 예측을 근거로 하여 이루어지는 것이다.

예측과 계획은 매우 밀접한 관계에 있으나 본질적으로 차이가 있다. 예측은 미래의 사상이나 상태가 어떻게 될 것인가를 객관적인 입장에서 예견하는 것이며, 계획(planning)은 '앞으로 이렇게 하겠다'라는 의사결정자의 의지를 표명한 것이다.

## 1.2 예측의 종류

기업을 포함한 여러 조직체에서는 예측의 사용목적이나 상황에 따라 여러 가지 유형의 예측을 한다. 예측 대상에 따라 기술예측, 경제예측, 수요예측으로 구분할 수 있고, 예측기간에 따라 장기예측, 중기예측, 단기예측으로 구분할 수 있다.

### (1) 예측 대상별 분류

① 기술예측(technical forecast)

기술진보율의 예측을 의미하는 기술예측이란 새로운 기술의 출현이나 기존 기술의 개량, 발전의 경향을 예측하는 것이다. 기술예측은 컴퓨터, 우주산업, 핵에너지의 활용 등과 같은 고도 또는 첨단산업 분야에서 특히 중시되고 있다. 기술예측은 주로 특정 기술 분야의 전문가들에 의해 수행되는 것이 보통이다.

② 경제예측(economic forecast)

경제예측이란 정부, 각종 경제연구소 및 경제단체가 발표하는 미래의 경제상황에 대한 예측을 말한다. 예를 들면 한국은행이나 한국개발연구원, 대한상의, 기타 경제연구소 등에서 수행하는 경제성장률, 실업률, 물가상승률, 수출입 규모 등과 같은 경제 전반에 관한 각종 지표의 예측이 이에 속한다. 기업은 이와 같은 경제예측으로부터 중장기 경영계획의 수립을 위한 아이디어를 얻을 수 있다.

③ 수요예측(demand forecast)

미국에서는 동네 수퍼마켓도 그날 진열할 상품을 선택할 때 기상정보를 활용한다고 한다. 즉, 그날의 날씨에 따라서 많이 팔릴 물건이 무엇인지를 파악하여 충분히 확보하고 최고의 매출증대를 실현하겠다는 의지의 표현이기도 하다. 이와 같이 수요예측이란 미래의 일정기간 동안의 제품이나 서비스에 대한 수요의 규모를 예측하는 것이며, 그 결과는 기업의 각종 계획 및 통제 의사결정에 기초자료로 제공된다. 특히 생산기능은 기업 내에서 제품과 서비스의 생산을 책임지고 있으므로 각종 생산관련 의사결정에는 수요예측결과가 크게 영향을 미친다.

### (2) 예측 기간별 분류

① 장기예측

장기예측은 보통 2~3년 이상의 시간범위를 가진 전략적 장기계획에 이용된다. 장기계획의 예로는 공장 확장 및 위치설정, 새로운 서비스나 제품을 개발하기 위한 계획 등을 들 수 있다. 장기예측은 보편적이면서도 광범위한 경향과 함께 비계량적이고 주관적인 특징을 지닌다. 예측방법으로는 전문가에 의한 판단예측을 들 수 있다. 전문가는 미래의 제품수요에 영향을 주는 기술, 경제추세 그리고 생활양식의 변화에 대하여 그들의 경험과 지식에 의해 예측한다. 또 다른 방법으로는 외부정보에 의한 예측을 들 수 있는데 이러한 정보는 산업과 제품수요의 형태를 예측하는 공공기관 및 사설기관으로부터 얻을 수 있다.

② 중기예측

중기예측은 보통 1년~2년 동안의 계획을 세우는 데 이용된다. 이러한 형태의 예측은 변화에 대한 생산시스템의 분석 및 연간 예산편성 등과 같은 중기계획에 사용된다. 비계량적인 장기예측에 비해서 대부분의 중기예측은 수치적인 계산이 요구되며, 또한 장기예측보다 세부적이고 정확한 것을 요구한다. 중기예측은 일반적으로 판매사원, 고급 관리자 그리고 경험이 풍부한 종업원의 정보에 기반을 둔다. 이러한 정보는 개인의 의견에 기초를 두기 때문에 정확성이 중요하다.

③ 단기예측

단기예측은 보통 1년 이하의 계획을 위해 이용된다. 단기계획의 예로는 월간, 주간 혹은 일 단위의 생산계획을 들 수 있다. 단기예측과 중기예측의 차이점은 단기예측이 상대적으로 더욱 정확한 계산이 요구되며 빈번하게 이루어진다는 것이다.

쉬어갑시다

**IT 기술예측 – 2020년 한국 · · 인터넷으로 냄새까지 전송 등**

한국경제신문, 2007년 2월 28일

정보통신부가 정보통신 연구 진흥원과 함께 정보기술 분야 전문가 3500명을 대상으로 미래기술 실현 시기 등을 조사한 결과인, 'IT 기술예측 2020'에 따르면 2020년까지 단말기, 네트워크, 콘텐츠, 융합, 플랫폼 등 5개 분야에서 미래기술 365개에 대한 수요가 발생하고, 이 중 52개 기술이 핵심 기술로 개발될 것으로 분석됐다. 특히 52개 핵심 기술 중 77%가 2011년까지 개발되고, 2017년이면 기술적으로 개발이 끝날 것으로 예상됐다. 부문별 개발 시기를 보면 1분 충전으로 2개월 사용할 수 있는 휴대폰 배터리 기술은 2012년에 완전 상용화할 것으로 예상됐다. 초고속인터넷망을 통한 냄새 전송은 2015년에 가능할 것으로 전망됐다. 이 기술은 냄새를 디지털 기호로 바꿔 전송하면 받는 사람의 프린터(디지털 코)가 인식해 향 카트리지로 냄새를 분사하는 형태를 띤다. 이 기술로 인해 음식, 향수, 꽃, 방향제 등 관련 산업의 마케팅 판도가 180도 달라지게 된다. 혈관청소용 의료로봇은 2018년에 상용화된다. 이 초소형 로봇은 웬만한 크기의 혈관에 침투해 혈관 벽에 붙어 있는 찌꺼기를 긁어낼 수 있다. 가족의 건강상태를 감지해 집안의 온도와 습도를 자동으로 조절해주는 홈 네트워크도 실현된다. 미국 뉴욕타임스는 지난해 4월 '한국은 공상과학이 현실화되고 있는 나라'라고 보도했다. 이 보도가 13년 후면 또 한 번 사실로 입증될지 모른다.

**앞으로 등장할 대표적 IT기술**

| 구분 | IT기술 니즈 |
|---|---|
| 콘텐츠 | • 가상현실서 문화재 복원·답사<br>• 가상현실서 즐기는 온라인 네트워크 게임<br>• 외출전 옷, 헤어스타일 3차원 영상으로 확인 |
| 플랫폼 | • 가정내 가전 및 정보기기 통합 관리<br>• 3차원 입체방송 제작 송수신<br>• 언제 어디서나 집 보안상태 점검 감시 |
| 네트워크 | • 1Gbps(현재 10배) 이상 속도로 인터넷 등 네트워크 접속<br>• 세계 어느 곳에서든 자신의 휴대폰 사용<br>• 모든 정부 발행 문서를 휴대폰 등 무선 단말기로 다운 |
| 단말기 | • 인간 몸속 돌아다니며 건강상태 진단하는 의료용 마이크로 로봇<br>• 1분 이내 충전으로 1개월 이상 사용 가능 초소형 단말기 |
| 융합 | • 의대생들의 의료활동 실습 위한 가상현실 의료 모의실험 기술<br>• 초정밀 내과 및 외과 수술을 수행할 수 있는 로봇 기술 |

## 1.3 수요예측기법의 종류

제품 또는 서비스의 수요는 여러 가지 상이한 특성을 보이므로, 여러 가지 예측기법이 필요하다. 예측의 목적은 이제까지의 자료와 정보를 이용하여 미래에 대한 가장 의미있는 유용한 예측을 하는 것에 있다. 이 목적을 위해 예측자는 적절한 기법을 선택해야 한다. 이때는 예측에 필요한 시간, 참여인력 및 교육훈련 비용과 예측의 정확도간의 상충관계를 고려하여야 한다.

예측기법은 일반적으로 정성적 또는 질적 예측법(qualitative method)과 정량적 또는 계량적 예측법(quantitative method)으로 크게 구분된다. 정량적 예측법은 다시 시계열 분석기법(time series analysis method)과 인과형 모형(causal forecasting method)으로 구분된다. 정성적 예측법은 예측자의 주관에 의하여 예측하는 것이며, 정량적 예측법은 계량적인 모델과 데이터를 사용하여 예측하는 것이다. 정량적 예측법은 객관적이라고 할 수 있으나 그 사실만으로 반드시 정성적 예측법보다 더 나은 방법이라고 단정할 수는 없다.

### (1) 정성적 예측법

개인의 주관이나 판단 또는 여러 사람들의 의견에 입각하여 수요를 예측하는 방법으로서, 주로 과거의 자료가 충분치 않은 경우나 신뢰할 수 없는 경우에 유용하다. 이 유형에 속하는 대표적인 기법으로는 델파이법, 시장조사법, 중역진 의견법, 판매원의견 예측법, 역사적 유추법 등이 있는데, 이 방법들은 대체로 중·장기 예측에 이용된다.

### (2) 시계열 분석기법

시계열이란 시간에 따라 변화하는 어떤 현상을 일정한 시간간격으로 관찰할 때 얻어지는 일련의 관측치를 말한다. 예를 들면, 일별, 주별, 월별 매출자료가 시계열이다. 그러므로 시계열 분석기법이란 과거의 역사적 수요에 입각하여 미래의 수요를 예측하는 방법을 모두 포함한다. 일반적으로 시계열은 추세(trend), 계절(seasonal) 및 순환(cyclical)요인 등과 같은 패턴을 가지고 있다. 시계열 분석기법은 이와 같은 과거의 수요패턴이 미래에도 계속될 것이라는 가정 하에 과거의 수요패턴을 분석하여 미래에 투영함으로써 미래 수요를 예측하는 방법이다. 이 방법은 주로 단기 및 중기 예측에 적합하며 이동평균법, 지수평활법, 추세분석법 및 시계열분해법, 박스 젠킨스법 등이 있다.

### (3) 인과형 모형

과거의 자료에서 수요와 밀접하게 관련있는 변수들을 찾아내고, 변수간의 의존관계를 나타내는 모델을 사용하여 수요를 예측하는 방법이다. 예를 들면, 페인트의 수요는 가격, 광고횟수, 건조시간, 주요 성분 등에 의해 결정되는 것으로 보고, 이들의 함수관계를 나타내는 수학적 모형을 설정하고 이를 통해 미래 수요를 예측하는 것이다. 시계열 분석에서는 겉으로 나타난 수요 패턴을 파악하는 데 그치지만, 인과형 예측에서는 수요에 영향을 미치는 변수간의 의존관계까지 파악하려고 한다. 이 방법은 수요의 전환점이나 질적인 변화를 예측할 수 있으며, 중장기 예측 시 시계열 예측법 보다 더 정확한 결과를 기대할 수 있다. 인과형 모형으로는 회귀분석, 계량경제 모형, 선도지표법, 시뮬레이션 모형 등이 있다.

## 02 정성적 예측 기법

시계열분석이나 인과모형을 통한 예측은 많은 과거 자료를 이용하며 상당히 정확한 예측치를 준다. 그러나 때로는 새로운 제품의 도입 혹은 장기적 기술변화 등과 같이 정확한 과거 자료가 없는 경우가 있다. 이런 상황에 적용하기 위한 정성적 예측방법은 경영자의 주관적인 판단과 경험, 그리고 그 외의 정성적 정보에 근거하여 예측치를 만든다.

### (1) 델파이법(Delphi method)

미국의 랜드 코퍼레이션(anf Corporation)이 1964년 개발한 델파이법은 예측사안에 대해 전문가 그룹의 의견을 수렴하여 합의에 도달함으로써 예측치를 얻는 방법이다. 이것은 한 개인보다는 전문가 그룹에 의한 해결방안이 더 좋을 것이라는 데 기초를 두고 있다. 이 방법은 어떠한 상황에도 이용될 수 있으나, 주관적이거나 혹은 판단에 의한 예측이 필요한 상황에 더욱 적합하다. 이 방법은 최초에는 기술예측에 응용되었으나 역사적 자료가 충분치 않은 중·장기 경영예측에 즐겨 쓰이는 방법이 되었다. 또한 신제품개발이나 신설비의 취득, 신시장의 개척 그리고 기타 전략적인 의사결정에 유용한 방법이다.

델파이 방법의 장점 중의 하나는 조직의 문제를 이해하는 생산관리자, 스텝 그리고 기술전문가의 전문적 의견을 이용할 수 있다는 것이다. 델파이 방법은 일반적으로 다음과 같은 다섯 단계를 따른다.

[제1단계] 예측을 수행할 실무지식과 전문성을 갖춘 전문가 그룹을 선택한다.

[제2단계] 전문가 그룹에 속한 개개인에게 예측사안에 대한 설문지를 보낸다.

[제3단계] 전문가들로부터 회수된 설문 응답 결과를 통계량(평균, 분산 등)으로 분석한다.

[제4단계] 새로운 예측치가 포함된 정보를 각 전문가에 제공하여 그들이 이전에 제시한 예측을 바꿀 의향이 있는지 알아본다. 일반적으로, 예측의 평균 통계량은 각 전문가로 하여금 그들의 예측을 전체 평균값으로 이동시키는 효과가 있다.

[제5단계] 특정한 예측사안에 대하여 전문가들의 의견이 일치될 때까지 4단계가 되풀이(최소한 3번)된다. 전문가들이 하나의 의견에 도달할 수 없는 경우에는 평균값으로부터 먼 의견을 무시하고 새로운 평균값을 구한다.

### (2) 시장조사법(market research or surveys)

시장조사법이란 제품판매예측에 비교적 많이 이용하는 방법으로, 시장의 상황에 대한 자료를 수집하기 위해서 소비자 패널을 사용하거나 설문, 면접 등을 이용한다. 주관적 예측방법 중 비교적 예측결과가 정교한 편이지만, 상당한 수준의 통계학적 지식과 기술이 필요하며, 특히 설문지 작성에 많은 시간이 걸린다는 점과 설문지 작성의 어려움, 그리고 비용이 많이 든다는 점 등이 단점으로 지적된다.

이 방법을 효과적으로 적용하기 위해서는 조사대상을 선정하고, 가설을 설정한 다음 적당한 조사방법을 통해 수집된 자료를 이용하여 통계적 분석을 행한다. 이렇게 얻어진 시장의 속성이나 동태를 검정함으로써 얻어진 각종 통계를 이용하고자 설계된 예측방법이다.

비록 시장조사가 많은 효과를 준다고 해도 몇 가지 단점이 있다. 그 하나는 조사결과에 많은 조건과 장애가 있다는 것이다. 예를 들면 조사결과가 "우리의 조사에 의하면 새로운 다이어트 버거가 고객들로부터 좋은 반응을 얻었다. 그러나 경쟁사의 제품이 나타났을 때의 장기적 반응은 확인할 수 없었다"등과 같은 것을 생각해 볼 수 있다. 또 다른 단점은 조사를 준비하고, 자료를 수집하고, 분석하는데 걸리는 시간이다. 단기예측에 시장조사가 뛰어난 결과를 준다고 하더라도, 조사과정이 잘 개발되어 있지 않다면 빠른 결과를 기대할 수 없다.

### (3) 중역진 의견법(executive opinions)

예측과 관련있는 상위경영자(임원급 중역)들이 하나의 팀을 구성하여 서로의 경험과 지식, 그리고 육감에 근거한 의견을 제시하고 토론을 거쳐 수요를 예측하는 것이다. 한 사람의 전문가가 범할 수 있는 오류를 방지하기 위한 방법이므로 참가한 모든 전문가들의 의견일치를 보았을 때 비로소 결정된다. 그러나 어느 한 사람이 큰 영향력을 발휘하게 될 경우, 그 사람의 견해로 집약되거나 대세에 편승하는 경향(bandwagon effect)에 따른 오류가 발생된다. 이 방법은 대체로 비용이 저렴한 반면에 예측의 정확도는 떨어진다.

### (4) 판매원 의견 예측법(sales force compositive method)

각 지역을 담당하고 있는 판매원들이 그 제품의 소비자를 직접 상대하면서 그들의 반응을 가장 정확하게 파악하고 있으므로, 이들로 하여금 담당지역의 수요를 예측하게 하고 그 결과들을 종합·정리하는 방법이다.

이 방법은 비교적 단기간 내에 저렴한 비용으로 쉽게 수행할 수 있는 것이 장점이다. 그러나 판매원들이 예측할 때 최근 동향에 지나치게 영향을 받을 가능성이 크다는 단점이 있다. 예를 들면 최근 판매량이 호조를 보이고 있으면 낙관적 예측을 하기 쉽고, 저조하면 비관적 예측을 하기 쉽다는 것이다.

### (5) 역사적 유추법(historical analogy)

이 방법은 이용할 수 있는 자료가 없을 경우 과거의 비슷한 제품이나 상황에 해당하는 자료를 이용하여 수요를 예측하는 방법이다. 일반적으로 제품의 수요는 도입·성장·성숙 및 쇠퇴의 단계를 거친다. 기존의 유사제품의 수명주기를 관찰하고 분석하면 신제품의 미래도 짐작할 수 있게 된다. 예를 들면, PDP/LCD TV를 신제품으로 개발했을 경우 그 수요를 예측할 때 과거에 생산 판매했던 C-TV의 수요량 관련 데이터를 이용하여 접근하는 방법이다. 이 방법은 비용이 적게 드는 반면에 정확한 예측을 위해서는 오랜 기간에 걸친 자료를 필요로 한다는 단점이 있다. 일반적으로 중·장기 수요예측에 많이 이용되고 있다.

[표 1] 정성적 예측기법의 특징

| 예측기법 | | 기법의 특징 | 이용분야 | 필요한 자료 |
|---|---|---|---|---|
| 정성적 기법 | 델파이법 | 특정제품이나 수요 대상에 대하여 전문가나 담당자들이 관련된 정보를 수집해 가며 토론한 뒤에 의견교환을 거치면서 투표형식으로 예측을 하되, 그 결과가 동일하게 될 때까지 반복. | 장기예측<br>신제품 판매<br>이익예측<br>기술예측 | 전문가 의견 수렴을 위한 질문서 |
| | 시장 조사법 | 실제 시장에 대하여 조사하려는 내용에 대한 가설설정과 조사실험을 실시. | 위와 같음 | 설문, 면접에 의한 조사 자료 |
| | 중역진 의견법 | 상위 경영자들을 통한 판매량의 예측. | 위와 같음 | 미래에 대한 시나리오 |
| | 역사적 유추법 | 비슷한 신상품의 탄생과 성장에 관한 비교유추, 유사한 형태를 기초로 한 예측 | 위와 같음 | 비슷한 신상품에 관한 과거 자료 |
| | 판매원 의견 예측법 | 각 지역을 담당하고 있는 판매원들이 소비자의 형태를 분석하여 종합 정리하는 기법 | 시장 및 수요예측 | 판매원의 직관적 예측 자료 |

# 03 시계열분석에 의한 예측

## 3.1 시계열 변동의 분석

계량적 예측방법은 과거의 자료를 기초로 미래의 예측치를 구하는 방법이다. 이 방법은 시계열분석과 인과모형에 의한 방법으로 나눌 수 있다. 여기서 시계열(time series)이란 어떤 현상(예를 들면 수요량, 매출액 또는 특정 사건의 발생건수 등)에 대한 계량적 자료가 월, 분기, 년 단위 등의 일정 시간 간격마다 정리되어 있는 자료의 집합을 말한다. 이와 같은 자료를 기초로 그 추세나 경향을 파악하여 미래의 수요를 예측하고자 하는 것이 시계열분석(time series analysis)이다. 이 경우 과거의 자료를 미래 예측의 길잡이로 이용하는데, 시간이 독립변수가 되며 수요량은 종속변수가 된다. 따라서 시계열 분석의 초점은 과거에 발생된 수요와 관련된 시계열성에 있다고 볼 수 있다.

과거에 발생된 제품이나 서비스에 대한 수요 자료를 시계열에 따라 그래프로 그리면 일정한 패턴 즉, 시계열적 변동이 나타난다. 이 변동은 추세변동, 순환변동, 계절변동, 불규칙변동으로 구분되며, 이들이 시계열 자료의 주요 구성요소를 이룬다.

① **추세변동**(trend movement : T) : 제품 및 서비스의 수요에 대한 단기적 혹은 중기적인 증감을 나타내는 전반적인 추세를 의미하는 변동이다. 이때 나타나는 추세는 선형(linear)일수도 혹은 비선형(nonlinear)일 수도 있다.

② **순환변동**(cyclical fluctuation : C) : 일정한 주기가 없이 제품 및 서비스의 수요증감이 사이클 현상으로 반복되는 변동이다.

③ **계절변동**(seasonal variation : S) : 1년을 주기로 계절에 따라 되풀이 되는 변동이다.

④ **불규칙변동**(irregular movement : I) : 돌발적인 원인이나 불분명한 원인으로 일어나는 우연변동이다.

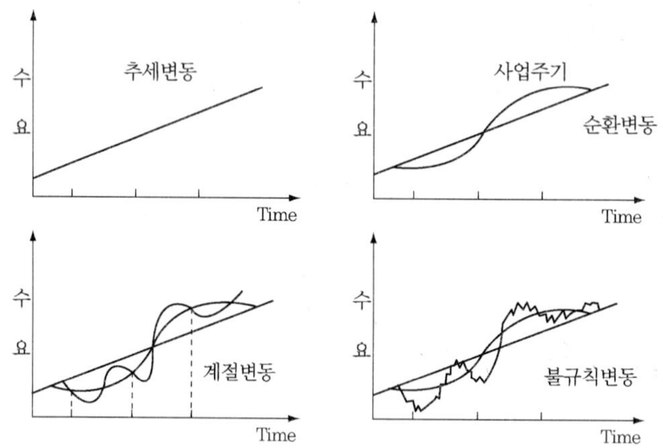


〈그림 1〉 시계열 자료의 변동요소

시계열 자료의 구체적인 변화 형태는 각 요소변동의 단순작용에 의해 일어나는 경우도 있으나 대개는 이들 요소가 복합적으로 작용하여 일어난다고 이해하고 있다. 시계열 분석에서의 일정기간 중의 수요는 위에서 살펴본 여러 가지 변동 요인의 혼합으로 볼 수 있는 것이다. 이러한 요소들이 상호작용한다고 가정할 경우의 예측모델로서 가법모델(additive model)과 승법모델(multiplicative model)이 있다.

가법모델은 실제 수요를 시계열 변동요소의 합으로 보는 견해이다.

가법모델 : $Y = T + C + S + I$

이 모델을 적용하기 위해서는 모든 요소들을 동일한 단위로 나타내야 되며, 실제로 계산하기 어렵다는 결점 때문에 실제로는 승법모델을 사용한다.

승법모델 : $Y = T \times C \times S \times I$

승법모델은 실제 수요는 시계열 요인들의 곱으로 표현될 수 있다고 가정한다. 이 경우 추세변동은 물량이나 금액으로 표시되며, 순환변동과 계절변동, 그리고 불규칙변동 등은 조정률(%)로 표시된다.

## 3.2 이동평균법에 의한 예측

시계열 분석에서는 과거의 실적을 장래 예측의 토대로 삼는다. 과거의 자료를 이용하다 보면 불규칙적인 변동을 보이는 것을 볼 수 있으며, 이렇게 불규칙적인 변동은 예측 결과에 큰 오차를 일으키게 된다. 이와 같은 불규칙적인 변동을 고르게 하기 위해 사용하는 방법이 이동평균법(moving average method) 인데, 이것은 과거 일정기간 동안의 실적을 평균해서 다음 기의 값을 예측하는 방법이다.

이동평균법에는 과거 여러 기간의 실적치에 동일한 가중치를 부여하는 단순이동평균법과 최근의 실적치에 보다 큰 가중치를 부여하는 가중이동평균법이 있다.

### (1) 단순이동평균법

단순이동평균법(simple moving average method)으로 수요 평균을 추정하고 확률오차의 영향을 제거할 수 있다. 이 방법은 수요가 명확한 추세변동을 따르거나 계절적 영향이 없을 때 유용하다. 단순이동평균법을 적용하여 예측치를 구하는 수식은 다음과 같다.

$$F_t = \frac{\sum_{i=1}^{n} A_{t-i}}{n}$$

단, $F_t$: $t$기의 예측수요량(forecasting demand)
$A_{t-i}$: $(t-i)$기의 실제수요량(actual demand)
$n$: 기간의 수

다음은 학교 매점의 필기구 판매량이다. 이 데이터를 토대로 10월의 수요량을 예측할 때, 3개월 이동평균과 4개월 이동평균을 적용하는 경우를 생각해보기로 한다.

| 월 | 5 | 6 | 7 | 8 | 9 |
|---|---|---|---|---|---|
| 판매량 | 300 | 250 | 350 | 400 | 450 |

먼저 3개월 이동평균을 적용하기 위해서는 최근 3개월 데이터인 7월, 8월, 9월의 판매량을 이용하여야 한다. 따라서 다음 식에 의해 산출된 10월의 판매 예측치는 400개이다.

$$F_{10} = \frac{(A_9 + A_8 + A_7)}{3} = \frac{(450 + 400 + 350)}{3} = 400$$

또한 4개월 이동평균법을 적용한 경우의 10월 판매 예측치는 362.5개라는 것을 다음 계산을 통해 알 수 있다.

[표 2] 3주와 6주를 적용한 단순이동평균법에 의한 수요예측

| 주차 | 수요량 | 단순 이동 평균 | |
|---|---|---|---|
| | | 3주 | 6주 |
| 1 | 800 | | |
| 2 | 1,400 | | |
| 3 | 1,000 | | |
| 4 | 1,500 | 1,067 | |
| 5 | 1,500 | 1,300 | |
| 6 | 1,300 | 1,333 | |
| 7 | 1,800 | 1,433 | 1,250 |
| 8 | 1,700 | 1,533 | 1,417 |
| 9 | 1,300 | 1,600 | 1,467 |
| 10 | 1,700 | 1,600 | 1,517 |
| 11 | 1,700 | 1,567 | 1,550 |
| 12 | 1,500 | 1,567 | 1,583 |
| 13 | 2,300 | 1,633 | 1,617 |
| 14 | 2,300 | 1,833 | 1,700 |
| 15 | 2,000 | 2,033 | 1,800 |
| 16 | 2,300 | 2,200 | 1,917 |

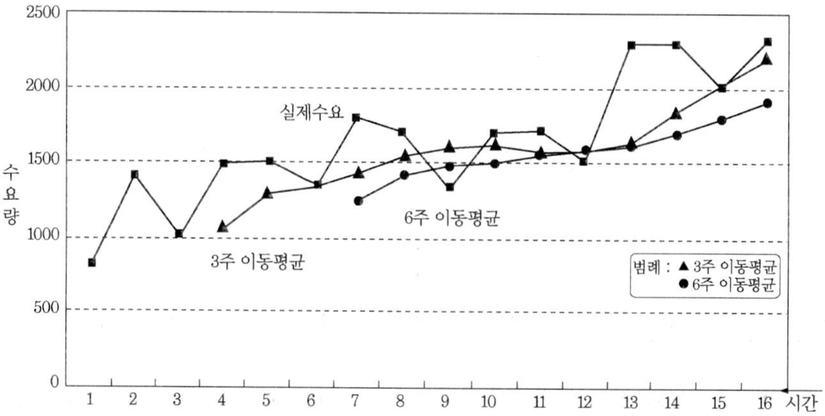


〈그림 2〉 실제의 수요와 3주 및 6주를 적용한 단순이동평균법에 의한 수요예측 추세

$$F_{10} = \frac{(A_9 + A_8 + A_7 + A_6)}{4} = \frac{(450 + 400 + 350 + 250)}{4} = 362.5$$

(표 2)는 어떤 제품에 대하여 3주와 6주를 적용한 단순이동평균법에 의한 수요예측량을 산출한 것이다. 즉, 3주차를 적용한 이동평균의 경우에는 1주, 2주 및 3주차의 데이터를 이용하여 평균을 취한 값인 1,067을 4주차의 수요량으로 예측한다는 뜻이다.

또한 (그림 2)는 실제의 수요와 3주 및 6주의 단순이동평균법에 의한 수요예측 추세를 비교한 것이다. 3주 이동평균이 6주 이동평균에 비해 수요의 변동을 더 크게 나타내고 있음을 알 수 있다.

이동평균법을 적용할 때 고려하는 기간의 수(n)가 적을수록 이동평균은 보다 민감하게 반응하며, 많은 기간을 고려할수록 이동평균은 평활화되고 실제 변화에 대한 반응이 보다 덜하게 된다. 즉, 이동평균기간이 길어질수록 예측치가 자료상의 변화를 따라가는 시차가 커지게 되는 것이다. 따라서 의사결정자는 변화에 대해 보다 천천히 또는 민감하게 반응하는 비용을 고려하여 기간의 수(n)를 정해야 한다.

### (2) 가중이동평균법

단순이동평균법에서는 각각의 수요치가 동일한 비중으로 취급되는, 이른바 같은 가중치인 1/n을 가지고 있었다. 그러나 가중이동평균법(weighted moving average method)을 이용하여 평균을 계산할 때는 과거 데이터 각각에 대하여 중시하는 정도에 따라 고유의 가중치(weight)를 부여할 수 있으며, 다음과 같은 공식을 적용한다.

$$F_t = \frac{\sum(n\text{기간의 가중치})(n\text{기간의 실제수요량})}{\sum\text{가중치}} = \frac{\sum w_i A_{t-i}}{\sum w_i}$$

단, $F_t$ : $t$기의 예측수요량(forecasting demand)
$A_{t-i}$ : $(t-i)$기의 실제수요량(actual demand)
$w_i$ : $i$기의 가중치(단, $w_1 > w_2 > \cdots > w_n$)
$n$ : 기간의 수

가중이동평균법에서는 과거의 수요 자료보다 최근 수요 자료에 더 많은 가중치를 주어 예측한다. 이 예측방법은 일정한 추세변동과 계절적 영향이 존재할 때 그 변동을 민감하게 반영할 수 있다는 장점이 있다.

다음의 예를 통해 살펴보기로 하자. 다음 데이터는 공기정화기를 제조, 판매하는 주식회사 갑의 지난 5개월 동안의 판매 자료이다. 4개월간의 자료에 가중치를 부여하여 6월의 수요를 예측해 보기로 하자. (단, 가중치는 가장 최근 기간부터 각각 0.4, 0.3, 0.2, 0.1로 부여한다.)

| 월 | 1 | 2 | 3 | 4 | 5 | 6 |
|---|---|---|---|---|---|---|
| 판매량 | 900 | 700 | 800 | 850 | 820 | ? |

$$F_t = \frac{\sum w_i A_{t-i}}{\sum w_i}$$

$$= \frac{(0.4 \times 820) + (0.3 \times 850) + (0.2 \times 800) + (0.1 \times 700)}{0.4 + 0.3 + 0.2 + 0.1} = 813$$

즉, 6월 달에는 813개의 판매량을 기대할 수 있다.

## 3.3 지수평활법에 의한 예측

지수평활법(exponential smoothing method)은 이동평균에 있어 최근의 자료에 보다 더 큰 가중치를 주고 과거 자료의 비중을 평활시키는 가중이동평균법의 한 형태이다. 이 방법은 평균 대상기간에 시계열 자료가 있는 기간을 최대한으로 포함시키며, 예측기간에 가까울수록 보다 높게, 멀수록 낮은 일종의 지수인 0~1사이의 평활계수(smoothing constant)를 시계열 자료에 포함시켜 예측한다. 이때 가중치로 부여되는 평활계수를 모두 합하면 1이 된다.

지수평활법에는 추세변동을 고려하지 않은 단순지수평활법(simple exponential smoothing method)과 계절에 따라 변동이 되는 추세를 고려한 추세조정 지수평활법(trend-adjusted exponential smoothing method)이 있다. 여기서는 단순지수평활법에 대해서만 살펴보기로 한다.

단순지수평활법은 정확성이 높고 지수 함수적 모형의 설정이 비교적 쉬우며 이해하기가 쉽다. 그리고 이 모형을 사용하는 데는 많은 시간이 필요하지 않기 때문에 시계열분석에서 단기예측을 하는데 가장 많이 사용한다.

단순지수평활법에 의한 예측값은 바로 전(前)기간의 실제 수요량과 예측 수요량의 차이인 예측오차를 전(前)기간의 예측 수요량에 더하여 구하는 방법을 취한다. 이때 평활계수 $\alpha$가 적용된다.

$$F_t = F_{t-1} + \alpha(A_{t-1} - F_{t-1})$$

여기서, $\alpha$ : 지수평활계수($0 \leq \alpha \leq 1$)

$A_{t-1}$ : $(t-1)$기의 실제수요량

$F_{t-1}$ : $(t-1)$기의 예측수요량

$F_t$ : $t$기의 예측수요량

이 식을 전개하여 정리하면 다음과 같다.

$$F_t = F_{t-1} + \alpha A_{t-1} - \alpha F_{t-1} = \alpha A_{t-1} + (1-\alpha)F_{t-1}$$

즉, 당기 예측수요량= $\alpha$(전기 실제수요량)+ $(1-\alpha)$(전기 예측수요량)의 의미로 해석할 수 있다. 이 식을 통해 전(前)기간의 예측수요량은 현(現)기간의 예측에 이용하고, 현(現)기간의 예측수요량은 차기예측에 이용됨을 알 수 있다. 따라서 시계열 자료에 의한 평활대상 기간이 $n$기라고 하면 현재의 기간($t$)에 대한 예측수요량($F_t$)은 다음과 같이 유도할 수 있다.

$$F_t = \alpha A_{t-1} + (1-\alpha)F_{t-1}$$
$$F_{t-1} = \alpha A_{t-2} + (1-\alpha)F_{t-2}$$
$$F_{t-2} = \alpha A_{t-3} + (1-\alpha)\ F_{t-3}$$

따라서 $F_{t-1}$ 대신 $\alpha A_{t-2} + (1-\alpha)F_{t-2}$을 대입시켜 $F_t$를 나타내면 다음과 같다.

$$\begin{aligned} F_t &= \alpha A_{t-1} + (1-\alpha)F_{t-1} \\ &= \alpha A_{t-1} + (1-\alpha)[\alpha A_{t-2} + (1-\alpha)F_{t-2}] \\ &= \alpha A_{t-1} + \alpha(1-\alpha)A_{t-2} + (1-\alpha)^2 F_{t-2} \end{aligned}$$

이와 같은 방식으로 $n$기까지 소급하면 다음과 같은 식이 유도된다.

$$F_t = \alpha A_{t-1} + \alpha(1-\alpha)A_{t-2} + \alpha(1-\alpha)^2 A_{t-3} + \cdots + \alpha(1-\alpha)^{n-1}A_{t-n} + (1-\alpha)^n F_{t-n}$$

여기서 가중치로 제시된 모든 평활계수를 합하면 1이 된다.

$$\alpha + \alpha(1-\alpha) + \alpha(1-\alpha)^2 + \cdots + \alpha(1-\alpha)^{n-1} + (1-\alpha)^n = 1$$

단순지수평활법을 적용할 경우, 두 가지 사항을 고려하여야 한다. 하나는 평활계수($\alpha$)의 값의 결정하는 문제이고, 다른 하나의 초기의 예측수요량(starting forecast)이다. 먼저, 평활계수 $\alpha$는 '0'과 '1'사이의 값을 갖는다. 그 값이 0에 가까울수록 예측오차에 대해 조정되는 속도는 늦어진다(즉, 평활효과가 커진다). 역으로 1에 가까울수록 반응성이 커지고 평활성은 감소한다. 따라서 $\alpha$의 값은 생활필수품처럼 제품 수요가 안정된 경우에는 예측의 안정도를 높이기 위하여 작게(0.01~0.3) 주고, 고가품이나 유행에 민감한 제품 등 제품수요가 불안정한 품목일 경우에는 $\alpha$값을 크게(0.5~0.9) 준다. 그리고 초기 예측치는 주관적 추정치를 활용하거나 제2기의 예측치로 제1기의 실적치를 이용하기도 한다. 그러나 지난 $n$기간 동안의 자료에 대한 평균을 사용하는 것이 가장 일반적이다.

다음의 예를 통해 지수평활법을 이해해보기로 하자. (주)서울물산은 PC의 월간 판매량을 예측하는데 단순지수평활법을 적용하고 있다. 이때의 평활계수 $\alpha$를 0.2로 설정하였을 때, 지난달의 판매예측치($F_{t-1}$)는 500대였으나, 실제 판매량($A_{t-1}$)은 450대였다. 이번 달의 판매량을 예측해 보면 다음과 같다.

$$F_t = F_{t-1} + \alpha(A_{t-1} - F_{t-1}) = 500 + (0.2)(450\text{-}500) = 490(\text{대})$$

## 3.4 최소자승법에 의한 예측

추세분석을 한다는 것은 수요추세를 적절하게 나타낼 수 있는 수식을 추정하는 것이다. 추세는 선형(linear)일수도 있고 아닐 수도 있다. 여기서는 가장 보편적인 현상으로 나타나고 있는 선형추세를 중심으로 살펴보고자 한다.

최소자승법(least square method)은 관찰치와 추세치와의 편차 자승의 총 합계가 최소가 되도록 동적 평균선 즉, 추세선을 그리는 방법이다. 최소자승법은 주기변동, 계절변동 및 불규칙변동은 배제하고 장래의 수요변동을 추세변동만으로 예측하려는 방법이다.

최소자승법의 적용을 통한 예측 모형 중 가장 간단한 형태를 다음 (그림 3)을 통해 살펴보기로 하자. 연도별 판매 추세를 도표화해서 살펴본 결과, 일정한 추세로 올라가고 있으므로 이 경우 직선 추세선이 합당함을 알 수 있다. 즉, 연도를 $X$, 수요량을 $Y$라고 하면 두 변수 사이의 관계를 $X$와 $Y$의 관계는 $y = a + bx$와 같은 1차식에 의해 표현할 수 있다.

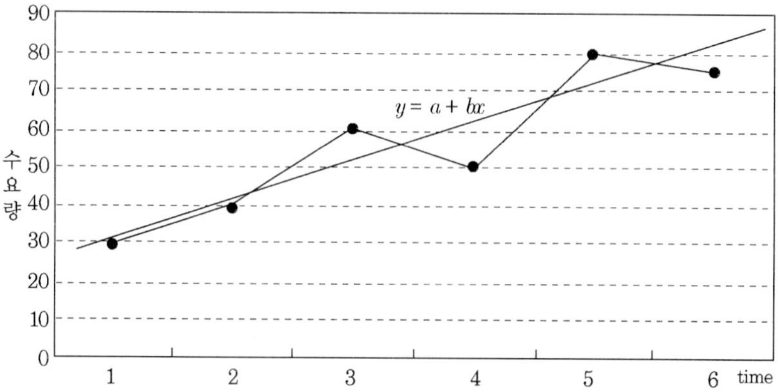


〈그림 3〉 연도별 판매 추세

일단 선형회귀식이 설정되면 과거 자료를 이용하여 $a$와 $b$값을 추정하고, $x$의 새로운 값을 결정한 뒤, 이를 회귀식에 대입하여 수요예측치를 계산하게 된다. 이 때 직선 추세선 $y = a + bx$를 이루는 $a$와 $b$는 각각 다음 식으로 구한다.

$$b = \frac{\sum(x_i - \bar{x})(y_i - \bar{y})}{\sum(x_i - \bar{x})^2} = \frac{n\sum x_i y_i - (\sum x_i)(\sum y_i)}{n\sum x_i^2 - (\sum x_i)^2} \quad \text{또는} \quad \frac{\Sigma x_i y_i - n\bar{x}\bar{y}}{\Sigma x_i^2 - n\bar{x}^2}$$

$$a = \frac{\sum y_i - b\sum x_i}{n} = \bar{y} - b\bar{x}$$

다음의 예를 통해 최소자승법을 적용한 추세선의 추정과 장래 판매량을 예측해보기로 하자.

| 월 | 1 | 2 | 3 | 4 | 5 | 6 | 7 | 8 | 9 | 10 |
|---|---|---|---|---|---|---|---|---|---|---|
| 판매량(대) | 700 | 720 | 724 | 728 | 742 | 758 | 740 | 750 | 770 | 775 |

상기 데이터를 이용하여 그래프를 작성해보면, 판매량에 대한 추세선의 형태는 선형(linear)이 적합하다는 것을 눈짐작으로 확인할 수 있다.

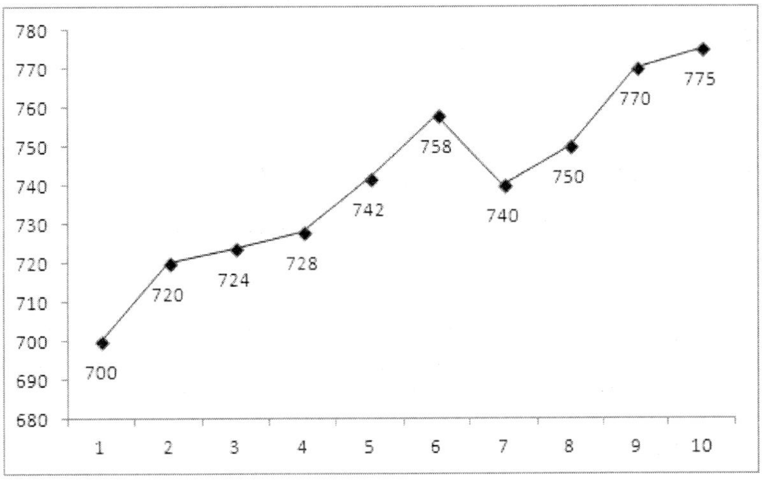


또한 추세선의 회귀식을 나타내기 위한 계수 a, b는 다음과 같이 산출할 수 있다.

| 데이터($n$) | $x_i$ | $y_i$ | $x_i y_i$ | $x_i^2$ |
|---|---|---|---|---|
| 1 | 1 | 700 | 700 | 1 |
| 2 | 2 | 720 | 1,440 | 4 |
| 3 | 3 | 724 | 2,172 | 9 |
| 4 | 4 | 728 | 2,912 | 16 |
| 5 | 5 | 742 | 3,710 | 25 |
| 6 | 6 | 758 | 4,548 | 36 |
| 7 | 7 | 740 | 5,180 | 49 |
| 8 | 8 | 750 | 6,000 | 64 |
| 9 | 9 | 770 | 6,930 | 81 |
| 10 | 10 | 775 | 7,750 | 100 |
| 합계 | 55 | 7,407 | 41,342 | 385 |

$$b = \frac{n\sum x_i y_i - (\sum x_i)(\sum y_i)}{n\sum x_i^2 - (\sum x_i)^2} = \frac{10(41,342) - (55)(7,407)}{10(385) - (55)^2} = 7.32$$

$$a = \frac{\sum y_i - b\sum x_i}{n} = \frac{7,407 - 7.32(55)}{10} = 700.44$$

따라서 추세선은 $y = 700.44 + 7.32x$ 이며, 이 제품에 대한 11월과 12월의 판매예측치는 각각 780.96대, 788.28대임을 알 수 있다.

또 다른 예를 통해 살펴보기로 하자.

(주)천안전자의 PDP-TV의 매출액과 이익의 관계가 다음과 같았다. 이 자료를 토대로 매출액과 이익 사이에 적용할 수 있는 회귀식을 구하고, 매출액이 1천만원일 때 예상되는 이익을 구해 보기로 하자.

| 매출액(만원) | 700 | 200 | 600 | 400 | 1400 | 1500 | 1600 | 1200 | 1400 | 2000 | 2500 | 700 |
|---|---|---|---|---|---|---|---|---|---|---|---|---|
| 이익(만원) | 15 | 10 | 13 | 15 | 25 | 27 | 24 | 20 | 27 | 44 | 34 | 17 |

회귀식을 유도하기 위하여 데이터를 다음과 같이 정리한다. (계산을 간단히 하기 위해 매출액 데이터를 단 자리 숫자로 계산한다.)

| 데이터($n$) | $x_i$ | $y_i$ | $x_i\,y_i$ | $x_i^2$ |
|---|---|---|---|---|
| 1 | 7 | 15 | 105 | 49 |
| 2 | 2 | 10 | 20 | 4 |
| 3 | 6 | 13 | 78 | 36 |
| 4 | 4 | 15 | 60 | 16 |
| 5 | 14 | 25 | 350 | 196 |
| 6 | 15 | 27 | 405 | 225 |
| 7 | 16 | 24 | 384 | 256 |
| 8 | 12 | 20 | 240 | 144 |
| 9 | 14 | 27 | 378 | 196 |
| 10 | 20 | 44 | 880 | 400 |
| 11 | 15 | 34 | 510 | 225 |
| 12 | 7 | 17 | 119 | 49 |
| 합계 | 132 | 271 | 3529 | 1796 |

$$b = \frac{n\sum x_i\,y_i - (\sum x_i)(\sum y_i)}{n\sum x_i^2 - (\sum x_i)^2} = \frac{12(3529) - (132)(271)}{12(1796) - (132)(132)} = 1.593$$

$$a = \frac{\sum y_i - b\sum x_i}{n} = \frac{271 - 1.593(132)}{12} = 5.060$$

따라서 직선 추세선(또는 최소자승선)은 다음과 같다.

$$y = 5.060 + 1.593x$$

그러므로 매출액이 1천만 원, 즉 $x = 10$일 경우 예상되는 이익은 다음과 같다.

$$y = 5.060 + 1.593(10) = 20.99(\text{만원})$$

자료가 홀수 개 일 경우에는 간편법에 의해서 계산할 수도 있다. 다음의 예로 간편법을 적용해 보기로 하자. 특정 제품의 최근 5년간 연도별 판매량 데이터가 다음과 같았다. 간편법을 적용하기 위해 계산표를 정리할 때는 데이터의 중심에 있는 2004년을 기준년도로 설정하여 그 이전과 이후로 나누며, 이를 독립변수 $x$로 제시한다. 그 외의 자료는 앞서 정리했던 계산표의 방법에 따른다.

| 년도 | 판매량 |
|---|---|
| 2002 | 436 |
| 2003 | 470 |
| 2004 | 519 |
| 2005 | 578 |
| 2006 | 639 |

→

| 년도 | $x_i$ | $y_i$ | $x_i^2$ | $x_i y_i$ |
|---|---|---|---|---|
| 2002 | -2 | 436 | 4 | -872 |
| 2003 | -1 | 470 | 1 | -470 |
| 2004 | 0 | 519 | 0 | 0 |
| 2005 | 1 | 578 | 1 | 578 |
| 2006 | 2 | 639 | 4 | 1,278 |
| 합계 | 0 | 2,642 | 10 | 514 |

간편법을 적용하면 $\sum x_i = 0$이기 때문에 최소자승선을 결정짓는 $a$와 $b$는 다음과 같이 간편하게 산출할 수 있다.

$$a = \frac{\sum y_i}{n} = \bar{y} = \frac{2642}{5} = 528.4$$

$$b = \frac{\sum x_i y_i}{\sum x_i^2} = \frac{514}{10} = 51.4$$

따라서 최소자승선은 다음과 같다.

$$y = 528.4 + 51.4x$$

그러므로 2007년도 예상판매량은 다음과 같이 산출할 수 있다.

$$y = 528.4 + 51.4(3) = 682.6$$

# 04 인과형 예측기법

## 4.1 수요변화의 인과관계

수요의 발생과정을 인과관계 즉, 원인과 결과의 관계로 파악하는 것이 효과적일 수 있다. 이런 경우에는 수요변화에 영향을 주는 기업 내부 및 환경요인들을 수요와 관련시켜서 인과형 예측모델(causal forecasting model)을 만들어 수요를 예측한다.

예를 들면, 여름철 온도변화는 음료수나 아이스크림의 판매량에 민감하게 작용한다. 맥주 판매량은 흐린 날에는 평소의 92%로 줄고, 맑은 날에는 1℃ 올라갈 때마다 20% 정도 더 팔리며, 과즙음료의 경우는 25℃를 넘으면 1℃ 올라갈 때마다 20% 정도 더 팔리는 것으로 알려져 있다. 이러한 경우 매출에 대한 온도의 영향을 고려한 수리적 모델을 개발함으로써 수요예측에 적극적으로 활용할 수 있다.

일반적으로 인과형 예측모델은 다음과 같은 세 단계를 거쳐 구축된다.

① 수요 변화에 영향을 주는 독립변수(인자)들을 규명한다.

② 수요(종속변수)와 이에 직접 영향을 미치는 인자(독립변수)간의 관계가 선형관계인지, 비선형관계인지를 밝혀 적절한 관계식을 구축한다.

③ 예측모델의 타당성을 통계적 입장에서 검토한다.

**쉬어갑시다**

**기온 25도~30도에선 브라보콘, 30도 넘으면 쭈쭈바 잘 팔려**

매일경제신문, 2006년 10월 20일

아이스크림과 음료업계는 여름 한철 매출이 1년의 성패를 좌우한다. 아이스크림은 여름 3개월간 매출이 연간 매출의 절반 이상을 차지한다. 성수기인 6~8월중 휴일마다 비가 내리면 한 해 장사는 엉망이 된다. 반면 무더위와 가뭄이 겹치면 창고를 모두 비우고도 공장을 풀가동해야 한다.

아이스크림과 음료는 날씨가 더울수록 잘 팔릴 것이라고 여겨지지만 실제로는 약간 다르다. 아이스크림의 경우 섭씨 25~30도에서는 기온이 오를수록 매출이 늘어난다. 30도를 넘어서면 콘 형태나 떠먹는 아이스크림보다 얼음 빙과류인 펜슬 바(튜브 형태) 제품 매출이 폭발적으로 늘어난다. 30도가 넘는 날씨에는 청량음료 소비는 줄어든다. 폭염에는 소비자들이 즉각적이고 강한 시원함을 찾기 때문에 빙수나 얼음 빙과를 선호한다.

날씨 영향이 절대적이다 보니 업체들은 하늘의 심기를 살피는 데 정성을 들인다. 내일 날씨는 물론 이번 주 날씨, 이달 날씨, 올 여름 날씨 등을 끊임없이 예측하고 수정한다. 날씨 예측 결과에 따라 제품전략을 세우고 생산전략·판매전략·유통전략도 수립한다. 같은 더위에도 판매에 주력하는 아이스크림 제품은 달라진다.

국내 대표적인 아이스크림 3사인 롯데제과, 해태제과, 빙그레의 마케팅 부서는 매년 3~4월이면 눈코 뜰 새 없다. 한 해 장사를 가름할 여름 날씨를 점쳐야 하기 때문이다. 생산, 영업 등의 부서와 협조관계를 유지하면서 여름철 예상 날씨에 촉각을 곤두세운다.

예상보다 여름 날씨가 덥지 않아 재고가 많이 쌓이면 재고관리 비용이 많이 들고, 반대로 예상하지 못한 폭염이 닥치면 생산을 풀가동해도 재고가 바닥나는 상황이 벌어질 수 있다. 아이스크림 업체들은 나름대로 기상예측 노하우를 쌓아놓고 있다. 기상청 기상예보를 참고하는 것은 기본이며 예측체제를 갖추고 가동하는 곳도 있다.

## 4.2 회귀분석에 의한 예측

시계열분석에서 이용한 최소자승법의 경우 변수를 하나의 시간함수로 보고 시간이 경과함에 따라 변수가 어떻게 변화하는가를 중심으로 살펴보았다. 그러나 경우에 따라서는 예측하려는 변수와 인과관계가 있는 변수를 서로 연관시켜 예측하는 방식이 필요할 때가 있는데, 대표적인 방법으로 회귀분석 및 상관분석이 쓰인다.

### (1) 단순회귀모델

가장 간단한 회귀모델은 수요는 단 하나의 독립변수와 관계가 있다고 보는 단순회귀모델(simple regression model)이다. 이 모델은 $Y=f(X)$형태로 정리할 수 있는데, 2가지 변수사이의 관계를 다음과 같은 세 가지 경우로 나누어 생각할 수 있다.

① 선형 회귀모델 : $y=a+bx$

② 지수형 회귀모델 : $y=ab^x$

③ 포물선형 회귀모델 : $y=a+bx+cx^2$

### (2) 중회귀모델

단순회귀모델은 모델이 단순하고 계산이 간편한 대신 예측치의 신뢰도는 높지 못하다. 그래서 주어진 상황을 보다 충실히 나타낼 수 있도록 종속변수에 영향을 주는 여러 개의 독립변수를 포함한 중회귀모델(multiple regression model)로 예측할 필요가 있다.

선형 중회귀모델은 다음과 같이 제시할 수 있다.

$$y=a+b_1x_1+b_2x_2+\cdots+b_nx_n$$

회귀분석모델의 유용성은 추정치의 표준오차(standard error of estimate) $s_e$와 결정계수(coefficient of determination) $r^2$에 의해서 평가된다. 결정계수는 상관계수(correlation coefficient) r 을 자승한 것으로, 독립변수에 의해서 설명되는 종속변수의 변화비율을 의미한다. 상관계수는 다음의 식으로 계산된다.

$$r=\frac{n\sum x_iy_i-\sum x_i\sum y_i}{\sqrt{[n\sum x_i^2-(\sum x_i)^2][n\sum y_i^2-(\sum y_i)^2]}}=\frac{S(xy)}{\sqrt{S(xx)S(yy)}}$$

$r$의 값은 언제나 -1과 1 사이이다. 상관계수가 1이라면 항상 독립변수와 같은 방향

으로 종속변수가 변화함을 의미하고, -1이라면 독립변수의 증감과는 반대로 종속변수가 움직이고 있음을 뜻한다. 그리고 0은 두 변수 간에 아무런 관계가 없음을 말하며, $r$의 절대값이 1에 접근할수록 선형관계에 있음을 의미하는 것이다.

종속변수인 수요의 변화정도를 회귀식에 의해 설명된 정도를 나타내는 결정계수는 다음 식으로 계산된다.

$$\text{결정계수}(r^2) = \frac{a\sum y_i - b\sum x_i y_i - ny_i^2}{\sum y_i^2 - ny_i^2}$$

$r^2$값의 범위는 0과 1 사이이다. 회귀방정식에서 이 값이 1에 가까울수록 바람직하다. 종속변수의 변화와 예측이 거의 들어맞기 때문이다.

한편, 추정치의 표준오차 $s_e$는 종속변수의 자료가 회귀식 주위에 모여 있는 정도를 측정한 것으로, 예측상의 불확실성과 추정치의 변화 폭(추정치와 실적치의 차이)을 나타낸다. 추정치의 표준오차는 다음과 같다.

$$s_e = \sqrt{\frac{\sum y_i^2 - a\sum y_i - b\sum x_i y_i}{n}}$$

$s_e$는 평균으로부터의 차이가 아니라 회귀선으로부터의 오차를 측정하는 것이다. 그러므로 어떤 독립변수를 회귀식에 포함시킬 것인가를 판단할 때 $s_e$가 최소인 변수를 선택하는 것이 최선이다.

LCD-TV를 생산 판매하고 있는 기업의 최근 5개월간 광고비 지출과 판매량에 대한 자료가 다음과 같았다. 이 자료를 이용하여 회귀방정식, 상관계수, 결정계수 그리고 추정치의 표준오차를 구하여 보자(단, 6월의 광고비는 1.75백만 원을 투입할 계획이다).

| 월 | 광고비(백만 원) | 판매량 |
|---|---|---|
| 1 | 2.5 | 264 |
| 2 | 1.3 | 116 |
| 3 | 1.4 | 165 |
| 4 | 1.0 | 101 |
| 5 | 2.0 | 209 |

| 월 | 광고비($x_i$) | 판매량($y_i$) | $x_iy_i$ | $x_i^2$ | $y_i^2$ |
|---|---|---|---|---|---|
| 1 | 2.5 | 264 | 660.0 | 6.25 | 69,696 |
| 2 | 1.3 | 116 | 150.8 | 1.69 | 13,456 |
| 3 | 1.4 | 165 | 231.0 | 1.96 | 27,225 |
| 4 | 1.0 | 101 | 101.0 | 1.00 | 10,201 |
| 5 | 2.0 | 209 | 418.0 | 4.00 | 43,681 |
| 총계 | 8.2 | 855 | 1,560.8 | 14.90 | 164,259 |

$$\bar{x}=\frac{8.2}{5}=1.64,\ \bar{y}=\frac{855}{5}=171$$

$$b=\frac{\sum x_iy_i-n\bar{x}\bar{y}}{\sum x_i^2-nx_i^2}=\frac{1560.8-5(1.64)(171)}{14.9-5(1.64)^2}=\frac{158.60}{1.452}=109.229$$

$$a=\bar{y}-b\bar{x}=171.00-109.229(1.64)=-8.136$$

따라서 회귀방정식은 다음과 같다.

$$y=-8.136+109.229x$$

그러므로 광고비를 1.75백만원을 투여하는 6월달의 판매 예측치는 다음과 같다.

$$y=-8.136+109.229(1.75)=183.015$$

상관계수 $r$과 결정계수 $r^2$를 산출하면 다음과 같다.

$$r=\frac{n\sum x_iy_i-\sum x_i\sum y_i}{\sqrt{[n\sum x_i^2-(\sum x_i)^2][n\sum y_i^2-(\sum y_i)^2]}}$$

$$=\frac{5(1560.8)-(8.2)(855)}{\sqrt{[5(14.90)-(8.2)^2][5(164,259)-(855)^2]}}$$

$$=\frac{7804-7011}{\sqrt{[74.5-67.24][821,295-731,025]}}=0.98$$

$$r^2=(0.98)^2$$

$$=0.9604$$

따라서 판매량과 광고비라는 두 변수사이의 관계를 설명하고 있는 회귀식은 매우 유의한 것임을 알 수 있다. 이를 해석하면 판매량 변화율의 96.04%는 광고비의 변화율로 파악할 수 있다는 것을 의미한다.

예측상의 불확실성과 추정치의 변화 폭(추정치와 실적치의 차이)을 나타내는 추정치의 표준오차를 계산하면 다음과 같다.

$$s_e = \sqrt{\frac{\sum y_i^2 - a\sum y_i - b\sum x_i y_i}{n-2}}$$

$$= \sqrt{\frac{164,259-(-8.136)(855)-109,229(1560.8)}{5-2}}$$

$$= \sqrt{\frac{730.66}{3}} = 15.61$$

따라서 광고비를 1.75백만원을 투여하는 6월달의 판매 예측치가 "183.015"이므로, 기대되는 판매량의 변화범위는 "183.015 ± 15.61"이 된다고 할 수 있다.

# 05 예측기법의 평가와 적용

## 5.1 수요예측의 정확성 판정

수요예측에 이용되는 다양한 기법들 중에서 특정 상황에 가장 적합한 기법을 선택할 때 고려하는 것이 예측오차(forecasting error)이다. 즉, 예측오차는 예측에 이용된 기법의 정확성(accuracy)을 평가하는 기준이 된다. 예측오차는 일정 기간 동안의 실제 수요와 예측치와의 차이이다.

$$E_t = A_t - F_t$$

단, $E_t$ = 기간 $t$의 예측오차

$A_t$ = 기간 $t$의 실제수요량

$F_t$ = 기간 $t$의 예측수요량

예측오차를 이용하여 예측기법의 정확도를 측정하기 위해서는 두 가지 요소를 측정하여야 한다. 하나는 오차의 치우침 내지 편의(bias)이며, 다른 하나는 크기(magnitude)이다.

### (1) 예측 편의

편의(bias)는 평균적으로 높거나 낮은 경향을 나타내는데, 이 값이 0에 가까울수록 예측이 정확함을 의미한다. 예측편의를 측정하는데 이용되는 척도에는 누적예측오차(RSFE)와 평균예측오차(MFE)가 있다.

먼저, 누적예측오차(RSFE : running sum of forecast error)는 전체 예측기간 동안 실제수요와 예측수요간의 차이 즉, 예측오차를 누적한 값을 말한다. 이 값이 0에 가까울수록 예측의 정확도가 높다.

$$RSFE = \sum_{t=1}^{n} E_t = \sum_{t=1}^{n} (A_t - F_t)$$

평균예측오차(MFE : mean forecast error)는 보편적인 예측 편의의 측정 척도로서 일정시간 동안의 실제수요와 예측치와의 차이의 평균 즉, 평균오차를 말한다. 이 값도 0에 가까울수록 정확한 예측임을 의미한다.

$$MFE = \frac{\sum_{t=1}^{n} E_t}{n} = \frac{\sum_{t=1}^{n} (A_t - F_t)}{n}$$

예측편의 측정 척도인 RSFE, MFE가 (+)값을 갖는다면 과소예측, (−)값을 갖는다면 과대예측을 하고 있다는 것을 의미한다.

### (2) 오차의 크기

실제 수요와 예측치의 차이인 오차 즉, $E_t = A_t - F_t$의 크기(magnitude)를 말한다. 오차의 크기를 측정하는 척도로 평균절대편차(MAD)와 평균절대백분률오차(MAPE)가 있다.

평균절대편차(MAD : mean absolute deviation)는 여러 기간 동안의 실제수요와 예측치 차이의 절대값을 합한 것을 기간 수($n$)로 나누어 산출한다. 오차의 크기가 작을수록 MAD의 크기가 작아진다.

$$MAD = \frac{\sum_{t=1}^{n} | E_t |}{n} = \frac{\sum_{t=1}^{n} | A_t - F_t |}{n}$$

평균절대백분률오차(MAPE : mean absolute percent error)는 오차의 편의나 평균크기를 측정하는 것이 아니라, 오차의 절대값 평균을 수요의 백분율로 구한다. 즉, 매 기간마다의 절대오차를 실제수요로 나눈 값들을 합하여 평균한 것을 백분율로 나타낸다.

$$MAPE = \frac{1}{n}\left(\sum_{t=1}^{n}\frac{|A_t - F_t|}{A_t}\right)\times 100(\%)$$

오차의 크기를 실제 수요량과 관련시킨 이 방법은 오차의 크기만으로 측정하는 종래의 방법과 차이를 보이고 있다.

이상의 내용을 다음과 같은 사례를 통해 살펴보기로 하자. 단순지수평활법(단, 평활계수 $\alpha = 0.3$)을 적용하여 예측한 예측치와 실적치는 다음과 같다. 예측오차의 측정척도들을 이용하여 예측오차를 평가해보기로 하자.

| 월 | 실제수요 $A_t$ | 예측수요 $F_t$ | 실제오차 $A_t - F_t$ | 누적예측오차 $\sum_{t=1}^{n}(A_t - F_t)$ | 절대편차 $\lvert A_t - F_t\rvert$ | 절대오차율(%) $\frac{\lvert A_t - F_t\rvert}{A_t}$ |
|---|---|---|---|---|---|---|
| 3 | 94 | 100 | -6 | -6 | 6 | 6.4% |
| 4 | 108 | 98 | 10 | 4 | 10 | 9.3% |
| 5 | 110 | 101 | 9 | 13 | 9 | 8.2% |
| 6 | 96 | 104 | -8 | 5 | 8 | 8.3% |
| 7 | 115 | 98 | 17 | 22 | 17 | 14.8% |
| 8 | 119 | 103 | 16 | 38 | 16 | 13.4% |
| 합계 | | | 38 | | 66 | 60.4% |

3월부터 6월까지 4개월간의 예측오차를 중심으로 분석하면 다음과 같다.

$$RSFE = \sum_{t=1}^{n}(A_t - F_t) = 5$$

$$MFE = \frac{\sum_{t=1}^{n}(A_t - F_t)}{n} = \frac{5}{4} = 1.25$$

$$MAD = \frac{\sum_{t=1}^{n}|A_t - F_t|}{n} = \frac{33}{4} = 8.25$$

$$MAPE = \frac{1}{n}\left(\sum_{t=1}^{n}\frac{|A_t - F_t|}{A_t}\right)\times 100 = \frac{1}{4}\times 32.2\% = 8.05\%$$

따라서 4개월간의 예측 결과만을 고려할 때 예측편의와 오차의 크기가 작은 편이라고 판단된다. 이 자료만으로 예측에 사용된 단순지수평활법의 정확도는 비교적 괜찮은 편이라고 평가할 수 있다. 그러나 전체 6개월간의 자료로 볼 때는 RSFE = 38, MFE = 6.3으로 예측편의가 크고, MAD = 11, MAPE = 10.1%로 예측오차의 크기도 비교적 크다는 것을 알 수 있다.

## 5.2 추적지표를 이용한 예측과정의 관리

예측의 효과를 높이기 위해서는 예측과정의 관리가 중요하다. 이 과정에서 추적지표(TS : tracking signal)를 이용한다. 추적지표란 예측치의 평균이 일정한 진로를 유지하고 있는지를 나타내는 척도로서, 누적예측오차(FSFE)를 평균절대편차(MAD)로 나눈 값이다.

$$TS = \frac{RSFE}{MAD} = \frac{\sum(A_t - F_t)}{MAD}$$

추적지표의 값은 양이나 음이 될 수 있다. 이 값이 0인 것이 이상적인 경우이며, 허용가능한 추적지표의 범위로 4~5의 한계가 주로 사용된다. 허용가능한 범위 밖의 값이 발생하면 예측에 편의(bias)가 존재한다는 신호로 받아들일 수 있으며, 교정활동이 필요하다는 것을 알려준다. 예측의 정확도가 높을수록 0에 가까운 값을 갖는 이 지표는 예측의 정확도가 의심될 경우에만 사용한다.

**요 약**

- 수요예측이란 미래의 일정기간 동안의 제품이나 서비스에 대한 수요의 규모를 예측하는 것이며, 그 결과는 기업의 각종 계획 및 통제 의사결정에 기초자료로 제공한다.
- 수요예측기법에는 정성적 예측법과 정량적 예측법으로 크게 구분된다. 정량적 예측법은 시계열 분석기법과 인과형 모형으로 나누어진다. 정성적 예측법은 예측자의 주관에 의하여 예측하는 것이며, 정량적 예측법은 계량적인 모델과 데이터를 사용하여 예측하는 것이다.
- 시계열 분석의 초점은 과거에 발생된 수요와 관련된 시계열성에 있다. 과거에 발생된 제품이나 서비스에 대한 수요 자료를 그래프로 그리면 추세변동, 순환변동, 계절변동, 불규칙변동과 같은 4가지의 시계열적 변동을 확인할 수 있다.
- 이동평균은 과거 일정기간 동안의 실적을 평균해서 다음 기의 값을 예측하는 방법으로, 과거 여러 기간의 실적치에 동일한 가중치를 부여하는 단순이동평균법과 최근의 실적치에 가장 높은 가중치를 부여하는 가중이동평균법이 있다.
- 지수평활법은 이동평균에 있어 최근의 자료에 보다 더 큰 가중치를 주고 과거 자료의 비중을 평활시키는 이동평균법의 한 형태이다.
- 최소자승법은 관찰치와 추세치와의 편차 자승의 총 합계가 최소가 되도록 동적 평균선을 그리는 방법이다. 최소자승법은 주기변동, 계절변동 및 불규칙변동은 배제하고 장래의 수요변동을 추세변동만으로 예측하려는 방법이다.
- 예측오차를 이용하여 예측기법의 정확도를 측정하기 위해서는 오차의 치우침 내지 편의(bias)와 크기(magnitude)를 측정하여야 한다. 예측편의 측정 척도에는 누적예측오차(RSFE)와 평균예측오차(MFE)가 있으며 오차 크기 측정 척도로 평균절대편차(MAD)와 평균절대백분률오차(MAPE)가 있다.
- 추적지표란 예측치의 평균이 일정한 진로를 유지하고 있는지를 나타내는 척도로서, 누적예측오차(FSFE)를 평균절대편차(MAD)로 나눈 값이다.

# 토의문제

1. 계량적 예측기법과 정성적 예측기법의 차이를 설명하라.

2. 정성적 예측기법에는 어떤 것들이 있는가? 그 종류와 적용방법에 대해 설명하라.

3. 수요에 변동을 주는 4가지 요소를 그림으로 제시하고 설명하라.

4. 예측오차의 측정에 쓰이는 MAD와 RSFE의 차이는 무엇인가?

5. 서울백화점의 최근 8개월간 매출액 데이터가 다음과 같다. 다음 각각의 예측기법을 이용하여 9월의 판매 예측치를 계산하라.

| 기간(월) | 1 | 2 | 3 | 4 | 5 | 6 | 7 | 8 |
|---|---|---|---|---|---|---|---|---|
| 매출액<br>(단위 : 천만원) | 120 | 134 | 101 | 117 | 129 | 141 | 121 | 117 |

① 3개월 이동평균법

② 0.1, 0.3, 0.6을 가중치로 한 3개월 가중이동평균법

6. 최근 6개월 간 MP3의 판매량은 다음과 같다. 물음에 답하라.

① 3개월 이동평균을 적용하여 9월의 판매예측치를 산출하라.

② 4개월 이동평균을 적용하여 9월의 판매예측치를 산출하라.

③ 가중치가 각각 0.50, 0.35, 0.15일 때 3개월 가중이동평균을 적용하여 9월의 판매예측치를 산출하라.

| 기간 | 판매량 | 가중치 |
|---|---|---|
| 3월 | 600 | 0 |
| 4월 | 520 | 0 |
| 5월 | 280 | 0 |
| 6월 | 400 | 0.15 |
| 7월 | 590 | 0.35 |
| 8월 | 630 | 0.50 |

**7.** 어느 제품의 월별 판매량은 다음과 같다. 단순지수평활법에 의한 11월 판매예측치를 계산하라. (단, 10월의 예측치는 395였으며 $\alpha=0.2$ 이다.)

| 월 | 1 | 2 | 3 | 4 | 5 | 6 | 7 | 8 | 9 | 10 | 11 |
|---|---|---|---|---|---|---|---|---|---|---|---|
| 실제 판매량 | 380 | 410 | 330 | 460 | 430 | 420 | 330 | 390 | 380 | 420 | ? |

**8.** 다음과 같은 매출액 데이터를 대표할 수 있는 추세선을 최소자승법을 적용하여 찾아라.(단위 : 백만원)

| 연도 | $x_i$ | $y_i$(매출액) | $x_i^2$ | $x_iy_i$ |
|---|---|---|---|---|
| 2002 | 0 | 20 | | |
| 2003 | 1 | 30 | | |
| 2004 | 2 | 50 | | |
| 2005 | 3 | 80 | | |
| 2006 | 4 | 90 | | |
| 합계 | $\sum x=10$ | $\sum y=270$ | | |

**9.** 햄버거를 팬 서비스 차원에서 매일매일 다른 가격을 적용하여 판매하기 시작하였다. 몇 일이 지난 후 주인은 팬 서비스 가격이 총 판매에 영향을 미친다는 것을 알았다. 가격을 3,000원으로 한다면 얼마나 많은 햄버거가 팔릴 것으로 예상할 수 있는가?

| 시기 | 가격 | 판매량(개) | 시기 | 가격 | 판매량(개) |
|---|---|---|---|---|---|
| 1일차 | 2,700 | 760 | 4일차 | 4,200 | 250 |
| 2일차 | 3,500 | 510 | 5일차 | 3,100 | 320 |
| 3일차 | 2,000 | 980 | 6일차 | 4,000 | 480 |

**10.** 한국전자는 매주 수요예측을 기초로 하여 단기생산계획을 수립하고 있다. 지난 10주간의 예측치와 실적치를 정리한 결과가 아래와 같을 때 이 예측기법의 사용에 따른 누적예측오차(RSFE)와 평균절대편차(MAD)를 계산하라. 또한 예측기법의 적절성 여부를 판단하라.(단위 : 개)

| 주 | 1 | 2 | 3 | 4 | 5 | 6 | 7 | 8 | 9 | 10 |
|---|---|---|---|---|---|---|---|---|---|---|
| 예측치 | 885 | 900 | 900 | 905 | 905 | 900 | 905 | 915 | 915 | 910 |
| 실적치 | 883 | 892 | 904 | 901 | 895 | 906 | 911 | 905 | 909 | 915 |

**11.** A, B 두 가지 수요예측기법이 있다. 보다 바람직한 예측기법을 선택하기 위해 6개월 동안 두 가지 기법을 사용하여 예측치를 구한 결과가 다음과 같다. 각 예측기법의 사용에 따른 누적예측오차(RSFE)와 평균예측오차(MFE), 평균절대편차(MAD)와 평균절대백분률오차(MAPE)를 계산하고 적절한 예측기법으로 볼 수 있는 것을 선택하라.(단위 : 백만원)

| 기간 | 실제 매출액 | 예측치 | |
|---|---|---|---|
| | | 방법 A | 방법 B |
| 1월 | 220 | 230 | 210 |
| 2월 | 240 | 280 | 260 |
| 3월 | 280 | 330 | 290 |
| 4월 | 320 | 330 | 330 |
| 5월 | 330 | 340 | 310 |
| 6월 | 340 | 330 | 350 |

제 09 장

# 직무설계 및 작업관리

## 01 직무설계

직무설계의 출발점은 테일러가 과학적 관리법에서 주장한 과업관리에서 찾을 수 있다. 테일러는 어떤 과업을 가장 경제적으로 수행할 수 있는 방법을 찾기 위해서 경영자들이 주의 깊은 분석과 실험을 활용하여 직무를 과학적으로 분석하여야 한다고 제안하였던 것인데, 이러한 내용을 오늘날의 관점에서 보면 직무설계의 일종이라고 할 수 있다.

직무(job)란 한 사람이 조직 내에서 담당하고 있는 업무의 총 범위를 의미한다. 그리고 직무설계(job design)란 이와 같은 직무를 수행하는데 필요한 직무의 내용과 직무에 필요한 종업원의 숙련도 및 교육훈련에 대한 명세서를 만드는 것을 뜻한다. 그러므로 조직에서의 효율적 업무수행을 위해 필요한 각 직무의 구체적 내용, 직무수행 방법, 조직 내 다른 직무들과의 연계성 등을 고려하여 직무가 설계된다.

기존의 직무를 다시 설계하는 것은 직무재설계(job redesign)라고 한다. 직무재설계는 당초 직무간소화(job simplification)에 대한 관심으로부터 출발하였으나, 그 뒤 직무확대(job enlargement), 직무충실화(job enrichment), 팀 빌딩(team building) 등으로 그 관심 영역이 확장되고 있다. 최근에는 인간중심적 직무재설계(employee-centered work redesign)내지 동기부여적(motivational approach) 직무설계가 관심을 끌고 있다.

직무설계에 있어서 가장 어려운 문제는 하나의 직무를 좁게 설계할 것인가 아니면 폭넓게 설계할 것인가의 문제이다. 전문화의 정도가 높은 직무는 과업의 폭이 좁으며, 이는 반복의 정도가 높아짐에 따라 대부분 생산성 내지 효율의 향상으로 직접 연결된다.

그런데 높은 수준의 전문화의 장점에 대해서는 엔지니어, 사회학자, 심리학자, 경제학자, 경영자, 작업자들이 모두 다른 견해를 갖고 있다. 미국 내의 많은 산업은 고도의 전문화된 직무를 통해 놀라운 성공을 거두어 왔다. 이것은 특히 제품중심인 기업의 경우에 두드러진다. 그러나 오늘날에는 전통적으로 제품중심인 사업에서도 폭넓은 직무설계 방식을 이용하는 기업이 많아지는 추세이다.

## 1.1 직무전문화

아담 스미스(Adam Smith)가 노동경제적인 입장에서 분업이론을 제창한 이래 직무내용은 직무의 전문화가 중심을 이루어 왔다. 직무전문화(job specialization)란 직무를 좁은 범위의 과업으로 국한하고 높은 반복성을 갖도록 하는 것을 의미한다. 직무나 업무를 전문화할 경우에는 단순·반복 작업으로 생산성이 높고, 작업자의 훈련이 용이하며 숙련공이 필요 없으므로 노무비가 저렴하게 소요된다는 이점이 있다. 그러나 이것은 기업의 이윤 극대화라는 목적을 위해서 설계된 것일 뿐이다. 바꾸어 말해서 작업이 세분화 내지 전문화됨으로써 작업자는 기계적으로 단조로운 작업을 하게 되고 작업수행에 있어서 별로 만족을 느끼지 못하게 되는 문제점이 존재한다.

사회학자와 심리학자들은 고도로 반복적인 직무가 단조로움을 야기하고, 이것은 다시 지루함을 유도하여 직무의 성과를 나쁘게 할 수 있다고 주장한다. 육체노동자들에게 나타나는 나쁜 직무성과의 징후로는 높은 이직률, 결근율, 불평, 고의적인 생산 방해 등이 있다. 이와 같은 성향은 사무직 노동자에게서도 상당부분 찾아볼 수 있다.

고도로 전문화된 직무의 단조로움과 지루함을 극복하기 위해 제시된 처방으로는 직무확대, 직무순환, 직무충실화 등이 있다.

[표 1] 직무전문화의 장·단점

| | 기업측면 | 작업자측면 |
|---|---|---|
| 장점 | • 작업자의 선발과 훈련 용이<br>• 단순, 반복작업으로 생산시간 단축<br>• 숙련공이 필요없고 임금 저렴<br>• 작업의 자동화와 계획, 관리가 용이 | • 작업결과에 대한 최소의 책임<br>• 정신적 노력이나 부담이 적음<br>• 교육, 훈련이 별로 필요 없음<br>• 미숙련공의 취업이 용이함 |
| 단점 | • 다양한 작업에서는 유연성이 떨어짐<br>• 고급인력의 단순작업은 낭비가 됨<br>• 결과에 대한 책임규명이 어렵고 작업자의 싫증과 권태감으로 품질이 떨어짐<br>• 작업자의 불만으로 잦은 지각과 결근, 이직, 주의소홀 등을 유발하기 쉬움 | • 단순, 반복 작업으로 싫증과 권태감 발생<br>• 작업에 대한 긍지나 성취감이 낮음<br>• 자신의 능력을 발휘할 기회가 적음<br>• 특정 근육의 집중 사용으로 피로 가중<br>• 동료 작업자간의 의사소통 기회가 적음 |

## 1.2 직무확대

직무확대(job enlargement)란 과도한 분업화에 따르는 업무의 단조로움을 시정하기 위해 직무의 완결성이 제고되도록 전문화된 직무를 재편성하여 할당되는 과업의 수를 수평적으로 확장, 직무의 다양성을 확보하는 것을 의미한다. 즉, 구성원들의 업무에 대한 충실감과 성취욕을 자극하기 위해 제품이나 서비스 생산에 필요한 전체 작업 중에서 시간상으로 짧고 반복적인 일을 비교적 덜 반복적인 작업과정으로 만드는 것을 말한다. 직무확대 이전에 여러 사람이 나누어 하던 일을 한 사람이 모두 수행하게 하는 것도 한 가지 방법이 되는데, 일반적으로 이 방법을 적용하기 위해서는 작업자가 보다 많은 기술을 보유하고 있어야만 한다.

직무확대는 지루함을 줄이는 것 이외에도 작업자의 직무만족도를 높일 수 있다는 장점이 있다. 어떤 작업자에게 주어진 과업이 충분히 많다면 그 사람에 의해서 고객에게 제공된 최종 제품이나 서비스의 성과를 고객만족 측면에서 스스로 확인하고 평가함으로써 자신의 직무에 대한 자부심과 책임감을 갖게 될 것을 기대할 수 있다.

## 1.3 직무충실화

직무설계의 또 다른 접근방법인 직무충실화(job enrichment)는 직무의 수직적 확장으로서 작업자가 더 많은 책임을 지고 직무를 수행해 줄 것을 요구한다. 예를 들어 한 작업자가 다수의 기계를 조작하고, 산출물을 검사하며, 기계보수가 필요한지를 결정하고, 실제로 보수를 담당하기도 하는 책임을 맡을 수 있다. 작업자들은 충실화된 직무를 수행하기 위한 추가적인 과업을 배우면서 성취감을 얻고, 자신들의 산출물을 사용하는 사람에게서 직접적인 피드백을 얻음으로써 인정받는다. 또한 직무충실화에서 책임감이란 스스로 작업일정을 계획하고 필요한 자원에 대한 계획을 수립할 뿐만 아니라 결과에 대한 책임을 져야 한다는 것을 의미한다.

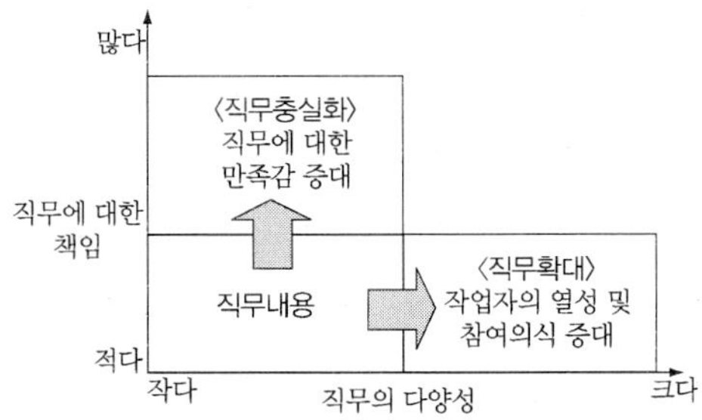


〈그림 1〉 직무확대와 직무충실화

이와 같은 직무충실화는 작업자의 책임성과 자율성을 제고하고 직무수행에 관한 피드백이 원활히 이루어지도록, 직무의 내용뿐만 아니라 책임수준까지 바꾸는 직무의 개편이 따른다. 이 방법은 허즈버그(F. Herzberg)의 2요인이론이라고도 하는 동기위생이론(motivation-hygiene theory)에 바탕을 둔 것이다.

## 1.4 직무순환

직무순환(job rotation)은 작업자들을 일정한 근무기간이 경과되면 타부서 또는 다른 직무로 이동시키는 방법이다. 즉, 주기적인 직무교환이 특징인 이 접근방법은 작업자에게 더욱 다양성을 제공하며, 직무의 지루함을 없애 줄 수도 있다. 직무순환은 직무 내 훈련(OJT : On the Job Training)을 통해 다양한 작업자들의 숙련도를 향상시킨다. 이 접근방법은 결근율이 높은 작업자를 대체하거나, 다른 곳에 비해 일이 밀린 작업장에 대해 생산능력을 추가할 수 있게 하는 유연성을 제공하기도 한다.

직무순환은 전문화 수준이 떨어진다는 문제점이 있기는 하지만, 직무의 주기적인 교대로 직무의 다양성을 제공해 주는 것 이외에 다음과 같은 장점이 있다.

- 부서를 새로 옮김에 따라 새로운 기술과 직무를 배우게 된다.
- 작업자의 다기능화를 기대할 수 있다.
- 노동에 대한 싫증과 소외를 덜 느끼게 된다.
- OJT 효과가 있기 때문에 별도의 교육을 시킬 필요가 없다.

## 1.5 팀 빌딩

팀 빌딩(team building)이란 집단이 과제를 달성하는 방식을 개선하도록 도움을 주고 집단구성원들이 대인기술과 문제해결기술을 강화하도록 도움을 주는 광범위한 계획적 활동이다. 팀 빌딩의 목적은 응집성, 상호협력 및 조직과의 일체감을 높임으로써 팀의 효과성을 높이는데 있다. 팀 빌딩은 조직의 영구적이거나 일시적인 집단 또는 팀에서 팀워크와 과제달성을 개선하기 위한 효과적인 접근이 되고 있다.

팀 빌딩을 통해 문제해결집단은 구성원들이 가진 자원과 능력을 최대로 활용할 수 있으며, 어떤 구체적인 문제들을 극복하거나 해결할 수 있게 된다. 팀 빌딩은 단독으로 사용할 수도 있지만, 종업원 참여, 직무설계, 구조개편 등과 같은 다른 조직개발기법들의 효과를 높이기 위해 사용할 수도 있다. 팀 빌딩을 통해 효과적인 변화 프로그램을 설계하는데 도움이 되며, 조직구성원들이 이러한 변화 프로그램들을 수용하고 실행하도록 보장해준다.

## 1.6 동기부여적 직무설계

동기부여적(motivational approach) 직무설계는 스웨덴의 볼보(volvo)자동차의 우데발라(uddevalla) 공장에서 시도된 것이다. 이것은 직무의 경제적, 기술적 요소뿐만 아니라 직무와 연결된 모든 사회심리적 요소들을 통합하여 조직구성원에게 보람있는 직무내용을 담당하게 하여 근로자의 동기를 유발시키려는 직무설계방법이다.

우데발라 공장에서는 자동차조립 공정의 모든 일을 할 수 있도록 훈련받은 시간급 근로자를 팀당 7~10명씩 편성하였다. 개별 근로자는 3시간마다 같은 과업을 반복하는데 과거에는 조립라인에서 작업주기가 1~2분인 것과 큰 대조를 보인다. 그 결과 1팀은 1교대 당 4대의 차를 조립할 수 있게 되었는데, 과거에 20% 수준이었던 결근율이 8% 수준으로 낮아졌으며, 품질의 향상과 함께 볼보의 스웨덴 내 다른 3곳의 공장보다 더 적은 노동시간으로 더 좋은 품질의 자동차를 생산하게 되었다.

동기부여적 직무설계 방법은 구성원들에게 심리적으로 긍정적인 영향을 줌으로써 다음과 같은 효과를 기대할 수 있게 한다.

① 사기와 만족감의 상승 : 직무에서 요구되는 기술수준이 높을수록 직무만족자의 비율이 높아지는 경향을 보이는데, 기술수준과 구성원들간의 상호작용 등 직무의 질적 내용과 함께 팀 단위의 작업이 직무만족에 더 중요한 요인으로 작용한다.
② 능률과 경제적 성과의 향상 : GM NUMMI(New United Motor Manufacturing, Inc.)의 경우 결근율을 20~25%에서 3~4%로 낮추었으며, 제안제도 참여율 85% 증가, 90%의 근로자들이 자신의 직무에 만족하는 등 조직의 효율성 제고로 연결되었다.

한편, 직무내용의 설계 자체도 중요하지만 근로자들의 적극적인 참여의식과 행동의 개발, 필요한 지식과 능력개발을 위한 교육훈련, 성과지향적 행동을 유도 및 강화시켜주는 관리체계, 협력적 노사관계, 그리고 현장관리자들의 리더십과 같은 전문스텝의 인적자원관리 기능 등도 동기부여적 직무설계의 성공을 이끌어 내는 중요한 요인이 된다.

단조로운 반복작업과 기계중심적 직무설계에서 오는 작업자들의 탈숙련화와 근로의욕 저하, 이에 따른 생산성의 위기에 대해 노동의 인간화를 통한 생산성 추구로 대응했던 우데발라 공장은 스웨덴의 경제위기와 볼보의 판매부진, 르노자동차와의 합병 추진 등의 와중에 아쉽게도 1993년 4월 폐쇄되었다.

쉬어갑시다

**[하버드 경영대학원] '인재 엑소더스 어떻게 대응할 것인가'**

피터 카펠리 〈와튼경영대학원 교수〉
한국경제신문, 2000년 3월 22일

유능한 인재를 영입할 때 기업들은 신바람이 난다. 스톡옵션을 제공하고 후한 보수를 약속한다. 하지만 이들 인재가 떠나는 경우 이야기는 달라진다. 대부분의 경영자들은 애사심을 강조했던 자신이 모욕을 받았다는 불쾌한 느낌을 갖는다. 회사에 꼭 필요한 인재를 신속히 보충하지 못할 경우 큰 타격을 받게 된다. 회사를 떠나려는 사람들을 붙잡아 두기 위해 전통적인 인재확보 방식을 되살리는 기업들이 많다. 하지만 시장은 이미 크게 변해 있다. 보수나 승진체계, 교육계획 등을 손질함으로써 나가는 인재를 묶어 둘 수는 없다. 직원들 전체가 장기적으로 회사에 대한 충성심을 갖도록 한다는 것은 불가능할 뿐만 아니라 바람직하지도 않다. 지금까지의 인사관리가 저수지를 관리하는 댐의 역할이었다면 이제는 강을 관리하는 일로 바뀌어야한다. 물이 흐르는 방향과 속도를 조절하는 것이다. 이른바 시장주도형 사원확보전략을 구사할 때라고 할 수 있다. 이제 인재확보에 대한 사고의 전환을 할 때가 왔다. 인재의 수요와 변동 추세를 예측함으로써 노동시장에 적극적으로 대처해야한다. 보수, 직무설계, 고용 등 인력관리 전반을 시장 상황에 맞게 탄력적으로 운영해야 한다는 설명이다.

■ 보수조정

스톡옵션이나 거액의 보너스를 통한 인재확보는 임금인플레이션만 가중시킬 뿐 인재확보의 효율적인 방안은 아니다. 다만 제한적인 효용성을 확보하는 수단은 될 수 있다. 당장 공급이 달리는 필수적인 기술을 가진 사원에 "핫 스킬 (Hot Skill)" 프리미엄을 지급하는 것이다. 그러나 그 기능이 시장에서 쉽게 구할 수 있게 되거나 사업에 그다지 중요하지 않다고 생각되면 프리미엄을 없애야 한다. 앤더슨컨설팅은 최근 SAP프로그램을 작성하는 사람들에게 지불되던 프리미엄을 없애버렸다. 연불식 계약도 경영자급 인재를 채용하는데 도움이 될 수 있다. 거액의 보너스를 다년계약형태로 지급하는 방식이다.

■ 직무 재설계

특송업체인 UPS는 고객들과 직접적인 관계를 가지는 운전기사들을 오랫동안 회사에 묶어 두기위해 적재 업무 팀을 신설했다. 운전사들이 화물을 직접 적재하는데 불만을 갖고 있다는 사실을 알았기 때문이다. 물론 새로 마련된 적재 팀은 이직률이 연간 4백%에 육박했다. 하지만 회사로서는 전혀 문제가 되지 않았다. 단순 업무여서 언제든지 새 사람을 구할 수 있기 때문이었다. 반대로 사람들에게 떠날 것을 강요함으로써 이직문제를 해결하는 방법도 있다. 월스트리트의 투자회사들은 하위급 분석전문가들이 종잡을 수 없이 변덕스럽게 직장을 옮기는 문제를 해결하기 위해 3년간 근무 후 회사를 떠나도록 하는 규정을 신설했다. 회사가 골머리를 앓는 것은 많은 분석요원들이 회사를 떠난다는 사실이 아니라 누가 언제 떠나는가를 회사 측에서 전혀 예상할 수 없었다는 사실에 착안한 것이다. 이 규정에 따라 회사는 3년 단위로 인력 수급계획을 마련하고 이에 맞춰 프로젝트를 설계했다. 3년의 임기가 업계에서 하나의 표준이 됨으로써 사원들도 3년간의 임기를 채우려는 경향도 강해졌다. 3년을 채우지 않은 투자분석가의 경력이 자신의 업무수행능력에 문제가 있다는 인상을 주기 때문이었다.

■ 직원 간 유대강화

AG 커뮤니케이션즈는 소프트웨어 엔지니어들의 이직률을 7%내에서 억제해왔는데, 이는 직장에 하나의 사회적 공동체를 조성해주는 프로그램덕분이었다. 골프 동우회, 투자클럽, 소프트볼 동우회 등은 유대감을 높여 사원들을 묶어 놓는 역할을 하게 된다. 이직은 곧 회사가 주최하는 활동들이 사회적 네트워크로부터 떠나게 됨을 의미한다. 사원들 간의 유대감을 강화시키는 프로그램을 개발함으로써 이직률을 줄일 수 있다. 회사에 대한 충성심이 약하지만 동료에 대한 충성심은 반대일 수 있기 때문이다. 이 방법은 그러나 회사가 필요한 구조조정을 하는 경우 사원들에게 주는 정신적 충격의 강도를 한결 강하게 하는 잠재적 결함이 뒤따른다.

■ 고용정책의 탄력운용

노동시장에서 수요가 많지 않은 사람들을 고용하는 것도 하나의 방법이다. 마이크로보드 프로세싱사는 조립공의 3분의 1을 후생 복지금 지급대상자, 마약 중독 경력자, 전과자로 채우고 있다. 이들은 취업의 기회를 준 회사에 대해 충성심을 갖고 부지런히 일한다고 한다. 아키텍철 서포트 서비스사는 일류 4년제 대학을 나온 우수한 전문 인력만으로 회사를 채우다가 최근 커뮤니티 칼리지 출신들도 영입하기 시작했다. 종래의 인사관리는 사원이란 회사에 사로 잡혀있는 예속된 자산이라는 생각을 바탕에 깔고 있다. 이제 이와 같은 사고방식으로는 더 이상 회사를 운영할 수 없게 됐다. 회사는 사원들의 동태를 좌우하는 것이 회사가 아니라 시장이라는 현실을 받아들이고 냉정하고 분석적인 태도로 사람을 관리해야한다.

## 02 작업관리

작업관리(Motion and Time Study)는 제품 및 서비스의 생산과 관련된 작업방법을 조사, 연구하여 보다 나은 작업방법을 발견하고, 특정한 작업을 수행하는데 필요한 표준시간을 설정하며 생산성 향상을 도모하는데 그 목적을 두고 있는 활동이다. 따라서 작업관리는 인간이 관여하는 작업을 전체적으로 분석하고, 작업의 효율측면과 경제성에 영향을 미치는 작업요인을 연구하는데 중점을 둔다.

이와 같은 작업관리는 고전적 I. E. 라고 불리며, 산업공학 또는 공업경영에 있어서 아주 중요한 분야로서, 크게 방법연구(method study)와 작업측정(time study 또는 work measurement)으로 나뉜다. 즉, 길브레스(F. B. Gilbreth)에 의하여 개발된 동작분석을 바탕으로 하는 방법연구와 테일러에 의해서 개발된 시간연구를 기초로 한 작업측정이 그것이다.

방법연구란 제품의 생산과정 속에서 다양한 생산요소를 효율적으로 통합시키는 방법을 말한다. 즉, 사람과 설비의 상호작용과 함께 원부재료를 제품으로 변환시키는 생산과정에 있어서 가장 효율적이고 경제적이며 합리적인 제품의 완성방법을 찾는 일이다. 그러므로 작업연구는 어떤 특정한 제품 또는 서비스를 생산하고 제공하는데 가장 적합한 작업방법 및 시스템을 설계하는 것을 의미한다.

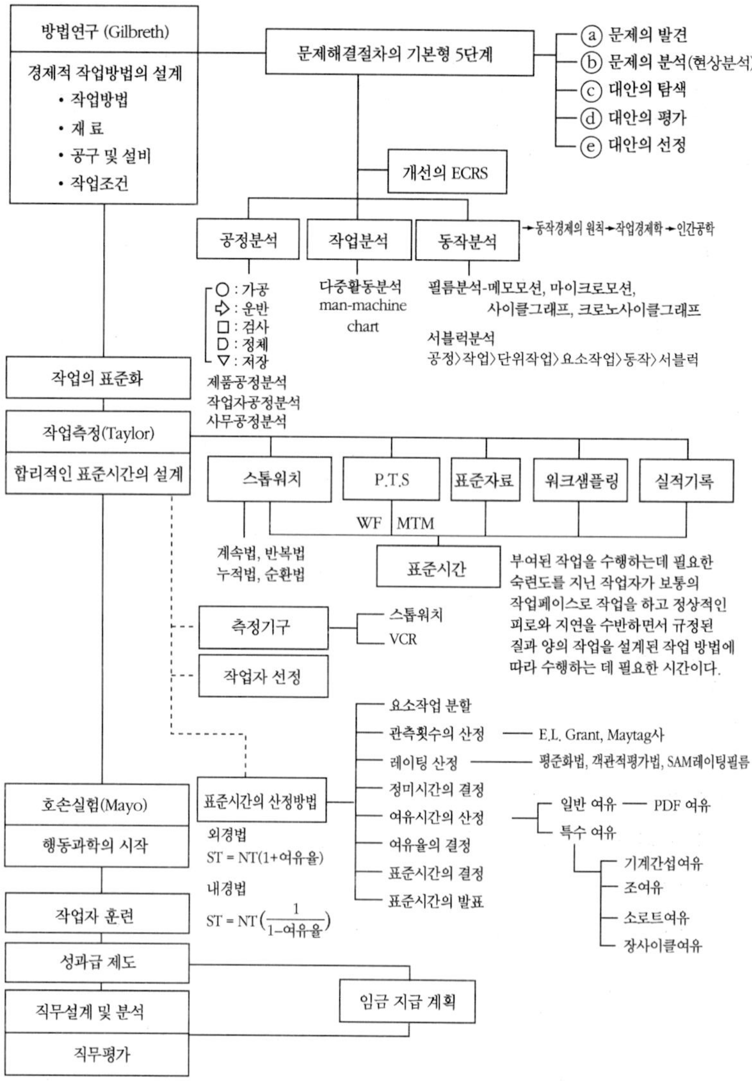


〈그림 2〉 작업관리의 범위

작업측정이란 제조활동을 통해서 산출되는 가치를 그 제조활동상의 여러 가지 측면에서 합리적이고 공통적인 척도를 두고 측정하여 표준시간을 만드는 일이다.

일반적으로 제조활동에 소요되는 총시간에는 불필요한 요소나 무의미한 낭비 요소를 상당부분 포함하고 있다. 이러한 요소에 쓰여지는 시간은 제조 가치와는 무관한 것이다. 따라서 방법연구에 의해서 이와 같은 비생산적 요소를 탐색하고 제거하며, 작업측정을 통해 작업자가 정상적인 조건 하에서 주어진 작업을 수행하는데 필요한 시간, 즉 표준시간을 산출하게 된다.

## 2.1 방법연구

방법연구는 작업 중에 포함된 불필요한 동작을 제거하기 위한 목적으로 현행 또는 계획하고 있는 작업을 과학적으로 자세히 분석하고 필요한 동작으로만 구성된 효과적이고 합리적인 작업방법을 찾아내는 기법이다.

이것은 작업장소와 작업자의 활동에 연구의 중점을 두는데, 이때 생산 공정의 작업물 흐름(flow)을 중심으로 한 방법연구는 공정설계에 해당하며, 작업자 또는 기계를 중심으로 한 방법연구는 직무설계에 속한다.

방법연구는 공장이나 작업장의 배치를 개선하고 설비의 디자인을 개량하고 작업환경을 개선하여 작업자의 피로를 덜게 함으로써 노동의 이용을 유효하게 하며 공정의 합리화를 이룩하는데 그 목적이 있다. 방법연구에 적용되는 기법에는 ① 공정분석, ② 작업분석, ③ 동작분석 등이 있다.

### (1) 공정분석(Process Analysis)

공정분석은 원료에서 제품이 되기까지의 과정을 공정순서에 따라 여러 종류의 기호, 색깔, 표현 형식 등으로 각 공정의 조건, 각 단위 작업의 요소 등에 관하여 조사분석하여 공정계열의 합리화를 위한 개선방안을 모색하는 기법이다. 공정분석은 다음과 같은 목적으로 수행된다.

- 공정 자체의 개선·설계 및 공정계열에 대한 포괄적인 정보파악
- 레이아웃의 개선·설계
- 공정관리 시스템의 문제점 파악과 기초자료의 제공
- 공정편성 및 운반방법의 개선·설계 등

| 기호 | | 명칭 | 설명 |
|---|---|---|---|
| 기본기호 | ○ | 작업 | • 원재료, 부품 또는 제품이 변형, 변질, 조립, 분해를 받는 상태<br>• 물리적, 화학적 변경·변질이 따르는 상태 |
| | □ | 검사 | • 원재료, 부품 또는 제품을 어떤 방법으로 측정하고 그 결과를 기준과 비교해서 합격, 불합격을 판정하는 일 |
| | ⇨ | 운반 | • 원재료, 부품 또는 제품이 어떤 위치에서 다른 위치로 이동해가는 상태 |
| | D | 정체 | • 원재료, 부품 또는 제품이 가공 또는 검사되지 않고 생산 현장 내에서 정지되고 있는 상태 |
| | ▽ | 저장 | • 원재료, 부품 또는 제품이 가공 또는 검사되지 않고 창고에 저장되고 있는 상태 |

〈그림 3〉 공정분석 기호

공정분석을 위해서 공정 내에서 발생되는 여러 상황을 즉각적으로 간단하게 기록하고, 또한 보는 사람의 이해를 돕기 위해 미국 기계공학회(ASME)에서 마련한 공정분석 기호는 (그림 3)과 같다. 이 기호는 우리나라에서도 모두 KS 규격으로 규정하여 사용하고 있다.

| 흐름공정도 | 요약 | 개선 전 | | 개선 후 | | 차이 | |
|---|---|---|---|---|---|---|---|
| | | 횟수 | 시간 | 횟수 | 시간 | 횟수 | 시간 |
| | ○ | | | | | | |
| | □ | | | | | | |
| | ⇨ | | | | | | |
| 작업명 : 작업부서 : | D | | | | | | |
| 작성자 : 작성일자 : | ▽ | | | | | | |
| | 거리 | | | | | | |

| 작업흐름 [개선전 ( ) 개선후 ( )] | | 공정분석기호 | 거리 | 시간 | 수량 | 비고 |
|---|---|---|---|---|---|---|
| 1 | | ○ □ ⇨ D ▽ | | | | |
| 2 | | ○ □ ⇨ D ▽ | | | | |
| 3 | | ○ □ ⇨ D ▽ | | | | |
| 4 | | ○ □ ⇨ D ▽ | | | | |
| 5 | | ○ □ ⇨ D ▽ | | | | |
| 6 | | ○ □ ⇨ D ▽ | | | | |
| 7 | | ○ □ ⇨ D ▽ | | | | |
| 8 | | ○ □ ⇨ D ▽ | | | | |
| 9 | | ○ □ ⇨ D ▽ | | | | |
| 10 | | ○ □ ⇨ D ▽ | | | | |
| 11 | | ○ □ ⇨ D ▽ | | | | |
| 12 | | ○ □ ⇨ D ▽ | | | | |
| 13 | | ○ □ ⇨ D ▽ | | | | |
| 14 | | ○ □ ⇨ D ▽ | | | | |
| 15 | | ○ □ ⇨ D ▽ | | | | |
| 16 | | ○ □ ⇨ D ▽ | | | | |
| 17 | | ○ □ ⇨ D ▽ | | | | |
| 18 | | ○ □ ⇨ D ▽ | | | | |
| 19 | | ○ □ ⇨ D ▽ | | | | |
| 20 | | ○ □ ⇨ D ▽ | | | | |

〈그림 4〉 흐름공정도

### (2) 작업분석(Operation Analysis)

공정분석과 동작분석의 중간적 위치에 있는 작업분석은 공장 또는 생산현장에서의 생산성 향상 및 원가절감을 위하여 실시하는 방법이다. 분석은 각각의 작업자가 실시하는 작업의 개선과 작업의 표준화를 목적으로 하여 동작연구의 원칙과 기술이 가장 유용하게 적용되는 특정작업을 선택하여 이루어진다. 적정 기계담당대수의 결정 그리고 작업자와 기계의 작업효율 극대화를 위한 유휴시간의 단축을 위하여 이용되는 분석수법이다. 작업분석 방법에는 다음과 같은 것이 있다.

- 작업자-기계 작업분석표(man machine chart)
- 작업자-복수기계 작업분석표(man multi-machine chart)
- 복수작업자분석표(multi-man chart) 또는 조작업분석표(gang process chart)
- 복수작업자-기계 작업분석표(multi-man machine chart)
- 복수작업자-복수기계 작업분석표(multi-man multi-machine chart)

여기서 알드리지(J. A. Aldridge)가 고안한 복수작업자분석표는 특히 두 사람 이상의 작업자가 조를 이루어 협동적으로 하나의 작업을 할 때 그 상호관련 상태를 기록하는 분석표이다. 이것은 작업자간의 공정한 작업량의 재할당, 합리적인 조작업 편성 및 개선 등에 효과적으로 이용된다.

### (3) 동작분석(Motion Analysis)

동작분석은 작업자의 동작을 체계적으로 관찰하고 분석하는 방법을 말한다. 동작이란 작업을 구성하고 있는 구체적인 하나하나의 움직임, 즉 더 이상 분해할 수 없는 동작요소를 말하는데, 이것을 서블릭(therblig)이라고 한다. 동작분석은 각 작업을 세밀한 단위에 이르기까지 분석하고 평가하여 무리, 낭비, 불합리한 요소를 제거하고, 작업수행에 요구되는 합리적 방법을 결정하는 연구를 말한다. 동작분석의 목적은 다음과 같다.

- 작업동작의 각 요소에 대한 분석과 능률향상
- 작업동작과 인간공학의 관계분석에 의한 동작개선
- 작업동작의 표준화
- 최적동작의 구성 등

동작분석에는 다음과 같은 방법이 있다.

- **메모모션분석**(memo-motion study) : 저속촬영으로 1시간의 작업을 4분에 볼 수 있어 사이클의 긴 작업에 유리한 방법
- **미세동작분석**(micro-motion study) : 작업자의 미세한 동작을 마이크로 크로노미터와 동시에 촬영해서 분석하는 방법
- **사이클그래프**(cycle-graph) : 신체 부위에 부착한 전구를 켠 상태에서 작업자의 동작궤도를 분석하는 방법
- **크로노사이클그래프**(chronocycle-graph) : 신체 부위에 부착한 전구를 점멸시키면서 작업자의 동작궤적을 분석하는 방법
- **스트로보**(strobo) **사진분석** : 1초간에 몇 회 또는 몇 십 회 개폐하는 스트로보 셔터나 동일한 역할을 하는 스트로보 플래시를 사용하여 움직이는 동작을 촬영하는 기법. 야구나 골프의 스윙 폼 등을 교정하는 데 활용되는 기법.
- **아이카메라**(eye camera) **분석** : 눈동자의 움직임을 분석, 기록할 수 있게끔 특수 제작된 아이카메라나 아이마크 레코드(eye mark recorder)를 이용하여 분석하는 방법. 이는 외관 검사작업, 제어판 배치 등의 분석 및 개선에 활용되는 기법.

한편 작업자가 경제적인 동작으로 작업을 수행하는지의 여부는 작업자가 느끼는 피로도 뿐만 아니라 작업능률과도 깊은 관계가 있다. 그러므로 작업자에 의해 수행되는 다양한 동작의 경제성을 고려하고 능률의 제고를 위한 체계적인 접근이 필요한데 이 과정에서 이용할 수 있는 동작경제의 원칙(the principles of motion economy)이 반스(R. M. Barnes)교수에 의해 제시되었다. 이 원칙은 다음과 같은 3개 범주의 22가지 원칙으로 정리하고 있다.

- 신체의 사용에 관한 원칙(use of human body)
- 작업장의 배치에 관한 원칙(arrangement of the workplace)
- 공구 및 설비의 설계에 관한 원칙(design of tools and equipment)

### 신체사용에 관한 원칙(Use of Human Body)

- 양손의 동작은 동시에 시작하고 동시에 끝내야 한다.
- 휴식시간을 제외하고 양손이 동시에 쉬고 있어서는 안 된다.
- 양팔의 동작은 서로 반대이거나 대칭인 방향으로 동시에 이루어져야 한다.
- 손과 몸의 동작은 작업을 가능한 한 만족스럽게 할 수 있도록 간단하게 취해져야 한다.
- 가능한 한 작업자의 노력을 덜기 위해 관성을 이용해야 하나, 관성을 근육의 힘으로 극복해야 하는 작업의 경우에는 관성을 최소로 줄여야 한다.
- 손의 동작은 부드럽고도 연속적이며 곡선적인 동작이 직선으로 움직이다가 갑작스럽게 예각으로 방향을 전환하는 동작보다 유리하다.
- 구속적이거나 통제된 동작보다는 탄도동작이 더 빠르고 용이하며 정확하다.
- 가급적 용이하고 자연스러운 리듬을 타고 일할 수 있도록 작업을 배열한다.
- 작업자 시선의 이동횟수와 이동범위가 가급적 적도록 한다.

### 작업장 배치에 관한 원칙(Arrangement of the Workplace)

- 모든 공구와 재료는 정위치에 놓도록 한다.
- 공구, 재료 및 제어장치는 사용장소에 가급적 가깝게 배치한다.
- 재료를 가급적 사용장소 가까이에 보내려고 할 때는 중력을 이용한 공급상자나 공급용기를 사용한다.
- 가급적이면 낙하투입장치를 이용하도록 한다.
- 재료와 공구는 최선의 동작순서에 따라 배치되어야 한다.
- 충분한 조명을 하여 작업자가 잘 볼 수 있도록 한다.
- 작업대와 의자의 높이는 작업 중에 앉았다 일어섰다 하기가 용이하도록 정한다.
- 각 작업자에게 좋은 자세를 취할 수 있는 모양과 높이의 의자가 제공되어야 한다.

### 공구 및 설비 디자인에 관한 원칙(Design of Tools & Equipment)

- 치구(jig), 고정구(fixture) 또는 발로 조작하는 장치를 사용함으로써 보다 능률적으로 할 수 있는 일에는 손을 사용하지 말아야 한다.
- 가급적이면 여러 개의 공구를 결합하여 하나의 공구로 만든다.
- 공구와 재료는 가급적이면 미리 정위치에 갖다 놓도록 한다.
- 타자를 칠 때와 같이 손가락마다 독특한 동작을 해야 할 경우에는 각 손가락의 능력에 알맞게 작업량을 배정하여야 한다.
- 레버(levers), 크로스 바(cross bars), 핸들(handles)은 작업자가 되도록 몸의 위치를 바꾸지 않으면서 최소의 힘으로 조작할 수 있는 위치에 있어야 한다.

쉬 어 갑 시 다

**폭스바겐 볼프스부르크 공장, 음악소리 덕에 생산효율 '쑥쑥'**

경제투데이, 2011년 9월 20일

지난 15일(현지시간) 독일 하노버시 인근에 위치한 폭스바겐의 볼프스부르크 공장을 찾았다. 이곳은 폭스바겐의 본사가 있는 곳으로 '아우토슈타트'라는 테마 파크로도 유명하다. 그 중심에 있는 폭스바겐 그룹의 심장인 볼프스부르크 공장이 있다.

볼프스부르크 공장을 둘러보기 위해 기차 모양의 투어 버스를 탔다. 걸어다니면서 공장을 살펴보기에는 너무 넓기 때문이다. 실제로 볼프스부르크 공장은 단일공장으로는 세계 최대 규모(부지 650만$m^2$)다.

먼저 차체에 도장을 하는 라인을 둘러봤다. 머리가 아픈 페인트 냄새가 나지 않는다. 먼지 역시 날리지 않아 쾌적한 작업 환경을 유지하고 있다. 천장을 보니 집진기가 쉼 없이 먼지를 빨아들이고 있다.

특히, 솔깃했던 것은 작업장에서 흘러나오는 음악소리다. 기계 소리로 시끄러워야 할 작업장에서 흥겨운 음악이 나온다는 것은 국내 완성차 업체 공장에서는 상상하기 힘든 장면이다. 즐겁게 일하는 현장 분위기가 폭스바겐의 숨겨진 힘일 수도 있겠다는 생각이 들었다.

볼프스부르크 공장의 근로자수는 지난해 기준으로 5만명이다. 폭스바겐과 직간접적으로 관련된 이 지역 인구수는 약 9만명에 이른다. 볼프스부르크 전체 인구가 13만명인 것을 감안하면 폭스바겐 그룹의 지역경제 기여도는 실로 엄청나다.

볼프스부르크 공장에서는 골프, 골프 플러스, 투란, 티구안 등 4개 모델이 생산된다. 지난해 생산량은 74만4000대로, 전 세계 폭스바겐 그룹 산하 공장 60곳 가운데 생산량이 가장 많았다. 생산라인의 총길이는 70km이며, 공장은 3교대로 24시간 가동된다. 하루 생산 가능량은 3500대에 이른다.

볼프스부르크 공장은 지난 1939년 완공된 오래된 자동차 공장 중 하나이지만, 생산 효율성이나 생산량에 있어서는 세계 최고 수준을 유지하고 있다. 생산라인의 95% 이상이 자동화된 것도 폭스바겐의 또 다른 힘이다.

차체 아래의 서스펜션 관련 조립 라인에서는 차가 옆으로 비스듬히 매달린 채 근로자들이 작업을 하고 있다. 라인 위에 차가 있는 컨베이어벨트 시스템과는 달리 텔레스코픽 암이 이동하면서 작업 높이를 조절하고, 좌우로 차를 기울일 수 있기 때문이다.

근로자들의 동작을 인체공학적으로 분석해 가장 편한 자세에서 업무에 임할 수 있도록 배려한 것이다. 드레스덴 공대에서 개발한 이 시스템은 페이톤을 전용 생산하는 드레스덴 투명유리 공장에서 최초로 채택됐다. 이후 그 효율성을 인정받아 본사인 볼프스부르크 공장에도 도입된 것이다.

폭스바겐 볼프스부르크 공장 관계자는 "근로자들이 편하게 작업하도록 차를 기울여 놨다"며 "허리나 목에 부담이 덜 간다"고 설명했다.

볼프스부르크 공장은 향후 10년 이내에 생산량을 100만대 수준으로 향상시키기 위해 지금도 라인 개선 작업이 곳곳에서 이뤄지고 있다. 폭스바겐 그룹이 오는 2018년까지 총 생산량 1100만대를 달성해 세계 1위에 올라서겠다는 '비전 2018'을 달성하기 위해서다. 즐거운 작업환경은 폭스바겐을 지탱하는 든든한 버팀목이 되고 있다.

## 2.2 작업측정

작업측정(work measurement)이란 제조활동에 의하여 산출되는 가치를 그 제조활동의 여러 가지 측면에서 계획, 통제, 조정 등을 하는데 합리적이고 공통적인 척도로 활용할 수 있는 표준시간(standard time)을 측정하는 것을 말한다. 이와 같은 작업측정의 목적은 비생산적인 시간을 제거하는데 있다.

작업측정은 작업자의 성과평가나 필요한 노동력의 계획, 제품의 원가나 가격의 결정, 작업방법의 비교 등과 같은 다양한 목적에 사용될 수 있다. 라이스(R. S. Rice, 1977)가 미국의 1,500개 제조기업을 대상으로 조사한 자료에 의하면, 표준시간의 측정에 이용된 작업측정기법으로는 시간연구법이 가장 많이 사용되고 있으며, 이러한 작업측정 결과는 제품의 원가나 가격의 결정, 임금 인센티브의 설정에서 가장 많이 활용하는 것으로 나타났다.

표준시간은 작업측정을 통해서 설정되는데, 이것은 정해진 한 단위의 일을 정상속도로 수행하는 데 필요한 시간이다. 즉, 표준시간이란 부여된 작업을 올바르게 수행하는데 필요한 숙련도를 지닌 작업자가 주어진 조건하에서 보통의 작업페이스로 작업을 하고 정상적인 피로와 지연을 수반하면서 규정된 질과 양의 작업을 설계된 작업방법에 따라 수행하는데 필요한 시간이다.

[표 2] 작업측정의 용도

| 용도 | 비율(%) |
|---|---|
| • 추정 및 비용계산 | 89 |
| • 임금 인센티브 설정 | 59 |
| • 생산일정계획 수립 | 55 |
| • 성과 측정 | 41 |
| • 인력 및 생산능력계획 수립 | 2 |
| • 기타 | 4 |

출처 : R. S. Rice, "Survey of Work Measurement and Wage Incentives," Industrial Engineering, July, 1977

작업측정 기법에는 여러 가지가 있으나 각 기법마다 적합한 용도가 다르며, 소요비용도 차이가 난다. 가장 널리 쓰이는 작업측정 기법에는 ① 스톱워치법 ② PTS (predetermined time standard)법 ③ 표준자료법 ④ 워크샘플링법 ⑤ 실적기록법 등이 있다.

이상의 5가지 기법 중에서 ①, ②, ③은 주로 반복적인 성격을 지니고 있는 직접노동(direct labour)의 연구에 주로 적용되며, ④, ⑤는 간접노동(indirect labour)에 대한 연구에 많이 쓰인다.

### (1) 스톱워치에 의한 시간연구

스톱워치법은 테일러가 창안한 이후 가장 오래되고 많이 사용되어온 작업측정 방법이다. 해당 작업에 자격을 갖춘 작업자가 정상적인 속도로 작업을 완료하는 동안에 스톱워치라는 도구를 이용하여 소요시간을 측정하고 이것을 근거로 그 작업의 표준시간을 설정하는 것이다.

스톱워치에 의한 표준시간의 설정 절차는 다음과 같다.

① 작업측정 대상 작업을 요소작업(elements)으로 분해
② 각 요소작업시간의 예비관측 실시
③ 원하는 신뢰도와 정도를 고려한 관측횟수의 결정
④ 각 요소작업시간 측정 및 작업수행도 평가(rating)을 통한 정미시간 산정
⑤ 작업 중 수반되는 여유를 고려한 여유율의 결정
⑥ 표준시간의 설정

#### 가. 관측회수의 결정

작업을 측정함에 있어서 신뢰할만한 결과를 얻기 위해서는 관측회수가 충분히 많아야 한다. 일정한 회수의 관측에 의해 작업수행에 소요되는 정확한 시간을 추정하려는 것은 표본추출에 의해 모집단의 특성치를 추정하는 것과 마찬가지이므로 이때는 통계이론을 적용하여 필요한 관측회수를 결정할 수 있다.

그란트(E. L. Grant)가 제안한 방법으로 시간측정 결과를 바람직한 신뢰도 범위 내에서 얻기 위해서 필요한 샘플의 크기, 즉 관측회수($N'$)는 다음 공식에 의해 산출된다.

$$\text{신뢰도 95\%, 정도 ±5\%인 경우} : N' = \left( 40 \frac{\sqrt{n \Sigma X_i^2 - (\Sigma X_i)^2}}{\Sigma X_i} \right)^2$$

신뢰도 95%, 정도 ±10%인 경우 : $N' = \left(20\frac{\sqrt{n\sum X_i^2 - (\sum X_i)^2}}{\sum X_i}\right)^2$

여기서, $N'$ : 필요한 관측횟수

$n$ : 예비 관측횟수

$X_i$: 측정시간

업계에서는 관측에 소요되는 비용과 시간을 고려하는 경우도 있다. 관측회수가 많으면 그만큼 관측비용이 증가하기 때문이다. 백색가전제품의 하나인 세탁기를 생산하고 있는 Maytag사는 적정 관측회수의 결정을 위해 자체적으로 개발한 근사적 견적법을 사용하고 있으며, GE사는 사이클 타임이 40분 이상인 작업은 3회의 관측, 사이클 타임이 0.1분인 작업은 200회를 관측하도록 규정하고 있다.

### 나. 작업수행도 평가

작업의 관측을 통해 표준시간을 설정하는 경우, 관측된 시간치를 그대로 정미시간으로 인정할 수는 없다. 작업방법이 같더라도 작업수행 과정에 작용하는 다양한 변동요인으로 인하여 작업자에 따라 생산량이 다르고 작업속도가 다르기 때문이다.

실제로 관측된 작업속도를 정상적인 기준의 작업속도와 비교한 평정(레이팅)계수(rating factor)로 관측시간치를 정상적인 속도로 수정하는 것을 작업수행도 평가(performance rating) 또는 레이팅(rating)이라고 한다. 이때 일반적으로 적용되는 정상적인 작업속도 기준은 다음과 같다.

- 걷기(walking) : 짐을 들지 않고 4.8㎞(3마일)의 거리를 걸을 때의 발동작
- 카드 돌리기(card) : 52매의 카드를 30초에 돌릴 때의 손동작
- 핀 보드(pin board) : 30개의 구멍에 핀을 24초에 꽂을 때의 손동작

작업수행도 평가를 위해서는 먼저 기준이 되는 정상적인 작업속도를 미리 익혀야 한다. 그리고 시간 관측 중에 요소작업별로 수행도 평가를 실시한 뒤, 그 결과를 평정계수로 나타낸다. 예를 들어서 기준속도를 100으로 하여 실제작업속도를 80(기준보다 20% 느린 경우)이라든가 120(기준보다 20% 빠른 경우) 등으로 표현한다. 이와 같은 값들을 평정(레이팅)계수라고 한다.

$$\text{평정(레이팅)계수} = \frac{\text{실제작업속도}}{\text{정상작업속도}} \times 100 = \frac{\text{평가치}}{\text{기준수행도}} \times 100$$

그 후 실제 관측한 시간에 평정(레이팅)계수를 곱하여 그 요소작업의 정미시간(normal time)으로 삼는다.

$$정미시간 = 관측시간 \times \frac{평정(레이팅)계수}{100}$$

한편, 작업수행도 평가를 위한 방법에는 속도평정법(speed rating), 평준화법(leveling 법), 객관적 평정법(objective rating) 및 합성레이팅법(synthetic rating) 등이 있다.

### 다. 여유시간과 여유율 결정

여유시간이란 작업자의 작업 수행에 있어서 생리적 작용 내지 피로 등에 의한 작업 지연이나 기계 고장, 품절 등으로 작업을 중단할 경우 이로 인한 소요시간을 정미시간에 가산하는 형식으로 보상하는 시간이다. 이러한 여유시간은 불규칙적, 우발적으로 발생하기 때문에 편의상 이들의 발생률이나 평균시간 등을 조사하고 이것을 정미시간에 더하여 표준시간을 산출하는 것이 일반적이다.

여유시간은 대체로 비율(%)의 형식으로 부여되는데, 이를 여유율(allowance in percent)이라고 하고 다음과 같이 구한다.

$$여유율 = \frac{여유시간(allowance\ time)}{정미시간(normal\ time)} \times 100$$

모든 작업에 대해서 공통적으로 감안해 주는 기본적인 여유를 일반여유라고 하며, 개인여유(personal allowance)와 지연여유(delay allowance), 그리고 피로여유(fatigue allowance)가 포함된다.

- **개인여유** : 작업 중 작업자가 생리적 작용에 의해 필요로 하는 용변, 물 마시기, 땀 씻기 등에 소요되는 시간을 보상하기 위한 여유이다. 작업환경에 따라 다른데 2~5%를 부여하는 것이 일반적이다. 경공업에서는 2~3%, 작업환경이 나쁜 경우의 육체노동은 7% 이상을 부여한다.
- **피로여유** : 피로 회복을 위한 휴식 또는 피로에 의한 작업의 지연을 보상하기 위한 여유이다. 노동의 강도에 따라 여유율이 다른데 일반적으로 중노동의 경우 20~30%. 경노동의 경우 5~10%를 부여한다.
- **지연여유** : 작업 중에 작업자의 의지와 관계없이 어쩔 수 없이 작업이 지연되는 경우나 관리상 발생하는 불가피한 지연을 보상하기 위한 여유이다. 작업시간의 3~5%를 부여하는데, 작업 중 급유나 공구 찾기, 기계고장 및 정비 등으로 인한 지연이 이에 속한다.

이외에도 작업의 특수성이나 작업편성 등과 같은 특별한 사정으로 인한 지연을 보상하기 위한 특수여유가 있다. 특수여유에는 기계간섭 여유, 조 여유, 소로트 여유, 장사이클 여유 등이 있다.

- **기계간섭 여유** : 작업자 한 명이 동일한 기계를 여러 대 담당할 경우 기계간섭이 발생하여 생산량이 불가피하게 감소되는 것을 보상하기 위한 여유.
- **조 여유** : 컨베이어 작업처럼 작업자가 조(group)가 되어 작업을 행할 경우 상호작용을 동기화시키기 위하여 발생하는 지연을 보상하기 위한 여유.
- **소로트 여유** : 생산로트 사이즈가 작기 때문에 정상적인 작업 페이스를 유지하기가 곤란하게 되는 것을 보상해 주기 위한 여유.
- **장사이클 여유** : 작업 사이클이 길기 때문에 발생하는 작업의 변동이나 육체적 어려움 및 복잡성을 보상하기 위한 여유.

### 라. 표준시간의 설정

표준시간(standard time)이란 부여된 작업을 올바르게 수행하는데 필요한 숙련도를 지닌 작업자가 주어진 조건하에서 보통의 작업페이스로 작업을 하고, 정상적인 피로와 지연을 수반하면서 규정된 질과 양의 작업을 설계된 작업방법에 따라 1단위의 작업량을 완성하는데 필요한 시간이다.

표준시간의 설정은 외경법과 내경법에 의해 이루어지는데, 이와 같은 방법의 구분은 여유율 설정의 차이에서 비롯된다. 먼저, 외경법에서는 정미시간에 대한 여유시간의 비율을 사용하며, 이때 표준시간은 다음과 같이 구한다. ILO(국제노동기구)의 여유율도 이 방법에 따른다.

$$\text{여유율} = \frac{\text{여유시간}}{\text{정미시간}} \times 100$$

$$\text{표준시간} = \text{정미시간} \times (1 + \text{여유율})$$

내경법에서의 여유율은 실동시간에 대한 여유시간의 비율을 사용하며, 이때의 표준시간은 다음과 같이 산출한다.

$$\text{여유율} = \frac{\text{여유시간}}{\text{실동시간}} \times 100 = \frac{\text{여유시간}}{\text{정미시간} + \text{여유시간}} \times 100$$

$$\text{표준시간} = \text{정미시간} \times \left( \frac{1}{1 - \text{여유율}} \right)$$

### (2) PTS법

PTS법은 사람이 수행하는 작업이나 작업방법을 기본적으로 분석하고, 각 기본동작에 대하여 그 성질과 조건에 따라 이미 정해진 기초시간치를 적용하여 알고자 하는 작업동작 또는 운동의 시간치를 구하고 이를 집계하여 작업의 정미시간을 구하는 방법이다. 이 방법을 적용하여 구한 시간치는 작업의 정미시간이므로 PTS법을 적용해서 표준시간을 구할 때는 별도의 수행도 평가(레이팅)는 필요 없지만 여유율은 산정해 주어야 한다. WF(Work Factor)법과 MTM(Method Time Measurement)법이 PTS법의 대표적인 기법인데, 모든 PTS법에 공통적으로 적용되는 가정은 다음과 같다.

① 사람이 통제하는 작업은 한정된 수의 기본동작으로 구성되어 있다.
② 각 기본동작의 소요시간은 몇 가지 시간 변경요인에 의하여 결정된다. 이것은 누가, 언제, 어디서 동작을 해도 변동요인만 같다면 그 소요시간은 미리 정해 놓은 기준 시간치와 동일하다.
③ 작업소요시간은 그 동작을 구성하고 있는 각 기본동작의 기준 시간치 합계와 동일하다.

#### 가. WF법

미국 필라델피아에 소재하는 Philco Radio Co.의 노동조합에서 종래 스톱워치법을 적용해서 산출했던 표준시간을 불신함에 따라 객관적이며 레이팅이 필요없는 새로운 표준시간 설정법이 필요하게 되었다. 1934년~1938년에 걸쳐 퀵(J. H. Quick)을 중심으로 한 연구팀이 새로운 방법을 만들어 낸 후, 1938년부터 1946년에 이르기까지 미국 RCA(Radio Corporation of America)의 현장작업 적용을 거쳤으며, 그 결과를 Factory Management and Maintenance 라는 잡지에 "Motion-Time Standards"라는 이름으로 발표된 이후 WF법이 본격적으로 보급되기 시작하였다.

WF법은 인간의 육체적 동작시간에 영향을 미치는 주요변수로서, 최소한도의 인위적 조절에 의해 수행할 수 있는 '기초 동작'과 기초 동작을 방해하여 시간치를 증가시키는 'Work Factor'로 구성하고 있다. 여기서 기초 동작이란 신체부위를 이용하여 주어진 거리에서 동작할 경우의 곤란도 내지 정도를 말하며, Work Factor란 어떤 동작이 ⓐ 중량 또는 저항 및 ⓑ 인위적 조절을 포함할 경우 기초 동작에 추가하는 시간의 지수로 사용하는 단위이다.

WF법에서는 인간이 작업시간을 통제하는 작업의 경우 다음과 같은 4가지 요인에 의해서 동작시간이 좌우된다.

[표 3] WF법의 비교

| 종류 | 사용 시간단위 | 적용범위 | DWF와의 상대적 정확도 |
|---|---|---|---|
| DWF (Detailed WF) | 1WFU=0.0001분 (1/10,000분) | 작업주기가 매우 짧은 작업 특히 0.15분 이하인 대량생산 작업 | - |
| SWF (Simplified WF) | 1WFU=0.0001분 (1/10,000분) | 작업주기가 1분 이상인 작업 | 오차가 ±5% 이내 |
| AWF (Abbreviated WF) | 1AU=0.005분 | 작업주기가 12분 이상인 작업 단, 2분 이하에는 적용 불가 | 오차가 ±10%~12%이내 |
| RWF (Ready WF) | 1RU=0.001분 | 작업주기가 0.1분 이상인 작업 | 오차가 ±5% 이내 |

① 동작 신체부위 - 손가락 또는 손(finger, hand : F, H), 팔(arm : A), 앞팔 회전(forearm swivel : FS), 몸통(trunk : T), 발(foot : FT), 다리(leg : L), 머리회전(head turn : HT)
② 움직인 거리(이동거리) - 동작의 시점과 종점의 직선거리를 인치(inch)로 표시
③ 취급물의 중량 또는 저항 - 대부분 파운드(lb)로 측정한 후 WF로 변환하여 표시
④ 인위적 조절 - 동작의 난이도 또는 곤란성을 4가지 Work Factor를 사용하여 표시

- 일정한 정지(D : definite stop) - 의식적으로 동작을 정지시키는 동작
- 방향의 조절(S : steering) - 목표물을 향해 방향을 유도시키는 동작
- 방향의 변경(U : change of direction) - 장애물을 피하기 위해 동작과 방향을 변경
- 주의(P : precaution) - 파손 또는 상해를 방지하기 위해 육체적으로 동작을 조절

### 나. MTM법

인간이 수행하는 작업을 기본동작으로 분석하고 각 기본동작의 성질과 조건에 따라 미리 정해진 시간치를 적용하여 작업의 정미시간을 구하는 방법으로, 1948년 미국의 웨스팅하우스에서 메이나드(H. B. Maynard) 등에 의해서 개발되었다. 여기서 'Method-Time'의 의미는 작업수행방법을 먼저 파악한 후 이 결과에 따라서 작업시간치가 결정된다는 것을 의미한다.

인간이 수행하는 작업이란 눈, 몸체, 다리, 발동작과 함께 손가락, 손, 손목, 팔로 이루어지는 인체동작을 의미한다. 또한 동작의 성질이란 동작을 할 때 어느 정도의 정확성 내지 컨트롤이 필요한지를 말하며, 조건이란 다루는 대상물의 크기, 모양, 무게, 허용공차 등과 같은 상황을 의미한다. MTM법에는 다음과 같은 것이 있다.

- MTM-1 : 처음 개발된 것으로 가장 정확하고 세밀하게 작업을 분석할 수 있는 방법

- MTM-2 : 정확성은 떨어지지만 생산주기가 어느 정도 큰 작업에 적당한 방법
- MTM-3 : 생산주기가 길고 조업시간이 짧은 작업에 적당한 방법

[표 4] '손 뻗기 동작'의 MTM 자료표

| 운반거리 (인치) | 시간치(TMU) | | | | 손이 이동 중인 경우 | | 사례설명 |
|---|---|---|---|---|---|---|---|
| | A | B | C · D | E | A | B | |
| 3/4이하 | 2.0 | 2.0 | 2.0 | 2.0 | 1.6 | 1.6 | A. 정해진 위치의 목적물에 또는 다른 쪽 손에 있는 목적물에 손을 뻗침 |
| 1 | 2.5 | 2.5 | 3.6 | 2.4 | 2.3 | 2.3 | |
| 2 | 4.0 | 4.0 | 5.9 | 3.8 | 3.5 | 2.7 | |
| 3 | 5.3 | 5.3 | 7.3 | 5.3 | 4.5 | 3.6 | B. 작업을 반복할 때마다 조금씩 위치가 변하는 목적물에 손을 뻗침 |
| 4 | 6.1 | 6.4 | 8.4 | 6.8 | 4.9 | 4.3 | |
| 5 | 6.5 | 7.8 | 9.4 | 7.4 | 5.3 | 5.0 | |
| 6 | 7.0 | 8.6 | 10.1 | 8.0 | 5.7 | 5.7 | |
| 7 | 7.4 | 9.3 | 10.8 | 8.7 | 6.1 | 6.5 | C. 난잡하게 놓여진 목적물에 손을 뻗침 |
| 8 | 7.9 | 10.1 | 11.5 | 9.3 | 6.5 | 7.2 | |
| 9 | 8.3 | 10.8 | 12.2 | 9.9 | 6.9 | 7.9 | D. 대단히 작거나 바르게 잡는 것이 필요한 목적물에 손을 뻗침 |
| 10 | 8.7 | 11.5 | 12.9 | 10.5 | 7.3 | 8.6 | |
| 12 | 9.6 | 12.9 | 14.2 | 11.8 | 8.1 | 10.1 | |
| 14 | 10.5 | 14.4 | 15.6 | 13.0 | 8.9 | 11.5 | |
| 16 | 11.4 | 15.8 | 17.0 | 14.2 | 9.7 | 12.9 | E. 손을 신체의 균형이 잡히게 뻗거나, 다음 동작으로 옮길 위치에 놓거나, 또는 자유스럽게 놓기 위해 막연한 위치로 뻗침 |
| 18 | 12.3 | 17.2 | 18.4 | 15.5 | 10.5 | 14.4 | |
| 20 | 13.1 | 18.6 | 19.8 | 16.7 | 11.3 | 15.8 | |
| 24 | 14.9 | 21.5 | 22.5 | 19.2 | 12.9 | 18.8 | |
| 30 | 17.5 | 25.8 | 26.7 | 22.9 | 15.3 | 23.2 | |

MTM은 매초 16프레임으로 촬영한 필름으로 동작을 분석했기 때문에 1프레임에 소요되는 시간치는 1/16초 즉, 0.00001736시간이 되지만 여기서는 0.00001시간을 기본 단위로 사용하며, 이를 1 TMU(Time Measurement Unit)라고 한다.

미국의 MTM협회에서는 기본요소 동작별로 10가지의 자료표를 제정하였는데, '손 뻗기 동작'의 예를 살펴보면 (표 4)와 같다. 여기서 사용하는 시간치는 TMU이다.

### (3) 워크 샘플링법

워크 샘플링(work sampling)법은 통계적 샘플링 방법을 이용하여 작업자의 활동, 기계의 활동, 물건의 시간적 추이·비율 등의 상황을 통계적·계량적으로 파악하여 작업의 개선 및 여유율을 설정하고자 하는 작업측정의 한 기법이다.

1927년 영국의 티펫(L. H. C. Tippett)에 의해 고안되고 처음으로 직물공장을 대상

으로 적용된 이 방법은 대상 작업(기계 또는 작업자)에 대한 정보를 다른 어떤 수단보다도 가장 짧은 시간 내에 저렴한 비용으로 유의한 정보를 얻을 수 있다는 장점이 있다. 이렇게 얻은 정보는 여유율 및 가동률의 산정, 업무개선과 정원 설정, 표준시간의 설정 등에 활용된다.

워크 샘플링법이 지닌 주요 특징은 다음과 같다.

① 한 사람이 다수의 작업을 관측할 수 있다.
② 관찰 대상자가 의식적으로 행동하는 일이 적으므로 결과의 신뢰도(정확도)가 높다.
③ 노력과 비용이 적게 든다.
④ 개개 작업에 대한 깊은 연구는 곤란하다.
⑤ 관찰 대상자가 작업장을 떠났을 경우에는 그 행동을 알 수 없다.

### 가. 워크 샘플링법의 기본개념

워크 샘플링을 적용하는 방법을 간단히 살펴보면, 임의의 시점에서 관측 대상을 순간적으로 관측하여 그 대상이 처해 있는 상황(A)을 파악하여 항목별로 기록한다. 계획된 관측횟수 만큼의 관측이 끝난 후 항목별 관측횟수를 총 관측횟수로 나누면 그 항목이 관측기간 동안 차지한 비율을 추정할 수 있다.

$$p = A\text{항목의 시간비율}(\%) = \frac{A\text{항목이 관측된 횟수}}{\text{총 관측횟수}} \times 100(\%)$$

워크 샘플링법을 이용하면 어떤 작업자를 관측할 때 그가 '작업상태'인지 '유휴상태'인지를 기록하고, 각각의 비율을 총 관측횟수에 대해 산출하여 전체 작업시간의 비율을 추정할 수 있다. 예를 들어서 총 관측횟수 40회 중 '작업상태'가 36회, '유휴상태'가 4회였다면, 이 작업자의 작업시간 비율은 90%이며, 1일 480분 근무시간 중 432분 동안 작업에 임했다고 추정할 수 있는 것이다.

### 나. 관측횟수 결정

워크 샘플링은 통계적인 추정이므로 관측의 정확도를 결정하는 것은 대단히 중요한데, 이 정확도는 관측횟수와 밀접한 관계를 가지고 있다. 관측횟수는 관측하는 시간과 비용을 결정하므로 정확도를 만족시키는 경제적 관측횟수를 결정하는 것이 중요하다.

일반적으로 대부분의 측정에 있어서 정확도는 ±5%의 정확도가 가장 적절한 것으로 평가되고 있다. 이것은 이항분포의 백분율로 표시되는 표준편차로 나타내며 관측횟수(N)를 결정하는 공식은 다음과 같다.

① 상대오차 $Sp = Z\sqrt{\frac{p(1-p)}{N}}$ 를 기준으로 할 때

$$N = \frac{Z^2(1-p)}{S^2 p}$$

$S$: 상대오차
$p$: 총 작업시간에 대한 작업 또는 지연비율
$N$: 관측횟수(샘플크기)
$Z$: 정규분포표의 신뢰수준
(예) $Z=1$ 이면 68.27%
$Z=2$ 이면 95.45%
$Z=3$ 이면 99.73%

② 절대오차 $e = Z\sqrt{\frac{p(1-p)}{N}}$ 를 기준으로 할 때

$$N = \frac{Z^2 p(1-p)}{e^2}$$

### 다. 표준시간의 산출

워크 샘플링에 의한 표준시간의 산정은 관측된 시간비율, 작업수행도 평정치(rating) 및 여유율을 고려하여 다음과 같은 공식에 의해 산출한다.

$$\text{표준시간} = \frac{\text{총작업시간} \times \text{작업시간비율}(\%) \times \text{작업수행도평정치}(\%)}{\text{총생산량}} \times \left(\frac{1}{1-\text{여유율}}\right)$$

예를 들어 선반작업자의 1일 작업시간이 480분, 워크 샘플링에 의한 작업시간 비율이 65%로 파악되었다고 하자. 이때 작업자의 작업수행도 평정 결과 90% 수준이었으며, 이 작업에 대한 여유율은 15%를 부여하기로 하였다. 1일 작업 수행결과 제품생산량이 200개였을 때 이 작업에 대한 표준시간을 산정하면 다음과 같다.

$$\text{표준시간} = \frac{480 \times 0.65 \times 0.9}{200} \times \left(\frac{1}{1-0.15}\right) = 1.65(\text{분/개})$$

## 2.3 학습곡선

### (1) 학습곡선의 개념

인간의 활동은 동일한 것을 반복하여 수행하는 경험을 쌓아감에 따라 그 일을 처리하는 능력이 향상되는 것으로 알려져 있다. 따라서 한 가지의 작업에 소요되는 작업시

간은 그 작업을 반복함에 따라 감소된다. 만약 어떠한 제품의 사용방법이 단순한 것이면 몇 번만 반복하여도 학습효과는 나타나지만, 복잡하고 어려운 제품에 대해서는 장기간에 걸쳐 오랜 시간 동안 반복한 후에 학습의 성과로 작업 싸이클 당 시간이 점차 짧아지게 될 것이다. 이러한 능률증대 현상을 학습효과(learning effect)라고 하며 그 효과를 수학적 모델로 표시한 것이 학습곡선(learning curve) 또는 공수체감곡선(time reduction curve)이다.

학습효과는 1936년 라이트(T. P. Wright)가 처음으로 개념화 한 것으로서, 항공기의 동체 제조에서 누적생산량이 증가함에 따라 항공기 당 총 직접노동의 투입량이 상당한 정도의 규칙성을 보이면서 감소한다는 것을 발견하면서 개발되었다. 그가 확인한 바에 따르면 항공산업에서는 생산량이 2배로 증가할 때마다 누적평균생산시간은 20% 감소된다는 것이었다. 이것은 곧 학습효과가 20%임을 의미하며, 학습률(rate of learning) 80%로 설명한다.

이후 학습곡선의 개념은 누적 생산량과 그 비용의 수학적 관계를 설명하기 위해 사용되기 시작하였으며, 현재는 생산량과 비용의 관계를 예측해 주는 도구로도 사용되고 있다.

학습률의 크기에 따라 학습곡선은 달리 나타나는데 학습률이 낮을수록 곡선의 깊이, 즉 학습효과는 높다. 학습률은 보통 60~85%에 이르는데, 일반적인 학습률은 80%이다.

예를 들어 학습률이 80%이고 첫 번째 단위의 제품 생산에 100시간이 소요된다고 하자. 현 생산량의 2배인 2개를 생산하는데 필요한 누적평균생산시간은 100×0.8=80 시간이 되며, 2개를 생산하기 위한 총생산시간은 80×2=160 시간이 된다. 또한 현 생산량의 2배인 4개를 생산할 때의 누적평균생산시간은 80×0.8=64 시간이며, 제품 4개의 총생산시간은 64×4=256 시간이 된다. (표 5)와 (그림 5)는 이와 같은 내용을 정리한 것이다.

[표 5] 학습률 80%하에서의 생산시간

| 생산량 ($x$) | 누적평균생산시간($y$) | 총생산시간($T$) |
|---|---|---|
| 1 | 100.00 | 100.00 |
| 2 | 80.00 | 160.00 |
| 4 | 64.00 | 256.00 |
| 8 | 51.20 | 409.60 |
| 16 | 40.96 | 653.36 |
| 32 | 32.77 | 1,048.64 |
| 64 | 26.21 | 1,677.44 |
| 128 | 20.79 | 2,684.16 |
| 256 | 16.78 | 4,295.68 |

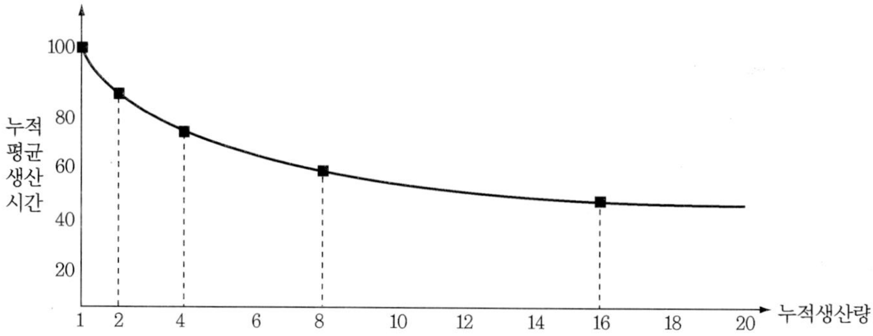


〈그림 5〉 80% 학습곡선

참고적으로 (그림 6)은 BCG(Boston Consulting Group)의 연구를 통해 확인할 수 있었던 학습곡선의 예를 정리해 보여주고 있는데, 산업용 플라스틱 제품의 학습률은 75%임을 확인할 수 있다. BCG와 다른 학자들의 연구에 따르면 대체로 학습률은 20~30% 정도이며, 학습곡선의 효과는 여러 산업에서 유효한 것으로 나타나고 있다.

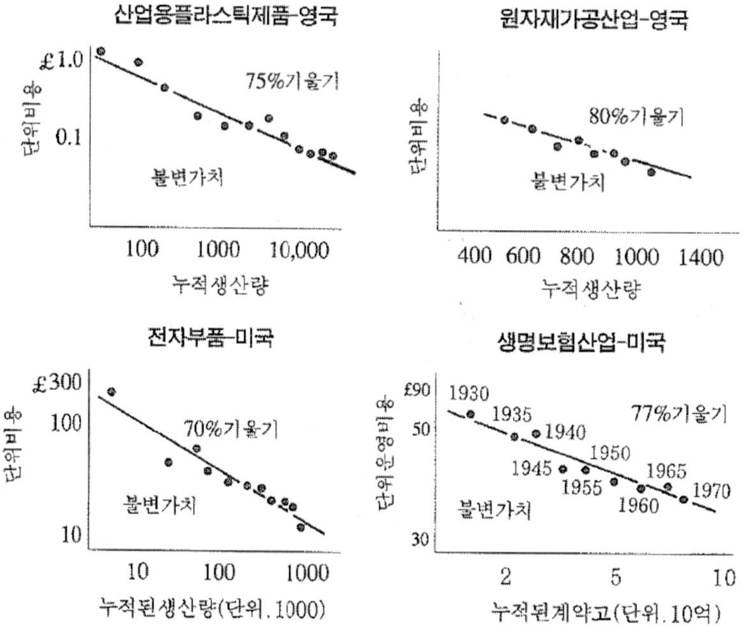


출처 : Barry Hedley, "A Fundamental Approach to Strategy Development," Long Range Planning, Dec. 1976, p.4

〈그림 6〉 BCG사 연구에서 본 학습곡선의 몇 가지 예

### (2) 학습곡선 공식

학습곡선은 생산량을 늘림에 따라서 단위당 작업시간, 즉 공수(man hour)가 지수함수적으로 감소한다는 가정에 입각하고 있다. 이를 함수식으로 공수와 생산량의 관계에서 정리하면 다음과 같다.

$$Y_n = Y_1 \cdot n^R$$

여기서, $Y_n = n$ 번째 단위를 생산하는데 소요되는 시간(즉, 누적평균생산시간)

$n =$ 누적 생산수량(또는 고려되는 시점의 생산량)

$Y_1 =$ 첫 번째 제품 생산에 소요된 시간

$b =$ 학습률(%)

$$R = \frac{\log b}{\log 2}$$

예를 들어, 어떤 사용자가 새로운 휴대폰을 구입하여 전화번호를 저장하는 작업을 수행하는 경우, 처음 작업할 때 소요시간이 90초이고 학습률이 80%라고 하자. 10번째 반복작업의 작업수행시간을 예측하면 다음과 같다.

학습률 80%일 때 학습곡선의 기울기를 나타내는 지수 $R$은

$$R = \frac{\log b}{\log 2} = \frac{\log 0.8}{\log 2} = \frac{-0.09691}{0.30103} = -0.3219$$

이다. 따라서 10번째 반복하는 전화번호 저장 작업에 소요되는 시간은

$$Y_{10} = 90 \cdot 10^{-0.3219} = 42.89(\text{초})$$

가 될 것으로 예상할 수 있다.

$n$번째 단위를 생산하는데 소요되는 시간을 산출하기 위해 학습곡선 공식을 이용하는 대신에 (표 6)과 같은 학습곡선계수표를 이용하면 계산이 간편하다. 이 표에서는 단위번호 $n$과 학습률 $b$가 주어지면 그에 해당하는 단위시간계수와 총시간계수를 찾을 수 있다. 이 계수들을 첫 번째 단위의 생산소요시간($Y_1$)에 곱해주면 $n$번째 단위의 생산에 소요되는 시간($Y_n$)과 $n$번째 단위까지의 총 생산시간($\sum_{i=1}^{n} Y_i$)을 알 수 있다.

다음의 예제를 통해 살펴보기로 하자.

한국항공(주)에서는 소형제트기 20대를 주문, 제작하기로 계획하고 있다. 최초의 제트기를 생산하는데 400일이 소요되었다. 과거의 경험에 비추어 학습률은 80%임을

[표 6] 학습곡선 계수(learning curve coefficients)

| 단위번호 | 70% | | 75% | | 80% | | 85% | | 90% | |
|---|---|---|---|---|---|---|---|---|---|---|
| | 단위시간 | 총시간 | 단위시간 | 총시간 | 단위시간 | 총시간 | 단위시간 | 총시간 | 단위시간 | 총시간 |
| 1 | 1.000 | 1.000 | 1.000 | 1.000 | 1.000 | 1.000 | 1.000 | 1.000 | 1.000 | 1.000 |
| 2 | .700 | 1.700 | .750 | 1.750 | .800 | 1.800 | .850 | 1.850 | .900 | 1.900 |
| 3 | .568 | 2.268 | .634 | 2.384 | .702 | 2.502 | .773 | 2.623 | .846 | 2.746 |
| 4 | .490 | 2.758 | .562 | 2.946 | .640 | 3.142 | .723 | 3.345 | .810 | 3.556 |
| 5 | .437 | 3.195 | .513 | 3.459 | .596 | 3.733 | .686 | 4.031 | .783 | 4.339 |
| 6 | .398 | 3.593 | .475 | 3.934 | .562 | 4.299 | .657 | 4.688 | .762 | 5.101 |
| 7 | .367 | 3.960 | .446 | 4.380 | .534 | 4.834 | .634 | 5.322 | .744 | 5.845 |
| 8 | .343 | 4.303 | .422 | 4.802 | .512 | 5.346 | .614 | 5.936 | .729 | 6.574 |
| 9 | .323 | 4.626 | .402 | 5.204 | .493 | 5.839 | .597 | 6.533 | .716 | 7.290 |
| 10 | .306 | 4.932 | .385 | 5.589 | .477 | 6.315 | .583 | 7.116 | .705 | 7.994 |
| 11 | .291 | 5.223 | .370 | 5.958 | .462 | 6.777 | .570 | 7.686 | .695 | 8.689 |
| 12 | .278 | 5.501 | .357 | 6.315 | .449 | 7.227 | .558 | 8.244 | .685 | 9.374 |
| 13 | .267 | 5.769 | .345 | 6.660 | .438 | 7.665 | .548 | 8.792 | .677 | 10.052 |
| 14 | .257 | 6.026 | .334 | 6.994 | .428 | 8.092 | .539 | 9.331 | .670 | 10.721 |
| 15 | .248 | 6.274 | .325 | 7.319 | .418 | 8.511 | .530 | 9.861 | .663 | 11.384 |
| 16 | .240 | 6.514 | .316 | 7.635 | .410 | 8.920 | .522 | 10.383 | .656 | 12.040 |
| 17 | .233 | 6.747 | .309 | 7.944 | .402 | 9.322 | .515 | 10.898 | .650 | 12.690 |
| 18 | .226 | 6.973 | .301 | 8.245 | .394 | 9.716 | .508 | 11.405 | .644 | 13.334 |
| 19 | .220 | 7.192 | .295 | 8.540 | .338 | 10.104 | .501 | 11.907 | .639 | 13.974 |
| 20 | .214 | 7.407 | .288 | 8.828 | .381 | 10.485 | .495 | 12.402 | .634 | 14.608 |
| 21 | .209 | 7.615 | .283 | 9.111 | .375 | 10.860 | .490 | 12.892 | .630 | 15.237 |
| 22 | .204 | 7.819 | .277 | 9.388 | .370 | 11.230 | .484 | 13.376 | .625 | 15.862 |
| 23 | .199 | 8.018 | .272 | 9.660 | .364 | 11.594 | .479 | 13.856 | .621 | 16.483 |
| 24 | .195 | 8.213 | .267 | 9.928 | .359 | 11.954 | .475 | 14.331 | .617 | 17.100 |
| 25 | .191 | 8.404 | .263 | 10.191 | .355 | 12.309 | .470 | 14.801 | .613 | 17.713 |
| 26 | .187 | 8.591 | .259 | 10.440 | .350 | 12.659 | .466 | 15.267 | .609 | 18.323 |
| 27 | .183 | 8.774 | .255 | 10.704 | .346 | 13.005 | .462 | 15.723 | .606 | 18.929 |
| 28 | .180 | 8.954 | .251 | 10.955 | .342 | 13.347 | .458 | 16.186 | .603 | 19.531 |
| 29 | .177 | 9.131 | .247 | 11.202 | .338 | 13.685 | .454 | 16.640 | .599 | 20.131 |
| 30 | .174 | 9.305 | .244 | 11.446 | .335 | 14.020 | .450 | 17.091 | .596 | 20.727 |
| 31 | .171 | 9.476 | .240 | 11.686 | .331 | 14.351 | .447 | 17.538 | .593 | 31.320 |
| 32 | .168 | 9.644 | .237 | 11.924 | .328 | 14.679 | .444 | 17.981 | .590 | 21.911 |
| 33 | .165 | 9.809 | .234 | 12.158 | .324 | 15.003 | .441 | 18.422 | .588 | 22.498 |
| 34 | .163 | 9.972 | .231 | 12.389 | .321 | 15.324 | .437 | 18.859 | .585 | 23.084 |
| 35 | .160 | 10.133 | .229 | 12.618 | .318 | 15.643 | .434 | 19.294 | .583 | 23.666 |
| 36 | .158 | 10.291 | .226 | 12.844 | .315 | 15.958 | .432 | 19.725 | .580 | 24.246 |
| 37 | .156 | 10.447 | .223 | 13.067 | .313 | 16.271 | .429 | 20.154 | .578 | 24.824 |
| 38 | .154 | 10.601 | .221 | 13.288 | .310 | 16.581 | .426 | 20.580 | .575 | 25.399 |
| 39 | .152 | 10.753 | .219 | 13.507 | .307 | 16.888 | .424 | 21.004 | .573 | 25.972 |
| 40 | .150 | 10.902 | .216 | 13.723 | .305 | 17.193 | .421 | 21.425 | .571 | 26.543 |

알고 있을 때 (a) 20번째 제트기 생산에 소요되는 일수와 (b) 20대의 제트기를 모두 생산하는데 걸리는 총 소요일수를 예측하라.

(표 6)에서 $n = 20$, $b = 80\%$ 일 때의 단위시간과 총시간의 계수를 확인하면 각각 0.381과 10.485임을 알 수 있다. 따라서

(a) 20번째 제트기 생산에 소요되는 일수 : 400×0.381=152.4(일)

(b) 20대의 제트기를 모두 생산하는데 걸리는 총 소요일수 : 400×10.485=4,194(일)

이와 같은 학습곡선은 공수계획을 비롯한 일정계획, 인력소요계획, 표준시간 설정, 능력계획, 원가견적, 가격결정, 경험곡선 등에 이용할 수 있다. 그러나 학습현상은 작업의 반복 내지 생산량의 증가에 따른 숙련에 의해 일어나기 때문에 생산량이 아주 적거나 작업개선의 여지가 적은 기존 제품이나 대부분 기계로 처리되는 작업에는 적용하기 어렵다는 제약점도 있다.

## 요약

- 직무란 한 사람이 조직 내에서 담당하고 있는 업무의 총 범위를 의미하며, 직무설계란 이와 같은 직무를 수행하는데 필요한 직무의 내용과 직무에 필요한 종업원의 숙련도 및 교육훈련에 대한 명세서를 만드는 것을 의미한다.

- 직무전문화란 직무를 좁은 범위의 과업으로 국한하고 높은 반복성을 갖도록 하는 것을 의미하며, 직무확대는 과도한 분업화에 따르는 업무의 단조감을 시정하기 위해 직무의 완결성이 제고되도록 전문화된 직무를 재편성하여 할당되는 과업의 수를 수평적으로 확장하는 것을 의미한다. 직무충실화는 직무의 수직적 확장으로서 작업자의 책임성과 자율성을 제고하고 직무수행에 관한 피드백이 원활히 이루어지도록 직무 내용뿐만 아니라 책임수준까지 바꾸는 직무의 개편이 따른다. 직무순환은 작업자들을 일정한 근무기간이 경과되면 타 부서 또는 직무로 이동시키는 방법이며, 팀 빌딩이란 집단이 과제를 달성하는 방식을 개선하도록 도움을 주고 집단구성원들이 대인기술과 문제해결기술을 강화하도록 도움을 주는 광범위한 계획적 활동을 말한다.

- 작업관리란 제품 및 서비스의 생산과 관련된 작업방법을 조사, 연구하여 보다 나은 작업방법을 발견하고, 특정한 작업을 수행하는데 필요한 표준시간을 설정하며 생산성 향상을 도모하는데 그 목적을 두고 있다.

- 방법연구는 공장이나 작업장의 배치를 개선하고 설비의 디자인을 개량하고 작업환경을 개선하여 작업자의 피로를 덜게 함으로써 노동의 이용을 유효하게 하며 공정의 합리화를 이룩하는 데 그 목적이 있는데, 이때 적용되는 기법에는 공정분석, 작업분석, 동작분석 등이 있다.

- 작업측정이란 제조활동에 의하여 산출되는 가치를 그 제조활동의 여러 가지 측면에서 계획, 통제, 조정 등을 하는데 합리적이고 공통적인 척도로서 시간을 측정하는 것이다. 이와 같은 작업측정의 목적은 비생산적인 시간을 제거하는데 있다. 작업측정 기법에는 스톱워치법, PTS(predetermined time standard)법, 표준자료법, 워크샘플링법, 실적기록법 등이 있다.

- 학습곡선은 단위당 공수와 생산량과의 관계를 나타내며, 학습곡선에서 단위당 작업시간(공수)은 생산량이 2배가 될 때마다 학습률의 비율로 줄어든다. 생산량의 증가에 따라 효율성이 향상되는 현상을 학습곡선효과 또는 공수체감현상이라고 한다.

# 토의문제

1. 직무확대와 직무충실화의 차이점을 설명하라.

2. 작업시간 측정의 목적과 측정방법을 간략히 설명하라.

3. 공정분석에 이용되는 기본기호를 제시하고 설명하라.

4. 동작경제의 원칙 3가지를 제시하고 22가지의 세부내용을 설명하라. 또한 실제 생활에서 살펴볼 수 있는 예를 찾아서 제시하라.

5. 작업측정의 목적을 설명하고, 표준시간을 정의하라.

6. 워크샘플링법의 장점은 무엇인가 설명하라.

7. 관측시간의 대표치가 100초이고 여유율이 20(%)일 때, 외경법과 내경법을 적용한 표준시간을 구하라. (단, 레이팅 값은 120%이다.)

8. 사이클 타임이 1분 이하로 10회의 예비관찰을 행하여 다음 데이터를 얻었다. 소요정도 ±10%의 관측횟수를 E. L. Grant방식에 의해 구하면 얼마인가?

| 요소작업/예비관측 | 1 | 2 | 3 | 4 | 5 | 6 | 7 | 8 | 9 | 10 | 합계 |
|---|---|---|---|---|---|---|---|---|---|---|---|
| 작업소요시간(초) | 5 | 6 | 7 | 5 | 6 | 8 | 6 | 7 | 5 | 6 | 59 |

9. 어느 비행기 제조회사의 학습률은 90%이며, 첫 번째 제품 생산에 5,000시간이 소요된다고 한다.
   (1) 10번째 단위를 생산할 때 소요되는 시간은 얼마인가?
   (2) 10번째 단위까지의 총소요시간은 얼마인가?
   (2) 모두 30단위를 생산할 때 단위당 평균 생산소요시간은 얼마인가?

제 10 장

# 생산계획

## 01 생산계획의 개요

### 1.1 생산계획의 주요 개념

생산계획(production planning)은 시장의 수요에 대응하여 생산량을 시간적, 수량적으로 조절해 나가는 계획과정을 의미한다. 즉, 주문이나 판매예측을 토대로 생산하려는 제품의 종류와 수량, 가격 등과 함께 생산방법, 장소 및 일정 등에 관하여 가장 경제적이고 합리적인 예정(계획)을 세우는 것을 말한다.

시장의 수요는 가격이나 광고, 신제품개발, 계절적인 요인 등으로 인하여 항상 변동한다. 따라서 생산관리자는 변동하는 시장의 수요에 대하여 생산시스템의 능력을 효율적으로 활용하고, 장·단기적으로 생산능력을 효과적으로 조정해야 할 책임을 지니게 된다.

수요 변동에 대응하는 장기적, 전략적인 접근은 기업의 정책적인 의사결정에 따라서 이루어지는 생산시설의 증감이라는 결과로 나타나지만, 단기적인 대응책으로는 현재 보유하고 있는 생산능력을 최대한으로 활용하는 방법을 모색하는 것으로 표출된다.

생산관리자는 변동하는 수요에 대응하여 생산능력을 효율적으로, 그리고 최대한 활용해야 하는데, 생산율을 조정한다는 것은 쉽게 생각하고 취급할 수 있는 단순한 문제가 아니다. 왜냐 하면, 생산시스템은 생산되는 품목의 수, 생산율, 고용상태, 재고, 기계, 자재 등 여러 가지 생산요인들이 복합적으로 관련되어 있기 때문이다. 생산율의 조정이란 이와 같은 생산요인들에 대한 새로운 최적의 조합을 찾아내는 것이며, 이 과정에는 생산요인들의 변동수준과 관련된 비용까지도 고려해야 한다. 이와 같이 변동하는 수요에 대응하기 위한 생산율의 조정을 위해서는 관련이 있는 모든 생산요인들을 총괄적으로 고려한 생산계획이 요구된다.

광의의 생산계획은 계획기간에 따라서 1년 이상의 기간을 고려하는 장기계획, 1개월~1년 정도의 계획기간을 고려하는 중기계획, 그리고 1개월 이내의 계획을 다루는 단기계획으로 구분된다.

장기계획은 의사결정의 효과가 장기간에 걸쳐 지속되는 장기적 결정사항으로 전략적 성격의 생산계획인데, 앞에서 살펴보았던 생산전략, 제품설계, 공정설계 등이 다루어진다. 중기계획은 장기계획과 단기계획을 잇는 허리부분으로서 생산계획의 핵심이 되는 총괄생산계획(또는 생산수량계획)이 여기에 해당한다. 총괄생산계획의 초점은 수요의 계절적 변동에 효과적으로 대응하는데 있다. 이 기간 중 설비규모를 조정하기에는 시간이 부족하므로 주로 단기적인 생산능력의 조정수단인 잔업, 작업자 수의 조정, 재고의 조정, 하청의 이용 등과 같은 방법을 이용한다.

단기계획은 의사결정의 효과가 단기간에 미치는 단기적 결정사항으로, 총괄계획에 의해 결정된 개략적인 생산계획을 제품별로 세분하고 구체적인 생산일정과 작업할당을 결정한다. 자재소요계획, 일정계획, 공수계획 등이 포함되는 단기계획은 세부적이며 구체적인 실천계획이라고 할 수 있다.

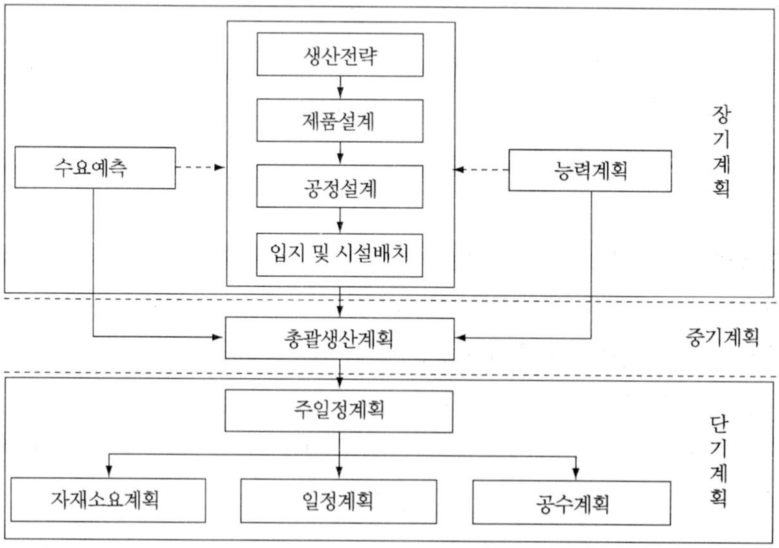


〈그림 1〉 생산계획의 구조

## 1.2 생산계획의 투입정보

생산계획에 이용되는 정보는 기업내·외 정보로 구분할 수 있다. 기업내 정보는 현재 보유하고 있는 설비능력, 작업능력, 기술능력, 교육훈련능력, 재고수준 그리고 생산에 필요한 다양한 정보가 포함된다. 또한 기업외 정보에는 고객요구와 시장수요, 경쟁업체의 동향, 경제상황, 관련법규 및 제도, 공급자 및 원자재 사정 그리고 노동시장의 상황 등을 꼽을 수 있다. 이러한 정보 중 시장수요에 대한 정보는 영업부서나 수요예측에 의해서 얻을 수 있는 것으로 총괄생산계획 수립에 필요한 기본 정보가 된다. (그림 2)는 생산계획에 이용되는 각종 정보를 보여주고 있다.

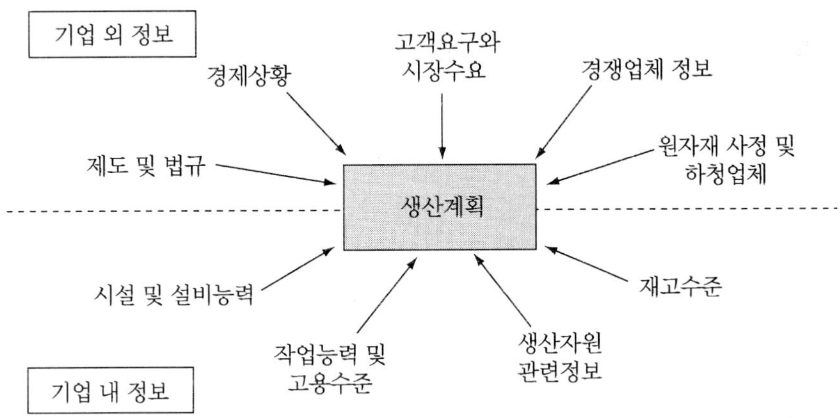


〈그림 2〉 생산계획에 이용되는 정보

**쉬어갑시다**

**포스코ICT, 빅데이터 생산관리시스템 세계 첫 개발**
**수요대응 48시간→2시간**

매일경제신문, 2013년 7월 16일

포스코ICT가 모기업인 포스코와 함께 세계 최초로 비즈니스 컴퓨터(BC)와 프로세스 컴퓨터(PC)를 통합한 빅데이터 생산관리시스템(MES)을 개발했다.

16일 시스템통합(SI) 업계에 따르면 포스코ICT는 기존 중복된 업무를 30% 해소하고, 공정을 절반으로 단순화하며, 고객 요구 반영 시간을 48시간에서 2시간으로 축소할 수 있는 시스템을 개발하는 데 성공했다.

철강 제품을 생산하기 위해서는 작업 지시에서부터 가열로 장입, 압연, 입고 등에 이르는 공정을 관리하는 시스템이 필요한데 기존 관리 시스템은 BC와 PC로 이원화돼 있었다.

PC는 생산현장의 설비와 센서를 제어하는 등 작업 명령을 내리는 시스템이다. 제품의 폭과 길이, 두께 등 고객사의 요구 사양에 맞는 제품을 생산할 수 있도록 지시하는 중앙 관제 역할을 담당한다. BC는 PC와 연계해 제품을 적시에 공급할 수 있도록 스케줄을 관리하고 재고·물류 프로세스를 제어한다.

하지만 이 같은 이원화 시스템은 중복 업무가 생기고 공정 단계가 늘어나는 게 단점으로 지적돼 왔다. 이 때문에 포스코ICT는 지난 2년 동안 실시간 실적처리 기술과 비상시 무정지 시스템을 구현하는 핵심 기술을 개발해 통합형 생산관리시스템을 만들었다.

포스코ICT의 생산관리시스템은 기존 관리 체계를 획기적으로 개선시켰다. 우선 BC와 PC 간 중복 기능을 없애고 재배치해 신속하고 유연한 생산 프로세스를 만들었다. 예컨대 BC 7종과 PC 8종이 투입됐던 선재 공장의 경우 통합 컴퓨터 시스템 7종으로 크게 줄었다. 업무 프로세스도 기존 9단계에서 5단계로 줄여 중복 업무가 최대 30% 사라지는 성과를 거뒀다.

또 제품에 대한 수요 대응 시간도 크게 줄었다. 철강 제품 두께를 2% 줄이고 싶다는 고객 요청이 있다면 과거에는 변경 사항을 컴퓨터에 입력하기 위해 시스템을 48시간 동안 정지시켜 공정 과정을 바꿔야 했다. 하지만 통합 관리시스템에서는 1~2시간이면 충분하다.

포스코ICT는 통합 시스템을 통해 모은 정보를 분석해 빅데이터를 활용한 프로세스 개선 작업에도 박차를 가할 계획이다.

# 02 총괄생산계획

## 2.1 총괄생산계획의 관리변수

총괄생산계획의 본질은 생산자원의 시간적 배분을 효과적으로 하는 것이다. 이것은 수요량과 생산수량의 시간적 변화에 관한 차이를 총괄생산계획에 기술적으로 반영시켜 생산 활동의 안정화를 도모하려는 것이다.

총괄생산계획은 생산자원의 적정배분과 비용의 최소화를 목적으로 일정 기간 동안에 생산율 및 고용수준, 재고수준, 잔업 및 하청 등을 중심으로 여러 가지 제약조건하에서 수립되는 생산계획이다. 이와 같은 생산계획을 총괄생산계획(aggregate production planning) 또는 생산수량계획이라고 한다.

총괄생산계획은 개별생산품목을 위한 상세한 계획이라기보다는 개별제품의 수요를 제품그룹으로 묶은 총괄수요(aggregate demand)에 입각해서 수립되는 계획으로서 노동력, 재고, 생산능력 등과 같은 생산자원의 효율적 분배를 다룬다. 자동차를 예로 들면 그랜저, 소나타, 엑센트, 픽업, 트럭 등의 제품 수요를 '승용차'와 '상용차'라는 두 종류의 제품그룹으로 묶어서 접근하는 계획을 말한다.

따라서 제품그룹 차원에서 변동하는 총괄수요에 대응하기 위하여 관리 가능한 변수들을 최적으로 조합하는 것이 총괄생산계획의 역할이다. 이때 고려되는 변수에는 고용수준 및 생산율, 재고수준, 하청 등이 있다. 참고적으로 가격이나 판매량 등은 관리가 불가능한 변수이기 때문에 고려대상이 아니다.

### (1) 고용수준

수요 변동에 따라 고용수준의 크기 즉, 노동력의 규모를 조정하여 생산율을 증감시키는 것을 의미한다. 즉, 수요가 증가하면 작업자를 새로 고용(hire)하고 수요가 감소하면 작업자를 해고(fire)하는 것이다. 이것은 단순한 대안이지만 경영자가 쉽게 선택할 수 있는 것은 아니다. 왜냐하면 종업원의 고용과 해고에 따른 노동조합과의 갈등, 구성원간의 반목, 그리고 대외적인 이미지에 영향을 주는 등 다양한 문제가 따르기 때문이다.

### (2) 생산율

수요 변동에 따라서 잔업(overtime)이나 조업단축(undertime)을 통해 생산율을 조정함으로써 수요에 대응하는 것을 의미한다. 이때 고용수준은 일정하게 유지하는 것을 전제로 하는데, 특히 수요 감소 시 활용하는 조업단축은 조만간에 수요증가가 예상되거나 숙련도가 높은 작업자를 해고한 후 필요할 때 즉시 충원하기 어려운 경우에 선택할 수 있다. 작업자의 해고가 용이하지 않은 경우에도 조업단축을 선호한다.

### (3) 재고수준

생산율과 고용수준은 일정하게 유지하면서 수요의 증감에 대해 재고수준으로 대응하는 것이 가능한데, 수요가 감소할 때 재고를 많이 보유하고 수요가 증가할 때는 보유하고 있는 재고로 수요를 충당하는 것이다. 그리고 보유하고 있는 재고로 수요를 충당하지 못할 경우에는 미납품으로 처리한다.

### (4) 하청

단기적으로 생산능력이 수요를 충당하지 못할 때 부족한 생산능력을 보충하는 방법으로 활용하는 것이 하청(subcontract)이다. 수요증감에 따라 하청 계약량을 조정하여 수요변동에 대응하는데, 이 경우에는 하청기업에서 공급하는 제품의 품질을 믿을 수 있다는 조건이 충족되어야 한다.

## 2.2 총괄생산계획의 전략

제품의 수요가 변동없이 항상 일정하다면 예측이나 계획의 중요성은 반감된다. 그러나 현실적으로 신제품 개발을 통한 기업간의 경쟁, 계절적 수요 등에 의해 수요의 변동은 피할 수 없다. 기업이 보유하고 있는 다양한 능력을 이용하여 변화하는 수요에 능동적으로 대처하기 위하여 준비되는 총괄생산계획의 전략적 대안들을 생각해 보면 다음과 같다.

① **노동력의 규모를 조정하는 전략** : 이것은 생산요구량에 따라 노동력의 규모, 즉 고용수준을 변동시키는 전략이다. 이 방법은 다음과 같은 단점을 지닌다.

- 수요의 변동에 따라 노동력의 규모가 변화하기 때문에 고용과 해고 등에 소요되는 직접비의 발생이 크다.
- 신규고용 작업자에 대한 교육, 훈련비와 같은 간접비의 발생이 커진다. 특히 해고 시에는 작업자의 사기가 떨어지는 문제가 있다.
- 필요로 하는 숙련도를 지닌 노동력을 항상 확보 가능한 것은 아니다.
- 감원에 대한 노동조합과 지역사회의 반발이 있을 수 있다.

② **생산율(또는 노동력의 이용률)을 조정하는 전략** : 이 전략은 노동력의 규모는 일정하게 유지하되 이용률, 즉 조업시간의 증감을 통해 수요의 변동에 대응하는 것이다. 이 전략의 장점은 빈번한 고용과 해고로 인한 부작용을 없앨 수 있다는 점이지만, 단점으로는 초과조업(즉, 잔업)으로 인한 추가비용의 발생과 종업원의 피로누적으로 인한 불량품이 발생할 수 있다는 것이다. 또한 전략적으로 조업단축을 통해 수요변동에 대처하는 경우에도 정규임금의 지급은 계속되어야 한다는 부담이 따르기도 한다.

③ **재고수준을 조정하는 전략** : 이 전략은 수요의 변동성을 극복하기 위하여 완제품 재고를 확보한 상태로 대응해가는 방법이다. 즉, 예상된 수요가 적더라도 계속적으로 일정수준 이상의 생산활동을 유지함으로써 수요변동의 폭을 극복하는 전략이다. 이 전략의 장점은 안정된 고용수준을 유지할 수 있으며, 유휴시간을 없앨 수 있고, 또한 잔업에 의한 추가비용을 최소화할 수 있다는 점이다. 반면에 완제품 재고로 인한 재고유지비 발생과 재고부족에 따른 고객이탈과 기회손실비용을 발생시킨다는 단점도 있다.

이상과 같은 세 가지의 전략 중 어느 한 가지의 전략만을 사용하여 생산계획을 수립하는 경우를 순수전략(pure strategy)이라고 한다. 전략 ①과 ②는 수요변동에 따라 고용수준이나 생산율을 변동시키는 반면에, 전략 ③은 이들을 그대로 유지하는 대신 재고수준만을 조정한다. 전략 ①과 ②는 수요를 따라가는 방법이므로 수요추구전략(chase strategy)이라고 하며, 전략 ③은 수요변동을 재고로 흡수하면서 생산수준을 일정하게 유지하므로 평준화전략(level strategy)이라고 한다.

기업이 수요변동에 대처함에 있어서 고용수준(생산율)이나 재고수준 하나만으로는 어렵기 때문에 실제로는 두 가지 이상의 관리변수를 혼합하여 사용하는 혼합전략(mixed strategy)을 채택하는 경우가 가장 많다.

참고로 서비스 산업에서는 무형성이라는 서비스의 특성을 고려할 때 재고를 활용할 수 없기 때문에 수요변동에 대처하는 방법으로 고용수준을 주요 관리변수로 활용한다. 기술이 별로 필요치 않은 일반 서비스 업무에는 수요변동에 따라 고용수준을 변화시키는 전략(chase strategy)이 유리하며, 다양한 기술이 소요되는 복잡한 업무에는 고용수준 유지전략(level strategy)이 유리하다.

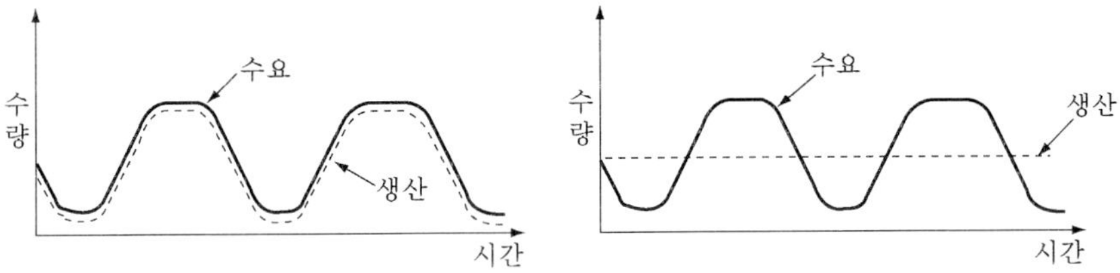


(a) 수요추구전략 (b) 평준화전략

〈그림 3〉 수요추구전략과 평준화전략

# 03 총괄생산계획기법

## 3.1 도해법

도해법(graphic and charting method)은 생산할 품목의 종류가 많지 않거나 제품공정이 많지 않은 경우 계절적인 수요에 대처해서 수립하는 생산계획에 이용된다. 이 방법은 이해하기 쉽고 사용방법이 간편하다는 장점이 있는 반면에 도표에서 나타나는 모델이 정적(static)이며, 여러 가지 계획안 중에서 최적안을 제시할 수 없다는 단점이 있다.

다음의 예를 통해 살펴보기로 하자. (표 1)은 제품 $X$를 예측 생산하는 기업의 월별 판매예측치에 따른 생산필요량을 정리한 것이다.

[표 1] 판매예측치에 따른 생산필요량

| 월 | 1 | 2 | 3 | 4 | 5 | 6 | 7 | 8 | 9 | 10 | 11 | 12 | 합계 |
|---|---|---|---|---|---|---|---|---|---|---|---|---|---|
| 조업일수 | 22 | 19 | 21 | 22 | 21 | 21 | 22 | 11 | 21 | 22 | 18 | 21 | 241 |
| 수요예측량 | 4000 | 10000 | 13000 | 22000 | 24000 | 20000 | 15000 | 16000 | 18000 | 14000 | 9000 | 6000 | 171000 |
| 누적수량 | 4000 | 14000 | 27000 | 49000 | 73000 | 93000 | 108000 | 124000 | 142000 | 156000 | 165000 | 171000 | |

(표 1)을 통해 이 제품의 수요는 계절적인 경향을 띠고 있으며, 1월에는 최저 4,000단위의 생산량이 필요한데 반해서 5월에는 최고 24,000단위로 올라가고 있음을 알 수 있다. 한편, 조업일수는 8월에는 2주일의 여름휴가로 인하여 11일밖에 조업을 할 수 없다는 것을 보여주고 있으며, 월별 생산필요량의 기복도 심한 것을 쉽게 알 수 있다. 이와 같은 자료를 이용하여 총괄생산계획을 수립할 경우의 모형을 생각하여 보자.

판매예측치를 토대로 해서 생산계획을 세울 경우 다음과 같은 모형을 찾아낼 수 있다.

① 매월 일정수준을 생산하는 방식으로, 가령 수요의 기복을 무시하고 최적생산율 수준에서 일정량을 생산하는 경우 (평준화 전략)

② 판매예측치 그대로 생산하는 방식으로, 수요량에 따라 생산을 변동하는 경우 (수요추구 전략)

③ ①과 ②를 절충한 방식 (혼합 전략)

이상의 세 가지 방식 가운데 어느 것을 택할 것인가는 그 제품의 특성도 고려되어야 하겠지만 전체적으로 비용의 최소수준을 유지하면서 예측수요량을 만족시킬 수 있는 수준에서 결정되어야 할 것이다.

만약 판매예측 수량이 매월 같은 수량이라면 생산계획이나 재고계획은 비교적 간단히 결정될 수 있다. 그렇지만 계절변동을 나타내는 제품의 경우 ①의 방식을 택할 때에는 계절적인 수요변동에 대비해서 많은 제품재고가 필요하므로 그에 따른 재고유지비용이 발생하며, 반대로 생산수준을 훨씬 초과해서 수요가 계속 있을 때는 품절의 위험도 감수해야만 한다.

한편 ②의 방식에서와 같이 판매예측 수량에 맞추어 그대로 생산계획을 세운다면 생산율은 극히 불안정하게 되며, 결국 생산전환비용이 많아진다는 문제가 있다. 가령 생산량이 정상조업 수준을 훨씬 넘을 때는 잔업이나 하청에 의한 비용이 증가되며, 정상조업수준 이하일 때는 유휴손실이 발생하는 것이다.

그러므로 현실적인 계획으로서 전술한 잔업 등에 의한 비용의 증가 또는 유휴에 따른 손실, 재고비용 등을 종합적으로 검토하여 가급적 생산비용의 최소화를 유지하면서 시장수요를 충족시킬 수 있는 총괄생산계획이 수립되어야만 한다.

그러면 다시 (표 1)로 돌아가서 ①, ②, ③의 방식을 적용한 도해법을 이용하여 생산계획을 수립해 보자. 참고로 단위당 재고유지비는 0.5원/월이며, 일간생산량 변화에 따른 작업전환비용의 발생은 다음과 같다.

| 일간 생산량의 변화 (+/−) | 변화에 따른 발생비용 추정금액 |
|---|---|
| 1 ~ 200 개 | 2,000원 |
| 201 ~ 400 개 | 5,000원 |
| 401 ~ 600 개 | 9,000원 |
| 600 ~ 800 개 | 14,000원 |

총괄생산계획을 결정함에 있어서 이 기업에서는 앞서 기술한 세가지 결정모형에 입각해서 제1안, 제2안의 계획안을 (그림 4)와 같이 작성할 수 있다.

먼저, 제1안 평준화 전략을 적용하는 경우에는 매일 일정한 수량을 생산하는 방식이므로 고용수준의 안정과 함께 대체로 저렴한 계획비용이 소요된다. 이때 재고부족을 허용하지 않는 상황에서 1일 생산량을 결정하기 위해서는 총수요예측량(171,000개)을 총조업일수(241일)로 나누어 산출하는 것이 아니라, 출발점(A)에서 시작하여 가장 높은 수요 꼭지점(B)을 형성한 180일째의 누적수요량인 142,000개를 잇는 직선(실선)의 기울기를 적용하여야 한다. 즉, 142,000개 ÷ 180일 ≒ 790개/일이 된다. 여기서 점선은 수요예측량을 나타낸 것이다.

(표 2)는 평준화 전략을 적용했을 때의 생산량, 그리고 수요량과의 차이를 고려한 월 평균 재고량을 산출한 것이다. 따라서 월간 단위당 재고유지비 0.5원을 적용하면 총 재고 유지비용은 다음과 같다.

$$총재고유지비용 = 120,405개 \times 0.5원 = 60,202.5원$$

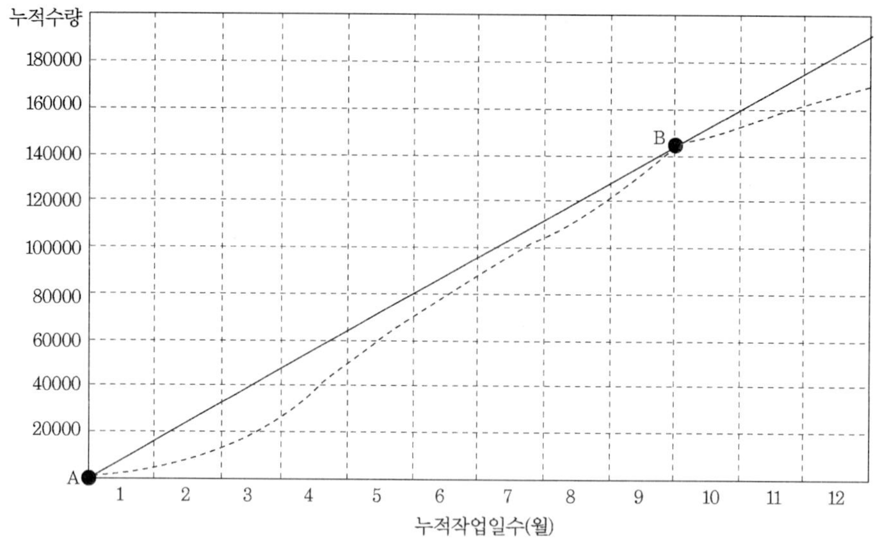


〈그림 4〉 생산필요량과 평준화 계획안의 누적도표

한편, 판매예측치 그대로 생산하는 방식인 수요추구전략을 적용한 제2안의 경우는 (그림 4)에서 누적 수요량을 나타내는 점선을 의미한다. 이 전략을 적용한 생산계획은 재고비용을 최소화하기 위하여 판매예측치에 가깝게 계획을 수립하는데, 생산율의 불안정에 따라 야기되는 변화대응비용이 소요된다는 특징이 있다. 이때 소요되는 비용은 재고유지비용으로 69.5원(=139.0개×0.5원), 변화대응비용 56,000원으로 총 56,069.5원이 들지만 그래도 생산평준화 전략을 적용한 계획안 보다는 비용이 다소 적은 것을 알 수 있다.

[표 2] 평준화 전략에 의한 계획과 월 평균 보유재고

| 월 | 조업일수 | 생산량/일 | 생산량 | 수요 예측량 | 재고 | | | 평균재고 |
|---|---|---|---|---|---|---|---|---|
| | | | | | 기초재고 | 순증가량 | 기말재고 | |
| 1 | 22 | 790 | 17,380 | 4,000 | 0 | 13,380 | 13,380 | 6,690 |
| 2 | 19 | 790 | 15,010 | 10,000 | 13,380 | 5,010 | 18,390 | 15,885 |
| 3 | 21 | 790 | 16,590 | 13,000 | 18,390 | 3,590 | 21,980 | 20,185 |
| 4 | 22 | 790 | 17,380 | 22,000 | 21,980 | -4,620 | 17,360 | 19,670 |
| 5 | 21 | 790 | 16,590 | 24,000 | 17,360 | -7,410 | 9,950 | 13,655 |
| 6 | 21 | 790 | 16,590 | 20,000 | 9,950 | -3,410 | 6,540 | 8,245 |
| 7 | 22 | 790 | 17,380 | 15,000 | 6,540 | 2,380 | 8,920 | 7,730 |
| 8 | 11 | 790 | 8,690 | 16,000 | 8,920 | -7,310 | 1,610 | 5,265 |
| 9 | 21 | 790 | 16,590 | 18,000 | 1,610 | -1,410 | 200 | 905 |
| 10 | 22 | 790 | 17,380 | 14,000 | 200 | 3,380 | 3,580 | 1,890 |
| 11 | 18 | 790 | 14,220 | 9,000 | 3,580 | 5,220 | 8,800 | 6,190 |
| 12 | 21 | 790 | 16,590 | 6,000 | 8,800 | 10,590 | 19,390 | 14,095 |
| 합계 | 241 | | | | | | | 120,405 |

[표 3] 수요추구 전략에 의한 계획과 월 평균 보유재고

| 월 | 조업 일수 | 생산량 /일 | 생산량 변화 | 변화대응 비용 | 생산량 | 수요 예측량 | 재고 | | | 평균 재고 |
|---|---|---|---|---|---|---|---|---|---|---|
| | | | | | | | 기초 재고 | 순 증가량 | 기말 재고 | |
| 1 | 22 | 182 | - | - | 4,004 | 4,000 | 0 | 4 | 4 | 2.0 |
| 2 | 19 | 527 | +345 | 5,000 | 10,013 | 10,000 | 4 | 13 | 17 | 10.5 |
| 3 | 21 | 619 | +92 | 2,000 | 12,999 | 13,000 | 17 | -1 | 16 | 16.5 |
| 4 | 22 | 1,000 | +381 | 5,000 | 22,000 | 22,000 | 16 | 0 | 16 | 16.0 |
| 5 | 21 | 1,143 | +143 | 2,000 | 24,003 | 24,000 | 16 | 3 | 19 | 17.5 |
| 6 | 21 | 952 | -191 | 2,000 | 19,992 | 20,000 | 19 | -8 | 11 | 15.0 |
| 7 | 22 | 682 | -270 | 5,000 | 15,004 | 15,000 | 11 | 4 | 15 | 13.0 |
| 8 | 11 | 1,454 | +772 | 14,000 | 15,994 | 16,000 | 15 | -6 | 9 | 12.0 |
| 9 | 21 | 857 | -597 | 9,000 | 17,997 | 18,000 | 9 | -3 | 6 | 7.5 |
| 10 | 22 | 637 | -220 | 5,000 | 14,014 | 14,000 | 6 | 14 | 20 | 13.0 |
| 11 | 18 | 499 | -138 | 2,000 | 8,982 | 9,000 | 20 | -18 | 2 | 11.0 |
| 12 | 21 | 286 | -213 | 5,000 | 6,006 | 6,000 | 2 | 6 | 8 | 5.0 |
| 합계 | 241 | | | 56,000 | 171,008 | 171,000 | | | | 139.0 |

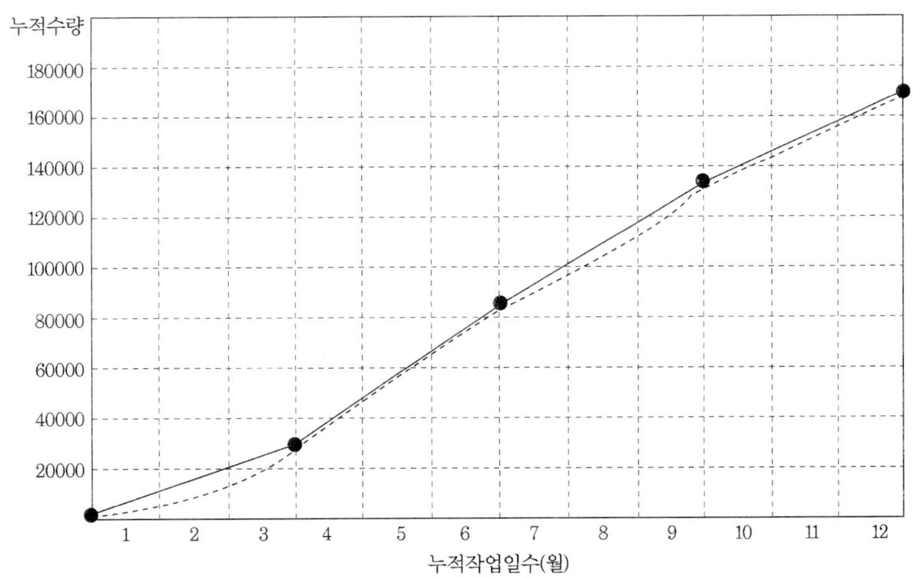


〈그림 5〉 생산필요량과 혼합전략 계획안의 누적도표

[표 4] 혼합전략에 의한 계획과 월 평균 보유재고

| 월 | 조업 일수 | 생산량 /일 | 생산량 변화 | 변화대응 비용 | 생산량 | 수요 예측량 | 재고 | | | 평균 재고 |
|---|---|---|---|---|---|---|---|---|---|---|
| | | | | | | | 기초 재고 | 순 증가량 | 기말 재고 | |
| 1 | 22 | 436 | - | | 9,592 | 4,000 | 0 | 5,592 | 5,592 | 2,796 |
| 2 | 19 | 436 | - | | 8,284 | 10,000 | 5,592 | -1,716 | 3,876 | 4,734 |
| 3 | 21 | 436 | - | | 9,156 | 13,000 | 3,876 | -3,844 | 32 | 1,954 |
| 4 | 22 | 1,082 | +646 | 14,000 | 23,804 | 22,000 | 32 | 1,804 | 1,836 | 918 |
| 5 | 21 | 1,082 | - | | 22,722 | 24,000 | 1,836 | -1,278 | 558 | 1,197 |
| 6 | 21 | 1,082 | - | | 22,722 | 20,000 | 558 | 2,722 | 3,280 | 1,919 |
| 7 | 22 | 908 | -174 | 2,000 | 19,976 | 15,000 | 3,280 | 4,976 | 8,256 | 5,768 |
| 8 | 11 | 908 | - | | 9,988 | 16,000 | 8,256 | -6,012 | 2,244 | 5,250 |
| 9 | 21 | 908 | - | | 19,068 | 18,000 | 2,244 | 1,068 | 3,312 | 2,778 |
| 10 | 22 | 500 | -408 | 9,000 | 11,000 | 14,000 | 3,312 | -3,000 | 312 | 1,812 |
| 11 | 18 | 500 | - | | 9,000 | 9,000 | 312 | 0 | 312 | 312 |
| 12 | 21 | 500 | - | | 10,500 | 6,000 | 312 | 4,500 | 4,812 | 2,565 |
| 합계 | 241 | | | 25,000 | 175,812 | 171,000 | | | | 32,000 |

혼합전략인 제3안은 제1안과 제2안의 절충방식으로 가급적이면 외주를 지양하고 자체생산능력을 최대로 발휘할 수 있는 생산계획을 뜻한다. 이 계획안은 수요추구전략인 제2안에 비하여 재고비용은 16,000원(=32,000개×0.5원)으로 다소 높지만 변화대응비용이 25,000원으로 저렴해짐에 따라 총비용은 41,000원으로 위 3가지 계획안 중에서 가장 적게 소요되는 계획임을 알 수 있다. 그렇지만 제2안(수요추구전략)이나 제3안(혼합전략)은 재고수준의 변동이 심하기 때문에 작업자들이 고도의 기술이나 기능을 필요로 하는 경우라면 실제로 적용하는데 다소 어려움이 있을 수도 있다.

## 3.2 수리적 모형

도해법은 시행착오를 거쳐 마련되기 때문에 다양한 상황을 고려한 최적생산계획을 수립하는데 한계가 있다. 이런 점을 개선하기 위해 개발된 과학적 방법으로 수리적 모형이 있는데, 이 기법은 수리적 최적화 기법과 탐색적 방법으로 나눌 수 있다.

### (1) 수리적 최적화기법(Mathematical Optimization Method)

① 선형계획법(linear programming : LP)
② 동적계획법(dynamic programming : DP)
③ 목표계획법(goal programming : GP)
④ 선형결정기법(linear decision rule : LDR)

### (2) 탐색적 방법(Heuristic Approach)

① 경영계수이론(management coefficient theory)
② 매개변수에 의한 생산계획(parameter production planning)
③ 생산전환 탐색법(production switching heuristic)
④ 서어치 디시전 룰(search decision rule)

## 3.2.1 수리적 최적화기법

#### (1) 선형계획법

총괄생산계획 문제를 수요예측량을 충족시키기 위한 공급능력의 할당문제로 본다면 선형계획법(linear programming) 형태로 모형화하여 해를 구할 수 있다. 여기에서는 바우먼(E. H. Bowman)이 제안한 수송계획법 형태의 모형을 중심으로 설명하기로 한다. 이 모형에서는 정상작업, 잔업 및 하청에 의한 생산량과 재고보유량과의 합이 공급량이 되고, 각 기간별 수요량과 기말 필요재고량을 합한 것이 수요가 된다. 주어진 기간의 생산비용과 생산 후 다음 기간까지 보유함으로써 발생되는 생산 및 재고비용이 (표 6)에서와 같이 각 칸 내에 작은 네모로 표시된다. 이 도표에서 최소비용 칸에 각각 생산을 할당함으로써 최적해가 구해진다.

다음의 예를 통해 살펴보기로 하자.

(주)서울의 분기별 수요량과 공급(생산)능력은 (표 5)와 같다. 분기별로 수요량과 생산능력의 변동이 있어 총비용이 최소가 되는 수준에서 분기별 총괄생산계획을 수립하려고 한다. 여기서 총비용이란 생산비, 재고유지비, 외주비 등을 고려한 비용으로 모든 비용관계는 선형적 관계라고 가정한다.

[표 5] 수요와 공급능력 및 비용자료

| 기간 | 정규작업에 의한 생산능력 | 잔업에 의한 생산능력 | 하청에 의한 생산능력 | 수요예측량 |
|---|---|---|---|---|
| 1/4분기 | 60개 | 18개 | 1,000개 | 100개 |
| 2/4분기 | 50개 | 15개 | 1,000개 | 50개 |
| 3/4분기 | 60개 | 18개 | 1,000개 | 70개 |
| 4/4분기 | 65개 | 20개 | 1,000개 | 80개 |

| 단위당 비용 | | |
|---|---|---|
| 생산비 | 정규작업비용 | 100원 |
| | 잔 업 비 용 | 125원 |
| | 하 청 비 용 | 130원 |
| 재고유지비용/분기 | | 2원 |

| 재고 상황 | |
|---|---|
| 기초재고 | 20개 |
| 기말재고 | 25개 |

이상과 같이 주어진 자료를 근간으로 고용수준을 일정하게 하고, 최소의 생산비용으로 수요를 만족시키기 위하여 생산능력을 배분하면 (표 7)과 같다. (표 6)은 총괄생산계획에 필요한 비용배분 매트릭스를 작성한 것이며, (표 7)은 북서코너법(north-west corner rule)에 의해 공급량을 분기별 필요량에 맞추어 총비용이 최소가 되도록 배분한 것이다.

- **기초재고** : 20개의 기초재고는 1/4분기에 수요가 있으면 수요충족을 위해 공급됨으로써 재고비용이 발생되지 않지만, 기초재고가 2/4분기에 공급되면 단위당 2원, 3/4분기에 공급하면 단위당 4원, 4/4분기까지도 기초재고로 보유하고 있는 제품에 대한 수요가 없으면 단위당 6원의 재고유지비용이 발생된다.
- **정규작업시간에 대한 비용** : 단위당 생산비용은 100원이며, 이들 생산량이 다음 기간으로 이월되면 단위당 2원의 재고유지비용이 추가된다.
- **잔업시간에 대한 비용** : 생산비는 단위당 125원이며 재고유지비용은 정규작업시간의 경우와 같이 기간별 단위당 2원이다. 잔업을 이용하지 않으면 비용은 없다.
- **하청이용에 따른 비용** : 하청에 의한 생산비는 단위당 130원이며, 어떠한 수요량하에서도 하청이 필요할 때는 언제나 하청계약이 가능한 것으로 보아 임의로 하청량을 크게 잡았고, 하청이 없는 경우는 하청비용은 없는 것으로 하였다. 따라서 수송계획법에 의한 생산계획의 최적해는 정규작업시간을 최대한 활용하여 수립하고, 잔업시간과 하청은 꼭 필요할 경우에만 적용하도록 한다.

- **기말재고** : 최종 계획기간인 4/4분기에 필요한 기말재고량이 25개이므로 4/4분기의 수요량은 실제수요량 80개를 포함하여 105개가 된다.

수송계획법에 의한 생산계획모형은 재고부족량을 각 기간 행렬의 왼쪽 밑 부분에 표시하고, 차기의 생산량으로 전기의 재고부족량을 충족시켜 주고, 나머지 생산량으로 차기의 수요에 대하여 공급함으로써 산정이 가능하다.

[표 6] 수송계획법에 의한 생산계획표

| 공급 | | 수요 | | | | | |
|---|---|---|---|---|---|---|---|
| | | 1/4분기 | 2/4분기 | 3/4분기 | 4/4분기 | 잔여분 | 총생산능력 |
| 기초재고 | | 0 | 2 | 4 | 6 | 6 | 20 |
| 1/4 분기 | 정규 | 100 | 102 | 104 | 106 | 0 | 60 |
| | 잔업 | 125 | 127 | 129 | 131 | 0 | 18 |
| | 하청 | 130 | | | | 0 | 1,000 |
| 2/4 분기 | 정규 | | 100 | 102 | 104 | 0 | 50 |
| | 잔업 | | 125 | 127 | 129 | 0 | 15 |
| | 하청 | | 130 | | | 0 | 1,000 |
| 3/4 분기 | 정규 | | | 100 | 102 | 0 | 60 |
| | 잔업 | | | 125 | 127 | 0 | 18 |
| | 하청 | | | 130 | | 0 | 1,000 |
| 4/4 분기 | 정규 | | | | 100 | 0 | 65 |
| | 잔업 | | | | 125 | 0 | 20 |
| | 하청 | | | | 130 | 0 | 1,000 |
| 수 요 | | 100 | 50 | 70 | 105 | | |

[표 7] 수송계획법에 의한 최적생산계획

| 공급 | | 수요 1/4분기 | 2/4분기 | 3/4분기 | 4/4분기 | 잔여분 | 총생산능력 |
|---|---|---|---|---|---|---|---|
| 기초재고 | | 20 [0] | [2] | [4] | [6] | [6] | 20 |
| 1/4 분기 | 정규 | 60 [100] | [102] | [104] | [106] | [0] | 60 |
| | 잔업 | 18 [125] | [127] | [129] | [131] | [0] | 18 |
| | 하청 | 2 [130] | | | | 998 [0] | 1,000 |
| 2/4 분기 | 정규 | | 50 [100] | [102] | [104] | [0] | 50 |
| | 잔업 | | [125] | [127] | 12 [129] | 3 [0] | 15 |
| | 하청 | | [130] | | | 1,000 [0] | 1,000 |
| 3/4 분기 | 정규 | | | 60 [100] | [102] | [0] | 60 |
| | 잔업 | | | 10 [125] | 8 [127] | [0] | 18 |
| | 하청 | | | [130] | | 1,000 [0] | 1,000 |
| 4/4 분기 | 정규 | | | | 65 [100] | [0] | 65 |
| | 잔업 | | | | 20 [125] | [0] | 20 |
| | 하청 | | | | [130] | 1,000 [0] | 1,000 |
| 수 요 | | 100 | 50 | 70 | 105 | 4,001 | 4,326 |

(표 7)과 같은 생산계획을 적용할 경우 연간 소요되는 총비용은 32,324원이다. 선형계획법은 모델이 이해하기 쉽고, 일정 제약조건하에서 최적치를 얻을 수 있다는 것이 특징이다. 이 기법은 선형계획의 수송문제를 이해하는 사람이면 누구나 쉽게 이용가능하다는 것도 장점이다.

그러나 이 기법이 지니고 있는 단점으로는 생산량(생산율)의 변화에 따라 작업자를 고용 또는 해고할 때 발생하는 비용과 재고부족 또는 납기지연 등으로 판매에 대응하지 못했을 경우의 기회손실이나 벌과금 등을 고려하지 못한다는 점, 그리고 결과와 관계되는 비용의 함수관계가 선형이라고 가정하고 있다는 점 등이다.

### (2) 동적계획법

동적계획법(dynamic programming)은 일련의 연속적이고 상호관련을 지닌 다단계 의사결정의 문제해결을 위해 사용되는 수리적 계획기법이다. 동적계획법의 목적은 여러 기간에 걸쳐서 일어나는 상호 관련된 의사결정 문제를 하나로 결합하여 전체적인 최적해를 추구하자는데 있다.

예를 들어 어떤 상품의 연간 수요량이 알려져 있을 때 이에 대처하여 분기별 생산량을 결정하는 문제가 있다고 하자. 만약 분기별 생산량이 분기별 수요량보다 많으면 재고가 생기게 되어 재고유지비용이 발생할 것이며, 반대의 경우에는 재고부족이 발생하여 공급을 못함으로서 고객에 대한 신용을 잃을 뿐만 아니라 당연히 얻을 수 있는 이익도 획득하지 못하게 될 것이다. 그러므로 이 회사의 입장에서는 분기별 비용의 연간합계가 최소화되도록 분기별 생산량을 결정함으로써 연간 총비용을 전체적으로 극소화할 수 있을 것이다.

동적계획법은 위와 같이 시간이 지남에 따라 일련의 의사결정이 이루어지는 경우뿐만 아니라 일련의 의사결정이 한 시점에서 동시에 이루어져야 하는 경우에도 적용할 수가 있다.

### (3) 목표계획법

선형계획법의 특징은 주어진 조건을 만족시키는 한 가지 목적함수의 값을 최대화 또는 최소화하는데 주력한다는 점이다. 그러나 경영상의 많은 문제들은 같은 제약조건을 전제로 하면서, 상호이해가 상충된 여러 개의 목적을 동시에 만족시키는 해를 얻어내는 문제에 관련되어 있다. 이와 같이 상충된 다수의 목적을 동시에 달성하는 일은 일반적인 선형계획법으로는 불가능한데, 현실적으로 자주 당면하는 이러한 문제를 해결하기 위해 개발된 것이 목표계획법(goal programming)이다.

목표계획법은 처음으로 챤스(A. Charnes)와 쿠퍼(W. W. Cooper)에 의하여 소개된 이후 여러 사람에 의해서 계속해서 발전되어 왔으며 경영상의 많은 문제를 해결하는데 이용되어 왔다. 이 기법은 특히 광고매체계획, 인력계획, 회계 및 조직통제, 재무계획, 자산선택법, 마케팅, 기업의 장기계획, 정부의 경제계획 등과 같은 기업 내지 공공단체의 관리문제 해결에 적용되고 있다.

### (4) 선형결정기법

선형결정기법(linear decision rule)은 최적화기법 중의 하나로서 주로 기업의 생산계획을 수립하기 위해서 고안된 것이다. 이것은 생산기업에 있어서 고용수준 및 생산율 등의 결정 문제를 계량화하여 이들의 최적 결정 모델을 제시한 것으로, 판정함수로는 2차비용 함수를 사용하고 결정식은 선형이 되도록 하였다. 이 기법은 선형방정식이나 결정법을 유도하여 총괄생산계획에서 다루어지는 적정 생산율과 작업자 수 등을 결정하는데 이용되고 있다. 이 기법의 비용곡선에 대한 모형은 (그림 6)으로 나타낼 수 있다.

(그림 6)의 ①에 표시되어 있는 정상근무 임금비용은 작업자 수( $W_t$ )에다 임금 및 수당에 대한 작업자의 평균비용을 곱한 것이다. 이 모델은 매월 고용수준의 변화를 조정하고 그 달의 정상근무 작업시간의 임금을 작업자들에게 지급한다고 가정하고 비용선을 나타낸 것이다.

(그림 6)의 ② 모델은 2차함수식으로 나타낼 수 있으며 작업자의 고용 및 해고에 있어서 동일하게 비용이 발생하는 것을 보여 주고 있는 비용곡선이다.

생산율의 변화에 따라 정규시간 이외의 초과근무나 또는 유휴노동력이 생길 수 있다. 즉, 생산율이 낮아지면 인력의 유휴가 발생되며, 생산율이 높아지면 비용증가는 물론 초과근무가 생기게 된다. (그림 6)의 ③은 이와 같은 경우의 비용곡선을 나타낸 것이다.

마지막으로 (그림 6)의 ④는 재고량이 적정재고량보다 많을 경우 과다재고 비용이 발생되며, 적정재고량이 재고량보다 적을 경우 재고부족비용으로 인한 손실이 발생한다는 것을 나타낸 곡선이다.

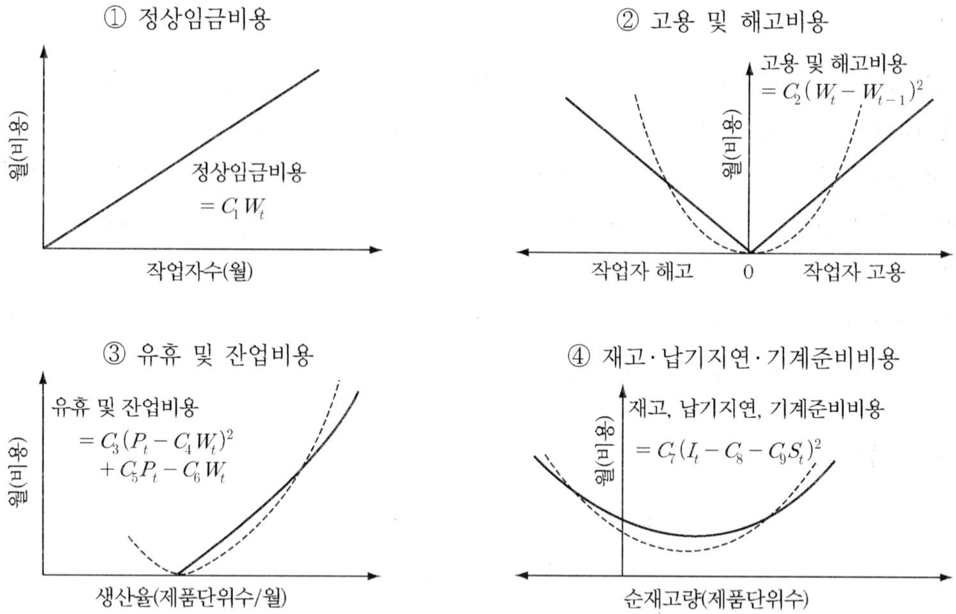


$W_t$ : 기간내에 있어서의 노동력 수준(작업자 수)
$P_t$ : $t$기간에 있어서의 계획된 생산율
$I_t$ : $t$기말에 있어서의 순재고
$S_t$ : $t$기간에 있어서의 주문율
$C_1 \sim C_9$ : 상수

〈그림 6〉 선형결정기법의 비용곡선

이 모형은 생산율($P_t$)과 작업자 수($W_t$)에 대한 2개의 결정률이 구해지면 그 적용이 용이하며, 전체 생산계획기간의 예측이 가능할 경우 동태적인 총괄계획을 작성할 수 있다는 장점이 있다. 그러나 비용자료에 관한 정확한 정보를 얻기가 곤란하며, 2차식으로 비용함수를 대부분 나타내기 때문에 실제 적용이 어려우며, 작업자 수 및 재고 등의 크기에 제한을 두지 않기 때문에 생산율 및 작업자 수가 음(-)으로 나타나는 경우가 종종 발생하는 단점도 있다.

### 3.2.2 탐색적 방법

수리적 최적화 기법과는 달리 총괄생산계획 문제를 경험적 내지 탐색적(heuristic) 방법으로 해결하려는 기법에는 경영계수이론, 매개변수 생산계획법, 생산전환 탐색법 그리고 탐색결정기법 등이 있다.

#### (1) 경영계수이론

바우먼(E. H. Bowman)에 의해 제시된 것으로서, 경영자가 항상 접하는 변수에 민감하다는 가정 아래, 과거 경영자의 행동과 의사결정 결과들을 회귀분석하여 생산율 및 작업자 수를 결정하는 경영계수를 구함으로써 최적에 가까운 의사결정을 할 수 있다는 탐색적 기법의 대표적 이론이다. 실제로 경영자는 일상적으로 접하는 경영환경 속에서 무의식적으로 나마 그 나름대로의 고유한 의사결정 룰을 갖게 되며, 이러한 직관적인 의사결정 룰은 커다란 환경의 변화가 없는 한 실제 행동으로 옮기는 계속성을 지닌다.

#### (2) 매개변수 생산계획법

이것은 존스(C. A. Jones)가 제안한 것으로서 총생산비용을 최소로 하는 작업자 수 및 생산율을 매개변수의 탐색을 통해 결정하는 모형이다. 이 모형은 여러 측면에서 선형결정법(LDR)과 유사하다. 선형결정법과의 차이점은 어떠한 비용함수라도 이용할 수 있다는 점이다.

#### (3) 생산전환 탐색법

1978년 메리챔프(J. Mellichamp)와 러브(R. Love)는 차기의 생산량은 현재고에 의해 결정된다는 입장에서 탐색적으로 접근하는 생산계획기법을 제시하였다. 이 방법은 수요예측 내지 재고수준을 토대로 하여 생산율이나 고용수준을 결정할 수 있다는 입장에서 개발된 탐색적 계획기법이다. 수요 내지 생산수준을 상(H), 중(M), 하(L)로 정해 놓고, 예측 및 재고수준에 따른 $t$기의 생산소요량이 H보다 크면 H만큼 생산하고, L보다 작으면 L만큼 생산하며, 그 중간이면 M만큼 생산하도록 계획한다. 이 방법은 탐색절차를 이용하여 주어진 비용함수의 최소치를 추구하는 것이 특징인데, 생산기간별 생산율과 고용수준의 변동을 최저로 유지할 수 있으며, 탐색절차가 간편하다는 장점이 있다. 그러나 계절적인 수요변동을 반영하기 힘들다는 점은 이 기법의 단점이다.

### (4) 탐색결정기법

1967년 터버트(W. H. Taubert)가 개발한 것인데, 이것은 총괄생산계획 문제를 컴퓨터를 이용해서 최적해를 구하는 방법이다. 이 방법은 수학적인 기법을 적용하기가 곤란할 정도로 난해할 경우에 이상적인 결정을 내리기 위하여 이용한다. 경영문제에 있어서 최적해를 구하기 위해서는 수학적인 모델을 적용해야 하는데, 특히 비용에 관한 자료를 수집하여 수학적인 모델을 적용할 수 있는 결정변수에만 적용해야 한다. 이 경우 결정변수가 줄어져서 의사결정자가 결국 경험적으로 결정을 내리게 된다. 이렇게 해서는 최적해를 과학적으로 구할 수 없으므로 SDR을 사용해서 수학적인 모델에 주어진 제약을 없애 주려는 것이다. 이것은 현실적인 이익과 비용모델을 컴퓨터에 이용하여 나타내고 이것을 사용해서 주어진 결정변수의 값에 관련된 비용을 계산할 수 있도록 하는 것이다.

## 04 총괄생산계획의 분해

총괄생산계획의 분해(disaggregate)란 생산계획을 추진하는 데 필요한 노동력이나 자재의 양, 재고소요량 등을 결정하기 위하여 총괄생산계획을 보다 구체적으로 분해하는 것을 의미한다. 총괄개념으로 수립된 생산계획이 실제 생산 활동에 이용되기 위해서는 구체적인 실행계획으로 바꿀 필요가 있다. 즉, 총괄수요에 입각해서 중기계획으로 짜여진 총괄생산계획을 품목별이나 단기의 일정계획으로 분해하는 과정에 다음과 같은 작업이 필요하다.

① 총괄계획의 품목별(또는 제품별) 계획으로의 분해
② 중기계획의 분기 또는 월 단위의 단기계획으로의 분해

③ 능력계획의 소요계획으로의 분해

이와 같은 입장에서 총괄생산계획을 1차 분해한 결과가 주일정계획(master production schedule)이다. 대일정계획이라고도 부르는 주일정계획은 총괄생산계획을 분해해서 실행계획으로 구체화하는 계획으로 품목별 생산량을 생산일정(월별 또는 주별)에 맞추어 예정하는 것으로서 MPS라고 부른다.

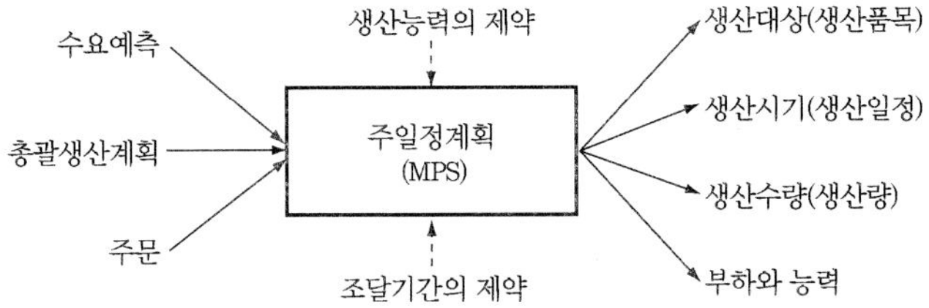


〈그림 7〉 주일정계획의 기능

주일정계획에서는 제품단위당 표준공수(표준시간)를 생산량이나 생산능력의 가용시간과 연결, 환산하여 부하(생산량×단위당 표준공수)와 능력(가용시간×조업일수)을 비교, 제시함으로써 부하와 능력의 균형을 도모할 수 있다. 즉, 생산량과 우선순위 등을 수요 내지 생산일정에 맞추어 배정(조정)하여 시장수요와 생산능력을 균형화시키는 것으로 능력계획(capacity planning)과 우선순위계획(priority planning)은 주일정계획의 주요 고려사항이 된다. 뿐만 아니라 주일정계획은 제품별 생산량과 생산일정은 물론 부하와 능력을 생산일정별로 제시하고 있기 때문에 일정계획, 공수계획을 비롯한 자재소요계획이나 능력소요계획의 주 투입요소가 된다.

총괄생산계획에서 산출된 총괄적 단위는 실제로 생산되거나 혹은 서비스되어야 할 제품 혹은 서비스 단위로 변환되어야 한다. 예를 들어 자동차제조회사가 승용차와 상용차에 대한 총괄생산계획을 수립했다고 하자. 이 회사는 승용차로 에쿠스, 소나타, 엑센트라는 세 종류를 생산하고 있으며, 상용차로는 포터와 마이티를 생산해 오고 있다. 비록 그 자동차들이 상당히 비슷하거나 동일한 기능을 가지고 있다 하더라도 소요자재나 부품 그리고 작동에 있어서도 어느 정도의 차이가 있다. 그러므로 매월 생산해야 하는 총괄적 개념의 승용차와 상용차는 소요자재와 부품에 대한 구매결정이 이루어지기 이전에 자동차의 브랜드별 생산대수로 변환되어야 한다. 이와 같은 총괄생산계획의 분해결과를 주일정계획이라고 한다.

총괄생산계획의 분해에 관한 개념은 (표 8)에 잘 나타나 있다. 이 표는 분해의 개념을 명확히 제시하기 위하여 간단하게 예시한 것이다.

이와 같은 주일정계획의 작성시점은 생산공정의 특성에 따라 차이가 있다. 수많은 부분품으로 조립되는 자동차나 컴퓨터 등과 같은 제품의 경우에는 제품의 완성시점에서 완성량 기준으로 작성되는 것이 일반적이다. 그러나 투입된 원재료보다 훨씬 많은 종류의 제품들이 생산되는 화학공장에서는 원재료 투입시점에서 투입량 기준으로 작성하는 것이 효과적이다. 한편 동일한 중간조립품으로 여러 가지 모델의 제품을 생산하는 공장에서는 중간 조립단계에서 작성할 수도 있다.

[표 8] 총괄생산계획의 분해

(a) 총괄생산계획의 월별 계획산출량

(단위 : 생산대수)

| | 1월 | 2월 | 3월 | 4월 | 5월 | 6월 | 7월 | 8월 | 9월 | 10월 | 11월 | 12월 |
|---|---|---|---|---|---|---|---|---|---|---|---|---|
| 승용차 | 200 | 300 | 400 | 400 | 500 | 200 | 300 | 400 | 400 | 500 | 400 | 500 |
| 상용차 | 30 | 50 | 80 | 60 | 50 | 50 | 50 | 80 | 100 | 40 | 30 | 30 |

(b) 주일정계획의 월별 계획산출량

(단위 : 생산대수)

| | | 1월 | 2월 | 3월 | 4월 | 5월 | 6월 | 7월 | 8월 | 9월 | 10월 | 11월 | 12월 |
|---|---|---|---|---|---|---|---|---|---|---|---|---|---|
| 승용차 | 에쿠스 | 100 | 100 | 100 | 100 | 200 | 100 | 150 | 150 | 100 | 200 | 150 | 200 |
| | 소나타 | 75 | 150 | 200 | 175 | 150 | 75 | 100 | 130 | 200 | 175 | 150 | 200 |
| | 엑센트 | 25 | 50 | 100 | 125 | 150 | 25 | 50 | 120 | 100 | 125 | 100 | 100 |
| 소계 | | 200 | 300 | 400 | 400 | 500 | 200 | 300 | 400 | 400 | 500 | 400 | 500 |
| 상용차 | 포터 | 20 | 35 | 50 | 20 | 40 | 40 | 35 | 55 | 80 | 15 | 15 | 20 |
| | 마이티 | 10 | 15 | 30 | 40 | 10 | 10 | 15 | 25 | 20 | 5 | 15 | 10 |
| 소계 | | 30 | 50 | 80 | 60 | 50 | 50 | 50 | 80 | 100 | 40 | 30 | 30 |

쉬어갑시다

**현대차, 브라질에 조립 생산 공장 건설**

뉴시스, 2007년 4월 22일

현대자동차가 남미 지역 최대의 자동차 시장인 브라질에 반제품 조립(CKD)공장을 건설했다. 현대차는 지난 20일 브라질 고이아스주 아나폴리스시에서 루이스 이나시오 룰라 다 실바 대통령과 현대차 사장이 참석한 가운데 CKD공장 준공식을 가졌다고 22일 밝혔다.

이 공장은 올해 소형 트럭 H-1(한국명 포터)을 2000대를 생산한 뒤 승용차, 스포츠유틸리티 차량(SUV) 등으로 차종을 확대, 2010년까지 연 5만대를 생산할 계획이다. 이렇게 생산된 자동차는 현대차 브랜드를 달고 판매되며, 현대차는 대신 상표 사용 및 기술 이전에 대한 로열티를 받는다.

브라질은 남미공동시장(메르코술)의 중심국가로, 252만대에 달하는 이 지역 전체 자동차 수요의 70%인 176만대가 판매되는 시장이다. 하지만 완성차 관세가 35%에 달하기 때문에 현지 공장을 갖추지 못한 업체들에게는 진입 장벽이 매우 높다. 이에 따라 폭스바겐, 피아트, GM, 도요타, 혼다 등은 브라질에 공장을 세우고 연간 230만대를 생산하고 있으며, 이중 65만대를 아르헨티나, 멕시코 등 해외로 수출하고 있다.

현대차는 브라질 시장에서 2005년 1640대, 지난해 6588대를 판매하는데 그쳤다. 올해는 지난해보다 97.3% 늘어난 1만3000대를 판매할 계획이다. 2010년까지 5만5000대를 브라질 시장에 판매할 방침이다.

현대자동차 해외영업담당 사장은 "세계 경제의 떠오르는 시장인 BRICs 중 유일하게 생산기지를 갖추지 못했던 브라질에 CKD 공장을 준공해 남미 시장 진출의 교두보로 활용할 수 있게 됐다"며 "중남미 지역 최대 시장인 브라질 소비자들의 마음을 사로잡기 위해 최선을 다하겠다"고 말했다.

앞서 1976년 현대차는 에콰도르에 최초 독자모델인 포니를 수출하며 중남미 시장에 진출해 30년만인 지난해 누적판매 100만대를 돌파했다. 현대차는 이번 브라질 CKD 공장 준공을 계기로 2010년까지 중남미 지역 누적 판매 180만대를 달성한다는 계획이다.

## 요약

- 생산계획은 시장의 수요에 대응하여 생산량을 시간적, 수량적으로 조절해 나가는 계획과정이다. 즉, 주문이나 판매예측을 토대로 생산하려는 제품의 종류와 수량, 가격 등과 함께 생산방법, 장소 및 일정 등에 관하여 가장 경제적이고 합리적인 예정(계획)을 세운 것이다.

- 생산계획에 이용되는 정보는 현재 보유하고 있는 설비능력, 작업능력, 기술능력, 교육훈련능력, 재고수준 등의 기업내 정보와 고객요구와 시장수요, 경쟁업체의 동향, 경제상황, 관련법규 및 제도, 공급자 및 원자재 사정 그리고 노동시장의 상황 등과 같은 기업외 정보가 있다.

- 총괄생산계획(또는 생산수량계획)은 생산자원의 적정배분과 비용의 최소화를 목적으로 일정 기간 동안에 생산율 및 고용수준, 재고수준, 잔업 및 하청 등을 중심으로 여러 가지 제약조건 하에서 수립되는 생산계획이다.

- 총괄생산계획을 수립할 때 적용 가능한 전략에는 예상된 수요가 적더라도 계속적으로 일정수준 이상의 조업을 유지함으로써 수요변동 폭을 극복하는 평준화전략과 수요변동에 따라 고용수준이나 생산율을 변동시키는 수요추구전략, 그리고 두 가지 이상의 관리변수를 혼합하여 사용하는 혼합전략이 있다.

- 총괄생산계획 기법에는 생산할 품목의 종류가 많지 않거나 제품공정이 많지 않은 경우에 계절적인 수요에 대처해서 수립하는 생산계획에 이용하는 도해법이 있다. 이외에도 수리적 모형이 있는데, 수리적 최적화 기법과 휴리스틱 계획기법으로 나눌 수 있다. 수리적 최적화기법에는 선형계획법, 동적계획법, 목표계획법, 선형결정기법 등이 있으며, 휴리스틱 계획기법으로는 경영계수이론, 매개변수에 의한 생산계획, 생산전환 탐색법, 그리고 서어치 디시전 룰이 있다.

- 주일정계획은 총괄생산계획을 분해해서 실행계획으로 구체화하는 계획으로 품목별 생산량을 생산일정에 맞추어 예정하는 계획이다.

## 토의문제

1. 총괄생산계획의 기능을 설명하라.

2. 총괄생산계획의 목적에 대해 설명하라.

3. 총괄생산계획을 수립하기 위해 필요한 자료에는 어떤 것들이 있는지 설명하라.

4. 주일정계획을 수립하기 위해 필요한 자료는 무엇인지 설명하라.

5. 총괄생산계획 수립과정에 이용하는 전략을 설명하라.

6. 총괄생산계획에서 순수전략과 혼합전략의 차이점은 무엇인가 설명하라.

7. 총괄생산계획을 위해 수송계획법 모형을 적용하기 위해 필요한 가정에 대해 설명하라.

8. 현대산업의 내년도 주력생산 제품에 대한 월별 수요예측치와 해당 제품의 생산과 관련한 비용 및 생산능력에 대한 데이터가 다음과 같았다. 재고부족을 허용하지 않는 상태에서 소요비용이 가장 적게 소요되는 최적 생산계획을 수립하라. 단, 기초재고는 30개이며, 최종 월의 기말재고는 20개이다.

| 월 | 1 | 2 | 3 | 4 | 5 | 6 | 7 | 8 | 9 | 10 | 11 | 12 |
|---|---|---|---|---|---|---|---|---|---|---|---|---|
| 수요량 | 210 | 170 | 290 | 260 | 320 | 120 | 180 | 120 | 190 | 230 | 290 | 170 |
| 조업일수 | 22 | 19 | 21 | 22 | 21 | 21 | 22 | 11 | 21 | 22 | 18 | 21 |

<table>
<tr><td rowspan="4">최대생산능력</td><td rowspan="2">정규작업</td><td rowspan="2">180개/월</td><td rowspan="3">생산비</td><td>정규작업</td><td>20원</td></tr>
<tr><td>잔업</td><td>30원</td></tr>
<tr><td rowspan="2">잔업</td><td rowspan="2">50개/월</td><td>하청</td><td>35원</td></tr>
<tr><td colspan="2">월 평균 재고유지비용</td><td>1원</td></tr>
</table>

① 평준화 전략을 적용한 경우
② 수요추구 전략을 적용한 경우
③ 혼합전략을 적용한 경우

9. 어느 회사의 향후 4분기 동안의 수요예측량과 생산능력은 다음과 같다. 현재의 재고량은 100단위이며, 4분기 말에 요구되는 재고수준은 200단위이다. 정규작업의 의한 단위당 생산비는 100원, 잔업에 의한 단위당 생산비는 150원, 하청비용은 단위당 180원이며, 단위당 재고유지비용은 10원/분기 이다. 수송계획법을 적용한 총괄계획을 수립하라.

| 기간 | 수요예측량 | 생산능력 | | |
|---|---|---|---|---|
| | | 정규작업 | 잔업 | 하청 |
| 1/4 | 800 | 800 | 400 | 1,000 |
| 2/4 | 1,000 | 800 | 400 | 1,000 |
| 3/4 | 600 | 800 | 400 | 1,000 |
| 4/4 | 900 | 800 | 400 | 1,000 |

# 제 11 장 일정계획

## 01 일정계획의 개념

일정계획(scheduling)은 주일정계획을 더욱 구체화하는 계획이다. 주일정계획을 생산능력에 관한 계획이라고 한다면 일정계획은 주어진 생산능력의 활용과 집행에 관한 계획이라고 할 수 있다. 즉, 고객 주문에 대한 납기의 시간적 차원에 맞추어서 제품과 서비스의 생산을 언제 시작하고 완료하며, 생산자원(인력, 설비, 물자, 공간 등)을 언제, 어디서, 누가, 얼마나 사용할 것인가를 계획하는 것이 일정계획이다.

이와 같은 일정계획은 조직의 전략적, 전술적 의사결정을 뒷받침하는 중기 또는 단기계획 활동으로서 주로 작업장 수준에서 이루어지는 생산계획이다.

일정계획에서는 이미 총괄계획에서 결정해 놓은 고용수준, 생산율 또는 작업시간 등의 가용자원을 제품별, 주문별, 작업장별로 할당하게 되는데, 생산계획을 주간, 일간 또는 시간활동으로 세분하여 작업계획을 가장 짧은 시간단위로 구체화하게 된다. 이 과정에서 만들어지는 계획 중에서 특히 모든 제품 종류들을 포괄하는 주(week) 단위의 계획을 주일정계획(master production schedule)이라고 부르며, 보다 세밀한 계획은 소일정계획 또는 세부일정계획이라고 한다.

일정계획은 생산시스템의 유형과 공정의 실제상황에 따라 계획의 수립 절차와 방법이 크게 달라진다. 일정계획이란 단지 시간만을 결정하는 단순한 것이 아니라, 일반적으로 작업순서결정(routing), 작업배분(dispatching), 진도관리(follow-up)와 같은 문제들이 동시에 병행하여 해결되어야 하기 때문이다.

일정계획의 목적은 생산시스템의 목적을 달성하기 위하여 가용생산능력을 효율적으로 이용하는 것으로서 구체적으로는 다음과 같은 목적을 지닌다.

① 납기 내에 처리하는 주문의 비율을 높인다.
② 설비 및 작업자의 이용 효율을 높인다.
③ 재공품 재고를 감소시킨다.
④ 잔업시간을 감소시킨다.
⑤ 재고부족을 감소시킨다.

이와 같은 목적을 갖는 일정계획을 상세하게 구분하면 다음과 같다.

- 주일정계획(master scheduling) : 대일정계획 또는 기본일정계획이라고도 하며, 수주에서 출하까지의 일정계획을 다루며, 제품별 착수일과 완성일을 정한다.
- 중일정계획(operation scheduling) : 작업공정별 일정계획으로서, 주일정계획에 표시된 납기를 토대로 하여 각 작업 공정별 개시일과 완성일을 정한다.
- 소일정계획(detail scheduling) : 작업자별 또는 기계별 일정계획이라고 불리는 세부일정계획으로, 중일정계획의 일정에 따라 작업자나 기계별로 구체적인 작업일정을 예정한다.

## 1.1 기준일정과 생산일정

### (1) 기준일정의 결정

일정계획 수립을 위한 기초자료는 각 작업의 생산기간에 대한 기준인데, 이 기준이 기준일정이다. 기준일정이란 특정 작업의 수행에 필요한 시간을 의미하는데, 다시 말해서 각 작업을 개시해서 완료할 때까지 소요되는 표준일정을 말한다.

제품의 납기가 정해져 있다고 하더라도 제품을 생산하는데 소요되는 시간을 모르고는 작업의 착수시기를 결정할 수가 없다. 그러나 기준일정을 알고 있으면 납기로부터 역산(backward scheduling)해서 작업의 착수시기를 적절하게 결정할 수 있게 된다.

일반적으로 기준일정에는 정체로 인한 시간이 여유기간이라는 개념으로 포함된다. 따라서 기준일정의 단축은 결과적으로 전체 작업일정의 단축으로 연결되기 때문에 기준일정에서 많은 비중을 차지하는 정체를 최소화 내지 제로(zero)화시키기 위한 노력을 집중할 필요가 있다. 참고적으로 일반 기계공업의 경우에는 가공시간이 불과 30~

40% 정도에 지나지 않으며, 나머지 60~70%의 시간은 정체가 차지하고 있는 것으로 알려져 있다.

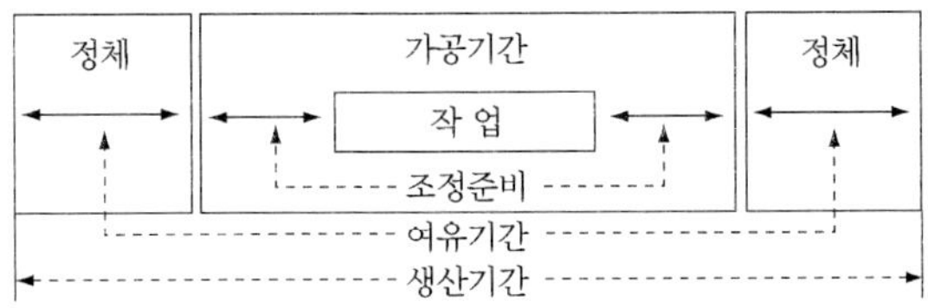


〈그림 1〉 생산기간의 구성

### (2) 생산일정의 결정

기준일정은 특정 작업의 수행에 필요한 시간만을 의미하므로 이들 기준일정과 생산능력을 고려하여 상세한 생산일정표가 작성되어야 한다. 즉, 주어진 제품의 생산을 위하여 작업개시일자나 완성일자 등 현장 작업에 관련된 일정이 명확하게 결정되어야 하는 것이다.

생산일정을 결정할 때는 작업의 우선순위와 작업장 또는 기계에 대한 부하량 등을 감안하여 작업개시 시기를 결정해야 한다. (그림 2)는 작업의 우선순위를 고려하지 않은 경우와 고려한 경우의 생산일정표를 나타낸 것이다.

(a)와 같은 방식에 의한 생산일정계획의 수립, 즉 작업의 우선순위를 고려하지 않고 모든 작업을 동시에 착수했을 때 전체 소요일수는 동일하더라도 작업에 필요한 인원뿐만 아니라 생산부품의 정체일수가 불필요하게 늘어남을 확인할 수 있다. 그러나 (b)의 경우는 작업의 완급과 우선순위를 고려한 생산일정표로서 생산부품의 정체가 발생하지 않음을 확인할 수 있다. 일반적으로 생산일정을 수립할 때는 작업의 우선순위와 함께 기계의 능력 및 부하량 등을 추가로 감안하여 작성하는 것이 일반적이다.

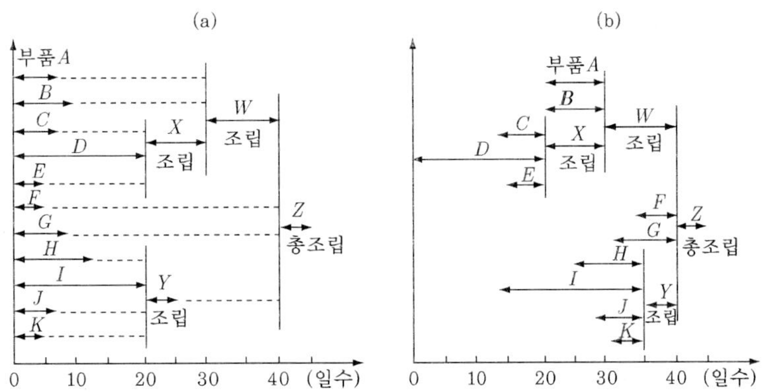


〈그림 2〉 조립작업의 생산일정표

## 1.2 일정계획의 평가기준

최적의 일정계획이 편성되었는지를 알아보기 위해서는 합리적인 평가기준에 근거할 필요가 있다. 일정계획의 평가에는 고객에 대한 서비스의 제공 또는 제품 생산을 위해 투입된 자원의 효과적인 활용 정도 등과 같은 다양한 성과지표가 이용될 수 있다. 가장 일반적인 평가지표는 다음과 같다.

### (1) 고객 서비스 개선을 위한 평가기준

① 평균처리시간(average processing time)
② 일감(또는 주문)의 평균대기시간(average waiting time of jobs)
③ 지연작업(또는 일감)의 비율(percentage of late jobs)

### (2) 자원 활용 개선을 위한 평가기준

① 노동력의 이용률(labour utilization)
② 기계설비 이용률(machine utilization)
③ 공정품의 재고유지비(inventory in process cost)

# 02 라인공정에 있어서의 일정계획

조립라인이나 장치산업과 같은 라인공정(즉, 제품별 배치)에서는 한 작업장에서 다음 작업장으로 원활하게 흘러가므로 일정계획 문제는 적어도 부분적으로는 공정설계에 의해 해결한다. 특정 라인에서 한 가지 제품만을 생산하는 경우에는 자재의 흐름이 공정설계에 의해 완전히 결정되기 때문에 일정계획 수립에 특별한 어려움이 없다. 그러나 그 라인에서 생산되는 제품의 종류가 많아지면 라인 내에 포함된 한정된 자원을 각각의 제품에 적절하게 할당해야 하므로 일정계획 문제가 발생한다.

몇 가지 다른 제품이 동일한 생산라인을 통해 만들어지는 경우에는 각 제품은 일반적으로 뱃치(batch)단위로 생산되며, 다음 제품의 생산을 위해서는 생산라인의 변경이 필요하게 된다. 생산라인의 변경문제는 라인의 생산능력을 몇 개의 서로 다른 제품에 할당해야 하는 일정계획 문제를 수반하게 된다. 그러나 품종변경을 위한 생산라인 변경시간을 One-touch setup과 같은 다양한 노력을 통해 대폭 줄임으로서 조립라인을 매우 유연하게 하는 JIT(just-in-time)생산방식에서는 혼류생산을 적용함에 따라 일정계획 문제는 발생하지 않는다는 특징도 있다.

여기서는 생산라인 변경시간이 문제가 되고, 생산은 뱃치방식으로 계획된다는 가정하에서 라인공정의 일정계획에 이용되는 재고소진기간법을 살펴보기로 한다.

재고소진기간법(runout time method)은 현 재고를 단위기간의 수요량으로 나누어 구한 재고소진기간의 값이 가장 작은 제품에 생산의 우선순위를 부여하는 방법이다. 이때 재고소진기간(runout time : RT)은 다음과 같이 산출한다.

$$\text{소진기간}(RT) = \frac{\text{현 재고}(I_i)}{\text{단위기간 수요량}(d_i)}$$

$$= \frac{\text{기초재고} + \text{계획기간동안의 생산량} - \text{계획기간동안의 수요량}}{\text{단위기간 수요량}}$$

단, $i = 1, 2, \cdots, n$

재고소진기간법의 기본 아이디어는 소진기간(RT)이 짧은 제품을 먼저 생산하자는 것이다. 즉, 어떤 제품의 재고가 미래 수요에 비해 상대적으로 적으면 그 제품은 재고가 미래수요에 비해 상대적으로 많이 보유하고 있는 제품보다 먼저 생산되어야 한다는 것이다.

이 방법을 적용할 때 유의할 점은 첫 번째 재고소진기간 산정으로 전체 일정계획을 잡는 것이 아니라 시뮬레이션을 행할 때마다 생산의 우선순위를 결정해야 하며, 수요변화에 따라 수요 자료가 조정이 된다는 점이다. 또한 시뮬레이션을 하는 과정마다 재고수준의 증감 여부를 체크하여 생산능력의 변경여부를 결정해야 하는 점도 유의해야 한다.

재고소진기간법을 이용하여 제품의 생산순서를 결정하는 과정을 구체적으로 살펴보기로 하자.

먼저, 각 제품에 대해 소진기간을 계산한 다음, 소진기간이 가장 짧은 제품을 제일 먼저 경제적 생산 로트 크기만큼 생산한다.

다음 단계는 첫 번째 제품의 생산이 완료되는 시점에서 다시 각 제품에 대한 소진기간을 재계산하고, 소진기간이 가장 짧은 제품에 대해 경제적 생산 로트 크기만큼 생산한다.

이와 같은 과정을 필요한 계획기간 동안 반복함으로써 일정계획을 수립하는 방식이다.

다음의 예를 통해 살펴보기로 하자. 어떤 조립라인에서는 6가지의 서로 다른 제품을 생산하고 있다. 각 제품의 경제적 생산 로트 크기, 생산율, 재고량 및 예상수요량이 (표 1)과 같다.

[표 1] 재고소진기간법에 의한 생산순서의 결정

| 제품 | 수요자료 | | | 공급자료 | | |
|---|---|---|---|---|---|---|
| | 재고 (개) | 주당 수요 (개) | 소진기간 (주) | 경제적 생산 로트 크기(개) | 주당 생산율 (개) | 생산기간 (주) |
| A | 2,100 | 200 | 10.5 | 1,500 | 1,500 | 1.0 |
| B | 550 | 100 | **5.5** | 450 | 900 | 0.5 |
| C | 1,475 | 150 | 9.8 | 1,000 | 500 | 2.0 |
| D | 2,850 | 300 | 9.5 | 500 | 1,000 | 0.5 |
| E | 1,500 | 200 | 7.5 | 800 | 800 | 1.0 |
| F | 1,700 | 200 | 8.5 | 1,200 | 800 | 1.5 |
| 합계 | 10,175 | 1,150 | | | | |

| 제품 | 0.5주말 | | 1.5주말 | | 3.0주말 | | 3.5주말 | |
|---|---|---|---|---|---|---|---|---|
| | 재고 (개) | 소진기간 (주) | 재고 (개) | 소진기간 (주) | 재고 (개) | 소진기간 (주) | 재고 (개) | 소진기간 (주) |
| A | 2,000 | 10.0 | 1,800 | 9.0 | 1,500 | 7.5 | 1,400 | 7.0 |
| B | 950 | 9.5 | 850 | 8.5 | 700 | 7.0 | 650 | 6.5 |
| C | 1,400 | 9.3 | 1,250 | 8.3 | 1,025 | 6.8 | 950 | **6.3** |
| D | 2,700 | 9.0 | 2,400 | 8.0 | 1,950 | **6.5** | 2,300 | 7.7 |
| E | 1,400 | **7.0** | 2,000 | 10.0 | 1,700 | 8.5 | 1,600 | 8.0 |
| F | 1,600 | 8.0 | 1,400 | **7.0** | 2,300 | 11.5 | 2,200 | 11.0 |
| 합계 | 10,050 | | 9,700 | | 9,175 | | 9,100 | |

현 시점에서 각 제품에 대한 재고소진기간을 계산해 보면, 제품 B의 소진기간이 5.5주로 가장 짧으므로 제품 B를 가장 먼저 생산한다. 이때 제품 B의 경제적 생산 로트 크기는 450개이며, 이 수량은 0.5주 동안에 생산이 가능한 양이다. 따라서 계획수립 시점에서 0.5주가 지나면 제품 B의 생산이 완료된다.

생산이 이루어진 제품 B의 0.5주말 보유재고량은 다음과 같다.

$$\text{제품 B의 보유재고량} = \text{기초재고} + \text{생산량} - \text{생산기간동안의 수요량}$$
$$= 550 + 450 - 0.5(100) = 950$$

그리고 생산이 없었던 나머지 5가지 제품의 0.5주말의 재고는 각 제품마다 기초재고에서 0.5주 동안의 수요를 차감함으로써 얻어진다. 예를 들면 제품 A의 재고는 다음과 같다.

$$\text{제품 A의 재고} = \text{기초재고} - \text{0.5주 동안의 수요량}$$
$$= 2{,}100 - (0.5)(200) = 2{,}000$$

이와 같은 방법으로 각 제품의 재고수준을 모두 계산한 다음 각 제품마다의 재고소진기간을 다시 계산한다. 그리고 그 시점에서 재고소진기간이 가장 짧은 제품의 생산에 우선순위를 부여하는 과정을 반복한다.

이러한 과정을 거치는 재고소진기간법은 재고유지비용, 재고부족비용 및 수요의 불확실성 등을 고려하지 않은 매우 단순한 탐색적(heuristic) 기법이지만, 라인공정(또는 제품별 배치)의 일정계획문제를 명확히 보여주는 직관적인 타당성을 지니고 있다.

## 03 단속공정에 있어서의 일정계획

작업의 흐름이 간헐적으로 진행되는 단속공정(즉, 공정별 배치)은 주문생산에 적합한 형태의 시스템 구조를 지니고 있다. 고객의 주문내역에 따라 다품종을 소량으로 생산한다는 특징을 지닌 주문생산에 대한 일정계획은 각 주문마다 투입자원, 가공의 형태, 작업순서, 작업흐름, 납기 등이 다르기 때문에 계획의 수립과 통제가 매우 복잡한 것이 특징이다.

주문생산 일정계획의 일반적인 문제와 특징을 살펴보면 다음과 같다.

### (1) 작업의 도착형태와 처리

작업은 일정한 간격을 두고 뱃치(batch)형태로 들어오는 경우와 불규칙적으로 들어오는 경우로 구분된다. 전자는 정태적(static)이라고 하며, 후자는 동태적(probabilistic)이라고 한다. 작업이 정태적일 경우에는 일정기간(일간 또는 주간 등) 주문을 모아서 일정계획을 세우고, 계획이 집행되는 기간에 들어온 주문은 계획에 일체 포함시키지 않는다. 그러나 동태적인 경우에는 주문이 들어오는 대로 작업을 배정하고, 전체 일정도 탄력적으로 조정해 나가는 것이 특징이다.

### (2) 기계의 종류와 대수

기계의 종류와 대수가 많으면 많을수록 일정계획은 복잡해진다. 만약 한 대의 기계로 작업할 경우에는 일정계획 문제는 아주 단순하지만, 기계의 종류와 대수가 늘어나고 취급할 수 있는 작업 내용이 다양해지면 그만큼 최적의 일정계획을 수립하기 어렵다.

### (3) 작업자의 수

기계대수에 비하여 작업자가 많거나 적을 경우 작업할당에 문제가 발생한다. 기계대수보다 작업자가 많거나 같을 경우를 기계제약시스템(machine limited system)이라고 하며, 기계대수보다 작업자수가 적을 때는 노동제약시스템(labor limited system)이라고 한다. 물론 각각의 경우 일정계획을 취급하는 방법도 달라진다.

개별주문생산에 있어서의 일정계획은 (그림 3)과 같이 부하의 결정, 작업순위의 결정, 작업의 할당과 작업배정, 작업점검 및 독촉기능을 거쳐 일정계획이 수립되고 통제된다.

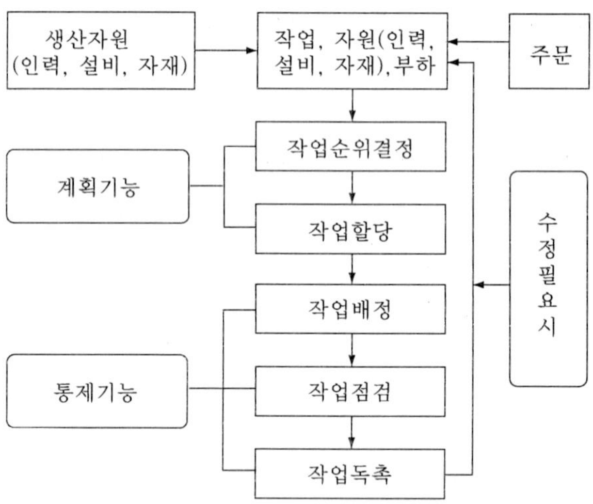


〈그림 3〉 개별주문생산의 일정계획 시스템

## 3.1 부하계획

개별주문 일정계획에서는 납기일에 맞춰 제품을 생산하기 위해서는 이용 가능한 생산능력을 파악하고, 작업장별로 소요작업시간을 고려하여 일자별로 할당하여야만 한다. 이때 주어진 부하(또는 작업량)와 보유 작업능력을 일치시키는 것을 부하계획(loading)이라고 한다.

이와 같은 일정계획을 합리적으로 수립하기 위해서는 먼저 작업량, 즉 부하(work load)를 결정하여야 한다. 부하결정이란 생산 작업을 완료하는데 필요한 소요인력과 기계의 부하, 즉 소요생산능력과 현재의 인원과 기계의 가용생산능력을 비교하여 생산능력을 조정하는 것을 말한다. 부하량, 즉 작업량을 산정하는 기준은 작업시간으로 나타내며, 기계작업시간(machine-hour) 또는 인시(man-hour)로 나타내는 것이 일반적이다. 특히 사람에게 적용하는 작업량의 기준을 공수(工數)라고 한다.

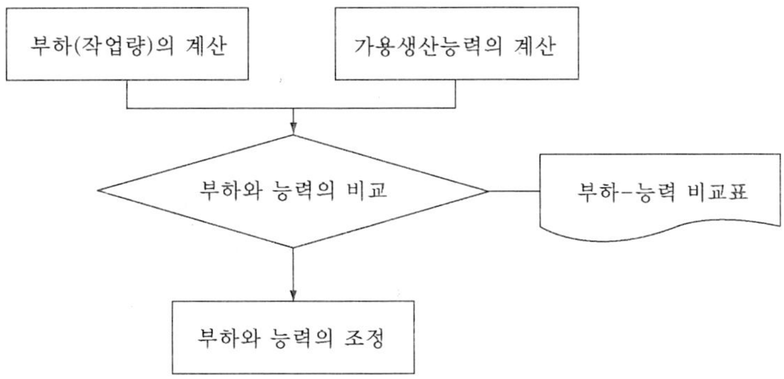


〈그림 4〉 부하계획

## (1) 부하(작업량)의 계산

부하의 계산이란 필요생산능력(required capacity)의 산정을 의미한다. 즉, 주문받은 작업을 작업장 또는 기계에서 처리하는데 소요되는 작업시간을 공수(man-hour) 또는 기계작업시간(machine-hour)으로 나타내는 것이다. 이 필요생산능력은 작업분석표나 절차계획표에 있는 표준시간을 고려하여 산정한다. (표 2)의 부품별 부하표는 부분품 가공에 필요한 기계작업시간을 부품별 기준공수로 제시한 것이다.

[표 2] 부품별 부하표(부품별 기준공수)

(단위 : 시간)

| 부품 | 설비 1 | 설비 2 | 설비 3 | 설비 4 | 합계 |
|---|---|---|---|---|---|
| A | 0.32 | 0.28 | 0.16 | 0.20 | 0.96 |
| B | 0.34 | 0.24 | 0.20 | - | 0.78 |
| C | 0.36 | 0.26 | - | 0.18 | 0.80 |

이와 같은 부품별 기준공수에 1개월 생산량을 곱하여 월간 총공수를 산출할 수 있다. 이들을 공정별로 집계하여 (표 3)과 같은 공정별(기계별) 부하집계표를 작성하고, 이를 통해 공정별(기계별) 작업량을 파악할 수 있다.

[표 3] 공정별(기계별) 부하집계표

| 부품 | 1개월 생산수량 | 설비 1 | | 설비 2 | | 설비 3 | | 설비 4 | |
|---|---|---|---|---|---|---|---|---|---|
| | | 기준공수 | 필요공수 | 기준공수 | 필요공수 | 기준공수 | 필요공수 | 기준공수 | 필요공수 |
| A | 400 | 0.32 | 128 | 0.28 | 112 | 0.16 | 64 | 0.20 | 80 |
| B | 200 | 0.34 | 68 | 0.24 | 48 | 0.20 | 40 | - | - |
| C | 300 | 0.36 | 108 | 0.26 | 78 | - | - | 0.18 | 54 |
| 합계 | | 304 | | 238 | | 104 | | 134 | |

### (2) 가용생산능력의 계산

가용생산능력(available capacity)은 작업장이나 기계에 이미 할당되어 있는 작업을 제외하고 사용이 가능한 여분의 생산능력을 의미하며, 부하량과 마찬가지로 공수 또는 기계작업시간으로 나타낸다. 일반적으로 가용생산능력은 기계부하표나 간트차트 등의 일정계획을 통제하는 도구나 자료를 분석하여 산정한다.

능력은 작업능력과 기계능력으로 대별하여 다음과 같은 수식에 의해 산출한다.

① 작업능력 = 작업자 수 × 능력 환산계수 × 월 가동시간 × 가동률
② 기계능력 = 기계대수 × 월 가동일수 × 일 실가동시간 × 가동률

여기서 능력환산계수란 작업자수를 표준능력을 지닌 작업자수로 환산하기 위한 것인데, 숙련된 작업자의 능력을 1로 할 때 미숙련 작업자의 능력은 0.5를 적용하여 산출한다.

(표 4)는 월별 기계능력을 계산한 것이다.

[표 4] 월별 기계능력 계산표

| 기계 | 보유수(대) | 1개월 가동일수(일) | 1일 실가동시간(시간) | 가동률(%) | 기계능력 (시간) |
|---|---|---|---|---|---|
| 설비 1 | 2 | 25 | 8 | 90 | 360 |
| 설비 2 | 1 | 25 | 8 | 90 | 180 |
| 설비 3 | 1 | 25 | 8 | 90 | 180 |
| 설비 4 | 1 | 25 | 8 | 90 | 180 |

### (3) 부하와 능력의 비교 및 조정

일정계획 기간의 작업에 요구되는 필요생산능력을 가용생산능력에 할당하여 차이가 있을 때는 이를 조정하여 주어진 자원을 합리적으로 운영해야 한다. 만일 필요생산능력이 가용생산능력보다 많을 경우에는 잔업, 교대작업 또는 하청 등으로 필요생산능력을 확보하여야 한다.

앞서 살펴본 공정별 부하집계표의 부하와 기계능력 계산표의 기계능력을 공수산적법(工數山積法)으로 비교하면 (그림 5)와 같다.

그 내용을 살펴보면 설비 1의 월 부하량은 갑 128공수, 을 68공수, 병 108공수로 모두 304공수이다. 월 생산능력은 360공수이므로 56공수의 여유능력이 있는데, 이러한 능력을 '여력'이라고 한다. 특히 설비 2의 경우에는 월 생산능력이 180공수인데 반해

현재 부하량은 238공수이므로 부족한 능력을 극복하기 위한 별도의 조치, 즉 잔업이나 특근과 같은 조치를 통해 능력을 조정해야 함을 알 수 있다.

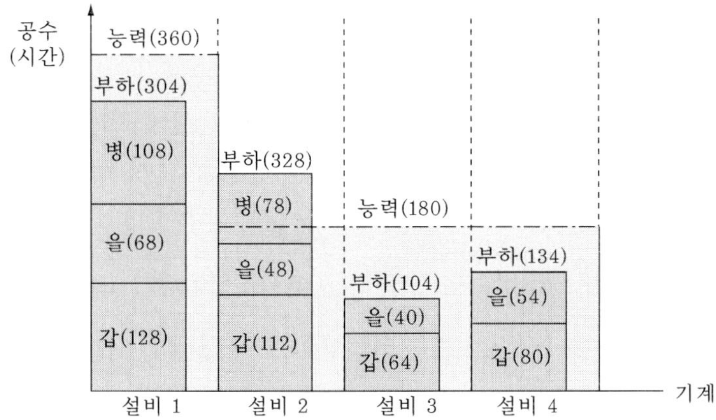


〈그림 5〉 공수산적도(工數山積圖)

## 3.2 작업순서계획

작업순서계획(sequencing)은 각 작업장에서 처리할 작업의 우선순위를 말한다. 앞서 살펴본 부하계획은 어떤 작업을 담당할 기계나 작업장을 결정하는 것이지 작업의 순서를 결정하는 것은 아니다. 작업을 진행하려면 어떤 작업부터 먼저 할 것인지 그 순서를 결정해야 하는데, 이를 작업순서계획이라고 한다.

다품종 소량생산의 개별주문체제는 납기, 작업시간, 작업방법 그리고 작업과정에 이용하는 기계설비 등이 서로 다른 상황 속에서 납기준수와 함께 작업장(설비)이용률의 제고 및 이익 극대화를 실현할 수 있도록 작업의 우선순위를 결정하여야 한다. 작업의 우선순위를 결정하는 대부분의 기법은 작업장의 평균작업시간과 작업지연비율을 최소로 하고, 노동 및 설비의 이용도를 최대로 하며 납기를 준수하는데 초점을 맞추어 개발된 것이다.

### (1) $n$개 작업을 단일 기계에서 작업할 경우

1대의 기계에서 여러 가지의 작업을 수행하는 경우는 비교적 단순한 경우에 속한다. 이때 작업순서를 결정하기 위한 우선순위규칙(priority rule)에는 다음과 같은 것들이 있다.

- 선착 우선(First Come, First Service, FCFS) : 먼저 도착하는 순서대로 처리
- 최소작업시간 우선(Shortest Processing Time, SPT) : 가장 빠른 시간을 갖는 작업부터 처리
- 최대작업시간 우선(Longest Processing Time, LPT) : 가장 긴 시간을 갖는 작업부터 처리
- 최소납기 우선(Earliest Due Date, EDD) : 납기예정일이 가장 빠른 작업부터 먼저 처리
- 최소여유시간 우선(Least Slack, S) : 납기예정일까지 남아 있는 여유시간이 적은 순서대로 처리. 여기서 여유시간은 다음과 같이 산출한다.

$$\text{여유시간} = \text{잔여납기일수} - \text{잔여작업일수}$$

- 긴급률 우선(Critical Ratio, CR) : 긴급률이 작은 값부터 우선순위로 처리

$$\text{긴급률} = \frac{\text{잔여납기일수}}{\text{잔여작업일수}} = \frac{\text{납기일} - \text{오늘날짜}}{\text{잔여작업일수}}$$

[표 5] 작업우선순위 결정을 위한 예

| 작업 | 도착순서 | 작업시간 | 납기시간 |
|---|---|---|---|
| A | 1 | 4 | 8 |
| B | 2 | 12 | 18 |
| C | 3 | 8 | 14 |
| D | 4 | 2 | 4 |
| E | 5 | 6 | 16 |

(표 5)와 같이 고객으로부터의 주문도착 시간과 납기, 작업시간 등이 각기 다른 5가지 주문을 처리하기 위한 작업의 우선순서를 결정하고자 한다. 여기에서는 FCFS, SPT 그리고 EDD에 관한 규칙을 적용하여 흐름시간(flow time)과 납기지연시간, 시스템 내 평균 작업 수 등을 산정, 비교하여 평가해 본 결과는 각각 (표 6)~(표 8)과 같다.

이때 평균 완료시간은 각 작업의 완료시간(즉, 흐름시간)을 모두 합하여 총 작업수로 나누어 얻을 수 있으며, 평균 납기지연시간은 각 작업의 납기지연시간의 합을 총 작업수로 나누어 얻는다. 이때 각 작업의 납기지연시간은 다음과 같이 산출한다.

$$\text{납기지연시간} = \begin{cases} 0 & (\text{흐름시간} \leq \text{납기}) \\ \text{흐름시간} - \text{납기} & (\text{흐름시간} > \text{납기}) \end{cases}$$

그리고 시스템 내 평균 작업 수는 총흐름시간을 총작업시간으로 나누어 파악한다.

이상과 같은 분석결과에 따르면, 여기서 살펴본 예의 경우 선착 우선(FCFS) 규칙에

의한 경우보다 최소작업시간 우선(SPT) 규칙을 적용하여 작업의 우선순위를 정하는 편이 흐름시간도 짧고 납기지연시간도 유리함을 확인할 수 있다. 그러나 납기지연의 최소화를 중시하는 경우라면 평균 납기지연시간이 가장 적은 최소납기 우선(EDD) 규칙을 적용하는 것이 가장 바람직한 결과를 낳을 수 있음을 알 수 있다.

참고로 최소작업시간 우선(SPT) 규칙은 평균 완료시간과 시스템 내 평균작업 수를 최소화하는 규칙이기 때문에 어떤 예에 적용하더라도 이 두 가지 기준에 있어서는 언제나 다른 규칙을 적용한 경우보다 좋은 결과를 가져온다.

[표 6] FCFS에 의한 순서

| 작업 | 작업시간 | 납기시간 | 흐름시간 | 납기지연시간 |
|---|---|---|---|---|
| A | 4 | 8 | 0+4=4 | 0 |
| B | 12 | 18 | 4+12=16 | 0 |
| C | 8 | 14 | 16+8=24 | 10 |
| D | 2 | 4 | 24+2=26 | 22 |
| E | 6 | 16 | 26+6=32 | 16 |
| 합계 | | | 102 | 48 |

- 평균 완료시간 $= \dfrac{4+16+24+26+32}{5} = 20.4$
- 평균 납기지연시간 $= \dfrac{0+0+10+22+16}{5} = 9.6$
- 시스템 내 평균 작업 수

$$= \frac{(4\times5)+(12\times4)+(8\times3)+(2\times2)+(6\times1)}{32} = 3.19$$

[표 7] SPT에 의한 순서

| 작업 | 작업시간 | 납기시간 | 흐름시간 | 납기지연시간 |
|---|---|---|---|---|
| D | 2 | 4 | 0+2=2 | 0 |
| A | 4 | 8 | 2+4=6 | 0 |
| E | 6 | 16 | 6+6=12 | 0 |
| C | 8 | 14 | 12+8=20 | 6 |
| B | 12 | 18 | 20+12=32 | 14 |
| 합계 | | | 72 | 20 |

- 평균 완료시간 $= \dfrac{2+6+12+20+32}{5} = 14.4$

- 평균 납기지연시간 $= \dfrac{0+0+0+6+14}{5} = 4.0$

- 시스템 내 평균 작업 수

$$= \frac{(2\times5)+(4\times4)+(6\times3)+(8\times2)+(12\times1)}{32} = 2.25$$

[표 8] EDD에 의한 순서

| 작업 | 작업시간 | 납기시간 | 흐름시간 | 납기지연시간 |
|---|---|---|---|---|
| D | 2 | 4 | 0+2=2 | 0 |
| A | 4 | 8 | 2+4=6 | 0 |
| C | 8 | 14 | 6+8=14 | 0 |
| E | 6 | 16 | 14+6=20 | 4 |
| B | 12 | 18 | 20+12=32 | 14 |
| 합계 | | | 74 | 18 |

- 평균 완료시간 $= \dfrac{2+6+14+20+32}{5} = 14.8$

- 평균 납기지연시간 $= \dfrac{0+0+0+4+14}{5} = 3.6$

- 시스템 내 평균 작업 수

$$= \frac{(2\times5)+(4\times4)+(8\times3)+(6\times2)+(12\times1)}{32} = 2.31$$

### (2) $n$개 작업을 두 곳의 작업장(또는 기계)에서 작업할 경우

1954년 존슨(S. M. Johnson)은 주문된 작업이 여러 개 있고, 작업은 일정기간 동안의 주문을 한데 모아서 처리하는 정태적인 방법을 취하며, 작업이 두 곳의 작업장 또는 기계에 일정한 순서로 작업이 흘러갈 때 작업의 우선순위를 결정하는 알고리즘을 개발하였다.

각 작업이 동일한 순서로 두 개의 작업장(설비)을 거치는 경우에는 존슨의 규칙(Johnson's rule)을 이용하여 최종 작업이 두 번째 작업장(설비)에서 완료되는 시간, 즉 모든 작업이 끝나는 시간이 최소가 되도록 작업순서를 결정할 수 있다.

이 규칙은 최종작업의 완료시간 뿐만 아니라 두 작업장(설비)의 총유휴시간도 최소화시킨다. 존슨의 규칙은 다음과 같은 절차를 따른다.

[순서 1] 각 작업마다 작업장(설비) I과 II에서의 처리시간을 산정한다.
[순서 2] 작업장(설비) I, II에 관계없이 처리시간이 가장 짧은 작업을 선택한다. 이 작업이 작업장(설비) I에서 발생하면 그 작업을 가능한 앞 순위에 놓고, 작업장(설비) II에서 발생하면 그 작업을 가능한 나중 순위에 놓는다.
[순서 3] 순서 2에서 순위가 결정된 작업은 고려대상에서 제외한다.
[순서 4] 모든 작업의 순서가 결정될 때까지 순서 2와 순서 3을 반복한다.

[표 9] 존슨규칙에 의한 작업순위의 결정 - 2개의 작업장(설비)를 거치는 문제

(단위 : 시간)

| 작업장(설비) \ 작업 | A | B | C | D | E |
|---|---|---|---|---|---|
| I | 5 | 8 | 7 | 11 | 6 |
| II | 4 | 7 | 5 | 10 | 9 |

이제 (표 9)에서 제시한 작업과 작업장(설비)을 대상으로 존슨규칙의 적용에 의한 작업순위를 결정해보기로 하자. 작업장 I, II를 거쳐야 하는 다섯 개의 작업 중에서 가장 짧은 처리시간은 작업 A의 작업장 II에서의 처리시간이 4시간이며, 이것은 작업장 II에 해당하므로 작업순서를 맨 뒤에 놓는다.

○ ---- ○ ---- ○ ---- ○ ---- Ⓐ

순위가 결정된 A를 제외한 작업 중에서 가장 짧은 처리시간은 C의 5시간인데, 이것도 작업장 II에 있으므로 가능한 나중 순위에 놓는다.

○ ---- ○ ---- ○ ---- Ⓒ ---- Ⓐ

다시 C를 고려대상에서 제외하고 나머지 작업 중에서 최단 처리시간을 찾아보면 E의 6시간이다. 이것은 작업장 I에서의 처리시간이므로 작업 E를 가능한 앞 순위에 놓는다.

Ⓔ ---- ○ ---- ○ ---- Ⓒ ---- Ⓐ

이제 고려대상 작업은 B와 D이며, 그 중에서 최단 처리시간은 B의 7시간으로 이것

은 작업장 Ⅱ에 해당하므로 작업순서를 가능한 나중 순위에 놓는다.

Ⓔ ---- ◯ ---- Ⓑ ---- Ⓒ ---- Ⓐ

마지막으로 남은 작업 D는 자동적으로 E와 B 사이에 놓이게 된다.

Ⓔ ---- Ⓓ ---- Ⓑ ---- Ⓒ ---- Ⓐ

이와 같은 과정을 통해 5개의 작업의 순서는 E > D > B > C > A로 결정되었다. 이 작업순서의 작업일정을 도식화하면 (그림 6)과 같다. 그림의 음영부분은 유휴시간이며, 최종적으로 모든 작업이 작업장 Ⅰ을 거쳐서 작업장 Ⅱ에서 완료되는 시간, 즉 작업진행시간(flow time)은 43시간임을 확인할 수 있다. 이때 각 작업장(설비)의 이용률(utilization)을 계산해 보면 작업장(설비) Ⅰ은 86.0%, 작업장(설비) Ⅱ는 81.4%이다.

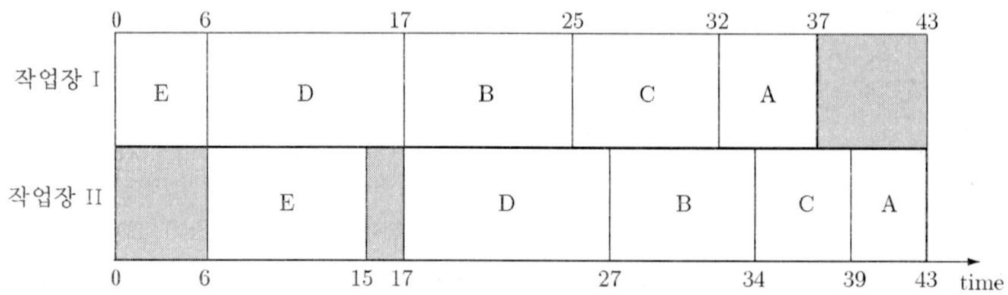


〈그림 6〉 존슨규칙에 의한 작업일정

존슨의 규칙은 다수의 작업이 3개의 작업장(설비)을 거쳐서 처리되는 경우에도 응용될 수 있다. 다음과 같이 5개의 작업이 3개의 작업장(설비)을 통해 완성된다고 가정해보자.

(단위 : 시간)

| 작업장(설비) \ 작업 | A | B | C | D | E |
|---|---|---|---|---|---|
| Ⅰ | 5 | 8 | 7 | 2 | 6 |
| Ⅱ | 3 | 10 | 5 | 10 | 10 |
| Ⅲ | 4 | 9 | 5 | 11 | 10 |

이때에는 작업장 Ⅱ를 작업장 Ⅰ과 작업장 Ⅲ과 각각 합산하여 다음과 같은 2개의 작업장으로 만든다. 즉, 작업장 Ⅱ를 없애는 것이다.

(단위 : 시간)

| 작업장(설비) \ 작업 | A | B | C | D | E |
|---|---|---|---|---|---|
| I | 8 | 18 | 12 | 12 | 16 |
| III | 7 | 19 | 10 | 21 | 20 |

이후에는 앞서 살펴본 2개의 작업장(설비)을 거치는 문제와 동일한 순서를 적용하여 작업우선순위를 결정하는데, 그 결과는 다음과 같다.

Ⓓ - Ⓔ - Ⓑ - Ⓒ - Ⓐ

## 3.3 작업할당

수요자에게 공급하는 작업우선순위에 따라 주문의 작업순위를 결정한 다음, 작업자의 규모나 특성을 고려하여 작업량을 할당하는 것을 작업할당(assignment)이라고 한다.

작업장이 지니고 있는 작업자, 작업방법과 기계와 그 성능의 차이 등과 같은 다양한 특성을 고려할 때 어느 작업을 어느 작업장 또는 작업자, 기계에 할당하는 것이 가장 경제적인가 하는 문제를 다루기 위한 방법은 다양한데, 할당법, 도시법, 선형계획법 등이 그것이다.

### (1) 할당법

할당법은 선형계획의 특수형태로서 개별생산 일정계획에서 작업자 또는 기계에 작업을 할당할 때 적용되는 기법인데, 대표적인 방법이 헝가리의 수학자 쾨니히(D. König)에 의해서 고안된 헝가리법(Hungarian method)이다. 이 방법은 다음과 같은 특징을 지닌다.

① $n$개의 작업장(또는 기계)과 $n$개의 주문 작업이 있다.

② 하나의 작업은 하나의 작업장(또는 기계)에만 할당된다.

③ 최대이익, 최소비용, 최소완료시간 등과 같은 기준 중 단일의 평가기준이 적용된다.

헝가리법은 다음과 같은 순서를 따른다.

[제1단계] 총기회비용표를 작성한다.

1-1) 비용표의 각 행에서 최소값을 찾고, 각 행의 현재 비용에서 그 행의 최소값을 빼준다(row reduction).

1-2) 새로운 비용표에서 각 열의 최소값을 찾고, 각 열의 현재 비용에서 그 열의 최소값을 빼준다(column reduction).

[제2단계] 최적해를 판정한다. 총기회비용표에 나타난 0의 값들을 모두 찾은 후, 이 칸이 속한 행과 열을 최소한의 수직 혹은 수평선을 사용하여 지운다. 만약, 직선의 수가 열 또는 행의 수와 같으면 [제4단계]로 이동하고, 아니면 [제3단계]로 이동한다.

[제3단계] 총기회비용표를 수정한다. [제2단계]에서 직선으로 지워지지 않은 값들 중에서 최소값을 찾아, 직선으로 지워지지 않은 모든 칸에서 이 최소값을 빼고, 두 직선이 교차하는 칸에서는 이 값을 더한 후, 다시 [제2단계]로 이동한다.

[제4단계] 최적할당을 실시한다. 총기회비용표 상에서 0의 값을 갖는 칸을 대상으로 최적할당을 실시한다.

다음 (표 10)의 기계별 작업할당에 따른 소요비용을 정리한 총기회비용표를 사용하여 헝가리법에 의한 작업할당을 통해 총비용을 최소화할 수 있는 방법을 찾아보도록 하자.

[표 10] 총기회비용표

(단위 : 만원)

| 작업 \ 기계 | 기계 1 | 기계 2 | 기계 3 |
|---|---|---|---|
| A | 11 | 14 | 6 |
| B | 8 | 10 | 11 |
| C | 9 | 12 | 7 |

[제1-1단계] 각 행에서 최소값을 찾아, 각 행의 현재 비용에서 그 행의 최소값을 빼주면 그 결과는 다음과 같다.

| 작업 \ 기계 | 기계 1 | 기계 2 | 기계 3 |
|---|---|---|---|
| A | 5 | 8 | 0 |
| B | 0 | 2 | 3 |
| C | 2 | 5 | 0 |

[제1-2단계] 새로운 비용표에서 각 열의 최소값을 찾아, 각 열의 현재 비용에서 그 열의 최소값을 빼주면 다음과 같다.

| 작업 \ 기계 | 기계 1 | 기계 2 | 기계 3 |
|---|---|---|---|
| A | 5 | 6 | 0 |
| B | 0 | 0 | 3 |
| C | 2 | 3 | 0 |

[제2단계] 모든 0을 지우기 위하여 필요한 가장 적은 수의 직선을 긋는다. 이때 직선이 2개면 충분하기 때문에 이 답은 최적해가 아니다. 따라서 [제3단계]로 이동한다.

| 작업 \ 기계 | 기계 1 | 기계 2 | 기계 3 |
|---|---|---|---|
| A | 5 | 6 | 0 |
| B | 0 | 0 | 3 |
| C | 2 | 3 | 0 |

[제3단계] 지워지지 않은 수 중에서 가장 작은 수(이 표에서는 2)를 지워지지 않은 모든 다른 수에서 빼고, 두 직선이 교차하는 지점의 수에는 그 수만큼 더하면 다음과 같다.

| 작업 \ 기계 | 기계 1 | 기계 2 | 기계 3 |
|---|---|---|---|
| A | 3 | 4 | 0 |
| B | 0 | 0 | 5 |
| C | 0 | 1 | 0 |

다시 [제2단계]로 되돌아가서 모든 0을 지울 수 있는 최소한의 직선을 긋는다. 그 결과를 정리하면 다음과 같다.

| 작업 \ 기계 | 기계 1 | 기계 2 | 기계 3 |
|---|---|---|---|
| A | 3 | 4 | 0 |
| B | 0 | 0 | 5 |
| C | 0 | 1 | 0 |

[제4단계] 최소한의 직선으로 3개가 필요하므로 행 또는 열의 수와 일치한다. 따라서 최적 할당을 실시할 수 있다. 최종적으로 작업 A를 기계 3에, 작업 B를 기계 2, 작업 C를 기계 1에 할당하면 된다. 이때 소요되는 비용을 (표 10)의 총기회비용표를 적용해서 산출하면 다음과 같다.

최소비용 = 6 + 10 + 9 = 25(만원)

## (2) 간트차트

1913년 간트(H. L. Gantt)는 생산 활동을 그림을 통해서 표시하고 모든 종류의 생산 일정계획을 세우는 방법을 개발하였다. 그의 이름을 따서 간트차트라고 명명된 이 방법은 기본적으로 작업할당 차트(work-load chart)와 일정계획 차트(scheduling chart)라는 두 가지 유형으로 나뉜다.

작업할당 차트는 장비, 작업장 또는 부서별 작업할당 수준을 표시하는데 사용된다. 이 차트에서 세로축은 작업에 이용되는 설비가 나열되고, 가로축에는 시간을 표시한다. 이로써 각각의 작업을 수행하는데 필요한 시간을 명확히 알 수 있는데, 간트차트에서 사용하는 시간추정치는 해당업무의 표준시간 추정치를 기초로 하고 있다. (그림 7)과 같은 일정계획도표를 사용함으로써 일상적인 보수작업이 어떻게 예상되며 계획될 수 있는지를 알 수 있다. 이와 같이 작업할당을 시각적으로 나타냄으로써 각 기계에 할당된 총 작업량을 쉽고, 빨리 파악할 수 있다. 여기서 작업과 작업사이의 공간은 유휴시간을 의미한다.

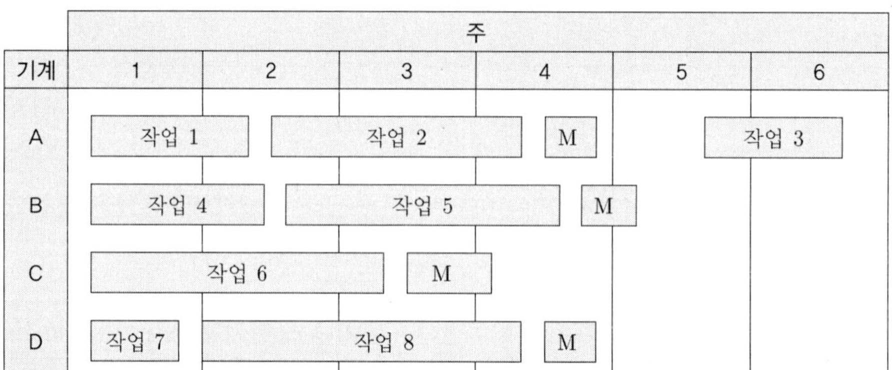


단, M은 일상적인 기계유지 및 보수 활동(maintenance)을 의미함.

〈그림 7〉 간트차트를 이용한 기계별 작업할당

일정계획 차트는 조직의 여러 부서에 걸쳐 진행되는 작업의 흐름을 파악하는데에도 사용된다. 이와 같은 작업의 흐름을 파악하기 위한 간트차트에는 처리되는 작업순서를 세로축으로 하고, 가로축에는 시간을 표시한다. (그림 8)에서 보는 바와 같이 바로 이전 부서에서 작업이 끝나기 전에는 다음 부서에서 해당된 작업이 시작될 수 없다.

(그림 8)에서 보면 B, C, D 부서는 작업이 시작되는 시점부터 모든 일이 종료될 때까지 작업 사이에 아무 일도 할당되지 않은 유휴시간이 상당한 부분을 차지하고 있음을 알 수 있다. 관리자의 본업은 이러한 유휴시간을 최소화함으로써 현재의 생산능력을 최대로 활용하고 전반적인 효율성을 증진하도록 하는 것이다. 이를 위해서는 부서별 작업처리 순서를 검토하여 개선의 필요가 있는 것을 찾아내고 실행에 옮기는 것이 요구된다.

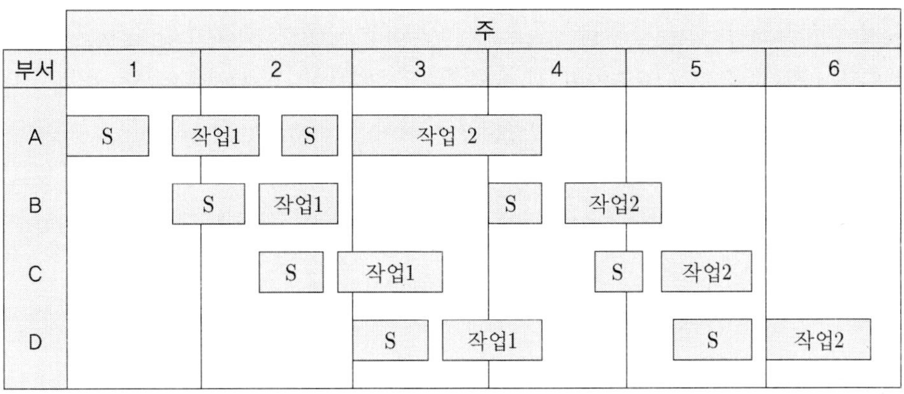


단, S는 각 부서의 작업을 준비하는데 걸리는 시간(setup time)을 의미함.

〈그림 8〉 간트차트를 이용한 부서별 작업일정계획

## 3.4 작업배정 및 진도관리

### (1) 작업배정(dispatching)

작업배정이란 가급적 일정계획과 작업순서와 방법을 결정한 절차계획에 예정된 시간과 작업순서에 따르되 현장의 실정을 감안해서 가장 유리한 작업순서를 정하여 작업을 명령하거나 지시하는 것으로서 계획과 실제의 생산 활동을 연결시키는 중요한 역할을 수행한다.

일반적으로 작업을 작업자나 기계별로 배정할 때는 작업예정표나 작업배정판을 이용한다. 작업자별(기계별) 작업예정표는 작업자별이나 기계별로 작업예정을 간트차트 상에 기입하는 방식으로 작업실적도 기입된다. 작업배정판(dispatching board)은 비교적 작은 규모의 공장에서 즐겨 이용되는 방식이다.

## (2) 진도관리(expediting)

진도관리란 작업배정(또는 작업지시)에 의해 진행 중인 작업의 진도상황이나 과정을 수량적으로 관리하는 것이다. 개별주문 생산의 경우 납기관리의 성격이 강한데, 진도관리의 목적은 납기의 확보와 공정품의 감소, 생산속도의 향상에 있다.

효과적인 진도관리를 위해서는 먼저 그 기업의 실정에 알맞도록 공정별 내지 제품별로 진도를 파악하는 것에서부터 시작한다. 그 다음으로 계획과 비교해서 진도가 늦어지고 있는 부분을 가급적 빨리 찾아내도록 한다. 그 결과 지연되었다고 인정되는 작업에 대해서는 원인을 규명하고, 그 지연에 대한 합리적인 대책을 강구해서 신속한 회복을 도모해야 할 것이다. 이와 같은 진도관리 업무를 정리하면 (그림 9)와 같다.

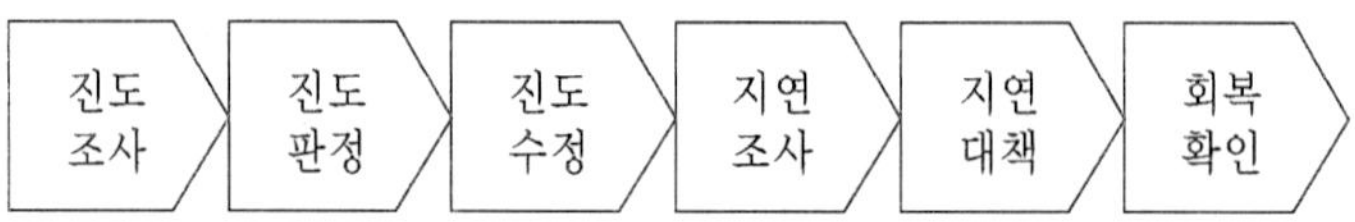


〈그림 9〉 진도관리의 업무

진도를 관리하려면 먼저 작업의 준비 및 배정에서부터 완료에 이르기까지 작업의 흐름을 파악해야 한다. 즉, 작업의 진행상황을 조사하여 계획과의 차이가 있는가를 판정할 필요가 있다.

진도조사와 함께 이에 의해서 마련되는 지연대책은 진도관리의 핵심 업무이다. 진도의 조사 및 통제방법으로는 간트차트식의 진도표나 그래프식의 진도표 또는 작업관리판 등이 사용된다. 이 밖에도 개별생산 공장에 적합한 컴업 방식(come-up system)이나 프로젝트의 진도관리용으로 쓰이는 PERT(program evaluation and review technique) 방식을 들 수 있다.

최근에는 컴퓨터와 전자장비 등의 발전에 힘입어 바코드, 전자식별 시스템 등이 일상화됨에 따라 작업의 진도상황 파악과 추적이 훨씬 용이해짐에 따라 진도관리 업무도 상당한 발전을 보이고 있다.

최근 전파 신호를 통해 비접촉식으로 사물에 부착된 얇은 평면 형태의 태그(tag)를 식별하여 정보를 처리하는 RFID(radio frequency identification) 시스템이 도입되어 진도관리를 보다 용이하게 수행할 수 있게 되었다. RFID 시스템은 일상화된 바코드 중심의 상품식별시스템을 대체하게 될 차세대 기술로 인식되고 있다.

[표 11] RFID와 Bar-code의 비교

| 구분 | 전파 식별(RFID) | 바코드 |
|---|---|---|
| 인식방법 | 무선(Read/Write) | 광학식(Read Only) |
| 정보량 | 수천 단어 | 수십 단어 |
| 인식 거리 | 최대 수m(전파 규제에 의해 좌우) | 최대 수십 cm |
| 인식 속도 | 최대 수백 개(이론적으로 수천 개도 가능) | 개별 스캐닝 |
| 관리 레벨 | 개개 상품(일련번호) | 상품 그룹 |

쉬어갑시다

**[지금은 컨버전스 시대] RFID 입은 차·조선·철강… '경쟁력+$\alpha$'**

**부품 입출고 현황 한눈에 … 협력사 정보공유 '윈윈'**

이투데이, 2011년 4월 11일

제조산업에서 무선인식장치인 전자테크(RFID)가 효율성을 높여주는 효자 기술로 자리매김하고 있다. 주로 물류와 유통분야에서 물품 확인을 용이하기 위해 이용되던 RFID 기술이 자동차, 조선, 철강분야까지 다양하게 활용되고 있는 것이다. 특히 RFID 기술 도입으로 물류와 재고관리를 효율성은 물론 협력업체와의 상생 및 동반성장에도 적지 않은 영향을 미치고 있다. RFID 기술 도입에 따라 상생협업 정보네트워크가 구축되고, '제조사-물류업체-1차 협력업체'간의 통합정보를 공유할 수 있게 된 것이다.

■ **제조업, RFID 기반 IT인프라 구축 활발**

최근 글로벌 시장 경쟁력을 확보하기 위해서 산업 밸류 체인(Value Chain)상의 완성품 제조기업과 납품업체 간에 실시간 물류 흐름과 정보흐름의 가시화와 통합 관리가 형성돼야 한다는 목소리가 높다. 글로벌 경쟁 패러다임이 기업간 경쟁에서 네트워크간 경쟁으로 변화하고 있기 때문이다. 변화의 한 가운데는 RFID 등 IT신기술 인프라 도입이라는 과제가 필수요소로 자리잡고 있다. 때문에 RFID 기술 적용에 대한 기술적 한계를 지닌 철강산업에서도 재고 및 물류관리 부문에 업무효용성과 추적성을 보장하기 위해 RFID 시스템을 적용하는 사례가 증가하는 추세다.

포스코와 현대하이스코가 앞장서 현장에 RFID 기술을 심고 있다. 포스코는 그동안 수작업 및 바코드 사용에 따른 현물 추적의 어려움을 겪어 온 것으로 나타났다. 이렇다보니 작업 지시 오류, 운송작업 지연, 자동화율 저하, 인력 과다투입, 고객 불만족으로 이어지는 연쇄적인 문제점이 발생한 것이다. 이러한 문제점을 RFID 활용해 적극 개선하고 있다. 물류 센터의 경우 생산 제품에 RFID를 붙여 상황에 따른 제품을 찾아내 공급하는 데 활용하고 있다. 특히 지난 2009년에 도입한 u세이프티 시스템은 공장 내 모든 근로자 및 방문객들에게 초광대역(UWB; ultra wide band) 기술 기반의 RFID 태그를 착용하는 것을 골자로 한다. 회사 측은 90여개 센서를 포함한 통합 시스템을 통해 이들의 위치를 실시간으로 정확히 파악, 화재나 가스누출 등의 사고 발생시 해당 지역의 작업자 및 방문객 유무를 즉시 확인해 신속한 대피와 재해복구 등 필요한 조치를 취할 수 있다. 포스코는 u세이프티 시스템을 다른 공장에도 확대 적용하는 방안을 적극 검토 중이다.

현대하이스코는 고객사에 RFID 기술 등 IT기술과 시스템을 지원해 물류 및 재고관리의 효율성을 향상시키는 한편, 자사 온라인 교육시스템과 커리큘럼을 협력사와 연계하고, 공정거래 및 윤리경영 관련교육을 실시함으로써 협력사 직원들의 소양함양과 역량강화를 도모하고 있다.

■ **'RFID'로 협력사와 '윈윈'**

현대자동차는 지난해 10월 100개 협력사를 네트워크로 연결하는 RFID 기반 물류 인프라 구축을 완료했다. 특히 이번 사업은 재고와 물류 관리 프로세스를 개선해 연간 수백억 원의 부품 및 재고관리 비용을 절감하는 게 핵심이다. 이에 따라 대기업과 중소 협력업체 간 상생협력의 모범 사례로 평가받고 있다. 기존에는 RFID를 차량 천장에 부착한 후, 각 생산공정에 설치된 안테나를 통해 차량 정보와 부품 사용량을 파악해 재고를 관리했지만 새로운 시스템은 협력사의 부품 공급 물량과 운송 과정, 부품 위치 등을 실시간으로 파악할 수 있게 만들었다. 현대차는 이 시스템 구축과정에서 생산 공장과 부품 협력업체, 물류센터 등 주요 거점에 RFID 장비 및 관련 솔루션을 설치했다. 아산공장의 경우 정문·남문·동문에 RFID 고정형 게이트를, 그리고 4곳의 하치장에 디스플레이용 LCD를 설치해 차량이 공장 안으로 들어오면 바로 하차 작업을 할 수 있도록 했다. 아산공장에 납품하는 1차 협력사의 모든 차량에도 태그를 부착, 납품 차량의 운행정보를 실시간으로 공유한다. 2차 협력사는 부품 박스와 팰릿 등에 태그를 부착, 실시간으로 재고관리를 할 수 있다.

기아자동차 역시 지난 2007년 9월부터 지난해 8월까지 RFID기술을 활용한 '기아자동차 상생협업 정보네트워크'를 구축, '완성차공장-물류업체-1차 협력업체'간 통합정보를 공유하고 있다. 이를 통해 완성차공장은 생산물류시스템을 운영해 협력업체별 부품 납입지시현황과 납입차량 입·출문 현황, 생산공정별 부품 사용현황을 실시간으로 조회하고 있다. 1차 협력업들도 통합자재 정보시스템을 통해 자재 입고와 부품출고 현황을 비롯해 재고현황, 완성차공장 부품소요량과 가동현황을 실시간 조회, 부품 발주 신뢰도를 향상시켰다. 또한 물류업체는 물류통합시스템을 통해 △부품 상·하차 현황 △차량 운송경로 △부품운송차량 입·출문 현황 등을 조회, 물류의 정체 문제를 해소하고 있다.

기아자동차는 정보네트워크 구축으로 재고유지비와 결품 손실 비용 등 연간 약 36억 2000만원을 절감하고 있다. 협력업체들의 절감비용을 더할 경우 연간 약 47억원의 비용을 절감하고 있다. 기아차 관계자는 "협력업체에게 IT를 통한 내부효율화를 지원, 윈-윈 협력 모델을 확산시킬 것"이라며 "자동차 출하장 실시간 관리, 출고차량 관리 등 RFID 기술을 확대 적용하는 중장기 사업을 추진할 계획"이라고 강조했다.

## 요 약

- 일정계획이란 고객의 주문에 대한 납기의 시간적 차원에 맞추어서 제품과 서비스에 생산을 언제 시작하고 완료하며, 생산자원(노동, 설비, 물자, 공간 등)을 언제, 어디서, 누가, 얼마나 사용할 것인가를 계획하는 것이다.
- 일정계획의 일반적인 평가지표로 고객 서비스 개선을 위한 평가기준과 자원 활용 개선을 위한 평가기준이 있다. 고객 서비스 개선을 위한 평가기준에는 평균처리시간, 일감(또는 주문)의 평균대기시간, 지연작업(또는 일감)의 비율 등이 있으며, 자원 활용 개선을 위한 평가기준으로는 노동력의 이용률, 기계설비 이용률, 공정품의 재고유지비 등이 적용된다.
- 재고소진기간법은 현 재고를 단위기간의 수요량으로 나누어 구한 재고소진기간이 가장 작은 제품에 생산우선순위를 부여하는 방법이다.
- 개별주문 일정계획에서는 납기일에 맞춰 제품을 생산하기 위해서는 이용 가능한 생산능력을 파악하고, 작업장별로 소요작업시간을 고려하여 일자별로 할당하여야 하는데, 주어진 부하(또는 작업량)와 보유 작업능력을 일치시키는 것이 부하계획이다.
- 순서계획은 각 작업장에서 처리할 작업의 우선순위를 결정하는 것인데, $n$개 작업을 단일 기계에서 작업할 경우 적용할 수 있는 우선순위 결정 방법으로는 선착 우선, 최소작업시간 우선, 최대작업시간 우선, 최소납기 우선, 최소여유시간 우선, 긴급률 우선 등이 있다.
- 존슨의 규칙이란 주문된 작업이 여러 개 있고, 작업은 일정기간 동안의 주문을 한데 모아서 처리하는 정태적인 방법을 취하며, 작업이 두 곳의 작업장 또는 기계에 일정한 순서로 흘러갈 때 작업의 우선순위를 결정하는 알고리즘이다.
- 할당법은 선형계획의 특수형태로서 개별생산 일정계획에서 작업자 또는 기계에 작업을 할당할 때 적용되는 기법이다.
- 간트차트는 생산 활동을 그림을 통해서 표시하고 모든 종류의 생산일정계획을 세우는 방법으로서 기본적으로 작업할당 차트와 일정계획 차트라는 두 가지 유형이 있다.
- 작업배정이란 가급적 일정계획과 절차계획에 예정된 시간과 작업순서에 따르되 현장의 실정을 감안해서 가장 유리한 작업순서를 정하여 작업을 명령·지시하는 것이며, 진도관리란 작업배정(또는 작업지시)에 의해 진행 중인 작업의 진도상황이나 과정을 수량적으로 관리하는 것이다.

## 토의문제

1. 작업의 우선순위 결정기준을 제시하고 그 특징을 간단히 설명하라.

2. 일정계획의 평가기준에 대하여 설명하라.

3. 존슨의 법칙을 설명하라.

4. 긴급률법의 특징을 설명하라.

5. 다음과 같은 작업을 우선순위 규칙에 의해 배정하고자 한다. 각각의 방법을 적용하여 평균완료시간, 평균납기지연 그리고 시스템 내 평균작업수를 산출하고 최적의 작업순서를 결정하라.

| 작업 | 도착순서 | 작업시간 | 납기시간 |
|---|---|---|---|
| A | 1 | 6 | 8 |
| B | 2 | 4 | 7 |
| C | 3 | 1 | 2 |
| D | 4 | 3 | 3 |
| E | 5 | 2 | 4 |

① FCFS ② SPT ③ EDD

6. 오늘은 일정계획상에 10일째이고, 제품 생산 일정이 아래 표와 같다. 긴급율(CR) 우선규칙을 활용하여 각 제품의 생산작업에 대한 우선순위를 결정한다고 할 때 가장 먼저 해야 할 제품은 어느 제품인지 확인하고 우선순위를 정하라.

| 제품 | A | B | C | D |
|---|---|---|---|---|
| 납기일 | 12 | 12 | 14 | 6 |
| 작업완료예정일 | 16 | 14 | 12 | 18 |

7. 어떤 제품의 조립라인에서는 A, B, C 3가지 제품을 생산하고 있다. 다음과 같은 데이터를 이용하여 5주말까지의 제품생산순위를 재고소진법을 적용하여 결정하라. 단 한 번에 한 로트씩만 생산한다.

| 제품 | 보유재고 | 수요량/주 | 생산능력/주 | 로트사이즈 |
|---|---|---|---|---|
| A | 10,000 | 2,000 | 3,000 | 3,000 |
| B | 6,000 | 1,000 | 2,000 | 3,000 |
| C | 9,000 | 2,000 | 4,000 | 2,000 |

8. 다음의 데이터는 비용에 관한 것이다. 할당법을 이용하여 각 작업을 담당할 작업자를 결정하고 총소요비용을 산출하라.

| 작업자 | 작업 | | |
|---|---|---|---|
| | A | B | C |
| 갑 | 5 | 8 | 6 |
| 을 | 6 | 7 | 9 |
| 병 | 4 | 5 | 3 |

9. 모든 작업은 기계 1과 기계 2를 차례로 거쳐 완성된다. 존슨의 규칙을 적용하여 두 기계의 유휴시간을 최소로 하는 작업순서를 결정하라. 또한 작업일정을 차트로 작성하고 두 기계의 가동률을 산출하라.

| 작업 | 작업소요시간 (단위 : 분) | |
|---|---|---|
| | 기계 1 | 기계 2 |
| A | 16 | 5 |
| B | 3 | 13 |
| C | 9 | 6 |
| D | 8 | 7 |
| E | 2 | 14 |
| F | 12 | 4 |
| G | 18 | 14 |
| H | 20 | 11 |

제 12 장

# 프로젝트 관리

## 01 프로젝트 관리의 개념

프로젝트(project)란 올림픽이나 월드컵, 영종도 공항건설, 신도시 개발 등과 같이 막대한 자본이 투하되고 작업을 완료하는데 장기간이 소요되는 큰 사업을 의미한다. 일반적으로 프로젝트란 어떤 산출물을 생산하기 위하여 상호 관련된 수많은 작업과 활동이 포함되며, 이들 작업과 활동들은 시작시점과 종료시점을 명확히 가지고 있는 것이 특징이다.

따라서 특정한 순서에 따라 진행되어야 하는 각 작업과 활동들을 관리하기 위한 프로젝트의 계획기능은 다른 일반 생산계획 기능과 차이가 나기 마련이다. 프로젝트는 매일, 매주 혹은 매월 수행되는 것이 아니라, 단 한번 수행되는 비반복적인 사업이기 때문이다.

한마디로 요약해서 프로젝트란 비반복적 또는 일회성 제품 또는 사업을 행하는데 필요한 상호 관련된 활동들의 집합이라고 말할 수 있다.

프로젝트 관리(project management)란 프로젝트를 수행하는데 있어 기술, 비용 및 시간의 제약을 극복할 수 있도록 주어진 자원(인력, 장비, 물자 등)을 계획, 지휘 및 통제하는 것을 의미한다.

프로젝트에 해당하는 대표적인 예는 다음과 같은 것을 생각해 볼 수 있다.

- 건물의 건축이나 공원의 조성
- 도로, 댐 및 송유관의 설치

- 도시 재개발사업
- 선박이나 비행기의 수주
- 월드컵이나 올림픽의 행사계획 및 통제 등

**쉬어갑시다**

**인천공항 설계변경 8천여 건**

연합뉴스, 2002년 2월 23일

국회 건교위 소속 한나라당 의원은 13일 "인천국제공항이 개항일정에 쫓기면서 땜질공사를 남발, 지금까지 경부고속철도보다 14배 많은 8천778건의 설계를 변경했고, 이 때문에 올해만 증가된 사업비가 960억원에 달한다"고 주장했다. 그는 이날 국감자료를 인용해 이같이 밝히고 "지난 8월까지 여객터미널 407곳 등 건축물 1천777곳에서 균열이, 266곳에서는 누수가 각각 발생했다"면서 "또 공항지하차도의 균열, 누수도 4천476곳에 달한다"고 지적했다. 또한 연도별 설계변경 건수에 대해 "착공 초 1992–1996년 불과 25건에 불과했으나 1997년 222건, 1998년 828건, 1999년 3천543건으로 늘어난 뒤 올 들어 8월까지 4천160건에 달한다"면서 "올해 들어서는 하루 평균 17번이나 '뜯어 고친 꼴'"이라고 말했다. "설계변경 건수 중 66%는 시공과정에서 문제가 생겨 시공사나 감리사가 설계변경을 주장한 때문"이라며 "공항 내 배수용 등의 목적으로 설치하는 개구부(구멍) 공사의 졸속시공으로 철근이 잘리는 등 구조물에 악영향을 주고 있다"고 밝혔다.

# 02 PERT-CPM

## 2.1 네트워크 기법의 발전과 적용

1950년대에 대형 프로젝트 관리를 위한 방법으로 PERT(program evaluation and review technique)와 CPM(critical path method)이라고 하는 두 가지 네트워크 계획모형이 개발되었다. 두 방법 모두 프로젝트를 네트워크상에 표시할 수 있는 상호 관련된 활동의 집합으로 이용한다. 이들 계획기법은 프로젝트를 효과적으로 수행할 수 있도록 네트워크를 이용하여 프로젝트를 일정·노력·비용·자금 등과 관련시켜 합리적으로 계획하고 관리하는 기법으로 주로 비반복적인 대규모 프로젝트의 관리에 적용된다. 관리자는 이러한 네트워크 모형을 이용하여 전체 프로젝트의 완료를 지연시키는 활동이 무엇인지를 밝힐 수 있다.

PERT와 CPM의 초기 차이점은 시간추정치와 관련된 것이었다. PERT는 미국 해군의 폴라리스 미사일 프로젝트를 위해 개발되었다. 이 프로젝트의 단위활동 중 상당수가 이전에 수행된 적이 없었으므로 PERT는 불확실한 시간추정치를 처리할 수 있도록 개발되었다.

폴라리스 미사일은 약 20만개의 부품과 약 3천개의 부품납품회사가 관계된 대단히 복잡한 시스템이었다. 이 경우 각 부품의 개발과 부품조달 및 조립에 관한 일정 계획을 관리하고 통제하지 못하면 정해진 시간에 프로젝트를 완수할 수 없기 때문에 PERT는 시간의 단축을 목적으로 개발되었다.

CPM은 1957년 미국의 듀퐁(Du Pont)사에 의하여 개발되었다. 듀퐁사는 미국의 대규모 화학회사로서 주 사업인 중화학분야는 막대한 투자액 때문에 설비의 가동율을 높여야 할 필요가 있는 분야이다. 하지만 중화학분야의 공장들은 매년 설비보전을 위하여 공장 가동을 계획적으로 중지해야만 하는 특성을 가지고 있다. 따라서 설비보전에 들어가는 시간을 최소화시키는 것이 대단히 중요해진다. 이러한 이유 때문에 듀퐁사의 엔지니어링 서비스 부서의 워커(M. R. Walker)와 레밍톤 랜드(Remington Rand)사의 켈리(J. E. Kelly)는 CPS(critical path scheduling)라는 기법을 개발하였다. 이 기법을 설비보전에 적용한 결과 평균 125시간이 소요되는 설비 보전시간을 75시간으로 40% 단축시킴으로써 100만 달러의 원가절감을 달성하였다. 듀퐁사는 이 기법을 공장건설에도 적용하였으며 이 기법의 이름을 CPM으로 바꾸었다. CPM의 특징은 그 대상이 기존에 있었던 임무, 예를 들면 설비보전이나 공장건설과 같은 과거의 경험이 있는 프로젝트들이라는 점이다. 그러므로 CPM은 단순히 프로젝트의 달성에 목적을 두는 것이 아니라, 어떻게 하면 최소의 시간과 비용으로 프로젝트를 완성하는가에 그 목적이 있다.

PERT의 목적은 시간과 통제를 목적으로 개발된 반면, CPM은 각 작업 활동의 시간단축과 비용감소를 목적으로 개발되었다. 그리고 PERT는 확률에 의한 시간개념으로 3점 견적법을 이용하고 CPM은 비용의 개념으로서 1점 견적법을 이용한다. 하지만 PERT의 경우에도 경험이 많을 경우 1점 견적을 한다.

## 2.2 PERT/CPM을 이용한 프로젝트 관리

프로젝트의 규모나 복잡성과는 무관하게 프로젝트의 관리를 위해서는 필요한 모든 활동을 밝히고 각 활동을 언제 시작하고 끝낼 것인가를 결정하여야 한다. 이러한 목표를 달성하기 위해 프로젝트 관리자는 상호 관련된 활동과 인력의 네트워크를 구성하여야 한다. 이 때 계획수립의 난이도는 활동의 수, 요구되는 수행순서, 시간 등에 따라 좌우된다. PERT/CPM은 프로젝트를 네트워크에 의해 나타내는 일종의 도식적 방법으로 다음과 같은 4단계를 거쳐 전개된다.

[제1단계] 프로젝트에서 수행되어야 할 활동의 파악
[제2단계] 활동 간의 선행관계를 결정하고, 각 활동 및 활동 간의 선행관계를 네트워크 모형으로 작성한다.
[제3단계] 각 활동에 소요되는 시간을 추정한다.
[제4단계] 프로젝트의 최단 완료시간과 주공정(critical path)을 구한다.

## 2.3 네트워크의 작성

프로젝트를 네트워크로 나타내는 첫 단계는 활동 간의 선후관계를 명시하는 것이다. 선후관계 설정의 잘못이나 선후관계의 누락이 따를 경우에는 일을 지연시켜 상당한 추가 비용의 지출을 야기하는 원인이 되므로 이 작업은 매우 중요하다. 프로젝트는 활동들 간의 관계를 나타내는 마디(◯)와 가지(→)로 표현된다.

### (1) 네트워크 작성방법

네트워크 작성방법에는 AOA방식과 AON방식의 두 가지가 있다.

가. AOA(activity-on-arc)

AOA방식은 활동(activity)을 가지(→)로, 단계(event)를 마디(◯)로 나타내어 표현한다. 여기서 단계란 하나 이상의 활동이 완료되고 다른 활동이 시작되는 점을 말하며, 시간이나 자원을 필요로 하지 않는다. AOA방법은 활동의 연결을 중시하는 단계지향적(event-oriented)인 PERT에서 주로 적용되는 보편적인 네트워크이다. (그림 1)의 ⓐ에 나타난 바와 같이 단계 4는 모든 선행활동 A, B, C가 완료되기 이전에는 일어날 수 없음을 나타낸다. AOA방식에서는 필요에 따라 명목상의 활동(dummy activity)이 요구되는데, 명목상의 활동은 시간과 자원의 투여가 따르지 않지만, 후속활동을 제약하는 특징이 있다.

나. AON(activity-on-node)

AON방식은 활동(activity)을 마디(◯)로 표현하고, 가지(→)는 활동의 선후관계를 나타낸 네트워크이다. 이 접근법은 활동지향적(activity-oriented)인 CPM에서 적용되는 방식으로, 화살표를 이용하여 선후관계를 나타내므로 명목상의 활동이 불필요하다. (그림 1)에서 선후관계는 모든 선행활동이 완료되기 이전에는 다음 활동을 시작할 수 없음을 나타내고 있다.

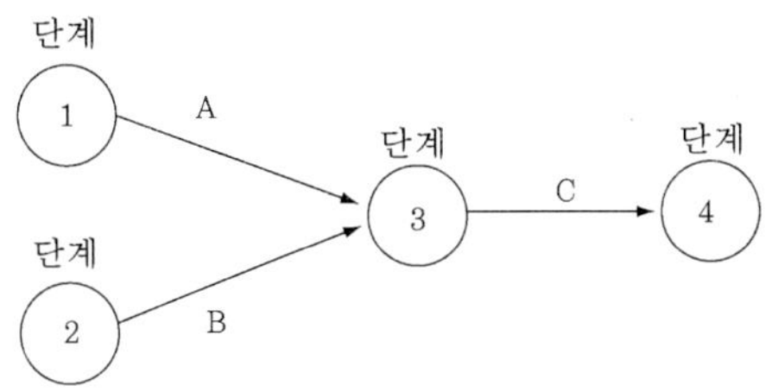


ⓐ AOA방식 : 단계 4는 A, B, C가 완료되기 전에는 발생할 수 없음

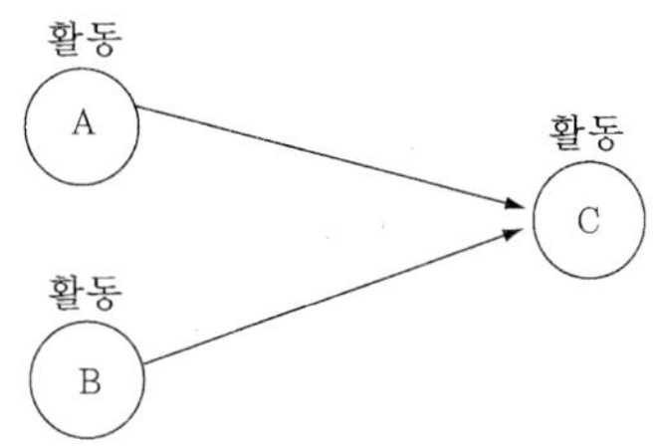


ⓑ AON방식 : 활동 C는 활동 A, B가 완료되기 전에는 시작할 수 없음

〈그림 1〉 활동 간의 관계에 대한 AOA 및 AON 방식

## (2) 네트워크의 구성요소

### 가. 단계(event or node)

단계(event)는 작업이나 활동을 수행함에 있어서 시작 또는 완료되는 시점을 말한다. 이때 활동이 시작되는 시점을 착수단계(beginning event)라 하고, 마무리되는 시점을 완료단계(ending event)라 한다. 그러나 전체 네트워크 모형에서 볼 때, 최초단계와 최종단계가 아닌 단계는 선행활동의 완료단계와 후속활동의 착수단계를 겸하게 된다.

각 단계는 혼돈을 초래하지 않도록 고유번호를 부여하는데, 일반적으로 네트워크의 작성이 완료된 후에 이루어진다. 이때는 각 활동의 완료단계보다 착수단계가 낮은 번호를 가지도록 부여해야 한다.

이들 단계들을 네트워크상에서 표시하면 (그림 2)와 같다.

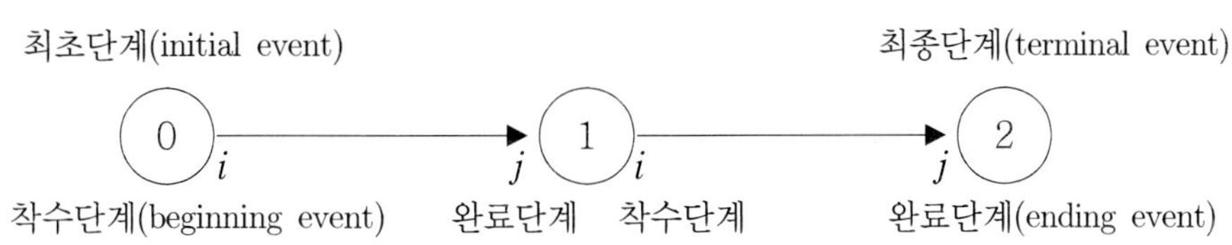


〈그림 2〉 착수단계와 완료단계

단계의 특성은 다음과 같다.

- 작업이나 활동의 시작 또는 완료되는 시점을 의미한다.
- 다른 작업(활동)과의 연결시점을 이룬다.
- 시간이나 자원의 소비가 일어나지 않는 순간적인 시점이다.

나. 활동(activity)

활동(activity)은 과업수행 과정에 시간 및 자원(인원·물자·설비 등)이 소비되는 작업으로서, 도표 상에 실선 화살표(→)에 의해서 표현되며 그 방향은 작업의 진행방향을 의미한다. 이 활동에 의해서 다양한 단계들이 분리되거나 연결되기도 한다. 이 때 두 개 이상의 활동으로 분리되는 단계를 분기단계(burst event)라고 하고, 두 개 이상의 활동이 하나의 단계로 합쳐지는 단계를 합병단계(merge event)라고 한다. (그림 3)에서 요소작업 A와 B의 활동으로 갈라진 마디 ①은 분기단계이며, C와 D의 활동이 합쳐진 마디 ④는 합병단계가 된다.

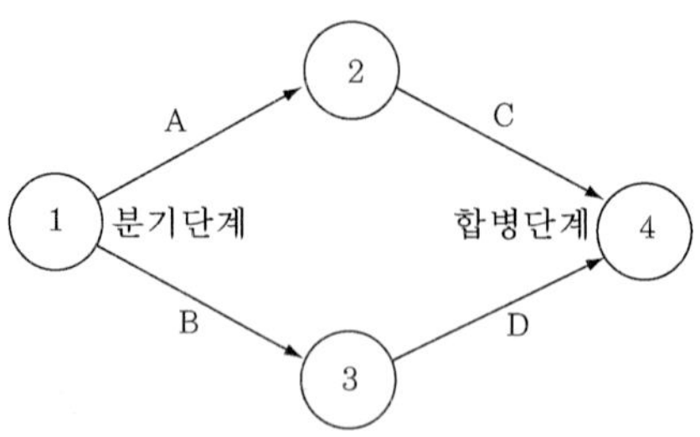


〈그림 3〉 분기단계와 합병단계

활동의 특성을 요약하면 다음과 같다.

- 전체 프로젝트를 구성하는 하나의 요소작업(개별작업)을 표시한다.
- 선행단계와 후속단계를 하나씩 갖는다.
- 하나 또는 여러 활동이 한 단계에서 착수도 되고 완료도 된다.

이와 같은 특성을 지닌 활동 중에서 시간이나 자원이 필요치 않은 활동은 명목상의 활동(dummy activity)이라고 한다. 이것은 그 다음의 후속활동을 제약하여 선후관계를 나타내는데 사용되며, 도표 상에서는 점선 화살표(⋯→)로 표시된다.

다음의 예를 통해 올바른 네트워크 작성방법을 살펴보기로 한다. 활동 A, B, C 및

D를 가지는 어떤 프로젝트를 고려해 보자. 활동 A는 활동 C, D에 선행하고, 활동 B는 활동 D에 선행한다고 할 때, 이를 네트워크로 작성해 보자. (그림 4)의 (a)와 같이 그리는 것은 잘못된 것이며, 올바른 표현을 위해서는 명목상의 활동을 추가하여 (b)와 같이 제시해야만 한다.

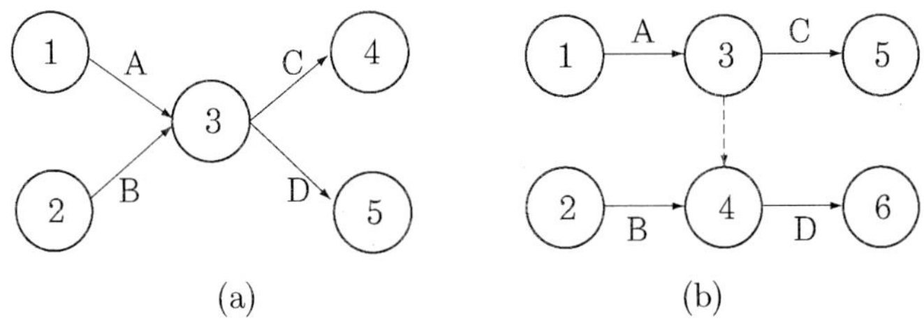


〈그림 4〉 선행관계를 고려한 네트워크 작성(예)

## 2.4 프로젝트 활동 단계의 결정 및 소요시간의 추정

### (1) 활동단계 목록의 작성

프로젝트 관리자는 우선 프로젝트에 참가하는 모든 사람이 이해할 수 있도록 프로젝트를 기술(記述)하여야 한다. 이때는 프로젝트의 최종목표를 명확히 하는 것이 중요하다.

활동(activity)이란 프로젝트를 완료하는데 있어서 시간과 자원을 필요로 하는 세부 작업을 의미한다. 현재 다루고 있는 프로젝트의 전체적인 진행과정을 네트워크 형태로 정리하기 위해서는 활동 간의 단계적인 선후관계 내지 상호관계를 다음과 같은 사항을 중심으로 명확히 규명하는 것이 중요하다.

① 선행활동과 후속활동 : 활동들 간에는 관리적·기술적 제약조건 때문에 반드시 선·후가 있다. 이러한 관계를 명확히 파악해야 일의 순서에 차질이 없을 뿐만 아니라 전체적인 네트워크의 작성도 가능하다.

② 직렬활동과 병행활동 : 어떤 활동들은 선·후 관계가 명확히 구분되는 반면에 어떤 활동들은 동시 다발적으로 서로 병행해서 진행될 수도 있다. 특히 업무수행 담당 부서가 서로 다르고 직접적인 관련이 없는 활동들은 대부분 동시 처리가 가능하다. 예를 들면, 아파트 건설 프로젝트의 경우에는 건설현장의 업무와 분양사무실의 업무는 동시에 진행될 수 있는 병행활동이다.

이러한 내용을 종합하여 작업(활동)목록표를 작성한 뒤, 활동과 단계를 연결하여 프로젝트의 전체 구조를 나타내는 네트워크를 만든다. 네트워크가 완성되면 단계명칭과 활동명칭을 구체적으로 기입하고 각 단계에 번호를 기입함으로써 계획공정 네트워크 모형이 완성된다. (그림 5)는 (표 1)의 작업(활동)목록표를 기준으로 완성된 네트워크 모형을 보여주고 있다.

[표 1] 작업(활동)목록표

(단위 : 주)

| 활동 | | 활동내용 | 추정시간치 | | | 평균 | 분산 |
|---|---|---|---|---|---|---|---|
| 선행단계 | 후속단계 | | $a$ | $m$ | $b$ | | |
| - | D, E | (A) 공장입지 결정 | 14 | 16 | 30 | 18 | 7.11 |
| - | F | (B) 현공장의 매매 | 22 | 26 | 30 | 26 | 1.78 |
| - | G | (C) 매입공장의 선정 | 8 | 10 | 12 | 10 | 0.44 |
| A | F | (D) 매입공장 수리 | 6 | 8 | 22 | 10 | 7.11 |
| A | G | (E) 신규설비 구입 | 2 | 4 | 6 | 4 | 0.44 |
| B, D | H | (F) 설비의 배치 | 4 | 12 | 20 | 12 | 7.11 |
| C, E | H | (G) 설비 시운전 | 2 | 4 | 6 | 4 | 0.44 |
| F, G | - | (H) 종합시스템 가동테스트 | 4 | 6 | 8 | 6 | 0.44 |

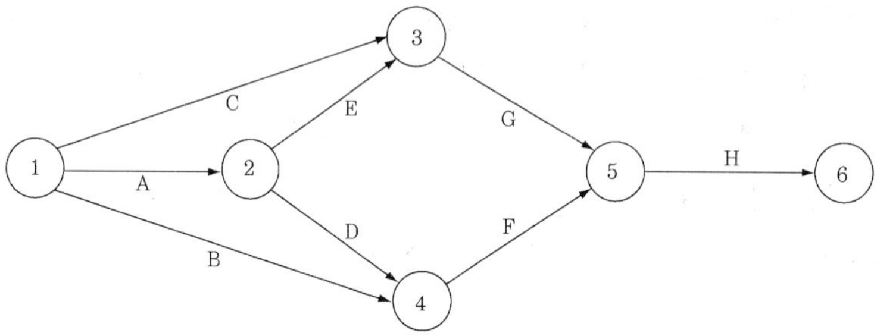


〈그림 5〉 계획공정 네트워크 모형(예)

## (2) 활동시간의 추정

완성된 프로젝트의 계획공정도를 토대로 각 활동에 소요되는 시간을 추정하는 것이 다음 단계이다. 변동성이 적은 프로젝트를 다루는 CPM이나 PERT-Cost에서는 확정적 접근법으로 1점 견적법(single time estimate), 즉 하나의 작업 활동에 단일 시간 추정치를 견적하는 방법을 적용한다. 그러나 활동시간의 변동이 큰 프로젝트를 취급하는 PERT-Time에서는 확률적 접근법을 적용, 3개의 시간추정치로부터 평균치를 계산하여 소요시간을 추정하는 3점 견적법(three time estimate)을 적용한다.

PERT는 작업기간이 불확실한 프로젝트의 계획, 관리를 전제로 하므로 작업 활동의 소요시간은 다음과 같은 세 가지 시간추정치를 가중평균하여 구한다.

① **낙관시간치**(most optimistic time : $a$) - 모든 작업 활동을 완료하는데 소요되는 최소시간, 즉 모든 일이 예정대로 진행될 때의 소요시간

② **정상시간치**(most likely time : $m$) - 활동의 완료가 가장 가능한 시간, 즉 최선의 시간치 (1점 견적법에서 적용하는 시간치)

③ **비관시간치**(most pessimistic time : $b$) - 작업 활동을 수행하는데 필요한 최대시간, 즉 잘못될 가능성이 있는 모든 상황이 발생한다고 가정한 경우 활동을 수행하는데 걸리는 최장 추정시간

이상과 같은 세 가지 추정시간치의 값을 비교하면 다음과 같다.

$$a \leq m \leq b$$

이와 같이 구해진 3개의 추정시간치를 이용하여 가중 평균한 기대시간치(expected time) $t_e$를 산출한다. 이때는 앞서 산출한 3개 추정치의 소요시간 분포가 (그림 6)과 같은 베타분포를 따른다고 가정하고, 다음과 같은 근사식을 이용하여 구한다.

$$t_e = \frac{a + 4m + b}{6}$$

3개의 모수에 의하여 결정되는 활동시간의 분포를 베타분포로 가정하는 이유는 일상적인 경험에 근거한다. 즉, 어떤 일을 하다보면 대부분 낙관적인 경향에 빠지기 때문에 항상 정상시간치를 초과하는데서 유래하는 것이다. 그러므로 정상시간치에서 낙관시간치 쪽으로 기대시간치가 만들어지기 때문에 오른쪽 치우침의 베타분포가 되는 것이다.

PERT에서 기대시간치는 3개의 추정시간치를 사용하기 때문에 $t_e$의 불확실성의 정도를 가늠할 필요가 있다. 이때는 다음과 같은 활동시간의 표준편차와 분산을 이용한다.

$$\sigma = \left(\frac{b-a}{6}\right), \quad \sigma^2 = \left(\frac{b-a}{6}\right)^2$$

비관적 시간 $b$에서 낙관적 시간 $a$를 뺀 것을 6으로 나누면 표준편차 $\sigma$를 얻는다. $b$와 $a$는 각각 활동 시간분포의 상한과 하한을 나타낸 것인데, 이 사이의 간격은 정규

분포의 경우와 마찬가지로 대략 $\pm 3\sigma$, 즉 $6\sigma$에 해당하기 때문이다. 표준편차나 분산의 값이 클수록 활동 시간의 변동성이 큰 것이다.

예를 들어서 (그림 7)의 활동 A와 활동 B의 분산을 산출해보면 각각 다음과 같다. 이 결과를 이용하면 활동 A의 기대시간치 $t_e$의 불확실성이 높음을 알 수 있다.

$$\text{활동 A의 분산}(\sigma^2) = \left(\frac{30-10}{6}\right)^2 = 11.11$$

$$\text{활동 B의 분산}(\sigma^2) = \left(\frac{21-19}{6}\right)^2 = 0.11$$

결과적으로 활동 A의 추정 소요시간분포는 활동 B에 비해서 훨씬 크다. 바꾸어 말해서 $t_e$의 불확실성의 정도가 활동 B보다 훨씬 높다. 이 경우 활동 B는 단일시간 추정치로 접근해도 큰 무리가 없음을 의미한다.

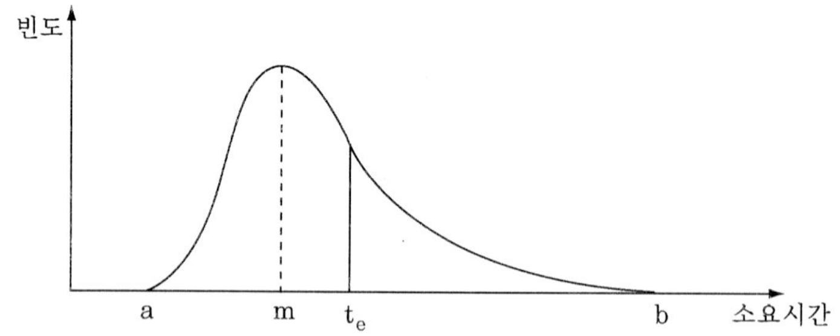


〈그림 6〉 베타분포

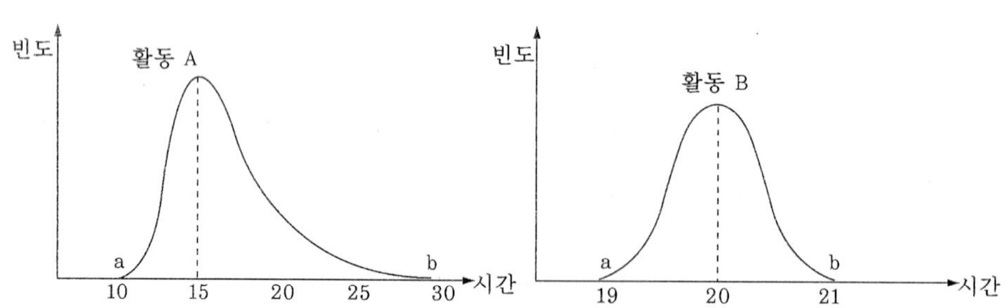


〈그림 7〉 서로 다른 소요시간 분포를 가진 활동

## 2.5 단계시간에 의한 일정 계산

일정계산 방법은 PERT 방식의 단계를 중심으로 행하는 일정계산과 CPM 방식의 활동을 중심으로 행하는 방법 등 두 가지가 있다. 여기서는 단계를 중심(event-oriented)으로 하는 일정계산 방식을 중심으로 살펴본다.

### (1) 가장 빠른 시간(TE)과 가장 늦은 시간(TL)의 계산

각 단계에서의 가장 빠른 시간(TE : earliest possible time)과 가장 늦은 시간(TL : latest allowable time)의 산출과정을 구분하여 살펴보기로 하자.

먼저 각 단계에서의 가장 빠른 시간이란 네트워크상에서 한 작업이 개시되거나, 완료될 수 있는 가장 빠른 시간을 의미한다. 이 시간은 네트워크의 최초단계(beginning event)에서부터 최종단계(ending event)에 이르기까지 전진하면서 선행단계의 $TE_i$에 그 다음 작업의 소요시간 $t_e$를 더해 산출한다. 이러한 계산방식을 전진계산법(forward pass computation)이라고 부른다.

전진계산의 규칙을 정리하면 다음과 같다.

① 최초단계의 $TE$는 0이다. 최초단계 이전에는 어떤 활동도 존재하지 않기 때문이다.

② 후속단계의 $TE_j$는 선행단계의 $TE_i$에 단계 $i$, $j$ 사이의 활동에 소요되는 시간 $t_{eij}$를 더해서 구한다.

③ 단계 $j$가 합병단계일 경우에는 각 경로를 따라 산출된 시간 중에서 가장 큰 시간을 취한다. 즉, $TE_j = \max[TE_i + t_{eij}]$이다.

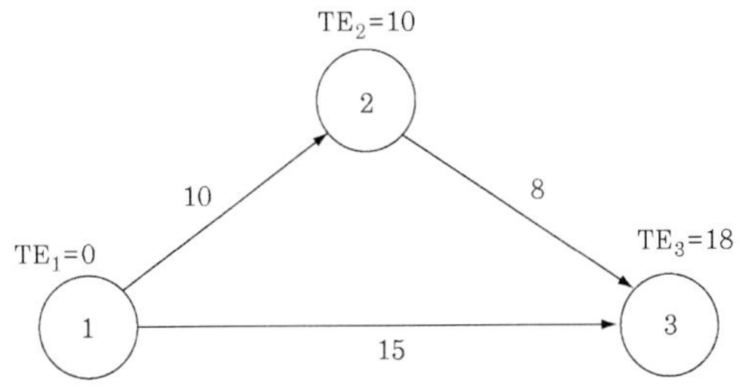


〈그림 8〉

이상의 규칙을 (그림 8)에 적용하여 보기로 하자. 먼저 최초단계 1의 $TE_1 = 0$이 되며, 단계 2의 $TE_2 = 10$이 된다. 다음 단계인 3에서의 $TE_3$는 약간 복잡해 보이나, 잘 살펴보면 쉽게 이해될 것이다. 단계 3에서 $TE_3 = 18$은 다음과 같은 과정을 통해 산출된 것이다.

$$TE_3 = \max[TE_2 + t_{e23},\ TE_1 + t_{e13}]$$
$$= \max[10+8,\ 0+15] = 18$$

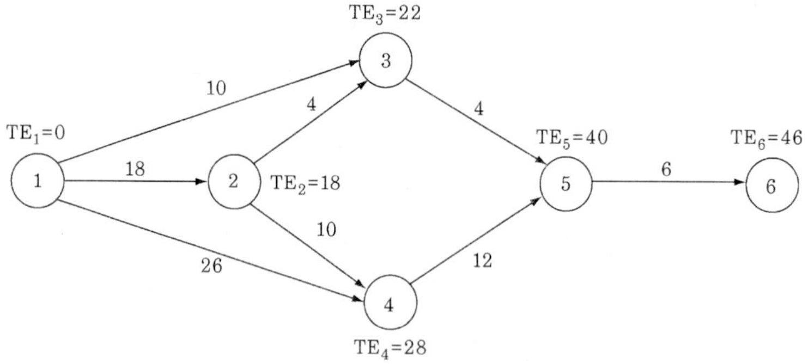


〈그림 9〉 각 단계에서의 TE 계산결과 (전방계산)

(그림 9)는 전진계산법을 적용하여 계산한 각 단계에서의 $TE$ 결과를 보여주고 있다.

다음으로, 가장 늦은 시간 $TL$을 계산하여 보자. 이 시간은 작업 활동이 최대한으로 늦게 완료되어도 무방한 시간을 의미한다. 이 계산은 $TE$와 반대로 최종 단계에서 시작하여 계속 활동시간을 빼는 후진계산법(backward pass computation)으로 산출한다.

후진계산의 규칙을 정리하면 다음과 같다.

① 최종단계의 $TL$은 최종단계의 $TE$와 동일하다. 즉, $TL_j = TE_j$이다.

② 선행단계의 $TL_i$는 후속단계의 $TL_j$에서 단계 $i, j$ 사이의 활동에 소요되는 시간 $t_{eij}$를 빼서 구한다.

③ 단계 $i$가 분기단계일 경우에는 각 경로를 따라 산출된 시간 중에서 가장 짧은 시간을 취한다. 즉, $TL_i = \min[TL_j - t_{eij}]$이다.

이상의 규칙을 적용하여 $TL$을 계산해보면 (그림 10)과 같다. 먼저, 최종단계인 6에서의 $TL_6$은 $TE_6$과 같은 시간인 46으로 시작한다. 그리고 $TL_5 = 46 - 6 = 40$이 되며, 계속해서 $TL_4$와 $TL_3$도 마찬가지로 계산된다. 분기단계인 단계 2에서의 $TL_2$ 계산은 약간의 주의를 요하는데, $TL_2$=min[36−10, 28−10]=18이 된다.

이러한 방법으로 계산된 $TE$와 $TL$을 종합한 네트워크는 (그림 11)과 같다.

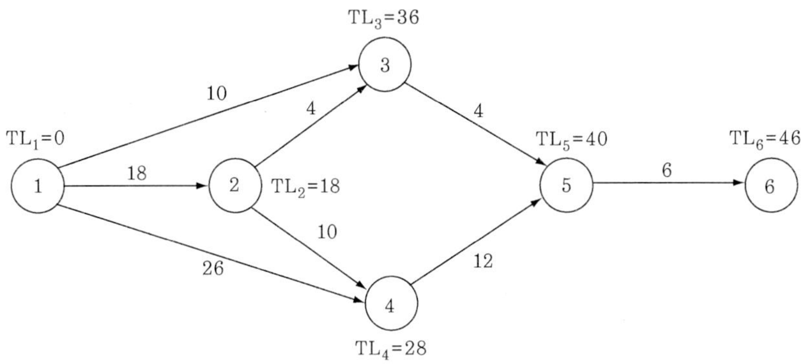


〈그림 10〉 각 단계에서의 $TL$ 계산결과 (후방계산)

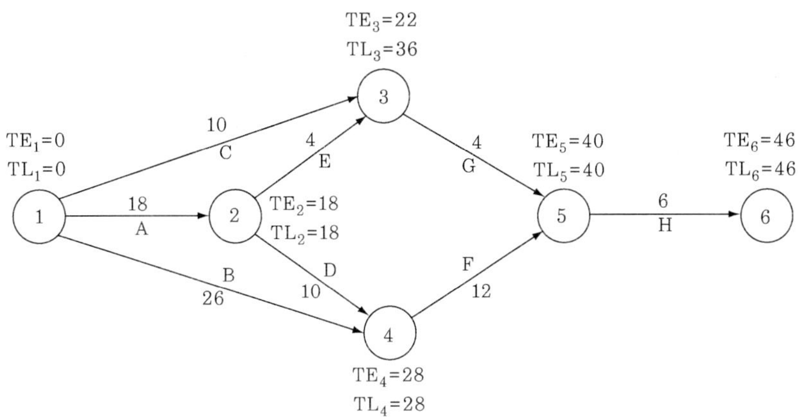


〈그림 11〉 $TE$와 $TL$의 계산

## (2) 프로젝트의 완료시간과 주공정의 결정

최종단계에서 최종완료일을 변경하지 않는 범위 내에서 각 단계에 허용할 수 있는 여유시간을 단계여유(S : slack)라고 하며, $TL - TE$로 계산된다.

주공정(CP : critical path)이란 여유시간이 최소인 단계를 연결한 공정이다. 만일 주공정 선상의 활동에서 예기치 않은 사고가 발생하여 계획에 차질이 생기면 전체 프로젝트 완료일이 지연되므로 중점관리가 요구되는 공정이다. 또한, 프로젝트에 포함된 여러 개의 공정 중에서 모든 활동을 완료하는데 소요되는 시간이 가장 긴 공정이다.

(그림 12)에서 보면 전체작업이 완료되는데 총 46주가 걸린다는 것을 알 수 있다. 이때 주공정은 각 활동 중에서 여유시간이 전혀 없는 단계들을 모두 연결한 것인데, 여기서는 굵은 선으로 표기한 ① → ② → ④ → ⑤ → ⑥의 흐름이며, 활동으로는 A → D → F → H이다.

활동 A(①-②)가 여유시간이 없다는 것은 조금이라도 지연되어서는 안된다는 의미를 담고 있다. 그리고 단계 3에서 여유가 있다는 것은 활동 C(①-③)나 활동 E(②-③)에서는 어느 정도 지체가 발생하더라도 전체 완료시간에 지장을 주지 않는다는 의미이다.

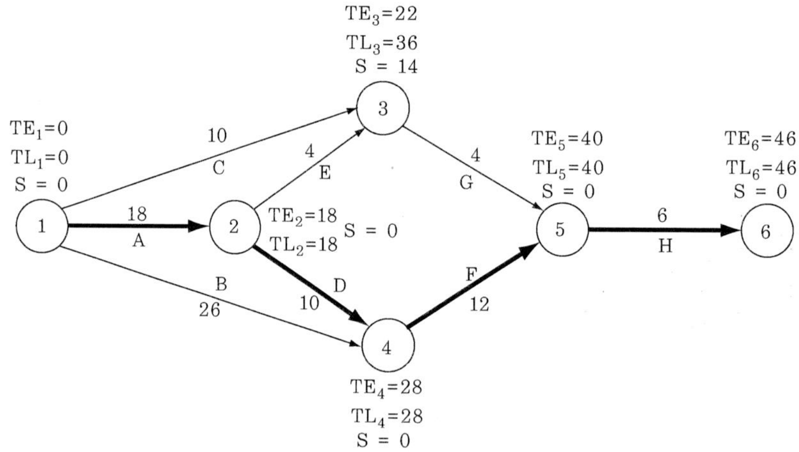


〈그림 12〉 주공정선

주공정이란 작업 활동이 계획일정보다 늦어져서는 안 되는 단계들을 연결한 경로이다. 만일 이 경로의 활동 중에서 한 활동의 완결이 예정보다 늦어진다면, 전체 완성시간은 그만큼 늦어지게 된다. 예를 들어, 활동 C에서 1주일이 늦어진다 하더라도 프로젝트 전체에는 영향이 전혀 없으나, 활동 A에서 1주일이 늦어진다면 전체 일정은 1주일 더 늦어진다. 이런 측면에서 주공정을 애로공정이라고도 부르며, 이 주경로에 들어가 있는 활동을 주활동이라고 부른다. 따라서 프로젝트관리자는 주활동에 특별한 관심을 기울여서 인원이나 물자의 할당이 제대로 이루어지고 있는지 주의 깊게 관리하여야만 한다.

## 2.6 프로젝트 완성 확률의 추정

대부분의 프로젝트는 언제까지 끝내야 한다는 목표기일이 주어지게 된다. 외부 프로젝트의 경우 완료 요구일 내지는 납기일이 명시된다. 이때 계획상에 나타난 최종 완료일과 목표일을 비교하여, 성공확률이 얼마나 되는가를 검토할 필요가 있다. 왜냐하면 목표기일 내에 끝내지 못할 경우 벌과금(예, 토목공사나 건축업의 지체배상금)이 따르게 마련이고 비록 벌과금이 없더라도 신용 상실의 문제가 발생하기 때문이다.

사실 활동시간은 낙관적 시간에서부터 비관적 시간에 이르기까지 변화가 따르므로 프로젝트의 완성에는 불확실성이 있다. 프로젝트 관리자는 계약상의 품질을 유지하면서 납기일의 준수를 최대목표로 한다. 대형 프로젝트의 입찰계약에서 납기를 준수하지 못하는 경우에는 계약서상에 벌과금이 명시될 수도 있다.

불확실한 프로젝트의 완성을 예측하려면 우선은 주공정의 예상완성시기(이미 알고 있음)를 알아야 하며, 그리고 그 완성시기의 분산을 계산하여야 한다. (표 1)의 작업(활동)목록표와 (그림 12)의 주공정선을 기준으로 설명해 보자. 이때 주공정의 작업 활동이 각각 독립적으로 이루어진다고 가정할 때 평균과 분산은 다음과 같이 산출된다.

$$\text{평균}: t_e(\text{expected time}) = t_A + t_D + t_F + t_H = 18+10+12+6=46$$

$$\text{분산}: \sigma^2 = \sigma_A^2 + \sigma_D^2 + \sigma_F^2 + \sigma_H^2 = 7.11+7.11+7.11+0.44=21.77$$

분산을 구할 때에 주의할 것은 주공정의 활동만을 고려하여 계산한다는 점이다. 왜냐하면 프로젝트 전체에 영향을 주고 있는 것은 오로지 주공정의 주요활동이기 때문이다. 여기서 각 활동은 독립적이라고 가정하였기 때문에 각 활동의 분산만 고려되어 합해진다. 만일 비독립적이라면 활동간의 공분산도 추가되어야 할 것이나, 여기에서는 독립적이라고 가정하므로 고려할 필요가 없다. 앞에서 구한 분산에서 표준편차를 구하면 다음과 같다.

$$\sigma = \sqrt{\sigma^2} = \sqrt{21.77} \fallingdotseq 4.67$$

이제 이 프로젝트의 완성이 평균적으로 보아 46주가 걸린다는 것을 알고 있다. 그러면 이것을 42주내에 완성할 확률은 얼마나 될 것이며, 그리고 46주 이내로 완성한다는 것은 확률적으로 볼때 몇 %가 되는 것일까? 프로젝트 완성시기에 대한 확률분포가 정규분포를 이룬다고 가정할 때, 이 프로젝트를 42주 이내로 마칠 수 있는 확률을 구하기 위한 표준정규 확률변수 $Z$의 값을 구하면 다음과 같다.

$$Z = \frac{X - \overline{X}}{\sigma} = \frac{42 - 46}{4.67} = -0.86$$

따라서 표준정규분포표를 활용하여 42주 이내로 마칠 수 있는 확률을 산출해보면 19.49%임을 알 수 있다((그림 12) 참조).

$$P(X \leq 42) = P(Z \leq -0.86) = 0.5 - 0.3051 = 0.1949$$

그리고 46주 이내에 완성할 확률은 $P(X \leq 46) = P(Z \leq 0) = 0.5$로 50%가 됨을 알 수 있다.

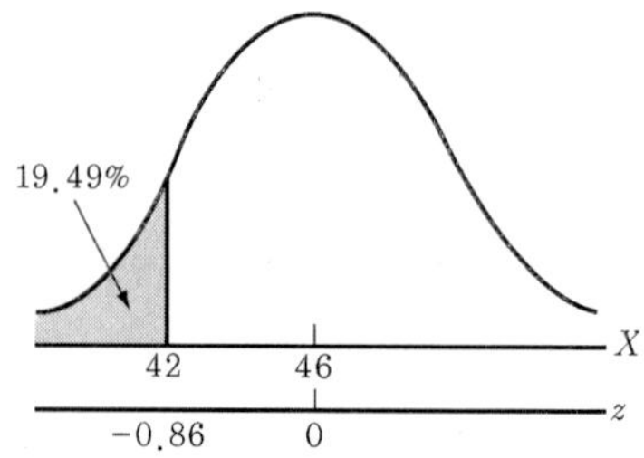


〈그림 13〉 프로젝트가 42주 이내에 완성될 확률

## 03 자원과 일정의 최적배분

앞에서 다룬 문제는 프로젝트 관리자가 주어진 시간 범위 내에서 프로젝트를 수행하는 것이었다. 일반적으로 보면, 프로젝트의 각 활동은 인력, 기술, 기계와 같은 자원을 투입하면 작업시간을 더 단축시킬 수 있다. 프로젝트의 일정계획 초기에 세운 일정에 문제가 발생하여 작업이 지연되는 경우, 인원이나 장비를 더 투입하면 작업시간을 감축시킬 수 있을 것이다. 여기에서는 프로젝트의 소요시간과 투입비용 사이의 관계를 설명하기로 한다.

시간은 돈이다. 프로젝트를 구성하고 있는 다양한 활동에 보다 많은 자원을 배정할 수 있다면 소요시간을 단축시켜 나갈 수도 있다. 따라서 프로젝트 관리자의 중요한 관심사항은 프로젝트를 보다 빨리 완료하기 위해 추가되어야 하는 직접비용의 규모와 함께 프로젝트 완료시간의 단축에 의해 얻을 수 있는 이익이 얼마가 되는가 하는 것이다. 이때 프로젝트의 직접비용은 초과 근무시간, 작업자 증원, 직무변경 등 작업자와 관련된 비용과 설비의 추가설치, 효율적인 설비구입, 추가지원 시설의 유치 등 자원과 관련된 비용을 포함한다.

추가적인 자원을 할당하면 프로젝트의 직접비용은 증가하나, 기간의 단축정도에 따라 간접비용은 감소한다. 그리고 프로젝트가 예정일을 경과하게 되면 벌과금(penalty)이 부여되고, 예정일보다 빨리 완료하면 보너스(bonus)가 지급될 수도 있다. 프로젝트 간접비용 절감과 벌과금의 회피 및 조기완료에 따른 보너스 등을 합한 것이 프로젝트의 직접비용 증가규모를 상쇄하고도 남는다면 일정단축을 추진하는 것이 경제적이다.

MCX(Minimum Cost eXpediting)란 전체 프로젝트의 비용을 절감하기 위해서 선정된 활동들의 일정을 단축시켜 나가는 것이다. 이때 가능하면 같은 단위시간을 단축시키더라도 저렴한 비용으로 단축시킬 수 있는 것이 바람직하다. 이러한 관계를 파악하기 위해서 시간과 비용의 관계를 고려해야만 한다. 이 분석은 단위시간당 증분비용을 파악하는 것으로부터 시작된다. 단위시간당 증분비용이란 일정을 단위시간만큼 단축하기 위해서 증가되는 비용을 말한다.

이러한 비용과 시간관계를 요약하면 다음과 같다.

- 정상시간(normal time : NT) - 정상적인 상황에서의 활동 완료시간
- 정상비용(normal cost : NC) - 정상 시간에 해당하는 비용
- 긴급시간(crash time : CT) - 자원을 최대로 투입하였을 때 단축 가능한 시간
- 긴급비용(crash cost : CC) - 시간을 최대한 단축시킬 때 드는 비용

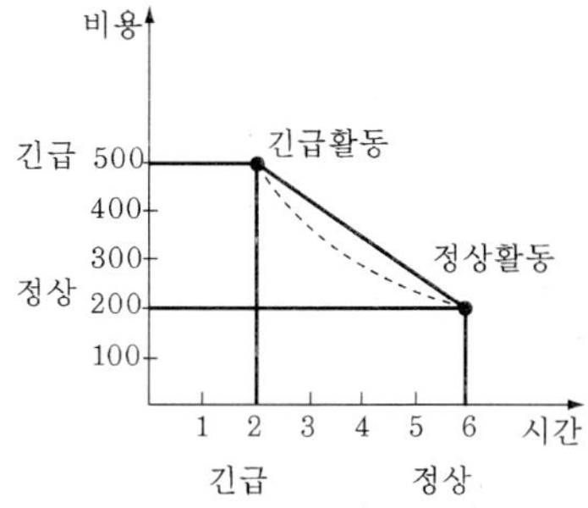


〈그림 14〉 비용 구배 또는 증분비용

비용구배 또는 비용기울기(cost slope)라고도 하는 단위시간당 증분비용(incremental cost) $K$는 다음과 같이 산출한다.

$$K = \frac{\text{긴급비용} - \text{정상비용}}{\text{정상시간} - \text{긴급시간}}$$

예를 들어 활동 A의 정상적인 상황에서의 소요시간이 6주이고, 이때의 정상비용은 200만원이며, 활동 A의 긴급계획에 의한 긴급시간은 2주, 긴급비용은 500만원이라고 하자. 이때 최대단축기간(maximum possible activity time reduction)과 증분비용은 다음과 같다.

$$\text{최대단축기간} = 6\text{주} - 2\text{주} = 4\text{주}$$

$$\text{증분비용}\ K = \frac{\text{긴급비용} - \text{정상비용}}{\text{정상시간} - \text{긴급시간}} = \frac{500 - 200}{6 - 2} = 75(\text{만원})$$

따라서 활동시간을 1주 단축시키기 위해서는 75만원의 비용이 추가로 소요된다는 것을 알 수 있다.

앞서 살펴본 (그림 12)의 네트워크 모형을 이용해서 최소비용에 의한 일정단축을 도모해 보기로 하자. 지금까지 취급했던 프로젝트의 수행과 관련한 작업(활동)별 소요시간과 비용이 (표 2)와 같이 제시되었다. 앞서 살펴본 바와 같이 이 프로젝트의 완성소요기간은 46주이다. 만일 완성소요기간을 46주에서 44주로 단축하여야 한다면, 어떤 작업을 얼마나 줄여야 할 것인지 살펴보기로 하자.

[표 2] 작업(활동)별 소요시간과 비용

| 활동 | | 활동내용 | 시간(월) | | 비용(만원) | | 단축 가능 시간(주) | K | CP |
|---|---|---|---|---|---|---|---|---|---|
| 선행 단계 | 후속 단계 | | 정상 | 긴급 | 정상 | 긴급 | | | |
| - | D, E | (A) 공장입지 결정 | 18 | 14 | 1,080 | 1,360 | 4 | 70 | * |
| - | F | (B) 현공장의 매매 | 26 | 16 | 800 | 1,800 | 10 | 100 | |
| - | G | (C) 매입공장의 선정 | 10 | 10 | 440 | 440 | 0 | 0 | |
| A | F | (D) 매입공장 수리 | 10 | 10 | 560 | 560 | 0 | 0 | * |
| A | G | (E) 신규설비 구입 | 4 | 2 | 200 | 240 | 2 | 20 | |
| B, D | H | (F) 설비의 배치 | 12 | 8 | 880 | 1,200 | 4 | 80 | * |
| C, E | H | (G) 설비 시운전 | 4 | 4 | 240 | 240 | 0 | 0 | |
| F, G | - | (H) 종합시스템 가동테스트 | 6 | 6 | 400 | 400 | 0 | 0 | * |

프로젝트의 완성기간을 단축시키기 위해서 모든 활동에 관심을 가질 필요는 없다. 우선적인 방법으로 주공정을 구성하고 있는 활동들의 소요시간을 단축시킨다면, 전체 일정을 앞당길 수 있을 것이기 때문이다. (표 2)에서 볼 수 있듯이 이 프로젝트의 주공정 활동은 A → D → F → H이다. 이 중에서 단위기간 당 소요비용(K)이 가장 적은 활동인 A를 선택하면 2주를 단축시킬 수 있는 것으로 보인다. 그러나 활동 A를 2주만큼

단축시킨다면, 주공정이 변화하게 된다는 사실에도 유념하여야만 한다. 즉, 주공정은 기존의 ①→②→④→⑤→⑥ 뿐만 아니라 새로운 경로인 ①→④→⑤→⑥도 주공정이 되는 것이다. 이때 프로젝트 완료기간의 단축에 따라 추가로 발생하는 비용은 70×2=140(만원)이 된다.

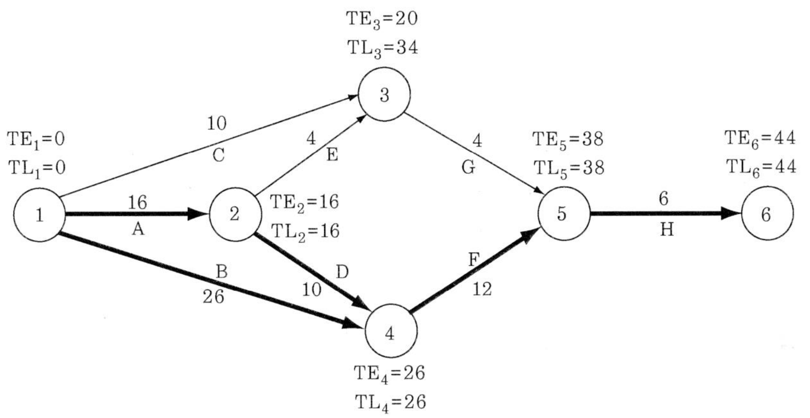


〈그림 15〉 프로젝트 완료기간 단축과 주공정선의 변화

**쉬어갑시다**

**[실패한 국책사업…] 오락가락 설계… 엉터리 감리**

조인스, 2002년 2월 23일

잦은 설계 변경과 공사기간 연장은 예산 낭비의 주요 원인이다. 여기에 엉터리 감리까지 가세하면 사업은 부실공사로 이어지게 마련이다.

1992년 착공 후 2백32차례 설계가 변경된 경부고속철도 사업은 설계 변경 건수에 있어 세계적으로 유례가 없다. 처음 해보는 사업인데다 지형이 험하다 보니 불가피했던 부분도 있다. 그러나 이처럼 잦은 설계 변경은 공기 연장(당초 1998년 → 2010년 완공)과 사업비 증가(5조8천4백62억원 → 18조4천3백58억원)의 결정적 요인이 됐다. 대전, 대구 역사의 경우 지하 노선으로 설계가 70% 이상 완성된 상태에서 1993년 6월 지상 노선으로 바뀌었고, 지상 노선의 설계가 50% 진행된 상태에서 다시 지하로 바뀌었다. 경기도 화성군 상리터널은 현재 FRP라는 플라스틱으로 입구가 봉인돼 있다. 2천2백m로 예정됐던 이 터널은 1995~1996년에 2백98m를 뚫은 상태에서 공사가 중단됐다. 터널 밑에 있는 폐광이 안전성에 문제가 있다는 여론이 들끓자 결국 1백17억원의 헛돈만 날리고 우회 노선을 택한 것이다. 1995~1998년에 진행된 2백18건의 도로, 하천, 공항 공사를 분석한 건설교통부 자료에 따르면 공사당 설계 변경이 평균 4.2회에 이르렀다. 이에 따라 공사비는 당초 계획보다 평균 43% 늘었다. 건교부 산하 철도청, 수자원공사, 도로공사, 토지공사 등 6개 기관의 99년 주요 사업에서 기술적

설계 변경만으로 당초 사업비보다 3조2천억원의 예산이 낭비됐다. 설계 변경에 따른 시공 단계에서의 낭비 요인을 줄이기 위해 기본설계 비중을 현재의 30%선에서 50% 정도로 끌어올려야 한다고 학자들은 주장한다.

■ **국가 정보 사업에 무더기로 투입된 실업예산**

지하 시설물 측량 전문업체인 A사는 1999년 한 해 동안 경기도 고양시의 상·하수도관 매설지도를 만들었다. 매설지도 작업은 1조3천억원이 드는 국가지리정보체계(NGIS)사업의 한 부분이다. 그러나 이 회사가 정부 예산 11억원을 받아 만든 이 지도는 대한측량협회가 심사한 결과 현장 적합률이 34%에 그친 것으로 판정났다. NGIS 민간 지정업자인 이 회사는 울며겨자먹기로 자기 돈을 들여 지난해부터 여지껏 똑같은 작업을 반복하고 있다. 지하 탐사 작업이 이처럼 엉망이 된 이유는 정부의 무신경한 예산정책 때문이다. 정부는 외환 위기의 실업자 구제정책 일환으로 지하 매설물 작업을 공공근로 예산사업으로 분류했다. 이에 따라 고도의 전문성이 요구되는 이 사업비의 60%는 무조건 실업자 인건비에 들어가야 했고, 업체는 실업자를 무더기로 고용해 지하 탐사 작업을 벌일 수밖에 없었던 것이다. 98년부터 2년간 이런 식으로 진행된 지하 시설물 탐사 작업에 들어간 예산은 5백91억원. 37개 지역의 탐사 작업 중 18개 작업이 부적합 판정을 받았다.

■ **부실시공과 부실 감리**

경부고속철 백서에서 공사가 착공된 1992년 6월부터 1년간 우리나라엔 아예 책임감리제도가 없어 발주처인 고속철관리공단 직원이 자체적으로 감독한 어처구니없는 일까지 있었다. 시화호 사업이 진행 중이던 96년엔 호수로 통하는 우수관(빗물이 흘러들어가는 관)에 오수관(폐수를 처리하는 관)을 잘못 연결한 사실이 감사원에 의해 뒤늦게 밝혀지기도 했다. 96년부터 들어간 수질개선 관련 예산은 2006년까지 4천8백억원에 이를 전망이다.

■ **민자 유치 계획 현실적으로 세워야**

1996년 해양수산부는 민자 유치로 올해까지 1백37선석의 항만을 건설하겠다고 했으나 현재 실적은 22선석에 불과하다. 민자 유치 조건이 기업에 너무 불리해 신청 업체가 적었기 때문이다. 이 때문에 해양부는 당초 민자로 건설하려던 인천 북항, 울산 신항, 보령 신항, 새만금 신항 등을 재정투자 사업으로 전환할 방침이다. 해양부 관계자는 "민자 유치 조건을 완화해 주면 특혜시비가 있고 현행대로 유지하자니 신청 업체가 없어 고민"이라고 털어 놓았다.

## 요약

- 프로젝트란 비반복적 또는 일회성 제품 또는 사업을 행하는데 필요한 상호 관련된 활동들의 집합이다. 프로젝트 관리란 프로젝트를 수행하는데 있어 기술, 비용 및 시간의 제약을 극복할 수 있도록 주어진 자원(인력, 장비, 물자 등)을 계획, 지휘 및 통제하는 것을 의미한다.

- PERT는 시간과 통제를 목적으로 개발된 반면, CPM은 각 작업 활동의 시간단축과 비용감소를 목적으로 개발되었다. PERT는 확률에 의한 시간개념으로 3점 견적법을 이용하고 CPM은 비용의 개념으로서 1점 견적법을 이용한다.

- 네트워크 작성방법에는 AOA방식과 AON방식의 두 가지가 있다. AOA방법은 활동의 연결을 중시하는 단계지향적(event-oriented)인 PERT에서 주로 적용되는 보편적인 네트워크이며, AON방식은 활동지향적(activity-oriented)인 CPM에서 적용되는 방식이다.

- 활동(activity)이란 프로젝트를 완료하는데 있어서 시간과 자원을 필요로 하는 세부작업을 의미하며, 실선 화살표(→)로 표현한다.

- 단계(event)는 작업이나 활동을 수행할 때 시작 또는 완료되는 시점을 의미하며 ○으로 표현한다.

- 명목상의 활동(dummy activity)은 시간이나 자원이 필요치 않은 활동이지만 후속활동을 제약하며 점선 화살표(⇢)로 표현한다.

- 최종단계에서 최종완료일을 변경하지 않는 범위 내에서 각 단계에 허용할 수 있는 여유시간을 단계여유라고 한다.

- 주공정이란 여유시간이 최소인 단계를 연결한 공정이다. 주공정 선상의 활동에서 예기치 않은 사고가 발생하여 계획에 차질이 생기면 전체 프로젝트 완료일이 지연되기 때문에 중점관리가 요구되는 공정이다. 또한, 프로젝트에 포함된 여러 개의 공정 중에서 모든 활동을 완료하는데 소요되는 시간이 가장 긴 공정이 주공정이다.

- MCX(Minimum Cost eXpediting)란 전체 프로젝트의 비용을 절감하기 위해서 선정된 활동들의 일정을 단축시켜 나가는 것을 말한다. 이때는 같은 단위시간을 단축시키더라도 저렴한 비용으로 단축시킬 수 있는 방법을 적극적으로 모색하여야 한다.

## 토의문제

1. PERT의 특징과 장점을 설명하라.

2. CPM과 PERT의 차이는 무엇인가?

3. 활동과 단계의 차이를 설명하라.

4. 프로젝트의 구성요소와 이들 요소간의 상호관계는 네트워크를 이용하여 손쉽게 나타낼 수 있다. 네트워크의 구성요소와 작성방법에 대해 설명하라.

5. 주공정이란 무엇이며 프로젝트의 완료시간을 단축하기 위하여 왜 주공정의 소요시간을 단축해야 하는지 설명하라.

6. 다음과 같이 구성된 프로젝트를 네트워크로 각각 표현하라

①

| 작업 | 선행작업 |
|---|---|
| A | 없음 |
| B | 없음 |
| C | A |
| D | A |
| E | B, C |
| F | C |
| G | E, D, F |

②

| 작업 | 선행작업 |
|---|---|
| A | 없음 |
| B | A |
| C | 없음 |
| D | A |
| E | A, C |
| F | B |
| G | D, E, F |
| H | B |

**7.** 다음과 같이 구성된 프로젝트를 네트워크로 나타내고 주공정, 프로젝트 완성시간, 그리고 각 작업의 총여유시간을 계산하라.

| 활동 | 소요시간 | 선행작업 |
|---|---|---|
| A | 2 | J, K |
| B | 5 | 없음 |
| C | 3 | A, F, I |
| D | 7 | E |
| E | 2 | 없음 |
| F | 5 | H |
| G | 4 | A, F, I |
| H | 4 | 없음 |
| I | 3 | D |
| J | 1 | B |
| K | 6 | E |

**8.** 다음과 같이 주요활동으로 구성된 프로젝트의 내용 및 소요시간이 다음과 같다고 할 때 물음에 답하여라.

| 활동 | 활동소요시간 | | |
|---|---|---|---|
| | a | m | b |
| 1-2 | 1 | 3 | 5 |
| 2-3 | 3 | 4 | 11 |
| 2-4 | 2 | 6 | 10 |
| 3-5 | 2 | 6 | 13 |
| 4-5 | 4 | 5 | 10 |
| 4-6 | 3 | 6 | 9 |
| 5-7 | 2 | 4 | 6 |
| 6-7 | 1 | 4 | 7 |
| 7-8 | 2 | 3 | 10 |

① 네트워크를 작성하라.

② 주공정(CP)을 결정하라.

③ 이 프로젝트를 20시간 내에 완성할 확률은 얼마인가?

**9.** 다음은 CPM의 시간과 비용간의 관계를 다룬 문제이다. 5개의 주요작업으로 구성된 프로젝트의 내역이 다음과 같이 주어져 있다고 할 때 아래 물음에 답하라.

| 활동 | 정상시간 (주) | 정상비용 (백만원) | 긴급시간 (주) | 긴급비용 (백만원) |
|---|---|---|---|---|
| A | 6 | 6 | 4 | 12 |
| B | 10 | 10 | 8 | 13 |
| C | 8 | 8 | 7 | 10 |
| D | 10 | 12 | 8 | 14 |
| E | 14 | 10 | 12 | 20 |

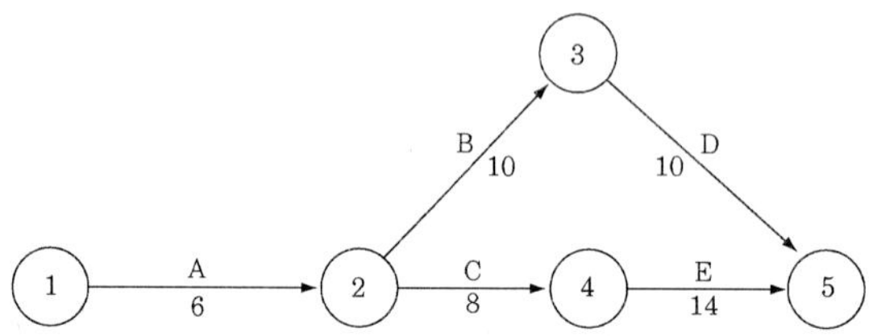


① 정상시간을 이용하여 프로젝트의 최단완료시간과 주공정을 구하라.

② 프로젝트를 3주 단축하기 위해서는 어떤 활동의 소요시간을 줄여야 비용이 최소화 되겠는가?

제 13 장

# 독립수요품의 재고관리

## 01 재고관리 개요

### 1.1 재고의 개념

재고(inventory)란 제품 및 서비스를 생산·판매하기 위하여 일정한 장소에 저장해 둔 물품을 의미한다. 즉, 미래에 사용할 목적으로 정체된 상태로 물품을 보유하고 있는 것으로 대부분의 기업에서는 연필·종이·볼트 같은 작은 것으로부터 트럭, 기계류, 건설장비 같은 대규모의 품목에 이르기까지 수백 내지 수천 종류의 품목을 재고로 보유하고 있다. 유휴상태에 있는 자원(idle resources)인 재고는 분명히 기업 자금의 유동성을 저해하는 낭비임에 틀림없다.

기업이 보유하고 있는 전체 자산 중에서 재고자산이 차지하는 비중은 회사나 업종에 따라 차이가 있지만, 일반적으로 총자산의 15~40%를 점유하고 있으며, 유동자산의 25~75%를 차지하는 것으로 추정되고 있다. 일반 제조업의 경우 재고자산은 평균 15~20% 정도가 가장 보편적인 수준으로 알려져 있다.

제조업은 원자재, 재공품(work-in-process), 제품 등의 형태로 재고를 보유하게 되며, 서비스업인 백화점은 의류, 가구류, 문구류, 전기·전자용품, 장난감 등과 같은 완제품 형태의 재고를 보유하고 있다.

애로우(K. J. Arrow)는 기업이 재고를 보유하고 있는 이유를 사람들이 화폐를 간직하고 있는 이유와 연결하여 설명하고 있는데, 거래동기와 예방동기, 그리고 투기동기가 그것이다.

- **거래동기** : 사람들이 언제든지 필요한 때에 다른 물품이나 서비스와 교환할 목적으로 화폐를 보유하듯이 기업은 정상적인 제품의 생산 및 거래를 목적으로 일정량의 재고를 보유한다.
- **예방동기** : 국제 원자재 가격의 급등, 시장 수요의 급증 등과 같은 예기치 못한 위험 또는 돌발 상황으로 인한 변화에 효과적으로 대비하기 위해 재고를 보유한다.
- **투기동기** : 가격변동이 큰 물품을 가격이 저렴할 때 확보하여 재고로 보유했다가 높은 가격을 받을 수 있는 유리한 시기에 출하할 목적으로 재고를 보유한다.

오늘날 대부분의 기업이 재고를 보유하게 되는 주된 동기는 거래동기와 예방동기에 기인하는 경우가 일반적이다.

## 1.2 재고관리 지표

재고를 합리적으로 관리하려면 재고의 움직임을 올바르게 측정, 평가하여야 한다. 재고의 움직임을 측정, 평가하는 대표적인 재고관리 지표에는 재고회전율, 평균 재고가액, 공급주수 등이 있다.

### (1) 재고회전율(inventory turnover ratio)

효율적인 재고관리의 길잡이가 되는 성과측정 척도로 재고회전율을 꼽을 수 있다. 고객의 수요충족과 더불어 경제적인 생산을 도모하기 위해서는 매출액과 재고자산의 관계개선, 즉 재고회전율을 높이는 것이 중요하기 때문이다.

재고회전율이란 일정 기간의 제품, 재공품, 원재료, 저장품 등의 출고량과 재고량의 비율을 말한다. 일반적으로 상품회전율과 재고회전율은 일정기간에 상품의 회전수를 나타낸 것으로 동일한 의미로 쓰이기도 하지만, 재고회전율에서의 평균재고량은 상품뿐만 아니라 그 상품을 만들기 위한 원재료 등을 포함한 것으로 좀 더 포괄적인 의미를 갖는다. 이와 같은 재고회전율은 다음과 같은 계산식으로 표현된다.

$$\text{재고회전율} = \frac{\text{(연간)매출액}}{\text{(평균)재고금액}}$$

$$= \frac{\text{(연간)매출액}}{\text{(기초재고자산} + \text{기말재고자산)} \div 2}$$

재고회전율은 일종의 행동지표로서 제품의 제조, 판매활동이 얼마나 원활하게 이루어지고 있는지를 나타내는데, 이 비율이 높은 것은 재고관리의 효율이 좋거나 판매가

잘되고 있는 것을 의미한다. 재고회전율이 높으면 자본수익률이 높아지고, 매입채무가 감소되며, 상품의 재고손실을 최소화할 수 있고, 보험료 및 보관료를 절약할 수 있다. 하지만 과대하게 높을 경우 원재료 및 제품 등의 부족으로 계속적인 생산 및 판매활동에 지장을 초래할 수도 있다.

재고회전율은 국가와 업종에 따라 차이가 있는데, 국내 제조업의 평균 재고회전율은 연간 7~8회로서 제품회전율은 15~16회, 원재료회전율은 26~27회에 이르고 있다. JIT 구매가 일반화되어 있는 일본의 자동차회사에서는 연간 40회 이상의 재고회전율을 나타내고 있는 것으로 보고되고 있는데, 이 정도는 미국의 경영자들이 추천하는 수준이기도 하다.

[표 1] 삼성전자의 재고회전율

(단위 : 회)

| 1998년 | 1999년 | 2000년 | 2001년 | 2002년 | 2003년 | 2004년 | 2005년 | 2006년 | 2007년 |
|---|---|---|---|---|---|---|---|---|---|
| 6.6 | 8.6 | 8.7 | 10.3 | 12.4 | 12.4 | 13.2 | 13.3 | 13.8 | 14.3 |

출처 : 한국신용평가정보(KIS-Value DB)

### (2) 평균 재고가액(average inventory value)

일정기간 동안 보유하고 있는 모든 품목의 평균재고의 가치를 말하는데, 다음과 같이 산출한다.

$$\text{평균재고가액} = \frac{\text{기초재고액} + \text{기말재고액}}{2}$$

관리자들은 과거의 자료나 동종 기업과의 비교 또는 경영판단에 의해 재고가액의 많고 적음을 판단한다. 이 경우에는 수요를 고려해서 판단해야 되는 것으로 공급주수나 재고회전율이 함께 이용되어야 한다.

### (3) 공급주수(weeks of supply)

평균 재고가액을 주(week)당 매출원가로 나눈 값이다. 이 경우 분자인 재고가액에는 원자재 · 재공품 · 제품의 재고가 포괄되지만 분모인 매출원가는 제품에 대한 것만으로 산정된다.

$$\text{공급주수} = \frac{\text{평균재고가액}}{\text{주당평균매출원가}}$$

쉬어갑시다

## 기업 재고자산관리 제대로 못했다

파이낸셜뉴스, 2010년 4월 21일

외환위기 전운이 감돌던 1997년, 삼성전자는 전 세계에 걸쳐 갖고 있던 재고 채권 9조여 원을 6조원으로 감축하는 작업을 최우선으로 단행했다. 당시 윤종용 삼성전자 부회장은 무수익 부실 자산을 1조원 이상 매각하기도 했다. 이처럼 발 빠른 재고자산 정리는 오늘의 삼성전자를 있게 한 '구원투수' 역할을 톡톡히 했다는 평가를 받고 있다.

"한국의 대표 기업들은 재고자산관리를 잘하고 있을까?"

지난해 국내 30대 상장기업들의 재고관리 능력이 신통치 않은 것으로 나타났다. 글로벌 금융위기 속에서 전체 자산에서 차지하는 재고자산 비중은 줄어든 반면 재고자산회전율은 더 나빠진 것. 제품 생산은 줄고, 생산해 판매할 때까지 걸리는 기간이 늘었다는 얘기다.

21일 파이낸셜뉴스가 시가총액 30대 상장 제조기업들의 '2009년'사업보고서'를 분석한 결과 재고자산회전율(Inventory Turnover Ration)은 24.61회였다.

제품을 생산해 판매할 때까지 걸리는 기간이 평균 14.82일이 걸렸다는 것을 의미한다. 이는 글로벌 금융위기가 터진 2008년 29.79회보다 5.18회가 더 줄어든 것이다. 재고자산회전기일도 2008년보다 2.57일이 더 걸렸다.

하지만 총자산대비 재고자산 구성비율은 2008년 8.72%에서 2009년 8.09%로 오히려 줄었다. 제품이 팔리지 않아 창고에는 물건이 쌓이고 공장에서는 물건을 만들지 않았다는 방증이다.

재고관리를 가장 잘 한 곳은 삼성엔지니어링으로 재고자산회전율이 238회로 가장 높았다.

물건이 만들어져 팔릴 때까지 걸리는 기간을 뜻하는 재고자산회전기일도 1.53일로 가장 짧았다.

한국전력공사도 재고자산회전율이 158.60회(재고자산회전기일 2.30일)나 됐다. 이어 삼성물산 44회(8.29일), LG전자 28.1회(12.98일), 신세계 22.60회(16.15일), 두산중공업 21.70회(16.82일) 등이었다.

반면 재고자산회전율이 10회 이하로 떨어지는 곳도 많았다. SK는 0.95회로 조사대상 중 가장 낮았다. KT&G, 아모레퍼시픽, 현대제철, POSCO, LG생활건강, 삼성테크윈, OCI, 롯데쇼핑, S-OIL, LG화학, LG, 하이닉스, 현대중공업, SK에너지 등도 10회 미만이었다.

재고자산관리를 잘하는 기업도 있다. 한국전력은 2008년보다 재고자산회전율이 8.80회 늘었다. LG전자(5.50회 증가), 삼성전자(2.90회 증가), 기아자동차(1.48회 증가), 삼성전기(1.10회 증가) 등도 모두 회전율이 좋아졌다.

**재고자산회전율 상위 기업**

(단위 : 회)

| 기 업 | 2008년 | 2009년 |
|---|---|---|
| 삼성엔지니어링 | 362.00 | 238.00 |
| 한국전력 | 149.80 | 158.60 |
| 삼성물산 | 44.00 | 44.00 |
| LG전자 | 22.60 | 28.10 |
| 신세계 | 23.90 | 22.60 |
| 두산중공업 | 23.30 | 21.70 |
| 삼성전자 | 15.50 | 18.40 |
| 삼성중공업 | 17.60 | 17.60 |
| LG디스플레이 | 17.40 | 16.90 |
| 기아차 | 13.65 | 15.13 |
| 삼성SDI | 14.50 | 15.10 |
| GS건설 | 13.50 | 14.49 |
| 현대모비스 | 14.80 | 14.30 |
| 삼성전기 | 10.90 | 12.00 |
| 현대건설 | 12.00 | 12.00 |

재계 관계자는 "재고자산이 감소한 가운데 재고자산회전기일이 늘어난 것은 경기침체와 수출경기 악화로 생산이 줄어든 데다 판매되지 않아 창고에 누적됐기 때문"이라고 설명했다.

증시 전문가는 "재고자산규모가 크면 그만큼 재고관리비용이 많이 들어가고 자산의 효율적인 배분도 어려워지는 한편 재고자산규모를 줄이기 위해 저가판매에 나서 수익에 부정적인 영향을 미치게 된다"면서 "상장법인의 재고자산이 줄어드는 것 자체가 기업수지 개선에 긍정적"이라고 말했다.

자료: 각사 2009년 사업보고서

## 1.3 재고관련 비용

미국 기업의 경우 재고와 관련해서 발생하는 비용은 연간 재고자산의 30%가 넘는다고 알려져 있다. 예를 들면 100억 상당의 재고를 보유하고 있는 기업이라면 1년에 30억 원의 재고관리유지비용이 발생하는 셈이다. 일반적으로 재고수준에 영향을 주는 어떤 의사결정을 할 때 고려하는 재고관련 비용에는 주문비용, 준비비용, 재고관리유지비용, 재고부족비용 등이 있다.

① 주문비용(ordering cost)

주문비용은 공급자에게 필요로 하는 물품을 구매 주문하기 위한 비용이다. 같은 품목에 대해서 주문비용은 주문 크기에 관계없이 일정하다. 얼마나 많이 주문할 것인가를 결정하고 공급자의 선택과 협상안의 결정 등에 상당한 시간이 필요하다. 문서작성, 검토, 수납에도 시간이 걸린다. 이와 같은 시간 소요와 함께 물품의 주문, 구매, 조달 등과 관련하여 발생하는 조사비용, 수송비용, 하역 및 입고비용, 시험검사비용 등이 포함된다.

② 생산준비비용(setup cost)

재고로 보유하고 있는 물품을 외부에서 구매하지 않고 자체 생산하는 경우에는 주문비용은 발생하지 않는 대신 생산 공정에서 제조하기 위한 준비가 필요하게 된다. 이것은 한 대의 기계설비에서 여러 종류의 제품을 생산할 때 발생한다. 이때 소요되는 준비비용은 특정 제품을 생산하기 위하여 생산 공정의 변경이나 기계 및 공구의 교환 등으로 발생하는 비용을 의미한다. 이 비용에는 준비시간 중 기계의 유휴비용이나 준비요원의 직접노무비, 사무처리비, 공구비용 등을 포함할 수 있다.

③ 재고유지비용(inventory carrying or holding cost)

재고를 적게 유지해야 하는 가장 중요한 이유는 재고가 이자를 지급해야 하는 상품에 투자된 돈을 의미하기 때문이다. 재고유지비용은 품목을 보유하기 때문에 들어가는 비용으로 이자, 보관비용, 취급비, 세금, 보험료, 상품훼손(도난, 진부화, 손상)에 따른 손실비용 등을 포함한다. 여기서 진부화(obsolescence)란 보유하고 있는 재고가 모델의 변경, 기계적 변경 또는 기대하지 않았던 수요의 감소에 의해 구식화되었거나 팔리지 않은 것을 말한다. 기업들은 대개 단위 기간 당 품목의 유지비용을 그 가치의 백분율(%)로서 표시하는 경우가 일반적이다.

④ 재고부족 비용 (shortage or stock-out cost)

재고부족, 즉 품절로 인해서 발생되는 손실이다. 이는 재고부족으로 야기될 판매 기회 내지 고객 상실을 비용으로 파악한 일종의 기회비용(opportunity cost)이다. 이 비용에는 납기지연으로 인한 주문거절이나 긴급조치에 따른 추가비용, 재고부족으로 조업을 중단했을 때의 손실액도 포함된다.

재고가 품절되었을 때의 고객의 반응은 두 가지로 구분된다. 첫째는 주문을 당장에 취소하는 경우이고, 둘째는 주문을 취소하지 않고 납품할 때까지 기다려 주는 경우이다. 첫 번째 경우는 주변에 공급자가 많을 때 일어나는 상황으로 당장의 판매수입을 잃게 되므로 이것을 판매상실(lost sale)이라고 한다. 두 번째 경우는 독과점을 띄고 있거나 시장에서의 품질경쟁 우위를 확보하고 있는 제품에서 나타날 수 있는 것으로 납품은 지연되지만 주문은 그대로 확보되는 특징이 있다. 이와 같은 경우를 사후납품, 납품지연 또는 미납주문(backorder 또는 backlog)이라고 한다.

## 1.4 독립수요와 종속수요

효율적인 자재 및 재고관리를 위하여 미리 파악해야 하는 것은 대상 품목에 대한 수요가 독립적이냐 종속적이냐 하는 것이다. 그 이유는 관리 대상품목의 수요 특징에 따라 적용되는 재고관리 방법이 달라져야 하기 때문이다.

먼저, 종속수요(dependent demand) 품목은 최종제품의 생산에 사용될 구성부품 혹은 하위조립품 등을 일컫는다. 이러한 경우 구성부품 혹은 하위 조립품의 수요는 생산될 최종제품의 수량에 필수적으로 의존하게 된다. 예컨대 자동차를 생산할 때 필요한 타이어의 수요를 생각하여 보자. 만약 자동차 생산과정에서는 스페어타이어까지 고려할 때 대당 5개의 타이어를 필요로 하므로 생산운영기간 동안 소요될 타이어의 총수량은 단순히 생산라인에서 생산될 자동차 수에 대한 함수로 표현된다. 즉, 100대의 자동차를 생산한다면 100×5=500개의 타이어가 필요하게 된다는 것이다.

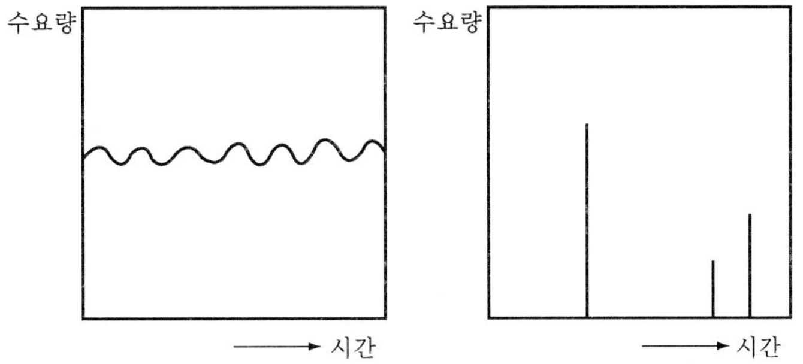


〈그림 1〉 독립수요와 종속수요의 비교

한편 독립수요(independent demand) 품목은 시장수요를 보이고 있는 완제품 혹은 기타 최종품목이 이에 해당된다. 독립수요를 보이고 있는 품목의 수요는 시장의 여건에 따라 독자적으로 발생하는 수요이며, 불확실한 것이 특징이다. 예를 들면 올해 국내시장에서 판매될 승용자동차의 수요량이 몇 대가 될 것인가를 정확하게 알 수 없다는 것이다. 그러므로 예측은 독립수요 품목의 재고를 결정하는데 중요한 역할을 담당하고 있는 반면에, 종속수요품에 대한 소요량은 독립수요품의 생산계획에 의해서 결정된다.

일반적으로 독립수요는 연중 계속적으로 수요가 발생하는 연속적인 특징을 보이는 반면에 종속수요는 독립수요품의 생산기간 중에만 수요가 발생한다. 예를 들면 자전거의 수요는 1년 내내 발생하지만 로트생산을 하고 있는 자전거 바퀴는 특정 시점에 집중적으로 생산되기 때문에 다음 로트의 생산이 시작되기 전까지는 별도의 재고를 갖지 않아도 된다.

독립수요 품목에는 보충(replenishment)의 개념이 적용되고, 종속수요 품목에는 소요(requirements)의 개념이 적용된다는 것도 차이가 있다. 즉, 시장 수요를 충족시켜 주어야 하는 독립품목은 재고수준이 떨어지면 적시에 적량을 보충하여 품절이 되지 않도록 하여야 한다. 그러나 종속수요 품목은 최종 제품의 생산계획으로부터 그 소요량과 소요시기를 정확히 산출할 수 있으므로 소요시점에 소요량만큼 재고를 확보하는 것만으로도 충분하다. 즉, 계속적으로 재고를 보충할 필요가 없게 된다.

## 1.5 재고관리 시스템의 기본 유형

재고관리 시스템에는 두 가지의 일반적인 유형이 있는데, 정량발주 시스템과 정기발주 시스템이 그것이다. 정량발주 시스템(fixed order quantity system)은 경제적 주문량 시스템 혹은 Q시스템이라고도 하며, 정기발주 시스템(fixed time period system)은 정기주문 시스템 혹은 P시스템이라고도 한다. 정량발주 시스템과 정기발주 시스템 간의 기본적인 차이는 전자는 '사건위주'이고, 반면 후자는 '시간위주'라는 점에 있다.

### (1) 정량발주 시스템

정량발주 시스템에서는 특정한 재주문점(ROP : reorder point)에 도달하는 '사건'이 발생할 때 주문을 시작한다. 이와 같은 사건은 품목에 대한 수요에 의하여 언제든지 일어날 수 있다. 이 시스템은 주문량과 재주문점에 의해서 결정되기 때문에 EOQ/ROP 시스템이라고도 한다.

이 시스템에서는 조달기간(lead time)은 일정하고, 재고는 서서히 감소하며, 재고로 남은 양은 즉시 재주문점과 비교된다고 가정한다. 만약 재고량이 재주문점까지 떨어지면 품목에 대한 주문이 발생하고, 그렇지 않을 경우에는 시스템은 여분의 상태로 다음에 사용할 때까지 남게 된다. 이때 재주문점은 조달기간 동안의 기대수요를 포함하는 것이 일반적이다.

일반적으로 정량발주 시스템은 주문량(Q)과 재주문점(ROP)에 의해서 작용한다. 이때 주문량은 경제적 주문량 EOQ이 되며, 재주문점은 ① 주문에서 입고되기까지의 조달기간 중 소비되는 재고량($D_L$)과 ② 조달기간 중 수요율이 변동하는 것에 대비한 재고 즉, 안전재고($S$: safety stock)의 합이 되는 재고수준($ROP = D_L + S$)이 된다.

이 시스템은 계속적인 재고조사와 기록의 유지를 위해 많은 노력과 비용이 투입되는 단점이 있으므로, 지속적인 재고 실사를 필요로 하는 품목이나 실사 및 기록유지가 용이한 품목, 또는 실사를 간소화할 수 있는 금액이 높지 않은 B급, C급 품목으로 수요변동의 폭이 크지 않은 품목에 적용되는 것이 바람직하다.

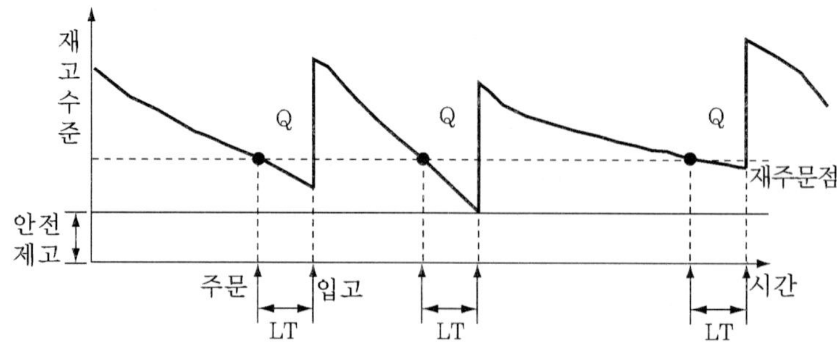


〈그림 2〉 정량발주 시스템

## (2) 정기발주 시스템

정기발주 시스템은 '일정 시점마다', 즉 정기적으로 (최대재고량 - 현재고량) 만큼 주문하는 방식으로 시간의 경과가 주요 요인이다. 이때 재고조사는 정기실사방식(periodic review system)을 적용하며, 결정된 기간($t$)이란 주, 월 또는 분기 등을 적용할 수 있다.

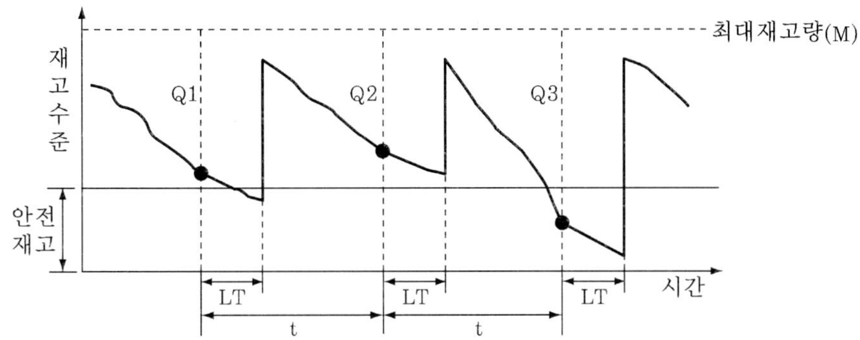


〈그림 3〉 정기발주 시스템

정기발주 시스템은 발주주기($t$)와 최대재고량($M$)에 의해서 작용되는데, 이 경우 최대재고량과 주문 시점에서의 주문량의 결정공식은 다음과 같다.

$$M = \text{발주주기 중의 수요량} + \text{조달기간 중의 수요량} + \text{안전재고량}$$

$$= \text{수요율}(\text{발주주기} + \text{조달기간}) + \text{안전재고량}$$

$$\text{발주량}(Q) = \text{최대재고량}(M) - [\text{현재고량} + \text{발주분 예정입고량}]$$

다음 (표 2)는 정량발주 시스템과 정기발주 시스템의 차이를 비교 분석한 것이다.

[표 2] 정량발주 시스템과 정기발주 시스템의 차이

| 구분＼시스템 | 정량발주 시스템 | 정기발주 시스템 |
|---|---|---|
| 개요 | 재고가 발주점에 이르면 정량을 발주 | 정기적으로 소요량을 발주 |
| 발주주기 | 부정기 | 정기 |
| 발주량 | 정량(경제적 발주량) | 부정량 (최대재고량 - 현재고량) |
| 수요정보 | 과거의 실적으로 예측 | 정도가 높은 정보가 필요 |
| 재고의 성격 | Active Stock | Active Stock + Safety Stock |
| 적용품목 | 금액 및 중요도가 높지 않은 B, C급 품목으로 수요변동의 변화가 작은 품목 | 금액 및 중요도가 높은 A급 품목 |

# 02 확실성 재고모델(certainty inventory model)

재고 모델은 확실성 모델과 불확실성 모델로 대별된다. 재고모델에서 취급하고 있는 두 가지의 중요한 환경변수는 '수요'와 '조달기간'이다. 수요(demand)는 해당 품목의 수요량 또는 사용량을 말하며, 조달기간(lead time)은 주문한 품목이 도착할 때까지의 소요시간을 말한다. 확실성 재고모델에는 수요와 조달기간이 확정적으로 알려져 있는 경우의 재고결정과 재고방침을 도출하기 위한 모델로서 경제적 주문량 모델(economic order quantity model)과 경제적 생산량 모델(economic production quantity model)이 있다.

## 2.1 경제적 주문량 모델

재고관리의 고전적 모델인 이것은 1915년 해리스(F. W. Harris)에 의해 개발된 것으로 재고에 있어서 가장 기본적인 경제적 주문량(economic order quantity : EOQ)을 결정하기 위한 모델이다. 이것은 연간 주문비용과 재고유지비용의 합을 최소로 하는 주문량을 결정하는 모델인데, 이때 재고부족비와 취급품목 원가는 고려하지 않는다.

EOQ 모델은 일련의 가정을 전제로 하여 형성된 것인데, 이 가정은 비현실적인 면이 있으나 상황을 단순화시켜 문제분석의 시발점을 마련하는데 도움이 된다. 다소 이상적인 상황에 근거를 두고 있는 EOQ 모델의 가정은 다음과 같다.

① 단일 제품만을 대상으로 한다.
② 수요율(또는 사용율)이 일정하고 연간수요량은 확정적이다.
③ 조달기간은 일정하며 알려져 있다.
④ 주문량은 전량 일시에 입고된다.
⑤ 재고유지비용은 평균재고에 비례하며, 1회 주문비용은 주문량에 관계없이 일정하다. 또한 일시 대량구입에 따른 가격할인은 없다.
⑥ 재고부족 또는 품절은 없다.

이와 같은 가정의 중요성은 (그림 4)의 EOQ의 기본적인 모델에서 볼 수 있다. 이 사이클은 Q 단위의 주문량이 입고됨으로써 시작된다. 이 모델은 시간이 경과함에 따라 일정률로 감소되는 것을 의미하며, 재고 보유량이 조달기간 동안 수요를 만족하기에 충분할 때 공급업자에게 Q 단위의 주문이 이루어진다. 수요율과 조달기간이 일정하다고 가정하고 있기 때문에 주문은 재고고갈과 과잉재고를 피하도록 주문이 이루어진다.

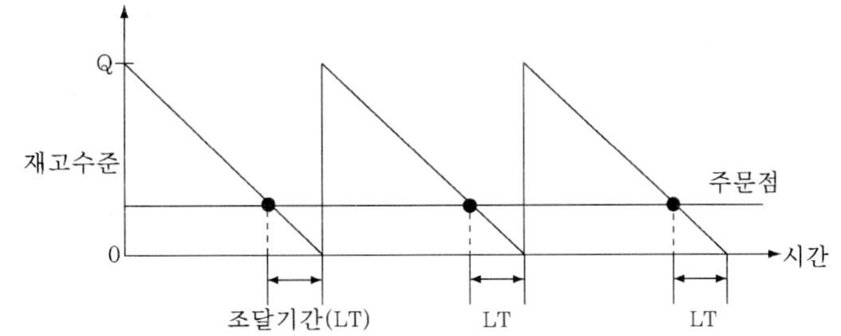


〈그림 4〉 EOQ의 기본적 모델

이 모델은 주문한 물량이 입고되는 시점부터 시작된다. 재고가 전혀 없는 시점에 주문량 전량이 한꺼번에 입고되므로 재고수준은 Q(최대재고수준)로 상승한다. 그 후로 재고는 매일 일정한 수량이 출고되어 사용됨으로써 재고수준은 일정한 비율로 하강한다. 그리하여 재고수준이 재주문점(ROP : reorder point)에 이르게 되면 재고를 보충하기 위하여 새로이 Q 만큼 주문한다. 이때 발주점의 재고수준은 조달기간(lead time) 중의 수요와 같게 한다. 즉, 조달기간 중의 수요만큼 재고가 남아있을 때 새로 주문하는 것이다. 수요율과 조달기간이 일정하므로 주문한 품목은 정확히 재고수준이 0에 도달할 때 도착하게 된다.

최적주문량은 재고유지비용과 주문비용간의 상충관계에 의하여 구할 수 있다. 이것은 주문의 크기가 변함에 따라 재고유지비용은 증가하지만 주문비용은 감소하기 때문이다. 예를 들어 만약 주문의 크기가 상대적으로 작다면 평균재고는 낮아질 것이고,

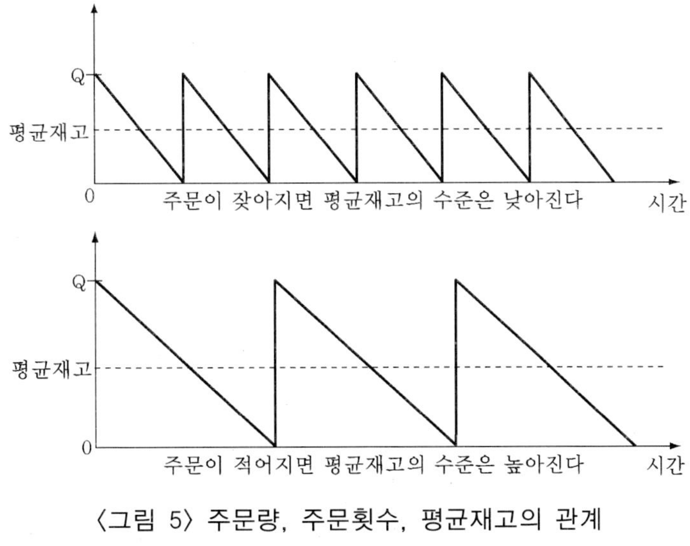


〈그림 5〉 주문량, 주문횟수, 평균재고의 관계

결과적으로 재고유지비용이 낮아지지만 주문의 빈도는 많아지게 되어 연간 주문비용이 높아지게 된다. 반대의 경우에는 많은 양을 주문하는 대신 주문횟수가 적어지므로 연간주문비용이 낮아지게 되는 것이다. 반면에 높은 평균재고수준으로 인해 재고유지비용은 상승하게 된다. (그림 5)는 이러한 내용을 보여주고 있다.

최적 주문량은 재고유지비용과 주문비용의 상대적 크기에 따라 달라진다. 먼저 연간 재고유지비용은 평균재고에 연간 단위당 재고유지비용(품목 한 단위를 1년간 보유할 때의 재고유지비)을 곱해서 계산한다. 여기에서 평균재고는 주문량의 반으로 간주한다. 이것은 재고수준이 $Q$에서 0까지 일정하게 감소하므로 평균재고는$(Q+0)/2$ 즉, $Q/2$ 가 되기 때문이다. 따라서 연간 단위당 재고유지비용을 $C_H$로 나타내면, 연간 재고유지비용은 다음과 같다.

$$\text{연간 재고유지비용} = \frac{Q}{2} \times C_H$$

이 식을 통해서 재고유지비용은 $Q$의 선형함수로서 주문량의 변화에 직접적으로 비례하여 증가하거나 감소함을 알 수 있다.

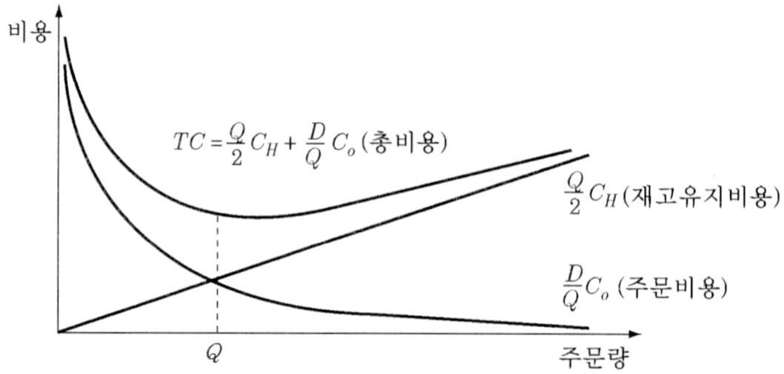


〈그림 6〉 총비용곡선

한편 앞에서 설명한 바와 같이 1회 주문량이 증가함에 따라 연간 주문비용은 감소할 것이다. 왜냐하면 연간 수요량이 정해져 있으므로 1회 주문량이 커질수록 주문횟수는 줄어들기 때문이다. 예를 들어 연간 수요가 60,000단위이고 1회 주문량을 5,000단위라고 하면, 1년 동안 12번의 주문을 해야 한다. 그러나 주문량이 10,000단위라면 단지 6번의 주문만 하면 되고, 주문량이 20,000단위라면 3번의 주문이 필요한 것이다. 여기서 $D$를 연간 수요량, $Q$를 1회 주문량이라고 할 때, 연간 주문횟수는 $D/Q$가 되며 1회 주문비용 $C_o$를 고려한 연간 주문비용은 다음과 같이 계산된다.

$$\text{연간 주문비용} = \frac{D}{Q} \times C_o$$

결국 연간 주문비용은 1회 주문량과 반비례 관계에 있음을 알 수 있다.

EOQ모델에서의 연간 총비용(TC : total cost)은 연간 재고유지비용과 연간 주문비용의 합으로 나타낼 수 있다. 즉,

$$TC = \text{연간 재고유지비용} + \text{연간 주문비용}$$
$$= \frac{Q}{2} C_H + \frac{D}{Q} C_o$$

단, $TC$ : 총비용

$D$ : 수요량(일반적으로 연간 단위량으로 표시)

$Q$ : 주문량

$C_o$ : 1회 주문비용

$C_H$ : 연간 재고유지비용/단위

(그림 6)에 나타난 바와 같이 총비용곡선은 U자형이므로 재고유지비용과 주문비용이 동일한 수준에서 총비용이 최소가 된다. 즉,

$$\frac{Q}{2} \times C_H = \frac{D}{Q} \times C_o$$

$$Q^2 C_H = 2DC_o$$

$$Q^2 = \frac{2DC_o}{C_H}$$

이것을 $Q$에 대해서 정리하면 다음과 같다.

$$\therefore Q_0 = \sqrt{\frac{2DC_o}{C_H}}$$

위의 공식에 의하면 연간 수요량, 1회 주문비용, 연간 단위당 재고유지비용이 주어지면 경제적 주문량($Q_0$)을 쉽게 구할 수 있음을 알 수 있다. 다른 방법으로는 미분법을 적용하여 경제적 주문량을 산출하는 방법도 있다.

경제적 주문량 $Q_0$으로 주문할 때 총비용이 최소화(minimize)되는데, 이때의 총비용 $TC$과 연간주문횟수, 그리고 주문 간격은 다음과 같이 구한다.

$$\text{총비용 } TC = \frac{Q_0}{2}C_{H} + \frac{D}{Q_0}C_o$$

$$\text{연간 주문횟수 } N_o = \frac{D}{Q_o}(\text{회})$$

$$\text{주문 간격} = \frac{Q_o}{D}(\text{년}) \text{ 또는 } \frac{\text{연간 작업일}}{\text{연간 주문횟수}}$$

이 때 주문 간격을 산출하면서 $Q_o/D$를 적용하는 경우에는 그 단위가 '년'임에 특히 유의해야만 한다. 경우에 따라서는 경제적 주문량 산출과정에 단위당 재고유지비용 $C_H$ 대신에 재고유지비율($i$)이 주어지는 경우가 있다. 이때 재고유지비율($i$)는 재고유지비용을 품목 원가($P$)에 대한 백분율로 나타낸 것이다. 즉,

$$i = \frac{C_H}{P} \text{ 또는 } C_H = i \times P$$

따라서 이와 같은 경우에 적용할 수 있는 경제적 주문량($Q_0$)은 다음과 같이 수정하여 사용하면 된다.

$$\therefore Q_0 = \sqrt{\frac{2DC_o}{iP}}$$

이와 같은 EOQ 공식을 사용할 때는 $D$와 $C_H$ (또는 $i$)의 기간을 같게 하여야 한다. 즉, 수요량이 연간 기준일 경우 재고유지비용 또한 연간 비용으로 제시되어야 한다는 점에 유의할 필요가 있다.

예를 들어 살펴보기로 하자. 1년간 수요량이 1,000개인 부품 A는 주문비용이 20,000원/회이며, 단위당 연간 재고유지비용은 160원이다. 부품 A의 경제적 주문량($Q_o$)과 연간 총비용, 그리고 연간 적정 주문횟수, 주문간격은 다음과 같이 산출된다.

- 경제적 주문량 $Q_0 = \sqrt{\frac{2DC_o}{C_H}} = \sqrt{\frac{2 \times 1,000 \times 20,000}{160}} = 500(\text{개})$
- 연간 총비용
  $$TC = \frac{Q_0}{2}C_H + \frac{D}{Q_0}C_o = \left(\frac{500}{2}\right) \times 160 + \left(\frac{1,000}{500}\right) \times 20,000 = 80,000(\text{원})$$
- 연간 주문횟수 $N_o = \frac{D}{Q_0} = \frac{1000}{500} = 2(\text{회})$
- 주문 간격 $= \frac{Q_o}{D} = \frac{500}{1000} = 0.5(\text{년})[= 182.5(\text{일})]$

## 2.2 경제적 생산량 모델

EOQ모델에서는 외부로부터 공급되는 물품에 대해 주문한 수량이 한 번에 모두 도착하는 것을 전제로 하였다. 그러나 기업이 필요한 물품을 자체 공장에서 생산하면서 동시에 소비하는 경우에는 필요 물품이 한꺼번에 확보되는 것이 아니라 일정한 생산기간 동안 점진적으로 쌓이게 되는 것이 일반적인데 그 이유는 로트생산을 하기 때문이다. 이러한 경우 비용을 최소화하는 생산량을 경제적 생산량(economic production quantity : EPQ) 또는 ELS (economic lot size)라고 한다.

만약 소비율(demand rate : $d$)과 생산율(production rate : $p$)이 같다면 모든 생산품이 즉시 사용되기 때문에 재고가 쌓이지도 않고 또한 생산 로트의 크기 문제도 발생하지 않는다. (그림 7)에서는 생산율이 소비율보다 큰 경우를 가정하여 설명하고 있다. 생산은 각 주기의 한 쪽 구간($t_1$)에 걸쳐서만 이루어진다. 생산율은 소비율보다 크므로 생산이 이루어지는 구간에서는 재고수준이 점점 증가하게 된다. 즉, 이 구간에서는 생산율과 소비율의 차이, 즉 $(p-d)$만큼 재고수준이 증가한다. 예를 들어 일일 생산율이 20단위이고 일일 소비율이 5단위라면 재고는 매일 15단위씩 증가하는 것이다. 이렇게 계속해서 증가하는 재고수준은 생산중단시점에서 최고수준이 된 후, 계속 감소하다가 재고가 고갈되면 생산이 재개되는 과정이 주기적으로 반복되는 것이다.

필요 품목을 외부에 주문하는 것이 아니라 회사가 자체 생산하는 경우에는 주문비용 대신 공장가동을 위한 생산준비비용을 고려한다. 생산준비비용이란 작업을 위해 장비를 준비하는 데 소요되는 비용으로 청소, 조정, 공구 교체 등과 관련된 비용이다. 이 비용은 생산량의 크기와 무관하게 발생하므로 EOQ 모델의 주문비용과 성격상 아주 유사하다. 즉, 생산량의 규모가 클수록 생산횟수는 적어지고 따라서 연간 생산준비비용도 감소한다.

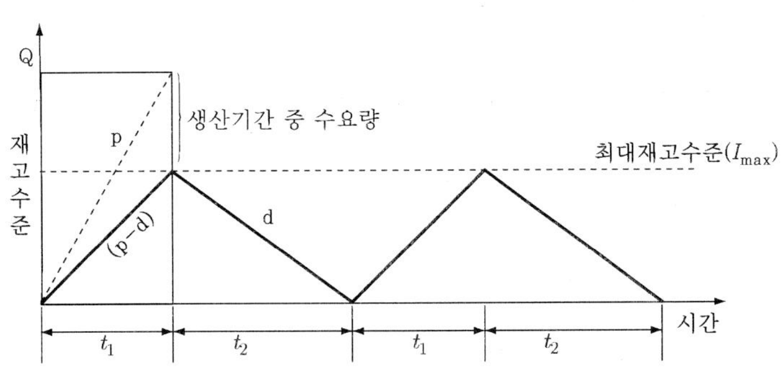


〈그림 7〉 경제적 생산량 모델

만일 필요 품목의 연간수요량을 $D$, 1회 생산량 $Q$, 1회 생산준비비용을 $C_S$라고 정의하면 연간 생산준비비용은 다음과 같다.

$$\text{연간생산준비비용} = \text{연간생산횟수} \times \text{1회 생산준비비용} = (\frac{D}{Q})\,C_S$$

생산율을 $p$, 소비율을 $d$ 라고 할 때 생산율이 소비율보다 큰 경우 매일의 초과생산량 $(p-d)$ 단위가 재고로 $t_1$일 동안 쌓이게 되므로 최대 재고수준 $I_{\max}$은 다음과 같다.

$$\text{최대재고수준}\,(I_{\max}) = (p-d)\,t_1$$

생산기간 $t_1$ 동안 매일 $p$ 단위씩 생산량이 $Q$에 이를 때까지 생산하므로 $Q = p \cdot t_1$가 된다. 이를 생산기간에 대해 정리하면 $t_1 = \frac{Q}{p}$가 된다. 따라서 최대재고수준은 다음과 같다.

$$\text{최대재고수준}\,(I_{\max}) = (p-d)\,\frac{Q}{p} = (1-\frac{d}{p})\,Q$$

평균재고 수준은 최대재고 수준의 $\frac{1}{2}$이므로

$$\text{평균재고수준}\ (I_{average}) = \frac{I_{\max}}{2} = \frac{1}{2}(1-\frac{d}{p})\,Q$$

이다. 그러므로 연간 재고유지비용은 다음과 같이 표현할 수 있다.

$$\begin{aligned}\text{연간재고유지비용} &= \text{평균재고수준} \times \text{단위당 연간 재고유지비용} \\ &= \frac{1}{2}(1-\frac{d}{p})\,Q\,C_H\end{aligned}$$

총비용은 연간 재고유지비용과 연간 생산준비비용의 합이므로

$$TC = \frac{1}{2}(1-\frac{d}{p})\,Q\,C_H + \frac{D}{Q}\,C_S$$

이 된다. 경제적 생산량을 얻기 위해서 이 식을 Q에 관해서 미분하고 이를 0으로 놓으면

$$\frac{d\,TC}{d\,Q} = \frac{1}{2}(1-\frac{d}{p})\,C_H - \frac{D}{Q^2}\,C_S = 0$$

이 식을 다시 정리해서 풀어 보면

$$\frac{1}{2}(1-\frac{d}{p})\,C_H = \frac{D}{Q^2}\,C_S$$

$$Q^2 = \frac{2DC_S}{(1-\frac{d}{p})C_H}$$

$$\therefore \ Q_p = \sqrt{\frac{2DC_S}{(1-\frac{d}{p})C_H}}$$

가 된다.

경제적 생산량($Q_p$)에서의 생산주기는 경제적 생산량과 소비율의 함수로 다음과 같다.

$$\text{생산주기(일)} = \frac{Q_p}{d}$$

마찬가지로, 생산기간은 경제적 생산량과 생산율의 함수로 다음과 같이 표현할 수 있다.

$$\text{생산기간(일)} = \frac{Q_p}{p}$$

예를 들어 살펴보기로 하자. 부품 X는 1일 300개씩 소요되는데, 이것은 하루에 900개씩 자체 생산할 수 있는 능력을 보유하고 있다. 생산준비에 소요되는 비용은 6,000원/회이며, 이 부품의 제조원가는 단위당 750원이다. 연간재고유지비율($i$)은 20%, 조업일수가 250일/년 이라고 할 때, 경제적 생산량($Q_p$)과 연간총비용(TC)은 다음과 같이 산출된다.

$$Q_p = \sqrt{\frac{2DC_S}{(1-\frac{d}{p})C_H}} = \sqrt{\frac{2DC_S}{(1-\frac{d}{p})P \cdot i}} = \sqrt{\frac{2 \times 75,000 \times 6,000}{(1-\frac{300}{900}) \times 750 \times 0.2}} = 3,000(\text{개})$$

$$TC = \frac{1}{2}(1-\frac{d}{p})Q_p \cdot C_H + \frac{D}{Q_p}C_S = \frac{1}{2}(1-\frac{d}{p})Q_p \cdot P \cdot i + \frac{D}{Q_p}C_S$$

$$= [\frac{1}{2}(1-\frac{300}{900}) \times 3,000 \times (750 \times 0.2)] + [\frac{75,000}{3,000} \times 6,000] = 300,000(\text{원})$$

## 2.3 수량 할인이 있는 경우의 경제적 주문량 모델

수량할인(quantity discount)이란 고객의 대량구입을 유도하기 위해 대량구입에 대한 가격을 낮추어 주는 것이다. 수량할인이 있는 경우, 고객은 구입가격의 하락으로 인한 잠재적 이익의 측면과 대량구입으로 인한 평균재고의 상승으로 재고유지비용이 증가하는 측면을 저울질하게 될 것이다. 고객의 입장에서 수량할인의 궁극적인 목표는 총비용이 최소가 되는 주문량을 결정하는 것이다. 여기에서 총비용은 재고유지비용과 주문비용, 구매비용의 합으로 구해진다.

$$TC = \text{재고유지비용} + \text{주문비용} + \text{구매비용}$$
$$= (\frac{Q}{2} \times C_H) + (\frac{D}{Q} \times C_o) + (P \times D)$$

(여기서, $P$는 단위당 구매가격임)

앞서 살펴본 EOQ 모델에서 경제적 주문량을 구할 때에는 구매비용을 포함시키지 않았다. 단위당 가격을 포함시키지 않은 근거는 수량할인이 없고, 단위당 가격이 항상 주문량에 상관없이 동일하다는 가정 때문이었다. 총비용 계산에 단위당 가격을 포함시키면 총비용은 단순히 연간 수요량($D$)에 단위당 가격($P$)을 곱한 만큼만 증가한다. 그러므로 구매비용($P \times D$)의 증가는 단순히 총비용 곡선을 모든 구간에서 ($P \times D$) 만큼씩 상향 이동시키지만 이것은 EOQ 곡선을 변하게 하지는 않는다[(그림 8) 참조].

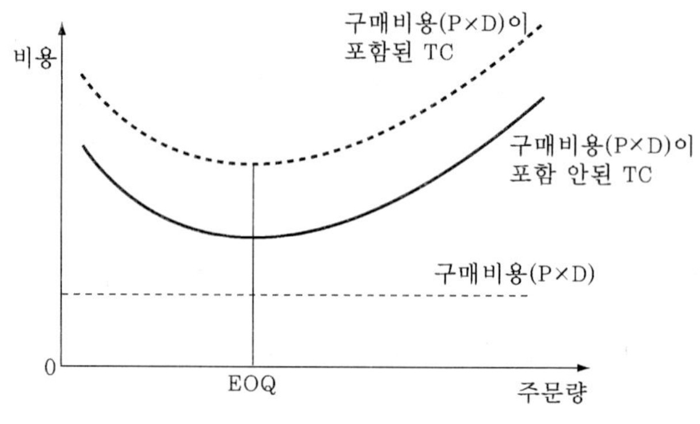


〈그림 8〉 구매비용이 EOQ에 미치는 영향

수량할인이 있으면 U자형의 총비용곡선이 각 단위당 가격마다 다르게 구분된다. 다시 말해 단위당 가격을 포함하게 되면 단순히 각 곡선을 일정한 양만큼 상승시키지만, 단위당 가격이 모두 다르기 때문에 각 곡선은 각기 다른 양만큼 상향 이동하는 것이다. 즉, 단위당 가격이 낮을수록 단위당 가격이 높은 경우보다 총비용곡선을 적게 상향 이동시킨다. 그러므로 단위당 가격이 가장 높을 때의 총비용곡선은 맨 처음의 곡선이고, 그 다음으로 가격이 하락하면 다음 곡선이 되며, 총비용곡선의 절단부분은 가격할인을 받을 수 있는 최소량이 된다[(그림 9) 참조].

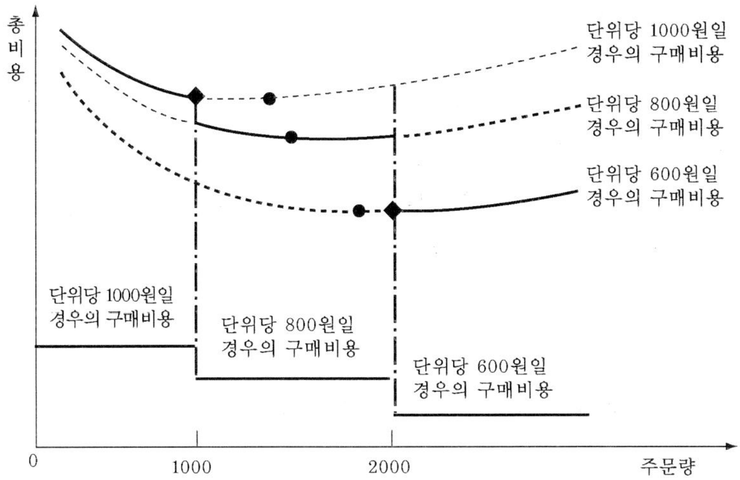


〈그림 9〉 수량할인의 경우 총비용 곡선

(그림 9)에서는 실제의 총비용 곡선을 실선으로 표시하고 있다. 이 그림에는 단위당 1,000원을 적용받는 경우뿐만 아니라 수량할인에 의해 단위당 800원과 600원을 적용받고 있는 경우를 동시에 나타내고 있다. 예를 들면 단위당 600원을 적용받을 때의 총비용 곡선에서 최소비용은 1,000개와 2,000개 사이에서 나타나지만 실제 적용할 수 있는 경우를 고려하면 2,000개를 주문할 때 가장 저렴한 비용이 소요됨을 알 수 있다.

## 03 불확실성 재고모델(uncertainty inventory model)

앞에서 다룬 확실성하에서의 재고모델인 경제적 주문량(생산량)의 결정 문제는 수요와 조달기간의 확실성을 전제로 하고 안전재고는 없는 것으로 하였다. 그러나 현실적인 상황에서는 수요는 매우 불확실하며 조달기간 또한 확실하지 못한 경우가 대부분이다. 따라서 이러한 변화에 대비하기 위해서도 발주점의 조정이나 안전재고의 보유가 필요한 것이다. 문제는 언제 주문을 해야 하며, 안전재고의 크기를 얼마로 할 것이냐 하는 것으로서, 이와 같은 경우에는 품절로 인한 손실과 재고유지비, 주문비용 등의 비용 합계가 최소가 되는 수준에서 결정되어야 할 것이다. 여기서는 발주점의 결정과 서비스 수준의 결정을 살펴보기로 한다.

## 3.1 발주점의 결정

EOQ, EPQ 모델은 '얼마나' 주문(생산)할 것인가를 결정하는 것으로 '언제' 주문(생산)할 것인가(발주점)는 제시하지 않는다. 발주점(ROP : reorder point)은 재주문점이라고도 하는데, 시간적 관점에서 볼 때는 '주문시점'이지만, 재고수준 측면에서 볼 때는 '조달기간(lead time) 동안의 수요량'이다.

### (1) 발주점 모델

발주점의 수준을 결정할 때 고려하는 요인에는 다음과 같은 네 가지가 있다.

- 수요율(demand rate : $d$)
- 조달기간(lead time : $LT$)
- 수요와 조달기간 변동의 정도
- 감수할 수 있는 재고부족 위험 정도(허용품절율)

만약 수요와 조달기간이 모두 일정하다면 발주점은 다음 식과 같이 단순하게 계산할 수 있다.

$$\begin{aligned}\text{발주점} &= \text{조달기간 중의 수요량} = \text{수요율} \times \text{조달기간} \\ &= d \times LT\end{aligned}$$

(단, $d$ : 일일수요량, $LT$ : 조달기간)

하지만 수요와 조달기간이 다양하다면 실제수요가 평균수요를 초과할 가능성도 있다. 결과적으로 조달기간동안 재고부족의 위험을 감소시키기 위해서 안전재고($S$: safety stock)라고 불려지는 추가적인 재고가 필요하게 되며, 이 안전재고량에 의해서 발주점은 증가하게 된다.

$$\begin{aligned}\text{발주점} &= \text{조달기간 동안의 평균수요+안전재고} \\ &= \overline{D}_{LT} + S\end{aligned}$$

예를 들어 만약 조달기간 동안의 평균수요량이 100단위이고, 바람직한 안전재고가 10단위라면 ROP는 110단위가 된다. 이 때 수요율이 정규분포를 나타내고 있는 경우에는 다음과 같은 공식에 의해 안전재고의 수준을 결정하는 것이 일반적이다.

$$\begin{aligned}\text{안전재고(S)} &= \text{안전계수} \times \text{조달기간 중 수요량의 표준편차} \\ &= Z \times \sigma_{LT}\end{aligned}$$

따라서 가장 일반적인 발주점 모델은 다음과 같다.

$$발주점(ROP) = \overline{D}_{LT} + S = \overline{D}_{LT} + Z.\sigma_{LT}$$

### (2) 발주점의 결정절차

일반적인 발주점 모델에 따른 발주점 결정절차를 살펴보면 다음과 같다.

① 허용품절률(또는 서비스율)을 만족시키는 안전계수 Z를 구한다. 이것은 정규분포표나 안전계수표로부터 주어진 재고부족 확률(품절률)의 난에서 안전계수 Z를 구한다.

② 과거의 실적자료를 통해 조달기간 중 수요량의 표준편차 $\sigma_{LT}$를 산출한다.

③ 안전재고 수준(S)을 $S = Z \times \sigma_{LT}$에 의거하여 산정한다.

④ 발주점을 $ROP = \overline{D}_{LT} + Z.\sigma_{LT}$에 의해 구한다.

다음과 같은 예를 통해 살펴보기로 하자. 어떤 기업에서 생산하는 부품 W의 평균 수요율은 주당 10개이며, 조달기간은 4주, 1회 발주량은 80개이다. 과거의 자료를 통해 조달기간 동안의 수요량의 표준편차가 9.1개임을 확인하였다. 허용품절률 5%일 때의 안전재고 수준과 발주점을 산출해보자.

먼저 (표 3)에서 허용품절률 5%일 때의 안전계수 Z는 1.65임을 알 수 있다. 따라서 안전재고 수준과 발주점은 다음과 같다.

$$안전재고(S) = Z \times \sigma_{LT} = 1.65 \times 9.1 = 15.015 \fallingdotseq 16(개)$$

$$발주점(ROP) = \overline{D}_{LT} + Z.\sigma_{LT} = (10 \times 4) + 16 = 56(개)$$

[표 3] 안전계수표

| 서비스율 (%) | 허용품절률 (%) | 안전계수 Z | 서비스율 (%) | 허용품절률 (%) | 안전계수 Z |
|---|---|---|---|---|---|
| 50.0 | 50.0 | 0.00 | 96.0 | 4.0 | 1.75 |
| 75.0 | 25.0 | 0.67 | 97.0 | 3.0 | 1.88 |
| 80.0 | 20.0 | 0.84 | 98.0 | 2.0 | 2.05 |
| 85.0 | 15.0 | 1.04 | 99.0 | 1.0 | 2.33 |
| 90.0 | 10.0 | 1.28 | 99.5 | 0.5 | 2.57 |
| 95.0 | 5.0 | 1.65 | 99.9 | 0.1 | 3.09 |

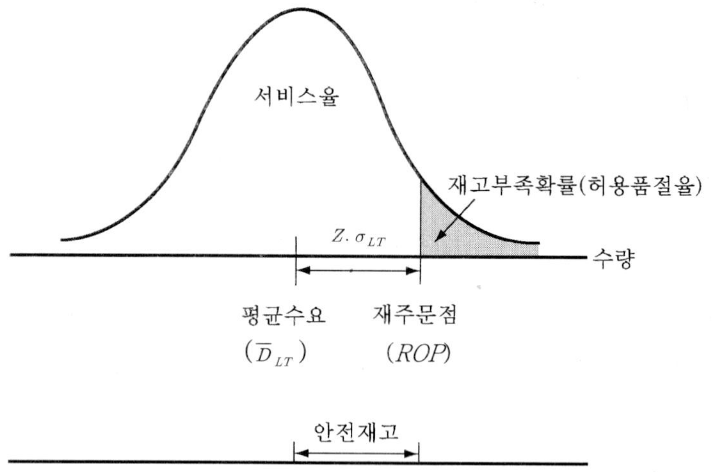


〈그림 10〉 조달기간의 수요가 정규분포를 이룰 경우의 재주문점

## 3.2 서비스 수준의 결정

재고 부족에 대비하여 안전재고 수준을 결정할 때는 일정 서비스 수준을 토대로 결정하는 경우와 품절로 인한 손실과 안전재고의 유지비를 최소화하는 수준에서 결정하는 경우로 나눌 수 있다.

서비스율 또는 서비스 수준(service level)이란 품절확률에 대칭되는 확률(즉, 1 - 허용품절률)로서 조달기간 동안 수요가 공급을 초과하지 않을 가능성으로 정의할 수 있다. 그러므로 서비스 수준이 95%라는 것은 조달기간 동안 수요가 공급을 초과하지 않을 가능성이 95%라는 뜻이다. 다시 말하면 고객에 대한 서비스 수준이 95%이면 재고부족 위험은 5%가 되므로 서비스 수준과 재고부족 위험 간에는 다음의 관계가 성립한다.

서비스 수준(%) = 100% - 재고부족으로 인한 품절 위험

고객에 대한 서비스 수준이 주어진 경우 수요율($d$)이나 조달기간($LT$)의 변동이 클수록 그 수준에 도달하기 위해서는 더 많은 안전재고가 필요하게 된다. 마찬가지로 수요율이나 조달기간의 변동 폭이 주어진다면 서비스 수준을 증가시키기 위해서는 안전재고를 증가시키는 것이 필요하다. 이러한 서비스 수준의 선택은 재고부족 비용을 반영하거나 또는 단순히 경영자가 특정품목에 대하여 달성하고자 하는 정책의 변화를 나타낼 수도 있다.

서비스 수준과 재고수준간의 관계는 비선형적이므로 합리적인 서비스 수준의 결정이 쉬운 것은 아니다. 예를 들면 서비스 수준을 95%에서 99%로 4%P를 높이기 위해서는 재고의 증가는 33%가 따라야만 가능한 것이다. 따라서 경제적인 입장에서의 의사

결정이 필요하게 되는데, 즉 품절로 인한 손실과 안전재고의 유지비가 균형을 이루는 수준에서 적정 발주점과 안전재고가 결정될 필요가 있다.

한계비용분석으로 적정 발주점을 구할 때는 재고유지비($C_H$)와 재고부족비($C_L$)가 균형을 이룰 때까지 안전재고량을 하나씩 증가(감소)할 때 발생하는 한계비용 즉, 증분(감분) 재고유지비는 일정하다고 가정한다. 발주점의 재고수준보다 조달기간 중의 수요가 클 때 품절이 발생하는데, 이때의 품절확률을 $P_r$이라고 하면, 각 발주주기의 재고부족비용은 다음과 같다.

$$재고부족비용 = P_r \times C_L$$

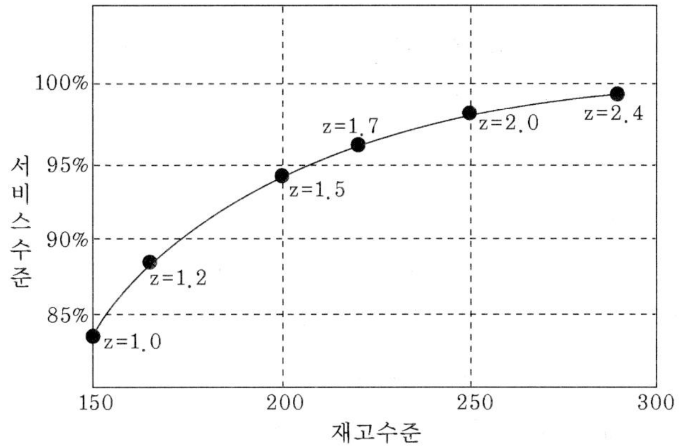


〈그림 11〉 서비스 수준과 재고수준의 관계(Q=100, σ=100일 때)

따라서 연간 재고부족비용은 이 비용에 연간 발주횟수($\frac{D}{Q}$)를 곱하면 된다.

발주점에 이르는 재고수준이 높아지면 안전재고가 늘어나므로 그만큼 연간 재고유지비용은 늘어나는 대신에 연간 재고부족비용은 떨어진다. 이 경우 안전재고를 증감함으로써 발생하는 한계비용 성격의 재고유지비용($C_H$)이 연간 재고부족비용($C_L$)과 같게 될 때까지 안전재고를 증감시킨다고 할 때, 이들 비용간의 상관관계는 다음과 같이 나타낼 수 있다.

$$한계재고유지비용 = 한계재고부족비용$$

$$C_H = P_r \cdot C_L \cdot \frac{D}{Q}$$

이것을 품절확률 $P_r$을 구하는 수식으로 바꾸면 다음과 같다.

$$P_r = \frac{C_H}{C_L} \cdot \frac{Q}{D}$$

이것이 적정 발주점을 결정할 때 활용하는 품절확률 산출식이 된다.

# 04 기타 재고관리 기법

## 4.1 ABC 관리방식

20−80 법칙은 1897년 이탈리아 경제학자 파레토(V. Pareto)에 의해 발견되었다. 그는 인간사의 다양한 통계자료를 분석한 결과 20-80 법칙이 여러 분야에 걸쳐서 나타나고 있음을 확인하였다. 즉, 20%의 인구가 80%의 돈을 가지고 있었고, 20%의 근로자가 80%의 일을 하였으며, 20%의 소비자가 전체 매출액의 80%를 차지하고 있다는 것이었다. 이러한 현상은 어느 시대, 어느 국가를 막론하고 나타나는 것이었다. 숫자상으로 완벽하게 20%와 80%로 맞아떨어지는 것은 아니지만, 대부분의 경우가 거의 그에 가까운 값을 가진 것으로 나타나고 있다. 이 법칙은 '파레토의 법칙', '최소노력의 원칙' 등 다양한 이름으로 불리면서 우리 곁에 존재해왔는데, 이와 같은 20-80 법칙을 재고관리에 응용한 것이 'ABC 관리방식'이다.

대부분의 제조업체가 관리하는 자재는 수천 종에 달하며, 이렇게 방대한 종류의 자재는 효율적인 자재관리라는 기본목표 자체의 달성을 어렵게 한다. 효율적인 자재관리의 목표달성이 어려운 가장 중요한 이유 중의 하나가 인적자원 및 물적자원을 잘못 분배하기 때문이다. 예를 들면, 자원이 잘못 분배되면 재고관리 담당자가 단가 수백만 원짜리의 물품 재고를 관리하는 데 소모하는 시간과 노력을 단가 백 원짜리 자재에도 동일수준으로 투자하는 결과가 되는 것이다.

이와 같은 관리자원의 잘못된 분배를 방지하기 위하여 기업의 효율적인 자재관리 체계를 적절하게 통제할 수 있는 방법이 필요하다. 이러한 통제방법 중의 하나가 ABC 분류체계이다. 이 분류체계는 저장재고를 총재고가치로 분류하여 재고통제 자원을 이 기준에 의해 분배하는 방법으로서, 저장재고의 총재고가치가 높으면 높을수록 관리자원을 좀 더 집중적으로 분배하는 것이다. 이와 같은 방식을 ABC 관리방식(ABC control method)이라고 한다.

ABC 관리방식은 다수의 경미항목(trivial many)에 해당하는 품목보다는 소수의 중요(vital few)품목을 중점적으로 관리하는 방식으로, 중요도에 따른 차별적 관리가 이루어지는 것이 특징이다.

일반적인 ABC 분류기준은 다음과 같다.

- A그룹(고가품목) : 재고품목의 10~20%로 연간 사용금액의 70~80%를 차지하는 품목
- B그룹(중가품목) : 재고품목의 20~30%로 연간 사용금액의 15~20%를 차지하는 품목.

• C그룹(저가품목) : 나머지 재고품목으로, 연간 사용금액의 5~10%를 차지하는 품목.

A급 품목은 긴밀한 재고관리를 요하는 품목으로서, B급이나 C급 품목보다 자주 검토되고, 품목에 대한 상세한 재고기록이 유지되어야 한다. B급 품목은 A급 품목에 비해 중요도가 낮은 품목으로 재고수준을 계속적으로 검토할 필요는 없으며, 일부 품목은 긴밀한 관리가 요구될 수도 있다. C급 품목은 조직의 운영에 별로 중요하지 않은 품목이다. 이 품목에 대한 재고관리는 그다지 신경을 쓰지 않아도 되는 느슨한 관리로 충분할 수 있다.

일반적으로 총재고에 대한 총재고가치 비율과 재고품목수 점유율의 관계는 역의 관계를 갖는다. 즉, 가격으로 환산했을 때 비싼 재고품목은 전체 재고량 중 차지하는 비율(재고품목수)이 적다는 것이다. 이 결과가 의미하는 것은 상대적으로 낮은 비율의 관리자원이 저재고가치, 대량취급 품목에 분배되는 것을 의미하는 반면, 높은 비율의 관리자원이 고재고가치, 소량취급 품목에 할당된다. (그림 12)는 이상과 같은 ABC 분류체계의 일반적인 분류결과를 간략하게 도표화 한 것이다.

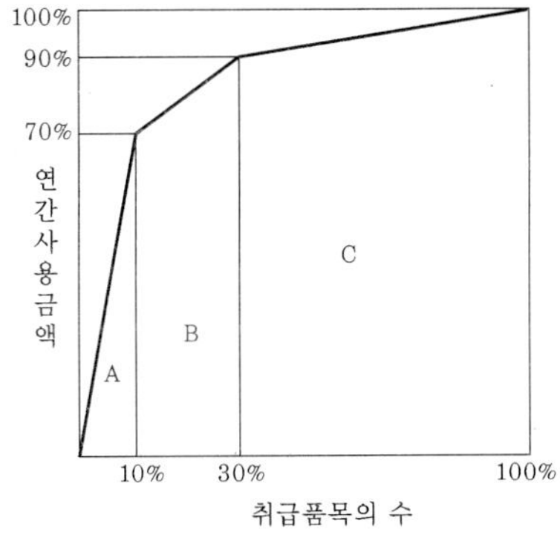


〈그림 12〉 ABC 관리방식

자재를 A, B, C급으로 분류하는 일련의 분석 절차를 살펴보면 다음과 같다.

① 품목별로 연간 사용금액을 산출한다. (사용금액 = 단가×사용량)
② 연간 사용금액이 큰 품목 순으로 나열한다.
③ 누계품목의 백분율과 누계사용금액의 백분율을 산출한다.
④ 누계품목의 백분율을 가로축으로 하고, 누계사용금액의 백분율을 세로축으로 하여 ABC 분석표에 기재된 데이터를 그래프에 옮겨 작성한다.
⑤ 분류기준에 따라 A, B, C 3등급으로 분류한다.

[표 4] ABC 분석표

| No. | 품목 번호 | 누계품목 백분율 | 단가(원) ① | 연간 사용량(개) ② | 연간 사용금액 금액 ①×② | 누계금액 | 누계금액 백분율 | 등급 |
|---|---|---|---|---|---|---|---|---|
| 1 | 22901 | 10.0% | 250 | 380 | 95,000 | 95,000 | 40.7% | A |
| 2 | 20123 | 20.0% | 120 | 625 | 75,000 | 170,000 | 72.8% | A |
| 3 | 55561 | 30.0% | 50 | 500 | 25,000 | 195,000 | 83.5% | B |
| 4 | 04731 | 40.0% | 50 | 300 | 15,000 | 210,000 | 90.0% | B |
| 5 | 04735 | 50.0% | 20 | 650 | 13,000 | 223,000 | 95.6% | B |
| 6 | 55662 | 60.0% | 50 | 150 | 7,500 | 230,500 | 98.7% | C |
| 7 | 28632 | 70.0% | 10 | 150 | 1,500 | 232,000 | 99.4% | C |
| 8 | 00123 | 80.0% | 4 | 200 | 800 | 232,800 | 99.7% | C |
| 9 | 00055 | 90.0% | 5 | 85 | 425 | 233,225 | 99.9% | C |
| 10 | 01901 | 100.0% | 5 | 45 | 225 | 233,450 | 100.0% | C |
| | | | | | 233,450 | | | |

ABC 관리방식을 재고와 연계하여 사용하는 또 하나의 용도에는 사이클 카운팅(cycle counting) 즉, 주기적인 재고조사활동을 들 수 있다. 이것은 재고로 보유하고 있는 품목의 재고수준을 조사하는 것을 의미하며, 일반적으로 1년에 1번 이상 이루어진다. 사이클 카운팅의 목적은 '재고기록에 나타난 양과 실제 보유재고량간의 차이를 줄이기 위한 것'이다. 부정확한 기록은 생산의 중단이나 고객서비스 부실, 불필요하게 높은 재고유지비용 등으로 이어질 수 있기 때문이다. 미국 생산 및 재고관리협회(APICS : American Production & Inventory Control Society)에서는 A급 품목에 대한 재고기록의 정확성은 ±0.2%, B급 품목은 ±1%, C급 품목은 ±5%를 제시하였다. 이 수준을 지키기 위해 조사되는 빈도도 그만큼 잦아지거나 뜸해질 수 있다.

## 4.2 기타 재고관리 기법

투 빈 시스템(two bin system)은 계속 실사법의 변형으로 단순하기 때문에 널리 이용되는 재고관리 시스템이다. 즉, 부품이 두 개의 상자에 담겨 있는데 처음 상자부터 부품이 바닥이 날 때까지 사용한다. 바닥이 나면 재주문점에 이른 것으로 판단하여 정량을 주문한다. 이후부터의 수요는 조달기간 동안에 기대되는 수요와 안전재고를 담고 있는 두 번째 상자로부터 충족된다. 주문량이 도착하면 첫 번째 상자에 조달기간 동안의 기대수요와 안전재고를 담고 나머지는 두 번째 상장에 담아 바닥이 날 때까지 사용한다. 이 방식은 일반적으로 저가품인 C급 품목에 적용되는데, 재고수준을 계속

실사할 필요가 없다는 장점이 있다.

경우에 따라 투 빈 시스템은 3개의 빈을 이용하는 형태로 변형되어 운용되기도 한다. 이때는 첫 번째 빈과 두 번째 빈을 사용할 때까지는 앞서 살펴본 두 개의 빈을 사용할 때까지와 동일한 의미를 부여한다. 하지만 세 번째 빈을 사용하게 되는 경우는 자재납입 또는 생산의 독촉이 필요한 시점이 되었음을 의미하게 된다.

이 외에도 일반 제조업체의 생산 공장에서 재고부담을 줄이기 위해 라인 옆에 놓여 있는 자재를 마치 가정에서의 수돗물이나 가스처럼 사용하고, 사용한 수량만큼의 비용을 지불하는 콕 시스템(cock system)도 있다.

최근에는 IT기술의 발달에 힘입어 RFID(radio frequency identification)를 적용하여 효율적인 물류관리, 재고관리 등과 함께 제품추적관리를 모색하려는 기업이 관심을 표명하고 있다. RFID란, 사물에 대한 정보를 전자태그에 담아 기존 정보기술(IT) 시스템과 무선으로 실시간으로 정보를 교환하고 처리할 수 있는 기술을 뜻한다. 이것은 제품의 가격 정보 등을 기록한 바코드(bar-code)와 비슷한 역할을 하지만 무선주파수로 정보를 식별할 수 있으므로 그 활용범위가 훨씬 넓다. 일반적으로 제조공정관리를 위한 수단뿐만 아니라 재고관리, 유통, 물류 등의 목적에 합치되는 용도로 주로 쓰이며, 또 농산물의 이력 추적 및 관리, 도서관리, 출입통제, 교통카드 등에도 사용된다. (그림 13)은 RFID의 적용 프로세스를 보여주고 있다.

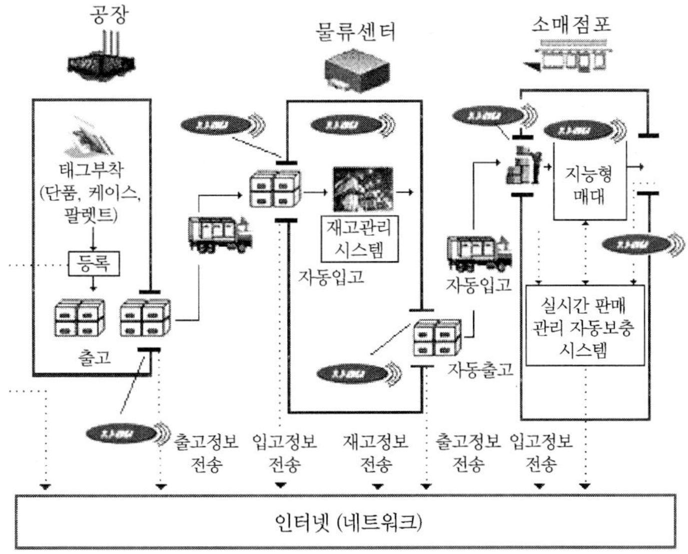


〈그림 13〉 RFID의 적용 프로세스

쉬어갑시다

**현대차 앨라바마 공장 재고 적정량 초과**

CBS 노컷뉴스, 2007년 7월 31일

현대자동차의 미국시장 판매 부진으로 앨라바마 공장의 재고가 늘어가고 있다. 미국의 자동차 전문지인 '오토모티브뉴스'가 최근 현대차 앨라바마 공장의 생산과 판매, 재고를 분석한 결과 지난달 말 현재 이 공장의 재고는 소나타 8만4360대, 산타페 6만1408대 등 모두 14만5768대인 것으로 나타났다. 앨라바마 공장의 한달 생산량은 가동율 100% 기준으로 2만5000대이다. 따라서 이 공장의 재고는 6개월치 생산량을 넘는 수준으로 누적 총 생산량 46만8061대의 31.1%가 재고로 남아있는 것이다. 자동차 업계에서는 석달치 생산량을 적정 재고로 보고 있어 앨라바마 공장은 적정 재고의 2배 이상을 안고 있는 셈이다.

이처럼 이 공장의 재고가 과도하게 많은 이유는 현지 판매가 원활하지 못하기 때문이다. '오토모티브 뉴스'에 따르면 2005년 3월 앨라바마 공장이 본격 생산에 들어간 이후 지난달까지 월별 판매량이 생산량을 앞지른 경우는 지난해 7월과 12월 등 두 차례에 불과했다. 지난해 7월은 생산량 1만5352대, 판매량 1만5767대, 지난해 12월은 생산량 1만3674대, 판매량 1만9211대였다. 그나마 이때는 휴가철이어서 공장 가동률이 매우 낮았기 때문에(7월 가동율 61.4%, 12월 가동율 54.7%) 판매량이 생산량을 앞지를 수 있었다. 올해 들어서는 지난 1월 2만1611대를 생산하고 1만645대를 팔아 1만966대가 재고로 남았으며 지난달에는 2만5796대를 생산하고 2만3889대를 판매해 1907대가 재고로 쌓였다.

현대차는 관계자는 이에 대해 "앨라마바 공장의 재고는 약 5만대이고 딜러들이 보유하고 있는 재고가 4만5천여 대로 총 9만4천여 대인 것으로 파악하고 있다"며 "오토모티브 뉴스가 밝힌 재고 14만여 대는 재고에 대한 기준점이 달라 잘못 집계된 것으로 보고 있다"고 말했다. 이 관계자는 또 "통상 자동차 업계에서는 석달치 생산량을 적정 재고로 보고 있지만 미국의 경우 지역이 넓어 4개월에서 4.5개월치 생산량을 적정 재고로 보기도 한다"며 "앨라바마 공장의 재고가 과도한 수준은 아니다"라고 밝혔다. 이와 관련해 한 증권사 애널리스트는 "북미공장의 생산모델인 소나타와 산타페의 경우 지금 재고가 지속적으로 누적되고 있기 때문에 전망을 보수적으로 봐야 한다"고 밝혔다.

## 요 약

- 재고란 제품 및 서비스를 생산 및 판매하기 위하여 일정한 장소에 저장해 둔 물품을 의미한다. 기업이 보유하고 있는 재고자산은 총자산의 15~40%를 점하고 유동자산의 25~75%를 차지하는 것으로 추정되고 있다. 일반 제조업의 경우 재고자산은 평균 15~20% 정도가 가장 보편적인 수준으로 알려져 있다.

- 재고수준에 영향을 주는 의사결정을 할 때 고려하는 재고관련 비용에는 주문비용, 준비비용, 재고관리유지비용, 재고부족비용 등이 있다.

- 종속수요 품목은 최종제품의 생산에 사용될 구성부품 혹은 하위조립품 등을 말하며, 수요는 생산될 최종제품의 수량에 의존하게 된다. 독립수요 품목은 시장수요를 보이고 있는 완제품 혹은 기타 최종품목이 해당되며 수요는 시장의 여건에 따라 독자적으로 발생하며, 불확실한 것이 특징이다.

- 정량발주 시스템(fixed order quantity system)은 경제적 주문량 시스템 혹은 Q시스템이라고도 하며, 정기발주 시스템(fixed time period system)은 정기주문시스템 혹은 P시스템이라고도 한다.

- 확실성 재고모델에는 경제적 주문량 모델(economic order quantity model)과 경제적 생산량 모델(economic production quantity model)이 있다. 경제적 주문량(EOQ) 모델은 연간 주문비용과 재고유지비용의 합을 최소로 하는 주문량을 결정하는 모델이다. 경제적 생산량(EPQ) 모델은 필요 물품을 자체 공장에서 생산하면서 동시에 소비하는 경우에 비용을 최소화하는 생산량을 결정하는 모델이다.

- 발주점(ROP)의 수준을 결정할 때는 수요율, 조달기간, 수요와 조달기간 변동의 정도, 그리고 감수할 수 있는 재고부족 위험도 등과 같은 요인을 고려한다. 또한 조달기간동안 재고부족의 위험을 감소시키기 위해서 확보하는 재고를 안전재고(S)라고 한다.

- 서비스 수준이란 조달기간 동안 수요가 공급을 초과하지 않을 가능성이다. 따라서 서비스 수준이 95%라는 것은 조달기간 동안 수요가 공급을 초과하지 않을 가능성이 95%임을 의미한다.

- ABC 관리방식은 다수의 경미항목(trivial many) 품목보다는 소수의 중요(vital few)품목을 중점관리 하는 방식으로, 중요도에 따른 차별적 관리가 이루어지는 것이 특징이다.

# 토의문제

1. 재고관리의 목적은 무엇인가 설명하라.

2. 재고를 보유하는 목적은 무엇인가 설명하라.

3. 재고관리비용은 재고유지비용, 주문비용, 그리고 재고부족비용으로 나누어 볼 수 있다. 이들 각 비용의 내역을 설명하라.

4. 종속수요품목과 독립수요품목의 차이점을 설명하라.

5. EPQ는 EOQ와 어떤 차이가 있는지 설명하라.

6. ABC관리기법이란 무엇이며, 재고에 대한 ABC 분류 기준에 대해 설명하라.

7. 서울상점은 장난감 '곰돌이'가 년간 10,000개 정도 팔릴 것으로 예상하고 있다. 곰돌이의 재고유지비용이 20원/년이고, 주문비용은 80원/회이다. 다음 물음에 답하여라.
   ① EOQ는?
   ② 주문횟수는?
   ③ 주문간격은? (1년은 365일 가동하는 것으로 한다.)

8. 경기주식회사는 매년 장난감 '호돌이' 생산을 위한 모자가 50,000개 필요하다. 이

회사는 호돌이 모자를 자체 생산하고 있는데 1일 500개씩 생산할 수 있다. 모자 생산을 위한 준비비용은 500원이며, 단위당 연간재고유지비용은 10원이다. 이 회사는 1년 250일 가동하고 있을 때 다음 물음에 답하여라.

① EPQ는 얼마인가?

② 생산주기와 생산기간은 얼마인가?

③ 연간총비용은 얼마인가?

9. 한국자동차정비에서 취급하고 있는 엔진부품의 연간수요는 5,000개, 주문비용은 10만원, 개당 구입원가는 25,000원, 그리고 연간 단위당 재고유지비용은 구입원가의 20%정도인 것으로 추정되고 있다. 부품의 조달기간은 5주이며, 이 기간 동안의 수요는 평균 500개이며, 표준편차가 40개인 정규분포를 따르고 있다고 한다. 적정 1회 주문량과 서비스수준이 90%, 95% 일 때의 재주문점을 각각 구하라.

제 14 장

# 종속수요품의 재고관리
## - MRP 시스템 -

## 01 종속수요품의 재고관리

### 1.1 종속수요품의 재고관리와 MRP

앞 장에서 살펴본 재고관리 시스템은 독립수요품에 관한 것이었다. 독립수요품의 수요는 시장조건에 의해서 결정되므로 추세변동, 계절변동, 순환변동 및 우연변동 등과 같은 시계열적 요소에 의해 항상 변동한다. 따라서 이와 같은 품목에 대한 수요는 예측에 의해 결정할 수밖에 없으며, 고객에 대한 특정 서비스 수준을 확보하기 위해서는 항상 안전재고를 유지해야만 한다. 일반적으로 소비자가 직접 구매·사용하는 자동차, 냉장고, TV 등과 같은 완제품과 수리용 부품(spare parts) 등이 해당된다.

철판이나 타이어, 모터 그리고 브라운관 등과 같은 원자재 및 중간조립품, 부품 등은 제조공정에서 사용되는 물품으로 종속적인 수요형태를 보이는 품목의 수요는 시장조건에 의해서 결정되지 않는다. 즉, 이들 품목의 수요는 이들을 이용하여 제조하는 상위단계의 품목(higher-level item 또는 parent item) 수요에 따라서 들쑥날쑥하며 간헐적이며 발생하는 것이다. 이와 같은 종속수요품의 수요는 산발적으로 발생하는 불연속 수요라는 특징이 있으나, 그 수요량과 시기는 상위품목의 생산계획이나 주일정계획으로부터 알 수 있다.

대부분의 제조업에서는 독립수요의 성격을 지니는 최종 품목의 생산이 로트 단위로 이루어지므로 이들 품목에 대한 수요는 꾸준히 발생한다. 그렇다고 하더라도 종속수요품목에 대한 수요는 어느 특정시점에서 일괄적으로 발생하는 것이다. 따라서 종속수요품목의 수요량과 시기를 결정하고 통제하기 위해서는 EOQ, ROP 등과 같은 기법이 아니라, 종속수요품목의 재고관리에 적합하게 개발된 MRP(material requirements planning) 즉, 자재소요량계획과 적시생산(JIT : Just-in-Time) 개념이 적용되어야 한다.

MRP 시스템은 1960년대에 IBM의 오리키(J. A. Orlicky)에 의해 개발되었으며, 그 후 제조자원계획이라고 하는 MRP Ⅱ(manufacturing resources planning)와 전사적 자원관리 (ERP : enterprise resources planning)로 발전하였으며, 최근에는 SCM(supply chain management)으로까지 확대되었다.

## 1.2 MRP 시스템의 기능

미국에서 가장 널리 사용되고 있는 종속수요 재고관리 시스템으로서 자재소요량계획(MRP)이 있다. MRP는 부품이나 원자재와 같은 종속수요품의 재고를 관리하기 위해 개발된 경영정보 시스템이다. 컴퓨터를 이용한 재고관리 시스템은 종속수요를 띄는 물품의 주문시점과 빈번히 발생하는 재고거래를 기록하기 위해 개발되었다. 그러나 오늘날에는 단순히 재고거래의 일람표를 작성하기 위한 컴퓨터 시스템이 아니라 생산일정계획과 생산능력계획을 위한 정보를 제공하는 등 그 쓰임새가 확장되고 있다.

재고관리 시스템으로서 MRP는 일정한 계획기간 동안에 필요한 재고량을 계획하기 위해 사용된다. MRP는 하루부터 몇 년 동안에 필요한 재고량을 계획할 수 있지만, 일반적으로 주(week) 단위로 재고에 관한 정보를 제공한다.

MRP 시스템의 중요한 목표 중의 하나는 상위 레벨의 제품생산을 위해 필요한 종속수요 품목을 적절하게 공급하는 것이다. 또한, 재고관리를 목적으로 생산일정계획과 생산능력계획에 관한 유용한 정보도 제공하는데, 이때 다른 컴퓨터 정보시스템과 마찬가지로 정보의 입력, 처리, 출력의 과정을 갖는다.

종속수요품의 재고관리를 위해 MRP 시스템을 적용했을 때의 잇점을 정리하면 다음과 같다.

① 종속수요품 각각에 대해서 수요예측을 별도로 할 필요가 없다.
② 공정품(work-in-process)을 포함한 종속수요품의 평균재고가 감소한다.
③ 부품 및 자재 부족현상을 최소화할 수 있다.
④ 작업의 원활화 및 생산소요시간의 단축이 가능하다.

⑤ 상황변화(수요·공급 또는 생산능력의 변화 등)에 따른 생산일정 및 자재계획의 변경이 용이하다.
⑥ 적절한 납기 이행이 가능하다.

또한 MRP 시스템의 주요기능으로는 다음과 같은 6가지를 생각할 수 있다.

① 필요한 물품을 언제, 얼마나 주문할 것인지를 알려준다.
② 주문 또는 생산지시를 하기 전에 경영자가 계획을 사전에 검토할 수 있다.
③ 언제 주문을 독촉하고 늦출 것인가를 알려준다.
④ 상황변화에 따라 주문의 변경을 가능하게 한다.
⑤ 상황의 완급도에 따라 우선순위를 조절하여 자재조달 및 생산을 적절히 진행시킨다.
⑥ 능력계획 수립에 도움을 준다.

이상의 6가지 기능 중에서 ①, ②는 재고관리와 관련된 기능이며, ③, ④, ⑤는 일정관리 내지 우선순위 결정과 관련된 기능, 그리고 ⑥은 생산능력과 관련된 기능이다. 따라서 MRP 시스템은 재고관리 기능, 우선순위계획 기능, 능력계획 기능과 같은 세 가지의 기능을 수행한다.

# 02 MRP 시스템의 구조와 전개

## 2.1 MRP 시스템의 입력

MRP 시스템을 위한 수집된 정보는 프로그램에 입력될 수 있는 자료로 바뀌어져야 한다. 대부분의 기업은 상용화된 MRP 시스템을 사용하거나, 특수한 목적에 적합한 시스템을 개발하여 사용하고 있다. 어떤 MRP 시스템을 사용하든지 모든 MRP 시스템에는 반드시 다음과 같은 세 가지의 입력 데이터가 있어야 한다.

### (1) 주일정계획(MPS : master production schedule)

주일정계획은 제품별, 계획기간별, 생산량에 대한 최종품목의 생산계획이다. MRP 시스템은 최종 품목의 주일정계획을 기초로 각 구성부품의 기간별 소요량을 계산하고 생산 및 구매주문계획을 수립하기 때문에, 주일정계획은 MRP 시스템의 가장 중요한 입력 자료이며, MRP 시스템을 작용하게 하는 원동력이기도 하다. 대부분의 MRP 시스템에서 계획대상기간(planning horizon)은 다수의 단위기간(time bucket)으로 구성되는데, 대부분 이 단위기간은 주(week)로 이루어져 있다.

주일정계획은 수요예측과 확정된 고객의 주문 그리고 총괄생산계획을 입력으로 하여 작성된다. 최초의 주일정계획은 기업의 생산능력과 상관없이 오직 최종제품이 언제, 얼마만큼 소요되는가를 기준으로 수립된다. 그러므로 최초의 주일정계획은 실현가능성이 불확실한 잠정적인 계획이라고 할 수 있다. 이 계획을 실현가능성이 있는 것으로 바꾸기 위해서는 능력소요계획을 통해 생산능력을 확장하거나 또는 주일정계획의 수정을 필요로 하게 된다. 즉 주일정계획은 능력계획을 통해 그 실현가능성이 확인됨으로써 비로소 확정되는 것이다.

[표 1] 주일정계획

| | 1 | 2 | 3 | 4 | 5 | 6 | 7 | 8 | 9 | 10 |
|---|---|---|---|---|---|---|---|---|---|---|
| 제품 $X$ | | | | | | 200 | | | | 300 |

| | 1 | 2 | 3 | 4 | 5 | 6 | 7 | 8 | 9 | 10 |
|---|---|---|---|---|---|---|---|---|---|---|
| 누적 리드타임 | | | | | | | | 최종조립 | | |
| | | | | | | 하위조립 | | | | |
| | | | 제조 | | | | | | | |
| | 조달 | | | | | | | | | |

## (2) 자재명세서(BOM : bill of materials)

일단 주일정계획이 작성되고 나면 MRP 시스템은 주일정계획에 표시된 최종 품목의 한 단위를 생산하는데 필요한 각종 원자재 및 부품들을 결정하기 위하여 자재명세서를 이용하게 된다. 자재명세서는 제품구성파일(product structure file), 제품구조나무(product structure tree), 또는 Gozinto 차트라고도 하는데, 최종 품목이 어떻게 구성되는지를 보여주는 것으로서 부품과 부분품과의 상호관계를 나타내는 자료이다. 다시 말해서 이것은 최종품목을 구성하는 원자재·부품·중간조립품 등의 목록이며, 이들의 조립순서를 나타내주는 가장 핵심적인 기본 자료이다.

자재명세서상의 구성품들의 나열은 조립순서에 따라 단계(level)적으로 표시된다. 그러므로 자재명세서를 전개한다는 것은 모든 단계를 차례로 내려가면서 각 구성품목의 필요한 소요량과 조달기간을 결정하는 것을 의미한다.

한 제품이 완성되는 과정인 생산의 계층적인 단계를 보여주는 자재명세서의 정보를 근거로 하여 제품구조도(product structure chart)가 만들어진다. 따라서 제품구조도는 생산의 각 단계에서 사용되는 종속수요 재고품목을 도표 또는 그림으로 표현한 것이 되는데, (그림 1)은 1 단위의 완제품과 8개의 서로 다른 부품(A에서 H까지)을 생산 단계별로 보여 준 제품구조도 즉, BOM이다.

완제품(X)은 A, B, C 세 가지 부품을 조립함으로써 완성된다는 것을 알 수 있다. 부품 A 옆의 (2)는 '원단위'라고 부르는데, 2단위의 A가 상위품목인 완제품 X 1단위를 생산하기 위하여 필요하다는 것을 의미한다. 그리고 단계 1에서 하나의 A를 생산하기 위해서는 3단위의 E가 필요하다는 것을 의미하므로 1개의 완제품 X 생산을 위해 필요한 E는 6단위(2×3)임을 알 수 있다.

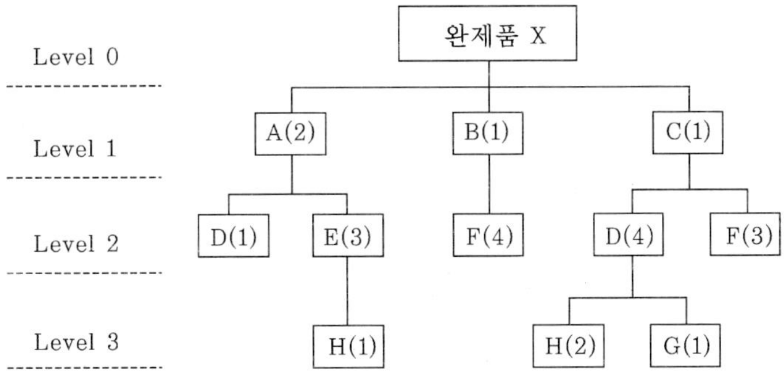


〈그림 1〉 자재명세서(BOM) – 제품구조나무

### (3) 재고기록철(IRF : inventory record file)

재고기록철은 계획기간의 기초재고와 계획기간중의 예정된 입고량을 포함하여 재고와 관련된 모든 정보를 가지고 있다. 재고품목번호와 명세서 같은 정보도 저장되며, 공급 회사명과 주소, 소요기간, 주문량과 같은 보조적인 정보도 아울러 저장된다. 일반적으로 이러한 정보는 컴퓨터와 데이터베이스에 저장되어 있다. (그림 1)에서 살펴본 제품구조에서 단계(level) 1에 해당하는 3개의 부분품 A, B, C에 대한 재고상황을 예로 들면 다음과 같다.

[표 2] 완제품 X의 부분품 재고현황

| 부분품번호 | 품명 | 단위 | 현재고 | 주문량 | 저장위치 |
|---|---|---|---|---|---|
| 1010 | A | 개 | 20 | 5 | 가-A-1-a |
| 1020 | B | 개 | 15 | 10 | 가-A-1-b |
| 1030 | C | 개 | 30 | 20 | 가-A-1-c |

## 2.2 MRP 시스템의 출력

MRP 시스템에 입력된 주일정계획, 자재명세서 그리고 재고기록철과 같은 세 가지의 주요 자료를 통해 종속적 수요를 보이고 있는 물품의 자재관리에 필요한 다음과 같은 출력을 얻을 수 있다.

### (1) 주문품목현황

주일정계획에 맞춰 생산하기 위해 필요한 자재, 부품을 적기에 확보하기 위해 조달기간을 고려한 주문시점, 주문량, 공급자 등이 포함된 주문품목 리스트를 출력시킨다.

### (2) 조정된 주일정계획

주문수량, 납기, 주일정계획의 변경 등에 따른 생산수량과 생산능력계획의 조정에 따른 생산일정계획의 변경사항이 포함된 주일정계획을 출력시킨다.

### (3) 독촉, 취소, 추가주문 품목 현황

주문된 부품이 납기를 지키지 않아 독촉해야 하는 품목과 주일정계획의 변경에 의해 이미 주문했던 품목 중 주문을 취소해야 품목 또는 추가 주문해야 하는 품목이 있을 때 그 현황을 출력시킨다.

### (4) 재고현황

현재 보유하고 있는 재고, 기주문된 수량 등이 포함된 재고현황을 출력시킨다.

이러한 입력을 기초로 출력을 만들어내는 MRP 시스템의 구조는 (그림 2)와 같다.

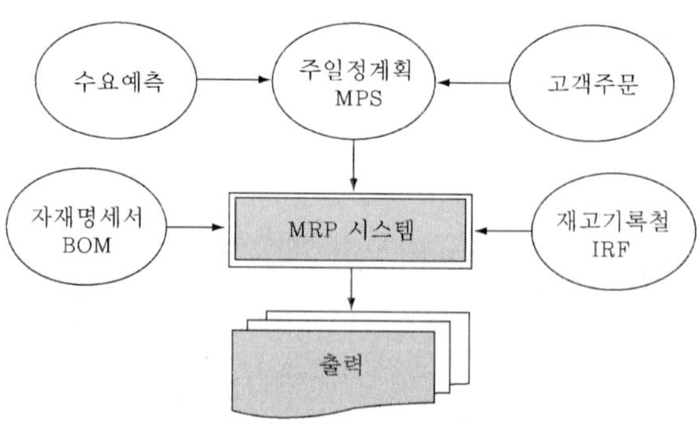


〈그림 2〉 MRP 시스템의 구조

## 2.3 MRP 시스템의 처리 로직

MRP는 기간대별로 구분된 주일정계획에 제시된 최종제품의 수량에 결합되는 부품의 원단위 수를 곱하여 부품의 필요한 양(gross requirements)을 계산할 수 있다는 데서 착안되었다. 즉, 자동차를 조립하는데 1주가 소요되며 4개의 타이어가 필요할 경우, 3주차에 10대의 자동차를 판매할 예정이라면 자동차의 조립생산이 시작되는 2주차(3주차 - 조립소요기간 1주)에 40개의 타이어가 필요하다는 것이다.

이와 같이 MRP 시스템의 내부 처리과정은 비교적 단순하다. 이 시스템은 완제품 소요량을 부품에 대한 시간별 소요량계획으로 구체화시켜 가는 과정을 따른다.

MRP의 절차는 소요기간에 기초하며, 상품이 완성되는 시점은 완제품 필요시기에 시작하여 주문과 조립의 모든 활동들을 완수하는데 필요한 소요기간을 역(backward)으로 산출하는 MRP 프로그램에 의해 결정된다.

MRP 시스템에 의해 제공되는 생산관리 계획 정보를 이해하기 위해서는 다음과 같은 용어에 익숙하여야 한다.

- 총소요량(gross requirements) : 시간단위당 재고품목에 대한 총수요를 나타낸다. 완제품에 대한 총소요량은 주일정계획으로부터 얻어지며, 모든 종속수요재고에 대한 총소요량은 상위품목의 계획된 발주량에 의해 결정된다.
- 예정된 입고량(scheduled receipts) : 이미 주문을 해서 조만간 공급업체로부터 도착될 공급량이다.
- 보유재고량(available inventory) : 총소요량을 만족하기 위해 사용 가능한 보유재고량이다. 이 양은 전기로부터의 이월재고와 예정된 입고량에서 총소요량을 빼서 산출한다.

보유재고량 = (이월재고 + 예정된 입고량) - 총소요량

- 순소요량(net requirements) : 시간단위당 획득되어야 하는 총재고량을 나타낸다. 이는 총소요량과 보유재고의 차이를 말한다.
- 계획된 수취량(planned order receipts) : 생산이 계획된 시점에서의 순소요량을 충족하기 위해 필요한 재고량으로서 재고주문정책에 의해 결정된다. 여기서 재고주문정책이란 주문량을 순소요량과 일치시키는 방식인 '로트별 주문방식(lot-for-lot ordering 방식)'을 적용하느냐 또는 경제적 주문량(EOQ)으로 하는 '로트 크기 주문방식(lot-size ordering 방식)'을 적용할 것인가에 관한 결정을 의미한다. 참고로

로트 크기 주문방식을 적용하는 경우 주문량은 순소요량을 초과할 수 있으며, 초과된 양은 다음 기간의 보유재고에 가산된다.

• 주문량(planned order release) : 소요기간을 고려한 주문시점에서 발주되는 계획량으로 계획된 수취량과 같다. 따라서 계획된 수취량을 각각의 재고품목의 소요기간에 따라 역순으로 산출함으로써 얻을 수 있다.

(그림 3)은 MRP에서 쓰이는 용어가 적용된 MRP시스템의 기본 양식을 보여주고 있다.

| 제품의 주일정계획 | 주(week) | 1 | 2 | 3 |  | n-1 | n |
|---|---|---|---|---|---|---|---|
|  | 수량 |  |  |  | … |  |  |

| 재고품목<br>• 품명<br>• 상위 품목당 개수<br>• 리드타임 | 총 소요량 |  |  |  | … |  |  |
|---|---|---|---|---|---|---|---|
|  | 예정된 입고량 |  |  |  |  |  |  |
|  | 보유 재고량 |  |  |  |  |  |  |
|  | 순 소요량 |  |  |  |  |  |  |
|  | 계획된 수취량 |  |  |  |  |  |  |
|  | 주문량 |  |  |  |  |  |  |

〈그림 3〉 MRP 시스템 기본 차트

MRP의 로직은 단순한 것이다. 앞서 살펴본 양식에 따라 총소요량, 예정된 입고량, 보유재고량, 순소요량, 계획된 수취량, 주문량을 차례로 결정해 나가는 과정을 거친다.

최종 품목에 소요되는 자재 또는 부품을 생산하거나 구매하는데는 어느 정도의 시간, 즉 리드타임을 필요로 한다. 원하는 것을 원하는 시기에 확보하려면 소요시점에서 리드타임을 차감한 시점에서 미리 주문하거나 또는 생산지시가 이루어져야 한다. 이렇게 하는 것을 시간차감(time phasing)이라고 한다. (그림 4)는 이러한 시간차감의 원리를 보여주고 있다. 최종 제품이 예정된 11주말에 완성되려면 3주의 시간을 필요로 하는 최종 조립작업은 9주초에 시작되어야 하며, 중간조립품인 A는 6주초에 작업이 시작되어야 전체적인 흐름에 영향을 끼치지 않게 된다. 그러기 위해서는 부품 C의 생산과 부품 D의 구매는 4주초에 개시되어야 하고, 원료 E와 F는 2주초에 주문되어야 한다. 물론 중간조립품인 B, 부품 G와 H, 원료 I의 경우도 마찬가지로 시간차감에 의해 결정되는 것은 동일하다.

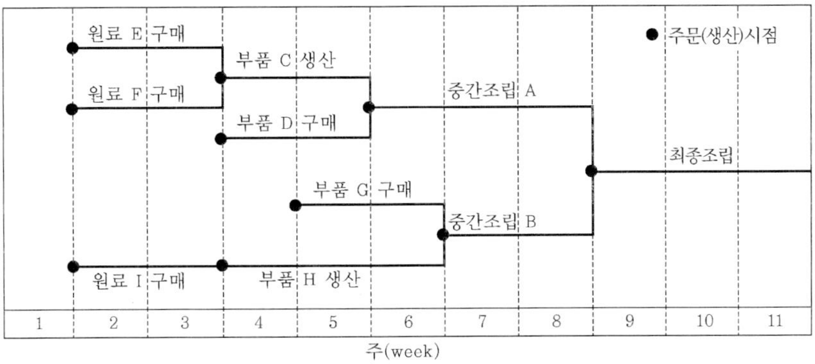


〈그림 4〉 시간차감에 의한 주문(생산)점의 결정 원리

다음의 예를 통해서 MRP 시스템의 계산과정을 살펴보기로 하자. 자동차부품을 생산하고 있는 S사는 고객으로부터 제품 X에 대한 2건의 주문을 받았다. 첫 번째 주문은 제4주초에 100개를 납품하는 것이며, 두 번째 주문은 제8주초에 150개의 제품을 납품해 달라는 것이었다. 제품 X는 2개의 부품 A와 4개의 부품 B로 구성된다. 이 부품들의 리드타임은 각각 2주와 1주가 소요되며, 두 가지 부품의 조립에 의해 완성되는 제품 X의 생산에는 1주의 시간이 소요된다. 현재 부품 B는 제1주차에 70개의 부품이 입고될 예정이다.

이상의 내용을 로트별 주문방식(lot-for-lot 방식)을 적용하여 MRP에 의한 계획으로 연결시켜보기로 하자. 먼저 제품 X에 대한 주일정계획(MPS)과 자재명세서(BOM)을 작성해 보면 (그림 5) 및 (그림 6)과 같다. 특히 (그림 6)의 자재명세서 상 괄호안의 숫자는 상위 품목 당 소요개수인 원단위를 의미한다.

| 제품 X의 주일정계획 | 주(week) | 1 | 2 | 3 | 4 | 5 | 6 | 7 | 8 |
|---|---|---|---|---|---|---|---|---|---|
| | 수량 | | | | 100 | | | | 150 |

〈그림 5〉 제품 X의 주일정계획(MPS)

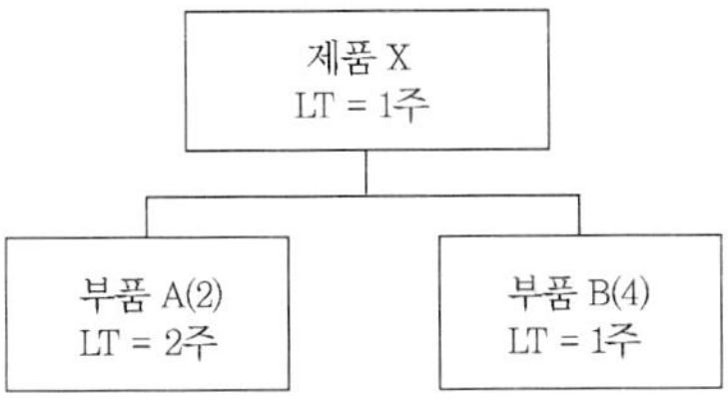


〈그림 6〉 제품 X의 자재명세서(BOM)

| 완제품 X의 주일정계획 | 주(week) | 1 | 2 | 3 | 4 | 5 | 6 | 7 | 8 |
|---|---|---|---|---|---|---|---|---|---|
| | 수량 | | | | 100 | | | | 150 |
| 재고품목<br>•품명 : X<br>•상위 품목당 개수 : -<br>•리드타임 : 1주 | 총 소 요 량 | | | | 100 | | | | 150 |
| | 예정된 입고량 | | | | | | | | |
| | 보유 재고량 | | | | | | | | |
| | 순 소요량 | | | | 100 | | | | 150 |
| | 계획된 수취량 | | | | 100 | | | | 150 |
| | 주문량 | | | 100 | | | | 150 | |
| 재고품목<br>•품명 : A<br>•상위 품목당 개수 : 2개<br>•리드타임 : 2주 | 총 소 요 량 | | | 200 | | | | 300 | |
| | 예정된 입고량 | | | | | | | | |
| | 보유 재고량 | | | | | | | | |
| | 순 소요량 | | | 200 | | | | 300 | |
| | 계획된 수취량 | | | 200 | | | | 300 | |
| | 주문량 | 200 | | | | 300 | | | |
| 재고품목<br>•품명 : B<br>•상위 품목당 개수 : 4개<br>•리드타임 : 1주 | 총 소 요 량 | | | 400 | | | | 600 | |
| | 예정된 입고량 | 70 | | | | | | | |
| | 보유 재고량 | | 70 | - | | | | | |
| | 순 소요량 | | | 330 | | | | 600 | |
| | 계획된 수취량 | | | 330 | | | | 600 | |
| | 주문량 | | 330 | | | | 600 | | |

〈그림 7〉 제품 X에 대한 MRP 계획

이와 같은 데이터를 이용하여 제품 X에 대한 MRP 계획을 수립한 결과는 (그림 7)과 같다. 제4주초에 제품 X를 100개 납품해야 한다는 것은 곧 제품 X의 총소요량이 100개이자, 순소요량이 100개가 된다는 것을 의미한다. 제품 X를 생산하기 위해 소요되는 시간(리드타임)이 1주이므로 제4주차에 필요한 양을 확보하기 위해서는 1주 앞선 제3주차에 작업이 시작되어야 한다. 또한 제품 X를 생산하기 위해서 필요한 품목 A는 상위 품목당 개수(즉, 원단위)가 2이므로 총소요량이 200개(100개×2)가 되는데, 이것은 곧 품목 A의 순소요량이 된다. 이것을 확보하기 위한 리드타임이 2주이므로 필요한 시기보다 2주 앞선 제1주차에 주문해야 함을 알 수 있다. 품목 B에 대해서도 동일한 방법을 적용하면 총소요량이 400개가 되는데, 제1주차에 70개의 물품이 입고될 예정이기 때문에 이를 활용하면 제3주차 순소요량은 330개로 줄어든다. 리드타임 1주를 감안하면 품목 B가 필요한 시점인 제3주차 보다 1주 앞선 제2주차에 주문하면 된다.

# 03 MRP 시스템의 적용

## 3.1 MRP 시스템 운영상의 문제

### (1) MRP 계획의 갱신

자재를 발주하는데 있어서 밖에서는 제품의 수요와 자재의 리드타임, 내부적으로는 생산능력 및 생산일정의 변화로 인해 주일정계획과 MRP 계획을 갱신(updating)할 필요가 종종 발생한다. 계획의 갱신방법으로는 정기적으로 접근하는 재계획법(regenerative system)과 수시로 변경사항만을 수정하는 순변경법(net change system)이 있다.

먼저 재계획법은 일괄갱신법이라고도 하는데, 일정기간 중 생긴 모든 변경사항(예: 신규주문, 입고 등)을 배치(batch)방식으로 처리하여 MRP 계획을 갱신하는 방법이다. 이 방법은 1주일 정도의 시간간격을 두고 갱신되므로 그 만큼 자재계획에의 반영이 더디며 전반적인 계획수정이 번거롭기는 하지만, 비용이 저렴하다는 잇점이 있다.

순변경법은 계획변경사항이 생길 때마다 변경이 필요한 품목에 한하여 부분적으로 수정하는 방법이다. 변경사항을 수시로 처리하기 위하여 컴퓨터를 온 라인(on-line) 상태로 운영하므로 처리비용이 재계획법보다 많이 소요되기는 하지만, 변경된 사항을 즉시 MRP 계획에 반영시켜 관리할 수 있다는 장점이 있다.

일반적으로 순변경법은 빈번하게 변경사항이 발생하는 시스템에 적합한 반면, 재계획법은 아주 안정된 시스템에 적합하다.

### (2) 주문(생산) 로트의 크기 결정

기간별 순소요량을 그대로 주문(생산)로트로 할 경우에는 매회 주문하게 된다. 이러한 주문방식은 비경제적이므로 재고주문정책에 따라 주문량을 결정하는데 이를 로트의 크기결정(lot sizing)이라고 한다. 주문방식은 주문량을 순소요량과 일치시키는 방식인 '로트별 주문방식(lot-for-lot ordering 방식)'과 정량인 경제적 주문(생산)량(EOQ 또는 EPQ)으로 하는 '로트 크기 주문방식(lot-size ordering 방식)'이 있다.

어느 방식을 선택하느냐는 주문정책 내지 방침에 의해 결정된다. 정량발주방식이 유리한 경우나 물품의 수요율이 일정한 경우에는 경제적 주문량(EOQ)를 고려할 수 있는데, 고정비 성격의 구매비용을 최소로 줄여서 로트크기를 최소화하는 것이 바람직하다.

이 경우 로트 단위의 구매(또는 생산)가 전제되는 것으로 그때그때 소요량을 주문하는 로트별 주문방식과는 대립된다. 주문량을 소요량으로 하는 로트별 주문방식은 재고에 대한 투자는 적지만 발주횟수가 많고 안전재고가 없는 것이 가장 큰 결점이다. 따라서 이 방식은 주문비용(또는 생산준비비용)이 저렴한 품목에 적용하는 것이 바람직하다.

### (3) 안전재고

종속수요품의 재고관리에서는 이론상으로는 안전재고가 필요하지 않다. 그러나 현실적으로 볼 때 수요율의 변동, 노사분규, 원자재의 품귀현상 등으로 인해 생산 및 공급상의 차질이 있을 경우에 대비한 최소한의 안전재고의 확보 필요성이 제기되는 것이다.

이런 경우 특히 조달기간이 변동적이면 안전재고 보다는 안전조달기간(safety lead time)이 고려될 수 있다. 즉, 조달기간을 늘려서 주문시기를 좀 더 앞당김으로써 필요한 시점 이전에 충분히 일찍 도착하게 하거나 또는 주문이 미리 완성되도록 일정계획을 세우는 것이다. 불확실한 변동에 대비한 또 하나의 방법은 여분의 생산능력으로 안전능력(safety capacity)을 확보하는 것을 생각해 볼 수 있다. 하지만 재고나 유휴능력이 너무 커지면 MRP 시스템의 장점이 그만큼 반감된다는 것도 인식해야 한다.

## 3.2 발주점 방식과 MRP 방식의 차이점

발주점 방식은 보충(replenishment) 개념에 입각한 독립수요품의 재고관리 방식인데 반하여, MRP 방식은 소요(requirement) 개념에 입각한 종속수요품의 재고관리 방식이다. 재고관리시스템으로 발주점 방식을 적용할 것인가, 아니면 MRP 방식을 적용할 것인가의 여부는 관리 대상이 되는 제품 또는 자재의 수요 성격에 의해서 결정된다. 즉, 다른 물품의 수요와 상관없이 소비되는 독립수요품의 성격을 지닌 물품에는 발주점 방식이 적합하다. 그러나 원자재나 구성부품 등과 같이 상위품목과 종속적인 수요관계를 형성하고 있는 물품은 MRP 방식이 적합하다.

그러므로 발주점 방식은 도·소매업 내지 연속생산공정을 통해 제공되는 제품의 재고관리에 적용되는 것이 바람직하며, MRP 방식은 여러 가지 부분품 및 구성자재를 조립, 가공하는 조립산업이나 주문생산 공장의 원자재 및 공정품의 재고관리에 적합하다. 한편으로는 종속수요품이더라도 사용빈도가 매우 높은 품목이나 볼트, 너트, 와셔 등과 같은 저가품목은 발주점 방식을 적용하는 것이 더 바람직할 수도 있다.

MRP 방식은 발주점 방식에 비해서 다음과 같은 점에서 우위를 나타낸다고 볼 수 있다.

① 대 고객 서비스 및 만족도의 향상
② 시설 및 노동력의 효율화
③ 보다 좋은 재고계획 및 일정계획
④ 시장변화에의 빠른 대응
⑤ 대 고객 서비스에 영향을 미치지 않는 재고수준의 감소

[표 3] 발주점 방식과 MRP 방식의 비교

| 특징 \ 방식 | 발주점 방식 | MRP 방식 |
|---|---|---|
| 개요 | 보충개념에 입각한 독립수요품의 재고관리방식 | 소요개념에 입각한 종속수요품의 재고관리방식 |
| 발주개념 | 보충(replenishment)개념 | 소요(requirement)개념 |
| 대상물품 | 완제품, 예비부품 | 원자재, 부분품, 재공품 |
| 물품의 수요 | 독립수요 | 종속수요 |
| 수요패턴 | 연속적, 우연적 | 비연속적, 일괄적 |
| 예측자료 | 과거의 수요실적 | 주일정계획(MPS) |
| 발주량 크기 | 정량(EOQ, EPQ) | 소요량(비정량) |
| 통제개념 | 차별관리(ABC 관리) | 구분없이 전 품목 관리 |

## 3.3 MRP 시스템의 적용분야 및 효과

MRP 시스템은 기계, 금속가공, 전자, 전기, 운송설비 등과 같은 다양한 분야에서 적용되고 있으며, 그 성과 또한 긍정적인 것으로 평가되고 있다. 특히 많은 자재와 부품으로 구성되는 발전기, 선박, 산업용 기계 등의 주문생산공장이나 단속생산 환경의 여러 산업분야에서 각광을 받고 있다. MRP 시스템의 산업별 적용과 기대이익을 정리하면 (표 4)와 같다.

서비스 조직에서도 제조업과 비슷한 상황이라고 볼 수 있는 의료, 교육, 식음료 부

문에서는 MRP 시스템을 적용할 수 있는데, 문제는 서비스의 조달시간과 자재명세가 명확하지 못하다는 점이다. 이러한 서비스의 불확실성을 완화하는 방법으로는 서비스를 공통부분과 선택부분으로 나누는 것이다. 공통서비스란 최종적으로 제공되는 서비스 상품에 항상 나타나는 부분을 말하며, 이 요소들을 대상으로 한 자재소요계획의 전개가 가능한 것이다. 그러나 선택적 서비스는 고객의 독특한 요구사항에 따라 달라질 수 있으므로 상황에 따라 예측되어야 한다.

20세기 말 미국 기업을 대상으로 설문 조사한 결과 MRP 시스템을 적용하고 있는 기업의 재고회전율은 과거 4.6회에서 5.5회로 상승되었으며, 납기는 17.5주에서 13.5주로 감소되었다는 보고가 있다.

[표 4] MRP 시스템의 산업별 적용과 기대이익

| 산업의 유형 | 생산 제품의 예 | 기대 이익 |
|---|---|---|
| 예측조립생산 | 시계, 공구 | 높음 |
| 주문조립생산 | 트럭, 발전기, 모터 | 높음 |
| 주문생산 | 터빈 발전기, 중기공구 | 높음 |
| 장치산업 | 고무, 플라스틱, 특수제지, 화공약품 | 중간 |

MRP 시스템이 지니고 있는 장점을 살펴보면 다음과 같다.

① 상위 제품의 주일정계획에서 필요부품의 소요량을 정확하게 예측한다.
② 생산능력계획과 자금소요계획에 필요한 정보를 제공한다.
③ 상위 품목의 생산계획이 변경되면 부품의 수요량과 재고보충시기를 자동적으로 갱신하여 효과적으로 대응한다.
④ 불필요한 재고 유지를 억제한다.

쉬어갑시다

**"협력사가 살아야 삼성전자 산다"**

머니투데이, 2007년 6월 13일

대기업과 중소기업(협력업체)은 주종관계라는 편견을 갖고 있는 경우가 많다. 삼성전자에 대해서도 그런 오해가 적지 않다. 삼성전자와 거래하는 중소기업들은 손해를 감수해야 하고, 자칫 삼성전자 때문에 회사 문을 닫는 경우가 비일비재하다는 근거없는 비난이 많았다. 그러나 실상은 다르다. 글로벌기업으로 성장한 삼성전자는 협력사와 상생협력 관계를 만들기 위해 여러가지 노력을 벌이고 있다. 협력사의 경쟁력은 곧 삼성전자의 경쟁력이란 사실을 체득하고 있기 때문이다. 수천억원을 협력사에 투자하고, 공동으로 기술을 개발한다. 개발된 신기술은 협력사와 공유한다. 삼성전자는 일본과 중국 사이에 끼인 샌드위치 상황을 극복하는 비법을 상생 협력 모델에서 찾고 있다. 기술력은 일본에 뒤지지 않고, 동시에 원가경쟁력은 중국에 뒤지지 않는 생산체제를 만들기 위해 상생모델에 의존할 수밖에 없다는 것이다.

**■ 협력사 경쟁력 키운다**

경기도 수원의 이랜텍은 배터리팩을 제조해 삼성전자 등에 납품하는 중견기업이다. 이랜텍은 삼성전자 덕에 서너 단계 경쟁력을 업그레이드시킨 대표적인 기업이다. 이랜텍은 2004년 삼성전자의 ERP추진 시범 협력사로 선정됐다. 주먹구구식으로 운영하던 재고관리, 자재 수급 등이 전산화돼 기업 경쟁력을 높이게 됐다. 이랜텍은 90년대 말 ERP시스템을 처음 도입했다. 그러나 여러 차례 시행착오로 어려움을 겪고 있었다. 삼성전자는 태스크 포스팀을 파견해 ERP시스템을 전면 재조정했다. 처음에는 ERP 시스템의 도입이 왜 필요한지도 의문이었다. 지금까지 잘 해오고 있는데 불필요한 정보화 시스템을 도입한다고 반발도 많았다. 일단계로 자재소요계획 산출 프로그램(MRP)을 적용했다. MRP는 삼성전자와 이랜텍의 재고상황을 실시간으로 공유하는 시스템이다. 종전까지 생산 의뢰는 긴급발주가 주를 이뤘다. 삼성전자에 배터리 재고가 부족해지면 생산량을 늘리고, 재고가 남으면 생산량을 줄이는 식이었다. 그러나 MRP시스템 덕에 자동발주가 이뤄지기 시작했다. 여유있게 생산하는 만큼 제품의 품질이 높아진 것은 당연하다. 생산설비의 가동이 예측가능해졌다. 이랜텍이 생산하는 배터리팩 중 가전사업부용 제품은 20%, 무선사업부용 제품은 10%가량이 자동발주로 이뤄진다. 점차 이 비중은 늘어나는 추세다. 이어 품목별 원가 산출도 제품군, 모델별 원가정보로 전환했다. 또 2005년에는 원가, 재고, 생산 등 각 경영 정보 자료를 경영진이 한눈에 확인할 수 있는 EIS시스템도 도입했다.

**■ 협력사 지원에 4000억원 투자**

이랜텍의 사례와 같이 삼성전자는 협력사와의 정보 네트워크 구성에 막대한 자금을 투자하고 있다. 삼성전자는 2004년부터 3년간 협력사에 4033억원을 투자했다. 일부는 무상으로 지원했고, 일부는 무이자 대출을 알선했다. 또 현금결제 등 무형의 지원도 확대하고 있다. 가장 많은 투자를 한 부분은 ERP시스템과 컨설팅이다. 지난해 투자한 금액 중 1224억 원이 ERP시스템과 제조혁신에 쓰였다. 삼성전자는 2004년부터 200여개의 협력사에 ERP시스템을 도입했다. 협력사 200여곳과 하나의 정보네트워크를 만든 것이다. 삼성전자는 협력사들의 현황을 파악할 수 있고, 협력사들은 삼성전자의 현황을 파악해 적기에 대응할 수 있다.

삼성전자는 안정적으로 제품을 공급받고, 협력사들은 거래를 돈독히 하는 이점을 얻게 됐다. 정보네트워크는 그 자체로 큰 힘이 된다. 자동발주가 늘어나고 재고가 줄어드는 가시적인 성과가 나타나고 있다. 결산마감이 빨라지는 것은 부수적인 효과다. 삼성전자는 전체적으로 30%가량 재고일수를 줄였고, 결산 마감시간은 50% 이상 단축했다. 삼성전자 관계자는 "ERP시스템으로 구축된 거래 관계는 쉽게 깨질 수 없다"며 "재고일수가 줄어든 만큼 완제품의 경쟁력은 높아지고 꾸준한 거래가 이어질 수 있다"고 설명했다.

# 04 MRP Ⅱ, ERP 그리고 DRP

## 4.1 MRP Ⅱ

대부분의 경영정보 시스템과 같이 재고관리를 위한 MRP 시스템도 생산계획 혹은 구매와 같은 다른 생산관리기능을 지원하기 위해 사용될 수 있다. 이는 생산관리 부서의 영역을 넘어서 회계, 마케팅, 재무, 엔지니어링 부서 등과 함께 정보를 공유하는 것을 포함하기도 한다. 기업 안에 있는 모든 부서 혹은 일부를 통합한다는 것은 컴퓨터에 기초한 MRP 시스템의 속성을 이용하여 완전한 경영정보 시스템을 갖춘 기업으로의 변화를 의미한다. 재고관리 담당자는 이런 유형의 다부서 정보공유 통합시스템을 제조자원계획 시스템(manufacturing resources planning system) 혹은 MRP Ⅱ라고 부르며, 자재소요계획인 MRP와 구분한다.

MRP Ⅱ의 목적은 조직전체를 통하여 신속하게 정보를 통합하고 공유하는 데 있다. 신속하고 풍부한 정보는 부서 담당자로 하여금 더 나은 의사 결정을 가능하게 하고, 기업운영을 보다 가까이에서 통제할 수 있게 하며, 조직 외부 환경의 변화에 보다 빠르게 대응하게 한다. 현재 기업에서는 상용화된 많은 MRP Ⅱ가 정보통합 목적에 맞게 개발되어 사용되고 있다. MRP Ⅱ의 중요한 특징은 기업 내에 있는 여러 부서 간에 정보를 통합하고 공유할 수 있다는 점이다. MRP Ⅱ의 실질적인 힘은 정보를 공유함으로써 증가되기 때문에 대부분의 사용자는 가능한 한 많은 정보를 통합하여 사용하고 있다.

## 4.2 ERP

ERP는 MRP를 발전시킨 시스템이다. 1960년대에 필요한 자재를, 필요한 때에, 필요한 량만큼을 조달하기 위한 '자재소요계획(MRP)' 개념으로 비롯된 것이, 1980년대에는 제조설비·인원·자금 등 제조자원들을 계획하는 MRP II로 발전하였으며, 여기에 회계·마케팅·인사관리 등과 같은 기간업무를 부가한 기업 간 공급망 관리와 글로벌한 대응을 목표로 하는 전사적 자원관리(enterprise resources planning : ERP)가 1990년대에 등장하였다. 즉, 오늘날 국내외에서 각광을 받고 있는 전사적 자원관리 ERP 시스템은 MRP II의 기능에 기업의 기간업무 기능을 부가하여 기업자원을 광범하게 다루도록 발전시킨 것이다.

ERP는 종래 독립적으로 운영되던 생산·재무·유통·인사 등의 정보시스템을 하나로 통합하여 수주에서 출하까지의 공급망(supply chain)과 기간업무를 지원하는 통합정보시스템이다.

MRP II를 발전시킨 ERP의 등장은 프로세스 혁신에 이은 기업자원의 전사적 관리와 관리도구로서의 정보기술(information technology : IT)의 발달이 잘 어우러진 결과이다. 비즈니스 프로세스를 재설계하고 모든 프로세스를 일관되게 통합되는 새로운 기업정보시스템에 대한 요구에 응하여 등장한 것이 ERP개념이다.

ERP의 특징을 정리하면 다음과 같다.

① 기업 수준의 기간업무(생산, 마케팅, 재무, 인사 등)를 지원한다.
② 모든 응용프로그램이 서로 연결된 리얼타임 통합 시스템이다.
③ 오픈 클라이언트 서버 시스템(open client server system)이다.
④ 하나의 시스템으로 복수의 생산 및 재고 관련 거점을 관리한다.
⑤ 전자데이터교환(electronic data interchange : EDI), 광속상거래(commerce at light speed : CALS), 인터넷 등 IT 기술의 응용을 통해 기업 간 시스템의 연결이 용이해진다.
⑥ 경제적인 아웃소싱으로 정보시스템의 개발, 보수가 가능하다.

참고적으로 2004년 국내 ERP 투자기업 분석과 모범 구축 사례를 담은 심층조사 결과, 국내 중소기업의 약 40% 정도가 ERP를 도입 또는 사용 중에 있으나 높은 도입률과 외형적인 성장에 비해 ERP를 성공적으로 도입하여 그 효과를 누리고 있는 중소기업은 많지 않은 것으로 나타났다. 그 이유는 대기업에 비해 IT투자 여건과 정보 인프라가 열악할 뿐만 아니라 무엇보다도 충분한 사전 검토와 준비 없이 검증되지 않은 ERP 솔루션을 도입함으로써 중도 포기하거나 완료 후에도 이렇다 할 효과를 보지 못하기 때문으로 분석되었다.

[표 5] MRP, MRPⅡ와 ERP의 비교

| 구분 | MRP | MRPⅡ | ERP |
|---|---|---|---|
| 도입연대 | 1960년대 | 1980년대 | 1990년대 |
| 관리대상 | 자재 | 자재, 설비, 인력, 자산 등 | 기업 내 모든 경영자원 |
| 적용영역 | 공장내 | 기업내 | 기업내, 기업간 |
| 기능 | 자재소요계획 | 제조자원계획 | 전사적자원관리, 공급망관리, 글로벌화 |

## 4.3 DRP

자재소요계획(MRP)의 원리를 유통환경에 적용하여 유통경로상의 제품공급일정을 효과적으로 계획하는 시스템을 유통소요계획(distribution requirements planning : DRP) 시스템이라고 한다.

유통경로상의 공급체계는 대체로 '생산공장 → 유통센터→ 소매점'의 형태로 이어지게 된다. 기존의 생산공장의 생산계획은 유통센터를 중심으로 예측한 수요를 토대로 작성하게 되며, 유통센터의 주문방식도 과거 소매점의 수요패턴을 바탕으로 설정한 재고보충방식에 따라서 이뤄지게 된다. 물론 소매점도 유통센터와 마찬가지로 과거의 고객수요 변화패턴을 바탕으로 재고보충을 결정하게 된다. 그러나 이러한 예측수요를 바탕으로 재고를 보충하는 밀어내기(push) 방식의 유통수요 공급체계는 실제 수요와 유리되어 움직이기 때문에 재고의 과다보유 혹은 품절 등과 같은 현상이 발생할 가능성이 커지게 된다.

DRP 시스템은 바로 이러한 밀어내기 방식이 가지는 제약성을 극복하기 위해서 MRP의 원리를 응용한 개념이다. 즉, 소매점이 실제로 필요로 하는 제품의 수량과 시기가 곧 관련제품에 대한 유통센터의 총소요량 결정에 이용되며, 이를 충족시키기 위한 유통센터의 제품별 보충시기와 수량계획이 곧 공장의 총소요량을 결정하는 것이 DRP의 원리이다. 따라서 소매점으로부터 유통센터, 공장으로 이어지는 재고보충계획의 결정은 고객의 실제적인 필요에 의해서 차례로 이뤄지기 때문에 실제수요에 의해 당겨지는 유통공급체계, 즉 끌어당기기(pull) 방식의 성격을 가지게 된다.

DRP 시스템과 공장의 MRP 시스템 및 공급업체의 MRP 시스템이 효율적으로 연계될 경우는 전체 공급사슬상에서의 수요공급 불일치를 제거시킴으로써 자재의 흐름을 보다 효율적으로 이룰 수 있는 효과를 기대할 수가 있다.

# 05 SCM

1970년대 MRP에 의한 자재관리기법과 1980년대 전사적 자원관리기법인 ERP를 거쳐 1990년대 이후에는 효율적인 공급망 관리를 겨냥한 SCM(supply chain management)이 등장하였다. SCM은 제품의 생산에서 유통에 이르는 전체 프로세스에 걸쳐 협력업체와의 정보공유, 협업 등을 통해 재고관리 등 공급망 관련 의사결정에 있어서 최적화를 추구하는 경영기법이다. 특히 IT 발전에 따라 기업간 정보공유가 용이해진 것도 SCM의 출현을 촉진시키는 계기가 되었다.

참고로 MRP는 생산계획에 의거한 자재수급을 주로 다루고, ERP는 보다 넓은 기업 내 자원의 효율적인 관리를 지향하는데 반해, SCM은 기업 내외부의 공급망 전체의 최적화를 추구한다는 점에 차이가 있다.

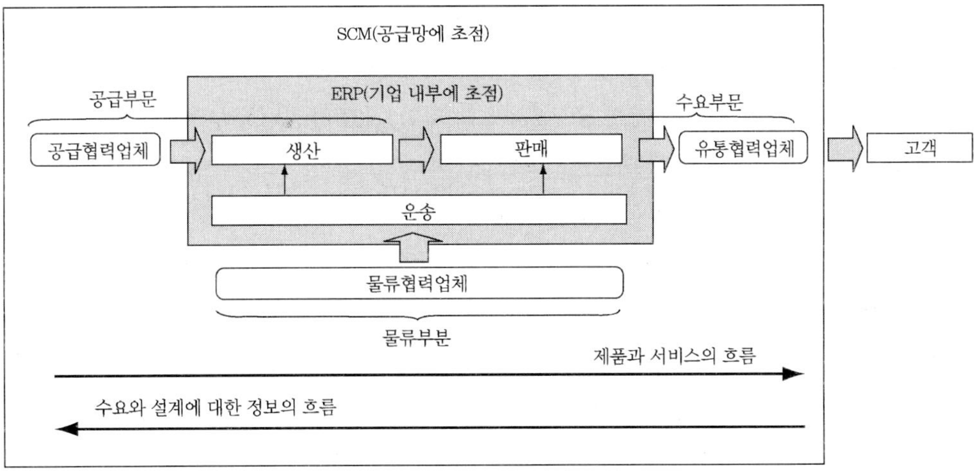


〈그림 8〉 SCM의 개념

SCM의 1차적인 목표는 정보공유를 통한 공급망 전체의 재고감축이다. 2007년 애버딘 그룹(Aberdeen Group)이 북미와 유럽, 아시아 태평양 지역 210개 기업을 대상으로 SCM 도입 및 투자 목적을 조사한 결과, 재고 최적화 분야가 57%로 1위를 차지하고 있었다. 그러나 최근 들어 글로벌 기업들은 단순한 재고감축 기법을 넘어서 차별적 경쟁력 확보를 위한 전략무기로 SCM을 활용하고 있다.

세계 PC 시장 1위를 자랑하던 Dell이 재고감축 위주의 전통적인 SCM에 머물고 있을 때, HP는 위기관리 개념의 도입과 함께 전문적이고 체계적인 소매 유통업체 관리를 통해 SCM의 질적 수준을 한 단계 높임으로써 2006년 PC 시장 1위를 탈환하는데 성공한 바 있다(세계 PC 시장 점유율 : 2005년 Dell(18.3%) > HP(14.3%), 2006년 HP(18.4%) > Dell(14.9%)).

우리나라에서는 SCM보다는 ERP 도입 및 활용에 주력하는 경향이 있는데, 2006년 기준으로 매출 1천억 원을 넘는 193개 제조기업 중 ERP 도입률은 69.4%에 달하고 있다. 그러나 이 기업 중에서 SCM을 이미 도입하였거나 2006년 도입 예정에 있는 기업은 불과 19.7%에 지나지 않고 있었다. 그 이유는 국내 대부분의 중소기업은 기업 내부의 정보 가시성 제고와 내부 운영 효율화가 보다 시급하다는 이유로 ERP를 상대적으로 선호하고 있다는 반응이다.

SCM 도입성과는 직접 측정하기는 곤란하기 때문에 SCM의 핵심목표인 재고감축 성과를 나타내는 '재고자산회전율(inventory turnover)'을 간접지표로 사용한다. 재고자산회전율은 '매출액÷재고자산'으로 산출되며 높을수록 바람직하다.

삼성전자는 세계적인 SCM 전문연구기관인 AMR Research사가 선정한 '2008년 글로벌 SCM Top 25'에 국내기업 중 유일하게 9위에 올라 국제적으로 경쟁력을 인정받았다. 특히 최고경영자의 굳건한 SCM 추진의지와 글로벌 S&OP(Sales & Operations Planning)의 실행수준이 높은 평가를 받았다. 여기서 S&OP는 공급망 내 수요와 공급이 균형을 이루도록 지원하는 업무 프로세스인데, 정기적으로 공급과 수요에 대한 정보를 가지고 생산, 판매, 마케팅 등 각 부문이 협의를 통해 공급망 운영계획(생산・구매・판매계획 등)을 수립하는 것을 의미한다. 삼성전자는 1998년부터 2003년까지 글로벌 공급망 내 정보가시성 확보를 위해 SCM 인프라 구축을 위해 노력하였으며, 2004년부터는 부문간 연계 프로세스의 개선에 주력하였다. 그리고 2007년 이후 글로벌 SCM의 실행력을 향상시키고 시장수요 기반의 글로벌 SCM 체제를 완성하였다. 그 결과 재고회전율도 1998년 6.6회에서 2007년 14.3회로 꾸준히 증가하였다.

쉬어갑시다

### KT, ERP시스템 성공적

파이낸셜뉴스, 2006년 11월 29일

전사적자원관리(ERP)를 구축한 KT 재무서비스센터(SSC)가 전 세계 기업들에게 주목받고 있다. KT가 재무서비스센터 도입 후 투명하고 신속한 업무 처리, 비용 절감 등 모든 경영시스템이 혁신되었기 때문이다. KT는 글로벌 기업으로 도약하기 위해 지난 2002년 6월부터 2003년 9월까지 16개월에 걸쳐 통신업계 최초로 오라클 기반의 통합 ERP 프로젝트를 완료했다. ERP 시스템은 기업 내의 모든 인적·물적 자원을 통합, 관리하는 체제다.

특히 ERP는 시스템 특성상 구축 후 2~3년이 지나야 결실을 맺기 때문에 KT의 재무서비스센터는 지난해부터 업무 속도 향상, 비용절감 등의 실질적 효과를 내기 시작했다. KT는 재무서비스센터를 도입한 이후 그동안 각 지점에서 분산시켜 처리하던 재무, 물류, 부동산 관리 등의 업무를 본사에서 통합 관리할 수 있게 됐다고 29일 밝혔다. 이로 인해 KT의 모든 업무 처리과정이 투명해졌으며, 경비도 대폭 절감되는 등 새로운 수익원이 발생했다고 덧붙였다. 실제 KT는 오라클 기반의 ERP 구축 이후 기존에 45일씩 소요되었던 구매 리드타임을 17일로 단축시켰고, 15일씩 걸리던 결산정보를 5일 만에 처리할 수 있었다. 또 전자구매를 통해 원가도 절감시켰다.

KT는 지금도 3만8000여명이 사용하는 대규모 ERP 프로젝트를 바탕으로 고부가가치 업무를 수행하는 등 전문가 조직 육성에 박차를 가하고 있다. 이 같은 업무처리 혁신은 신속한 의사 결정 또한 가능하게 만들어 향후 KT가 글로벌 기업으로서의 위상을 강화시키는 큰 도움을 줄 것으로 회사 측은 내다봤다. KT의 ERP 성공 사례는 지난 10월 미국 샌프란시스코에서 개최된 '오라클 오픈월드'에서 소개되어 세계 각지에서 모인 참가자들의 이목을 집중시킨 바 있다.

KT는 ERP 프로젝트를 통해 전국의 각 지점에서 분산 수행되었던 재무, 물류, 부동산 등의 관리 조직을 통합하는 등 모든 업무를 혁신시켰으며, 글로벌 리더로 도약하기 위한 혁신을 지속적으로 추진하겠다는 계획을 갖고 있다.

## 요약

- MRP시스템은 1960년대에 IBM의 오리키(J. A. Orlicky)에 의해 종속수요품목의 재고관리에 적합하게 개발된 개념인데, 그 후 제조자원계획이라고 하는 MRP Ⅱ와 전사적 자원관리(ERP : enterprise resources planning)로 발전하였다.

- MRP시스템의 주요기능으로는 다음과 같은 6가지를 들 수 있다. 즉, ① 필요한 물품을 언제, 얼마나 주문할 것인지를 알려준다. ② 주문 또는 생산지시를 하기 전에 경영자가 계획들을 사전에 검토할 수 있다. ③ 언제 주문을 독촉하고 늦출 것인가를 알려준다. ④ 상황변화에 따라 주문의 변경을 가능하게 한다. ⑤ 상황의 완급도에 따라 우선순위를 조절하여 자재조달 및 생산 작업을 적절히 진행시킨다. ⑥ 능력계획 수립에 도움을 준다.

- MRP시스템에는 주일정계획, 자재명세서, 그리고 재고기록철 등과 같은 세 가지의 입력데이터가 있어야 한다. 이러한 자료를 토대로 종속수요 물품의 자재관리에 필요한 주문품목현황, 조정된 주일정계획, 독촉, 취소 또는 추가품목 현황, 그리고 재고현황 등과 같은 출력물을 얻는다.

- MRP 로직은 일정한 양식에 따라 총소요량, 예정된 입고량, 보유재고, 순소요량, 계획된 수취량, 주문량을 차례로 결정해 나가는 과정을 거치는 비교적 단순한 과정이다.

- MRP 계획의 갱신방법으로는 정기적으로 접근하는 재계획법(regenerative system)과 수시로 변경사항만을 수정하는 순변경법(net change system)이 있다.

- 발주점 방식은 보충(replenishment) 개념에 입각한 독립수요품의 재고관리 방식인데 반하여 MRP 방식은 소요(requirement) 개념에 입각한 종속수요품의 재고관리 방식이다.

- SCM은 제품의 생산에서 유통에 이르는 전체 프로세스에 걸쳐 협력업체와의 정보공유, 협업 등을 통해 재고관리 등 공급망 관련 의사결정에 있어서 최적화를 추구하는 경영기법이다.

# 토의문제

1. MRP 시스템이란 무엇이며, 그 시스템의 장단점을 설명하라.

2. MRP의 기본 구성요소를 설명하라.

3. MRPⅡ를 MRP와 비교하여 차이점을 중심으로 설명하라.

4. SCM의 특징과 목적을 설명하라.

5. 다음 용어를 간단히 설명하여라.
   ① 총소요량(gross requirements)
   ② 순소요량(net requirements)
   ③ 계획된 수취량(planned order receipts)
   ④ 주문량(planned order release)

6. ERP와 DRP의 주요 특징을 설명하라.

7. 한국정공은 주문에 의해 스포츠카를 생산하는 기업으로 향후 8주간의 생산계획이 다음과 같이 수립되어 있다. 스포츠카 1대에 스페어타이어를 포함하여 5개의 타이어가 소요될 때 lot-for-lot 모형을 이용하여 타이어 발주계획을 수립하라. 현재 타이어의 재고는 80개인데, 2주초에 12개가 추가로 입고될 예정이며, 조달기간은 2주 정도인 것으로 추정되고 있다.

| 기간(주) | 1 | 2 | 3 | 4 | 5 | 6 | 7 | 8 |
|---|---|---|---|---|---|---|---|---|
| 조립계획 | 5 | 10 | 7 | 6 | 12 | 8 | 4 | 4 |

**8.** 최종 완제품 A의 자재명세서와 주일정계획, 그리고 각 소요부품에 관한 자료가 다음과 같을 때 물음에 답하라.

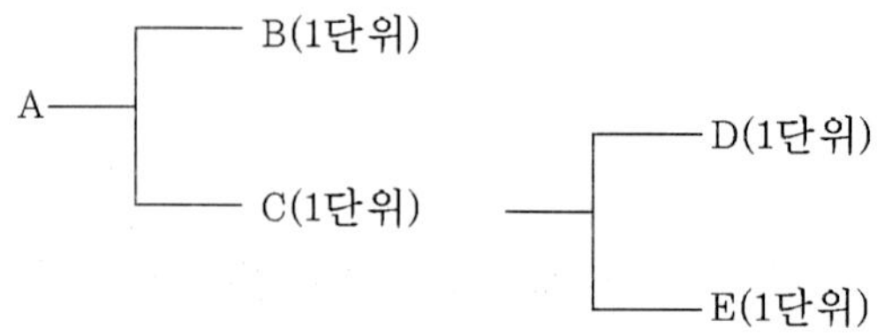


| 소요품목 | 예정된 수취량 | 현재고 | 조달기간 |
|---|---|---|---|
| B | 0 | 0 | 3주 |
| C | 6주초에 50개 | 0 | 3주 |
| D | 3주초에 100개 | 0 | 1주 |
| E | 0 | 0 | 1주 |

품목 A의 주일정계획

| 기간(주) | 1 | 2 | 3 | 4 | 5 | 6 | 7 | 8 | 9 | 10 | 11 |
|---|---|---|---|---|---|---|---|---|---|---|---|
| 수요(개) | 0 | 0 | 0 | 0 | 0 | 0 | 0 | 160 | 0 | 0 | 100 |

① lot-for-lot 방법을 이용하여 발주계획을 작성하라.

② 만약 6주초에 공급될 예정인 품목 C 50개가 2주 늦게 공급된다면 ①에서 작성한 계획에 어떤 변화가 올 것인지 검토하라.

③ 만약 3주초에 입고될 품목 D 100개 중 50개만 제시간에 도착하고 나머지는 5주초에 공급된다면 ①에서 작성한 계획에 어떤 변화가 올 것인지 검토하라.

제 15 장

# JIT 생산

## 01 JIT 생산의 본질

### 1.1 JIT 생산방식의 사상

1973년 제1차 오일쇼크(oil shock)가 일어나기 전까지만 해도 대부분의 제조업에서는 제품의 단위 당 생산원가를 최소화 할 수 있는 방법으로 대량생산 방식을 적용하는 것을 당연하게 여겼었다. 그러나 전 세계적으로 제조업의 몰락을 초래할 수도 있다는 위기감을 불러일으킨 오일 쇼크로 인하여 저성장 시대가 도래되었으며, 회사의 생존과 번영을 위한 이익의 창출방안에 고민을 거듭하는 과정에서 철저한 원가절감과 낭비제거에 의해 꾸준한 이익을 확보하고 있던 도요타자동차를 주목하게 되었다.

JIT(Just-in-Time) 생산방식은 제2차 세계대전 이후의 일본 자동차산업이 처한 시장의 제약에서 자동차산업의 부흥을 위한 오랫동안의 노력으로 생긴 것으로서, 현장에서 고안되고 개선, 완성되어 기업이 보유한 모든 생산능력을 가장 효율적으로 활용하는 생산방식이다. 특히 이 방식은 인력과 설비 등의 생산능력을 필요한 만큼만 유지하면서도 효율을 극대화할 수 있도록 작업 정보를 긴밀하게 교환하는 협동적인 생산방식이다.

오늘날 도요타 생산방식(Toyota Production System : TPS)이라고도 일컫는 JIT 생산방식은 "필요한 것을, 필요한 양만큼, 필요한 때에 만드는 생산방식"으로 불황에 강하고, 변화가 극심한 국제경쟁 상황하에서도 이겨 나갈 수 있는 기업체질로 개혁하기 위해 고품질 · 저원가 · 다양화에 대한 대응을 목표로 한다. 이를 실현하기 위해 철저한 낭비제거 사상을 수주로부터 생산(제조) · 납품에 이르기까지 적용하고 모든 것이

동기화(흐름화)된 하나의 체계를 구축하는데 주력한다. 이것은 '무재고 생산방식(non-stock production system)', '린 생산방식(lean production system)' 등으로도 부르기도 한다.

JIT 생산방식에서는 제품의 가치창출에 기여하지 않는 모든 것을 낭비(waste)라고 본다. 즉, JIT 생산방식의 기본 사상은 '철저한 낭비제거'를 통한 원가절감을 이룬다는 것인데, 이 사상의 실현을 위해서는 낭비를 명확히 할 필요가 있다. JIT 생산방식에서는 본질적으로 다음과 같은 낭비를 정의하고 있으며, 이를 JIT의 7대 낭비라고 한다.

① 과잉생산의 낭비　　② 재고의 낭비
③ 가공의 낭비　　④ 동작의 낭비
⑤ 운반의 낭비　　⑥ 대기의 낭비
⑦ 불량생산의 낭비

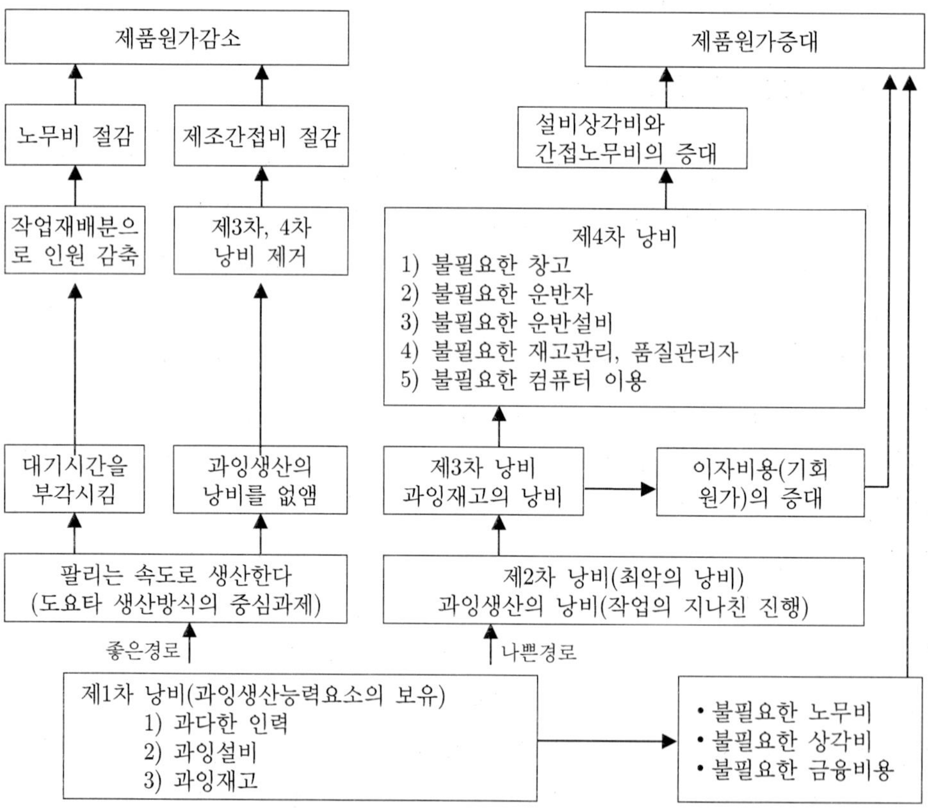


〈그림 1〉 낭비의 제거와 원가절감의 프로세스

낭비를 제거하기 위해 도요타에서 개발한 다양한 수단으로는 JIT 생산, 소로트 생산, 자동화(自働化), TQC(total quality control) 및 현장개선 등과 같은 것이 있다. 즉, JIT 생산은 ① 과잉생산의 낭비, ② 재고의 낭비 그리고 ⑥ 대기의 낭비 등을 제거하며, 소로트생산은 ② 재고의 낭비를 배제하는데 매우 효과적인 수단이다. 또한 자동화는 ⑦ 불량생산의 낭비를 비롯하여 ③ 가공의 낭비, ④ 동작의 낭비를 배제하며, TQC와 현장개선 활동을 통해 ③ 가공의 낭비, ④ 동작의 낭비, ⑤ 운반의 낭비 그리고 ⑦ 불량생산의 낭비 등을 최소화하거나 완벽하게 배제하게 된다.

(그림 1)은 낭비를 제거하여 원가를 절감하는 과정을 보여주고 있다.

## 1.2 JIT 생산방식의 목표

JIT 생산방식은 전사적 품질관리와 모든 조직 구성원의 참여를 토대로 장・단기적인 2가지의 주된 목표를 추구한다. 단기적인 목표는 낮은 재고수준과 생산성향상에 의한 제조(생산)비용의 절감이며, 장기적인 목표는 생산소요시간의 단축과 융통성(flexibility)의 제고, 품질 향상 등에 의한 경쟁력의 강화에 있다. 원가절감에 의한 경쟁력 강화는 JIT 생산방식의 가장 중요한 기본 목표이며, 이와 같은 주목표를 달성하기 위해서는 다음의 3가지 부차적 목표가 동시에 달성되어야 한다.

① 수량관리 목표(Quantity Control) : 시장에서의 양과 종류에 관한 수요변동에 대응하여 월별 및 일별 적응할 수 있는 생산수량의 달성
② 품질관리 목표(Quality Assurance) : 선행공정이 후속공정에 대해서 양품만을 공급할 것을 보증하는 체제의 확보
③ 인간성의 존중목표(Respect-for Humanity) : 생산성향상(혹은 원가절감) 목표를 달성함에 있어서 인적자원이 존재하는 한 현장의 인간적 활성화를 위한 인간성 존중의 실현

JIT 생산방식의 특이한 성격이라고 할 수 있는 사항은 앞서 말했던 두 가지의 주목표는 부차적 목표의 실현 없이는 달성할 수 없으며, 또한 부차적 목표 역시 주목표의 실현 없이는 달성할 수 없다는 것이다. 즉, 모든 것이 JIT 생산방식의 아웃풋이기 때문에 생산성 향상 또는 원가절감을 핵심 개념으로 삼고 부수적 목표의 실현을 위해 노력하는 것이 JIT 생산방식이라는 것을 의미한다.

## 1.3 JIT 생산방식의 적용 효과

JIT 생산방식의 적용을 통한 경영성과의 향상을 위해서는 도입을 위한 선행조건과 제반 가정들을 충족시키기 위한 많은 노력과 시간을 필요로 한다. 이러한 선행조건과 가정들의 만족 하에 얻을 수 있는 JIT 생산방식의 효과를 크게 3가지로 구분하면 재고의 감소와 품질의 향상, 그리고 근로자에 대한 동기부여 등으로 정리할 수 있다.

### (1) 재고의 감소

JIT 생산방식 하에서는 모든 구성품들이 완제품으로 조립, 판매되기 위하여 필요한 때에, 필요한 양만큼, 필요한 곳으로 운반되고 생산되기 때문에 완제품재고 및 재공품재고가 최소로 유지된다. 여러 보고서를 종합하여 고찰한 고트만(K. Gottesman)의 연구에 따르면 JIT 생산방식의 도입은 75% 이상의 재고감소 효과를 거두고 있는 것으로 알려져 있다 [참고 : JIT manufacturing is more than invenory programs and delivery schedule, Industrial Engineering, May, 1991].

제조현장의 모든 문제를 가려 버리는 최악의 낭비라고 취급되는 재고의 감소는 다음과 같은 부수적인 효과를 낳기도 한다.

① 창고비용의 감소
② 재고관리를 위한 서류작업의 감소
③ 재고관리 인력의 감소
④ 진부화, 열화, 손망실, 보험료 등의 감소
⑤ 재고보유에 따른 자금동결 및 이자비용 발생의 감소

### (2) 품질의 향상

JIT 생산방식에서는 생산 로트사이즈가 작고 필요시 요청에 의한 생산이 이루어짐으로써 특정 공정에서 생산된 부품의 양·불량 여부를 후속공정에서 즉시 확인하고 원인의 조기 발견 및 해결이 신속하게 이루어진다. 불량에 의한 라인의 정지는 전체 라인에 영향을 미치기 때문에 불량정보에 대한 보다 명확하고 시기적절한 피드백은 문제의 확산을 방지하며 작업에 대한 작업자의 집중력을 높이는 효과가 있다.

품질의 향상과 생산성의 향상은 아주 밀접한 관계를 가지고 있는데, 일반적으로 2%의 불량감소는 10%의 생산성을 향상시키는 것으로 알려져 있다. 이러한 품질향상을 통해 인원감소나 재작업의 감소, 자재낭비의 감소 등의 부수적인 효과도 거둘 수 있다.

### (3) 근로자에 대한 동기부여

JIT 생산방식은 근로자 각자가 책임감을 가지게 하며 상호협조적인 분위기를 조성하게 한다. 특정인의 잘못으로 인한 생산부품의 결함은 전체 공정의 지연 또는 중지를 초래할 수 있으므로 자신의 일에 대한 책임감을 강조하게 된다. 또한 작업팀에 할당된 작업량의 완수를 저해하는 문제가 발생하게 되면 이의 해결을 위한 공동의 노력을 적극적으로 기울이게 된다. 따라서 JIT 생산방식은 근로자에 대한 동기부여와 참여의식을 향상시키는 결과가 되며, 동기가 부여된 근로자는 품질향상과 공정개선, 원가절감을 통한 생산성향상의 결과를 낳는다. 고트만(K. Gottsman)에 따르면 JIT 생산방식의 효과적인 운용은 직접적인 생산성향상 30%이상, 손익분기점의 30%이상 인하 등의 결과를 보이는 것으로 분석되었다.

이외에 살펴볼 수 있는 또 다른 JIT 생산방식의 도입효과로는 자동화(automation) 프로젝트의 준비측면이다. JIT 생산방식의 도입은 자동화 기기의 도입 이전에 공정내의 낭비를 제거하기 위한 수단으로 활용되기 때문에 자칫 공정 내에 존재하는 무의미하고 비부가가치 활동에 자동화가 도입될 가능성을 배제할 수 있다는 점도 결코 간과할 수 없다. (표 1)은 JIT 생산방식의 도입에 의한 효과 척도를 통해 기업의 JIT 생산방식 운용수준을 파악할 수 있는 기준으로 활용할 수 있다.

[표 1] JIT 생산방식 운용수준별 효과척도

| 항목 | 하위수준 | 보통수준 | 상위수준 |
|---|---|---|---|
| 재고 회전율 | 10 이하 | 10~25 | 25 이상 |
| 재공품 재고수준 | 2 주 | 1 주 | 1 일 |
| 사이클 타임 단축율(%) | 25 % | 25~75 % | 75 % 이상 |
| 스크랩/재작업 감축정도(%) | 30 % | 30~80 % | 80 % 이상 |
| JIT 참여 협력업체 수(%) | 25 % | 25~75 % | 75 % 이상 |
| 품질향상율(%)* | 50 % | 90 % | 100 % |
| 무검사 품목수(%) | 25 % | 25~75 % | 75 % 이상 |
| 공장 내 공간절감율(%) | 25 % | 25~50 % | 50 % 이상 |
| 제품의 직행율(%) | 85 % | 85~97 % | 97 % 이상 |
| 생산성향상율(%)** | 25 % | 25~50 % | 50 % 이상 |
| 원가절감율(%) | 20 % | 20~50 % | 50 % 이상 |

비고 : * 품질향상율은 불량품의 감축율로 표현된다.
** 생산성향상율은 여러 가지 방법의 적용이 가능하다 (예: 시간당 생산량 등)
출처 : Arnaldo Hernandez, Just-In-Time Manufacturing : A Practical Approach, Prentice Hall, 1989

쉬어갑시다

**녹즙기 점유율 85% 불구 '3정5S시스템' 도입**

머니투데이, 2008년 5월 23일

'국내외적으로 경쟁이 치열한 상황에서 아무리 잘 나가는 회사라도 혁신은 선택이 아니라 필수다'

생활주방가전 녹즙기 분야 시장 점유율 85%를 기록하고 있던 대구광역시의 ㈜엔유씨전자(대표 김 종부, www.nuc.co.kr)는 이같은 실적에 결코 자만하지 않고 생산성 혁신을 통해 중견기업으로 거듭난 대표적인 사례다.

엔유씨전자는 당초 녹즙기, 유산균 발효기, 주서기를 비롯하여 홍삼 제조기, 식품 건조기, 전기 오븐, 아이스크림 제조기, 황토 슬로우 쿠커, 두유두부 제조기 등 30여 종의 제품 라인을 보유한 국내 1위 업체였다. 녹즙기 쇳가루 검출 파동 때 45개 업체 중 40여 곳이 문을 닫는 시련 속에서도 엔유씨전자는 흔들리지 않았다.

그러나 중국 등 저가제품 유입에 따른 원가율 상승 등으로 고전을 면치 못했다. 여기에 다양해진 소비자의 요구 등 변화에 신속하게 대응하지 못한 것도 저성장을 부추기는 원인이 됐다.

그동안 중진공을 비롯한 각종 정부 지원 제도를 적극 활용해왔던 김 종부 대표는 이번에도 중소기업 쿠폰제 컨설팅 제도를 신청했다. '비전 2015'라는 기치 아래 매출액 3000억원대의 세계적인 가전 브랜드로 도약하기 위해서였다. 엔유씨전자는 690만원을 들여 지난 2006년 11월부터 2007년 2월까지 4개월에 걸쳐 컨설팅을 받았다. 프로젝트의 추진 방향은 세 가지로 가닥이 잡혔다.

작업자의 생산성을 향상시키고 작업현장 및 라인의 불합리를 개선해나가는 한편 현장 낭비를 줄일 수 있는 관리체계와 시스템을 구축하는 것이었다. 먼저 생산관리 역량 강화를 위해 생산관리직의 교육 참석율을 80% 이상으로 끌어올리는 데 주안점을 뒀다. 혁신 활동을 시작하는 데 가장 중요한 것이 공감대 형성이라고 판단했기 때문이다. 가장 중점을 둔 부분은 현장의 가장 기본이 되는 3정5S 시스템의 도입이었다. 이에 따라 컨설팅 기간 동안 생산본부를 생산, 물류창고, 자재창고, Q.A, 서비스실 등 5개 분야로 나누고 각 분야별로 '정리'부터 시작했다. 정리란 별다른 게 아니었다. 필요한 물건, 불필요한 물건을 구분해 불필요한 것은 과감하게 버리자는 것이었다. 선입선출이 제대로 이뤄지도록 물류창고의 레이아웃도 변경했다. 4개월의 컨설팅 기간 동안 총 120건의 3정5S 개선 활동이 이뤄졌다.

이렇게 엔유씨전자에 적용한 생산 혁신 방법은 다름 아닌 도요타식 TPS(Toyota Production System)방식이었다. 컨설팅 이후 생산성이 눈에 띄게 향상됐다. 지난 2006년 제안건수가 월 평균 18.6건에 불과했던 것이 월 평균 56.5건으로 200% 이상 늘었고, 생산성도 종전보다 50%이상 증가했다. 생산성이 향상되자 잔업이 없어져 5시 반이면 업무가 종료됐다.

지난해 10월에는 국내 주방가전으로는 처음으로 유산균발효기가 싱글PPM 품질혁신인증(1000PPM 등급)을 획득하기도 했다.

김종부 대표는 "혁신을 중요성을 누구보다 잘 알기에 기존 '도전, 신용'이란 사훈에 혁신을 추가했다"며 "앞으로 더 다양한 컨설팅 활동과 자주적인 노력으로 부족한 점을 보완해가면서 세계적인 기업으로 발전하겠다"고 말했다.

# 02 JIT 생산방식의 구성요소

## 2.1 JIT 생산방식의 체계

생산의 지속적인 흐름 또는 시장에서의 양과 종류라는 2가지 측면에 있어서의 수요 변동에 대한 탄력적인 적응은 2가지의 중요한 개념 즉, 'Just-in-Time생산'과 '자동화(自働化)'의 실현에 의해 달성된다. 이 두 가지의 개념은 JIT 생산방식의 핵심 축이라고 할 수 있다. 참고로 여기서 말하는 자동화(自働化)는 몬덴(Y. Monden)교수가 기존의 자동화(automation)와 구분하기 위하여 자율적인 불량관리 시스템(autonomous defects control)의 개념을 담아 영어로 autonomation 이라고 명명하였다.

'Just-in-Time 생산'이란 기본적으로 필요한 것을 필요한 때에 필요한 양만큼 만든다는 것을 의미하며, '자동화'란 설비 스스로 불합리한 점을 감시 내지 관리하는 메커니즘으로 설명할 수 있다. 이러한 자동화는 불량품이 선행공정에서 후속공정으로 흘러감으로써 후속공정이 혼란에 빠지게 되는 것을 방지하는 것이며, 이것에 의해 Just-in-Time 생산을 보장할 수 있게 된다.

이외에도 JIT 생산방식의 중요한 개념으로는 수요변화에 대응하여 작업자 수를 탄력적으로 변화시키는 '소인화(少人化)'와 작업자의 제안을 통해 개선활동을 전개하는 '창의연구 제안활동' 등이 있다.

이상의 4가지 개념을 실현하기 위하여 JIT 생산방식에서는 다음과 같은 4가지 방식과 4가지 수단을 활용하고 있다.

① Just-in-Time 생산을 유지하기 위한 「간판방식」
② 수요변화에 적응하기 위한 「평준화생산방식」
③ 생산리드타임을 단축하기 위한 「생산준비시간의 단축」
④ 라인의 동기화를 달성하기 위한 「작업의 표준화」
⑤ 각 라인의 작업자 수를 탄력적으로 증감시키기 위한 「기계 Layout과 다기능공화」
⑥ 작업자 수를 줄이고 작업자의 의욕제고를 위한 「소집단에 의한 개선활동과 제안제도」
⑦ 자동화 개념의 실현을 위한 「눈으로 보는 관리방식」
⑧ 전사적 품질관리 등을 추진하기 위한 「기능별 관리방식」

이상의 방식과 수단들은 앞서 제시했던 JIT 생산방식이 추구하는 2가지 주된 목표와 3가지의 부차적인 목표의 실현을 위해 상호작용을 하게 된다. (그림 2)는 도요타

생산방식으로 대표되는 JIT 생산방식의 아웃풋 내지 효과측면(원가, 수량, 품질, 인간성)과 인풋 내지 구성요소 측면을 함께 나타낸 것이다. 이하에서는 JIT 생산방식의 주요 구성요소에 대해 살펴본다.

## 2.2 JIT 생산방식의 구성요소

### (1) 간판방식 (Kanban System)

소요되는 각종 물자의 양이 수요예측에 의해 미리 설정되고 제품의 생산이 선행공정에서 후속공정으로 이어지는 방식, 소위 밀어내기(push) 생산방식의 경우에는 수요변화에 따른 공정상의 문제발생 시 즉각적인 대응이 곤란하다. 그 이유는 시장의 상황변화가 생산일정의 변경으로 이어지고 이의 해결을 위해서는 상당량의 재고뿐만 아니라 잉여 인원, 여분의 설비 등을 필요로 하는데 이 모든 것이 기업의 제조원가 상승요인으로 작용하기 때문이다.

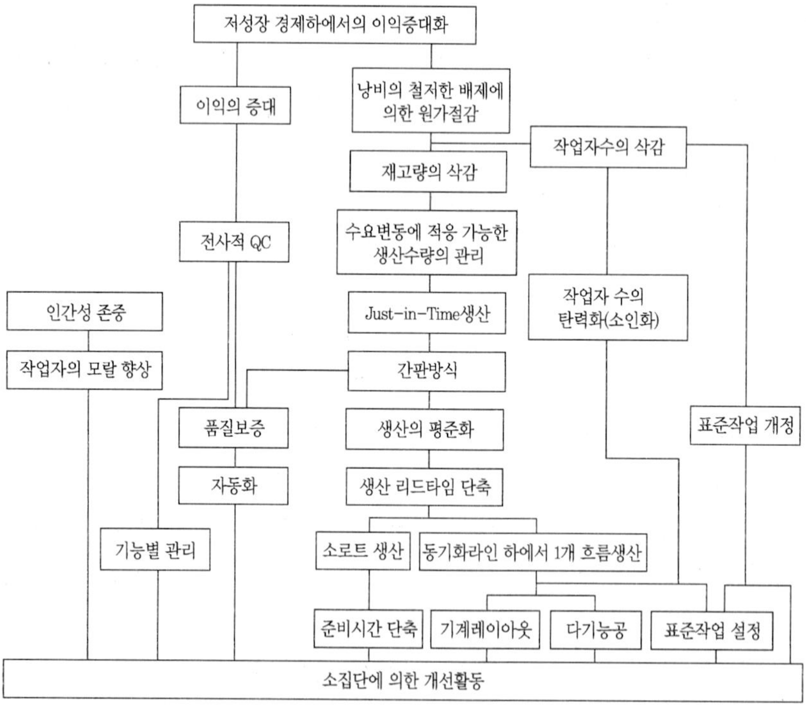


출처 : Y. Monden, Toyota Production System - Practical approach to production management, Institute of Industrial Engineers, 1983

〈그림 2〉 JIT 생산방식의 체계

이와 같은 문제점을 해결하기 위한 방법으로 도요타자동차에서 개발된 것이 소위 끌어당기기(pull) 생산방식인 '간판방식'이다. 즉, 필요한 때에 필요한 것을 필요한 양만큼 생산함으로써 시장변화에 따른 탄력적인 생산량(수량)관리 목표의 실현을 위한 방법으로 도입된 하나의 수단이다.

JIT 생산방식 내에서 간판(kanban, かんばん)은 다음과 같은 두 가지의 다른 역할을 하고 있다. 좁은 의미에서는 현장관리(shop floor control) 기능을 하는 것이며, 넓은 의미에서는 생산 및 재고관리 시스템으로서 기능한다. 이러한 간판은 현장에서의 자재흐름(materials flow)과 재고수준(inventory levels)에 대한 정보를 제공함으로써 Just-in-Time 생산이라는 궁극적인 목표를 효과적으로 달성할 수 있도록 한다.

현재 활용되고 있는 간판은 그 기능에 생산 및 재고관리를 포함하고 있으며, 특히 재고관리에 있어서는 발주점방식의 일본식 개량임을 다음의 (표 2)를 통해서 알 수 있다.

[표 2] 발주점방식과 간판방식의 비교

<table>
<tr><th colspan="2">구분</th><th>발주점 방식</th><th>간판방식</th></tr>
<tr><td colspan="2">유 사 점</td><td colspan="2">• 수요의 변동을 의식하지 않아도 된다.<br>• 수요 변동이 심한 품목에 적용하는 것은 부적합하다.<br>• 운용을 위한 비용이 적게 든다.<br>• 자동으로 발주하는 것이 가능하다.</td></tr>
<tr><td rowspan="5">차 이 점</td><td>정보와 물품</td><td>정보와 물품이 분리된다.</td><td>정보와 물품이 일치한다.</td></tr>
<tr><td>재고량 관리</td><td>항상 재고량 관리가 필요하다</td><td>재고량 관리가 필요하지 않다</td></tr>
<tr><td>정상과 이상 유무</td><td>눈으로 보고 알 수 없다.</td><td>한 눈에 알 수 있다.</td></tr>
<tr><td>현장 밀착도</td><td>창고에서 별도로 관리하므로 현장 밀착도가 떨어진다.</td><td>현장에서 직접 운용되므로 현장 밀착도가 강하다.</td></tr>
<tr><td>개선에의 영향</td><td>없음</td><td>간판 매수의 감축을 통해 개선으로 연결한다.</td></tr>
</table>

### 가. 간판의 종류와 역할

간판은 Just-in-Time 생산을 실현하기 위한 하나의 도구이며, 작업장간의 생산지시와 자재의 운반을 허가하는 기능을 수행하기 위해서 일종의 '카드(card)'를 사용한다. 그러나 간판은 반드시 카드일 필요는 없다. (인터폰이나 전화 또는 육성에 의한) 구두지시, 깃발, 불빛, 또는 수신호 등도 간판의 성격을 충분히 지닐 수 있기 때문이다. 회사에 따라서는 색칠한 골프공을 파이프를 통해 보냄으로써 생산지시와 자재의 운반이 이루어지도록 하는 경우도 있다.

이와 같은 간판의 활용은 후속공정이 선행공정의 고객이며, 언제나 고객위주로 생산이 이루어져야 한다는 분위기를 작업장 내에 정착시키는 효과가 있다. 또한 한편으로는 작업 집단간의 수평적이고 대인적인 상호 적응과정을 통해 작업이 이루어짐으로써 작업자가 스스로 작업을 컨트롤한다는 느낌을 갖게 할 수도 있다.

도요타자동차에서는 회수간판(withdrawal kanban) 또는 운반간판(conveyance kanban)과 생산지시간판(production kanban)이란 2종류의 간판(dual-card kanban)을 활용하고 있다. 일반적으로 간판에 담겨지는 정보의 내용은 다음과 같다.

### ① 회수간판

회수간판은 후속공정이 선행공정으로부터 인수(회수)해야 할 부품의 종류와 수량을 명시한 것으로 이 간판에는 적어도 다음과 같은 5가지의 정보가 담겨져 있다.

- 부품내용(part description) : 인수(회수)되는 부품과 관련한 정보(부품번호, 부품명, 최종조립번호 등)
- 용기의 크기(container size) : 용기내의 부품 수용수
- 간판발행번호(kanban release number) : 간판이 부착된 용기는 어느 것인가, 특정 작업장에서 사용되고 있는 용기의 총량은 얼마인가 등을 의미.
- 선행작업장(previous work center) : 선행공정과 그 공정에 대한 정보(작업장번호, 물품 위치정보 등)
- 후속작업장(next work center) : 다음 공정과 그 공정에 대한 정보

〈그림 3〉 외주회수간판의 예

### ② 생산지시간판

선행공정이 생산해야 하는 부품의 종류와 생산량을 명시한 것으로 최소한 다음과

같은 6가지의 정보가 담겨있다.

- 부품내용(part description) : 생산되는 부품과 관련한 정보(부품번호, 부품명, 최종 조립번호 등)
- 용기의 크기(container size) : 용기내의 부품 수용수
- 작업장/공정의 내용(work center/process description) : 부품을 생산하는 작업장 및 공정과 관련한 정보
- 물품저장위치(stock location to store) : 요구량의 생산 이후 용기가 저장될 위치
- 필요자재(materials requirements) : 특정 물품의 생산에 필요한 자재/부품의 번호
- 저장위치번호(stock location number) : 필요한 자재는 어디서 가져와야 하는가?

이외에도 출발 및 도착시간, 바코드, 작업자배치 정보 등이 포함될 수 있다.
(그림 3)은 모기업인 삼성전자와 외주부품공급사 간에 이용되고 있는 외주운반간판의 예를 보여주고 있다. 여기에는 품명과 규격, 자재번호, 용기 당 담기는 부품의 수량, 납품 사이클 및 납품시간, 납품장소 및 보관선반 등의 정보를 담고 있다.

### 나. 간판의 운용방법

간판방식은 모든 공정의 생산량을 균형있게 관리하기 위한 정보시스템이다. Just-in-Time 생산의 실현을 위해 활용되는 간판방식을 효율적으로 운영하기 위해서는 다음과 같은 간판의 활용규칙이 준수되어야만 한다.

① 후속공정은 선행공정으로부터 필요한 것을, 필요한 때에, 필요한 양만큼 가져와야만 한다.
② 선행공정은 후속공정이 인수(회수)해간 물품을 인수(회수)해간 양 만큼만 생산한다.
③ 불량품은 절대로 후속공정으로 보내지 않는다.
④ 간판의 매수는 최소로 해야만 한다.
⑤ 간판은 소폭의 수요변동에 적응하기 위하여 활용되어야만 한다.

JIT 생산방식에서 주로 활용되고 있는 두 종류의 간판, 즉 회수간판과 생산지시간판의 일반적 활용절차는 다음과 같다.

(단계 1) 후속공정의 운반담당자는 필요한 수의 회수간판과 빈 용기(파레트 또는 콘테이너)를 갖고 선행공정의 스토어(부품적치장) A로 간다.

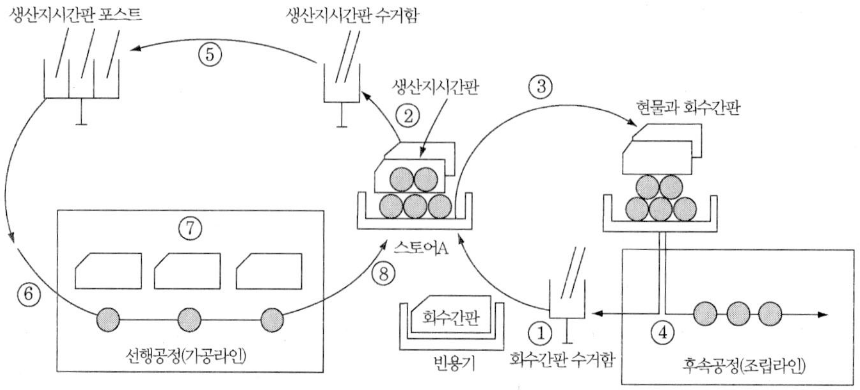


〈그림 4〉 두 종류의 간판 활용 절차

(단계 2) 후속공정의 운반담당자가 스토어 A에서 부품을 회수할 때, 용기에 붙어있던 생산지시간판을 떼어 생산지시간판 수거함에 넣고 빈 용기는 지정된 장소에 놓아둔다.

(단계 3) 운반담당자는 자신이 떼어낸 생산지시간판 1매마다 회수간판 1매를 바꾸어 붙이고 후속공정으로 가져온다.

(단계 4) 후속공정에서 작업이 시작되면 사용되는 부품의 용기에 붙어있던 회수간판을 떼어 회수간판 수거함에 넣는다.

(단계 5) 선행공정에서는 생산지시간판이 생산지시간판 포스트에 모이게 되는데 스토어 A에서 분리된 순서에 따라 모이게 된다.

(단계 6) 이렇게 모인 생산지시간판의 순서에 따라 선행공정에서는 생산을 수행하게 된다.

(단계 7) 부품의 생산과정에서 생산지시간판은 반드시 현물과 함께 공정과 공정 사이를 움직이게 된다.

(단계 8) 생산이 완료되면 부품이 담긴 용기에 생산지시간판이 부착된 상태로 스토어 A에 놓이게 되며, 후속공정의 운반담당자가 언제든지 인수해 갈 수 있도록 한다.

### 다. 간판 매수의 결정

간판 방식의 특징은 관리상태가 눈에 보인다는 점이다. 예를 들면 모든 부분품은 일정 크기의 용기에 들어 있는데, 대기 중에 있는 빈 용기가 쌓여 있을 경우라면 선행공정의 생산이 지연되고 있는 경우이고, 반대로 부품이 들어있는 용기가 쌓여 있는 경우라면 후속공정의 생산이 늦거나 정지될 때이다.

1개의 용기마다 1장의 간판이 발행되는데 간판의 수는 수요량과 용기의 크기, 간판의 순환시간(cycle time)과 함수관계에 있다. 따라서 간판의 수(n)는 다음과 같이 구할 수 있다.

$$n = \frac{d \cdot CT}{C}$$

단, $d$ : 단위시간당 수요량(개)
$C$ : 용기의 크기(개)(container size)
$CT$ : 간판의 순환시간(cycle time)

예를 들면, 부품의 수요율이 3개/분, 용기의 표준용량은 30개이다. 일반적으로 용기에 부품을 재보충하는 순환시간은 100분이 소요된다고 하면, 발행되는 간판의 수는 다음과 같다.

$$n = \frac{d \cdot CT}{C} = \frac{3 \times 100}{30} = 10(\text{장})$$

최대재고($I_{max}$)는 용기의 크기(C)와 용기의 수 또는 간판의 수($n$)을 곱하거나, 부품의 수요량($d$)과 간판의 순환시간(cycle time)을 곱하여 구한다.

$$I_{max} = n \times C = d \times CT$$

이 식을 고찰해보면, 재고는 부품 수요율 또는 간판의 순환시간에 대한 함수이므로 재고감축을 위한 핵심은 부품의 조달기간(lead time) 내지 순환시간을 줄이는 것임을 알 수 있다.

### (2) 평준화생산(Smoothing of Production)

평준화생산은 Just-in-Time 생산을 위한 중요 요건으로서 포드(Ford)시스템과 비교했을 때 가장 차별화되는 JIT 생산방식만의 특징이다. 이를 위해서는 간판방식이 선행공정이나 협력사들에 대해서 과잉재고나 과잉인원을 강요하지 않고도 적용되기 위한 전제조건으로서 실현되어야 할 사항이다.

평준화생산이란, 최종조립라인이 부품을 선행공정에서 인수할 때 각 부품의 수량과 종류에 관해 평준화하여 소비하도록 갖가지 제품이 혼류 생산되는 것을 의미한다. 즉, 시장에서 판매되는 상태에 맞추어 그 비율로 생산 간격을 결정해서 생산의 라인화를 해가려는 것으로서 철저한 시장지향적 사고에 충실한 생산방법이라고 할 수 있다.

이와 같은 평준화생산의 목적은 ① 과잉재고의 방지 ② 불필요작업의 방지 ③ 인력, 기계, 자재 등의 적재적소 배치 ④ 가동율의 향상 ⑤ 표준작업으로의 이행촉진 ⑥ 수요변동에의 유연한 대처 등에 있다.

JIT 생산방식에 있어서의 '선행공정은 후속공정이 인수(회수)해 간만큼 생산한다'는 것을 실현하기 위해서는, 모든 생산 공정에서 Just-in-Time 생산이 이루어지도록 충분한 인력과 설비 등을 갖추고 있어야 하는 등의 다양한 방법으로 대처해야만 한다. 만일 후속공정의 인수시기와 양, 즉 생산부하량과 회수시점이 변동된 형태로 움직이면 움직일수록, 그리고 선행 단계로 거슬러 올라갈수록 부정적인 영향은 더욱 더 크게 연쇄적으로 전파되는 이른바 나비효과(butterfly effect)가 발생하게 된다. 이러한 악영향을 최소화하기 위해서는 최종공정에서의 제품생산 시 최대작업량과 최소작업량의 불균형을 최소화함으로써 필요한 작업(생산)능력을 일정하게 할 필요가 있다. 그러나 이러한 평준화생산의 실현은 시장에서의 다양한 수요를 충족시키기 위하여 매일같이 다양한 제품의 생산이 동일한 생산라인에서 이루어져야 하므로 대단히 복잡하고 어려운 일이다. 따라서 도요타자동차에서는 철저한 생산준비시간의 단축(setup time reduction)과 함께 자동화(autonomation), U자 라인화, 다기능공에 의한 소인화 등으로 뒷받침되는 상황 하에서 (그림 5)와 같은 평준화생산의 실현 구조를 확립하고 있다.

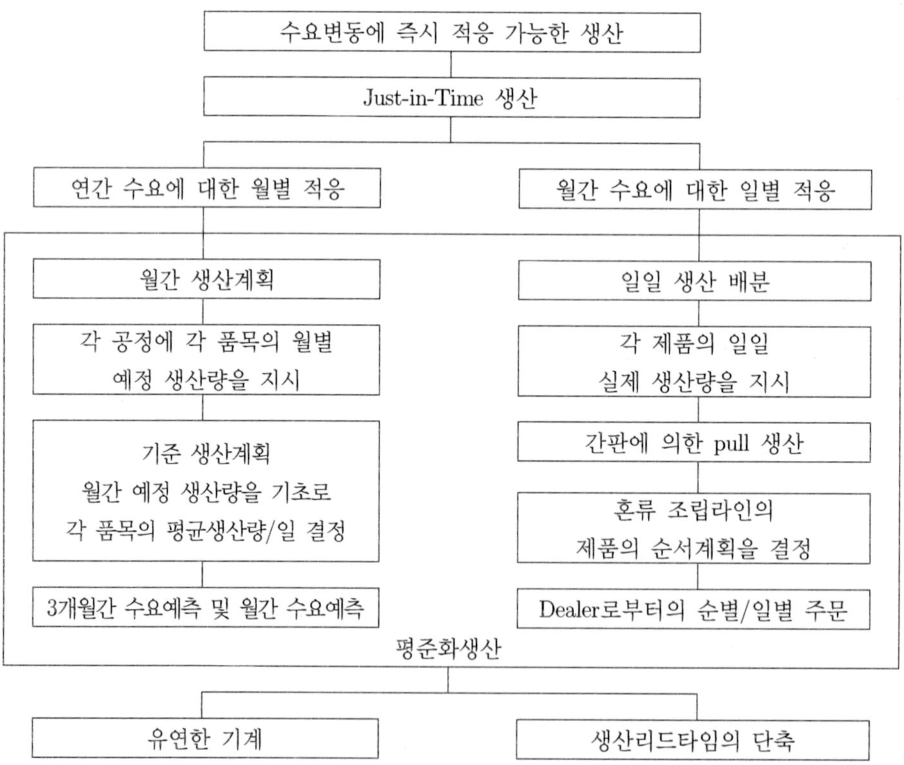


〈그림 5〉 평준화생산 구조

변동하는 수요에 대한 월간생산계획의 결정과 이를 토대로 한 일일생산계획의 결정은 평준화생산의 기본이 된다. 특히 평준화생산은 여러 제품의 전체 생산량과 생산량이 많은 제품에 대한 평균화 등으로 나뉘어져 이루어지는데, 일반적으로 진행되는 평준화 생산에 대한 일간 생산계획 수립방법을 살펴보면 다음과 같다.

(순서 1) 여러 제품에 대한 일 단위의 생산필요량을 토대로 생산일정계획을 결정한다. 이때는 특정 월의 주일정계획(MPS)에 잡혀있는 각 제품의 월간 수요를 작업일수로 나누어 1일 생산필요수량을 결정한다.

$$1\text{일 생산필요량} = \frac{\text{월간 생산 필요량}}{\text{월간 작업일수}}$$

(순서 2) 각 제품의 사이클 타임을 결정한다. 각 제품에 대한 사이클 타임은 한 단위의 제품생산에 소요되는 시간(제품 단위당 생산소요시간)으로서 다음과 같이 산출한다.

$$\text{사이클타임} = \frac{1\text{일 작업시간}}{1\text{일 생산필요량}}$$

(순서 3) 각 제품의 사이클 타임에 대한 역수를 취한다.

$$\frac{1\text{개}}{\text{제품 }A\text{의 사이클타임}},\ \frac{1\text{개}}{\text{제품 }B\text{의 사이클타임}},\cdots$$

(순서 4) 소요시간 대비 최소생산수량의 비율을 산출한다. 이것은 일련의 생산을 완료하는데 소요되는 총 사이클 타임인 총 소요시간(total sequence time)을 산출하기 위한 간단한 수학적 변환이다. (순서 3)에서 취한 값에서 분모의 최소공배수로 그 단위를 일치시키고 산출된 값들을 모두 더한다.

이와 같은 내용을 다음과 같은 예를 통해 살펴보기로 하자.

이달의 MPS에 반영되어 있는 제품은 A, B, C 세 가지 제품이다. 작업일수가 20일인 이번 달에 확보해야 하는 제품수량은 각각 A 3,200개, B 1,600개, C 1,600개이다.

매일 480분 동안 작업한다면 각 제품의 1일 생산필요량은 각각 160개, 80개, 80개가 되며, 사이클 타임으로 변환하면 3분, 6분, 6분이 된다. 이때 각 제품의 사이클 타임에 대한 역수를 취하면 다음과 같다.

$$\frac{1\text{개}}{3\text{분}},\ \frac{1\text{개}}{6\text{분}},\ \frac{1\text{개}}{6\text{분}}$$

분모의 최소공배수인 6분을 기준으로 정리해보면 다음과 같이 변환된다.

$$\frac{2개}{6분}, \frac{1개}{6분}, \frac{1개}{6분}$$

여기서 소요시간 대비 최소생산수량의 비율을 산출하기 위하여 이 값들을 모두 더하면 다음과 같다.

$$\frac{최소생산수량}{총소요시간} = \frac{2개}{6분} + \frac{1개}{6분} + \frac{1개}{6분} = \frac{4개}{6분}$$

이 비율은 1회의 생산규모를 의미하는 것으로 사이클 타임 6분 동안 제품 A는 2개, 제품 B와 C는 각각 1개씩 생산되어야 함을 뜻한다. 이러한 생산이 하루 480분 동안 80회 반복됨으로써 각 제품의 1일 생산필요량의 확보가 가능해진다.

(순서 5) 제품의 생산지시 순서계획을 결정한다. 생산준비에 많은 시간이 소요되는 장비로 인한 로트의 제약이 없다는 조건하에서 같은 제품이 연속적으로 나타나지 않도록 혼합하는 방법은 다음과 같은 배열 중 어느 하나가 될 것이다.

| 방법 | 순서(sequence) | | | |
|---|---|---|---|---|
| | 1 | 2 | 3 | 4 |
| 1 | A | B | A | C |
| 2 | A | C | A | B |
| 3 | A | B | C | A |
| 4 | A | C | B | A |
| 5 | B | A | C | A |
| 6 | C | A | B | A |

[표 3] 로트생산과 평준화생산의 비교

| 항목 | 로트생산 | 평준화생산 |
|---|---|---|
| 생산이념 | - Product Out (생산중심)<br>- 만들기 쉬운 것을 만들기 쉬울 때 만들기 쉬운 만큼 만든다. | - Market In (시장중심)<br>- 필요한 것을 필요한 때에 필요한 만큼 만든다. |
| 생산방법 | - 되도록 교체가 적어지도록 로트로 모은다. | - 시장의 요구인 사이클 타임에 맞춘다. |
| 능률에 대한 사고 | - 개개인의 능률중시 | - 전체의 능률중시 |
| 기계에 대한 사고 | - 고속, 전용기, 대형, 고가설비 | - 저속, 범용기, 소형, 저가설비 |
| 재고, 리드타임 | - 재고는 많고 리드타임은 길다 | - 재고는 적고 리드타임은 짧다 |

### (3) 생산준비시간의 단축(Setup Time Reduction)

1970년대 도요타자동차는 자동차의 보닛(hood)과 펜더(fender) 생산에 이용하고 있던 800톤 펀치프레스의 생산준비시간을 3분으로 단축하는데 성공하였다. 당시 미국과 유럽의 자동차회사에서는 동일 설비의 생산준비시간이 2시간 이상 소요되고 있었으며 심지어는 하루 종일 걸리는 기업도 있었다.

생산준비시간이란 생산시스템의 전환에 필요한 시간(change time)을 의미하는 것으로, 앞서 진행하던 제품의 생산이 끝나고 다음에 계획된 제품을 생산하기 위한 작업준비에 소요되는 시간을 말한다.

과거 EOQ 방식에서는 생산준비시간과 그 비용은 고정된 것으로 간주하고 생산에 소요되는 총비용을 최소화하기 위하여 적정 로트 싸이즈를 결정하였다. 그러나 JIT 생산방식에서는 생산준비시간이란 개선에 의해 더욱 짧아질 수 있는 가변성을 지닌 것으로 파악, 접근하고 있다. 최근에는 이러한 노력을 바탕으로 대형 프레스에서의 금형교체까지도 10분 미만의 생산준비(single minutes exchange of die : SMED) 내지 1분 이내에 이루어지는 One-touch Setup이라는 결과까지도 실현하고 있다. 이와 같은 결과는 생산준비과정의 철저한 분석과 창의력을 동원함으로써 준비의 낭비와 교환의 낭비, 그리고 조정의 낭비를 제거함으로써 가능하다.

생산준비시간을 단축함으로써 생산제품의 변경에 신속하고 효과적으로 대처할 수 있으며, 생산준비시간이 단축된 만큼 가동률 및 생산성이 향상되며, 최소의 재공품으로 필요시에 필요한 제품을 정확하게 제공할 수 있는 능력을 갖게 한다.

JIT 생산방식 개발과정의 이면에서 결정적인 역할을 수행해 왔던 사람 중 한명인 신고 시게오(新郷重夫)가 생산준비시간의 단축을 위해 제시한 내용을 살펴보면 다음과 같다.

① 금형적치장의 가시관리(visual control)화 : color-coding, floor marking등
② 치구, 금형 및 도구 등의 사이즈 표준화
③ 금형의 입출고 및 운반전담원의 보유
④ 체결방식의 변화와 도구의 공용화
⑤ 외작업에 의한 사전작업준비로 모든 중심 맞추기(centering) 완료
⑥ 측정작업의 외준비작업(external setup)화와 이에 소요되는 시간의 감축
⑦ 조정과 기타 내준비작업(internal setup)의 외준비작업화
⑧ 전문 Setup man을 필요로 하지 않도록 하는 작업자들의 Setup man화
⑨ 작업자들의 아이디어 도출 및 생산준비작업의 사전연습활동의 지원

이상의 내용을 종합 정리하면 생산준비시간의 단축을 위해서는 먼저 4가지의 개념이 인식되어야 하고, 이 개념의 적용을 위해서는 6가지의 기법이 효과적으로 응용되어야 함을 의미한다. 먼저 4가지의 개념이란 다음과 같다.

(개념 1) 생산준비작업을 내준비작업(internal setup)과 외준비작업(external setup)으로 나눈다. 내준비작업이란 기계가 정지된 상태에서만 가능한 작업을 의미하고, 외준비작업이란 기계가동 중에도 수행할 수 있는 작업을 의미한다.

(개념 2) 가능한 한 내준비작업을 외준비작업으로 전환한다. 각종 도구 및 부품의 준비, 설비보전활동 등은 기계가동 중에도 할 수 있다. 생산준비작업의 상당부분을 외준비작업화 함으로써 30~50% 정도의 생산준비시간의 단축이 가능해지는데, 5S(정리, 정돈, 청소, 청결, 생활화)의 효과적인 활용이 기여할 수 있는 부분이다.

(개념 3) 조정작업(adjustment process)을 제거한다. 조정이란 XY축, 높이 등의 위치결정, 칫수나 타이밍, 밸런스 등을 맞추는 것을 의미한다. 일반적으로 조정작업에 소요되는 시간은 내작업시간의 50~70% 정도를 차지하므로 이 시간을 줄이는 것은 생산준비시간의 단축을 위해 가장 중요하다. 스토퍼(stopper)나 가이드 블록(gulde block) 등을 이용하여 원하는 작업을 한 번에 할 수 있는 설정(setting)작업으로 대체할 수 있는 방법을 연구해야 한다.

(개념 4) 생산준비작업 자체를 없앤다. 준비작업의 완전한 제거는 다양한 제품에 공통된 부품을 사용하는 방법과 저렴한 기계를 병렬로 놓고 각 설비에서 각 부품을 전용으로 생산하는 방법이 있다. 이 외에도 한 가지 금형으로 세트제품을 만들어 분리하는 방법도 생각할 수 있다.

이상의 기본적인 개념에 입각하여 생산준비시간의 단축과정에서 응용할 수 있는 6가지의 기법을 살펴보면 다음과 같다.

(기법 1) 외준비작업을 표준화한다. 금형이나 공구, 재료 등의 준비작업을 충분히 순서화, 표준화한다. 이러한 내용은 작업표준서화하여 작업자가 항상 쉽게 확인할 수 있는 위치에 게시한다.

(기법 2) 기계의 필요부분만 표준화한다. 모든 금형의 크기와 형상이 완전히 표준화되면 생산준비시간은 크게 단축될 수 있다. 그러나 이것은 많은 비용과 시간을 요한다. 따라서 저렴한 비용으로 생산준비시간을 단축하기 위해서는 생산준비과정에서 취급되는 특정부분, 기능만의 표준화를 도모하는 것이 중요하다. 금형 높이의 표준화,

조임부분의 두께 표준화, 금형 체결용 볼트의 높이 표준화 등이 이에 해당한다.

(기법 3) 신속한 체결구를 이용한다. 되도록이면 볼트를 없애고 One-touch에 의한 체결이 가능하도록 연구가 필요하다. 가이드 블록(guide block), 카세트 방식의 도입 등도 이러한 예에 포함된다.

(기법 4) 보조용구를 사용한다. 금형이나 바이트를 프레스나 선반의 척(chuck)에 직접 장착하려면 많은 시간이 소요된다. 이것은 외작업으로 보조용구에 장착시켰다가 내작업 단계에서 이 보조용구를 One-touch로 기계에 끼워 맞추는 방법을 고려해 볼 수 있다.

(기법 5) 병렬작업을 실시한다. 여러 사람에 의해 수행 가능한 생산준비작업을 표준작업조합표로 정리하고, 이를 분담하여 수행시킴으로서 시간 단축을 모색할 수 있다.

(기법 6) 기계적인 도구들을 활용한다. 금형의 장·탈착 시 One-touch방식으로 한 번에 여러 곳을 조이거나 풀 때 유압이나 기압 등을 이용할 수 있다. 또한 펀치 프레스의 금형높이는 전동장치에 의해 조절할 수도 있다. 그러나 이러한 장치들은 편리함에 반해 많은 투자를 필요로 하기 때문에 신중한 검토가 따라야 할 것이다.

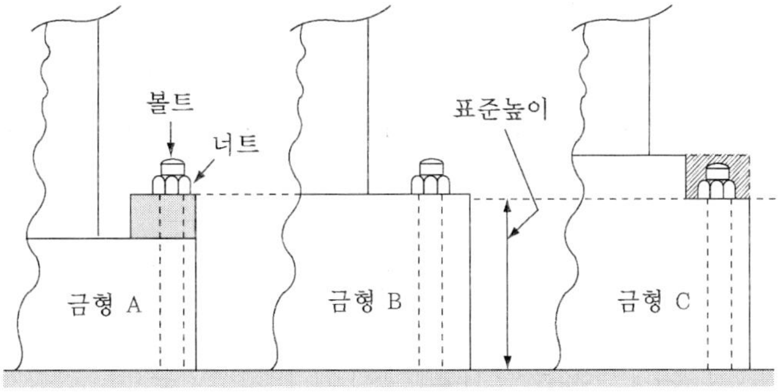


〈그림 6〉 금형의 높이 표준화

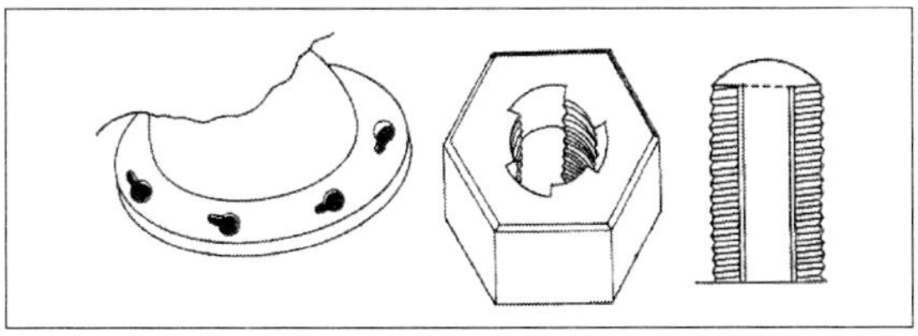

〈그림 7〉 신속 체결구의 예

생산준비시간의 단축은 제조업에서만 일어나는 것은 아니다. 미국의 텍사스주 휴스턴에 위치한 세인트 룩스(St. Luke's) 병원에서는 수술실에서의 수술준비전환시간(turn-around time)을 극적으로 단축하기 위하여 SMED의 원칙을 응용하였다. 여기서 수술준비전환시간은 한 명의 환자가 수술실을 떠난 시점부터 다음 환자가 들어올 때까지의 시간을 의미한다. 이 시간동안 이전 수술과정에서 발생한 각종 물질로부터 수술실을 청결(clean)한 상태로 확보하는 일과 함께 다음 수술에 필요한 수술집기의 준비(instruments setup)가 이루어진다. 이 시간의 단축을 위해 수술준비전환과정의 모든 사항을 비디오로 촬영하고 분석해 본 결과, 몇몇 테이블이나 선반 등의 기구가 전혀 사용되지 않으면서도 수술실에 있다는 이유만으로 소독하고 있음을 발견하였다. 이러한 기구들을 치우는 것만으로도 수술준비전환시간이 24분에서 17분으로 단축될 수 있었는데, 이 병원의 다음 목표는 10분이다.

### (4) 소인화와 U자 라인

JIT 생산방식의 특징 중 하나는 수요변화에 따라 인원조절이 가능하도록 생산시스템을 구축한다는 점이다. 이를 소인화(少人化)라고 하는데, 소인화란 시장수요의 변동에 따라 작업자수를 변동시켜 작업장의 유연성을 달성하는 것을 말한다. 이 개념은 특히 수요의 감소에 따라 작업자를 줄여야 할 때 매우 중요한 의미를 가진다.

소인화의 개념을 이룩하기 위해서는 다음과 같은 3가지의 요소가 전제조건으로 충족되어야만 한다.

① 합리적인 Layout 설계로 책임 작업 범위의 확대 내지 축소의 유연성 확보
② 다기능작업자의 확보
③ 표준작업의 지속적인 개정과 유지

#### 가. U자 라인

JIT 생산방식에 있어서는 시장 수요의 변화에 탄력적으로 대처하기 위해 각 라인의 작업자 수의 증감이 가능한 체제를 갖출 것을 요구하고 있다. 노동력 이용의 유연화는 다기능공화 및 직무구분의 완화와 더불어 라인 내 기계설비의 합리적인 배치를 통해 기술적으로 완성된다.

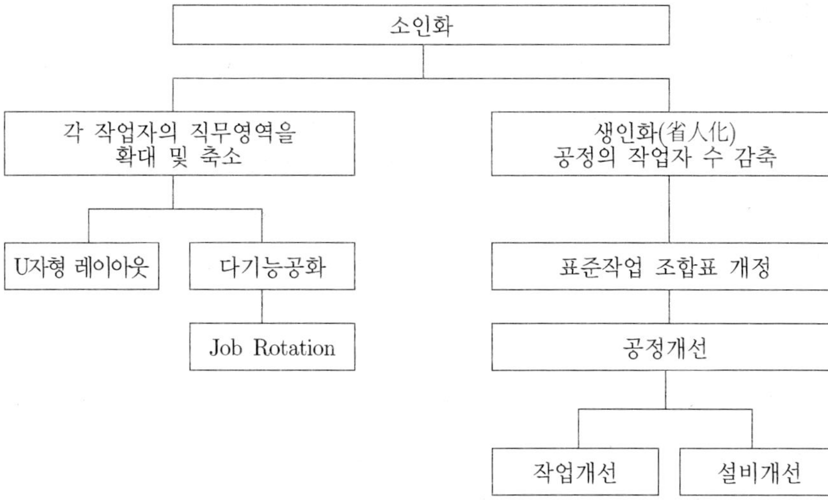


〈그림 8〉 소인화 실현을 위한 중요요소

U자형 라인의 특징은 라인의 입구와 출구를 같은 지점에 위치시킨다는 점이다. 이로써 투입과 산출에 따른 보행의 낭비 최소화와 산출물의 완벽한 품질확보가 가능한 생산 흐름을 만들 수 있으며, 작업자의 담당 업무 범위 조절이 매우 쉽다는 장점을 갖고 있다. 그 결과 공정간 대기, 운반, 재고의 낭비를 제거하며 기계배치의 변경없이 작업자를 추가로 투입하거나 빼냄으로써 생산량의 변화가 가능하게 된다. 이러한 U자형 라인은 GT (Group Technology)에서 출발한 개념이지만 제품그룹별로 기계가 배치되는 GT에서는 생산과정보다 생산제품을 중심으로 라인이 형성된다는 점에서 차이가 있다.

일반적으로 U자 라인의 형태는 전체 생산의 물자 흐름과 근로자간의 상호관계 및 현장의 공간 등을 종합적으로 고려하여 결정하는데 원이나 V자, C자 또는 삼각 형태를 취해도 그 본질적인 의미는 변하지 않는다.

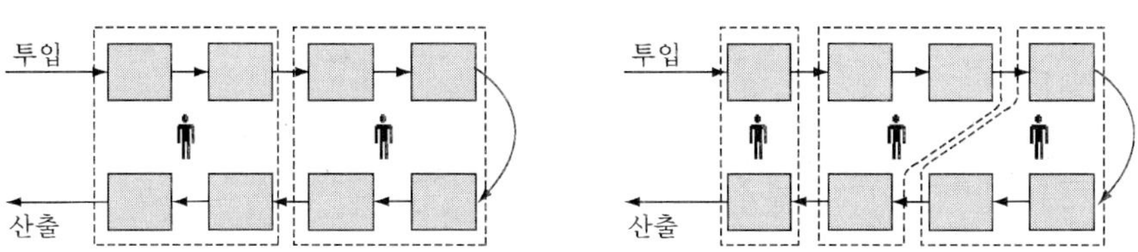


① 2인 셀　② 3인 셀

〈그림 9〉 U 라인과 셀 제조

### 나. 다기능공화

다기능공(multi-skilled man)화란 다양한 작업의 수행능력을 뜻하는 작업능력의 융통성을 의미한다. 흐름식 공정설계를 위한 절대적 요소인 다기능공화란 단순히 동일 기능을 하는 여러 대의 기계를 취급하는 다기계(multi-machine) 담당과 함께 업무의 기능이 각기 다른 여러 개의 공정을 맡는 다공정(multi-process) 담당을 모두 포함한다. 이러한 다기능공화는 직무확대(job enlargement)와 직무충실화(job enrichment)의 특별한 경우라고 생각할 수 있다.

세계 자동차 산업을 비교 연구한 워맥(J. P. Womack) 등도 자동화 수준은 생산성 차이의 $\frac{1}{3}$정도만 설명해 줄 뿐이며, 정작 중요한 것은 작업 조직적인 측면에서 찾을 수 있었음을 강조하고 있다. 일반적으로 한 명의 작업자가 1대의 기계를 담당하는 개별작업에 비하여 다기계 담당의 경우에는 30~50%, 다공정 담당시에는 50~100%의 생산성향상을 기대할 수 있는 것으로 알려져 있다.

다기능공화의 실현에 의한 다공정 담당의 효과를 살펴보면 다음과 같다.

① 순환작업의 수행으로 작업자의 정신적, 육체적 피로의 감소
② 작업자간의 상부상조 정신의 앙양 및 원만한 인간관계 조성
③ 기술과 노하우(know-how)의 신속한 전파
④ 개선제안 활동의 활성화

[표 4] 다기계 담당과 다공정 담당의 비교

| | 장점 | | | | 단점 | |
|---|---|---|---|---|---|---|
| | 자동가공 시간의 활용 | 각 공정 소요시간 차이에 의한 대기 | 공정간 임시보관 | 공정간 흐름속도 | 기계 가동율 | 공정간 보행의 낭비 |
| 다수대 담당 | 활용가능 | 흡수가능성 있음 | 임시보관 있음 | 보통 | 저하 | 발생 |
| 다공정 담당 | 활용가능 | 크게 흡수할 수 있음 | 임시보관 없음 | 빠름 | 저하 | 발생 |

출처 : 신고 시게오, 도요타생산방식의 IE적 고찰, 한국생산성본부, 1992

### (5) 자동화(Autonomation)

Just-in-Time 생산과 함께 JIT 생산방식을 구축하는 또 하나의 기둥인 자동화(自働化)는 기계체제의 자동화(自動化)뿐만이 아니라 기계의 경직성을 보완해 주기 위해 인간의 자율판단 기능을 첨가한 '사람 인(人)변이 붙은 자동화(自働化, autonomation)' 라는 특징을 지닌다.

자동화 도입에 의한 가장 큰 효과는 작업자가 자신의 업무를 수행하거나 일을 하지 않을 때에도 기계에 대해 신경을 쓸 필요가 없어진다는 점이다. 이것은 다기능 작업자로 하여금 감시 작업을 없애고 여러 대의 기계를 동시에 다룰 수 있게 함으로써 생산성 향상뿐만 아니라 작업자의 감축에 의한 원가절감을 가능하게 하고, 동시에 인간성 존중이라는 JIT 생산방식의 부차적 목표 실현을 이끌어내게 된다. 잘못된 제품이 생산될 때마다 자동적으로 정지하도록 설계된 기계설비에 의해 불량품 발생 시 발견되지 않은 채 라인을 통과하는 것은 불가능하기 때문에 항상 완벽한 품질관리가 이루어질 수 있다는 점 또한 JIT 생산방식의 부차적 목표인 품질보증의 달성과 직접적으로 연결된다. '생산된 제품의 참된 가치는 품질에 있다'는 철학에 입각하고 있는 일본 기업의 경우 완전한 불량제로의 실천전략으로써 자동화를 절대적으로 강조하고 있다.

#### 가. 풀 워크(Full-work) 시스템

자동화된 기계가공 공정에서는 기계별 생산능력과 생산속도가 다르기 때문에 기계간 또는 공정간 물건의 과잉생산에 의한 불균형이 초래된다. 또한 후속공정의 정지에도 불구하고 선행공정에서는 계속 가공이 진행됨에 따라 Just-in-Time 생산이 위협을 받게 된다. 이와 같은 문제점을 해결하여 과잉생산의 낭비를 근본적으로 차단하고자 마련된 것이 풀 워크 시스템(Full-work System)이다. 특히 JIT 생산방식에서는 가공부문에서 적용되는 자동화 개념을 조립라인으로까지 확대 전개시킴으로써 '불량품이 흐르지 않는 체제'와 '과잉생산하지 않는 체제' 구축을 추구한다.

조립라인에 응용되는 풀 워크 시스템은 'AB 제어'를 기본으로 하고 있다. AB 제어란, 가공물의 일정한 흐름 또는 라인속의 A와 B의 2점을 기준으로 그곳에서의 가공물의 유무상태를 판단하여 물건을 흐르게 하거나 멈추게 하는 원리를 지닌다. (그림 10)을 기계가공라인에 적용하여 설명해 보면, 점 A와 B의 센서에 의해 감지된 가공물이 풀 워크 상태임을 의미하므로 설비 X는 정지하여 더 이상의 물품을 보내지 않게 된다. 또한 점 B의 센서에 의해 확인된 가공물이 없을 경우 No-work로 판단하여 설비 Y는 가동을 중지하게 됨과 동시에 정지하고 있던 설비 X에게 재가동을 명령하게 된다.

풀 워크 시스템을 적용할 경우 다음과 같은 효과를 기대할 수 있다.

① 불필요한 운반의 제거로 생산소요시간을 단축할 수 있다.
② 완제품 재고의 최소화를 실현할 수 있다.
③ 수요변화에의 신속한 대응이 가능하다.

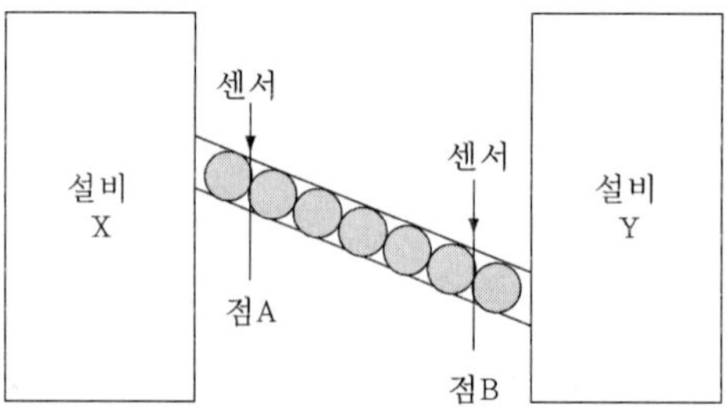


〈그림 10〉 기계가공라인의 풀 워크 시스템

### 나. 실수방지 시스템(Foolproof System)

풀 푸르프(foolproof)란 KS의 신뢰성 용어 정의에 의하면 “인위적으로 부적절한 행위나 과실 등이 일어나더라도 아이템의 신뢰성, 안전성을 유지하는 설계 또는 상태”를 말한다. 그러나 제조현장에서 쓰이는 풀 푸르프는 “작업 미스에 대처하기 위한 작업 시스템(부품, 재료, 설비, 지그, 공구, 작업지시서, 표준서 등을 포함함)에 관한 종합적인 궁리”라는 의미가 더 적합하다.

JIT 생산방식에서 쓰이고 있는 풀 푸르프 장치는 공정 내에서의 비정상을 자동으로 체크하기 위해 기계에 부착되는 장치이다. 이것은 작업 도중 무심히 지나칠 수 있는 불량을 방지하거나, 사이클 타임 내 작업을 완료할 수 있도록 작업개선을 하기 위해 사용된다. 신고(新鄕重夫)는 실제 공정에서 이루어지고 있는 풀 푸르프 시스템을 작업 미스에 의한 불량을 발견하기 위해 적용하는 전수검사의 방법으로 받아들이면서 다음과 같이 분류하고 있다.

#### ① 설정기능에 의한 분류

- 접촉식 : 제품 형상이나 치수의 차이에 의해서 검지 장치에 ‘접촉하느냐 않느냐’에 따라 이상을 검지하는 방식

- 정수식 : 일정한 횟수의 동작을 반복하지 않으면 안 될 경우 규정된 횟수의 동작을 시행하지 않았다고 하는 것으로 이상을 검지하는 방식
- 동작 스텝식 : 일정한 동작으로 작업을 하지 않으면 안 될 경우 그 동작의 미스가 있을 때 검지하는 방식

② 규제기능에 의한 분류

- 규제식 : 이상이 발생한 경우 기계 또는 작업의 정지를 통해 연속해서 불량이 발생하는 것을 방지하는 방식
- 주의식 : 이상이 발생한 경우 그 정보를 버저(buzzer)의 소리나 빛의 점멸에 의하여 알리도록 하여 작업자의 주의를 환기하는 방식

**쉬어갑시다**

**삼성전자의 완제품 생산 방식 혁명 컨베이어 벨트는 가라… 이젠 '원맨 생산'**

조선일보, 2006년 9월 6일

"컨베이어 벨트에서 셀(Cell) 방식으로."

삼성전자가 여러 명이 달라붙어 대량생산을 하는 컨베이어 벨트식 체제에서 탈피, 생산방식의 근본적인 변화를 꾀하고 있다. 슬로바키아 수도 브라티슬라바에서 동쪽으로 70여㎞ 떨어진 시골마을 갈란타는 삼성전자의 이러한 '제조 혁신'이 생생하게 진행되는 현장이다.

■ 한 두 명이 제품 한 대씩 뚝딱

지난 4일(현지시각) 갈란타에 있는 삼성전자 슬로바키아법인을 방문했을 때 여느 공장과 조금 다른 광경이 눈에 들어왔다. 일반 공장은 수십 명의 직원이 천천히 움직이는 컨베이어 벨트를 따라 길게 늘어선 채 자기 앞으로 오는 단순 작업만 반복하는 것이 일반적이다. 부품 준비하는 사람, 나사 죄는 사람, 제품 성능을 검사하는 사람이 모두 따로 있어야 한다.

하지만 갈란타 공장에선 중간 중간 2명의 여직원이 컨베이어 벨트가 아닌 별도 작업대 앞에서 LCD(액정화면) 모니터를 처음부터 끝까지 조립하고 성능 검사까지 해내고 있었다. 이들 앞에 있는 'ㄷ'자 모양의 작업대 양옆으로는 LCD패널 등 부품이 잔뜩 쌓여 있고, 작업대 앞쪽 서랍에는 나사와 작업 공구가 칸마다 정리돼 있었다. 수십 명이 할 일을 2명이 처리하고 있으니, 다방면의 숙련공임에는 틀림없어 보인다.

이름하여 셀(Cell·세포) 생산방식. 현재 갈란타 공장 생산직 2500여 명 중 700여명이 셀 생산 방식에 투입돼 있다. 컨베이어 벨트 방식이 단순 작업의 반복을 통한 '소품종 대량생산' 체제에 맞는다면, 셀 생산 방식은 1~2명이 모든 조립 공정을 소화하는 '자기 완결형 생산' 체제다.

■ 날로 확산되는 셀 방식

셀 방식은 1990년대 중반 일본 캐논, 소니 등에서 처음 도입돼 전자업계 전반으로 확산되고 있다. 이건희 삼성 회장의 장남인 이재용 삼성전자 상무는 캐논 등 셀 방식에 강한 해외업체를 여러 번 방문, 셀 방식의 확산을 주도하는 것으로 알려졌다. LG전자, 대우일렉트릭 등 국내 기업 역시 셀 방식을 부분적으로 활용하고 있다.

삼성전자는 이미 지난해 수원에 있는 디지털TV 공장에 대해선 100% 셀 방식으로 전환을 끝냈다. 중국 쑤저우(蘇州)에 있는 삼성전자 PC공장도 올해 4월부터 노트북PC 생산량에 따라 급여를 차등 지급하는 셀 방식을 도입했다.

삼성전자가 제조 혁신에 나선 것은 셀 방식 도입으로 생산성이 평균 30% 정도 높아진다는 결론을 얻었기 때문. 삼성전자 김광태 전무는 "쑤저우공장의 경우, 셀 방식 도입 이후 숙련공 한 명의 노트북PC 생산량이 기존 60여대에서 130여대까지 늘어났다"고 말했다. 셀 방식은 컨베이어 방식에 비해 숙련도에 따라 인력을 효율적으로 재배치하는 장점도 있다.

올해 4월 셀 방식을 처음 도입한 갈란타 공장은 이르면 내년까지 셀 방식으로 전환을 마칠 예정이다. 공장에서 컨베이어 벨트가 완전히 사라진다는 얘기다. 갈란타 공장의 김득근 부장은 "우리가 셀 방식을 통해 궁극적으로 지향하는 것은 '다품종 대량생산' 체제"라면서 "소비자의 다양한 욕구를 충족시키는 동시에 생산성을 높이기 위해서는 셀 방식 전환은 이제 필수"라고 말했다.

다만 셀 방식이 제대로 정착되기 위해선 무엇보다 다기능(多技能) 숙련공의 육성이 절대적이다. 예를 들어 디지털TV를 조립할 경우 셀 방식에서 근무하는 직원이 제품 조립법은 물론이고 사운드, 화면 보정(補正), 검사 등의 지식을 완벽히 알아야 한다. 실제 국내 일부 업체가 이런 준비 없이 셀 방식을 성급하게 도입했다가 실패하기도 했다.

# 03 JIT 생산방식의 적용

## 3.1 JIT 생산방식의 장 · 단점

JIT 생산방식은 포드에 의해 제시된 대량생산 시스템의 사고를 뒤엎은 효율적인 생산방식이며, 다품종 소량생산의 시대를 연 뛰어난 생산방식으로 평가되고 있다. JIT 생산방식의 장점을 정리하면 다음과 같다.

- 시장의 수요변화에 신속하고 유연하게 대응한다.
- 생산의 낭비제거로 원가를 낮추고 생산성을 향상시킨다.
- Just-in-Time 생산으로 원자재 · 재공품 · 제품의 재고수준을 줄인다.
- 자동화(自働化)와 소로트 생산으로 불량을 줄이고 품질을 향상시킨다.
- 생산준비시간 단축으로 리드타임을 줄인다.
- 간판방식과 생산평준화로 생산의 흐름을 원활하게 한다.
- 혼류생산으로 공간과 설비의 이용률을 높인다.
- 유연한 설비배치와 다기능공으로 작업자수를 소수인화한다.
- 라인스톱시스템 등으로 문제해결에 작업자를 참여시킨다.
- 한정된 수의 공급업자와 친밀한 유대관계를 구축한다.

이상의 장점들이 있음에도 일부에서는 JIT 생산방식에 대한 비판도 제기되고 있다. 간판방식이 하청업체를 괴롭힌다고 비판받았을 뿐만 아니라 도요타자동차 공장의 근로자에게 과중한 노동을 강요하는 것으로 묘사되었으며, 최근에는 도요타의 간판방식이 도로적체와 환경파괴의 주범으로까지 몰리고 있다.

특히 필요한 부품을 필요한 때 필요한 양만을 조달하는 Just-in-Time 방식은 공급자가 부품조달을 제대로 이행하지 못하면 생산이 중단될 수도 있다. 대표적인 사례를 살펴보면 1995년 고베지진으로 인해 대형 자동차 메이커들이 동시에 조업을 중단한 것을 비롯하여, 1997년 도요타자동차에 브레이크 부품공급을 책임지고 있는 아이신정기의 화재로 300여개에 달하는 연관업체들의 가동이 3일 이상 중단된 바 있다. 또한 가장 최근의 사례로는 2007년 7월 일본 니가타현에서 발생한 지진 피해로 일부 자동차 부품 업체의 가동이 정지되면서 도요타자동차 등 9개 자동차 회사의 공장 가동이 중단되는 사태가 발생하기도 하였다.

## 3.2 JIT와 MRP 시스템의 차이점

JIT와 MRP 시스템은 낮은 재고수준, 높은 생산성과 고객서비스를 지향한다는 점에서 양자가 비슷하지만 접근방법은 상이하다. JIT와 MRP 시스템은 소요개념에 입각한 관리방식이라는 점에서 공통점이 있다. 즉, 필요한 물품을 필요한 때 필요량을 확보한다는 점에서는 같지만, JIT는 주문이나 요구에 따라가는 '끌어당기기 시스템(pull system)'이고, MRP는 계획대로 밀고 가는 '밀어내기 시스템(push system)'이라는 점에서 명확히 구분된다.

이들 시스템이 추구하는 목표에 볼 때 MRP는 차질 없는 계획수행을 위해 소요 개념을 제시하고 있음에 비해 JIT는 낭비제거, 즉 불필요한 생산요소의 배제를 목표로 한다. 또 MRP는 그의 관리수단으로 컴퓨터 처리를 주축으로 하고 있음에 반하여, JIT는 간판방식과 같은 '눈으로 보는 관리(visual management)'를 전개한다. 또한 JIT는 생산준비시간 축소에 의한 소로트화로 재고수준의 최소화를 추구하는데, MRP는 경제적 발주량(생산량)이나 조달기간 중의 재고유지를 추구한다.

공급자와의 관계를 살펴보면, JIT에서는 구성원의 입장에서 공급자와 장기거래를 유지하는데 반해, MRP에서는 경제적 구매위주의 단기 거래가 주로 이루어지므로 품질이나 공급이 불안정하기 쉽다. JIT 생산방식은 반복적 생산에서 적용효과가 크지만, MRP 시스템은 주문생산이나 로트생산 등과 같은 비반복적 생산에서 특히 효과가 크다.

[표 5] JIT와 MRP 시스템의 비교분석

<table>
<tr><th colspan="2">비 교 내 용</th><th>JIT 생산방식</th><th>MRP 시스템</th></tr>
<tr><td colspan="2">관리 시스템</td><td>요구(주문)에 따라서는 pull시스템</td><td>계획대로 추진하는 push시스템</td></tr>
<tr><td colspan="2">관리 목표</td><td>낭비제거(최소의 재고)</td><td>계획 및 통제(필요시 필요량 확보)</td></tr>
<tr><td colspan="2">관리 도구</td><td>눈으로 보는 관리(예 : 간판방식)</td><td>컴퓨터 처리</td></tr>
<tr><td colspan="2">생산 시스템</td><td>생산 사이클 타임 중심</td><td>MPS 중심</td></tr>
<tr><td colspan="2">생산 계획</td><td>안정된 MPS 필요</td><td>변경이 잦은 MPS 수용</td></tr>
<tr><td rowspan="2">집행 수단</td><td>생산계획</td><td>생산지시간판</td><td>작업전표, 생산지시서</td></tr>
<tr><td>자재계획</td><td>회수(인수)간판</td><td>주문서</td></tr>
<tr><td colspan="2">생산준비계획</td><td>생산준비에 미치는 영향 최소화<br>(생산준비시간 단축)</td><td>최대생산량이 목표</td></tr>
<tr><td colspan="2">통제우선순위</td><td>간판 도착순</td><td>작업배정 순서</td></tr>
<tr><td colspan="2">자재소요판단</td><td>간판</td><td>자재소요계획(MRP)</td></tr>
<tr><td colspan="2">발주(생산)로트</td><td>준비비용 축소에 의한 소로트</td><td>경제적 발주량(생산량)</td></tr>
<tr><td colspan="2">재고수준</td><td>재고 제로화 추구</td><td>조달기간 중 소요재고 인정</td></tr>
<tr><td colspan="2">공급자와의 관계</td><td>구성원 입장에서의 장기거래<br>(우호적 관계 형성)</td><td>경제적 구매위주의 단기거래<br>(외주처가 다수로서 적대적 관계)</td></tr>
<tr><td colspan="2">품질관리</td><td>100% 양품추구, 품질문제는 현장에서 근원적으로 해결</td><td>어느 정도의 불량은 인정, 품질문제는 품질담당요원에 의해 규명</td></tr>
<tr><td colspan="2">적용분야</td><td>반복적 생산</td><td>비반복적 생산(업종 제한 없음)</td></tr>
<tr><td colspan="2">작 업 자</td><td>의견일치에 의한 경영<br>의견일치 후에도 변화가 가능</td><td>명령에 의한 경영, 새로운 시스템이 작업자와 협의없이 설치됨</td></tr>
<tr><td colspan="2">설비보전</td><td>기계고장의 최소화(5S)</td><td>필요한 때에만 진행</td></tr>
</table>

쉬어갑시다

**'JIT의 덫' 日 자동차 9社 스톱**

한국경제신문, 2007년 7월 20일

지난 16일 일본 니가타현에서 발생한 지진 피해로 일부 자동차 부품 업체의 가동이 정지되면서 도요타 등 9개 자동차 회사의 공장 가동이 중단되는 사태가 발생했다. 일본 자동차 업체들은 1990년대 후반부터 비용 절감을 위해 재고를 최대한 줄이는 JIT(Just in time·부품 적시 생산 체제) 생산 방식을 도입해 피해가 확산된 것으로 업계에선 풀이하고 있다.

도요타, 혼다 등 자동차 9사는 부품회사인 리켄의 니가타 공장 피해로 부품 공급에 차질이 생겨 생산라인을 임시 정지시키기로 했다고 니혼게이자이신문이 19일 보도했다. 대형 자동차 메이커들이 동시에 조업을 중단한 것은 1995년 한신대지진(고베지진) 이후 12년 만이다. 리켄은 국내 자동차 엔진용 피스톤링 시장의 50%, 자동변속기 부품인 실링의 70%를 공급하는 핵심 부품 회사, 주요 자동차 메이커들은 피스톤링 등을 리켄에 의존하고 있다. 도요타는 19일 저녁부터 금요일인 20일까지 일본 내 15곳의 모든 공장 가동을 순차적으로 중단키로 했다. 닛산도 20일부터 가나가와현에 있는 자동차 조립공장 등 3개 공장의 일부 라인을 정지시킬 계획이다. 스즈키, 미쓰비시자동차, 후지중공업 등도 일부 공장 라인을 폐쇄하고 생산량을 줄이기로 했다.

자동차 회사들의 이번 가동 중단은 부품 조달 체계의 취약성을 드러낸 것이라는 게 전문가들의 주장이다. 리켄 공장의 생산 차질로 피스톤링과 실링의 공급이 끊겼더라도 완성차 업체들이 부품 재고를 확보하고 있다면 문제가 없었다는 지적이다. 완성차 회사들은 비용 절감을 위해 부품 재고 제로(0)를 지향하는 도요타 생산방식을 채택하고 있다. 부품 재고는 많아야 하루 이틀 분밖에 갖고 있지 않다. 따라서 하루라도 부품 조달이 안 되면 완성차 생산라인을 돌릴 수 없는 위험성을 안고 있다. 혁신적 생산방식의 이면엔 부품 조달 체계의 취약성이 숨어 있었다는 얘기다.

이들 자동차 회사는 다음 주 초인 23일부터 공장을 정상 가동할 수 있을 것으로 예상하고 있다. 그러나 리켄의 피해 공장 복구가 늦어질 경우 재가동이 더 늦춰질 수 있다. 리켄 공장의 조업 정지가 장기화되면 자동차 각사가 올해 생산 계획을 전면 수정해야 하는 상황이 발생할 수 있다는 분석도 나오고 있다.

1995년 고베지진 당시 도요타를 비롯한 일본 자동차 업체 9개사가 생산을 중단해 그해 자동차 생산량이 4만대가량 줄었다. 자동차 공장의 생산중단이 장기화되면 일본 경제에 악영향을 미칠 것으로 예상된다. 자동차 생산이 멈추면 관련 부품 공장들도 연쇄적으로 생산을 중단할 수밖에 없기 때문이다.

일본 내 자동차 부품 회사는 7,000개사에 달한다. 자동차산업 관련 취업 인구는 전체의 8%인 495만여 명이며, 이 중 약 82만 명이 제조공장에서 일하고 있다. 일본자동차공업협회 관계자는 "거대한 피라미드의 정점에 있는 완성차 공장이 멈추면 아래 있는 모든 부품업체의 공장도 쉴 수밖에 없다"며 "지진으로 인한 부품공장 한 곳의 피해가 일본 경제에 의외의 파장을 불러일으킬 수도 있다"고 말했다.

요약

- JIT 생산방식은 필요한 것을, 필요한 때에, 필요한 양만큼 만드는 생산방식으로 수주로부터 생산(제조)·납품에 이르기까지 모든 것이 동기화(흐름화)된 하나의 체계를 말하는데, '무재고 생산방식(non-stock production system)', '린 생산방식(lean production system)' 등으로도 부른다.
- JIT 생산방식에서는 7대 낭비로 과잉생산의 낭비, 재고의 낭비, 가공의 낭비, 동작의 낭비, 운반의 낭비, 대기의 낭비 그리고 불량생산의 낭비를 제시하고 철저한 제거에 노력하고 있다.
- JIT 생산방식은 2가지 주된 목표를 지닌다. 단기적인 목표는 낮은 재고수준과 생산성향상에 의한 제조(생산)비용의 절감이며, 장기적인 목표는 생산소요시간의 단축과 융통성(flexibility)의 제고, 품질 향상 등에 의한 경쟁력의 강화에 있다. 또한 주목표를 달성하기 위해서 수량관리 목표, 품질관리 목표, 인간성의 존중목표라는 3가지 부차적 목표가 동시에 추구된다.
- Just-in-Time 생산과 자동화(自働化)의 개념은 JIT 생산방식의 핵심 축이다. Just-in-Time 생산이란 기본적으로 필요한 것을 필요한 때에 필요한 양만큼 만든다는 것을 의미하며, 자동화란 설비 스스로 불합리한 점을 감시 내지 관리하는 메커니즘을 뜻한다.
- 간판방식에서는 회수간판(withdrawal kanban) 또는 운반간판(conveyance kanban)과 생산지시간판(production kanban)이 활용되고 있다.
- 평준화 생산은 최종조립라인이 부품을 선행공정에서 인수할 때 각 부품의 수량과 종류에 관해 평준화하여 소비하도록 갖가지 제품이 혼류 생산되는 것이다.
- JIT 생산방식에서는 생산준비시간은 개선에 의해 더욱 짧아질 수 있는 가변성을 지닌 것으로 파악, 접근하고 있다. 최근에는 10분미만의 SMED(Single Minutes Exchange of Die) 내지 1분 이내에 이루어지는 One Touch Setup이라는 결과까지 낳고 있다.
- 소인화(少人化)란 시장수요의 변동에 따라 작업자수를 변동시켜 작업장의 유연성을 달성하는 것을 의미한다.
- 일반적으로 한 명의 작업자가 1대의 기계를 담당하는 개별작업에 비하여 다기계 담당의 경우에는 30~50%, 다공정 담당시는 50~100%의 생산성향상을 기대할 수 있는 것으로 알려져 있다.
- 조립라인에 응용되는 풀 워크 시스템은 'AB 제어'를 기본으로 하고 있는데, AB 제어란 가공물의 일정한 흐름 또는 라인속의 A와 B의 2점을 기준으로 그곳에서의 가공물의 유무상태를 판단하여 물건을 흐르게 하거나 멈추게 하는 원리를 지닌다. 또한 풀 푸르프 장치는 공정 내에서의 비정상을 자동으로 체크하기 위해 기계에 부착되는 장치를 의미한다.

## 토의문제

1. JIT 생산방식에서는 재고를 모든 말썽의 근원으로 보는 이유는 무엇인가 설명하라.

2. JIT와 유사한 의미로 쓰이는 다른 용어들은 어떤 것이 있는가?

3. JIT 생산방식에 있어서 7가지 낭비란 무엇인지 구체적으로 설명하라.

4. 간판시스템의 운용규칙을 설명하라.

5. 푸쉬(push)시스템과 풀(pull)시스템의 차이점을 설명하라.

6. 생산준비시간의 단축이 중요한 이유를 설명하라.

7. 생산준비시간을 단축하기 위한 구체적인 방법을 설명하라.

8. JIT 생산방식과 MRP시스템을 비교하여 설명하라.

9. 월간 생산필요량이 다음과 같을 때 JIT 생산방식에 의한 일간생산량과 혼류생산계획을 수립하라. 단, 월간 작업일수는 25일, 1일 작업시간은 8시간이다.

| 제품 | 생산필요량 |
|---|---|
| A | 5,000개 |
| B | 2,000개 |
| C | 3,000개 |

10. JIT 개념이 적용되고 있는 어느 작업장에서의 부품 X의 수요율은 시간당 100단위이고, 사용하는 컨테이너의 용량은 25단위라고 한다. 현재 컨테이너의 순환시간은 180분일 때

① 간판은 몇 매가 필요한가?

② 최대재고수준은 얼마인가?

③ 이 시스템을 운영하는데 필요한 컨테이너의 수는 몇 개인가?

제 16 장

# 품질관리

## 01 품질의 개념

### 1.1 품질의 정의

최근 '소니입니다(It's a Sony)'라는 광고 슬로건으로 강력한 브랜드를 구축했던 소니가 노트북 배터리 품질 문제로 곤욕을 치르고 있다. 배터리 대량 리콜 사태는 수십 년간 세계 전자업계에서 쌓아온 명성이라도 순간적인 품질 관리를 방심하면 송두리째 날아갈 수 있다는 교훈을 남겼다. 또한 자동차 품질의 대명사로 평가받고 있던 일본의 도요타자동차도 2009년 8월 미국에서 발생한 렉서스의 폭주 사망 사건을 통해 단순한 품질 문제를 넘어 2010년 2월 25일에는 최고경영자의 미 의회 청문회 출석이라는 전대미문의 사태로까지 확산된 바 있다. 그 후 도요타는 소비자들의 사소한 품질 클레임에도 적극적인 리콜로 대응하는 변화된 모습을 보여주려 노력하고 있지만 브랜드 이미지, 특히 안전·품질과 관련된 이미지는 여전히 회복되지 못하고 있는 것이 현실이다. 품질경영의 중요성을 새삼 깨닫게 하는 대목이다.

세계적 기업들이 품질경영을 강조하는 데는 그럴 만한 이유가 있다. 지금과 같은 글로벌 시대에는 경쟁하는 기업들 실력이 비슷한 데다 경쟁이 벌어지는 시장도 일치하고 있다. 여기에 특정 제품의 기능이나 디자인은 쉽게 모방할 수도 있기 때문에 대부분의 기업들은 품질관리와 같은 보이지 않는 무형자산의 강화에 역점을 두고 있는 것이다. 제품 차별화 요인을 제품 자체에서 찾을 수도 있지만 그렇게 하기에는 점점 어려워지고 있기 때문이다. 따라서 제품을 구입하는 소비자가 '브랜드=우수한 품질' 이라는 인식을 갖게끔 만들기 위하여 모든 기업들은 품질 개선에 사활을 걸고 있는 것이다.

품질(Quality)이란 뜻은 라틴어의 'qualitas'에서 유래된 것으로 어떠한 종류, 어떠한 정도라고 하는 의미를 갖고 있는데 경우에 따라서는 성질・정도・좋은 것 내지는 뛰어난 것이라는 의미로 쓰이기도 한다. 이러한 의미는 물품에 한정되어 쓰는 것이 아니라 서비스에도 포함된다.

품질이란 '제품의 유용성을 결정하는 성질 또는 제품의 사용목적을 다하기 위해서 구비해야 할 성질'이다. 세계적인 품질관리 학자들뿐만 아니라 KS(한국공업규격) 내지 ISO(국제표준화기구) 등에서 내리고 있는 품질의 정의를 정리하면 (표 1)과 같다. 이와 같은 다양한 정의를 종합하여 볼 때, 소비자가 요구하는 품질요소는 다음과 같다.

- 여러 가지 기능을 수행할 수 있을 것(다기능성)
- 성능이 우수할 것(성능)
- 모양이 좋고 독특할 것(외관)

[표 1] 품질의 정의

| 구분 | 정의 | 비고 |
|---|---|---|
| J. M. Juran | 용도에 대한 적합성(fitness for use) | |
| P. B. Crosby | 요건에 대한 일치성<br>(conformance to requirements) | |
| A. V. Feigenbaum | 제품이나 서비스의 사용에서 소비자의 기대에 부응하는 마케팅, 기술, 제조 및 보전에 관한 제반 특성의 전체적인 구성 | |
| KS | 물품 또는 서비스가 사용 목적을 만족시키고 있는지의 여부를 결정하기 위한 평가의 대상이 되는 고유의 성질·성능의 전체 | KS A 3001 |
| ISO | 명시 또는 묵시의 요구를 만족시키는 능력으로 제품 또는 서비스가 보유한 특징 및 특성의 전체 | ISO 8402 |
| ANSI/ASQC | 요구(needs)를 충족시키는 능력에 관계가 있는 제품 내지 서비스의 특징 및 특성의 전체 | ANSI : American National Standard Institute<br>ASQC : American Society for Quality Control |

- 견고할 것(강도)
- 색상이 좋을 것(외관)
- 고장이 잘 나지 않을 것(신뢰성)
- 오래 사용할 수 있을 것(내구성)
- 수리가 용이할 것(보전성)
- 사용하기 편리하고, 조작이 간편할 것(편리성)
- 사용하기 해롭지 않을 것(안전성)
- 값이 쌀 것(경제성)
- 유지하기 쉽고, 유지비가 적게 들 것(경제성)
- 폐기가 용이하고, 공해요인이 되지 않을 것(환경성)
- 구조가 간단하고, 제조가 용이할 것(제조성)

미국의 전략계획연구소에서 개발한 PIMS(profit impact of market strategies) 데이터베이스에 따르면, 기업이 제공하는 제품 또는 서비스의 품질이 경쟁자와 비교하여 상대적으로 나쁜 제품을 저렴한 값에 판매하는 기업의 평균투자수익률은 15%이었다. 그러나 상대적으로 고품질의 제품을 판매하는 기업의 투자수익률은 30% 이상으로 나타나고 있었다. 하지만 어중간한 품질의 제품을 어중간한 가격에 판매하고 있는 기업의 투자수익률은 2%에 불과함을 확인하면서, 사업의 성공을 좌우하는 가장 중요한 요소가 품질이라는 결론을 내리고 있다.

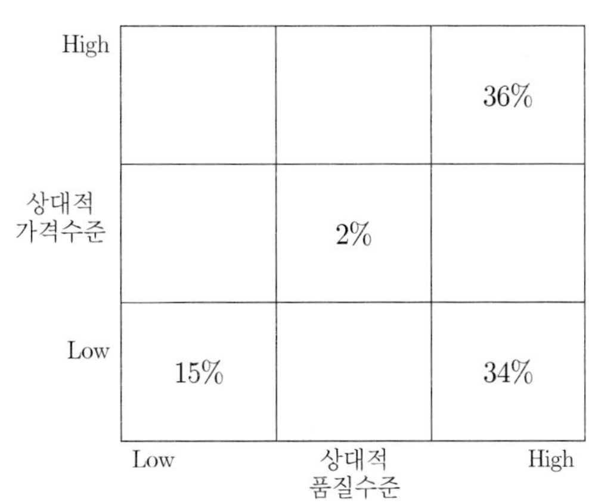


〈그림 1〉 품질 – 가격과 투자수익률(ROI)

## 1.2 품질의 분류

제품의 품질은 일반적으로 최고의 품질을 의미하는 절대적 품질보다는 설정된 품질규격에 대해 생산된 제품이 얼마나 일치하여 소비자의 니즈를 만족시키는가에 대한 상대적 품질을 의미하는 경우가 대부분이다. 또한 제품품질은 제품의 설계로부터 제품이 소비자에게 인도되어 사용할 때까지의 전과정에 대한 품질을 내포하고 있다. 이와 같은 품질을 그 형성단계에 의해 분류하면 ① 설계품질 ② 제조품질 ③ 시장품질 등으로 구분된다.

### ① 설계품질

설계품질(quality of design)이란 소비자의 요구를 충분히 조사한 다음에 공장의 제조기술, 설비, 관리의 상태에 따라 경제성을 고려하여 제조 가능한 수준으로 정한 품질이다. 이 품질을 높여 나가면 원가는 지수적으로 상승하지만 가격은 어느 수준 이상으로 증가하지 않으므로, 이러한 사실을 충분히 고려하여 생산에 앞서서 목표로 하는 설계품질을 결정하여야 한다. 이러한 관계를 도식화하여 나타내면 (그림 2)와 같다. 그림에서 보는 바와 같이 최적수준은 품질가치와 품질코스트와의 차가 가장 큰 점에서의 설계품질($q_0$)을 말한다.

설계품질을 높이면 품질코스트가 올라가고 품질의 가치도 올라가지만, 최적수준을 지나면 가치와 코스트 차의 폭이 점점 작아진다. 반대로 설계품질의 최적수준 이하로 내려오면 품질코스트는 적게 들지만 품질저하로 인한 시장의 가치가 더 크게 하락한다.

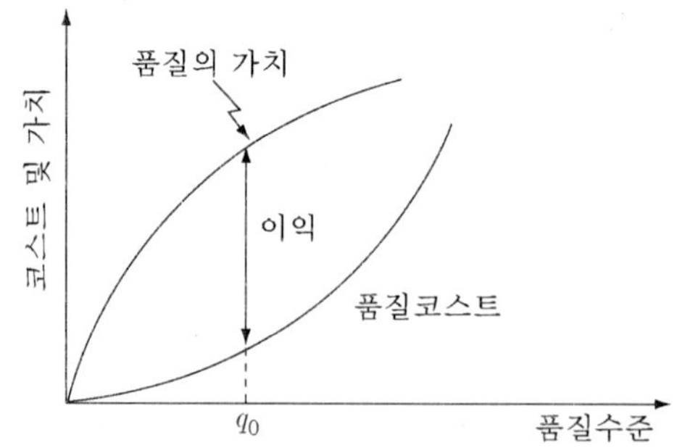


〈그림 2〉 설계품질과 품질코스트

### ② 제조품질

실제품질 내지 적합품질이라고도 하는 제조품질(quality of conformance)이란 주어진 품질표준에 맞춰 제조하고자 노력한 결과로 만들어진 제품의 실제품질을 말한다.

즉, 제조품질은 기술적, 경제적으로 허용하는 범위 내에서 생산된 제품이 설계명세서에 명시되어 있는 설계품질 기준을 어느 정도 만족시키느냐 하는 것이다.

제조공정에서의 불량을 줄이기 위해서는 관리비가 많이 소요되지만 한편으로는 불량에 의한 손실액이 적어지는 효과를 기대할 수 있다. 반대로 관리비를 적게 들인다면 불량 발생에 의한 손실액이 커질 염려도 상존하는 것이 현실이다. 그러므로 총비용이 최소가 되는 점은 불량률 $P_0$의 위치이며, 이 수준이 최적의 제조품질이 된다. (그림 3)은 이러한 관계를 나타낸 것이다.

품질코스트는 폐기, 재가공 및 선별검사에 드는 비용을 말하고, 공정코스트는 관리비용으로, 설비나 측정기기의 정도를 유지하거나 올리는데 드는 비용을 말한다. (그림 3)에서 보는 바와 같이 공정코스트를 높여 제조품질을 향상시킴으로써 품질코스트는 감소되나, 공정코스트의 증가가 상대적으로 커지기 때문에 총원가가 높아진다. 또한 공정코스트가 낮아지면 공정능력이 나빠지기 때문에 제조품질이 저하되어 불량이 많이 발생하므로 품질코스트가 상대적으로 높아져 총원가가 급상승하게 된다. 최적 제조품질은 이들 두 원가곡선의 합계에 의해 결정되는 총원가의 최저점이다.

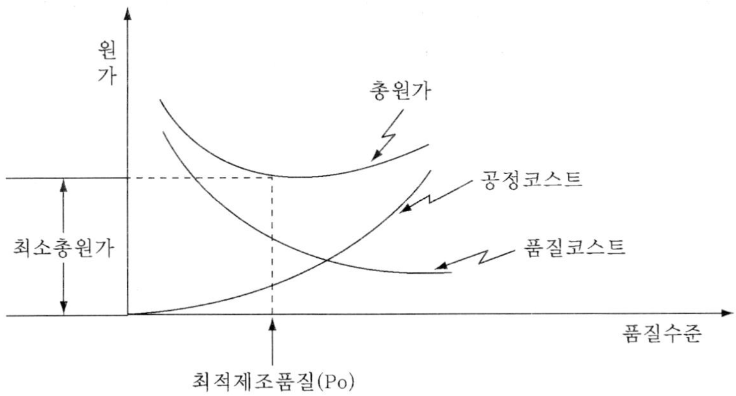


〈그림 3〉 제조품질과 품질코스트

### ③ 시장품질

시장품질(quality of market)이란 소비자에 의해 결정되는 품질로서 실제 사용과정에서 평가되므로 설계품질의 결정에 매우 중요한 정보가 된다. 최근에는 품질의 의미를 소비자 중심으로 생각하는 경향이 강해지고 있기 때문에 시장품질의 중요성이 더욱 강조되고 있다. 설계품질과 제조품질의 수준이 높은 것일지라도 소비자의 요구와 니즈에 맞지 않는 제품, 즉 시장품질이 낮으면 품질관리의 근본 목적은 달성할 수 없기 때문이기도 하다. 따라서 제품의 품질은 시장품질을 기준으로 강화시켜 가는 것이 중요하다.

## 1.3 품질비용

기업이 품질을 확보하기 위해서 준수해야 할 세 가지 원칙이 있다. 첫째, 제품이든 서비스이든 고객의 불만을 야기할 소지가 있는 불량품은 처음부터 만들지 않는다. 둘째, 만에 하나 첫 번째 원칙을 준수하지 못해 혹시 불량이 나오는 경우가 있더라도 그것을 절대로 고객에게 전달하지 않는다. 그리고 셋째, 두 번째 원칙마저도 무너져 불량품이 고객에게 전달되는 경우가 발생한다면 신속하게 조처한다.

이와 같은 세 가지 원칙의 준수에 들어가는 일체의 경비가 품질비용(quality cost)이다. 일반적으로 품질비용은 기업 매출액의 15~25% 정도로서, 통상적인 기업이윤의 3~5배나 되기 때문에 기업이 이익을 내는 지름길은 이 비용을 줄이는 것으로 인식되기에 이르렀다. 이제까지는 품질비용에 대해서 이론적 타당성은 있으나 실제 적용은 거의 불가능하다고 여겼던 것이 사실이다. 그러나 근간에 이르러서 이에 관한 인식이 달라지고 있으며, 최근에는 관리도구로 훌륭한 효과를 기대할 수 있다고 평가되고 있어 많은 기업에서 관심을 보이거나 도입하고 있다.

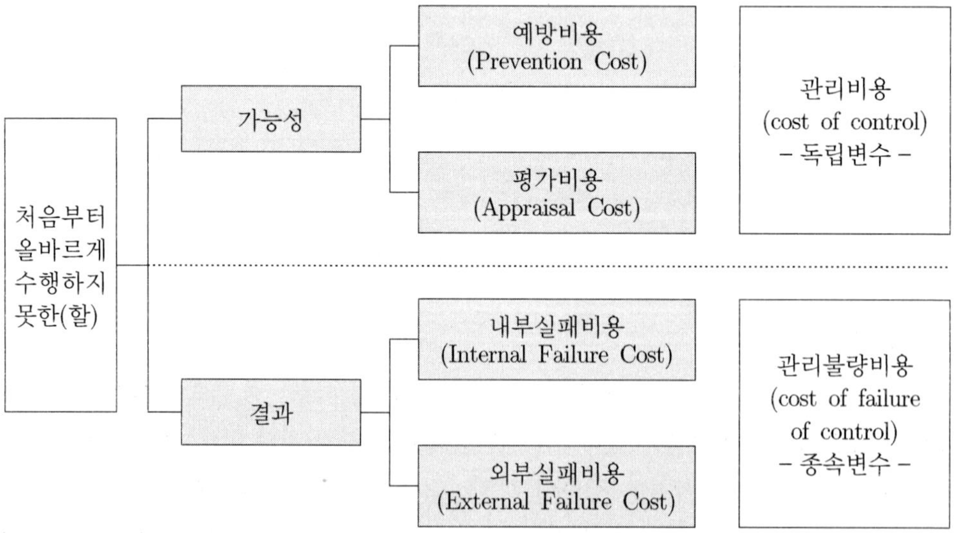


〈그림 4〉 품질비용의 분류

품질비용 프로그램은 경영자와 근로자를 연결시켜 주는 교량적인 기능을 하고 있다고 생각할 수 있다. 왜냐하면 품질비용은 그들이 공통적으로 사용할 수 있는 언어이자 측정치이며, 소비자들의 제품과 서비스의 선택에 품질이 기여하는 바에 대한 객관적인 평가 결과를 제공하는 것이기 때문이다.

품질비용은 설계표준에 맞게 생산하기 위한 생산설계 및 공정상에서 발생되는 직접품질비용과 소비자가 제품을 사용하는 동안에 발생되는 간접품질비용으로 구성된다. 직접품질비용에는 ① 예방비용, ② 평가비용, ③ 실패비용으로 구성되어 있고, 간접품질비용에는 ① 소비자부담비용, ② 소비자불만족비용, ③ 평판손실비용으로 구성되어 있다. 이하에서는 제품생산 과정에서 이루어지는 품질통제와 직접 관련이 있는 직접품질비용에 관해서만 살펴보기로 한다.

### ① 예방비용(P-Cost)

예방비용(prevention cost)은 장래에 발생할 가능성이 있는 결함을 사전에 방지하기 위하여 소비한 여러 항목에 걸친 비용으로서 품질시스템의 설계, 운영 및 통제에 필요한 인력을 투입하는데 관련되는 비용이다.

- 품질계획비(quality planning cost)
- 공정관리비(process control cost)
- 품질정보(quality information)를 위한 조직구성 및 유지비
- 교육훈련비(quality training cost)
- 기타 분임조활동 및 제안제도 지원비 등

### ② 평가비용(A-Cost)

평가비용(appraisal cost)은 제품, 부품 및 구입원자재가 품질표준과 적합한가를 측정, 평가 및 감사하는 활동에 관련된 비용이다. 이런 유형의 비용으로는 검사 및 실험비용, 외부의 품질에 대한 보증을 얻기 위한 비용, 품질감사비 등이 있다.

- 구매원료의 검사 및 시험비(test and inspection cost)
- 점검을 위한 노무비(checking labor cost)
- 시험 및 검사준비비(set-up for test or inspection)
- 품질감사비(quality audit cost)
- 외부보증을 위한 비용
- 시험 및 검사설비유지비(maintenance cost of test and inspection equipment)

- 현장실험비(field testing cost) 등

③ 실패비용(F-Cost)

실패비용(failure cost)은 관리 불량에 의해 초래된 것으로, 일정한 품질규격에 적합시키지 못함으로써 발생된 원재료, 노무비 등 여러 항목에 걸쳐 발생하는 비용이다. 이것은 내부실패비용(internal failure cost)과 외부실패비용(external failure cost)로 구분된다. 전자는 제품, 부품 및 재료가 고객에게 인도되기 전에 품질요건을 충족시키지 못했을 때 발생하는 비용이며, 후자는 제품이 고객에게 이전된 후에 고객의 욕구를 충족시키지 못했을 때 발생한다.

- 폐기비용(scrap cost)
- 불량 재작업/재가공비용(rework cost)
- 품질보증비용(warranty cost)
- 클레임비용(claim cost)
- 오손비(spoilage cost) 등

품질비용에 있어서 예방비용과 평가비용은 경영자의 의지와 결정에 따라 투입·사용되기 때문에 통제가능한 비용(cost of control)이다. 그러나 실패비용은 경영자의 의사와 관계없이 발생하는 품질불량에 따른 비용이므로 통제불가능 비용(cost of failure of control) 또는 계획되지 않은 비용이라고 한다.

실패비용은 예방비용과 평가비용의 투입과 관리수준에 따라 간접적으로 통제할 수 있다는 특징이 있다. 작업자에게 품질의식을 고취시키고, 불량예방을 위한 계획적인 교육의 실시와 체계적인 품질관리, 품질개선 활동의 추진, 그리고 생산된 제품의 철저한 검사 등으로 품질수준을 향상시킬 수 있기 때문이다.

그렇지만 통제가능한 비용인 예방비용과 평가비용은 실패비용에 영향을 주는 함수관계에 서로 차이가 있다. (그림 5)는 직접품질비용 요소와 품질수준 및 비용의 관계를 나타낸 것이다. 실패비용은 예방비용과 반비례하지만 평가비용은 어느 정도 비례관계에 있다. 불량품이 많이 발생하면 실패비용은 높아지게 되고 따라서 평가활동이 증대되므로 평가비용 또한 증가한다. 따라서 직접품질비용 요소의 함수관계에 따라 총품질비용이 최소가 되는 수준($q$)에서 품질통제를 할 필요가 있다.

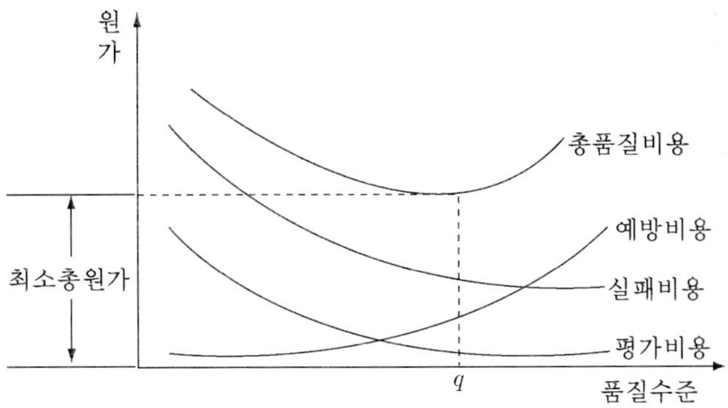


〈그림 5〉 직접품질비용과 품질수준의 상호관계

**쉬어갑시다**

**삼성SDI 대표 "품질비용 최우선으로 챙겨"**

머니투데이, 2005년 12월 7일

김 순택 삼성SDI 대표는 1999년 12월 부임한 이후 7개국 13개 해외법인, 3만 명의 국내외 임직원과 함께 '품질의 SDI'를 실천하는 데 힘써왔다.

"품질의 SDI란 품질 경쟁력에서 글로벌 경쟁사 대비 압도적인 우위를 구현하자는 것"이라고 김 대표는 말한다. 좋은 품질로 고객으로부터 사랑받고 좋은 품질로 내부 손실(Loss)을 줄이는 것이 목적이다. 그래서 부임이후 가장 먼저 품질비용(Q-코스트)이라는 지표를 만들었다. 김 대표는 지금도 Q코스트를 경영의 최우선으로 직접 챙기고 있다.

Q-Cost란 품질로 인해 발생되는 모든 손실을 금액으로 표현한 것으로 기존에는 현장 직원들이 불량품의 개수를 줄이려고 하던 것을 비용으로 통일시켜 표현함으로써 품질 의식과 원가 의식을 동시에 느끼게 만든 것이다.

김 대표는 아울러 품질은 사원 개개인의 손끝에서 만들어 진다는 지론에 따라 사원 개개인에 고객 존중정신과 품질정신이 소중하다는 의식을 고취시키고 많은 현장교육을 시키고 있다. 김 대표는 "이번 수상을 계기로 더욱 강력한 품질경영을 펼치겠다"며 "전 사업, 전 제품, 전 부문에 걸쳐 지속적인 품질 혁신활동을 펼쳐 나갈 것이며 이 활동을 수행하는 전문가를 대대적으로 양성하겠다"고 말했다.

# 02 품질관리의 개념과 발전과정

## 2.1 품질관리의 개념

일반적으로 품질관리란 광의로는 가장 시장성이 높은 제품을 가장 경제적으로 생산하기 위한 일련의 체계적 조치를 의미하며, 협의로는 과학적 원리를 응용하여 제품품질의 유지·향상을 기하기 위한 관리를 의미한다.

한국공업규격의 품질관리 용어(KS A 3001)에서는 품질관리란 "수요자의 요구에 맞는 품질의 제품을 경제적으로 만들어 내기 위한 모든 수단의 체계"라고 정의하고 있다. 또한 주란(J. M. Juran)은 "품질관리란 품질의 표준을 설정하고 이것에 도달하기 위하여 사용되는 모든 수단의 체계"라고 정의하고 있으며, 일본의 품질관리 도입과 정착, 발전에 큰 기여를 한 데밍(W. E. Deming)은 "품질관리란 소비자의 만족을 얻을 수 있는 고도의 유연성을 갖는 제품을 가장 경제적으로 생산하기 위한 실행계획을 세우는 것과 그 계획을 달성하기 위해서 행하는 모든 활동이다"라고 하였다.

그 외에도 전사적 품질관리를 주창한 파이겐바움(A. V. Feigenbaum)은 "품질관리란 소비자의 완전한 만족을 고려하여 가장 경제적인 수준으로 생산하기 위해 사내 여러 가지 그룹의 품질유지와 품질개선의 노력을 통일, 조화시키기 위한 효과적인 시스템"이라고 정의하였다.

## 2.2 품질관리의 발전과정

품질관리에서 발전 단계별 관리대상의 주요 변천내용을 정리해보면 다음과 같다.

- 검사 - 제품, 재료의 합·부 판정
- 통계적 품질관리(SQC) - 샘플링으로 로트의 합·부 판정, 공정 중 품질 특성의 관리상태 유지
- 전사적 품질관리(TQC) - 자원의 관리 상태 유지 목표달성
- 종합적 품질경영(TQM) - 소비자의 욕구충족으로 품질전략 달성

초기의 검사를 중심으로 한 품질관리는 생산되는 모든 제품에 대해 치수·중량·체적이나 재료의 화학적 성분 등을 측정하고, 그것을 미리 정해 놓은 품질기준과 비교하여 적부를 판정하는 방법이었다. 이 경우 그 측정은 과학성이 낮으며 또 전수검사이기

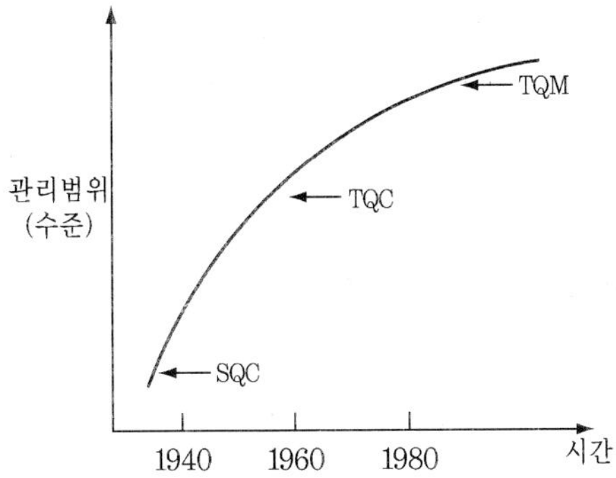


〈그림 6〉 품질관리의 발전단계

때문에 소요시간과 비용측면에서 상당한 부담이 있었다. 이 같은 결점을 극복하고자 1924년 벨 전화 연구소의 슈하르트(W. A. Shewhart) 등이 생산 공정의 변동요인을 체계적으로 탐색하여 통제하는 관리개념을 도입함으로써 통계적 품질관리(statistical quality control : SQC)가 시작되었다. 또 1929년에는 닷지(H. F. Dodge)가 샘플링이론을 이용한 통계적 샘플링 검사에 관한 이론을 개발함으로써 통계적 품질관리의 확대 발전에 공헌하였으며, 이로써 근대적 품질관리가 성립하기에 이르렀다. 이와 같은 통계적 품질관리는 가장 유용하고, 더욱 시장성이 있는 제품을 가장 경제적으로 생산하기 위하여, 생산의 모든 단계에 통계적 원리와 수법을 응용하는 것으로 정의된다.

현대의 품질관리는 품질수준의 유지・향상을 도모하는 통계적 품질관리만으로는 불충분하다는 판단에 근거하여, 파이겐바움(A. V. Feigenbaum)을 중심으로 조직은 품질 관련부서에서만 품질을 관리하는 것이 아니라 조직의 모든 부서, 모든 구성원이 품질의 유지, 향상을 위해 노력해야 한다는 개념의 전사적 품질관리(total quality control : TQC)가 제창되었다. 즉, 전사적 품질관리는 소비자가 충분히 만족할 만한 제품의 품질을 가장 경제적인 수준으로 생산할 수 있도록 사내의 각 부문이 품질의 개발, 품질의 유지 및 개선에 노력하며, 필요한 업무를 조정·통합하는 효과적인 체계를 뜻한다.

종합적 품질경영(total quality management : TQM)은 1960년대 이후 크게 발전한 전사적 품질관리(TQC)에서 발전한 개념이다. 그러나 전사적 품질관리에서는 품질관리의 주된 방법론으로 통계학적인 것이 차지했다면, 종합적 품질경영은 통계학적인 것은 물론 조직적이며 관리론적인 방법론에 많은 비중을 두고 있음에 차이가 있다.

종합적 품질경영은 품질의 개념을 확대하여 제품이나 서비스의 품질 뿐만 아니라 경영과 업무, 직장환경, 조직구성원의 자질까지도 품질개념에 넣어 관리해야 한다고 주장한다. 또한 경영・기술 차원에서 실천되던 고객지향 품질관리 활동을 품질관리 책임자뿐만 아니라 마케팅, 엔지니어링, 생산, 노사관계 등 기업의 모든 분야에 확대할 것을 강조하고 있다.

종합적 품질경영은 생산부문의 품질관리만으로는 성공할 수 없고 기업의 모든 부문 및 구성원이 품질관리의 실천자가 되어야 한다는 것을 전제한다. 또한 기본적인 정신이나 사고방식을 소홀히 한 채 단순히 지엽적인 제도나 기법에만 매달려서는 품질경영의 진정한 효과를 얻기 어렵고, 오로지 품질 위주의 기업문화를 창조하여 조직구성원의 의식을 개혁해야만 궁극적으로 기업의 국제경쟁력을 높일 수 있다고 강조한다.

우리나라에서도 1992년부터 정부가 신산업정책의 일환으로 종합적 품질경영을 강조하여 많은 기업들이 이를 수용하고 있다. 최근 국가경쟁력을 서서히 회복해가고 있는 미국의 상당 수 기업에서 생산된 제품의 품질과 관련해서, 첫째, 미국기업의 제품품질수준이 현격히 향상되었으며, 둘째, 품질비용이 현저히 감소했다는 중요한 두 가지의 사실을 발견할 수 있다고 학자들은 주장한다. 이것은 종합적 품질경영(total quality management : TQM) 프로그램이 성공적으로 진행되었기 때문이라고 볼 수 있는데, 다시 말하면 종합적 품질경영 프로그램으로 말미암아 낮은 비용으로 보다 좋은 품질을 확보할 수 있게 되었다는 것을 의미한다.

**쉬어갑시다**

**품질경영으로 불경기 이긴다**

매일경제신문, 2006년 8월 22일

택시 운전사가 연료비를 줄인다고 해서 차에 기름을 적게 넣을 수는 없는 법이다. 이는 기업의 경영 환경이 어렵다고 해서 값싼 원료로 제품을 만들어 품질을 떨어뜨려서는 안 된다는 뜻으로 곧잘 비유된다.

비용을 줄이는 과정에서 제품의 품질이 과거보다 악화된다면 고객을 잃을 수밖에 없다. 비용을 줄이더라도 품질은 과거보다 높이거나 유지해야 한다. 이를 위해 기업들은 각종 품질관리 툴(tool)을 적용하고 있다.

품질관리는 통계의 접목이 필수가 됐다. 이는 1926년 벨 전화 연구소의 W. A. 슈하트가 품질에 관한 측정치를 시계열적으로 상한과 하한의 관리한계선으로 구분해 불량의 원인을 발견하려는 시도에서 비롯됐다. 각종 통계적 방법론이 발전하면서 종합적 품질관리(TQC), 전사적 품질경영(TQM)이라는 말들이 유행하기도 했다. 전자는 검사에 의해 품질을 확보하려는 것이 아니라 생산 공정상에서 최고 품질을 추구하는 방법이다. 후자는 미국 품질관리 대가인 에드워드 데밍 박사가 이론적 토대를 마련한 것으로 직원의 긍지와 팀워크를 고취하고 혁신과 지속적인 개량을 추구하는 방법이다.

이 밖에 제품 100만개 중 불량품을 10개 미만으로 줄이자는 싱글ppm 운동이 국내에 1995년부터 도입되기도 했다. 현재는 6시그마가 품질관리 툴의 최고봉에 와 있다고 할 수 있다. 6시그마는 초기 불량률을 감소하고 비용을 절감하는 차원에서 출발해 지금은 회사의 수익과 새로운 가치를 창출하는 포괄적인 경영 툴로 불리고 있다.

# 03 통계적 품질관리

## 3.1 품질의 통계적 관리

오늘날 소비자가 요구하는 품질의 제품을 가장 경제적으로 만들어내기 위하여 적극적으로 활용되고 있는 방법이 통계적 기법을 중심으로 한 통계적 품질관리(statistical quality control: SQC)이다. 품질관리에서 통계적 사고방식을 중시하고, 또한 통계적인 방법을 활용하는 이유는 품질이 끊임없이 변동하기 때문이다. 아무리 정밀한 기계를 이용하여 최고의 주의를 기울이며 생산한다고 해도 품질에는 반드시 산포(변동)가 발생하기 마련이다. 통계적 품질관리는 품질변동 요인을 표본(sample)에 의해 검사하고, 검사한 데이터를 통계적으로 분석하고 해석하여 행동하는 것이 근본이다.

품질에 대한 통계적인 추론을 위해서는 수량화된 정보, 즉 데이터가 있어야 한다. 품질관리에서 이용하는 데이터는 그 성질에 따라서 다음과 같이 크게 두 가지로 분류할 수 있다.

① 계량치 데이터(variables data)

연속량으로 측정되며, 연속적인 값을 갖는 것으로 측정기로 측정이 가능한 길이, 무게, 강도, 순도, 두께 등과 같은 것이 여기에 해당한다.

② 계수치 데이터(attributes data)

흠집이나 깨짐, 얼룩 등과 같은 결함이나 부적합품의 수와 같이 불연속적인 값을 지니는 것으로 셀 수 있다는 특징을 지닌다.

이때 계량치 데이터는 연속형 분포(continuous distribution), 계수치 데이터의 분포는 이산형 분포(discrete distribution)를 따른다. 연속형 분포에는 정규분포, t 분포, F 분포 등이 있으며, 이산형 분포에는 초기하분포와 이항분포, 포아송분포 등이 대표적이다.

동일한 4M(man, machine, material, method) 요소를 이용하고 있는 생산 공정을 통해 만들어진 제품이라고 하더라도 그들 제품의 품질특성이 반드시 일치할 수는 없다. 이것은 품질의 변동 또는 산포(dispersion)에 기인한 것인데, 품질특성치의 측정이나 관찰을 통해 얻은 데이터의 흩어짐은 이러한 사실을 말해주는 증거가 된다.

이와 같은 품질변동을 야기하는 원인은 크게 우연원인과 이상원인으로 구분한다.

① 우연원인(chance cause)

모든 것이 정상적인 생산조건 하에서 생산되었음에도 불구하고 품질에 변동이 생기는 소위 피할 수 없는 '불가피 원인'이다. 이러한 우연원인에 의한 품질변동은 아주 미미한 것으로 변동을 나타내는 점의 움직임이 자연적이며 정상적인 상태로 나타난다. 그러므로 우연원인에 의한 품질변동의 분포는 정규분포를 이루고 있다. 일반적으로 우연원인에 의한 변동분석은 별다른 의미를 가지고 있지 않으며, 공정이 안정되어 있는 상태(state of control)라고 한다.

② 이상원인(assignable cause)

제조공정에서 갑작스러운 설비고장이 발생했거나, 원자재에 부적합품이 섞여있거나, 작업자에 의한 기계조작 실수가 발생했거나, 미숙련작업자가 숙련작업자를 대신하여 작업했을 경우 등과 같이 정상적인 생산조건을 갖추지 못했을 때 일어나는 품질변동의 원인을 의미한다. 이러한 원인에 의한 결과는 작업자가 작업에 대해 주의와 관심을 기울임으로써 충분히 피할 수 있기 때문에 '가피원인'이라고도 한다. 이상원인에 의한 품질변동은 돌발적이며 통제되지 않은 형태로 나타나며, 이와 같은 공정의 상태를 '이상상태(uncontrolled state)'라고 한다.

## 3.2 데이터의 도식화

데이터를 그림이나 도표로 정리·분석할 때는 품질관리 7가지 도구(QC 7 Tools), 즉 층별, 체크시트, 파레토도, 특성요인도, 히스토그램, 산점도 및 그래프를 이용한다. 최근에는 그래프 대신 관리도를 포함시키기도 한다.

① 층별(stratification)

층별이란 집단을 구성하고 있는 많은 것을 공통되거나 유사한 어떤 특징에 따라 몇 개의 그룹으로 구분하는 것을 말한다. 또한 수집된 데이터를 몇 개의 특성 항목별로 분류함으로써 각 항목별 장·단점을 분석하여 의사결정에 도움을 받을 수 있다는 특징을 지닌다. 어느 곳에나 적용이 가능한 층별의 특징은 다음과 같다.

- 전체의 품질분포에 영향을 주는 원인을 알아 볼 수 있다.
- 특정 원인이 품질에 끼치는 영향 정도를 파악할 수 있다.

② 체크시트(check sheet)

부적합품수, 결점수 등 셀 수 있는 데이터가 분류항목별의 어디에 집중하고 있는가를 알아보기 쉽게 나타낸 그림이나 표를 말한다. 자료의 수집·정리 및 분석에 쓰일

수 있는 가장 단순한 도식적 기법으로서, 예를 들면 작업자별·기계별·기간별 불량유형 및 발생상황 또는 불량원인별 부적합품수를 표시하는데 사용될 수 있다. 체크시트에 기록이 끝난 다음에는 데이터가 어디에 집중하고 있는가를 즉시 알 수 있게 해주며, 따라서 어디에 대책을 취해야 할 것인가도 알게 해준다.

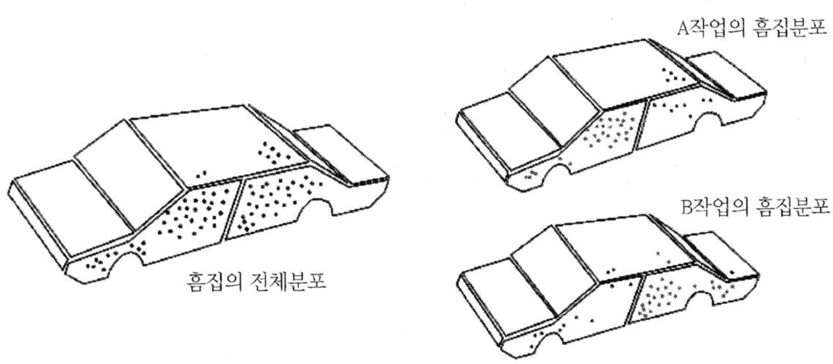


〈그림 7〉 자동차 외관 결함에 대한 층별

<table>
<tr><td>제품명</td><td colspan="2">CS 20-50</td><td rowspan="2">로트<br>번호</td><td rowspan="2">LN 1238<br>LN 1239<br>LN 1240</td><td rowspan="2">생산<br>일자</td><td colspan="2">○년 2월1일부터</td></tr>
<tr><td>공정명</td><td colspan="2">조립라인</td><td colspan="2">○년 2월6일까지</td></tr>
<tr><td>측정방법</td><td colspan="2">전수, 육안, 작동</td><td>측정기기</td><td>-</td><td>기록자</td><td colspan="2">○○○</td></tr>
<tr><td rowspan="2">날짜<br>요일<br>항목</td><td>2/1</td><td>2/2</td><td>2/3</td><td>2/4</td><td>2/5</td><td>2/6</td><td rowspan="2">계</td></tr>
<tr><td>월</td><td>화</td><td>수</td><td>목</td><td>금</td><td>토</td></tr>
<tr><td>나사 헐거움</td><td>||||</td><td>卌 ||||</td><td>卌 卌</td><td>||||</td><td>卌 |</td><td></td><td>33</td></tr>
<tr><td>거리계 먼지</td><td>卌</td><td></td><td>||</td><td>||</td><td>|||</td><td></td><td>12</td></tr>
<tr><td>외면 흠</td><td>||</td><td>卌 |</td><td>||</td><td>|||</td><td>卌</td><td></td><td>18</td></tr>
<tr><td>용접 불량</td><td></td><td>||</td><td></td><td>||</td><td>|</td><td></td><td>5</td></tr>
<tr><td>접착 불량</td><td>||||</td><td></td><td>|</td><td>卌</td><td></td><td></td><td>10</td></tr>
<tr><td>작동 불량</td><td></td><td>|</td><td>|||</td><td></td><td>|</td><td></td><td>5</td></tr>
<tr><td>틈새 불량</td><td></td><td>||</td><td></td><td>|</td><td></td><td></td><td>3</td></tr>
<tr><td>부품 누락</td><td>|||</td><td></td><td></td><td></td><td></td><td></td><td>3</td></tr>
<tr><td>외면 오염</td><td></td><td></td><td>||</td><td></td><td></td><td></td><td>2</td></tr>
<tr><td>계</td><td>18</td><td>20</td><td>20</td><td>17</td><td>16</td><td></td><td>91</td></tr>
<tr><td>총 검사수량</td><td colspan="5">2,037</td><td>부적합<br>품 율</td><td>4.47%</td></tr>
</table>

[범퍼의 결점위치 조사용 체크시트]

- 조사할 물건을 스케치 한다.
- 체크 항목을 정한다.
- 결점이나 부적합이 발생할 때 마다 해당 위치에 표나 숫자를 기입한다.

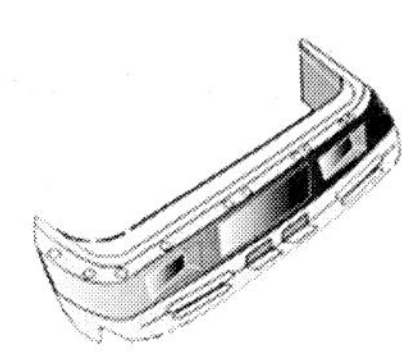

〈그림 8〉 결점위치 조사용 체크시트

③ 파레토도(pareto diagram)

파레토도는 이탈리아의 파레토(V. F. D. Pareto)가 1897년 이 도표를 이용하여 소득의 크기와 소득자 수의 관계를 일반화한 하나의 소득곡선에 관한 법칙을 발표한 데서 비롯되었다.

품질관리에서 사용되는 파레토도는 부적합품의 발생원인이나 유형, 상황별로 층별해서 데이터를 취하여 그 영향이 큰 것부터 차례로 나열하여 누적분포표로 나타낸 도표이다. 이 도표의 가로축에는 부적합, 로스, 클레임 등의 발생원인이나 유형을 제시하고, 세로축에는 각각의 손실금액이나 발생건수 또는 비율을 취한다. 이 때 막대그림의 기둥이 높은 것 순으로 좌로부터 우로 차례로 그린 다음, 그것을 순차로 누적한 기둥의 정점을 연결하는 누적도수곡선(pareto curve)을 그린다. 이 기법은 발생건수는 상대적으로 작지만 불량으로 인한 손실규모가 큰 항목(vital few)을 체계적으로 파악하여 중점적으로 관리할 대상을 결정하는데 매우 유용한 기법이다.

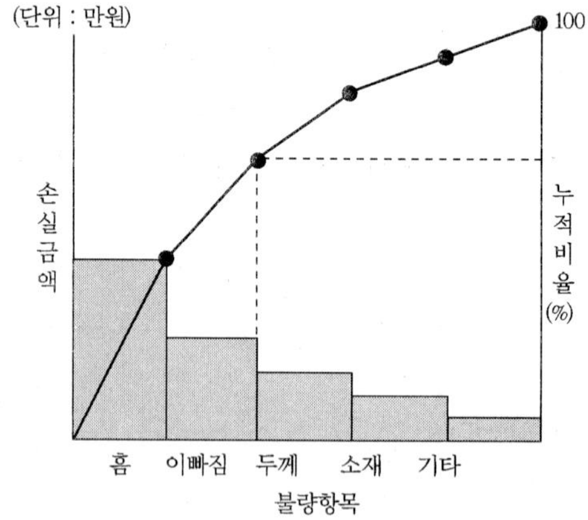


〈그림 9〉 파레토도

#### ④ 특성요인도(cause-and-effect diagram)

제품이나 서비스의 품질을 나타내는 특성은 수많은 원인에 의해서 변하고 그 원인은 무수히 존재한다. 여기서 특성(characteristics)이란 제품 및 서비스의 성능이나 기능 또는 일의 결과를 나타낸 것을 의미한다.

특성요인도란 문제가 되는 특성(결과)과 그것에 영향을 미치는 요인(원인)과의 관계를 알기 쉽게 계통적으로 정리한 그림이다. 즉, 문제가 되는 특성에 대하여 어떤 요인이 어떤 관계로 영향을 미치고 있는지 명확히 하여 원인규명을 쉽게 할 수 있도록 하는 기법이다. 그 모양이 생선뼈와 비슷하여 '물고기 뼈 그림(fishbone diagram)'이라고도 하는데, 일본의 품질관리 전문가인 이시가와 가오루(石川馨) 박사가 고안하였기 때문에 '이시가와 다이어그램(Ishikawa diagram)'이라고도 부른다. 이 기법은 사고의 대책 및 예방, 부적합품의 제거, 작업이나 공정의 개선 등에 많이 쓰인다.

이 도표는 문제가 되는 특성, 즉 결과를 우측 화살표 끝에 표시하고, 그 원인들을 화살표 방향을 거슬러서 요인별로 계통적으로 나타낸다. 이 때 요인의 분류는 분석하려는 문제점에 따라 달라지나 대부분의 경우 4M을 토대로 계통적으로 가지를 쳐서 세부요인까지 추구하는 시스템적 접근방식을 적용한다.

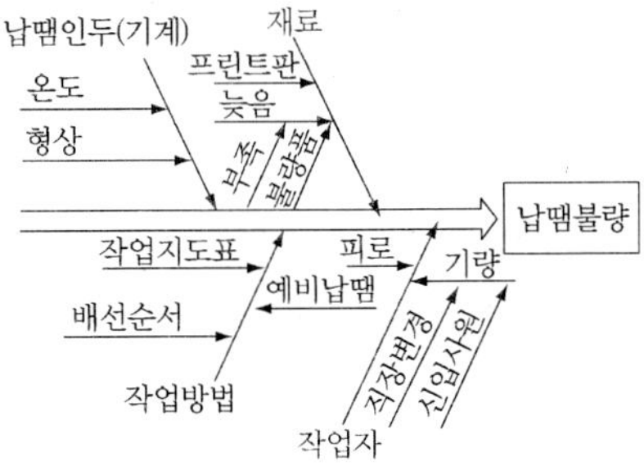


〈그림 10〉 특성요인도

⑤ 히스토그램(histogram)

품질관리에서 흔히 이용되는 간단하면서도 효과적인 기법이다. 히스토그램은 계량치 데이터(길이, 무게, 온도 등의 연속 측정치)가 존재하는 범위를 몇 개의 구간으로 나누고, 각 구간에 포함되는 데이터의 출현 도수를 헤아려서 도수분포표를 만든 다음 이것을 막대그래프로 표시한 그림이다.

히스토그램은 모집단의 분포형태, 모집단 분포의 중심위치와 산포, 제시된 규격과의 비교를 통한 공정능력의 파악 등을 파악하는데 매우 유용하다. 그러나 이 방법은 정태적인 분석방법이기 때문에 데이터의 시간적 변동원인을 알 수 없고, 관리도에서 볼 수 있는 군내변동이나 군간변동의 개념이 희박하며, 데이터의 분포를 파악하기 위해서는 많은 데이터(적어도 50~100개 이상)가 필요하다는 단점도 있다.

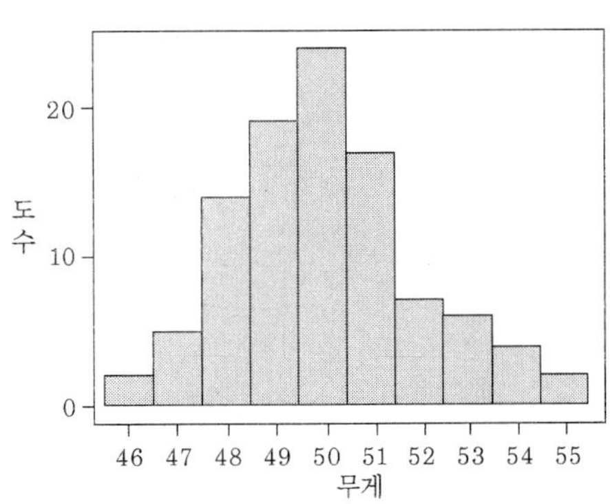


〈그림 11〉 히스토그램

⑥ 산점도(scatter diagram)

산점도는 하나의 현상에 대해 상관관계를 지니고 있는 것으로 생각되는 두 종류의 데이터를 XY 직교 좌표 상에 점으로 찍어 확인함으로써 두 변량간의 관계를 개략적으로 파악할 수 있도록 해준다. 여기서 두 변량은 원인과 결과일 수도 있으며, 원인과 원인, 결과와 결과일 수도 있다. 예를 들면 사람의 체중과 신장, 건조시간과 수분함량, 혈압강하제의 복용전과 후의 혈압 등과 같이 서로 관련이 있는 쌍(pair)으로 된 두 변수의 관측값들을 직교 좌표 상에 타점하여 두 변수간의 대략적인 관계를 시각적으로 판단할 수 있도록 한 그림이 산점도이다. 그러나 보다 구체적인 두 변수간의 상호 의존관계의 강도와 방향을 측정하기 위해서는 상관계수(correlation coefficient)를 계산해야 한다.

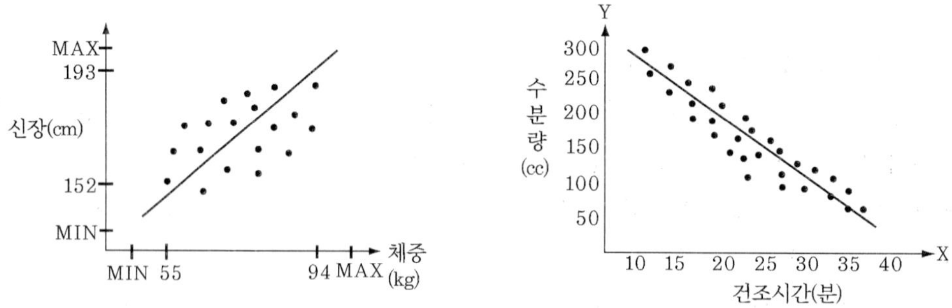


〈그림 12〉 산점도

⑦ 그래프(graph)

그래프란 데이터를 통계적으로 해석한 결과를 시각에 호소하여 빨리, 보다 알기 쉽게 정보를 전달하기 위한 목적으로 선, 점, 원 등의 그림으로 표현한 것을 말한다. 이와 같은 그래프는 숫자의 시각화를 가능하게 하며, 직감적으로 전체 상황을 파악할 수 있게 하는 등 '눈으로 보는 관리(visual management)'의 대표적인 수단으로 쓰이고 있다. (표 2)는 대표적인 그래프인 막대그래프, 꺾은선그래프 그리고 원그래프의 형태와 문제해결과정에서의 활용방법을 정리한 것이다.

[표 2] 그래프의 종류와 특징

| 종류 | 형태 | 문제해결 단계에서의 활용방법 |
|---|---|---|
| 막대 그래프 | 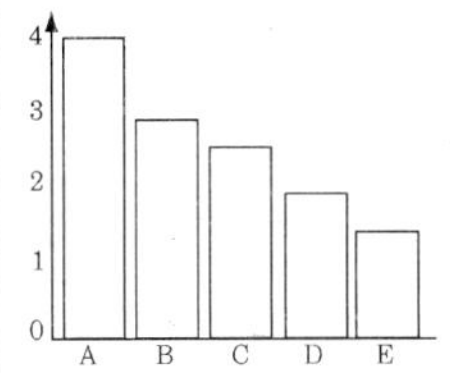 | 숫자와 양을 막대의 길이로 표시하고, 크고 작음이나 많고 적음을 한눈에 파악할 수 있도록 한 것. 문제해결 단계에서는 현상파악과 효과파악 과정에서 많이 사용한다. |
| 꺾은선 그래프 | 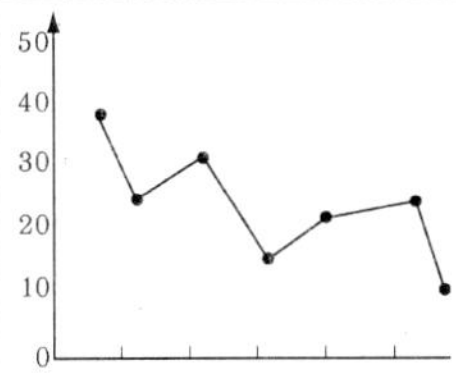 | 가로축에 시간을 잡고 세로축에 수량, 금액 등을 잡아 시간의 흐름에 따른 변화를 한눈에 파악할 수 있도록 한 것. 문제해결 단계에서는 현상파악, 목표설정, 효과파악 및 사후관리에서 많이 사용한다. |
| 원 그래프 | 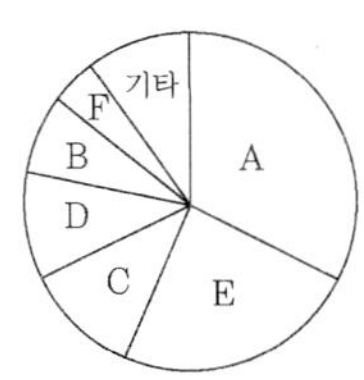 | 원을 구성항목의 숫자로 부채꼴로 구분하고 구성항목의 수량 전체에 대한 비율이 부채꼴의 면적이 되도록 하며, 한눈에 그 비율(%)을 알 수 있도록 한 것. 문제해결 단계에서는 현상파악, 효과파악에서 많이 사용한다. |

# 04 통계적 공정관리

## 4.1 통계적 공정관리의 정의

제품의 품질에 대한 변동은 어디에나 존재하는 것이며 품질 변동이 있는 곳이라면 공정의 개선과 공정관리, 실험 및 최종제품에 대한 판정 등을 목적으로 다양한 통계적 기법들이 응용될 수 있다. 다시 말하면, 공정에서 품질과 관련한 데이터를 얻고, 통계적인 분석을 통해 공정에 적절한 조처를 취함으로써 공정 품질의 변동을 상당부분 축소할 수 있는데, 이와 같은 목적으로 공정에서 통계적 기법을 응용 내지 활용하는 것을 통계적 공정관리(statistical process control : SPC)라고 한다. 통계적 공정관리의 각 단어가 지니는 의미를 정리해보면 다음과 같다.

- S(statistical) - 통계적 자료와 분석기법의 도움을 받아서
- P(process) - 주어진 품질규격과 공정의 능력을 파악하여
- C(control) - 우리가 원하는 상태로 제품이 생산될 수 있도록 관리해 가는 방법

통계적 공정관리의 기본개념은 생산 공정에 대해 끊임없는 개선을 추구(never-ending improvement effort)한다는 것이다. 이를 위하여 통계적 공정관리는 공학적인 고유기술과 효율적으로 접목됨으로써 품질변동의 근본원인을 쉽게 발견하고, 공정상태의 신속한 탐지 및 합리적인 개선 대책의 추구가 가능하도록 한다.

이와 같은 통계적 공정관리는 생산 공정의 최적화에 초점을 맞추며, 업무의 효율화와 단순화를 위한 노력으로 연결되는 것이 일반적이다. 그 결과 품질변동이 보다 적은 균일한 제품을 생산해 낼 수 있을 뿐만 아니라, 지속적인 개선활동을 통해 공정의 최적화를 도모함으로써 공정의 안정된 관리와 무결점 제품의 실현으로 보다 신뢰할 수 있는 제품을 공급할 수 있게 된다.

결국 통계적 공정관리를 통해서 향상된 품질은 수율을 증가시키고 제품의 검사작업이 최소화되며, 생산성향상과 원가절감의 실현으로 연결된다. 따라서 고객에게 만족스러운 제품의 공급이 가능해지며 원만한 대고객 관계유지가 실현될 수 있는 것이다. 통계적 공정관리의 목표를 정리하면 (그림 13)과 같다.

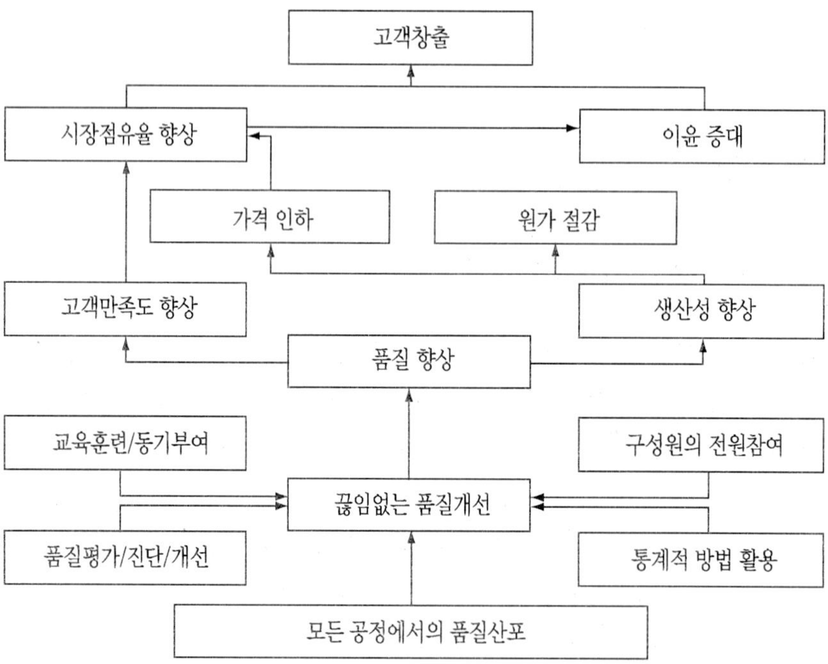


〈그림 13〉 통계적 공정관리의 목표

[표 3] 공정관리와 제품관리

| | 공정관리 | 제품관리 |
|---|---|---|
| 관리대상 | 공정 | 제품 |
| 관리목표 | 관리목표치에 일치하도록 4M을 잘 관리하여 최소한의 품질산포가 되도록 제품을 생산 | 규격한계 내에 들어가도록 제품을 생산 |
| 사용기법 | 관리도, 추·검정 | 샘플링검사, 신뢰성공학 |
| 사고방식 | 사전예방 | 사후조처 |

## 4.2 관리도

통계적 공정관리의 역사는 관리도로부터 시작되었다고 할 만큼 관리도는 통계적 공정관리의 중추적인 역할을 담당하고 있다. 이것은 1926년 슈하르트(W. A. Shewhart)가 공정품질의 변동을 관리하기 위해 관리도를 활용하기 시작했던 것이 출발점이다.

관리도(control chart)는 제조공정에 무엇인가 이상이 일어나고 있다는 것을 빨리 알거나 혹은 제조공정의 주기적 변동이나 경향적 변동을 알고 필요한 행동을 신속하게 취할 목적을 갖고 시계열적으로 품질의 상태를 그래프에 표시한 것이다. 이것은 제조공정에서의 품질의 산포가 우연원인에 의한 것인지, 이상원인에 의한 것인지를 밝혀주는 역할을 한다.

관리도에는 관리한계선(control limit)을 나타내는 한 쌍의 한계선(관리상한선과 관리하한선)을 그어두고 여기에 공정품질의 측정 결과를 타점하면서 제조공정의 전체적인 상태를 파악하고, 이를 기초로 공정의 안정을 도모한다. 이때 이용하는 관리한계선은 $3\sigma$의 법칙에 의해 설정된다.

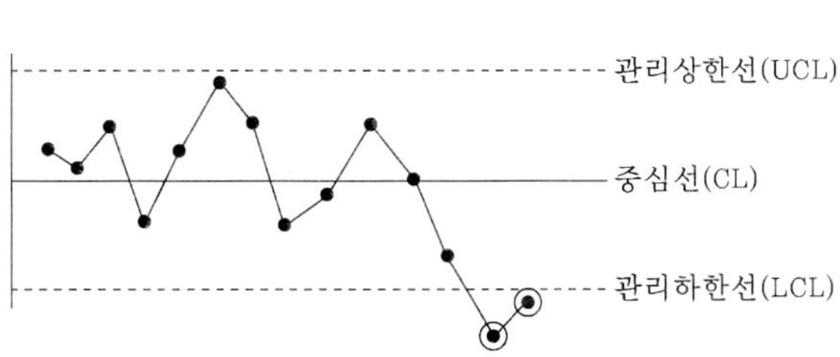


〈그림 14〉 관리도와 관리한계선

공정이 안정되어 있을 때 여기서 생산되는 제품의 길이, 무게, 강도 등과 같은 계량치 품질특성의 데이터를 취해 히스토그램을 그려보면 좌우대칭의 종 모양(bell-shaped)의 정규분포를 이룬다. 정규분포의 특징을 그대로 반영시켰을 때 평균치($\bar{x}$)로부터 양측으로 표준편차($\sigma$)의 1배, 2배, 3배로 구간의 폭을 취하면, 그 구간 내에 포함되는 비율은 각각 68.27%, 95.45%, 99.73%가 됨을 알고 있다.

공정의 상태가 안정된 경우 데이터의 평균치로부터 3배의 표준편차 범위($\bar{x} \pm 3\sigma$)안에 들어갈 확률은 0.9973이므로, 이를 벗어날 확률은 0.0027이다. 따라서 품질특성치의 표본평균이 일정한 범위($\bar{x} \pm 3\sigma$) 밖으로 나가는 확률이 0.0027이므로, 이 범위 밖으로 빠져 나가는 것이 있을 때 그 로트는 품질에 이상이 있는 것으로 볼 수 있다. 이것이 슈하르트의 $3\sigma$의 법칙이며, 관리도의 관리한계선 설정에 이용되는 핵심적인 원리이기도 하다.

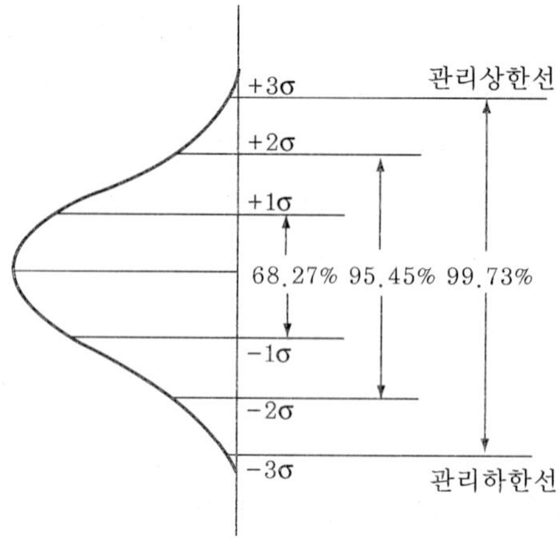


〈그림 15〉 관리한계선의 설정 - $3\sigma$의 법칙

관리도의 종류를 대별해보면, 그 용도에 따라 공정상태를 파악하는 해석용 관리도와 공정관리를 위한 관리용 관리도로 구분되며, 사용하는 데이터의 특성에 따라서는 계량치 관리도와 계수치 관리도로 나뉜다. 이때 해석용과 관리용 관리도는 관리한계선을 각각 점선과 일점쇄선으로 표현하는 것에 의해 구분할 수 있다.

① 계량치 관리도

계량치 관리도는 무게, 온도, 길이, 압력 등과 같이 연속적 자료에 대한 관리도로서 대표적인 것이 $\bar{x}-R$ 관리도이다. 정규분포 이론을 적용하는 계량치 관리도를 작성하기 위해서는 양적 자료에 대한 측정을 해야 하므로 측정하는데 필요한 인력과 시간이 많이 요구되는 단점이 있다. 계량치 관리도에는 $\bar{x}-R$ 관리도, $\bar{x}-s$ 관리도, I-MR 관리도 등이 있는데, 군의 크기($n$)가 2~5이면 $\bar{x}-R$, 6 이상이면 $\bar{x}-s$ 관리도를 적용한다. 또한 데이터의 발생간격이 길어서 데이터가 그룹으로 구분되지 않을 경우(즉 $n=1$) I-MR 관리도가 적용된다.

② 계수치 관리도

계수치 관리도는 작성되는 자료가 부적합품수나 결점수와 같이 이산적 자료인 경우의 관리도이다. 계수치 관리도의 경우에는 측정되는 자료가 적합, 부적합 혹은 합격, 불합격으로만 분류될 뿐 정확한 정도까지는 나타낼 필요가 없으므로 측정에 시간과 비용이 적게 드는 장점이 있다. 계수치 관리도의 종류에는 $p$관리도(부적합품률 관리도), $np$관리도(부적합품수 관리도), $c$관리도(부적합수 관리도), $u$관리도(단위당 부적합수 관리도)의 네 종류가 대표적이다. 이 때 $p$관리도와 $np$관리도는 이항분포의 이론을 적용하며, $c$관리도와 $u$관리도는 포아송분포의 이론을 적용한다.

[표 4] 관리도의 종류

| 관리도 구분 | 데이터의 종 류 | 관리도 종류 | 관리도 공식 | 적용이론 |
|---|---|---|---|---|
| 계량치 관리도 | 길이, 무게, 강도, 수율, 생산량 등 | $\bar{x}-R$ 관리도 | 관리상한선: $CL+3\sigma=\bar{\bar{x}}+A_2\bar{R}$ | 정규 분포 |
| | | | 중심선 : CL = $\bar{\bar{x}}=\sum\bar{x}/k$ | |
| | | | 관리하한선: $CL-3\sigma=\bar{\bar{x}}-A_2\bar{R}$ | |
| 계수치 관리도 | 제품의 부적합품률 | $p$관리도 | 관리한계선 : $\bar{p}\pm3\sqrt{\bar{p}(1-\bar{p})/n}$ | 이항 분포 |
| | 부적합품수 | $np$관리도 | 관리한계선 : $n\bar{p}\pm3\sqrt{n\bar{p}(1-\bar{p})}$ | |
| | 부적합수 (샘플 크기가 같을 때) | $c$관리도 | 관리한계선 : $c\pm3\sqrt{c}$ | 포아송 분포 |
| | 단위당 부적합수 (단위가 다를 때) | $u$관리도 | 관리한계선 : $\bar{u}\pm3\sqrt{\bar{u}/n}$ | |

## 4.3 $\bar{x}-R$ 관리도(평균치-범위 관리도)

$\bar{x}-R$ 관리도는 계량치 관리도 중에서 가장 많이 사용되는 관리도로서 품질을 계량치에 의해 관리하는 경우 이 관리도를 사용한다. 예를 들면, 축의 직경, 전구의 소비전

력량, 실의 인장강도, 약품의 순도 등의 관리에 적용 가능한데, 이 관리도는 평균치의 변화를 관리하는 $\bar{x}$ 관리도와 산포의 변화를 관리하는 $R$관리도로 구성된다.

$\bar{x}$ 관리도는 공정평균 변동에 민감하고, $R$관리도는 공정분산의 변동에 민감하다. 따라서 두 가지 관리도를 함께 사용함으로써 완전한 정보를 얻을 수 있다. 다음은 $\bar{x}-R$ 관리도의 작성방법이다.

① 제조공정에서 표본을 20~25군(group) 정도 채취하여 측정한다(이 자료를 예비자료라고 부르며 일반적으로 표본(또는 군)의 크기($n$)는 1군 당 4~5개로 한다). 이 때 군의 수는 $k$로 표현한다.

② 각 군의 평균치($\bar{x}$) 및 범위($R$)를 계산한다.

$$\bar{x}=\frac{x_1+x_2+\cdots+x_n}{n}=\frac{\sum x_i}{n}$$

$$R=x_{\max}-x_{\min}$$

③ ②에서 계산한 모든 $\bar{x}$와 $R$을 자료표(data sheet)에 기입한다.

④ 평균치($\bar{x}$)의 총 평균($\bar{\bar{x}}$)을 구한다.

$$\bar{\bar{x}}=\frac{\bar{x}_1+\bar{x}_2+\cdots+\bar{x}_k}{k}=\frac{\sum \bar{x}_i}{k}$$

⑤ $R$의 평균치($\bar{R}$)를 구한다.

$$\bar{R}=\frac{R_1+R_2+\cdots+R_k}{k}=\frac{\sum R_i}{k}$$

⑥ $\bar{x}$관리도의 관리한계선을 계산한다.

중심선 CL $=\bar{\bar{x}}$

관리상한선 UCL $=\bar{\bar{x}}+3\sigma_{\bar{x}}=\bar{\bar{x}}+A_2\bar{R}$

관리하한선 LCL $=\bar{\bar{x}}-3\sigma_{\bar{x}}=\bar{\bar{x}}-A_2\bar{R}$

이 때 $A_2$는 (표 5)의 관리도 계수표를 이용하여 확인할 수 있으며, 표본(또는 군)의 크기($n$)에 따라 각기 다른 값을 지닌다는 것을 알 수 있다.

⑦ $R$관리도의 관리한계선을 계산한다.

$$\text{중심선 CL} = \overline{R}$$

$$\text{관리상한선 UCL} = \overline{R} + 3\sigma_R = D_4\overline{R}$$

$$\text{관리하한선 LCL} = \overline{R} - 3\sigma_R = D_3\overline{R}$$

여기서 $D_4$, $D_3$는 (표 5)의 관리도 계수표에 의한다. $D_3$는 $n$이 6 이하의 경우는 0이다.

⑧ 각각의 관리도 용지에 관리한계선을 기입한다.

⑨ 자료표로부터 $\overline{x_i}$와 $R$의 값을 관리도상에 타점(plot)하여 실선으로 연결한다.

⑩ 관리도에 의하여 제조공정의 관리상태를 판정하고 조처한다. 만약 예비 데이터 중에서 관리한계선 밖으로 나가는 것이 있으면 그 원인을 조사하여 확실하게 밝혀지면 그 데이터를 제외해서 관리한계선을 재계산한다. 또 확실한 변경이 없더라도 월 1회 정도는 관리한계선을 재계산하고, 최신의 관리한계선을 사용하여 관리해 나간다.

[표 5] $\overline{x} - R$ 관리도의 관리한계를 계산하기 위한 계수표

| 표본(또는 군)의 크기($n$) | $A_2$ | $D_3$ | $D_4$ |
|---|---|---|---|
| 2 | 1.88 | - | 3.27 |
| 3 | 1.02 | - | 2.57 |
| 4 | 0.73 | - | 2.28 |
| 5 | 0.58 | - | 2.11 |
| 6 | 0.48 | - | 2.00 |
| 7 | 0.42 | 0.08 | 1.92 |
| 8 | 0.37 | 0.14 | 1.86 |
| 9 | 0.34 | 0.18 | 1.82 |
| 10 | 0.31 | 0.22 | 1.78 |

※ 주 : $D_3$난의 (-)는 관리하한을 고려하지 않는 것을 나타냄.

[표 6] $\overline{x}-R$ 관리도 자료표(data sheet)

| 군 번호 | 측정치 | | | | 합계 | 평균 | 범위 |
|---|---|---|---|---|---|---|---|
| | $x_1$ | $x_2$ | $x_3$ | $x_4$ | | | |
| 1 | 601.4 | 598.0 | 601.6 | 601.4 | 2402.4 | 600.6 | 3.6 |
| 2 | 601.6 | 599.8 | 600.4 | 598.8 | 2400.6 | 600.2 | 2.8 |
| 3 | 598.0 | 600.0 | 598.4 | 601.4 | 2397.8 | 599.5 | 3.4 |
| 4 | 601.4 | 599.8 | 600.0 | 598.4 | 2399.6 | 599.9 | 3.0 |
| 5 | 599.4 | 600.0 | 596.8 | 601.6 | 2397.8 | 599.5 | 4.8 |
| 6 | 600.0 | 600.0 | 602.8 | 598.8 | 2401.6 | 600.4 | 4.0 |
| 7 | 600.2 | 598.8 | 600.8 | 601.2 | 2401.0 | 600.3 | 2.4 |
| 8 | 601.2 | 598.2 | 603.6 | 599.6 | 2402.6 | 600.7 | 5.4 |
| 9 | 598.4 | 599.4 | 604.2 | 601.2 | 2403.2 | 600.8 | 5.8 |
| 10 | 599.0 | 599.6 | 602.4 | 598.2 | 2399.2 | 599.8 | 4.2 |
| 11 | 601.2 | 599.4 | 598.4 | 598.8 | 2397.8 | 599.5 | 2.8 |
| 12 | 601.0 | 599.4 | 599.6 | 597.8 | 2397.8 | 599.5 | 3.2 |
| 13 | 600.8 | 600.0 | 603.4 | 598.2 | 2402.4 | 600.6 | 5.2 |
| 14 | 597.6 | 598.8 | 600.6 | 598.2 | 2395.2 | 598.8 | 3.0 |
| 15 | 601.6 | 599.2 | 598.4 | 598.2 | 2397.4 | 599.4 | 3.4 |
| 16 | 599.4 | 599.4 | 598.2 | 601.2 | 2398.2 | 599.6 | 3.0 |
| 17 | 601.2 | 599.6 | 602.0 | 600.0 | 2402.8 | 600.7 | 2.4 |
| 18 | 598.4 | 599.0 | 599.4 | 598.8 | 2395.6 | 598.9 | 1.0 |
| 19 | 599.2 | 599.2 | 599.4 | 599.4 | 2397.2 | 599.3 | 0.2 |
| 20 | 598.8 | 600.6 | 600.8 | 597.2 | 2397.4 | 599.4 | 3.6 |
| 21 | 601.4 | 598.8 | 600.8 | 600.8 | 2401.8 | 600.5 | 2.6 |
| 22 | 599.0 | 598.8 | 598.6 | 600.6 | 2397.0 | 599.3 | 2.0 |
| 23 | 601.0 | 599.8 | 600.0 | 599.6 | 2400.4 | 600.1 | 1.4 |
| 24 | 601.6 | 599.2 | 600.4 | 599.4 | 2400.6 | 600.2 | 2.4 |
| 25 | 601.4 | 599.4 | 600.8 | 598.0 | 2399.6 | 599.9 | 3.4 |

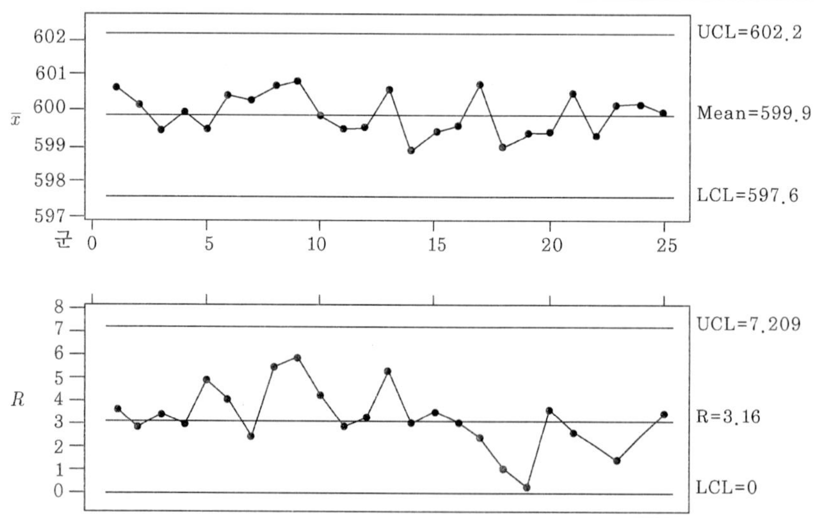


〈그림 16〉 $\overline{x}-R$ 관리도

## 4.4 $p$ 관리도(부적합품률 관리도)

부적합품률 관리도는 계수치 관리도 중 가장 많이 사용되는 관리도이다. 부적합품률 관리도는 부분군에 속한 표본(샘플)의 적합, 부적합에 의해 계산된 부적합품률($p = \frac{\text{부적합품수}}{\text{검사갯수}}$)에 의해 작성되므로 이항분포를 기초로 한다. 다음은 부적합품률 관리도의 작성순서이다.

① 부적합품률 $p$로 나타나는 데이터를 수집한다. 이때 데이터는 검사갯수 $n$과 부적합품수 $np$를 알고 있는 것이어야 한다.

② 데이터를 군(group)으로 구분한다. 일반적으로 로트별로 군 구분을 한다. 군의 수는 20~100개 정도에서 각 군내의 부적합품수가 평균 1~5개 정도 포함되도록 잡는 것이 좋다.

③ 각 군의 부적합품률 $p$를 계산한다.

$$p = \frac{np}{n} = \frac{\text{부적합품수}}{\text{검사갯수}}$$

④ 평균 부적합품률 $\bar{p}$를 계산한다.

$$\bar{p} = \frac{\sum np}{\sum n} = \frac{\text{총 부적합품수}}{\text{총 검사갯수}}$$

⑤ 관리도 용지에 부적합품률 $p$를 검사 순으로 타점하고, 평균 부적합품률 $\bar{p}$를 실선으로 기입한다. 이것이 중심선(CL)이 된다.

⑥ 관리한계를 계산한다.

$$\text{관리상한선 : UCL} = \bar{p} + 3\sqrt{\frac{\bar{p}(1-\bar{p})}{n}}$$

$$\text{관리하한선 : LCL} = \bar{p} - 3\sqrt{\frac{\bar{p}(1-\bar{p})}{n}}$$

⑦ 관리도 상에 관리한계선을 점선으로 기입한다. $n$이 일정하면 관리한계선은 일정하지만 $n$의 크기가 샘플 군마다 다를 경우에는 요철(凹凸)형태의 관리한계선이 된다.

[표 7] 도장제품의 외관 부적합품수와 부적합품률

| 군 번호 | 표본(샘플)의 크기 ($n$) | 부적합품수 ($np$) | 부적합품률 ($\bar{p}$) |
|---|---|---|---|
| 1 | 203 | 10 | 0.0493 |
| 2 | 280 | 15 | 0.0536 |
| 3 | 175 | 5 | 0.0286 |
| 4 | 201 | 16 | 0.0796 |
| 5 | 230 | 8 | 0.0348 |
| 6 | 188 | 10 | 0.0532 |
| 7 | 150 | 9 | 0.0600 |
| 8 | 96 | 7 | 0.0729 |
| 9 | 126 | 10 | 0.0794 |
| 10 | 170 | 8 | 0.0471 |
| 11 | 210 | 5 | 0.0238 |
| 12 | 220 | 11 | 0.0500 |
| 13 | 286 | 9 | 0.0315 |
| 14 | 192 | 13 | 0.0677 |
| 15 | 204 | 15 | 0.0735 |
| 16 | 195 | 7 | 0.0359 |
| 17 | 167 | 11 | 0.0659 |
| 18 | 180 | 13 | 0.0722 |
| 19 | 223 | 6 | 0.0269 |
| 20 | 250 | 14 | 0.0560 |
| 합계 | 3,946 | 202 | $\bar{\bar{p}} = 0.05119$ |

⑧ 관리도에 의하여 제조공정의 관리 상태를 판정, 조사한다.

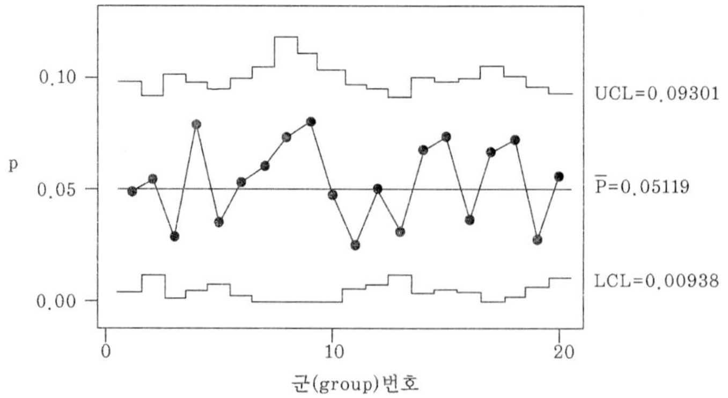


〈그림 17〉 $p$ 관리도

## 4.5 관리도의 해석

관리도를 작성한 후에는 이를 토대로 공정의 운영, 관리상태를 판단한다. 공정이 관리상태를 벗어났을 경우에는 이상원인을 찾아서 제거해야 한다. 관리도에서는 다음의 두 가지 조건이 동시에 만족될 때 공정이 관리상태(state of control) 또는 안정상태에 있다고 판정한다.

- 모든 점들이 관리한계선(control limit) 안에 있음.
- 점들의 배열에 특별한 습관성(버릇)이 없을 것.

여기서 말하는 특별한 습관성에는 런(run), 경향(trend), 주기(cycle) 그리고 편의(bias) 등이 있다.

① 런(run)

런이란 중심선(CL)을 기준해서 점이 상하 어느 한 쪽으로 연속해서 나타나는 것을 말한다. 이것은 공정의 평균 또는 산포에 변화가 있음을 뜻하는 것으로서 생산방식의 변경이나 작업자, 기계 및 검사도구의 교체가 필요하다는 것을 의미한다.

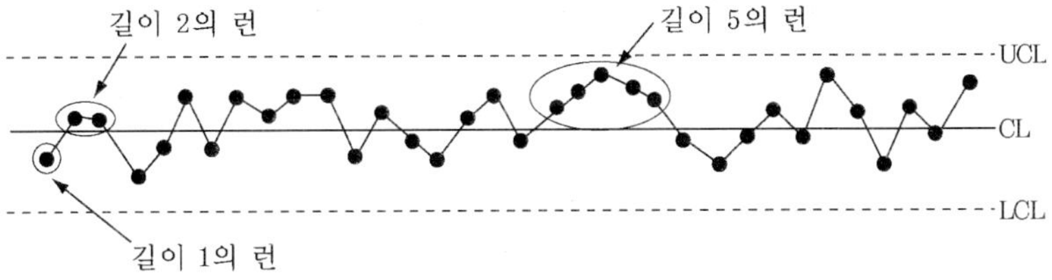


〈그림 18〉 런

② 경향(trend)

점들이 한계선의 어느 한쪽을 향하여 점진적으로 상승 또는 하강하는 현상을 경향이라고 한다. 이것은 일반적으로 공구의 마모나 기계의 열화, 작업자의 피로, 시간의 경과에 따른 작업조건의 변화와 원료의 변질 등에 기인하여 일어나므로 적절한 조치를 해주어야 한다.

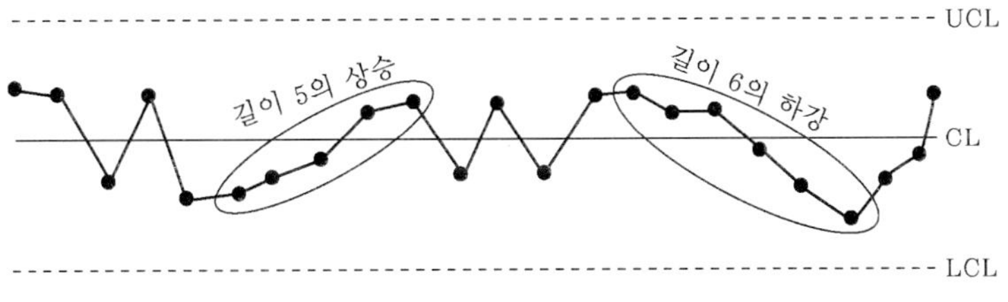


〈그림 19〉 경향

③ 주기(cycle)

널을 뛰듯이 일정한 간격으로 같은 모양의 점의 움직임(파형)이 나타날 때 주기가 있다고 한다. 주기에 대한 명확한 이상 판정 기준은 없으나, 주기가 있으면 점이 관리한계선 밖으로 나가거나 런 또는 경향으로서의 이상으로 판정되는 경우가 많다. 원자재의 주기적인 품질변동이나 공구 및 기계조건의 주기적 변동에 의해 발생하는 주기는 주기의 크고 작음에 따라 소파, 중파, 대파 등으로 구분된다.

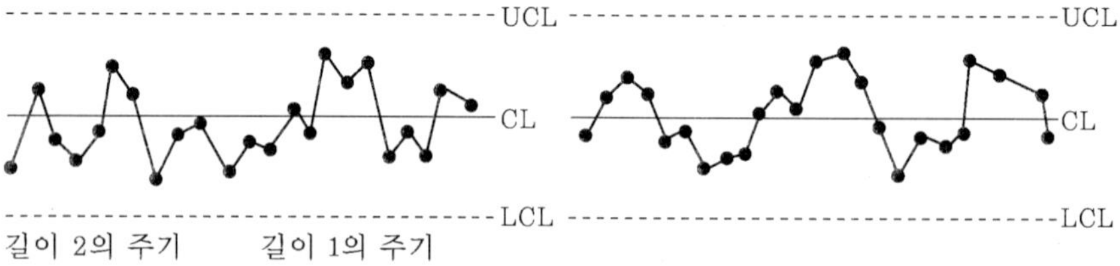


〈그림 20〉 주기(소파)(좌) / 주기(대파)(우)

④ 편의(bias) Ⅰ- 중심선을 기준해 어느 한 쪽으로의 편중

점이 중심선을 기준으로 해서 상하 어느 한 쪽으로 다음과 같이 많이 몰리게 될 때에도 공정에 무엇인가 이상이 있는 것으로 판정한다.

- 연속 11점 중 적어도 10점이 한 쪽에 있는 경우
- 연속 14점 중 적어도 12점이 한 쪽에 있는 경우
- 연속 17점 중 적어도 14점이 한 쪽에 있는 경우
- 연속 20점 중 적어도 16점이 한 쪽에 있는 경우

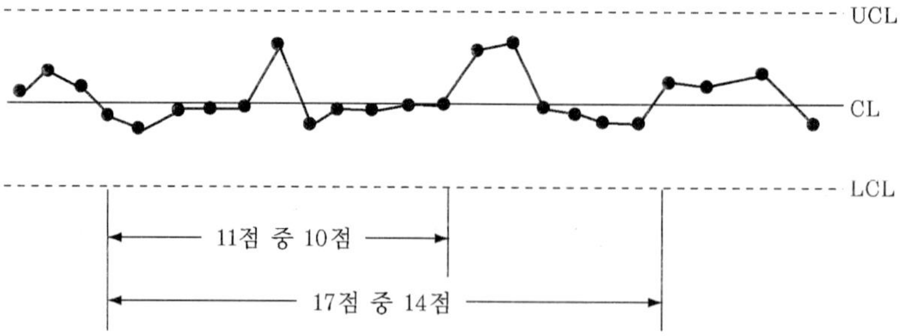


〈그림 21〉 한 쪽에 편중된 경우

⑤ 편의(bias) Ⅱ - 관리한계선에의 접근

점이 자주 한계선 가까이에 나타나는 것은 확률적으로 드문 경우이다. 따라서 점이 다음과 같이 2$\sigma$와 3$\sigma$ 사이에 있게 되면 공정에 무엇인가 이상이 있는 것으로 판정하고 조치를 취해야 한다.

- 연속 3점 중 적어도 2점이 2$\sigma$와 3$\sigma$ 사이에 있는 경우
- 연속 7점 중 적어도 3점이 2$\sigma$와 3$\sigma$ 사이에 있는 경우
- 연속 10점 중 적어도 4점이 2$\sigma$와 3$\sigma$ 사이에 있는 경우

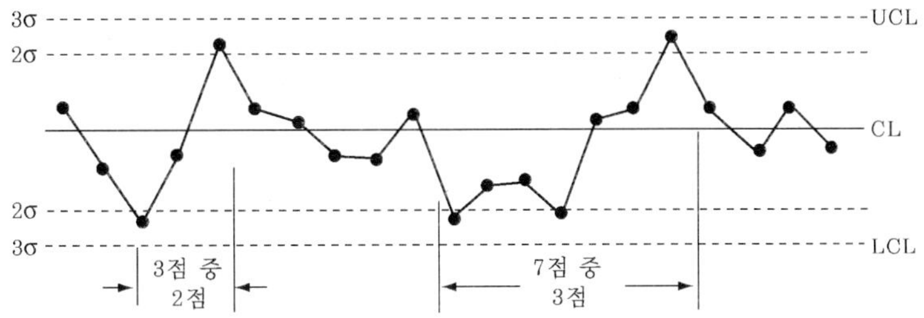


〈그림 22〉 2$\sigma$와 3$\sigma$ 사이에 있을 때

쉬어갑시다

**LS전선 "우리 제품 이런 점이 부족해요"**

머니투데이, 2005년 12월 28일

LS전선은 품질경쟁력 확보를 통해 불황을 극복하고 글로벌 경쟁에서 이기기 위해 '전사 품질반성회'를 최근 안양공장에서 열었다고 28일 밝혔다. 이 행사는 각 사업부가 지난 1년간 제품의 품질관리에서 실패했던 사례를 자발적으로 선정해 원인과 개선방안 등을 발표하고 이 같은 사례를 다른 부서가 공유함으로서 반면교사로 삼자는 취지에서 마련된 것. 올해 행사에서도 각 사업부의 사례 중 전사적으로 공유할 만한 가치가 있거나 벤치마킹의 대상이 될 만한 6건의 사례가 발표됐다. 이날 행사에는 구자열 부회장을 비롯 CTO, CFO 등 전임원과 조직장 100여명이 참석했다.

올해는 ERP(전사자원관리)시스템 구축을 통한 전사 품질시스템을 개선하고, 미국 UL 공인시험기관 지정 및 일부 전선제품의 환경마크 인증 등 친환경 관리체계 구축의 해로 자체 분석하고 있다. LS전선은 올해의 품질성적표를 기초로 내년에는 전사적으로 품질경영을 실천해 국내는 물론 글로벌 품질경쟁력을 확보키로 했으며, 이를 위해 경영진이 솔선수범하고 지속적인 내부혁신을 추진한다는 전략이다.

각 사업부의 실패사례를 공유한 후 구자열 부회장은 "품질은 기업에 있어 생존의 필수요건이라며, 실패에서 배울 것"을 강조했다. 구 부회장은 "우리의 고객과 시장에서 받은 올해 품질성적표는 그리 만족스럽지 못하지만 고유가, 환율 등 어려운 경영환경 속에서 일궈 낸 성적표로 겸허하게 수용하자"고 말했다. 또 구 부회장은 올해 실패사례를 토대로 내년도에는 "고객 및 시장관점의 품질혁신을 지속적으로 추진하고, 6시그마 추진 기반을 확고히 다져 선진 수준의 품질경영시스템을 정착시킬 것"을 당부했다.

LS전선은 1994년까지 매년 한 차례씩 해당 연도의 제품품질 상 문제점을 지적하고 다음해 품질향상 계획을 수립하는 행사를 열어오다 중단했으며, 지난해에 다시 이 행사를 부활시켰다. LS전선은 이번 행사에서 발표된 사례를 기초로 내년에는 전사적으로 품질경영을 실천함으로써 국내외에서 품질경쟁력을 확보하는데 주력키로 했다.

요약

- 품질(Quality)이란 "제품의 유용성을 결정하는 성질 또는 제품의 사용목적을 다하기 위해서 구비해야 할 성질"이라고 정의된다.

- 설계품질이란 소비자의 요구를 충분히 조사한 다음에 공장의 제조기술, 설비, 관리의 상태에 따라 경제성을 고려하여 제조 가능한 수준으로서 정한 품질이다. 제조품질이란 주어진 품질표준과 그런 품질표준의 제품에 제조하고자 노력한 결과 만들어진 제품의 실제품질이다. 그리고 시장품질은 소비자에 의해 결정되는 품질로서 실제 사용상에서 평가되므로 설계품질의 결정에 중요한 정보가 된다.

- 품질비용은 장래에 발생할 가능성이 있는 결점을 사전에 방지하기 위하여 소비한 여러 항목에 걸친 비용으로서의 예방비용, 검사 및 실험 그리고 외부의 품질에 대한 보증을 얻기 위한 비용 등을 의미하는 평가비용, 일정한 품질규격을 만족시키지 못함으로써 발생된 원재료, 노무비 등에 소비된 재작업비, 폐기비용 등을 의미하는 실패비용 등으로 구분된다.

- 품질변동의 원인은 크게 우연원인과 이상원인으로 구분되는데, 우연원인은 정상적인 생산조건 하에서 생산되었음에도 불구하고 품질에 변동이 생기는 소위 '피할 수 없는 원인'이다. 이상원인은 갑작스러운 설비고장, 부적합품의 혼입, 작업자에 의한 기계조작 실수 발생 등과 같이 정상적인 생산조건을 갖추지 못했을 때 일어나는 품질변동의 원인을 뜻한다.

- 품질관리의 7가지 도구(QC 7 Tools)는 층별, 체크시트, 파레토도, 특성요인도, 히스토그램, 산점도 및 그래프 등이다.

- 공정에서 품질과 관련한 데이터를 얻고, 통계적인 분석을 통해 공정에 적절한 조처를 취함으로써 공정 품질의 변동축소가 가능해지는데, 이와 같은 목적으로 공정에서 통계적 기법을 응용 내지 활용하는 것을 통계적 공정관리라고 한다.

- 계량치 관리도는 무게, 온도, 길이, 압력 등과 같이 연속적 자료에 대한 관리도로서 대표적인 것이 $\overline{x}-R$관리도이다. 계수치 관리도는 작성되는 자료가 부적합품수나 결점수와 같이 이산적 자료인 경우에 적용되는데 $p$관리도(부적합품률 관리도), $np$관리도(부적합품수 관리도), $c$관리도(부적합수 관리도), $u$관리도(단위당 부적합수 관리도)의 네 종류가 대표적이다.

- 관리도는 모든 점들이 관리한계선 안에 있어야 하며, 또한 점들의 배열에 특별한 습관성(버릇)이 없어야 한다는 두 가지 조건이 동시에 만족될 때 공정이 관리상태(state of control) 또는 안정상태에 있다고 판정한다. 여기서 말하는 특별한 습관성에는 런(run), 경향(trend), 주기(cycle) 그리고 편의(bias) 등이 있다.

# 토의문제

1. 품질의 정의(KSA 3001)를 쓰시오.

2. 설계품질, 제조품질 및 사용품질의 개념을 설명하라.

3. 품질비용 3가지를 제시하고 설명하라.

4. 품질관리의 발전과정을 단계별로 간단히 설명하라.

5. 품질관리의 7가지 도구란 무엇인가?

6. 관리도의 작성목적과 관리도의 종류에 대해서 설명하라.

7. 관리도의 안정상태 판정 기준에 대해서 설명하라.

8. 다음 자료를 이용하여 $\bar{x}$관리도와 R관리도를 작성하라. 그리고 공정의 관리상태 여부를 확인하라. 여기서 표본(또는 군)의 크기($n$)는 5라고 가정한다.

| 군 번호 | 1 | 2 | 3 | 4 | 5 | 6 | 7 | 8 |
|---|---|---|---|---|---|---|---|---|
| $\bar{x}$ | 95.72 | 95.24 | 95.18 | 95.44 | 95.46 | 95.32 | 95.40 | 95.44 |
| R | 1.0 | 0.9 | 0.8 | 0.4 | 0.5 | 1.1 | 0.9 | 0.3 |
| 군 번호 | 9 | 10 | 11 | 12 | 13 | 14 | 15 | 16 |
| $\bar{x}$ | 95.08 | 95.50 | 95.80 | 95.22 | 95.56 | 95.22 | 95.04 | 95.72 |
| R | 0.2 | 0.6 | 0.6 | 0.2 | 1.3 | 0.5 | 0.8 | 1.1 |
| 군 번호 | 17 | 18 | 19 | 20 | | | | |
| $\bar{x}$ | 94.82 | 95.46 | 95.60 | 95.74 | | | | |
| R | 0.6 | 0.5 | 0.4 | 0.6 | | | | |

[관리도 계수표]

| 표본(또는 군)의 크기 ($n$) | $A_2$ | $D_3$ | $D_4$ |
|---|---|---|---|
| 4 | 0.73 | - | 2.28 |
| 5 | 0.58 | - | 2.11 |

9. 자동차 피스톤 제조업체인 한국부품(주)는 $p$관리도를 이용하기 위해 지난 2주간 20번의 표본(샘플)검사를 실시하여 다음과 같은 자료를 얻었다. $p$관리도를 작성하라.

| 군 번호 | 표본크기 | 부적합품수 | 부적합품율 | 군 번호 | 표본크기 | 부적합품수 | 부적합품율 |
|---|---|---|---|---|---|---|---|
| 1 | 200 | 10 | 0.05 | 11 | 200 | 21 | 0.105 |
| 2 | 200 | 5 | 0.025 | 12 | 200 | 15 | 0.075 |
| 3 | 200 | 10 | 0.05 | 13 | 200 | 8 | 0.04 |
| 4 | 200 | 12 | 0.06 | 14 | 200 | 14 | 0.07 |
| 5 | 200 | 11 | 0.055 | 15 | 200 | 4 | 0.02 |
| 6 | 200 | 9 | 0.045 | 16 | 200 | 10 | 0.05 |
| 7 | 200 | 22 | 0.11 | 17 | 200 | 10 | 0.05 |
| 8 | 200 | 4 | 0.02 | 18 | 200 | 11 | 0.055 |
| 9 | 200 | 12 | 0.06 | 19 | 200 | 26 | 0.13 |
| 10 | 200 | 24 | 0.12 | 20 | 200 | 13 | 0.065 |

제 17 장

# 설비보전 및 관리

## 01 설비보전의 의의

### 1.1 설비보전의 중요성

오늘날과 같이 생산설비의 기계화와 자동화가 심화되고 있는 상황에서는 설비의 신뢰성 확보가 경영의 성패를 좌우하는 매우 중요한 요소로 작용하는 것이 현실이다. 고도로 자동화된 시스템의 고장은 엄청난 손실을 가져오기 때문에 시스템의 신뢰성 확보를 위한 보전비의 막대한 투자를 필요로 하기에 이르렀다. 미국의 경우 보전에 소요되는 비용은 연간 350억 달러에 달하며, 이 비용은 매년 15~30%씩 증가하고 있다고 한다. 실제로 미국 GM의 현장 작업자 대비 보전인력의 비율이 1940년대에는 8:1 이던 것이 1980년대에는 4:1로 좁혀졌으며, 2000년대 이후에는 1:1에 이를 것으로 월스트리트 저널은 전망했다.

생산시스템을 구성하고 있는 모든 요소가 생산 활동에 즉시 이용될 수 있기 위해서는 각종 설비에 대한 보전(maintenance) 활동은 절대적으로 요구된다. 왜냐하면 설비는 사용정도뿐만 아니라 동작 및 환경 스트레스의 강약에 따라 마모와 파손 등의 열화가 진행되기 때문이다. 이러한 열화현상은 보전활동을 통해 약화시킬 수 있으며, 정상적인 기능의 발휘기간을 연장시키는 효과가 있다.

설비보전 활동이란 설비열화에 대한 대책으로서 검사제도를 확립하고 설비의 열화현상을 조사하여 어느 설비의 어느 부분이 수리될 것인가를 예측하고, 이에 필요한 자재와 인원을 준비하여 계획적인 보수를 하는 일체의 행위를 의미한다.

원래 보전이란 '유지' 또는 '보수'를 의미하는 것으로 현재의 설비를 계속적으로 활용할 수 있도록 그 성능을 유지시킨다는 뜻을 가진다. 따라서 설비보전이란 설비의 설계에서부터 설치·운전·수리 및 처분에 이르기까지의 제비용을 최소화하여 설비가 가장 경제적으로 유효하게 활용되게 함을 뜻한다.

기계설비나 장치에 대한 보전미흡으로 인한 고장이 발생할 경우 입게 되는 손실을 생각해보면 다음과 같다.

① 불량품 및 스크랩의 증대
② 납기지연으로 인한 고객의 불만 증가
③ 품절로 인한 판매기회의 상실
④ 부분품/공정품의 공급중단으로 후속공정의 정체발생
⑤ 유휴노무비의 발생
⑥ 유휴설비에 대한 감가상각비 및 자본이자 등의 발생
⑦ 기계수리비용의 발생
⑧ 산업재해 및 공해의 발생 등

## 1.2 설비보전의 종류

설비의 마모, 부식 등과 같은 열화는 적절한 수리나 정비 등과 같은 보전활동에 의해 시간적으로 충분히 지연시킬 수 있다. 이와 같은 효과를 기대하며 전개되는 것이 설비보전활동인데, 이 활동은 고장의 발생시점을 기준으로 할 때 사전보전과 사후보전으로 대별된다. 사전보전의 대표적인 활동에는 예방보전과 보전예방이 있으며, 사후보전은 수리보전을 의미한다.

초기에는 설비보전이 예방보전(PM : preventive maintenance)이라는 의미로 사용되었으나, 1954년 GE사에서 생산보전(PM : productive maintenance)을 제창하면서부터 이에 대한 좋은 반응 때문에 보전을 생산보전이라는 적극적인 의미로 사용하게 되었다. 그리고 이 개념은 1969년 일본의 닛폰덴소(日本電裝)에서 도입하여 자사의 실정에 맞게 개량한 정비시스템으로 전원참가에 의한 PM이란 타이틀을 지닌 TPM(total productive maintenance)으로 발전하게 되었다. 이하에서는 설비관리의 변천과정을 토대로 주된 개념을 살펴보기로 한다.

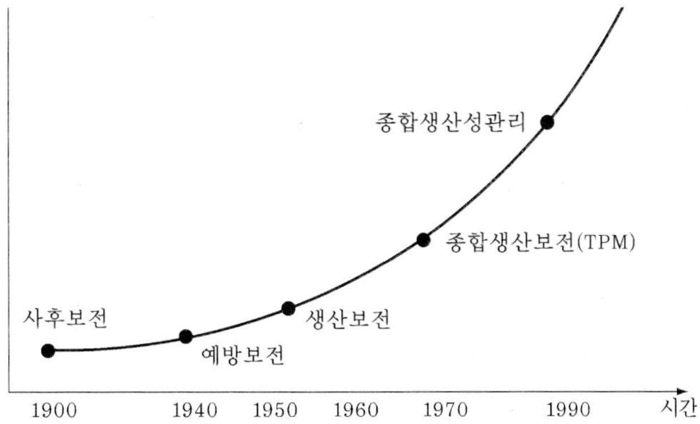


〈그림 1〉 보전방식의 변화

① 사후보전(BM : breakdown maintenance)

1930년대까지의 보전형태는 대부분 사후보전, 비계획적 보전(unscheduled maintenance)으로 설비나 시스템의 기능이 정지된 후 특정한 상태로 복원하기 위한 활동이다. 이 방법은 설비나 시스템에 대한 조직적인 계획과 관리가 미흡한 상황에서도 이용되는 보전방식의 하나로, 고장난 후의 수리(repair)가 주 임무이다. 오늘날에도 고장이 나거나 파손된 후에 수리하는 것이 오히려 적은 비용이 소요되는 경우에 적용할 수 있는 유용한 보전방식으로 채택되고 있다.

② 예방보전(PM : preventive maintenance)

계획보전(scheduled maintenance)의 하나로서 고장 발생으로 야기될 수 있는 모든 손실을 최소화하기 위하여 고장발생 전에 선행적인 다양한 활동을 통해서 보전의 목적을 달성하려는 것을 말한다. 예방보전활동의 가장 전형적인 것은 검사・급유・조정・분해・정비 및 부품대체 등과 같은 일상적인 활동을 들 수 있는데, 이것들은 설비성능의 저하나 고장, 사고의 미연 방지 및 성능의 유지를 위해 필요한 활동이다. 예방보전의 잇점은 다음과 같다.

- 생산시스템의 정지시간을 감소시켜 유휴손실을 감소시킬 수 있다.
- 대규모 내지는 반복적 수리횟수를 감소시켜 수리비용을 절감한다.
- 납기엄수에 따른 신용 및 판매기회를 증대시킬 수 있다.
- 예비기계 보유의 필요성을 감소시킨다.
- 작업의 안전을 도모할 수 있다.
- 설비의 신뢰성을 향상시키므로 제조원가를 감소시킬 수 있다.

예방보전방식은 사후보전보다 비용이 적게 드는 경우에 적용될 수 있다. 정기적인 점검과 조기 수리, 즉 시간기준(time-based) 방식을 도입하고 있는 예방보전은 일상점검에 의해 설비상태를 파악하고 계획적인 수리활동을 함으로써 생산 활동의 중단을 사전에 방지하는데 매우 유효하다.

③ 생산보전(PM : productive maintenance)

설비관리를 학문으로 처음 체계화한 것은 1950년대 GE사의 생산보전개념이다. 이것은 과거 사후보전과 예방보전을 통해 획득한 다양한 노하우(knowhow)를 기초로 하고 보전활동을 전반적인 생산활동에 연계한 체계적이고 합리적인 관리활동의 시작이다. 생산보전이란 설비의 수명주기(life cycle)를 통하여 설비 자체의 비용과 보전 및 설비의 운전과 유지에 드는 일체의 비용과 설비 열화에 의한 손실의 합을 최소화시킴으로써 생산성을 높이는 활동이다. 즉, 설비에 대한 합리적인 경영활동을 통해 설비를 고장없이 잘 운전하기 위한 체계적인 보수 및 유지활동을 의미한다.

④ 종합생산보전(TPM : total productive maintenance)

1970년대부터 보전기능은 기업의 중요한 전략적 활동으로 이해하게 되었다. 복잡한 설비의 등장과 높은 투자는 설비이용효율의 극대화를 도모하지 않으면 안된다는 것을 의미하였기 때문이다. 이 과정에서 도요타자동차 계열의 닛폰덴소에서 개발한 전원참가의 생산보전인 TPM은 설비의 라이프 사이클 코스트(생애비용)에 대한 이해와 설비 이용효율의 제고를 위한 전사적 접근방법을 근간으로 하고 있다. 일본의 플랜트엔지니어링 협회(JIPE : Japanese Institute of Plant Engineering)의 TPM에 대한 정의는 다음과 같다.

- 설비효율을 최고로 할 것을 목표로 해서
- 설비의 라이프 사이클을 대상으로 한 PM의 total 시스템을 확립하고
- 설비의 계획부문, 사용부문, 보전부문 등의 모든 부문에 걸쳐
- 최고경영자로부터 제일선 작업자에 이르기까지 전원이 참가하고
- 동기부여관리, 즉 소집단 자주활동에 의한 PM을 추진하는 것

⑤ 종합생산성관리(TPM : total productivity management)

종합생산성관리는 보전도(maintainability) 중심의 설비관리라고도 한다. 보전도란 설비나 시스템이 그 기능이 정지되었을 때 얼마나 빠르게 그리고 얼마나 경제적으로 회복시키느냐 하는 정도를 의미한다. 이것은 어떤 시스템이나 설비 설계의 고유특성을 나타내는 것이며, 시스템의 개발과 설계에서 가장 중요한 결정기준의 하나이다. 보전도 중심의 설

비관리에 의하면 설비의 고유 성능을 비롯하여 보전요소, 즉 보전의 수준이나 보전방법 등은 설비의 개발과정에서 결정되기 때문에 설비관리는 보전도 유지 또는 보전도 개선이 주된 목적이 될 수밖에 없다는 개념을 지니고 있다. 이러한 접근방법은 생산보전을 제조 현장을 중심으로 한 개선수단으로서 이해하던 것에서 설비의 개발과 설계분야를 포함한 새로운 공학과정에서의 종합생산성 향상이라는 분야로 확대시켜야 함을 의미한다.

이외에도 보전과 관련된 개념에는 개량보전, 보전예방 등의 개념이 있다. 개량보전(CM : corrective maintenance)은 보전측면에 중점을 두어 설비자체의 체질개선을 목적으로 하는 보전방식으로서, 설비의 성능이나 기능을 개선하는 것이 아니라 보전비용이 적게 드는 재료나 부품의 사용으로 안전을 모색하려는 개선을 가리킨다. 또한 보전예방(MP: maintenance prevention)이란 고장이 적은 설비의 설계 및 조기 수리가 가능한 설비의 설계를 통한 보전방식으로서 설비의 신뢰성과 보전성을 높이는 데 그 목적을 두고 있는데, 궁극적으로는 보전이 필요없는 설비를 지향한다.

## 1.3 보전대상 설비의 결정

생산시스템은 설비, 공정뿐만 아니라 인간-기계시스템 등과 같은 많은 요소들로 구성된다. 그 중에서 어떤 요소를 보전의 대상으로 삼을 것인가를 결정할 때는 생산시스템의 전반적인 신뢰성에 대한 기여도에 따라 결정되어야 한다. 이때는 재고관리에서 활용되었던 ABC관리방식의 개념을 적용할 수 있는데, 이를 통해 중요도와 영향도를 고려한 중점관리 보전대상 설비를 정할 수 있다. 각 요소들을 세 집단으로 분류하면 (그림 2)와 같이 구분할 수 있다.

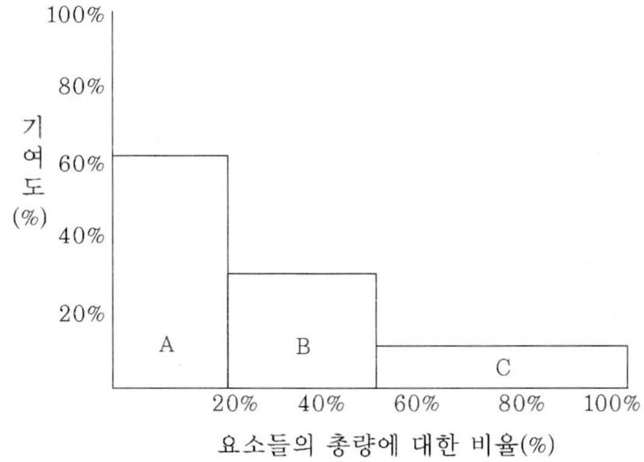


〈그림 2〉 시스템 요소들의 ABC 분류(시스템의 신뢰성에 대한 기여도 기준)

집단 A(critical components)에 속하는 요소들은 그것이 고장 났을 때 전체 생산 공정이 중단되며, 생산시설의 정지로 인한 손실 비용이 크며 수리비용도 엄청나게 많이 드는 요소들이다. 이들에 대해서는 긴밀한 통제와 집중적인 보전이 절대적으로 필요하다.

'Three Top Ten'규칙이 있다. 이것은 가장 고장이 빈번했던 10대의 설비, 고장에 따른 수리비용이 많이 들었던 10대의 설비, 고장이 나서 가장 오래 정지되었던 10대의 설비를 확인하는 것을 말한다. 이 설비들은 모두 A집단에 속하게 될 것이며, 사후보전보다는 예방보전의 대상으로 가장 먼저 선정되어야 할 것이다.

집단 B(major components)에 속하는 요소들은 그것이 고장났을 때 생산을 심각하게 방해하지 않는 것들이지만 품질과 생산성의 저하, 생산의 지연 등을 초래하는 설비들이다. 이들에 대해서는 보통의 통제와 보전으로 충분하다.

마지막으로 집단 C(minor components)에 속하는 요소들은 그것이 고장났을 때 생산시스템이 최선의 결과를 낳는데 다소 부정적인 영향을 미치기는 하지만, 명백하게 생산흐름을 방해하지는 않는 것들이다. 따라서 보전방식도 간소한 방법을 적용하는 것이 좋다.

# 02 설비의 고장특성과 예측

## 2.1 설비의 고장률

기계설비의 고장을 사전에 정확하게 예측할 수 있다면 설비보전은 특별히 문제가 되지 않을 것이다. 그러나 기계별 고장특성이 다를 뿐만 아니라 고장의 발생빈도도 고르지 못하여 실제로 고장을 예측한다는 것은 매우 어려운 일이다. 따라서 설비보전계획을 수립할 때는 기계설비의 고장특성(고장빈도, 고장시간분포 등)별로 일정시간 동안 발생할 고장확률과 빈도를 추정하여 고장에 대비한다.

복잡한 전자제품이나 기계장비의 고장률을 제품수명 단계별로 보면 (그림 3)과 같은 목욕통 모양의 욕조곡선(bathtub curve)을 그린다.

초기고장(initial failure)은 설비의 설치 후 가동직후부터 그 가동상태가 정상적으로 유지될 때까지의 기간 중 발생하는 고장을 말한다. 이 고장은 설계 · 원자재 · 가공 · 조립 그리고 사용오류 등에서 발생하는 결함에 기인하는 것이 대부분이기 때문에 초기유동관리가 절대적으로 필요하다. 이와 같은 현상은 휴일 전후나 주말 및 주초에 만든 제품에서 간혹 발생한다. 가공이나 조립오류로 인한 초기고장은 철저한 현장관리와 제품 출하 전 점검 및 수정 등으로 고장을 줄이는 노력이 필요하다.

우발고장(chance failure)은 가장 낮은 고장을 보여주는 시기의 고장으로서, 이 기간은 설계에 의해 결정된 신뢰도에 따라 설비가 가동되는 시기이기도 하다. 따라서 설비의 신뢰도 예측 및 평가가 가능한 시기이다. 이 고장은 설계고유의 한계라든가 사용 또는 보전시의 사고로 인한 것이므로 올바른 사용과 예방보전으로 고장을 어느 정도 줄일 수 있지만 고장을 근본적으로 줄이기 위해서는 설계변경을 해야만 한다.

마모고장(wear-out failure)은 장시간 사용, 즉 유효수명의 한계 이후 부식, 마모 등과 같은 기계적인 변화와 열화 등이 원인이 되어 고장이 일어나는 것이므로 파국적인 고장(기능정지형 고장)이 나기 전에 예방보전을 실시하는 것이 바람직하다.

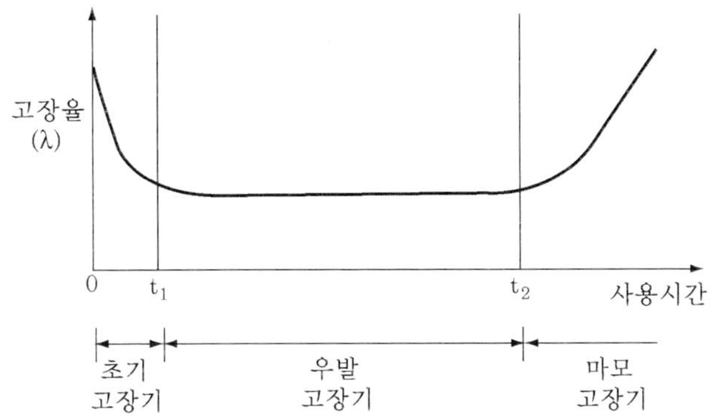


〈그림 3〉 고장률 곡선

## 2.2 설비 고장의 특성과 예측

고장(故障)이란 고의로 장애를 일으킨 것이란 의미를 담고 있다. 일반적으로 고장이란, '설비 또는 그 일부가 규정의 기능을 상실하는 것 또는 기능의 불만족스러운 상태'라고 정의할 수 있다. 이러한 고장에는 기능이 정지하는 파국고장(catastrophic failure)과 기능저하를 의미하는 열화고장(degradation failure)이 있다.

기계의 수명이나 사용기간과 결부해서 고장특성을 살펴보면 일정한 사용시간을 전후해서 고장이 집중적으로 발생하는 경우와 사용기간이 경과하면서 서서히 고장이 증가하는 경우로 나눌 수 있다. 이와 같은 고장 특성을 갖고 있는 기계설비의 고장시간 분포를 살펴보면 (그림 4)와 같다.

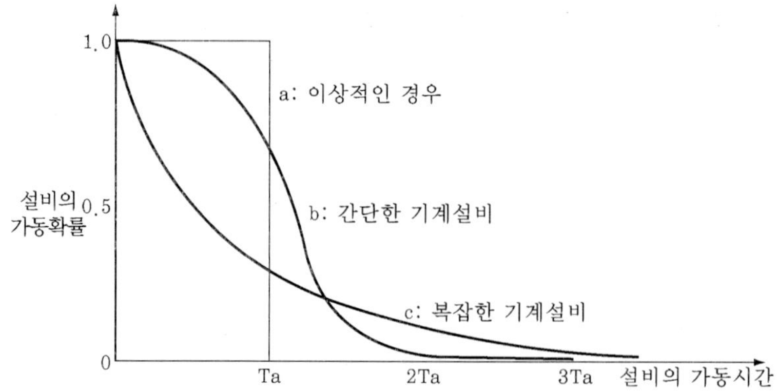


〈그림 4〉 기계설비의 고장시간 분포곡선

이 그림에서 a는 이상적인 상황으로서 평균사용시간(average free run time : Ta)까지는 고장없이 가동되다가 Ta에 이르러 고장이 집중적으로 발생하는 경우이다. 그러나 이와 같은 경우는 현실적으로 거의 존재하지 않는다.

실제로는 기계설비의 특성에 따라서 고장분포가 달리 나타나는데, 예를 들어 부분품의 교체가 별로 필요없는 간단한 기계들은 대체로 b와 같은 곡선을 따른다. 이와 같은 설비들은 대부분 평균사용시간인 Ta 근처에서 고장이 발생한다고 볼 수 있다.

그러나 많은 부분품으로 구성된 복잡한 기계는 일부 부품의 고장으로 시스템 전체의 고장을 유발할 수 있다. 따라서 고장이 날 가능성은 사용 초기부터 있으므로 고장시간의 분포가 상당히 넓은 것이 특징이다. 곡선 c의 경우가 이에 해당한다.

이와 같은 세 가지 고장시간 분포곡선을 가정하였을 때 기계설비의 특성이 a에 가까울수록 고장 발생을 정확하게 예측할 수 있으므로 이 경우가 가장 이상적인 예방보전을 할 수 있다. 그러나 실제의 경우 대부분의 기계설비는 곡선 b 또는 c에 가까운 고장특성을 지닌다.

기계의 구성부품 수가 많으면 많을수록 전체 시스템의 신뢰도는 떨어진다. 예를 들어 99%의 신뢰도를 갖고 있는 부품 10개가 직렬로 결합된 시스템의 신뢰도는 90.4%가 되지만, 100개로 구성된 시스템인 경우에는 36.6%로 떨어진다. 따라서 복잡한 기계의 고장분포곡선은 c와 같은 형태로 나타나게 된다.

## 2.3 용장성 설계

시스템에 대한 신뢰성의 평가척도로는 평균고장간격 그리고 평균수리시간, 신뢰도 $R(t)$, 고장률 $F(t)$등이 쓰인다.

먼저 평균고장간격(mean time between failure : MTBF)은 수리 가능한 설비나 시스템에 있어서 어떤 고장과 다음 고장 사이, 즉 수리 완료로부터 다음 고장까지 무고장으로 작동하는 시간의 평균값을 의미한다. 이것은 시스템의 신뢰성을 의미하는 척도로 이해할 수 있다.

$$MTBF = \frac{T_1 + T_2 + \cdots + T_n}{n}$$

단, $T_i$ : 정상가동시간

$n$ : 고장 횟수

평균수리시간(mean time to repair : MTTR)은 설비 또는 시스템의 장애가 발생한 시점부터 장애가 발생한 곳의 수리가 끝나 가동이 가능하게 된 시점까지의 평균 시간, 즉 장애에 의해 가동하지 못한 상태가 계속된 시간의 평균을 말한다. 이것은 시스템의 보전성을 의미하는 척도이다.

$$MTTR = \frac{D_1 + D_2 + \cdots + D_n}{n}$$

단, $D_i$ : 고장수리시간

$n$ : 고장 횟수

이와 같은 두 가지의 척도를 이용하여 설비 또는 시스템의 가동률을 산출할 때 이용하기도 한다. 즉, 시스템의 유용성(availability)은 다음과 같다.

$$\text{시스템의 유용성} = \frac{MTBF}{MTBF + MTTR}$$

예를 들면, 어떤 설비의 평균고장간격(MTBF)가 1,200시간이고 평균수리시간(MTTR)이 100시간일 때, 이 설비의 유용성은 92.3%가 된다. 보전방법을 개선해서 MTTR을 50% 줄일 수 있다면 보전방법 개선 후의 유용성은 96.0%로 향상된다.

신뢰도를 시간($t$)의 함수로 볼 때, 신뢰도 $R(t)$는 고장률 $F(t)$의 잔존확률로 구할 수 있으며 다음과 같이 산출한다.

$$R_t = 1 - F_t$$

오늘날의 최신 기계와 장치들은 수많은 부품들로 구성되어 있다. 이 가운데 하나가 고장을 일으킬 때 전체 시스템의 기능이 정지될 수 있음을 감안하여 설계단계에서부터 과학적으로 접근할 필요가 있다. 즉, 특정 부품의 고장이 발생하더라도 전체 시스템의 정상적인 기능 수행에 문제가 없도록 대비하는 것이 필요하다는 것이다. 이 때 준비되는 여분의 부품과 회로를 통해 위기상황에서도 안정을 유지시키는 것을 용장성(redundancy)이라고 한다. 한국산업규격 KS A 3004에서는 용장성이란 '규정된 기능을 수행하기 위한 요소 또는 수단을 부가하여 그 일부가 고장이 나도 전체로서는 고장이 되지 않는 성질'이라고 정의하고 있다. 용장성에는 동종의 기계를 복수로 설치하여 작동 중 1대가 고장이 나면 예비의 것으로 바꾸는 대기용장방식(stand by redundancy)과 여러 대를 동시에 가동시켜서 그 중의 1대가 고장 나더라도 전체가 지장이 없도록 하는 병렬용장방식(parallel redundancy) 등이 있다.

시스템의 고장확률을 $F_s$라고 하면 직렬시스템의 신뢰도 $R_s$는 다음과 같다.

$$R_s = 1 - F_s = (1 - F_1) \times (1 - F_2) \times \cdots \times (1 - F_n)$$

또는 $R_s = 1 - F_s = R_1 \times R_2 \times \cdots \times R_n$

그리고 병렬시스템의 신뢰도 $R_s$는 다음과 같다.

$$R_s = 1 - F_s = 1 - \{(1 - R_1) \times (1 - R_2) \times \cdots \times (1 - R_n)\}$$

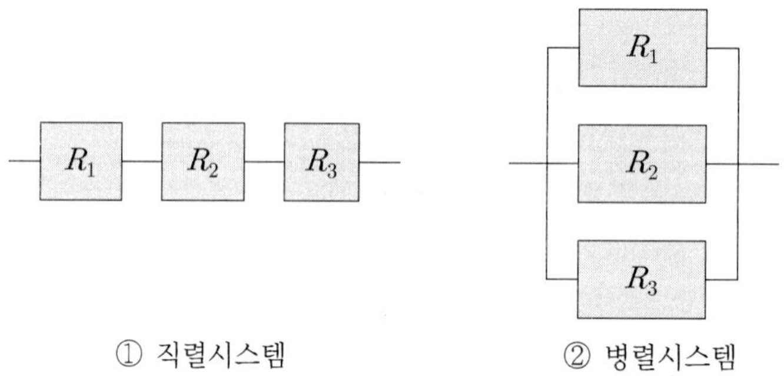


〈그림 5〉 직렬시스템과 병렬시스템

쉬어갑시다

## 구글, 하드디스크 10만개를 테스트해 보니

세계일보, 2007년 2월 20일

"과도한 사용이나 고온의 작업 환경이 하드디스크 고장을 증가시킨다는 것은 다소 과장된 것 같습니다. 그리고 고장 점검 기술인 'SMART(Self Monitoring, Analysis, Reporting, Technology)' 기능은 개인 사용자들의 하드디스크 고장을 탐지해내는데 그다지 효과적이지 못합니다."

수십만 대 서버를 중심으로 2001년부터 80GB~400GB까지 10만 여개 하드디스크를 테스트 한 구글 서버 관리자들의 결론이다. 지난 13일부터 16일까지 캘리포니아 산호세에서 열린 저장장치 콘퍼런스 'USENIX FAST 2007(File And Storage Technologies 2007, http://www.usenix.org/events/fast07)'에서 공개된 구글 논문이 인터넷에 공개됐다. 에듀아도 핀헤이로(Eduardo Pinheiro), 울프 디트리히 웨버(Wolf-Dietrich Weber), 루이스 안드레 바로소(Luiz Andre Barroso) 세 명의 구글 엔지니어가 공동 작성한 이 논문은 하드디스크 고장의 원인을 사용량, 온도, SMART 기능 등을 중심으로 분석한 자료를 담았다. 구글은 일단 고장이 발생한 하드디스크들은 'failed'로 분류된 뒤, 웹페이지 캐시 저장용으로 사용하고 있는 것으로 알려져 있다.

■ 고온 환경과 하드디스크 고장은 무관

우선 구글 엔지니어들은 제조사들이 제시하는 '평균 고장 간격(Mean Time Between Failure)'에 대해 의문을 제기했다. MTBF란 수리 가능한 장치의 어떤 고장과 다음 고장 사이, 즉 수리 완료로부터 다음 고장까지 무고장으로 작동하는 시간의 평균값이다.

이들은 논문에서 "기존 사용자들이 주장한 것 보다 사용률(utilization levels)과 고장 사이에는 상관관계가 약하다"고 주장했다. 일반적으로 하드디스크는 많이 사용하면, 온도가 높을수록 고장이 날 가능성이 높다고 알려져 있다. 조사 자료에 따르면 사용한 지 3년 이하인 하드디스크의 경우 많은 작업을 수행한 하드디스크가 부정기적으로 사용한 하드디스크에 비해 고장 발생비율이 적었다. 이러한 사용 행태는 '최적화 이론'으로 풀이할 수 있다. 초기에 일찌감치 고장이 발생한 하드디스크들은 제거되기 때문에 전체 하드디스크 샘플이 점점 더 수명이 길어지게 되는 것이다.

또한 저자들은 "테스트 결과 높은 온도는 하드디스크 고장과 큰 상관관계가 없으며, 오히려 낮은 온도가 고장 발생 비율을 높였다"고 설명했다. 일정 수준에 이르면 온도가 더 상승한다고 하더라도 오류 발생 비율은 늘어나지 않는다는 주장이다. 다만 논문은 "3년 이상 지난 하드디스크의 경우 더 높은 온도 환경에서 계속 사용할 경우 고장 발생 비율이 높아졌다"고 덧붙였다. 저자들은 "이것은 매우 놀라운 결과"라며 "데이터센터나 서버 설계자들은 과거의 온도 설계 방식에서 좀 더 자유로워 질 수 있을 것"이라고 말했다.

# 03 TPM

## 3.1 TPM의 본질

설비를 효율적으로 사용할 수 있도록 설비의 계획, 운영, 보전 과정에서 전 구성원이 자주적으로 PM(생산보전)을 추진하는 TPM(total productive maintenance)에 대한 정의를 살펴보면 다음과 같다.

- 생산시스템의 종합적 효율화를 추구하는 기업체질의 구축을 목표로 하여
- 생산시스템의 라이프사이클 전체를 대상으로 '재해 제로(0), 불량 제로(0), 고장 제로(0)' 등 모든 낭비를 예방하는 체제를 현장의 현물에 구축하고
- 생산부문을 비롯하여 개발, 영업, 관리 등 모든 부문에 걸쳐
- 최고경영자에서부터 현장의 작업자에 이르기까지 전원이 참가하여
- 중복 소집단활동에 의한 낭비 제로(0)를 달성하는 것

이와 같은 정의를 통해 TPM의 특색은 생산보전이나 예방보전과는 분명 다른 점을 확인할 수 있는데, (표 1)은 이와 같은 차이점을 알기 쉽게 정리한 것이다. 결국 지금의 TPM은 생산보전과 예방보전이 함께 진행되는 개념이라고 할 수 있다.

먼저 TPM의 특성 중 하나인 경제성의 추구는 본래 예방보전의 기본적인 특성이다. 즉, 설비의 수명이 다할 때까지 사용하는 것이 아니라 경제적인 측면의 비교를 통해 적정수명에서 설비대체를 시도하는 것이다. 또한 토털 시스템(total system), 즉 설비가 나오기 전인 설계단계에서부터 이루어지는 보전예방(maintenance prevention), 나온 후의 예방보전과 개량보전 등 설비의 일생에 걸친 토털 시스템의 확립 역시 생산보전의 특징이다.

그러나 운전자/작업자(operator)에 의한 자주보전은 다른 보전활동에서 찾아보기 어려운 TPM만의 독특한 특성이다. 보전부문만으로는 보전활동의 성과를 충분히 올리기 어렵다. 왜냐하면 항상 기계 설비를 다루고 있는 작업자가 그 기계의 상태를 가장 잘 알 수 있기 때문이다. 기계의 진동이나 이상음, 발열, 누유 및 누수 등과 같은 미결함은 작업자 자신이 누구보다도 잘 알고 있기 때문에 이것에 대한 체크 및 적절한 조치를 작업자가 하는 것은 당연한 일이다. 그 결과 설비의 돌발고장 발생가능성을 최소화 할 수 있으며, 설비효율의 극대화가 보다 쉽게 가능해진다.

[표 1] TPM, 생산보전, 예방보전의 관계

| 특성 | TPM | 생산보전 | 예방보전 |
|---|---|---|---|
| 경제성 추구 | ○ | ○ | ○ |
| 토털 시스템 | ○ | ○ | |
| 운전자의 자주보전 | ○ | | |

## 3.2 TPM의 목적

TPM의 목적은 사람과 기계의 체질개선에 의한 기업 체질개선에 있다. 여기서 사람의 체질개선이란 자동화, 정보화 시대에 부응할 수 있는 인재의 양성을 의미하는 것으로 생산부문의 작업자(operator)뿐만 아니라 보전 부문의 정비기술자, 생산기술부문의 엔지니어 등을 모두 포함하여 개개인의 능력을 더욱 키워나가는 것을 의미한다. 즉, 작업자의 자주보전능력 함양과 정비기술자의 메카트로닉스 설비에 대한 보전능력 제고, 생산기술 엔지니어는 보전이 불필요한 설비의 설계능력을 습득하여 자신의 업무에서 활용할 수 있어야 함을 뜻한다.

또한 설비 체질개선이란 현재 설비에 대한 개선과 신 설비에 대한 개선 측면으로 구분된다. 즉, 현재 설비에 대해서는 설비효율을 극대화할 수 있도록 낭비를 철저히 제거하고, 신설비에 대해서는 LCC(life cycle cost) 설계의 반영과 조기 안정화 실현을 도모한다는 측면에서의 체질개선을 의미한다.

이와 같이 조직 구성원들의 업무능력 함양을 도모하고, 설비의 지속적인 개선을 실시한 결과는 탄탄한 기업체질의 구축으로 이어지며 궁극적으로 기업경쟁력의 강화로 연결될 수 있는 것이다. 이와 같은 선순환은 다음과 같은 8가지 주요 기능을 중심으로 체계적으로 전개됨으로써 보다 효과적으로 실현될 수 있다.

① 자주보전활동　　② 개별개선활동
③ 계획보전활동　　④ 전문보전활동
⑤ 품질보전활동
⑥ 보전예방활동 및 초기유동관리
⑦ TPM 교육 및 훈련
⑧ 사무·간접부문의 효율화

## 3.3 TPM 활동의 주요 기능별 내용

TPM 활동의 핵심 기능으로 이해되고 있는 자주보전, 개별개선, 계획보전, 전문보전, 품질보전 그리고 보전예방에 대한 주요 내용을 살펴보면 다음과 같다.

### ① 자주보전

자주보전(autonomous maintenance)은 전원참가라는 TPM의 기본사고를 설비가동부문에 적용하여 운전자(operator)가 참여하는 소집단활동을 중심으로 운전자가 스스로 전개하는 보전활동을 말한다. 즉, 자주보전이란 설비의 사용(운전)부문이 소집단활동을 중심으로, 자주보전 7 스텝에 의거하여 스텝별 지정활동을 추진하면서, 내 설비는 내가 지킨다(my-machine 개념)는 사고를 함양하고, 운전부문의 일상 점검, 설비의 기본조건(청소, 급유, 더 조이기 등) 준수, 그리고 소수리 · 소정비 등을 수행하는 '설비에 강한 operator'를 육성하는데 주력하는 보전활동이다. 이와 같은 자주보전은 운전자가 설비에 관련된 지식과 기능을 충분히 습득하여 이상의 판단 및 원인추구 그리고 스스로 결함을 조치할 수 있는 능력 계발에 주력하는 것이 기존의 보전과의 큰 차이점이다. 그 결과 설비로 인해 야기되는 고장과 불량, 재해의 제로(0)를 실현하고 쾌적한 근로환경을 조성할 수 있게 된다는 확신에 입각하여 추진되는 활동이다. 여기서 언급한 ① 일상점검 ② 설비기본조건(청소, 급유, 더 조이기) 준수 ③ 소수리 · 소정비 등은 자주보전 역할의 3대 포인트에 해당한다.

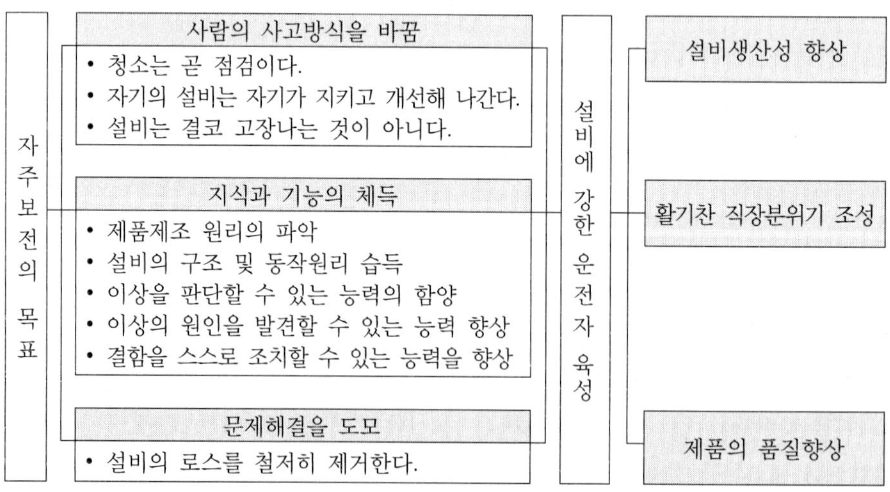


〈그림 6〉 자주보전의 목표

자주보전의 7단계는 다음과 같다.

[제 1 단계] 초기청소 - 설비 본체를 중심으로 이물질이나 더러움을 전부 없앤다.

[제 2 단계] 발생원 · 곤란개소에 대한 대책 수립 - 이물질이나 더러움의 발생원, 비산방지나 청소 · 급유의 곤란개소를 개선하고, 청소 · 급유시간의 단축을 꾀한다.

[제 3 단계] 점검 · 급유기준의 작성 - 짧은 시간 내에 청소, 급유, 더 조이기를 확실하게 할 수 있는 행동기준을 작성한다.

[제 4 단계] 총점검 - 점검매뉴얼에 따른 점검기능 교육 및 총점검의 실시로 설비의 미결함을 발견하고 열화를 복원하며 점검하기 쉬운 설비로 개선한다.

[제 5 단계] 자주점검 - 자주점검 체크시트의 작성 및 점검, 잠재적 불합리의 해결을 위한 대책의 보완으로 설비의 신뢰성을 향상시킨다.

[제 6 단계] 자주보전의 시스템화 - 각종의 현장관리 항목의 표준화를 실시하고 작업의 효율화, 품질 및 안전의 확보를 도모한다.

[제 7 단계] 자주관리체제의 확립(개별대책) - MTBF의 분석기록을 파악 · 해석한 후 설비개선을 한다.

② 개별개선

개별개선 활동이란 설비, 공정 등 정해진 대상에 대해 철저한 낭비의 배제와 성능향상을 추구하기 위한 개선활동을 말한다. 즉, 설비 · 장치 프로세스 및 플랜트에 대한 철저한 로스의 배제 및 성능향상을 도모하여 최고의 설비효율화를 달성하기 위한 설비개선활동이다. 이것은 일상개선 활동에 의하여 해결되지 못한 문제점을 개선테마로 설정하고 현장관리자와 보전 및 기술부문 등이 참여하는 프로젝트 팀을 편성하여 개선활동을 진행시키는 것이 일반적이다.

개별 개선은 고유기술을 바탕으로 이루어진다. 그러므로 고유기술의 수준을 어떤 수준으로, 어떻게 높이고, 어느 정도 활용하느냐에 따라 성과가 좌우된다. 뿐만 아니라 고유기술을 바탕으로 취급 대상에 가장 적합한 기법을 활용하는 것이 중요하다. 이때 활용되는 기법에는 PM(phenomena, physically, mechanism, 4M)분석, FMEA/FTA (failure mode and effect analysis / fault tree analysis), Know-Why분석, 신뢰성 · 보전성기법 등이 있다.

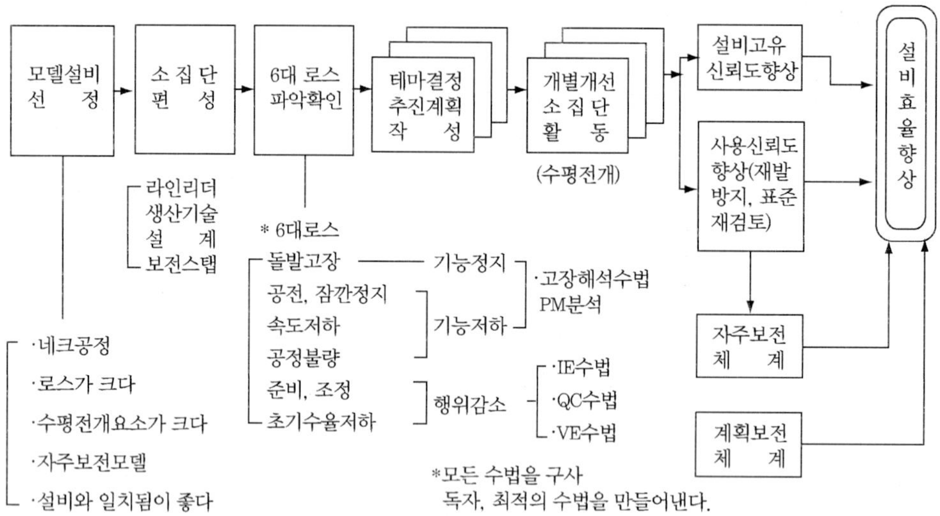


〈그림 7〉 개별개선의 추진절차

### ③ 계획보전활동

전원참여 PM활동(TPM)에 있어서 공무부서나 보전부서와 같은 전문보전부문에 의해 수행되는 활동을 계획보전이라고 하는데, 다음과 같은 업무로 구성된다.

계획보전=예방보전(PM)+ 사후보전(BM) + 개량보전(CM)

단, 예방보전(PM) = 정기보전(TBM+IR) + 상태보전(CBM)

이때 각 요소들에 대한 내용은 다음과 같다

- TBM(time based maintenance) : 설비 및 기기의 최적보전주기와 기기구성부품의 최적교환주기를 이론값 또는 경험값에 의해 설정하고 그 주기가 되면 무조건 수리하는 시간기준보전
- IR(inspection & repair) : 설비를 정기적으로 분해, 점검하고 노후된 것이나 불량인 것은 교환하는 분해점검형 보전
- CBM(condition based maintenance) : 상태기준보전 또는 예지보전으로서 설비진단기술을 활용하여 설비상태를 파악·보전하는 방식
- BM(breakdown maintenance) : 설비 및 기기가 기능저하 또는 기능정지 후에 정비하는 것으로 예방하기보다는 사후에 보전하는 것이 경제적일 때 적용하는 보전방식
- CM(corrective maintenance) : 현재 설비의 설계 및 설치상의 불합리점을 개선하는 보전방식

참고로 국내 D제강의 인천제강소에서는 설비의 고장발생 정도에 따라 ABC 등급으로 구분하고, 각 설비의 특성에 적합한 형태의 계획보전활동을 진행하고 있는데, A급 설비에는 TBM방식, B급 설비에는 TBM과 CBM방식을 적절하게 응용하며, C급 설비에는 BM방식의 보전을 적용하고 있다.

### ④ 전문보전활동

전문보전은 고장률 감소를 통한 설비의 안정적인 가동 및 보전기술향상을 통한 생산성 향상을 그 목적으로 한다. 즉, 충실한 보전활동에 의한 자주보전 지원과 이것을 위한 교육훈련활동의 실시 및 계획보전의 실시체제 확대를 통한 보전기술 향상과 개발이 주요 목적이다.

전문보전은 자주보전 활동과 상호 밀접한 연계관계의 형성과 함께 적극적인 협조를 바탕으로 다양한 개선을 추구한다. 이때 전문보전은 그 대상이 강제열화의 배제, 설계개선을 통한 보전도 개선 그리고 설비진단기술 개발과 같은 공학적 활동에 주안점을 둔다. 한편 자주보전은 기본조건의 준수와 일상점검, 쉬운 정비 및 설비 정도의 점검유지와 같은 현장의 유지에 주력하는데, 이와 같은 일을 성공적으로 수행하기 위한 기술의 난이도는 그다지 높지 않은 것이 특징이다.

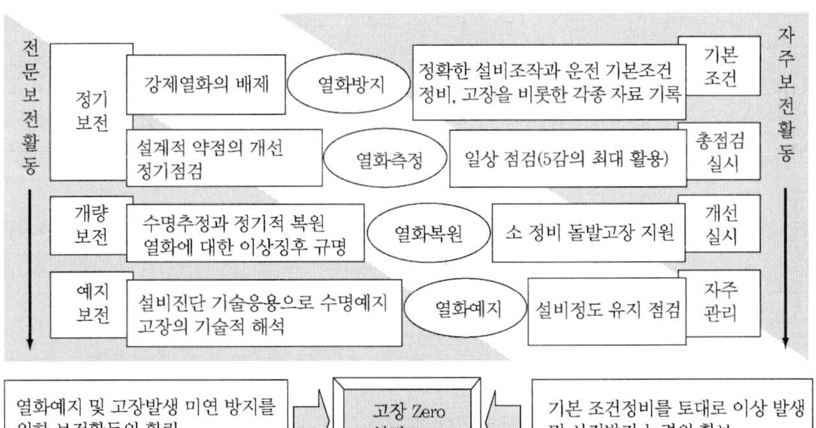


〈그림 8〉 전문보전과 자주보전의 역할 분담

### ⑤ 품질보전활동

불량은 불량이 발생하는 조건이 있기 때문에 발생한다. 따라서 이 조건을 제거함으로써 불량이 발생하지 않는 조건을 설정하고 이 조건을 적절히 지속적으로 유지시키면 불량이 발생하지 않는다는 사고에 충실한 것이 품질보전이다. 즉, 불량이 발생하지 않는 조건을 갖춘 설비를 유지하는 것이 품질보전활동이다.

품질보전활동은 그 제품 전체의 생산공정에서 고장제로, 불량제로를 달성하고 불량제로의 상태를 유지 관리하는 활동으로서, 일반적인 품질불량 감축활동과는 다르다. 품질불량은 다양한 요인의 작용에 의해 나타나지만 크게 설비와 가공조건, 인적요소에 의해 발생한다고 정리할 수 있다. 따라서 품질보전에서는 다음과 같은 접근방법을 적용함으로써 불량제로를 달성한다.

- 설비의 근원적인 설계개선 및 불량발생 조건의 제거
- 제품, 가공물, 품질특성 및 규격 등에 유연하게 대처할 수 있는 설비능력의 확보
- 강도 높은 교육훈련을 통한 작업자의 준보전요원화 또는 다기능공화

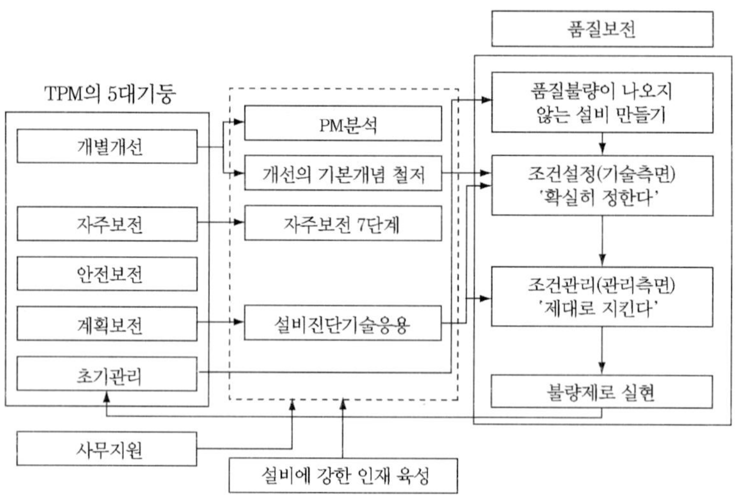


〈그림 9〉 TPM에서의 품질보전의 위치

### ⑥ 보전예방(MP : maintenance prevention) 활동 및 초기유동관리

보전예방이란 현재 설비의 약점 개선을 통해 설비의 신뢰성과 보전성을 높이는 활동을 말한다. 궁극적으로는 보전이 필요없는 설비를 지향하지만 설비의 유용성(availability)를 높이기 위해서 고장이 잘 나지 않도록 하고(신뢰성), 고장이 나도 수리하기가 용이하며(보전성), 사용하기 쉬운 설비를 만드는 것에 주력하는 것이 보전예방 활동의 특징이다.

또한 초기유동관리란 신설비의 운전이 막 시작된 단계, 이른바 초기유동기에 자주 발생하는 트러블을 단기간에 해소함으로써, 운전이 시작된 설비가 최대한 빨리 안정된 상업운전에 돌입할 수 있도록 관리 및 활동하는 것을 말한다. 이 활동은 설비의

기본적 성질을 최단기간 내에 회복하는 것에 그 목적이 있다. 여기서 말하는 기본적 성질은 신뢰성, 보전성, 자주보전성, 조작성, 자원절약성, 안전성, 융통성 등을 의미하며 그 내용은 (표 2)와 같다.

[표 2] 설비의 기본적 성질

| 기본적 성질 | 정의 | 구체적 내용 |
|---|---|---|
| 신뢰성 | 기능저하, 기능정지를 일으키지 않는 성질 | 낮은 고장 발생 빈도, 낮은 일시 정지 빈도, 낮은 불량 발생 빈도 |
| 보전성 | 열화의 측정, 열화 복원의 용이성을 나타내는 성질 | 고장 부위 발견의 신속성, 부품교환의 용이함과 기능복귀, 확인의 신속성 |
| 자주보전성 | 짧은 시간에 청소・급유・점검 등의 보전활동을 할 수 있는 성질 | 청소・급유・점검의 용이함<br>절삭 회수의 용이함 |
| 조작성 | 작업태세 전환 시 올바른 조작을 신속・정확히 수행하는 성질 | 작업 준비 전환・조정의 용이함<br>절삭 기구 교환의 용이함 |
| 자원절약성 | 운전에 필요한 자원의 효율성 | 낮은 자원・에너지의 원단위 |
| 안전성 | 인체에 직간접으로 위해를 미치지 않는 성질 | 고장・일시정지・품질불량 조처 작업이 적다.<br>회전・구동부분 등의 노출이 적다. |
| 융통성 | 장래 제품변화를 예측하고 제품이 바뀔 때 설비변경의 용이성을 나타내는 성질 | 생산제품 변경에 따른 설비 개선비용이 적다. |

# 04 설비효율의 측정과 정보화

## 4.1 설비의 낭비구조

TPM이 다른 보전방식 보다 효과차원에서 탁월한 이유는 추진과정에서 설비에 의해 발생되는 낭비가 명확하게 규명되고 이를 현장위주의 개선활동을 통해 철저하게 제거한다는 점이다. TPM에서는 시간 측면뿐만이 아니라 설비의 가동속도, 순간정지 또는 설비에 기인하는 제품불량 발생 정도까지도 모두 관리대상으로 삼고 있기 때문에 이 모든 것을 낭비 차원에서 철저하게 분석한다.

일반적으로 가공 및 조립형 산업에서의 설비로스는 다음의 (표 3)과 같이 정의하는데, 이것은 설비의 효율적 이용 여부를 측정하는 중요한 기준으로 활용된다.

[표 3] 가공 · 조립산업의 6대 loss

| 구분 | 6대 loss | 척 도 | 내용 | 목표 |
|---|---|---|---|---|
| 정지 loss | ① 고장정지 loss | 설비 1대당 고장 (10분 이상/회) | 돌발적·만성적으로 발생되는 고장 정지 시간 | 제로 (0) |
| | ② 작업준비 · 조정 loss | 준비 · 조정시간 (10분 이하/회) | 작업준비·품종교체의 경우에 최초의 양품이 나올 때까지의 정지시간 | 극소화 |
| 속도 loss | ③ 공회전 · 순간정지 loss | 공전 · 순간정지의 빈도(회) | 공전에 의한 로스 또는 일시적인 트러블(trouble)에 의한 설비정지 | 제로 (0) |
| | ④ 속도 저하 loss | 기준사이클타임 이하로 가동되는 비율(%) | 기준(이론)사이클 타임과 실제 사이클 타임과의 차이 | 제로 (0) |
| 불량 loss | ⑤ 불량 · 수정 loss | 공정별 불량률 (수정포함) (%) | 공정불량의 물량적 loss | 제로 (0) |
| | ⑥ 초기수율 loss | 초기수율저하비율(%) | 초기생산 시에 작업준비 · 품종대체 등으로 발생되는 물량적 loss | 극소화 |

## 4.2 설비종합효율

설비종합효율이란 설비의 로스를 계산하고, 설비의 가동상태를 측정하여 설비가 얼마만큼 유효하게 사용되고 있는지를 확인할 수 있는 척도를 말하는데, 다음과 같은 수식에 의해 산출된다.

$$\text{설비종합효율} = \text{시간가동률} \times \text{성능가동률} \times \text{양품률}$$

여기서 시간가동률, 성능가동률 및 양품률은 다음과 같은 의미를 지닌다.

① 시간가동률

이것은 설비의 유용도를 나타내는 것으로서, 설비가 가동하여야 할 시간에 계획보전, 생산조정, 고장 또는 준비 및 교체, 초기수율 저하 등에 의하여 얼마의 시간이 낭비되었는가를 나타내는 지수이다. 시간가동률의 산출식은 다음과 같다.

$$\text{시간가동률} = \frac{\text{부하시간} - \text{정지시간}}{\text{부하시간}} \times 100(\%)$$

$$= \frac{\text{가동시간}}{\text{부하시간}} \times 100(\%)$$

이때 부하시간은 조업시간에서 계획정지시간(즉, 생산계획상의 휴지시간+계획보전상의 휴지시간+일상관리상의 조례 등 휴지시간)을 뺀 시간을 의미한다. 일반적으로 정규조업시간은 8시간을 기준으로 한다.

### ② 성능가동률

이것은 설비가 가동 또는 운전되고 있는 시간동안 정상적으로 생산되어야 할 생산량과 설비의 공회전, 순간정지 및 속도저하 또는 비정상적인 설비가동에 의하여 감산된 실제생산량과의 비를 나타낸 비율이다. 성능가동률의 산출식은 다음과 같다.

$$\text{성능가동률} = \text{속도가동률} \times \text{정미가동률}$$

$$= \frac{\text{총생산량} \times \text{이론사이클타임}}{\text{가동시간}}$$

$$\text{속도가동률} = \frac{\text{이론(또는 기준)사이클타임}}{\text{실제 사이클타임}} \times 100(\%)$$

$$\text{정미가동률} = \frac{\text{총생산량} \times \text{실제사이클타임}}{\text{가동시간}} \times 100(\%)$$

### ③ 양품률

총 생산량 중에서 공정불량에 의해 발생된 부적합품의 비율을 살펴볼 수 있는 지표로서 다음과 같이 산출된다.

$$\text{양품률} = \frac{\text{양품생산량}}{\text{총 생산량}} \times 100(\%)$$

이와 같은 내용은 모든 설비에 공통적으로 적용 가능하다. 다음과 같은 예를 통해 설비종합효율을 산출해보기로 하자. 다양한 제품 생산에 활용되는 어떤 범용설비의 가동현황을 살펴보니 다음과 같았다. 1일 조업시간 480분 중 계획휴지시간 30분, 설비의 돌발고장 및 품종교체에 따른 준비조정으로 인한 정지시간이 50분 소요되었다. 이 설비를 이용해서 하루 동안 생산된 제품은 400개였으며, 그 중에서 10개는 부적합품인 것으로 판명되었다. 이론 사이클 타임이 0.5분/개 이라고 할 때 이 설비의 종합효율을 산출하라.

먼저, 부하시간 = 조업시간 − 계획휴지시간 = 480분 − 30분 = 450분이며, 가동시간 = 부하시간 − 정지시간 = 450분 − 50분 = 400분이다. 따라서 시간가동률은 다음과 같다.

$$\text{시간가동률} = \frac{\text{가동시간}}{\text{부하시간}} \times 100 = \frac{400\text{분}}{450\text{분}} \times 100 = 88.9(\%)$$

또한 성능가동률은 다음과 같다.

$$성능가동률 = 속도가동률 \times 정미가동률$$

$$= \frac{총생산량 \times 이론사이클타임}{가동시간}$$

$$= \frac{400개 \times 0.5분/개}{400분} \times 100 = 50.0(\%)$$

여기에 양품률은 총생산량 중에서 양품수량의 비율이므로 다음과 같다.

$$양품률 = \frac{양품생산량}{총\ 생산량} \times 100 = \frac{390개}{400개} \times 100 = 97.5(\%)$$

따라서 설비종합효율은 다음과 같다.

$$설비종합효율 = 시간가동률 \times 성능가동률 \times 양품률$$

$$= 0.889 \times 0.50 \times 0.975$$

$$= 0.433(43.3\%)$$

## 4.3 TPM 효과측정 지표

TPM 효과측정 지표는 ① 경영효과 측정 지표, ② 플랜트 및 설비효율 측정 지표, ③ 신뢰성 · 보전성 측정 지표, ④ 보전작업효율 및 보전비 측정 지표, ⑤ MP · 초기유동활동 측정 지표, ⑥ 안전보건 및 환경보전 측정 지표, ⑦ 품질 및 에너지 측정 지표, ⑧ 교육 및 모랄(morale) 측정 지표, ⑨ 사무생산성 측정 지표 등 분야별로 다양하게 나누어 볼 수 있다.

TPM 효과측정 지표는 원인계(수단적인 성격)로서의 "활동지표"와 결과계로서의 "성과지표"(목적으로서의 성격)가 있는데 보통 TPM 효과측정 지표라면 이들 양자 모두를 포함하여 말하고 있다.

다음에서 제시하고 있는 (표 4)와 (표 5)는 경영효과 측정지표와 신뢰성, 보전성 측정지표에 대한 측정항목, 산출식 등을 정리한 것이다. 참고적으로 TPM 효과측정 지표로서 중요도를 Rank로 구분하여 필수지표(●), 내부관리용 중요지표(⊙), 내부관리용 추천지표(○)로 제시하고 있다.

[표 4] 경영효과 측정 지표

| 항 목 | 산출식 | Rank | PQCD SM관련 | 비 고 |
|---|---|---|---|---|
| ① 부가가치 생산성 | $\frac{\text{부가가치}}{\text{전종업원 수}}$ | ⊙ | P | 부가가치=생산액-재료비 (직·간접비+외주가공비) |
| ② 노동 생산성 | $\frac{\text{생산량(금액)}}{\text{생산직접종업원의 총근로시간}}$ | ● | P | TPM효과측정의 거시적 지표임. 설비종합효율과 더불어 상호 비교검토가 중요. |
| ③ 공헌이익 | 매출액 – 변동비 | ○ | P | 변동비=직접재료비+직접노무비+변동제조간접비+변동판관비-기말재고 |
| ④ 단위당 제조원가 | $\frac{\text{제조원가}}{\text{생산량}}$ | ⊙ | C | • 제조원가=직접원가+제조간접비<br>• 직접원가=직접재료비+직접노무비+직접경비<br>• 제조간접비=고정제조간접비+변동제조간접비 |
| ⑤ 수주부족 로스율 | $\frac{\text{수주부족으로 인한 조업중단시간}}{\text{계획휴지시간}}$ | ⊙ | P | 설비효율증대로 생산능력증가의 실제활용을 위해서는 공장가동을 최대로 할 필요가 있음. |
| ⑥ 제품재고 초과보유율 | $\frac{\text{현재고}-\text{기준재고}}{\text{기준재고}}\times 100$ | ⊙ | D | 영업부문의 활성화가 생산효율에 영향을 줌. 재고과다는 재고유지비 상승, 생산효율을 저해시킴. |
| ⑦ 설비투자 효율 | $\frac{\text{기간중 생산수량}}{\text{유형고정자산 기말장부가}}\times 100$ | ○ | P | 설비자산의 생산성을 나타냄. 기말장부가 = 도입가-감가상각누계액 |
| ⑧ 노동 장비율 | $\frac{\text{유형고정자산 기말장부가}}{\text{기말종업원수}}$ | ○ | C | 원가절감측면의 중요 지표임. |
| ⑨ LINE중단 기회손실 금액 | $(\text{공장도가격}-\text{재료비})\times\left(\frac{\Sigma\text{중단시간}}{\text{이론사이클타임}}\right)$ | ⊙ | C | 기회손실이란 관리를 잘못함으로 인하여 추가로 드는 손실비용을 말함. |

[표 5] 신뢰성, 보전성 측정지표

| 항 목 | 산 식 | Rank | PQCD SM관련 | 비 고 |
|---|---|---|---|---|
| ① 고장도수율 | $(\Sigma\text{고장정지횟수}\div\Sigma\text{부하시간})\times 100$ | ⊙ | P | 부하시간 및 가동시간은 설비효율산출 시의 대상범위와 동일하게 한 것들을 더함<br>MTBF (평균고장간격)<br>MTTR (평균수리시간) |
| ② 고장강도율 | $(\Sigma\text{고장정지시간}\div\Sigma\text{부하시간})\times 100$ | ● | P | |
| ③ MTBF | $\Sigma\text{가동시간}\div\Sigma\text{정지횟수}$ | ⊙ | P | |
| ④ MTTR | $\Sigma\text{정지시간}\div\Sigma\text{정지횟수}$ | ⊙ | P | |
| ⑤ 설비고장 건수 | 실적치 | ● | P | 고장등급 구분(대, 중, 소)필요 |
| ⑥ 프로세스 고장건수 | 실적치 | ⊙ | P | 공정트러블건수 |
| ⑦ 잠깐정지 횟수 | 실적치 | ○ | P | 5분 이하 정지 |
| ⑧ 설비유용성 | $\frac{\text{MTBF}}{\text{MTBF}+\text{MTTR}}$ | ○ | P | 유용성(availability)은 가동율, 가동성이라고도 함 |
| ⑨ SHIFT간 무인운전시간 | 실적치 | ⊙ | P | |

※ MTBF : mean time between failure

MTTR : mean time to repair

## 쉬어갑시다

### 센싸타테크, 생산설비 국산화… 루셈, 예측 관리로 비용 절감

한국경제신문, 2007년 5월 22일

센싸타테크놀러지스 코리아(대표 토마스 로우 주니어)와 루셈(대표 김동찬)은 지난 한 해 동안 가장 활동적인 TPM을 전개해온 기업으로 평가된다.

센싸타테크놀러지스 코리아는 자동차 전장 부품인 와이퍼 모터 및 윈도우 리프트 모터와 냉장고 압축기, 가전용 모터 등의 과전류를 보호하는 장치를 만든다. 충북 진천에 공장을 두고 있는 이 회사는 경영환경 변화와 다양한 고객요구를 만족시키기 위한 목적으로 1996년 TPM활동을 도입했다. 품질에 대한 중요성을 인식하고 92년부터 추진해온 QC(품질관리)활동을 체계화시켜 TPM활동으로 확대한 것. 회사 측은 생산설비 국산화를 비롯하여 지속적인 원가절감, 제품 품질 향상, 1인당 생산성 향상 등의 혁신활동을 전개했다. 특히 일본 미국 이탈리아 등에 흩어져 있던 생산설비를 진천공장으로 이전해 진천공장을 핵심 생산기지화 함으로써 공정·설비의 효율화를 꾀했다. 설비종합효율은 2004년 65.7%에서 지난해 80%로 향상됐고 설비고장건수는 같은 기간 568건에서 400건으로 낮췄다. 이를 통해 회사 측은 지난해 기준으로 과전류 보호제어 부품분야 세계 시장점유율 78%를 달성했고 원자재 국산화율도 75%로 높였다. 회사 관계자는 “전 임직원들이 참여해 매년 실시하는 지역 봉사활동이 TPM 활동의 성과를 높이는 데 큰 역할을 하고 있다”고 설명했다.

루셈은 경북 구미 국가 4단지에서 LCD · PDP · OLED용 구동 칩(Drive IC)을 생산하는 업체다. 지난 2004년 ㈜LG와 일본 OKI전기가 합작 설립한 이 회사는 구동칩 분야 최고 기업이 되기 위해 최고품질 · 원가혁신 · 생산성 향상·핵심인재 발굴 등의 TPM활동을 추진하고 있다. 특히 사전 예측관리(SPC)시스템을 통해 비용을 절감하는 등 원가절감을 실현해 왔다. 또한 6시그마 경영을 통한 개선활동과 우수인재 육성프로그램으로 경쟁력을 키웠다. 회사 측은 TPM활동을 통해 각종 동기 부여제도를 통한 자아실현의 욕구충족을 비롯 △사원 잠재능력 발휘 기회 제공 △전문 인력 및 다기능공 육성 △기술향상 등의 효과를 가져왔다고 분석했다. 1인당 생산성은 2005년 685Kpcs(1Kpcs=1000개)에서 지난해 1158Kpcs로 향상됐다. 원가절감액은 2005년 11억원에서 지난해 450억원으로 늘었고 매출액은 같은 기간 415억원에서 2003억원으로 증가했다. 회사 관계자는 “디스플레이 부품 분야 세계 최강기업으로 성장하기 위해 TPM 활동을 보다 더 체계화해 실천하겠다”고 말했다.

## 요약

- 설비보전활동이란 설비열화에 대한 대책으로서, 검사제도를 확립하고 설비의 열화현상을 조사하여 어느 설비의 어느 부분이 수리될 것인가를 예측하고 이에 필요한 자재와 인원을 준비하여 계획적인 보수를 하는 일체의 행위를 의미한다.
- 복잡한 전자제품이나 기계장비의 고장률을 제품수명 단계별로 그리면 목욕통 모양의 곡선(bathtub curve)으로 나타난다. 이때 초기고장기, 우발고장기, 마모고장기로 구분하여 설명한다.
- 고장에는 기능이 정지하는 파국고장(catastrophic failure)과 기능저하를 의미하는 열화고장(degradation failure)이 있다.
- 시스템에 대한 신뢰성의 평가척도로는 신뢰도 R(t), 고장률 F(t), 평균고장간격(MTBF : mean time between failure) 그리고 평균수리시간(MTTR : mean time to repair) 등이 쓰인다.
- 용장성(redundancy)이란 '규정된 기능을 수행하기 위한 요소 또는 수단을 부가하여 그 일부가 고장이 나도 전체로서는 고장이 되지 않는 성질'이다. 용장성에는 대기용장방식(stand by redundancy)과 병렬용장방식(parallel redundancy)이 있다.
- TPM(total productive maintenance)은 생산시스템의 종합적 효율화를 추구하는 기업체질의 구축을 목표로 하여, 생산시스템의 라이프사이클 전체를 대상으로 '재해 제로(0), 불량 제로(0), 고장 제로(0)' 등 모든 낭비를 예방하는 체제를 현장의 현물에 구축하고, 생산부문을 비롯하여 개발, 영업, 관리 등 모든 부문에 걸쳐 최고경영자에서부터 현장의 작업자에 이르기까지 전원이 참가하여 중복 소집단활동에 의한 낭비 제로(0)를 달성하는 것을 말한다.
- 자주보전(autonomous maintenance)은 전원참가라는 TPM의 기본사고를 설비가동부문에 적용하여 운전자가 참여하는 소집단활동을 중심으로 운전자가 스스로 전개하는 보전활동을 말한다. 또한 개별개선 활동이란 설비, 공정 등 정해진 대상에 대해 철저한 낭비의 배제와 성능향상을 추구하기 위한 개선활동이다.
- 설비종합효율이란 설비의 로스를 계산하고, 설비의 가동상태를 측정하여 설비가 얼마만큼 유효하게 사용되고 있는지를 확인할 수 있는 척도를 말하는데, 다음과 같이 산출한다.

  설비종합효율 = 시간가동률 × 성능가동률 × 양품률

# 토의문제

1. 설비보전의 발전과정을 설명하라.

2. 예방보전과 사후보전은 어떻게 다른지 설명하라.

3. 신뢰도란 무엇이며 설비보전과는 어떻게 관련되는지를 설명하라.

4. 설비 또는 시스템의 신뢰도를 개선시키는 방법을 설명하라.

5. 욕조곡선이란 무엇인가?

6. TPM이란 무엇인가?

7. TMP의 특징을 미국식 PM과 비교, 분석하라.

8. TPM의 8대 주요기능은 무엇인가 설명하라.

9. 자주보전의 7단계를 설명하라.

**10.** 다음과 같은 시스템의 신뢰도를 산출하라.

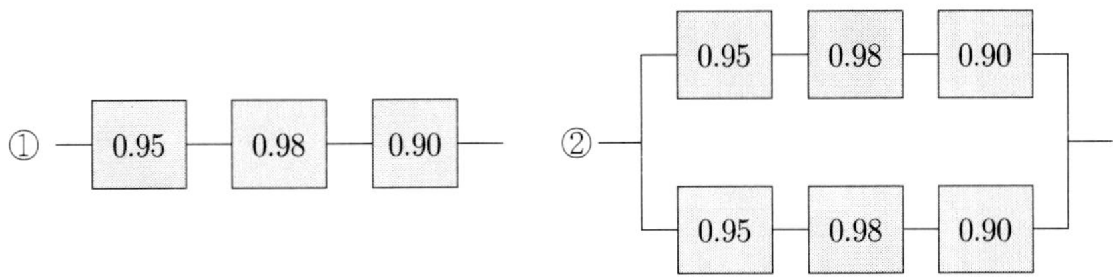


**11.** 다음과 같이 3개의 부품으로 구성된 시스템의 신뢰도는 얼마인가?
단, $R_1 = 0.9$, $R_2 = 0.8$, $R_3 = 0.7$이다.

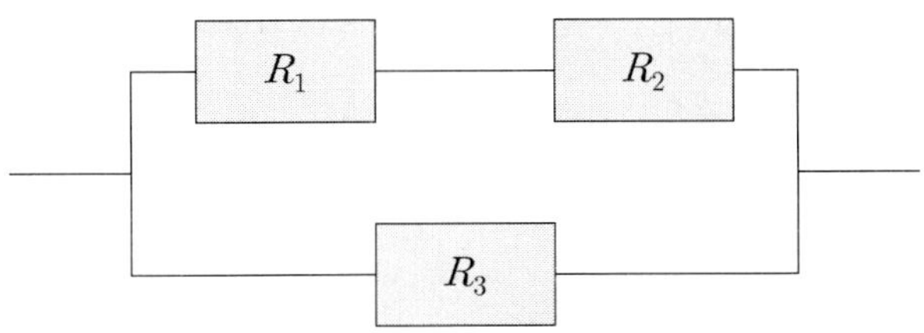


**12.** 어떤 오디오 생산 공장의 실험실에서 12개의 오디오를 3,000시간 동안 가동시키는 테스트를 실시하였다. 그 중에서 5대의 오디오가 시험 중에 고장났는데, 그 고장시점은 각각 300시간째, 800시간째, 900시간째, 1200시간째, 2300시간째였다.

① MTBF는 얼마인가?

② 고장율(failure rate)은 얼마인가?

제 18 장

# 원가관리

## 01 전략적 원가관리

### 1.1 원가와 원가의식

경영의 기본은 고객에게 좋은 품질의 제품을 값싸게 고객이 원하는 시점에 공급하는 것이다. 그러므로 변화를 시도하는 것도 경영의 기본에 충실해지도록 해야 할 것이며, 특히 경영활동의 결과로서 이익을 창출하는 것은 대단히 중요한 부분이다. 일반적으로 경영자가 이익을 극대화하는 방법으로 가장 선호하는 것이 매출액 향상이다. 하지만 질적인 탁월성이 뒷받침되지 않으면 매출액 성장의 극대화는 기대하기 어렵다. 이러한 점에서 경영을 책임지고 있는 관리자가 추구하는 고수익 전략이 원가절감이다. 즉, 최소 비용으로 최대의 성과를 올리는 경영을 추구하는 것이다.

기업에서 이익을 창출하는 방법은 크게 두 가지로 요약할 수가 있다. 즉, 첫째는 신제품 개발과 신규시장 개척활동에 의한 매출증대 방법, 둘째는 기업내부의 모든 활동에 의해 발생되는 원가를 절감하는 방법이 그것이다.

원가절감에 의한 이익창출과 매출증대에 의한 이익창출을 비교해 보면, (표 1)과 같은 조건에서 10%의 원가절감이 매출을 40% 증가시켰을 때의 이익과 동일하다. 기존 제품의 매출을 40% 증가시키기 위해서는 경쟁기업의 시장을 빼앗기 위해 인력과 시간, 돈 이라는 자원을 상당히 투입해야 하며, 매출증대를 위해 전력질주를 하더라도 현실적으로 대단히 달성하기 어려운 과제일 수도 있다. 반면에 조직 내부에서 전개되는 비용절감 10%는 매출증대 40% 보다는 비교적 달성하기 쉬운 과제로서, 경영자의 강력한 리더십을 근간으로 모든 구성원과 조직이 참여하면 충분히 달성할 수가 있다. 그러므로 경영활동의 기본인 이익창출을 위해서는 원가절감 활동이 매출증대보다는 더 효율적인 방법이 될 수 있음을 알 수 있다.

[표 1] 이익 증대를 위한 두 가지 방법

| 항목 | 현재 | 이익 40% 증대 방법 | |
|---|---|---|---|
| | | 원가절감 10% | 매출증대 40% |
| 매출액 | 100 | 100 | 140 |
| 원가 | 80 | 72 | 112 |
| 이익 | 20 | 28 | 28 |

## 1.2 원가관리와 원가절감

어느 기업에서나 기회손실(opportunity loss)은 잠재적 또는 현재적으로 발생하는 것으로 기회손실의 제거나 최소화를 위해서는 원가관리가 반드시 필요하다.

원가관리를 광의로 해석할 때, "원가수치에 의해서 경영목적을 효과적으로 달성하기 위해서 경영시스템 내지 이들의 하위시스템을 통해 기회손실을 최소화하는 관리방식"이라 할 수 있다. 광의의 원가관리(cost management)에는 협의의 원가관리(cost control)와 원가절감(cost reduction)이 모두 포함된다. 즉, 협의의 원가관리는 미리 정해진 표준(물량표준 또는 원가표준)을 목표로 하여 이것에 실제의 생산 활동이나 결과를 근접시키려고 노력하는 것이다. 이에 반해 원가절감은 이미 결정된 현재의 표준에 대하여 도전하고 현상타파(breakthrough)하여, 보다 나은 새로운 표준을 만들어 내는 것이다. 다시 말해서 협의의 원가관리는 이미 설정된 표준원가의 유지를 중심으로 전개되는 바, 생산관리의 측면에서 볼 때 표준원가에 맞추어 정태적으로 생산활동을 관리하는 것이라고 할 수 있다.

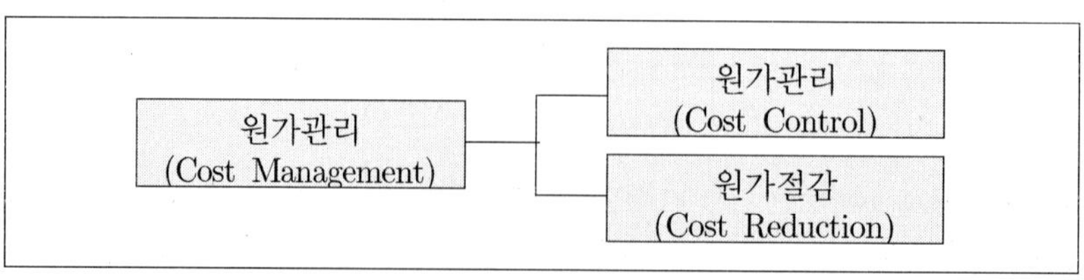


〈그림 1〉 광의의 원가관리

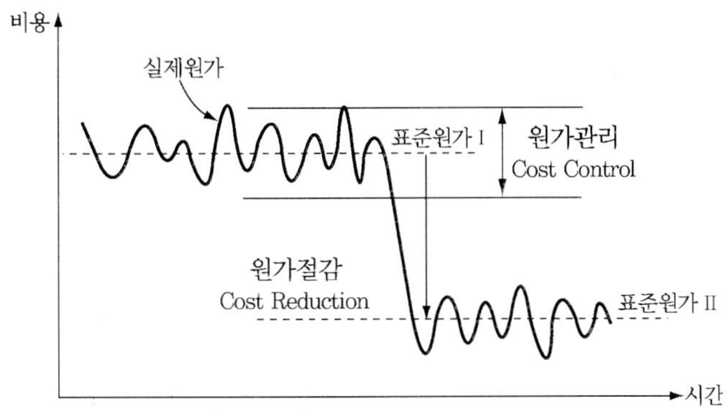


〈그림 2〉 원가관리와 원가절감

일반적으로 원가관리를 추진하는 순서는 다음과 같다.

(1) 책임의 소재를 밝힐 수 있도록 직제를 명확히 하고 동시에 이에 해당하는 원가 중심점을 설정한다.
(2) 실제원가의 능률을 판단하는 기준으로 표준원가를 설정한다.
(3) 활동 결과 발생한 실제원가를 파악하여 표준원가와 비교한다.
(4) 표준과 실적과의 차이를 분석한다. 즉 표준원가와 실제원가와의 원가차이(gap) 분석을 행한다.
(5) 원가차이의 원인을 분석하고, 그 결과에 따라 개선 조치한다.

[표 2] 원가관리와 원가절감의 비교

| 원 가 관 리 (Cost Management) | |
|---|---|
| 원가관리(Cost Control) | 원가절감(Cost Reduction) |
| ① 설정된 표준원가를 유지시킨다. | ① 원가를 계속 저하시킨다. |
| ② 표준원가는 목표원가가 된다. | ② 표준원가는 검토의 대상이 된다. |
| ③ 과거와 현재에 중점이 된다. | ③ 현재와 미래에 중점이 된다. |
| ④ 표준은 설정한 범위에 한정해서 전개된다. | ④ 표준은 경영의 모든 부서에 대해서 전개된다. |
| ⑤ 현재의 조건에서 최저원가를 추구한다. | ⑤ 경영조건을 영구불변이라 생각하지 않는다. |
| ⑥ 관리하려는 마음가짐이 필요하다. | ⑥ 원가의식이 필요하다. |

쉬어갑시다

**재계, 다시 허리띠 졸라맨다**

한국경제신문, 2002년 8월 7일

삼성전자, LG전자, 현대자동차 등 주요 대기업들이 사상 최대의 실적에도 불구하고 다시 허리띠 졸라매기에 나섰다. 특히 향후 환율하락 등에 대비, 원가와 비용을 근본적으로 절감하기 위해 경영혁신 및 6시그마활동과 결합된 원가절감 운동을 펼치고 있다.

6일 업계에 따르면 상반기 중 사상최대인 3조8천억 원의 이익을 낸 삼성전자는 최근 6시그마활동을 중심으로 근원적인 원가절감 계획을 추진하고 있다. 개발・구매・설계단계에서 원가를 낮추기 위해 관련분야 임원급을 대상으로 원가절감 교육을 시작했으며 전임직원으로 교육대상을 확대하는 방안을 검토하고 있다. 삼성은 또 전사적 자원관리(ERP)시스템에 해외법인들을 단계적으로 통합시켜 재고를 최소한으로 줄이고 물류단계도 축소하는 방안을 추진 중이다. 반도체의 경우 재고를 2주일치 미만으로 유지하기로 했다. 삼성전자는 특히 원화절상추세가 장기적으로 지속될 가능성에 대비해 달러 당 원화환율 1천 원 대에서도 견딜 수 있도록 사업단위별 원가절감 목표를 설정, 이행실적을 점검키로 했다. 삼성전자 고위관계자는 "생산비용을 근본적으로 줄일 수 있는 공정을 개발하는 등 새로운 가치를 창출해 원가를 절감하는 일이 중요해지고 있다"고 말했다.

상반기 영업이익 7천9백63억 원으로 사상 최고의 실적을 올린 LG전자도 한계 원가를 실현, 수익성을 극대화한다는 방침이다. 특히 환율불안에 대비, 해외법인의 생산 비중을 높인다는 방침을 세우고 해외법인의 원가절감에 주력하고 있다. 백색가전부문의 경우 '30% 더 많이, 30% 더 빠르게'를 모토로 한 '패스트 이노베이션(Fast Innovation)' 활동을 전개, 생산성을 극대화한다는 경영방침을 세웠다. 부품표준화와 설계기법 변경, 글로벌 아웃소싱을 통한 공동구매 등 다각적인 원가절감을 추진하고 있다.

삼성SDI도 사업팀별로 환율 9백~1천 원대에서도 이익을 낼 수 있는 사업구조를 연내에 갖춘다는 목표로 대대적인 원가절감 노력을 진행 중이다. 이 회사는 상반기에 영업이익 5천57억 원, 순이익 3천2백72억 원의 실적을 거둬 반기기준으로 창사 이후 가장 좋은 실적을 올렸다. 삼성SDI는 지난달 하반기 전략회의를 열고 제품설계 단계에서부터 원가개념을 적용하고 부품 및 설비 국산화 등을 통해 생산비용을 낮추는 방안을 집중 개발키로 했다. PDP(플라즈마 디스플레이 패널)의 경우 여러 개의 회로를 하나로 집적, 부품 수를 최소화하고 세정액과 형광체 등 일본 업체에 의존했던 화학약품도 국산으로 다원화하기로 했다.

올해 예상 경상이익 4천억 여원으로 사상 최대의 실적을 올릴 것으로 예상되는 현대모비스는 이달부터 1백억 원을 목표로 전사적인 원가절감 캠페인에 나서고 있다. 개인별 문구류 비용지출 상한선을 정하고 해외특급 우편 및 DHL을 이용한 개인우편 발송은 금지했다. 또 부서별 회식도 대폭 축소하고 회사식당을 많이 이용하도록 했다. 선풍기 히터 등 개인 전열기구 사용을 자제토록 하고 퇴근 전에 반드시 컴퓨터를 끄도록 했다.

현대자동차와 기아자동차도 원화절상에 따른 수익성 악화에 대비해 구매, 마케팅 등의 부서에 원가절감 방안을 마련하라는 지시를 내려놓은 상태다. 현대모비스와 마찬가지로 직원들 저녁 회식비에 대한 영수증 처리를 보다 엄격하게 하고 중복성 판매관리 비용도 대폭 삭감하기로 했다. 연구개발(R&D)분야에서는 현대·기아 간 플랫폼 통폐합을 가속화함으로써 연간 수천억 원 대의 개발비용을 줄이는 방안을 모색하고 있다.

## 1.3 목표원가관리

다양한 고객수요와 기술혁신으로 제품의 수명주기가 단축되고 가격경쟁이 격화됨에 따라, 제품의 기획 및 설계단계에서 원가절감을 도모하는 전략적 원가관리 즉, 목표원가관리가 출현하게 되었다. 이 기법은 1963년 도요타자동차가 '원가기획'이라는 명칭으로 신제품의 원가관리를 추진한 것을 출발점으로 하여 일본의 기계・전기・자동차산업과 일부 미국기업에서 활발히 적용되고 있다.

일반적으로 제품가격은 소요된 생산원가에 이익을 가산하는 방식으로 결정하는데, 원가기획에서는 시장에서 팔릴만한 가격을 먼저 정한 다음에 목표로 하는 이익을 차감하여 목표원가(target cost)를 결정한다. 즉, 목표원가는 '기업이 목표를 달성할 수 있는 범위 내에서 최대로 허용할 수 있는 원가'이다. 이와 같은 목표원가의 달성을 위해서는 신제품의 개발・설계단계에서부터 가치공학(VE)과 같은 기법을 이용하여 독창적인 원가절감을 적극 모색해야 한다.

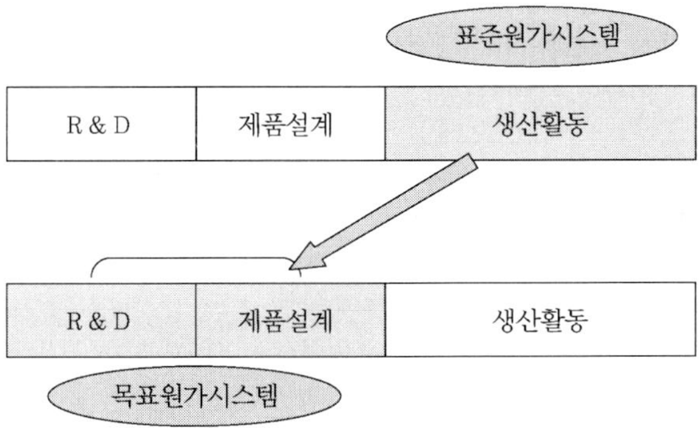


〈그림 3〉 원가관리 초점의 변화

다품종 소량생산 시대로 접어들면서 제품의 개발, 기획, 설계 단계가 원가관리의 핵심영역으로 부각하면서 과거의 표준원가 시스템에서 관심을 집중했던 생산 활동 자체보다는 R&D와 제품설계에 관심을 집중하는 목표원가 시스템의 도입에 이르게 된 것이다.

오늘날에는 대부분의 기업에서 직접 노동 인력의 비중이 점차 낮아져 사후통제 중심의 전통적인 표준원가 시스템의 유효성이 약화되고 있는 것이 현실이다. 뿐만 아니라 제품의 기획 및 설계 단계에서 대부분의 원가가 결정되고, 생산현장에서의 노력에 의한 추가적인 원가절감 비율이 감소하면서 목표원가 시스템이 더욱 중요해지고 있다.

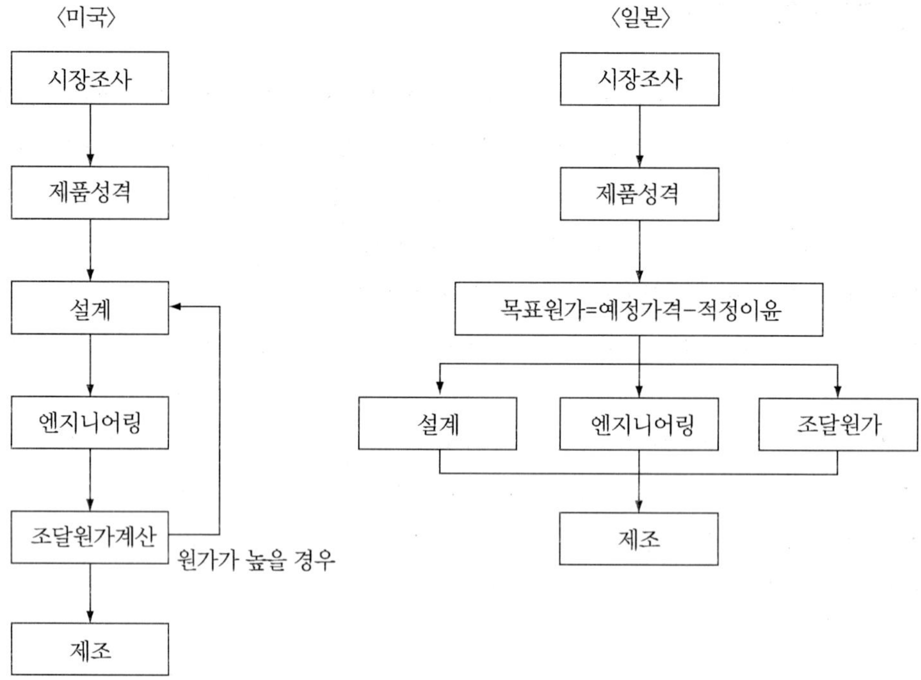


〈그림 4〉 미국과 일본 기업의 접근방법

원가관리에 대한 미국과 일본 기업의 접근방법의 차이를 설명하고 있는 (그림 4)를 통해서 전통적인 미국 기업의 제품개발과정에 비하여 사전적인 원가절감을 강조하고 있는 일본기업의 특징을 이해할 수 있다.

목표원가관리(target costing)는 제품의 기획 및 설계에서 판매단계에 이르기까지 기술·생산·판매 등 관련부서의 의견을 모아서 시장상황을 고려하여 원가절감을 종합적으로 도모하는 전략적 원가관리기법이다. 이는 고객 및 경쟁기업을 의식하는 가운데, 제품과 제조공정을 지속적으로 개선할 수 있게 해 주고, 전사적 차원의 종합적 계획을 수립하고 실행할 수 있게 해준다. 이와 같은 목표원가관리 과정은 목표원가의 설정과 달성으로 대별된다. 목표원가의 달성은 다음의 3단계를 통해 이루어진다.

① 목표원가와 현재원가의 차이(gap)를 파악한다.
② 원가 차이를 줄일 수 있는 원가절감 설계안을 창출한다.
③ 설계대로 생산하고 지속적 개선을 도모한다.

목표원가 접근법에 의한 효과는 재료비, 노무비, 가공시간 등 제조원가의 전반적인 분야에 걸쳐서 나타난다. 즉, 목표원가의 달성과정을 통하여 부품 수의 절감, 신소재의 활용과 신 제조공법의 적용을 통한 재료원가의 절감 등이 최우선적으로 실현된다. 또한 부품 수의 절감은 가공 인력의 절감으로 이어지며, 동시에 가공시간의 단축에 의한 제품 생산소요시간의 단축 등으로 확대된다. 뿐만 아니라 새로운 제품설계와 제조공법을 통하여 제품구조와 제조과정이 단순해지는 경우에는 품질검사에 소요되는 시간 및 부적합품률 자체가 감소하는 효과가 있다.

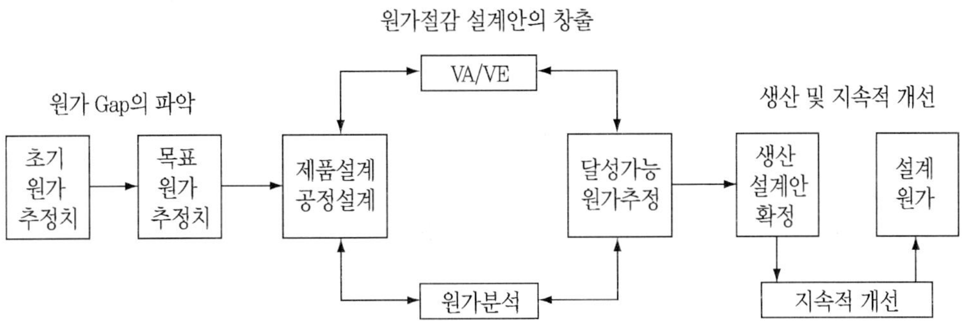


〈그림 5〉 목표원가의 달성과정

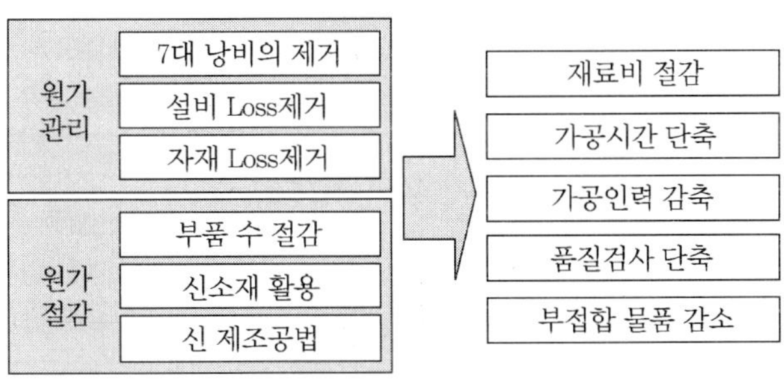


〈그림 6〉 목표원가 접근법에 의한 원가절감 효과

## 1.4 원가절감 관련 기법

산업의 발달과 함께 제조현장을 둘러싼 많은 문제들을 해결하기 위해서 다양한 개선기법들이 개발되고 운용되었으나, 경우에 따라서는 뛰어난 발명, 발견, 개선 등은 오히려 개개인의 창의력에 의한 것이 많다. 개인의 경우에는 경험이나 감각, 직감과 번

뜨임 등이 뜻밖의 핵심을 찾아내는데 유용하게 작용하기도 하기 때문이다. 그러나 일반적으로 보면 효과적인 수법을 알고 있는 것과 모르고 있는 것 사이에는 원가절감 활동을 위한 노력과 성과 측면에서 큰 차이가 발생할 수 있으므로 충분히 습득해 둘 필요가 있다.

관리・개선을 위한 기술로 익히 알려져 있는 IE, QC, VE 등의 기법은 그 특징에 따라 장점을 잘 살릴 수 있는 곳에 적용할 때 효과가 극대화될 수 있다.

IE(Industrial Engineering)는 일을 능률적으로 수행해 나가기 위해 공정, 작업, 동작 등을 분석·측정하고 개선하여 모든 낭비를 최소화하거나 제거하는 활동에 유용한 기법이다.

QC(Quality Control)는 업무를 처리하는 개개인이 자신의 업무를 과학적으로 분석하여 문제점이 어디에 있는가를 확인하고 근본원인을 추적하여 개선의 포인트를 찾아내고 부적합의 요인을 제거함으로써 업무의 질적 향상을 도모하는데 큰 효과가 있는 기법이며, VE(Value Engineering)는 고객의 입장에서 필요한 기능과 원가와의 관계를 추구하여 종합 원가가 최소가 될 수 있도록 제품의 기능을 결정하는데 유용하다.

Industrial Engineering

| | | |
|---|---|---|
| 현재 공정, 작업, 동작을 분석, 소요 공수의 측정 및 개선 도모<br>- 공수단축, 물류개선 등 | ⇨ | Motion & Time Study<br>공정분석, 작업분석, 라인밸런싱<br>3정5S 등 |

Quality Control

| | | |
|---|---|---|
| 문제의 현상을 분석, 요인을 해석하여 참된 원인(root cause) 추적, 관리<br>- 부적합품 감소, 수율향상 등 | ⇨ | QC / NQC 7 Tools<br>추정, 검정, 상관회귀분석<br>실험계획법, 품질공학 등 |

Value Engineering

| | | |
|---|---|---|
| 사물의 목적과 역할을 기능 측면에서 분석, 가치향상을 도모<br>- 가치향상, 원가절감 등 | ⇨ | 기능의 정의<br>기능계통도<br>기능구조도 |

〈그림 7〉 원가절감 관련 기법

쉬어갑시다

**공정 꼼꼼히 따져 원가 40억 절약**

매일경제신문, 2013년 4월 29일

아파트와 상가, 빌딩 공사로 연매출 600억원을 꾸준하게 달성하며 한때 영업이익률 10%를 기록했던 전문 건설업체 A사.

그러나 2000년대 들어 반복된 경기침체와 경쟁 심화로 2007년 8%의 영업손실을 기록했다. 이대로 가다가는 문을 닫아야 할 위기에 직면했다. 대대적인 경영혁신은 선택이 아닌 필수였다. 회사 경영진은 우선 과거 2년간의 공사 현장을 철저히 분석했다. 그 결과 수주 당시 예산에 비해 10%나 비용이 초과 집행된 것이 확인됐다. 시공이 늦어진 탓이다. 5개 현장에서 무려 20%가 지연되고 있었다. 이는 인건비와 장비 임대료 증가로 이어졌다.

다음으로 어느 단계에서 시간이 많이 소요됐는지, 어떻게 줄일 수 있는지에 대해 세분화해 분석했다. 제작 도면을 출력하는 시간을 줄이기 위해 도면 출력 전용 컴퓨터를 도입했고 스크류 길이를 축소해 자재와 부자재의 체결 시간을 단축했다. 20개 이상의 아이디어를 적용한 결과 기존 설계와 제작 시간을 25% 줄였다. 이로써 연간 약 8억원의 원가를 절감할 수 있었다. 자재 손실 개선 작업도 병행했다. 20~30개에 달했던 자재 종류를 단일화해 약 11% 손실을 줄였다. 소요량 변동성의 위험을 최소화하기 위해 최초 계산된 소요량의 80%만 생산하고, 이후 공정 진척도를 감안해 추가 생산했다. 이런 노력에 힘입어 손실률을 5% 미만으로 낮췄으며 이는 연간 6억원의 원가 절감으로 이어졌다.

폐기물을 기존 부피 대비 약 70%를 압축한 것을 비롯해 시공 현장의 낭비 요소를 없앤 것도 적지 않은 비용을 절감하는 효과로 나타났다. 손실을 줄이기 위한 300건 이상의 아이디어가 모아졌으며 이 중 80% 이상을 실행한 결과 연간 약 40억원을 절감했다.

회사 관계자는 "이런 혁신 활동에 힘입어 경기 침체로 경쟁사들이 잇따라 폐업을 신고하는 상황에서도 생존할 수 있었다"고 말했다.

# 02 생산원가의 관리

## 2.1 원가의 이해

원가(cost)란 물품 및 용역(서비스)을 얻기 위하여 지급되는 화폐가치를 뜻한다. 예를 들면 제조기업의 경우 제품을 제조 판매함으로써 이익금을 얻게 되며, 경영자는 이익을 주주를 비롯한 이해관계자에게 배분한다. 이때 매출보다 원가가 적게 들어야만 이익이 발생하게 된다. 원가에 대한 정보를 얻음으로서 알 수 있는 것은 다음과 같다.

① 원가의 발생은 어느 부분이 큰가?
② 어떠한 원가의 발생이 많은가?
③ 원가 발생이 시간에 따라 일정한가?

특정의 성과 내지 목적을 위해 경영활동 전반에서 발생된 원가는 총원가로 종합할 수 있다. 이와 같은 총원가(total cost)는 제조활동 중 발생한 제조원가, 영업이나 판매활동에 소요된 판매비, 그 밖의 일반관리비로 구성된다. 제조원가는 다시 재료비·노무비·제조경비로 분류되는데, 이들 원가의 구성비는 재료비, 제조경비, 노무비 순으로 높은 것이 일반적이다. 참고적으로 2007년 현재 LCD TV의 핵심 광학소재 중 하나인 편광판의 주요 원재료인 TAC필름과 PVA필름 등이 차지하는 재료비 비중은 50%를 상회하며, 국내 완성차 제조업체 5사의 평균 매출액 대비 제조원가의 비중은 2003년 76.6%에서 2006년 83.0%인 것으로 보고되고 있는 반면에, 해마다 사상 최고의 실적을 경신하는 도요타자동차의 경우 매출액 대비 제조원가 비중을 70%대로 유지하고 있다.

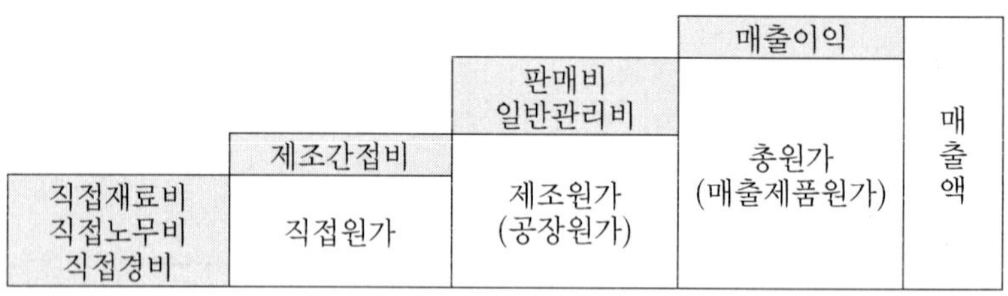


〈그림 8〉 원가의 구성

## 2.2 생산원가의 요소별 관리

### (1) 재료비의 관리

제조부분에서 발생하는 변동비 중 최대 비용요소는 재료비이다. 재료비를 중심으로 하는 변동비의 절감으로 생산성 향상을 이루면 부가가치의 증대와 더불어 한계이익도 증대된다. 제조업체들은 원자재를 얼마나 효율성 있게 사용하는가가 기업의 운명을 가를 수 있다. 원자재를 효율적으로 사용할 경우 원가절감에 결정적으로 기여할 수 있기 때문이다.

재료비를 절감시킬 수 있는 구성요인을 분석하면 ①설계기법 ②가공기술 ③구매기술의 세 가지 요인을 들 수 있다. 자재비의 절감을 위해서 일반적으로 채용되고 있는 관리기술로는 표준화, 설계관리, VA/VE, 구매관리, 외주관리, 창고관리, 품질관리 등을 열거할 수 있다. 그러나 현재의 경제여건에 비추어 자재비 절감의 방향은 첫째, 자재 사용량의 절감, 둘째, 자재가격의 절감에 중점을 두는 것이 바람직하다.

우리나라의 대표적 제조업인 건설, 조선, 의류, 가구 등의 업계에서 사용하고 있는 판재(넓게 펼쳐진 원자재로서 강판, 원단, 유리, 합판 등) 및 선재(긴 모양의 원자재로서 형강, 파이프, 목재, 새시, 철근 등)의 소비 규모는 대략 100조원이 넘을 것으로 추산된다. 이 원자재를 가장 효율적으로 활용해 1%만이라도 절감할 수 있다면, 국내 전체로 1조원의 절감효과가 발생한다. 참고적으로 대형조선소에서 1%의 자재를 절감할 경우 한 달에 20억원의 원자재 구입비용이 감소하는 것으로 조사되고 있다.

### 가. 원단위 관리

제조는 원자재를 가공해서 제품으로 변환하는 과정으로 재료, 부품 내지 원자재는 제조과정을 통해 제품으로 거듭난다. 제품 단위당 재료비 산출식은 다음과 같다.

$$\text{재료비} = \text{재료 단위당 단가} \times \text{제품 단위당 재료사용량}$$

$$= \text{재료 단위당 단가} \times (\text{제품 생산량} \div \text{수율})$$

제품단위당 재료소비량을 물량단위로 나타낸 것이 '원단위'이다. 원단위는 제품설계·공정설계·생산방법 및 기술·제조현장 등 재료비의 영향인자에 대한 물량관리의 주요 지표로 활용된다. 즉, 설계나 생산기술을 포함한 기술수준이나 현장의 관리수준 및 기능수준들을 가늠하는 척도가 된다.

$$\text{표준재료비} = \text{제품 단위당 재료 표준물량} \times \text{재료 단위당 표준단가}$$

보편적으로 원자재는 생산량에 비례하여 소비된다고 볼 수 있다. 그러나 원자재 전부가 제품으로 변환되는 것이 아니기 때문에 다소의 감손이나 로스가 있게 마련이다. 이때 원자재의 이용능률을 나타내는 계수를 수율(yield percentage)이라고 한다.

$$\text{예} : \frac{\text{밀가루중량}}{\text{밀중량}} \times 100$$

원자재의 원단위 관리에 흔히 사용되는 기준은 수율의 개념인데, 여기에는 감모율과 부적합품률의 개념이 포괄되어 있다. 그러므로 수율은 다음과 같은 산출식으로 변형하여 표시할 수 있다.

$$\text{수율} = 1 - (\text{감모율}+\text{부적합품률}) = 1 - \text{로스율}$$

① 감모율

감모율이란 기업이나 생산시스템이 처한 현재의 조건(원자재·설비·작업자·생산방법 등)에서 불가피하게 발생하는 로스로서, 다음과 같이 산출한다.

$$\text{감모율} = \frac{\text{감모량}}{\text{투입량}} \times 100$$

예를 들면, 양조·페인트·섬유·고무공장 등에서 산출량은 원자재 투입량보다 적기 마련인데, 이것은 생산가공 과정에서 불가피하게 발생하는 감모로 인한 것이다. 감모율은 생산요소의 배합 내지 기술의 개선 등에 의해서 줄일 수 있다.

② 부적합품률

제조과정 중 발생하는 부적합품은 적절한 공정관리 및 품질관리 활동에 의해서 줄일 수 있다. 조직 내 품질관리의 기능이 제대로 수행되면 부적합품 발생이 예방되고 억제될 수 있다. 대부분 우리나라 제조업의 부적합품률은 해외 경쟁기업들과 견주어 상당히 높은 수준으로 평가되고 있는데, 합리적인 부적합품 방지대책은 원가의 절감이나 이익제고에 큰 역할을 할 수 있음을 다음과 같은 산출식을 통해 엿볼 수 있다.

$$\text{실제원가}(c') = \text{원가}(c) \times \frac{1}{1 - \text{부적합품률}(p)}$$

즉, 단위당 원가가 $c$ 원일 때 부적합품률이 $p$(%)라고 하면 단위당 실제 소요되는 원가 $c'$는 부적합품률 $p$가 작아질수록 감소되는 것이다.

### 나. 원자재 사용량의 절감

자재사용량의 절감은 주로 제품의 설계부문과 기술부문 및 제조현장에서 추진되어야 한다. 특히 생산시스템의 설계를 책임지고 있는 설계부문 및 기술부문에서는 제품 내지 부분품의 표준화와 공용화를 적극적으로 추진하여야 하고, 아울러 가치공학 내지 가치분석(VA/VE) 기법 등을 활용한 자재소요량의 절감, 효율적인 공정관리 및 품질관리의 실천으로 원자재의 수율향상에 주력하여야만 한다.

모든 경우 개선은 원류로부터 착수하는 것이 가장 효과적이다. 따라서 제품설계나 공법의 선정, 원료의 배합단계에서 사용량을 절감하는 것이 가장 바람직하다. 한편 제조현장에서는 자재표준, 기술표준, 작업표준의 이행에 따른 원가관리와 부적합품률 절감에 역점을 두어야 한다.

1997년 봄, LG전자 창원공장에는 「냉장고 나사를 줄이라」는 특명이 떨어졌다. 냉장고 1대를 조립하는 데 필요한 나사는 모두 22개로 나사 하나라도 더 줄여 원가를 낮추라는 명령이었다. 기술진은 즉각 컴퓨터 응용해석(CAE)을 적용하여 냉장고에 대한 정밀분석에 들어갔다. 불필요한 연결부분은 없는지, 설계변경이 가능한지, 신소재로 대체할 수 있는지 등에 대한 검토를 거듭한 결과 나사수를 14개로 줄이는데 성공했다. 나사 1개 값은 20원으로 냉장고 한 대 당 160원이 절약되는 셈인데, 연간 1백만 대를 판매한다고 가정했을 때, 1억6천만 원의 원가를 줄일 수 있다는 계산이 가능하다. 또한 숙련공이 1분 동안 조일 수 있는 나사는 6~8개이므로 인건비도 연간 6천만 원 이상 줄어드는 효과를 얻었다.

## 다. 자재가격 및 재료비의 절감

구매부문의 경제적 구매, 연구개발부문의 저렴한 신규 원자재의 적용 및 제품의 개량, 설계 및 생산기술부문의 가치분석 기법을 적용한 경제적인 자재의 이용 등이 종합될 때 자재가격 및 재료비의 절감은 실현된다. 특히 재료비 절감은 제품이나 자재의 연구개발을 통하여 획기적인 성과를 거둘 수 있다. 즉 제품이나 부분품의 개량 내지 신제품·신자재의 개발에 의하여 재료비의 절감은 물론 신규 시장의 창조가 용이한 것으로 환경변화에 동태적으로 적응하는 것이 최선의 전략이다.

자재가격 내지 재료비의 절감을 위한 대책들을 살펴보면 다음과 같다.

① 저렴한 대용자재의 사용 (자재가격 인하)
② 가공 및 생산이 용이한 신재료의 사용 (가공비 절감)
③ 자재를 적게 쓰고 가공이 용이한 설계 (재료비 및 가공비 절감)
④ 자재를 적게 쓰는 방법이나 설비의 사용 (수율 증대)
⑤ 소요자재의 필요량 구입 (재고유지비 절감)
⑥ 현금구매 내지 공동구매에 의한 염가구매 (구매원가의 절감)

예를 들어 포장재의 원가절감을 위한 포인트를 살펴보면 다음과 같다.

첫째, 포장재 사용의 감량화(reduce). 포장형태의 개선을 통하여 포장재 사용량의 축소에 대한 연구가 필요하다.

둘째, 포장재 부피의 축소. 모든 포장재는 더욱 얇은 재질로의 개발과 전환이 이루어질 전망이며 복합층에서 단층으로의 변경도 가능해질 것으로 예상된다. 금속 캔의 박막화, 생산규격의 동일화(용기류) 및 리필타입의 사용 및 증가 등이 여기에 해당된다.

셋째, 재활용과 재사용(reuse & recycle). 액체포장용 PET병, 금속 캔 및 종이 용기들은 재활용할 수 있으며, 동일한 용도 또는 타 용도로 전환 사용할 수 있는 방법의 연구와 개발이 필요하다.

넷째, LCA(life cycle assessment)에 대한 연구. 포장 폐기물의 발생량 감소를 모색하기 위해서는 LCI(life cycle inventory)에 대한 조사를 바탕으로 한 LCA가 먼저 선행되어야한다. LCA의 완전한 실행을 위해서는 많은 시행착오의 과정이 있을 것으로 예상되지만 포장폐기물의 절감을 위해서는 계속해서 연구해야하는 과제이며 포장 원료에 대한 연구 개발도 광범위하게 진행되어야 할 것이다.

### (2) 노무비의 관리

#### 가. 공수 원단위의 관리

노무비의 다수를 점하는 임금은 작업량, 즉 생산량이나 작업시간에 따라 지급된다. 임금은 작업시간(또는 근무시간)에 따라 지급되는 것이 보통인데, 이 경우 생산량과 시간은 정확하게 비례되지 않는다.

제품이나 부품 등의 단위당 작업시간(공수)을 인시(man-hour)나 인분(man-minute) 등의 시간단위로 나타낸 것을 공수 원단위라고 한다. 이것은 생산현장 및 사무부서의 원가관리에 주요한 척도가 된다.

임금과 급료는 보통 근무시간이나 작업시간을 토대로 지급되므로 작업시간을 효과적으로 활용해야 한다. 근무(작업)시간의 내용은 대별해서 유효작업시간인 가동시간과 무효시간인 비가동시간으로 나눌 수 있는데, 관리의 주 대상은 비가동시간을 구성하는 간접시간과 여유시간이 된다. 가동시간 즉, 유효작업시간은 실제 생산 활동에 소요된 시간으로 이는 가동률의 주요 함수가 된다.

$$\text{가동률} = \frac{\text{유효작업시간}}{\text{총작업시간}} \times 100$$

따라서 가동률을 높이려면 무효시간을 줄이거나 유효작업시간을 높여야 한다. 그러나 가동률은 표면적으로 나타나는 것이므로 실질적인 성과를 올리려면, 유효작업시간의 내용을 충실히 하고, 생산량을 늘리는 즉, 소요공수를 줄이도록 노력해야 한다.

(그림 9)는 국제노동기구(ILO)에서 제시한 총작업시간의 내용인데 무효작업시간과 여분의 시간이 대부분임을 알 수 있다. 현실적으로 총작업시간 중에는 관리자의 부주의나 작업자의 잘못으로 인한 무효작업시간이 다수 내포되어 있을 뿐만 아니라, 유효작업시간에 들어 있는 여분의 시간도 제품설계의 오류나 불충분한 작업방법으로 인한 것이 대부분이다.

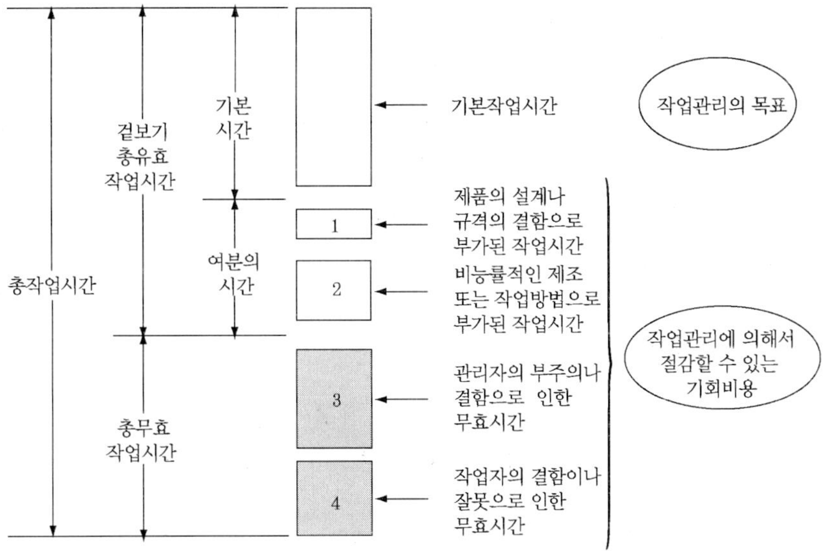


〈그림 9〉 총 작업시간의 구성내용

## 나. 노무비의 절감

원가계산에서는 계산의 편의상 과거실적에서 평균임률 즉, 단위 시간당 임금(= 월간 총 지급 임금 ÷ 월간 총 작업시간)을 구하여 이것을 각 제품의 실제 작업시간(또는 표준시간)에 곱하여 노무비를 산정한다.

$$노무비 = 임률 \times 작업시간$$

노무비 절감에서 우선 고려되는 것은 임률이다. 즉, 임금이 낮은 노동력의 확보가 우선 고려되어야 하는데, 여기에는 노동의 질이나 작업분위기 등 고려해야 될 요인이 많다. 따라서 작업능률의 향상과 소요공수 감소에 중점을 두어야 한다.

제품 규격의 개선, 공정개선, 작업개선 등은 작업능률의 향상과 더불어 공수 단축이 실현되며, 이로써 노무비가 감소되고 아울러 제조원가의 절감도 가능하다.

설계부문에서는 설계단계에서 가공방법의 표준화와 간소화를 중심으로 소요공수 감소에 역점을 두어야 하며, 기술부문에서는 생산설계와 작업표준을 통하여 가공 내지 작업방법의 개선을 도모한다. 생산관리부문에서는 공정개선이나 효율적인 공정관리로서 작업능률을 향상시키며 작업연구를 통한 작업개선 등으로 공수를 감소시킨다.

여기서 유의해야 할 점은 구성원의 작업의욕 고취없이는 작업능률의 향상을 기대하기 힘들다는 점이다. 그러므로 구성원의 수고와 노력이 더욱 큰 결실을 맺도록 부적합을 줄이고 부가가치를 높이는 방안을 찾기 위해 적극적으로 노력해야만 한다.

한편, 최근에는 노무비 절감을 위한 또 다른 수단으로서 아웃소싱(outsourcing)을 적극 고려하는 추세에 놓여 있다. 즉, 기업의 핵심역량을 제외한 대부분의 업무를 그 분야에 전문적인 업체에 일괄 위탁하여 수행토록 하는 방법을 채택하는 기업이 늘어나고 있다. 아웃소싱 분야는 생산업무뿐만 아니라 물류, 보안, 전산, 경리 업무 등에 이르기까지 기업의 대부분 업무가 그 대상이 되고 있다.

### (3) 제조경비의 관리

제조경비에는 잡다한 비용이 포함되며, 여러 제품에 공통되는 간접경비가 대부분이다. 비용의 성질에 따라 제조경비의 내용을 구분하면 다음과 같다.

① 생산량과 비례적인 경향이 있는 것 : 부자재·소모품·수송비 등
② 작업시간과 비례적인 경향이 있는 것 : 전력·연료·수도 등의 유틸리티 코스트
③ 생산량이나 작업시간과 관계없는 것 : 감가상각비, 고정자산의 재산세, 보험료 등

제조경비는 계산의 편의상 과거실적에서 경비율(=단위 시간당 경비)을 구하여 여기에 작업시간을 곱하여 산정한다.

$$\text{제조경비} = \text{경비율} \times \text{작업시간}$$

이 경우 표준조업도가 고려되는데 조업도를 높이면 상대적으로 경비가 줄어드는 효과가 있다. 또한 작업능률 향상으로 단위당 작업시간이 단축되면 경비는 감소하게 된다.

제조경비는 항목이 많고 금액이 작아서 관리를 소홀히 하기 쉽지만 최대 제조원가의 1/4정도에 이르고 있음이 현실이다. 가령 생산준비비(setup cost), 에너지나 유틸리티 코스트, 외주가공비, 감가상각비 등은 그 비중이 높은 것으로 이들 비용의 지속적인 관리와 절감이 필요하다.

생산준비시간이나 전용공구(치구와 금형 등)의 비용은 특정제품에만 발생되는 직접경비로서 생산량의 크기에 관계없이 일정한 고정비적 비용이 발생된다. 이 경우 대량생산에서처럼 로트의 크기를 늘려서 단위당 고정비부담을 줄이든지, 아니면 JIT에서처럼 생산준비비용이나 전용공구비용을 원칙적으로 줄이는 방법이 고려될 수 있다.

쉬어갑시다

### 3자 물류 활용기업 10곳 중 4곳 '물류비 10% 이상 절감'

아시아경제, 2013년 3월 31일

3자 물류(3PL)를 이용하고 있는 중소 화주기업 10곳 중 4곳의 물류비가 10%이상 감소한 것으로 조사됐다.

31일 대한상공회의소(회장 손경식)가 3자 물류서비스를 이용 중인 중소화주기업 230개사를 대상으로 활용 실태를 조사한 결과에 따르면 3자 물류서비스를 통한 물류비 절감폭에 대해 '10~20%'라는 답변이 31.9%, '20~30%'는 6.5%, '30%이상'은 4.8%로 집계됐다. '10% 미만'이라는 답변은 52.4%로 나타났다.

3자 물류란 기업 자체의 물류부서(1자 물류)나 자회사를 통한 운송(2자 물류)이 아닌 외부회사를 활용한 운송사업을 말한다. 화주기업 입장에서는 이해관계가 없는 제 3의 전문 물류업체에 물류활동을 아웃소싱하는 것을 뜻한다.

현재 이용하고 있는 3자 물류서비스에 대해 만족하는지를 묻자 '만족한다'는 응답이 72.5%였고, '보통이다'는 답변은 22.3%였다. '불만족한다'는 기업은 5.2%에 그쳤다.

제 3자 물류서비스 이용시 만족하고 있는 부문으로는 '물류관리 전문성'(36.4%)을 가장 많이 꼽았고, 이어 '물류비 절감'(24.4%), '문제발생시 신속한 대응'(19.7%), '제품의 손상 및 파손율 감소'(9.8%) 순으로 답했다.

대한상의는 "물류비를 절감해 가격경쟁력을 확보하려는 기업과 물류인프라나 물류전문인력이 부족한 기업들이 역량을 핵심부문에 집중하고 물류기능 일부를 외부에 위탁하려해 최근 3자 물류에 대한 수요가 늘고 있다"고 전했다.

실제, 3자 물류를 이용하는 이유로 '물류비용 절감'(30.7%)이라는 응답이 가장 많았지만, '물류장비·시설부족'(24.5%), '물류인력부족'(21.2%)이라는 답변도 상당수를 차지했다.

3자 물류활용분야로는 '국내운송 및 배송'(31.7%), '국제운송'(20.4%), '통관'(16.0%), '하역'(14.6%), '창고보관 및 재고관리'(6.2%), '포장·유통가공'(5.0%), '물류정보시스템'(4.2%), '물류기획'(1.9%) 순으로 조사됐다.

상의는 "3자 물류는 본래 운송, 보관, 하역 등에서부터 물류정보시스템 구축까지 물류의 포괄적인 기능을 수행하는 것이나 국내 대다수 중소 화주기업들은 아직 배송위주의 단순 물류기능를 주로 위탁하여 활용하고 있다"고 지적했다.

3자 물류업체 선정시 우선 고려하는 사항으로는 '계약단가'(38.4%), '물류서비스 수준 및 범위'(36.0%), '기업의 인지도'(14.5%), '재무건전성'(4.6%) 등을 차례로 답했다.

3자물류 활성화를 위해 정부에서 추진해야 할 지원과제로는 ▲물류 인프라 확충(32.2%) ▲물류기업 경쟁력 강화지원(15.4%) ▲공동물류를 통한 물류효율화 지원(15.2%) ▲조세감면확대(14.1%) ▲불합리한 규제·제도 개선(11.8%) ▲물류전문인력 양성(11.1%)을 차례로 들었다.

대한상의 유통물류진흥원장은 "가격경쟁력을 갖춘 중국이나 기술선진국 일본과 경쟁하기 위해서는 물류효율화를 통한 제품경쟁력 강화가 필요하다"며 "3자 물류 활성화를 통해 중소기업이 가격경쟁력을 갖추고 자원을 핵심역량에 집중해 미래성장동력을 발굴하도록 정부가 나서 다양한 지원책을 마련해야 한다"고 말했다.

# 03 종합적 원가관리

## 3.1 종합적 원가절감

현재의 이익이 만족할 만한 수준에 이르는 기업이라도 미래에 대처해서 원가절감을 도모하는 것은 바람직한 경영행위이다. 가령 갑작스러운 기업환경의 변화, 가격하락, 시장지위의 위축, 원자재 가격의 급등 등에 대처하고 새로운 제품의 개발 내지 시설투자 등을 도모하기 위해서도 장기적인 안목에서 '목표원가관리'와 같은 종합적 원가절감계획이 마련되어야 한다.

이와 같은 종합적 원가절감(integrated cost reduction : ICR)은 기업의 모든 기능과 부문을 대상으로 하며, 최고경영자를 비롯한 전체 구성원이 참여하고, 계획 · 실시 · 통제의 모든 관리과정을 포함하여 원가절감을 도모하는 것으로 조직적이며 계속적인 활동일 때 의미가 있다. 여기에는 다음과 같은 다양한 활동이 포함된다.

① 원가절감을 위한 전반적 조사
② 표준화·단순화에 의한 원가절감
③ 제품계획 및 설계단계에서의 원가절감
④ 생산시스템(제품·공정·시설·설비 등) 개선에 의한 원가절감
⑤ 작업연구(작업방법과 작업표준 개선 등)에 의한 원가절감
⑥ 유통시스템의 개선에 의한 원가절감
⑦ 사무작업의 원가절감
⑧ 경영개선에 의한 원가절감
⑨ 예산통제와 원가관리

경영성과의 측정기준이 되는 기업이익을 늘리려면 높은 가격과 판매량 증대 등에 의한 매출신장과 제조원가 및 일반 · 판매관리비의 절감 그리고 제품개발 등에 의한 한계이익의 증대 등이 강구되어야 한다. 이들을 간단한 수식으로 나타내면 다음과 같다.

$$\text{이익} : P = \sum_{i=1}^{n} V_i (S_i - D_i) - I$$

여기서 $V_i$ : 제품 $i$의 판매량

$S_i$ : 제품 $i$의 판매가격

$D_i$ : 제품 $i$의 직접제조원가

$I$ : 간접비

$i$ : 제품의 종류($i = 1,\ 2,\ \cdots,\ n$)

상기 식을 통하여 이익(P)을 크게 하기 위해서는 각 제품의 한계이익 즉, $(S_i - D_i)$을 가급적 크게 하되 생산능력의 범위 내(즉, $\sum V_i \leq$ 생산능력)에서 판매활동을 전개하면서 간접비($I$)를 최소화해야 한다는 것을 알 수 있다. 이와 같은 내용을 구체적으로 세분하여 보면 다음과 같이 정리할 수 있다.

① 제품계열의 구성이나 제품개발 시 한계이익($S_i - D_i$)이 큰 제품을 개발한다.
② 한계이익($S_i - D_i$)이 커지도록 판매가격($S_i$)을 결정한다.
③ 판매량($V_i$) 증대를 도모한다.
④ 직접제조원가($D_i$)를 최소화한다.
⑤ 간접비($I$)를 최소화한다.

이상의 내용은 광의의 원가절감 계획 측면에서 볼 때 매출액의 증대와 비용의 감소로 대별할 수 있다. 그러나 매출액의 증대를 위해 절대적으로 필요한 신규시장의 개척 내지 경쟁자의 시장 잠식 등은 결코 용이하지 않은 것이 현실이므로 대부분 기업의 최대 관심사는 제조원가의 절감에 있다고 해도 과언이 아니다.

## 3.2 원가절감 포인트 결정

원가절감의 공격목표, 즉 절감의 포인트 결정은 원가절감의 첩경이다. 이를 위해서는 다음과 같은 순차적인 과정을 따르는 것이 바람직하다.

### ① 종합적 중점도의 파악

재고관리나 품질불량의 대책 등에서 흔히 사용되고 있는 파레토도를 활용하여 원가의 비중이 큰 항목 순으로 공격우선순위를 정하고, 이를 다시 세분하여 특성요인도를 사용·분석하면 문제의 초점을 좁힐 수 있다.

### ② 부문별 중점도의 파악

부문별의 원가 구성비율을 활용하여 중점도를 정한다. 가령 부문원가에 변동비가 높은 것부터 조치를 취한다.

③ 제품별 중점도의 파악

제품별 기여도나 한계이익을 분석·집계하여 중점도를 제품별로 파악한다. 전체적으로 변동비 구성이 낮을 경우 경시할 우려가 있으므로, 제품별이나 부문별로 중점도를 파악하여야 한다.

이상과 같이 ① 종합적 중점 ② 부문별 중점 ③ 제품별 중점이 정해지면 원가절감의 실시방법을 구체화하여야 한다.

## 3.3 공정·품질·원가의 유기적인 관리

생산 활동의 관리시스템은 근래 생산시스템의 대규모화 내지 복잡화가 더욱 진전됨에 따라 그 중요성이 강조되고 있다. 왜냐하면 설계된 생산시스템이 아무리 우수하더라도 관리시스템이 적절하게 작용하지 않는다면 유효성(effectiveness)의 효율적인 달성은 기대할 수 없기 때문이다. 생산 활동의 관리시스템은 주로 공정(납기와 생산량)·품질·원가 등을 통해서 생산 활동을 통제하게 되는데, 이를 대별해서 정리하면 다음과 같다.

① 생산수량 및 시간에 대한 통제시스템 (공정관리)

② 품질에 대한 통제시스템 (품질관리)

③ 원가에 대한 통제시스템 (원가관리)

생산의 중요한 목표인 품질·공정(수량·납기) 그리고 원가는 품질관리(quality control), 공정관리(production control), 원가관리(cost control) 등에 의해 실현된다. 따라서 이들 관리활동들은 각기 독립해서 전개될 수 있더라도 통합된 통제시스템으로 상호 유기적으로 관리·운영되지 못하면 생산의 전체적 목표를 달성하기 어렵다. 왜냐하면 생산목표의 중요한 표적인 동시에 통제시스템의 평가요소인 이들 품질·공정·원가는 서로 배타적인 관계에서 작용하기 때문이다.

품질과 원가의 관계에서 볼 때 품질을 좋게 만들려면 비용이 더 들게 마련인데, 품질이 일정수준을 넘으면 원가는 급격히 올라간다. 또한 원가와 공정의 관계에서 살펴보면 로트 당 생산량을 늘리면 제품의 단위당 원가는 내려가지만 납기의 장기화를 초래할 수 있으며 이에 따라 원가는 상승하게 된다. 그리고 공정과 품질과의 관계는 생산수량을 많이 하고 빨리 만들면 품질이 떨어지기 쉽다는 등의 상호 배타적인 관계가 성립하는 것이다. 그렇기 때문에 결국 기업의 입장에서는 이러한 요소들을 유기적으로 관리하지 않으면 안 되는 것이다.

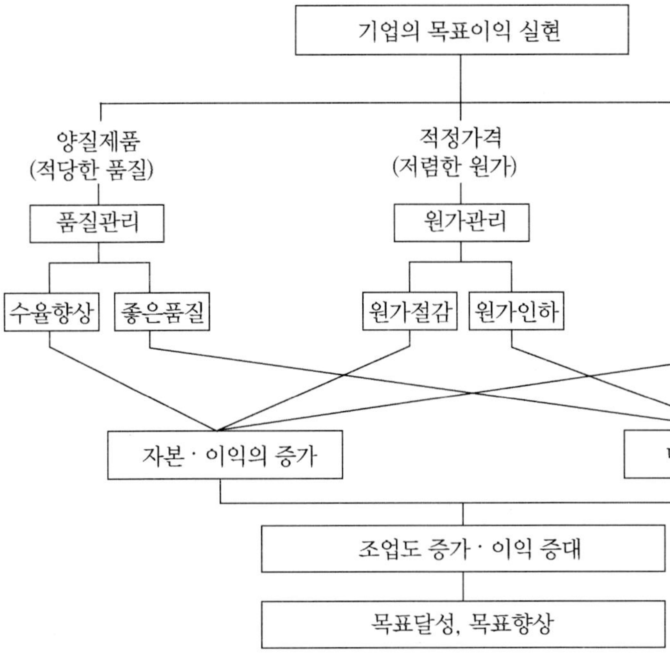


〈그림 10〉 품질 · 공정 · 원가관리의 역할과 상호보완

쉬어갑시다

**세계시장서 유럽 이동통신사 OEM 독식… '태풍의 눈'**

원가경쟁력 갖춘데다 불량률까지 줄여

디지털타임스, 2006년 11월 28일

전세계 휴대폰 업계에서 중국계 업체들의 영향력이 커지고 있다. 그동안 저가폰 OEM을 통해 기본기를 익힌 대만 및 중국 업체들은 전세계 최대 규모인 자국시장에서 충분한 경험을 쌓아왔다는 강점을 가지고 있다. 특히, 글로벌 업체들에 비해 월등히 높은 수준을 원가경쟁력을 갖추고 있어 향후 급성장하는 초저가폰 시장에서 '태풍의 눈'으로 등장할 가능성이 높은 상태다.

27일 관련업계에 따르면, 대만 최대의 전자부품업체 '혼하이정밀'이 내년 초 출시되는 애플의 아이폰 생산 계약을 체결하는 등 전세계 휴대폰 시장에서 중국계 업체들의 영향력이 커지고 있다. 초도물량만 무려 1200만대에 달하는 이번 계약은 한때 글로벌 빅5에 이름을 올렸던 벤큐의 몰락 충격을 상쇄하기에 충분하다는 것이 업계의 평가다.

지난해까지만 해도 중국은 노키아, 모토로라, 삼성 등 글로벌 휴대폰 업체들의 생산기지에 머물러왔다. 값싼 노동력과 공장운영비용은 원가경쟁력이 중요한 이들 업체들에게 최고의 장소로 각광받았다. 또한 이들 업체에서 경험을 쌓은 중국인들이 광동, 심양 등지에서 정부 자원을 지원받는 형식으로 회사를 설립해 직접 생산에 나서면서 상황이 급변하기 시작했다. 이들은 지난해부터 유럽, 미국은 물론 한국과 일본의 R&D 인력을 대거 영입해 상당한 수준의 기술력을 갖추고 적극적으로 OEM 시장에 진출해 상당한 성과를 올리고 있다.

실제로 중국, 대만 등지에서 OEM 방식으로 생산된 휴대폰은 올해 5억대 수준에 육박하는 것으로 알려졌다. 특히, 최근 들어서는 가장 큰 문제로 지적 받아온 불량률까지 대폭 줄이는 데 성공하면서 유럽의 대형 이동통신사 OEM 물량을 독식하다시피 하고 있다.

글로벌 업계 관계자들은 급속히 성장하고 있는 초저가폰 시장이 중국계 업체들에게 절호의 찬스가 될 수 있다며 경계하고 있다. 지금까지 중국, 인도 등지의 초저가폰 시장은 노키아, 모토로라 양사가 독점해 왔지만 중국 업체들이 자체 브랜드로 공략하기 시작하면 시장 잠식은 시간 문제로 볼 수 있다.

국내 휴대폰 업계의 한 관계자는 "지난해까지만 해도 중국계 업체들은 불량률이 20%를 넘는다는 평가가 일반적이었지만, 발전을 거듭해 최근에는 5% 수준 밑으로 떨어졌다"면서 "이들 업체들이 다른 지역을 제외하고, 자국과 인도 정도에만 집중해도 시장 규모를 감안하면 휴대폰 업계 판도 변화가 불가피하다"고 평가했다.

## 요약

- 기업의 이익 창출 방법으로는 신제품 개발과 신규시장 개척활동에 의한 매출증대 방법과 기업내부의 모든 활동에 의해 발생되는 원가를 절감하는 방법이 있다.

- 광의의 원가관리(cost management)에는 협의의 원가관리(cost control)와 원가절감(cost reduction)이 모두 포함된다. 협의의 원가관리는 미리 정해진 표준(물량표준 또는 원가표준)을 목표로 하여 이것에 실제의 생산 활동이나 결과를 근접시키려고 노력하는 것이다. 원가절감은 기 결정된 현재의 표준에 도전하고 현상타파(breakthrough)하여, 보다 나은 새로운 표준을 만들어 내는 것이다.

- 목표원가는 기업이 목표를 달성할 수 있는 범위 내에서 최대로 허용할 수 있는 원가이다. 목표원가관리(target costing)는 제품의 기획 및 설계에서 판매단계에 이르기까지 기술·생산·판매 등 관련부서의 의견을 모아서 시장상황을 고려하여 원가절감을 종합적으로 도모하는 전략적 원가관리기법이다.

- 총원가(total cost)는 제조활동 중 발생한 제조원가, 영업이나 판매활동에 소요된 판매비, 그 밖의 일반관리비로 구성되며, 제조원가는 다시 재료비·노무비·제조경비로 분류된다.

- 자재비의 절감을 위해서 일반적으로 채용되고 있는 관리기술로는 표준화, 설계관리, VA/VE, 구매관리, 외주관리, 창고관리, 품질관리 등인데, 자재비 절감의 방향은 자재 사용량의 절감과 자재가격의 절감에 중점을 두어야 한다.

- 원단위 관리 기준은 수율로서, 기업이나 생산시스템이 처한 현재의 조건상 불가피하게 발생하는 로스인 감모율과 생산과정에 발생한 부적합품의 정도에 따라 결정된다.

- 노무비 절감은 작업능률의 향상과 소요공수 감소에 중점을 두어야 한다. 제품 규격의 개선, 공정개선, 작업개선 등은 작업능률의 향상과 더불어 공수 단축을 이룸으로써 노무비와 제조원가 절감이 가능하다.

- 종합적 원가절감계획은 모든 구성원의 동기부여를 중심으로 한 원가절감계획으로서, 기업 내의 모든 기능과 부문을 대상으로 하는 이른바 종합적 원가절감을 모든 구성원이 참가하여 조직적이며 계속적으로 행하는 활동에 대한 계획이다.

# 토의문제

1. 원가관리(Cost Management)에 대해 정의하라.

2. 목표원가관리(Target Costing)란 무엇인가?

3. 목표원가의 달성과정을 설명하라.

4. 원가절감 관련 수법에는 무엇이 있는지 살펴보고 설명하라.

5. 수율을 저해하는 요소 중 감모율이란 무엇인지 설명하라.

6. 작업관리에 의해 절감할 수 있는 기회비용에 대해 설명하라.

7. 기업이익 증대 방안을 수식에 의해 설명하라.

8. 원가절감의 공격목표 결정 과정을 설명하라.

# 부록

## 1. 표준정규분포-오른쪽 꼬리 확률

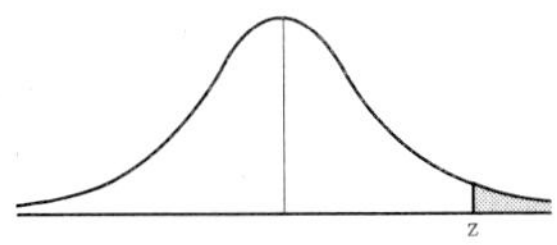

| z | 0.00 | 0.01 | 0.02 | 0.03 | 0.04 | 0.05 | 0.06 | 0.07 | 0.08 | 0.09 |
|---|---|---|---|---|---|---|---|---|---|---|
| **0.0** | 0.5000 | 0.4960 | 0.4920 | 0.4880 | 0.4840 | 0.4801 | 0.4761 | 0.4721 | 0.4681 | 0.4641 |
| **0.1** | 0.4602 | 0.4562 | 0.4522 | 0.4483 | 0.4443 | 0.4404 | 0.4364 | 0.4325 | 0.4286 | 0.4247 |
| **0.2** | 0.4207 | 0.4168 | 0.4129 | 0.4090 | 0.4052 | 0.4013 | 0.3974 | 0.3936 | 0.3897 | 0.3859 |
| **0.3** | 0.3821 | 0.3783 | 0.3745 | 0.3707 | 0.3669 | 0.3632 | 0.3594 | 0.3557 | 0.3520 | 0.3483 |
| **0.4** | 0.3446 | 0.3409 | 0.3372 | 0.3336 | 0.3300 | 0.3264 | 0.3228 | 0.3192 | 0.3156 | 0.3121 |
| **0.5** | 0.3085 | 0.3050 | 0.3015 | 0.2981 | 0.2946 | 0.2912 | 0.2877 | 0.2843 | 0.2810 | 0.2776 |
| **0.6** | 0.2743 | 0.2709 | 0.2676 | 0.2643 | 0.2611 | 0.2578 | 0.2546 | 0.2514 | 0.2483 | 0.2451 |
| **0.7** | 0.2420 | 0.2389 | 0.2358 | 0.2327 | 0.2296 | 0.2266 | 0.2236 | 0.2206 | 0.2177 | 0.2148 |
| **0.8** | 0.2119 | 0.2090 | 0.2061 | 0.2033 | 0.2005 | 0.1977 | 0.1949 | 0.1922 | 0.1894 | 0.1867 |
| **0.9** | 0.1841 | 0.1814 | 0.1788 | 0.1762 | 0.1736 | 0.1711 | 0.1685 | 0.1660 | 0.1635 | 0.1611 |
| **1.0** | 0.1587 | 0.1562 | 0.1539 | 0.1515 | 0.1492 | 0.1469 | 0.1446 | 0.1423 | 0.1401 | 0.1379 |
| **1.1** | 0.1357 | 0.1335 | 0.1314 | 0.1292 | 0.1271 | 0.1251 | 0.1230 | 0.1210 | 0.1190 | 0.1170 |
| **1.2** | 0.1151 | 0.1131 | 0.1112 | 0.1093 | 0.1075 | 0.1056 | 0.1038 | 0.1020 | 0.1003 | 0.0985 |
| **1.3** | 0.0968 | 0.0951 | 0.0934 | 0.0918 | 0.0901 | 0.0885 | 0.0869 | 0.0853 | 0.0838 | 0.0823 |
| **1.4** | 0.0808 | 0.1793 | 0.0778 | 0.0764 | 0.0749 | 0.0735 | 0.0721 | 0.0708 | 0.0694 | 0.0681 |
| **1.5** | 0.0668 | 0.0655 | 0.0643 | 0.0630 | 0.0618 | 0.0606 | 0.0594 | 0.0582 | 0.0571 | 0.0559 |
| **1.6** | 0.0548 | 0.0537 | 0.0526 | 0.0516 | 0.0505 | 0.0495 | 0.0485 | 0.0475 | 0.0465 | 0.0455 |
| **1.7** | 0.0446 | 0.0436 | 0.0427 | 0.0418 | 0.0409 | 0.0401 | 0.0392 | 0.0384 | 0.0375 | 0.0367 |
| **1.8** | 0.0359 | 0.0351 | 0.0344 | 0.0336 | 0.0329 | 0.0322 | 0.0314 | 0.0307 | 0.0301 | 0.0294 |
| **1.9** | 0.0287 | 0.0281 | 0.0274 | 0.0268 | 0.0262 | 0.0256 | 0.0250 | 0.0244 | 0.0239 | 0.0233 |
| **2.0** | 0.0228 | 0.0222 | 0.0217 | 0.0212 | 0.0207 | 0.0202 | 0.0197 | 0.0192 | 0.0188 | 0.0183 |
| **2.2** | 0.0179 | 0.0174 | 0.0170 | 0.0166 | 0.0162 | 0.0158 | 0.0154 | 0.0150 | 0.0146 | 0.0143 |
| **2.3** | 0.0139 | 0.0136 | 0.0132 | 0.0129 | 0.0125 | 0.0122 | 0.0119 | 0.0116 | 0.0113 | 0.0110 |
| **2.3** | 0.0107 | 0.0104 | 0.0102 | 0.0099 | 0.0096 | 0.0094 | 0.0091 | 0.0089 | 0.0087 | 0.0084 |
| **2.4** | 0.0082 | 0.0080 | 0.0078 | 0.0075 | 0.0073 | 0.0071 | 0.0069 | 0.0068 | 0.0066 | 0.0064 |
| **2.5** | 0.0062 | 0.0060 | 0.0059 | 0.0057 | 0.0055 | 0.0054 | 0.0052 | 0.0051 | 0.0049 | 0.0048 |
| **2.6** | 0.0047 | 0.0045 | 0.0044 | 0.0043 | 0.0041 | 0.0040 | 0.0039 | 0.0038 | 0.0037 | 0.0036 |
| **2.7** | 0.0035 | 0.0034 | 0.0033 | 0.0032 | 0.0031 | 0.0030 | 0.0029 | 0.0028 | 0.0027 | 0.0026 |
| **2.8** | 0.0026 | 0.0025 | 0.0024 | 0.0023 | 0.0023 | 0.0022 | 0.0021 | 0.0021 | 0.0020 | 0.0019 |
| **2.9** | 0.0019 | 0.0018 | 0.0018 | 0.0017 | 0.0016 | 0.0016 | 0.0015 | 0.0015 | 0.0014 | 0.0014 |
| **3.0** | 0.0013 | 0.0013 | 0.0013 | 0.0012 | 0.0012 | 0.0011 | 0.0011 | 0.0011 | 0.0010 | 0.0010 |
| **3.1** | 0.0010 | 0.0009 | 0.0009 | 0.0009 | 0.0008 | 0.0008 | 0.0008 | 0.0008 | 0.0007 | 0.0007 |
| **3.2** | 0.0007 | 0.0007 | 0.0006 | 0.0006 | 0.0006 | 0.0006 | 0.0006 | 0.0005 | 0.0005 | 0.0005 |
| **3.3** | 0.0005 | 0.0005 | 0.0005 | 0.0004 | 0.0004 | 0.0004 | 0.0004 | 0.0004 | 0.0004 | 0.0003 |
| **3.4** | 0.0003 | 0.0003 | 0.0003 | 0.0003 | 0.0003 | 0.0003 | 0.0003 | 0.0003 | 0.0003 | 0.0002 |

## 2. 난수표

| | | | | | | | | | |
|---|---|---|---|---|---|---|---|---|---|
| 71509 | 68310 | 48213 | 99928 | 64650 | 13229 | 36921 | 58732 | 13459 | 93487 |
| 21949 | 30920 | 23287 | 89514 | 58502 | 46185 | 00368 | 82613 | 02668 | 37444 |
| 50639 | 54968 | 11409 | 36148 | 82090 | 87298 | 41396 | 71111 | 00076 | 60029 |
| 47837 | 76716 | 09653 | 54466 | 87987 | 82362 | 17933 | 52793 | 17641 | 19502 |
| 31735 | 36901 | 92295 | 19293 | 57582 | 86043 | 69502 | 12601 | 00535 | 82697 |
| 04174 | 32342 | 66532 | 07875 | 54445 | 087795 | 63563 | 42295 | 74646 | 73120 |
| 96980 | 68728 | 21154 | 56181 | 71843 | 66134 | 52396 | 89723 | 96435 | 17871 |
| 21823 | 04027 | 76402 | 04655 | 87276 | 32593 | 17097 | 06913 | 05136 | 05115 |
| 25922 | 07122 | 31485 | 52166 | 07645 | 85122 | 20945 | 06369 | 70254 | 22806 |
| 32530 | 98882 | 19105 | 01769 | 20276 | 59401 | 60426 | 03316 | 41438 | 22012 |
| 00159 | 08461 | 51810 | 14650 | 45119 | 97920 | 08063 | 70819 | 01832 | 53295 |
| 66574 | 21384 | 75357 | 55888 | 83429 | 96916 | 73977 | 87883 | 13249 | 28870 |
| 00995 | 28829 | 15048 | 49573 | 65277 | 61493 | 44031 | 88719 | 73057 | 66010 |
| 55114 | 79226 | 27929 | 23392 | 06432 | 50200 | 39054 | 15528 | 53483 | 33972 |
| 10614 | 25190 | 52647 | 62580 | 51183 | 31338 | 60008 | 66595 | 64357 | 14985 |
| 31359 | 77469 | 58126 | 59192 | 23371 | 25190 | 37841 | 44386 | 92420 | 42965 |
| 09736 | 51873 | 94595 | 61367 | 82091 | 63835 | 86858 | 10677 | 58209 | 59820 |
| 24709 | 23224 | 45788 | 21426 | 63353 | 29874 | 51058 | 29958 | 61220 | 61199 |
| 79957 | 67598 | 74102 | 49824 | 39305 | 15069 | 56327 | 26905 | 34453 | 53964 |
| 66616 | 22137 | 72805 | 64420 | 58711 | 68435 | 60301 | 28620 | 91919 | 96080 |
| 01413 | 27281 | 19397 | 36231 | 05010 | 42003 | 99865 | 20924 | 76151 | 54089 |
| 88238 | 80731 | 20777 | 45725 | 41480 | 48277 | 45704 | 96457 | 13918 | 52375 |
| 57457 | 87883 | 64273 | 26236 | 61095 | 01309 | 48632 | 00431 | 63730 | 18917 |
| 21614 | 06412 | 71007 | 20255 | 39890 | 75336 | 89451 | 88091 | 61011 | 38072 |
| 26466 | 03735 | 39891 | 26361 | 86816 | 48193 | 33492 | 70484 | 77322 | 01016 |
| 97314 | 03944 | 04509 | 46143 | 88908 | 55261 | 73433 | 62537 | 63187 | 57352 |
| 91207 | 33555 | 75942 | 41668 | 64650 | 38741 | 86189 | 38197 | 99112 | 59694 |
| 46791 | 78974 | 01999 | 78891 | 16177 | 95746 | 78076 | 75001 | 51309 | 18791 |
| 34161 | 32258 | 05345 | 79267 | 75607 | 29916 | 37005 | 09213 | 10991 | 50451 |
| 02376 | 40372 | 45077 | 73705 | 56076 | 01853 | 83512 | 81567 | 55951 | 27156 |
| 33994 | 56809 | 58377 | 45976 | 01581 | 78389 | 18268 | 90057 | 93382 | 28494 |
| 92588 | 92024 | 15048 | 87841 | 38008 | 80689 | 73098 | 39201 | 10907 | 88092 |
| 73767 | 61534 | 66197 | 47147 | 22994 | 38197 | 60844 | 86962 | 27595 | 49907 |
| 51517 | 39870 | 94094 | 77092 | 94595 | 37904 | 27533 | 02229 | 44993 | 10468 |
| 33910 | 05156 | 60844 | 89012 | 21154 | 68937 | 96477 | 05867 | 95809 | 72827 |
| 09444 | 93069 | 61764 | 99301 | 55826 | 78849 | 26131 | 28201 | 91417 | 98172 |
| 96896 | 43760 | 72890 | 78682 | 78243 | 24061 | 55449 | 53587 | 77574 | 51580 |
| 97523 | 54633 | 99656 | 08503 | 52563 | 12099 | 52479 | 74374 | 79581 | 57143 |
| 42568 | 30794 | 32613 | 21802 | 73809 | 60237 | 70087 | 36650 | 54487 | 43718 |
| 45453 | 33136 | 90246 | 61953 | 17724 | 42421 | 87611 | 95369 | 42108 | 95369 |

## 3. 3σ관리한계계산을 위한 결정계수

| 표본의 크기 | 평균치 관리도 | | | 표준편차 관리도 | | | | | 범위 관리도 | | | | | |
|---|---|---|---|---|---|---|---|---|---|---|---|---|---|---|
| | 관리한계결정계수 | | | 관리한계결정계수 | 관리한계결정계수 | | | | 중심선결정계수 | | 중심선 결정계수 | | | |
| | $A$ | $A_1$ | $A_2$ | $c_2$ | $B_1$ | $B_2$ | $B_3$ | $B_4$ | $d_2$ | $d_3$ | $D_1$ | $D_2$ | $D_3$ | $D_4$ |
| 2 | 2.121 | 3.760 | 1.880 | 0.5642 | 0 | 1.843 | 0 | 3.267 | 1.128 | 0.853 | 0 | 3.686 | 0 | 3.267 |
| 3 | 1.732 | 2.394 | 1.023 | 0.7236 | 0 | 1.858 | 0 | 2.568 | 1.693 | 0.888 | 0 | 4.358 | 0 | 2.575 |
| 4 | 1.500 | 1.880 | 0.729 | 0.7979 | 0 | 1.808 | 0 | 2.266 | 2.059 | 0.880 | 0 | 4.698 | 0 | 2.282 |
| 5 | 1.342 | 1.596 | 0.577 | 0.8407 | 0 | 1.756 | 0 | 2.089 | 2.326 | 0.864 | 0 | 4.918 | 0 | 2.115 |
| 6 | 1.225 | 1.410 | 0.483 | 0.8686 | 0.026 | 1.711 | 0.030 | 1.970 | 2.534 | 0.848 | 0 | 5.078 | 0 | 2.004 |
| 7 | 1.134 | 1.277 | 0.419 | 0.8882 | 0.105 | 1.672 | 0.118 | 1.882 | 2.704 | 0.833 | 0.205 | 5.023 | 0.076 | 1.924 |
| 8 | 1.061 | 1.175 | 0.373 | 0.9027 | 0.167 | 1.638 | 0.185 | 1.815 | 2.847 | 0.820 | 0.387 | 5.307 | 0.136 | 1.864 |
| 9 | 1.000 | 1.094 | 0.337 | 0.9139 | 0.219 | 1.609 | 0.239 | 1.761 | 2.970 | 0.808 | 0.546 | 5.394 | 0.184 | 1.816 |
| 10 | 0.949 | 1.028 | 0.308 | 0.9227 | 0.262 | 1.584 | 0.284 | 1.716 | 3.078 | 0.797 | 0.687 | 5.469 | 0.223 | 1.777 |
| 11 | 0.905 | 0.973 | 0.285 | 0.9300 | 0.299 | 1.561 | 0.321 | 1.679 | 3.173 | 0.787 | 0.812 | 5.534 | 0.256 | 1.744 |
| 12 | 0.866 | 0.925 | 0.266 | 0.9359 | 0.331 | 1.541 | 0.354 | 1.646 | 3.258 | 0.778 | 0.924 | 5.592 | 0.284 | 1.716 |
| 13 | 0.832 | 0.884 | 0.249 | 0.9410 | 0.359 | 1.523 | 0.382 | 1.618 | 3.336 | 0.770 | 1.026 | 5.646 | 0.308 | 1.692 |
| 14 | 0.802 | 0.848 | 0.235 | 0.9453 | 0.384 | 1.507 | 0.406 | 1.594 | 3.407 | 0.762 | 1.121 | 5.693 | 0.329 | 1.671 |
| 15 | 0.775 | 0.816 | 0.233 | 0.9490 | 0.406 | 1.492 | 0.428 | 1.572 | 3.472 | 0.755 | 1.207 | 5.737 | 0.348 | 1.652 |
| 16 | 0.750 | 0.788 | 0.212 | 0.9523 | 0.427 | 1.478 | 0.448 | 1.552 | 3.532 | 0.749 | 1.285 | 5.779 | 0.364 | 1.636 |
| 17 | 0.728 | 0.762 | 0.203 | 0.9551 | 0.445 | 1.465 | 0.466 | 1.534 | 3.588 | 0.743 | 1.359 | 5.817 | 0.379 | 1.621 |
| 18 | 0.707 | 0.738 | 0.194 | 0.9576 | 0.461 | 1.454 | 0.482 | 1.518 | 3.640 | 0.738 | 1.426 | 5.854 | 0.392 | 1.608 |
| 19 | 0.688 | 0.717 | 0.187 | 0.9599 | 0.477 | 1.443 | 0.497 | 1.503 | 3.689 | 0.733 | 1.490 | 5.888 | 0.404 | 1.596 |
| 20 | 0.671 | 0.697 | 0.180 | 0.9619 | 0.491 | 1.433 | 0.152 | 1.490 | 3.735 | 0.729 | 1.548 | 5.922 | 0.414 | 1.586 |
| 21 | 0.655 | 0.679 | 0.173 | 0.9638 | 0.504 | 1.424 | 0.523 | 1.447 | 3.778 | 0.724 | 1.606 | 5.950 | 0.425 | 1.575 |
| 22 | 0.640 | 0.662 | 0.167 | 0.9655 | 0.516 | 1.415 | 0.534 | 1.466 | 3.819 | 0.720 | 1.659 | 5.979 | 0.434 | 1.566 |
| 23 | 0.626 | 0.647 | 0.162 | 0.9670 | 0.527 | 1.407 | 0.545 | 1.455 | 3.858 | 0.716 | 1.710 | 6.006 | 0.443 | 1.557 |
| 24 | 0.612 | 0.632 | 0.157 | 0.9684 | 0.538 | 1.399 | 0.555 | 1.445 | 3.895 | 0.712 | 1.759 | 6.031 | 0.452 | 1.548 |
| 25 | 0.600 | 0.619 | 0.153 | 0.9696 | 0.548 | 1.392 | 0.565 | 1.435 | 3.931 | 0.709 | 1.804 | 6.058 | 0.459 | 1.541 |

# 토의문제 풀이

## [제5장] 공정설계

(문제 7)

- 자작시 : 30,000,000원 + (10,000원 × 5,000개) = 80,000,000원
- 외주시 : 18,000원 × 5,000개 = 90,000,000원

  따라서 연간 생산예정량이 5,000개인 현재의 수준에서는 자체 제작을 하는 것이 보다 경제적이다.

## [제6장] 시설입지결정

(문제 4)

$$\bar{x} = \frac{\Sigma x_i Q_i}{\Sigma Q_i} = \frac{105,000}{720} = 145.8$$

$$\bar{y} = \frac{\Sigma y_i Q_i}{\Sigma Q_i} = \frac{102,100}{720} = 141.8$$

따라서 물류센터의 적정위치는 $(x_i,\ y_i)$ 좌표값으로 (145.8, 141.8)인 지점이다.

(문제 6)

각각의 입지 $i$에 대한 평점 $S_i = \Sigma W_i F_{ij}$을 계산하면 다음과 같다.

- 입지 A : (0.2×4)+(0.1×3)+(0.5×5)+(0.1×4)+(0.1×4) = 4.4
- 입지 B : (0.2×1)+(0.1×3)+(0.5×3)+(0.1×5)+(0.1×5) = 3.0
- 입지 C : (0.2×3)+(0.1×3)+(0.5×1)+(0.1×1)+(0.1×1) = 1.6
- 입지 D : (0.2×5)+(0.1×3)+(0.5×3)+(0.1×3)+(0.1×3) = 3.4

따라서 총점 $S_i$가 가장 높은 후보지 A를 최적의 입지로 선정한다.

## [제7장] 설비배치

(문제 5)

(1) $Eb = \dfrac{\Sigma ti}{m \times t_{\max}} \times 100 = \dfrac{35}{5 \times 10} \times 100 = 70.0(\%)$

(2) 1회 분할 시 : $Eb = \frac{\Sigma ti}{m \times t_{\max}} \times 100 = \frac{35}{6 \times 9} \times 100 = 64.8(\%)$

2회 분할 시 : $Eb = \frac{\Sigma ti}{m \times t_{\max}} \times 100 = \frac{35}{7 \times 6} \times 100 = 83.3(\%)$

**(문제 6)**

(2) 피치 타임$(Pt) = \frac{\text{1일 작업시간}}{\text{1일 생산목표수량}} = \frac{\text{7시간} \times \text{60분/시간}}{\text{20개}} = \text{21분/개}$

이론적 최소작업장 수$(N_{\min}) = \frac{\text{총 과업시간}}{\text{피치 타임}} = \frac{\text{72분}}{\text{21분/개}} = \text{3.43개} \fallingdotseq \text{4개}$

(3) $Eb = \frac{\Sigma ti}{m \times t_{\max}} \times 100 = \frac{72}{4 \times 21} \times 100 = 85.7(\%)$

## [제8장] 수요예측

**(문제 5)**

① $F_9 = \frac{141 + 121 + 117}{3} = 126.3$

② $F_9 = \frac{(0.6 \times 117) + ((0.3 \times 121) + (0.1 \times 141)}{0.6 + 0.3 + 0.1} = 120.6$

**(문제 6)**

① $F_9 = \frac{400 + 590 + 630}{3} = 540$

② $F_9 = \frac{280 + 400 + 590 + 630}{4} = 475$

③ $F_9 = \frac{(400 \times 0.15) + (590 \times 0.35) + (630 \times 0.50)}{0.15 + 0.35 + 0.50} = 581.5$

**(문제 7)**

$F_{11} = F_{10} + (0.2)(A_{10} - F_{10}) = 395 + (0.2)(420 - 395) = 400$

**(문제 8)**

$\bar{x} = 2, \ \bar{y} = 54$

$b = \frac{\sum(x_i - \bar{x})(y_i - \bar{y})}{\sum(x_i - \bar{x})^2} = \frac{n(\sum x_i y_i) - (\sum x_i)(\sum y_i)}{n(\sum x_i^2) - (\sum x_i)^2}$

$= \frac{(5 \times 730) - (10 \times 270)}{(5 \times 30) - 10^2} = 19$

$$a = \frac{\sum y - b\sum x}{n} = \bar{y} - b\bar{x} = 54 - (19 \times 2) = 16$$

따라서 추세선은 $y = 16 + 19x$ 이다.

**(문제 9)**

$\bar{x}$=3.25, $\bar{y}$=550

$$b = \frac{\sum(x_i - \bar{x})(y_i - \bar{y})}{\sum(x_i - \bar{x})^2} = \frac{n(\sum x_i y_i) - (\sum x_i)(\sum y_i)}{n(\sum x_i^2) - (\sum x_i)^2}$$

$$= \frac{(6 \times 9,759) - (19.5 \times 3,300)}{(6 \times 66.79) - 19.5^2} = -282.87$$

$$a = \frac{\sum y - b\sum x}{n} = \bar{y} - b\bar{x} = 550 - (-282.87 \times 3.25) = 1,469.3$$

따라서 추세선은 $y = 1,469.3 - 282.87x$ 이다.

그러므로 가격이 3,300원일 때 예상 판매량은

$$y = 1,469.3 - 282.87x = 1,469.3 - 282.87 \times 3.3 = 535.829 ≒ 535(\text{개})$$

**(문제 10)**

$$\text{누적예측오차 } RSFE = \sum_{t=1}^{n}(A_t - F_t) = -19$$

$$\text{평균절대편차 } MAD = \frac{\sum_{t=1}^{n}|A_t - F_t|}{n} = \frac{61}{10} = 6.1$$

따라서 RSFE가 과대예측의 경향이 있으나, 그 비율이 평균수요량의 2% 정도이며, MAD도 작기 때문에 예측에 이용된 기법은 비교적 양호한 편이다.

**(문제 12)**

- 예측 방법 A

$$RSFE = \sum_{t=1}^{n}(A_t - F_t) = -110$$

$$MFE = \frac{\sum_{t=1}^{n}(A_t - F_t)}{n} = \frac{-110}{6} = -18.3$$

$$MAD = \frac{\sum_{t=1}^{n}|A_t - F_t|}{n} = \frac{130}{6} = 21.7$$

$$MAPE = \frac{1}{n}\left(\sum_{t=1}^{n}\frac{|A_t - F_t|}{A_t}\right) \times 100 = \frac{1}{6} \times 48.1\% = 8.02\%$$

- 예측 방법 B

$$RSFE = \sum_{t=1}^{n}(A_t - F_t) = -20$$

$$MFE = \frac{\sum_{t=1}^{n}(A_t - F_t)}{n} = \frac{-20}{6} = -3.3$$

$$MAD = \frac{\sum_{t=1}^{n}|A_t - F_t|}{n} = \frac{80}{6} = 13.3$$

$$MAPE = \frac{1}{n}\left(\sum_{t=1}^{n}\frac{|A_t - F_t|}{A_t}\right) \times 100 = \frac{1}{6} \times 28.5\% = 4.75\%$$

따라서 두 가지 방법 중에서는 예측편의와 예측오차의 크기가 작은 B 방법을 적용하는 것이 보다 적합하다.

## [제9장] 직무설계 및 작업연구

### (문제 7)

$$\text{정미시간} = \text{관측시간} \times \frac{\text{평정(레이팅)계수}}{100} = 100 \times \frac{120}{100} = 120(\text{초})$$

$$\text{외경법 : 표준시간} = \text{정미시간} \times (1 + \text{여유율}) = 120 \times (1 + 0.20) = 144(\text{초})$$

$$\text{내경법 : 표준시간} = \text{정미시간} \times \left(\frac{1}{1 - \text{여유율}}\right) = 120 \times (\frac{1}{1 - 0.20}) = 150(\text{초})$$

### (문제 8)

신뢰도 95%, 정도 ±10%인 경우의 관측횟수는

$$N' = \left(20\frac{\sqrt{n\Sigma X_i^2 - (\Sigma X_i)^2}}{\Sigma X_i}\right)^2 = \left(20\frac{\sqrt{10 \times 381 - (59^2)}}{59}\right)^2$$

$$= 37.8 \fallingdotseq 38(\text{회})$$

(문제 9)

(1) $R = \dfrac{\log b}{\log 2} = \dfrac{\log 0.9}{\log 2} = \dfrac{-0.04575}{0.30103} = -0.1520$

$Y_{10} = 5,000 \cdot 10^{-0.1520} = 3,523.46$(시간)

또는 학습곡선 계수표를 이용하면 단위시간 계수가 0.705이므로

5,000×0.705 = 3,525(시간)

(2) 학습곡선계수표를 이용하면 총시간의 계수는 7.994
따라서 5,000×7.994 = 39,970(시간)

(3) 학습곡선계수표에서 $n = 30$ 일 때의 총시간 계수가 20.727이므로 총소요시간은

5,000×20.727 = 103,635(시간)

따라서 103,635÷30 = 3,454.5(시간)

## [제11장] 일정계획

(문제 5)

① FCFS

평균 완료시간 = 11.4

평균 납기지연시간 = 7.0

시스템 내 평균 작업 수 = 3.56

② SPT

평균 완료시간 = 7.2

평균 납기지연시간 = 2.8

시스템 내 평균 작업 수 = 2.25

③ EDD

평균 완료시간 = 7.2

평균 납기지연시간 = 2.8

시스템 내 평균 작업 수 = 2.31

(문제 6) 긴급률법의 적용에 의한 우선순위 결정

| 제품 | A | B | C | D |
|---|---|---|---|---|
| 납기일 | 12 | 12 | 14 | 6 |
| 작업완료예정일 | 16 | 14 | 12 | 18 |
| 긴급률 | 0.33 | 0.5 | 2.0 | -0.5 |

$$긴급률_A = \frac{잔여납기일수}{잔여작업일수} = \frac{납기일 - 오늘날짜}{잔여작업일수} = \frac{12-10}{16-10} = 0.33$$

긴급률이 작은 값부터 먼저 처리해야 하므로 작업은 D>A>B>C 순으로 진행

(문제 8)

| 작업자 | 작업 | | |
|---|---|---|---|
| | A | B | C |
| 갑 | 0 | 2 | 1 |
| 을 | 0 | 0 | 3 |
| 병 | 1 | 1 | 0 |

따라서 0을 지울 수 있는 최소한의 직선 수가 3개이므로 최적임을 확인할 수 있음.

작업 할당 : 갑-A, 을-B, 병-C, 이때 소요되는 비용은 15.

(문제 9)

존슨의 규칙을 적용한 작업순서 : E>B>G>H>D>C>A>F

$$기계\ 1의\ 이용률 = \frac{88}{92} \times 100 = 95.7(\%)$$

$$기계\ 2의\ 이용률 = \frac{74}{92} \times 100 = 80.4(\%)$$

## [제12장] 프로젝트 관리

(문제 8)

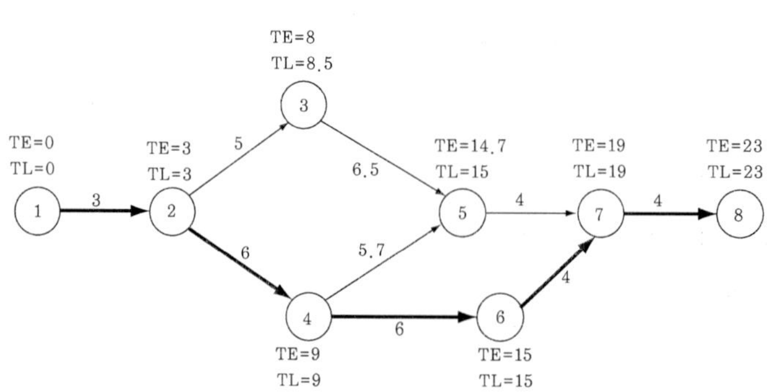

(문제 9)

①

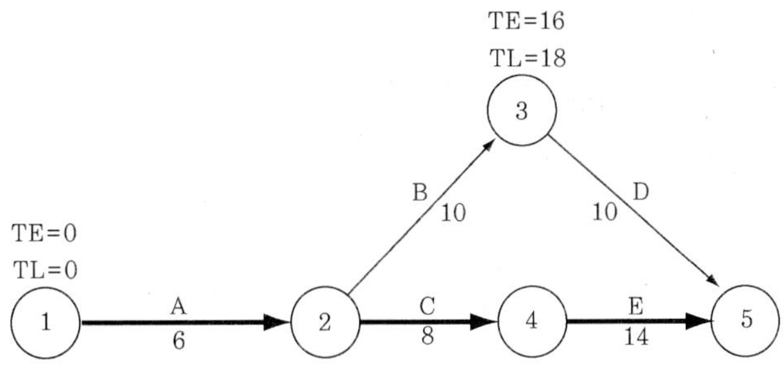


②

| 활동 | 시간(주) | | 비용(백만원) | | 단축 가능 시간(주) | 증분비용 (K) | CP |
|---|---|---|---|---|---|---|---|
| | 정상 | 긴급 | 정상 | 긴급 | | | |
| A | 6 | 4 | 6 | 12 | 2 | 3.0 | * |
| B | 10 | 8 | 10 | 13 | 2 | 1.5 | |
| C | 8 | 7 | 8 | 10 | 1 | 2.0 | * |
| D | 10 | 8 | 12 | 14 | 2 | 1.0 | |
| E | 14 | 12 | 10 | 20 | 2 | 5.0 | * |

주공정 중 증분비용이 가장 적게 드는 활동인 C를 1주 단축하고 난 후, 활동 A를 2주 단축할 때 가장 적은 비용이 소요된다.

총소요비용 = (2백만원×1주)+(3백만원×2주)=8백만원

## [제13장] 재고관리-독립수요품

(문제 7)

① 경제적 주문량 $Q_0 = \sqrt{\frac{2DC_o}{C_H}} = \sqrt{\frac{2 \times 10,000 \times 80}{20}} = 282.8 \fallingdotseq 283(\text{개})$

② 주문횟수 $N_o = \frac{D}{Q_0} = \frac{10,000\text{개}}{283\text{개}/\text{회}} = 35.3(\text{회})$

③ 주문간격 $= \frac{Q_o}{D} = \frac{283\text{개}/\text{회}}{10,000\text{개}/\text{년}} = 0.0283(\text{년}/\text{회})[= 10.3(\text{일}/\text{회})]$

또는 $\frac{\text{연간 작업일}}{\text{주문횟수}} = \frac{365\text{일}}{35.3\text{회}} = 10.3\text{일}/\text{회}$

(문제 8)

① 경제적 생산량

$$Q_p = \sqrt{\frac{2DC_S}{(1-\frac{d}{p})C_H}} = \sqrt{\frac{2 \times 50,000 \times 500}{(1-\frac{200}{500}) \times 10}} = 1,178.5 \fallingdotseq 1179(\text{개})$$

② 생산주기(일) $=\dfrac{Q_p}{d}=\dfrac{1179\text{개}}{200\text{개}/\text{일}}=5.90\text{일}$

생산기간(일)$=\dfrac{Q_p}{p}=\dfrac{1179\text{개}}{500\text{개}/\text{일}}=2.36\text{일}$

③ 연간총비용 $TC=\dfrac{1}{2}(1-\dfrac{d}{p})Q_p\cdot C_H+\dfrac{D}{Q_p}C_S$

$$=[\frac{1}{2}(1-\frac{200}{500})\times 1,179\times 10]+[\frac{50,000}{1,179}\times 500]$$

$$=24,741.4(\text{원})$$

**(문제 9)**

① 적정 1회 주문량

$$Q_0=\sqrt{\frac{2DC_o}{H}}=\sqrt{\frac{2DC_o}{P\cdot i}}=\sqrt{\frac{2\times 5,000\times 10}{2.5\times 0.2}}=632.5\fallingdotseq 633(\text{개})$$

② 90%일 때 ROP $=\overline{D}_{LT}+S=\overline{D}_{LT}+Z.\sigma_{LT}=500+(1.28\times 40)=551.2(\text{개})$

95%일 때 ROP $=\overline{D}_{LT}+S=\overline{D}_{LT}+Z.\sigma_{LT}=500+(1.65\times 40)=566.0(\text{개})$

## [제15장] JIT 생산

**(문제 9)**

| 제품 | 월간 생산필요량 | 1일 생산필요량 | 사이클 타임 | 사이클 당 생산량 | 사이클 생산순서 | | | | | | | | | |
|---|---|---|---|---|---|---|---|---|---|---|---|---|---|---|
| A | 5,000개 | 200개 | 2.4분 | 5대 | A | | A | | A | | | A | | A |
| B | 2,000개 | 80개 | 6.0분 | 2대 | | B | | | | B | | | | |
| C | 3,000개 | 120개 | 4.0분 | 3대 | | | | C | | | C | | C | |
| 합계 | 10,000개 | 400개 | | | A | B | A | C | A | B | C | A | C | A |

$$CT_A=\frac{\text{1일 작업시간}}{\text{1일 생산필요량}}=\frac{480\text{분}}{200\text{개}}=2.4\text{분}/\text{개}$$

$$CT_B=6.0\text{분}/\text{개},\ CT_C=4.0\text{분}/\text{개}$$

각 제품의 사이클 타임에 대한 역수를 취하면 $\dfrac{1\text{개}}{2.4\text{분}}$, $\dfrac{1\text{개}}{6.0\text{분}}$, $\dfrac{1\text{개}}{4.0\text{분}}$. 분모의 최소공배수가 12분이며, 각 제품에 대한 비율은 $\dfrac{5\text{개}}{12\text{분}}$, $\dfrac{2\text{개}}{12\text{분}}$, $\dfrac{3\text{개}}{12\text{분}}$이 된다. 즉, 1 사이클 타임 12분 동안 제품 A, B, C는 각각 5 : 2 : 3의 비율로 생산하고, 이와 같은 사이클을 1일 40회 실시한다.

(문제 10)

① 필요한 간판의 수 $n = \frac{d \cdot CT}{C} = \frac{100\text{개}/\text{시간} \times (180\text{분} \div 60\text{분}/\text{시간})}{25\text{개}} = 12(\text{매})$

② 최대재고 $I_{max} = n \times C = 12\text{매} \times 25\text{개} = 300\text{개}$

또는 $I_{max} = d \times CT = 100\text{개}/\text{시간} \times (180\text{분} \div 60\text{분}/\text{시간}) = 300\text{개}$

③ 컨테이너 당 간판 1매가 부착되므로 필요한 컨테이너는 12개

# [제16장] 품질관리

(문제 8)

$\overline{x}$관리도의 관리한계선

중심선 CL $= \overline{\overline{x}} = 95.398$

관리상한선 UCL $= \overline{\overline{x}} + 3\sigma_{\overline{x}} = \overline{\overline{x}} + A_2\overline{R} = 95.398 + (0.58 \times 0.665) = 95.784$

관리하한선 LCL $= \overline{\overline{x}} - 3\sigma_{\overline{x}} = \overline{\overline{x}} - A_2\overline{R} = 95.398 - (0.58 \times 0.665) = 95.012$

$R$관리도의 관리한계선

중심선 CL$= \overline{R} = 0.665$

관리상한선 UCL$= \overline{R} + 3\sigma_R = D_4\overline{R} = 2.11 \times 0.665 = 1.403$

관리하한선 LCL$= \overline{R} - 3\sigma_R = D_3\overline{R} =$ - (고려하지 않음)

(문제 9)

중심선 $\overline{p} = \frac{\sum np}{\sum n} = \frac{\text{총부적합품수}}{\text{총검사갯수}} = \frac{251}{200 \times 20} = 0.063$

관리상한선 UCL $= \overline{p} + 3\sqrt{\frac{\overline{p}(1-\overline{p})}{n}} = 0.063 + 3\sqrt{\frac{0.063(1-0.063)}{200}} \fallingdotseq 0.115$

관리하한선 LCL $= \overline{p} - 3\sqrt{\frac{\overline{p}(1-\overline{p})}{n}} = 0.063 - 3\sqrt{\frac{0.063(1-0.063)}{200}} \fallingdotseq 0.012$

# [제17장] 설비관리

(문제 10)

① $R_s = R_1 \times R_2 \times R_3 = 0.95 \times 0.98 \times 0.90 = 0.84$

② $R_s = 1 - [(1 - R_{s1}) \times (1 - R_{s2})] = 1 - [(1 - 0.84) \times (1 - 0.84)] = 0.97$

(문제 11)

$$R_s = R_1 \times R_2 = 0.9 \times 0.8 = 0.72$$

따라서 시스템의 신뢰도는

$$R_T = 1 - [(1 - R_s) \times (1 - R_3)] = 1 - [(1 - 0.72) \times (1 - 0.7)] = 0.916$$

(문제 12)

$$MTBF = \frac{T_1 + T_2 + \cdots + T_n}{n} = \frac{300 + 800 + 900 + 1200 + 2300}{5} = 1100(\text{시간})$$

$$\text{고장율} = \frac{\text{고장갯수}}{\text{총시험갯수}} \times 100(\%) = \frac{5}{12} \times 100 = 41.7(\%)$$

# 찾아보기

### ▌자▐

**| 차 |**



**| 카 |**



**| 타 |**

• 저자 소개 •

**구일섭**

남서울대학교 산업경영공학과 교수

ilsubkoo@nsu.ac.kr

**신현재**

인천대학교 산업경영공학과 교수

hjshin@incheon.ac.kr

**박만희**

부산가톨릭대학교 경영학과 교수

mhpark@cup.ac.kr

**심재홍**

창원문성대학 조선해양기계과 교수

jhsim@cmu.ac.kr

**[ 제2판 ]**

**생산운영관리론**

2012년 1월 30일 1판 1쇄 발행
2013년 9월 5일 2판 1쇄 발행

저 자 / 구일섭 · 신현재 · 박만희 · 심재홍
발행자 / 오판근
발행처 / 교우사

주 소 / 서울특별시 동대문구 약령시로 8 교우빌딩 2층
전 화 / 925-2861(代), 편집부 / 925-2825
팩 스 / 925-2860

E-mail / kyowoo@kyowoo.co.kr
http://www.kyowoo.co.kr

등록 / 1994. 3. 24 제6-0256호

ISBN 978-89-8172-975-2 (93320)

값 29,000 원